U0456218

文 / 白 / 对 / 照

資治通鑑

第九册

〔宋〕司马光　编撰
〔清〕康熙 乾隆　御批
〔清〕申涵煜　点评
萧祥剑　主编
中华文化讲堂　译

团结出版社

目录

资治通鉴卷第一百一　晋纪二十三

起上章涒滩，尽著雍执徐，凡九年。

【译文】起庚申（公元360年），止戊辰（公元368年），共九年。

【题解】本卷记录了公元360年至368年共九年间的东晋及各国大事，正当晋穆帝升平四年至海西公太和三年。主要记录了前燕国主慕容俊驾崩，幼子慕容暐继位，任命太原王慕容恪为太宰，慕容恪虽然总揽朝政，然而从未独断专行；写了前秦国主苻坚命令地方官员推举孝悌、廉直、文学、政事等方面的人才，并且每月都会亲自去太学测试学生的经义水平，和博士们讲学论道；写了晋穆帝司马聃驾崩，成帝长子司马丕继位，史称晋哀帝，晋哀帝吃丹药以求长生不老，后来因为药性发作而崩逝，他的弟弟海西公司马奕即位；写了凉州的权臣宋混去世，他的弟弟宋澄即其位，之后张邕杀宋澄，与张天锡同时辅政，张天锡又杀张邕，之后又杀主上张玄靓，自立为西平王；此外还写了代王拓跋什翼犍的种种英明举动，以及其势力日益强大等等。

孝宗穆皇帝下

升平四年（庚申，公元三六〇年）春，正月，癸巳，燕主俊大阅于邺，欲使大司马恪、司空阳骛将之入寇；会疾笃，乃召恪、骛及司徒评、领军将军慕舆根等受遗诏辅政。甲午，卒。戊子，太子暐即位，年十一。大赦，改元建熙。

秦王坚分司、隶置雍州，以河南公双为都督雍、河、凉三州诸军事、征西大将军、雍州刺史，改封赵公，镇安定。封弟忠为河南公。

仇池公杨俊卒，子世立。

【译文】 升平四年（庚申，公元360年）春季，正月，癸巳日（二十日），前燕君主慕容儁在邺城大规模地阅兵，想要命令大司马慕容恪和司空阳骛率领大军入侵东晋；恰好这时病情加重，就召慕容恪、司空阳骛和领军将军慕舆根、司徒慕容评等接受遗诏，辅佐朝政。甲午日（二十一日），慕容儁去世。戊子日（十五日），太子慕容暐继承皇位，[按《长历》这一年正月，甲戌是朔日（初一）。现在慕容儁在甲午日（二十一日）去世，则戊子日（十五日）在甲午日（二十一日）前，太子就位恐怕是在戊戌日（二十五日）。]当时太子才十一岁，在太子继承皇位之日，诏令大赦，改年号为建熙。

前秦国君苻坚分司、隶设置雍州，封他的弟弟苻忠为河南公，派遣原河南公苻双为都督，掌管雍、河、凉三州诸军事，雍州刺史，征西大将军，改封为赵公，镇守当地的安定。

在仇池公杨俊去世之后，他的儿子杨世即位。

二月，燕人尊可足浑后为皇太后。以太原王恪为太宰，专录朝政；上庸王评为太傅，阳骛为太保，慕舆根为太师，参辅朝政。

根性木强，自恃先朝勋旧，心不服恪，举动倨傲。时太后可足浑氏颇预外事，根欲为乱，乃言于恪曰："今主上幼冲，母后干政，殿下宜防意外之变，思有以自全。且定天下者，殿下之功也。兄亡弟及，古今成法，俟毕山陵，宜废主上为王，殿下自践尊位，以为大燕无穷之福。”恪曰：“公醉邪？何言之悖也！吾与公受先帝遗诏，云何而遽有此议？”根愧谢而退。恪以告吴王垂，垂劝恪诛之。恪曰：“今新遭大丧，二邻观衅，而宰辅自相诛夷，恐乖远近之望，且可忍之。”秘书临皇甫真言于恪曰：“根本庸竖，过蒙先帝厚恩，引参顾命。而小人无识，自国哀已来，骄很日甚，将成祸乱。明公今日居周公之地，当为社稷深谋，早为之所。”恪不听。

【译文】 二月，前燕的人都尊称可足浑氏为皇太后。派太原王慕容恪做太宰，专权管理朝廷的政事；司空阳骛做太保，上庸王慕容评做太傅，慕舆根做太师，参与辅佐朝廷的政事。

慕舆根的本性质朴刚强，心里不服从慕容恪，又自恃是先朝有功勋的老臣，平时举动骄倨傲慢。当时太后可足浑氏也趁机干预朝廷的政事，慕舆根想要作乱，就向慕容恪建议说：“现在的君王年纪幼小，他的母后又干预朝廷的政事，你应该防备发生意外的变乱，想一个能够保全自己的方法，而且天下能够如此安定大部分是你的功劳。哥哥死了，他的儿子又年纪幼小，弟弟继承君王的王位，是古今的规定，等到皇上安葬完毕，你应该废掉现在的君王立自己为王，只有你自己登上君主的尊位，你才能更方便地替大燕国的百姓谋取无穷的幸福。”慕容恪说：“为什么说出这样大逆不道的话？我和你共同接受先帝的遗诏，为什么你竟然有如此的建议？你喝醉了吗？”慕舆根感到非常惭愧，然后谢罪退下了。慕容恪把这件事情告诉吴王慕容垂，慕容垂劝慕容恪杀了他，慕容恪说：“现在国家刚刚举办了先帝的丧事，晋国、秦国两个邻国在窥伺衅隙，如果太宰和三公互相诛杀甚至是灭族，那恐怕会使我们国家的人非常失望，所以我们要暂且忍耐。”秘书监皇甫真向慕容恪建议说：“慕舆根本来

是一个平凡的小人，因为过去蒙受先帝的厚恩，所以才召他参与辅佐朝政。然而小人没有见识，自从先帝去世以来，一天比一天骄傲狠戾，如果这样下去将来一定会造成祸乱。您现在居周公之位（辅佐幼主之位），就应当早日处置他为国家做长远的谋划。”慕容恪不肯听从皇甫真的建议。

根又言于可足浑氏及燕主暐曰：“太宰、太傅将谋不轨，臣请帅禁兵以诛之。”可足浑氏将从之，暐曰：“二公，国之亲贤，先帝选之，托以孤嫠，必不肯尔；安知非太师欲为乱也！”乃止。根又思恋东土，言于可足浑氏及暐曰：“今天下萧条，外寇非一，国大忧深，不如还东。”恪闻之，乃与太傅评谋，密奏根罪状，使右卫将军傅颜就内省诛根，并其妻子、党与。大赦。是时新遭大丧，诛夷狼籍，内外恂惧，太宰恪举止如常，人不见其有忧色，每出入，一人步从。或说以宜自戒备，恪曰：“人情方惧，当安重以镇之，奈何复自惊扰，众将何仰！”由是人心稍定。

恪虽综大任，而朝廷之礼，兢兢严谨，每事必与司徒评议之，未尝专决。虚心待士，谘询善道，量才授任，人不逾位，官属、朝臣或有过失，不显其状，随宜他叙，不令失伦，唯以此为贬；时人以为大愧，莫敢犯者。或有小过，自相责曰：“尔复欲望宰公迁官邪！”朝廷初闻燕主儁卒，皆以为中原可图。桓温曰：“慕容恪尚在，忧方大耳。”

【译文】慕舆根又对可足浑氏和前燕君主慕容暐建议说：“太宰和太傅想要谋叛，我请求率领宿卫禁省的士兵去诛杀他们。”可足浑氏将要听从他的建议，前燕国君慕容暐说：“他们两个人是国家的亲贵贤良，先帝选拔他们并且把我们孤儿寡母托付给他们，一定不会做出如此之事，我们又怎么知道不是太师想要作乱呢？”他们没有听从慕舆根的建议。慕舆根又恋念邺城东北的龙城，就向可足浑氏和前燕国君慕容暐建议说：“当今天下乱世纷纷，我们国土广大，外寇敌国不止一国，所以忧患极大，我们不如回到东土。”慕容恪听到了他这番话，就和太傅慕容评计划，秘密上奏慕舆根犯罪的情况，命右卫将军傅颜在宫内诛杀慕舆根和他的妻子、同党以及与他关系极好的人，然后诏令大赦。因为当时刚刚举行完君主的丧事，被诛杀灭族的人的骸骨都没有埋葬而散落在街道上，朝廷内外的人士都畏惧不安，太宰慕容恪的举止动静像平常一样，每一次出入府门，只有一个人步行跟随着他，人们看不出他有忧虑的脸色。有人劝他自己应当严密地保护自己，慕容恪说：“我应当安详稳重以镇抚他们，人们心里正在恐惧，如果我自己还要惊恐不安，众人又将要仰赖谁呢？”

慕容恪虽然拥有朝政大权，而朝廷的一切礼仪，他都没有一样不谨慎严谨地奉守，每一件朝政大事必定和慕容评商量讨论，从来没有独揽大权、擅自决断过。他谦虚地对待士人，询问求取治国的正确方法，挑选才干，并授予宫中的职位，使人人都居适当的职位，官吏部属和朝廷大臣们，有时候犯了过错，他不会四处张扬，而是挑选一个与他的才干品德相适的职位，让他迁到那个职位，这样不会使他失去原来的等级，只是让人认为是被降官了。当时的人认为这是极大的耻辱，所以没有人敢再犯罪。有时有点小过失，就会自己责备自己说：“你还想要让宰公慕容恪降自己的官职吗！”晋朝的人刚听到前燕君主慕容俊去世的消息后，都以为中原终于可以收复了。只有桓温说：“慕容恪还在，我们的忧虑还是很大。”

【申涵煜评】 汉昭十四识上官之诈，左右皆惊。慕舆根诬太宰恪、太傅评谋反，暐不信。曰："安知非太师作乱？"时年甫十一耳。鲜卑儿亦复黠慧，乃尔所谓"小时了了"耶？

【译文】 汉昭帝刘弗陵年龄才十四岁就知晓上官桀的诈伪，左右侍从都感到惊讶。慕舆根诬陷太宰慕容恪、太傅慕容评企图谋反，前燕国君慕容暐不相信，说道："怎么知道不是太师慕舆根您作乱呢？"当时年龄才十一岁而已。鲜卑族的人也有狡黠聪慧的天性，难道是所说的"小时候很聪明，长大未必有才华"吗？

三月，己卯，葬燕主俊于龙陵，谥曰景昭皇帝，庙号烈祖。所征郡国兵，以燕朝多难，互相惊动，往往擅自散归，自邺以南，道路断塞。太宰恪以吴王垂为使持节、征南将军、都督河南诸军事、兖州牧、荆州刺史，镇梁国之蠡台，孙希为并州刺史，傅颜为护军将军，帅骑二万，观兵河南，临淮而还，境内乃安。希，泳之弟也。

匈奴刘卫辰遣使降秦，请田内地，春来秋返；秦王坚许之。夏，四月，云中护军贾雍遣司马徐赟帅骑袭之，大获而还。坚怒曰："朕方以恩信怀戎狄，而汝贪小利以败之，何也！"黜雍以白衣领职，遣使还其所获，慰抚之。卫辰于是居入塞内，贡献相寻。

【译文】 三月，己卯日（初六），在龙城的龙陵埋葬了前燕君主慕容儁，谥号为景昭皇帝，庙号为烈祖。因为前燕多灾多难，它所征召的各郡国的士兵，常常不遵守命令，自行离散归去，互相惊扰，从邺城向南的道路都被堵塞得不能正常通行。太宰慕容恪派吴王慕容垂为使持节、征南将军、监督管理河南诸军事、兖州牧、荆州刺史，镇守梁国的蠡台，任命孙希为并州刺史，任命傅颜为护军将军，率领骑兵两万人，在黄河以南的地方展示他们的兵士很多，炫耀他们兵强马壮，直到淮水岸边才回来；这时候境内才算安定下来。孙希是孙泳的弟弟。

匈奴的刘卫辰派遣使者向前秦投降，请求到内地耕种田地，春季到来秋季回去；前秦国君苻坚答应了他们。夏季，四月，云中护军贾雍派遣司马徐赟去袭击他们，获得大胜而回。前秦国君苻坚发脾气说："这是为什么呢？我正用恩泽诚信的德行，来感怀那些匈奴人，而你们却因贪图小利而破坏了。"把贾雍贬为平民兼理职务，派遣使者送还徐赟劫回来的财物，以抚慰他们。于是刘卫辰迁入塞内居住，贡奉相继不绝。

夏，六月，代王代翼犍妃慕容氏卒。秋，七月，刘卫辰如代会葬，因求婚，什翼犍以女妻之。

八月，辛丑朔，日有食之，既。

谢安少有重名，前后征辟，皆不就，寓居会稽，以山水、文籍自娱。虽为布衣，时人皆以公辅期之，士大夫至相谓曰："安石不出，当如苍生何！"安海游东山，常以妓女自随。司徒昱闻之，曰："安石既与人同乐，必不得不与人同忧，召之必至。"安妻，刘惔之妹也，见家门贵盛而安独静退，谓曰："丈夫不如此也？"安掩鼻曰："恐不免耳。"及弟万废黜，安始有仕进之志，时已年四十馀。征西大将军桓温请为司马，安乃赴召，温大喜，深礼重之。

【译文】夏季，六月，代国君王拓跋什翼犍的妃子慕容氏去世。秋季，七月，为会合诸国使者和公卿大臣，刘卫辰到代国参加葬礼，借机向代国君王求婚，代王拓跋什翼犍就把女儿嫁给他做妻子。

八月，辛丑朔日（初一），发生日全食。

谢安年轻时就享有盛名，以游山玩水和读书写文章自娱自

乐，前后几次受到朝廷征召，都没有前去赴任。他寄居在会稽，虽然是平民，但当时的人都期望他做公卿宰辅，士大夫之间甚至相互说：“安石（谢安字安石）不肯出来治理国事，天下的百姓该怎么办呢？” 司徒司马昱听到谢安每一次游览东山的时候，常常让歌伎和艺伎跟随着自己的消息，就说：“他一定会来朝中的，谢安石既然肯和人一同游乐，必定不能够不和百姓一同忧苦。”谢安的妻子也就是刘惔的妹妹，看到家人显贵隆盛，而谢安却自甘寂寞不思进取，就对他说：“大丈夫不可以如此！”谢安掩着鼻子（安有鼻疾）说：“恐怕我不能避免像众兄弟一样要做官了。”等到他的弟弟谢万被废以后，谢安才有出来做官的心意，征西大将军桓温请他做司马，谢安就应召前往，桓温非常高兴且对他也是十分礼遇和器重。当时他的年纪已经四十多岁了。

冬，十月，乌桓独孤部、鲜卑没弈干各帅众数万降秦，秦王坚处之塞南。阳平公融谏曰：“戎狄人面兽心，不知仁义。其稽颡内附，实贪地利，非怀德也；不敢犯边；实惮兵威，非感恩也。今处之塞内，与民杂居，彼窥郡县虚实，必为边患，不如徙之塞外以防未然。”坚从之。

十一月，封桓温为南郡公，温弟冲为丰城县公，子济为临贺县公。

燕太宰恪欲以李绩为右仆射，燕主暐不许。恪屡以为请，暐曰：“万机之事，皆委之叔父，伯阳一人，暐请独裁。”出为章武太守，以忧卒。

【译文】 冬季，十月，乌桓人独孤部和鲜卑人没弈干各自率领了数万人向前秦投降，前秦国君苻坚让他们居住在塞南。阳平公苻融极力劝止说：“戎狄之人只是具有人的面貌，根本不知道什么叫仁义道德，而所怀的是禽兽的心肠。他们现在叩头向我们归附，而不侵犯边境，事实上是贪求耕稼的利益，也并不是感激我们的恩泽，事实上是畏惧我们军队的威势。现在让他们和我们的百姓生活在一起居住在塞内，他们可以窥察郡县虚实的情形，以后一定会成为侵扰我们边境的祸患，不如把他们迁徙到塞外，这样可以防止发生祸患。”前秦国君苻坚遵从了他的建议。

十一月，东晋朝廷封桓温为南郡公，桓温的儿子桓济为临贺县公，桓温的弟弟桓冲为丰城县公。

前燕太宰慕容恪想要派遣李绩做右仆射，前燕君主慕容暐不答应。慕容恪好几次替李绩请求，前燕国君慕容暐说：“朝廷所有的政事，都任叔父处理，只有伯阳（李绩字）一个人，我请求自行裁决。”前燕国君慕容暐派遣李绩出去做章武太守，他因此忧郁而死。

升平五年（辛酉，公元三六一年）春，正月，戊戌，大赦。

刘卫辰掠秦边民五十馀口为奴婢以献于秦；秦王坚责之，使归所掠。卫辰由是叛秦，专附于代。

东安简伯郗昙卒。二月，以东阳太守范汪都督徐、兖、青、冀、幽五州诸军事，兼徐、兖二州刺史。

平阳人举郡降燕。燕以建威将军段刚为太守，遣督护韩苞将兵共守平阳。

方士丁进有宠于燕主（俊）〔暐〕，欲求媚于太宰恪，说恪令杀太傅评；恪大怒，奏收斩之。

【译文】 升平五年（辛酉，公元361年）春季，正月，戊戌日（初一），东晋诏令大赦。

匈奴刘卫辰掠夺前秦边境的百姓五十多口做奴婢来献给秦国；前秦国君苻坚责备他，然后又命令他送回所有掠夺的百姓。刘卫辰因此背叛了前秦，专心依附于代国。

东安简伯郗昙去世。二月，朝廷派东阳太守范汪掌管徐、兖、冀、青、幽五州诸军事，兼徐、兖两州刺史。

张平的部下让平阳全郡人投降了前燕国。前燕国派遣督护韩苞率领士兵，派遣建威将军段刚做太守共同守卫平阳。

方术之士丁进受到前燕君主慕容暐的宠幸，又想求得太宰慕容恪的宠幸，劝慕容恪杀死太傅慕容评；慕容恪非常生气，上奏章抓捕他然后把他杀了。

高昌卒，燕河内太守吕护并其众，遣使来降；拜护冀州刺史。护欲引晋兵以袭邺。三月，燕太宰恪将兵五万，冠军将军皇甫真将兵万人，共讨之。燕兵至野王，护婴城自守。护军将军傅颜请急攻之，以省大费，恪曰："老贼经变多矣，观其守备，未易猝攻。顷攻黎阳，多杀精锐，卒不能拔，自取困辱。护内无蓄积，外无救援，我深沟高垒，坐而守之，休兵养士，离间其党，于我不劳而贼势日蹙，不过十旬，取之必矣，何为多杀士卒以求旦夕之功乎！"乃筑长围守之。

【译文】 高昌去世之后，前燕河内太守吕护吞并了他的士众，派遣使者到东晋投降；朝廷任命吕护为冀州刺史。吕护想要带领东晋士兵去袭击邺城。三月，前燕太宰慕容恪率领五万士兵，任命将军皇甫真率领一万士兵，共同去讨伐吕护。前燕国的军队到达野王，吕护派兵在四面的城墙上防守。护军将军傅颜为了节省庞大的军事费用，请求赶快进攻。慕容恪说："我们要观察他的防守和戒备，不能急促攻犯，否则士兵会被杀伤很多，因为老贼经历的变故很多。最近进攻黎阳的精锐士兵被杀伤很多，但最终没有能够攻下，却只是为自己招来了困窘和耻辱。吕护城内没有蓄积的粮草，外面没有前来救援的军队，我们停止战争，筑高壁垒，挖深水沟，静坐而围困他们，在此期间离间他们的同党，在围困他们的时候培养士气，这样我们就不觉得劳苦，而贼人的势力会一天天减缩，不超过一百天，一定可以攻下的，我们为什么要牺牲这么多的士兵来求得急速的功劳呢？”于是他们就修筑很长的围墙围困对方。

夏，四月，桓温以其弟黄门郎豁督沔中七郡诸军事，兼新野、义城二郡太守，将兵取许昌，破燕将慕容尘。

凉票骑大将军宋混疾甚，弦玄靓及其祖母马氏往省之，曰："将军万一不幸，寡妇孤儿将何所托！欲以林宗继将军，可乎？"混曰；"臣子林宗幼弱，不堪大任。殿下倘未弃臣门，臣弟澄政事愈于臣，但恐其儒缓，机事不称耳。殿下策励而使之，可也。"混戒澄及诸子曰："吾家受国大恩，当以死报，无恃势位以骄人。"又见朝臣，皆戒之以忠贞。及卒，行路为之挥涕。云靓以澄为领军将军，辅政。

【译文】 夏季，四月，桓温派遣他的弟弟黄门郎桓豁管理沔中七郡（魏兴、新城、上庸、襄阳、义成、竟陵、江夏）的军事，兼任新野和义成两郡的太守，率领军队打败了前燕国的将领慕容尘，占据了许昌。

凉州的骠骑大将军宋混病得很严重，凉州牧张玄靓和他的祖母马氏前去看他说："将军万一不幸去世，我们寡妇孤儿将要托付给谁呢？想要让宋林宗继承将军的职务可以吗？" 宋混说："我的儿子宋林宗尚且年幼而且还体弱多病，不能够承担重

大的任务。我的弟弟宋澄办理政事的能力比我强，但是恐怕他优柔寡断，当机立断的能力不与将军的职务相符合。倘若不弃我家里的人，殿下还可以监督鼓励而派用他。”宋混告诫宋澄和他的几个儿子说：“我们家蒙受国家的大恩，不要仗着权势和地位骄傲，应当以死报效国家。”他又接见朝廷的大臣，都告诫他们要忠贞于国家。等到他死了以后，路上不相识的行人都为他挥泪送行。之后凉州牧张玄靓派宋澄做领军将军，辅佐朝政。

五月，丁巳，帝崩，无嗣。皇太后令曰：“琅邪王丕，中兴正统，义望情地，莫与为比，其以王奉大统！”于是，百官备法驾迎于琅邪第。庚申，即皇帝位，大赦。壬戌，改封东海王弈为琅邪王。秋，七月，戊午，葬穆帝于永平陵，庙号孝宗。

燕人围野王数月，吕护遣其将张兴出战，傅颜击斩之，城中日蹙。皇甫真戒部将曰：“护势穷奔突，必择虚隙而投之；吾所部士卒多羸，器甲不精，宜深为之备。”乃多课橹楯，亲察行夜者。护食尽，果夜悉精锐趋真所部，突围，不得出；太宰恪引兵击之，护众死伤殆尽，弃妻子奔荥阳。恪存抚降民，给其廪食；徙士人、将帅于邺，自馀各随所乐。以护参军广平梁琛为中书著作郎。

【译文】 五月，丁巳日（二十二日），晋穆帝司马聃驾崩，没有子嗣。皇太后下令说：“琅邪王司马丕，是朝廷中兴以来王室的正统嫡传，所以无论德望、名义、人情和地位，都没有人能够和他相比，应该让他继承天子之位。”于是百官就准备天子的车乘，到琅邪王的府第去迎接他。庚申日（二十五日），司马丕登上皇位同时诏令大赦。壬戌日（二十七日），改封东海王司马弈为琅邪王。秋季，七月，戊午日（二十三日），在永平陵安葬了穆帝司马聃，庙号为孝宗。

前燕人把野王包围了几个月，吕护派遣他的将领张兴出城和前燕军队交战，傅颜攻击且斩杀张兴，城中的局势一天比一天急迫。皇甫真告诫他部下的将领们说："现在是吕护势力穷竭的时候，他一定会选择长围有间隙的地方而突围冲出去；我们所率领的士兵大多数身体瘦弱，兵器和铠甲不够尖锐锋利和坚固，应该更加谨慎地防备他们。"于是他征收了很多大的盾牌，每天亲自察看巡夜的士兵。吕护的粮食吃完了，果然想在夜里率领所有精锐的士兵奔向皇甫真部队所包围的部分，实施突围，但是没能够出去；太宰慕容恪带领军队攻打他，吕护在他的士兵快要死伤完了的时候，丢妻弃子，逃到荥阳。慕容恪留下来把公家的粮食送给百姓并且问候和安抚投降的百姓，他又把士兵和将帅迁徙到邺城，其余的人各随他们所愿而去。派遣吕护的参军广平人梁琛做中书著作郎。

九月，戊申，立妃王氏为皇后，后，濛之女也。穆帝何皇后称穆皇后，居永安宫。

凉右司马张邕恶宋澄专政，起兵攻澄，杀之，并灭其族。张玄靓以邕为中护军，叔父天锡为中领军，同辅政。

张平袭燕平阳，杀段刚、韩苞；又攻雁门，杀太守单男。既而为秦所攻，平复谢罪于燕以求救。燕人以平反覆，弗救也，平遂为秦所灭。

【译文】九月，戊申日（十四日），晋哀帝司马丕立他的妃子王氏为皇后，皇后是王濛的女儿。穆帝的何皇后被称穆皇后，居住在永安宫。

凉州的右司马张邕厌恶宋澄专权独揽朝政，于是发兵攻打宋澄，把他杀了并且诛灭他的宗族。凉州牧张玄靓任命张邕做中护军。任命自己的叔父张天锡做中领军，一同辅佐朝政。

张平袭击前燕平阳的时候，杀死了段刚和韩苞，又去进攻雁门，杀死了那里的太守单男。没过多久，他反而被前秦国士兵攻打，张平又向前燕国谢罪以请求援救。前燕人因为张平反复无常，没有去救援，张平被前秦士兵消灭了。

乙亥，秦大赦。

徐、兖二州刺史范汪，素为桓温所恶，温将北伐，命汪帅众出梁国。冬，十月，坐失期，免为庶人，遂废，卒于家。

子宁，好儒学，性质直，常谓王弼、何晏之罪深于桀、纣。或以为贬之太过。宁曰："王、何蔑弃典文，幽沈仁义，游辞浮说，波荡后生，使搢绅之徒翻然改辙，以至礼坏乐崩，中原倾覆，遗风馀俗，至今为患。桀、纣纵暴一时，适足以丧身覆国，为后世戒，岂能回百姓之视听哉！故吾以为一世之祸轻，历代之患重；自丧之恶小，迷众之罪大也！"

【译文】乙亥日（九月无此日），前秦国君主诏令大赦。

徐、兖两州刺史范汪一直以来被桓温所厌恶，桓温想要北伐的时候，命令范汪率领士兵由梁国出发。冬季，十月，范汪因为误了期限而被定罪，被免除了官职降为平民，于是就被废黜，之后死在了家里。

范汪的儿子范宁喜欢儒家的学说，是一个性情质朴耿直的人，他常常说王弼、何晏的罪过比夏桀、商纣还要深重。有人认为他对王弼、何晏贬损得太过分，范宁辩解说："王弼、何宴两人不仅遗弃典制文章，而且不遵循仁义礼法，说一些游移浮泛而不切实际的言辞，以拨动激荡年轻人的思想，使仕宦们改变

了原来的行为，以至于让礼乐崩坏，导致了中原覆没，遗留余存的风俗到现在还是祸患。桀、纣一时的恣肆暴虐，只是使他们自己丧失了生命，败亡了自己的国家，成为后世的戒鉴，怎么能够转移百姓们所看到的、所听到的呢？所以，我认为影响后代一世人的祸患是轻的，影响后世很多年的祸患才是严重的；自己死亡的罪恶小于迷乱大众视听的罪恶。"

吕护复叛，奔燕，燕人赦之，以为广州刺史。

凉张邕骄矜淫纵，树党专权，多所刑杀，国人患之。张天锡所亲燉煌刘肃谓天锡曰："国家事欲未静！"天锡曰："何谓也？"肃曰："今护军出入，有似长宁。"天锡惊曰："我固疑之，未敢出口。计将安出？"肃曰："正当速除之耳！"天锡曰："安得其人？"肃曰："肃即其人也！"肃时年未二十。天锡曰："汝年少，更求其助。"肃曰："赵白驹与肃二人足矣。"十一月，天锡与邕俱入朝，肃与白驹从天锡，值邕于门下，肃斫之不中，白驹继之，又不克，二人与天锡俱入宫中，邕得逸走，帅甲士三百馀人攻宫门。天锡登屋大呼曰："张邕凶逆无道，既灭宋氏，又欲倾覆我家。汝将士世为凉臣，何忍以兵相向邪！今所取者，止张邕耳，它无所问！"于是，邕兵悉散走，邕自刎死，尽灭其族党。玄靓以天锡为使持节、冠军大将军、都督中外诸军事，辅政。十二月，始改建兴四十九年，奉升平年号，诏以玄靓为大都督、督陇右诸军事、凉州刺史、护羌校尉、西平公。

【译文】 吕护又背叛了东晋，逃到前燕国，前燕赦免了他，派他做广州刺史（燕国没有广州，只是用刺史的名义授予吕护罢了）。

凉州的张邕傲慢而自负，淫乱而恣肆妄为，独揽政权，树立私党，用刑罚杀了很多人，凉州的人都害怕他。张天锡的亲信敦煌人刘肃，感慨地对张天锡说：“国家大事要动荡不安了。”张天锡疑惑地说：“这怎么说呢？”刘肃解释说：“现在护军（张邕）的出入行为，很像那时候的长宁侯（张祚）的专横跋扈。”张天锡吃惊地说：“我本来就怀疑他软禁了天子，只是不敢说出来。那我们要怎么办呢？”刘肃说：“应该赶快除掉他！”张天锡说：“我到哪里才能够找到可以除掉他的人啊？”刘肃说：“我就是那个人。”刘肃当时的年纪还不到二十岁。张天锡说：“你还太年轻，我要再找一个人来帮助你。”刘肃说：“赵白驹和我就足够了。”十一月，张天锡和张邕一起上朝，张肃和赵白驹跟着张天锡，（其他版本此句下有“值邕于门下”五字）第一次张肃砍杀张邕没有砍中，赵白驹又继续砍，又没有砍中。因为两人和张天锡都进入宫中，才使得张邕能够脱身逃出宫，率领披甲士兵三百多人又攻进宫门。张天锡登上屋顶大声喊叫着说：“张邕凶狠叛逆不守法度，虽然消灭了宋氏王朝，但他又想颠覆我们的家。我们的将士世世代代都是凉州的臣子，怎么忍心我们干戈相对呢？现在我想消灭的，只有张邕一个人而已，其他的人一概不追究。”于是张邕的士兵全部散去，张邕自杀而死，他的宗族和同党也全部被消灭了。张玄靓任命张天锡为使持节、大将军、掌管中外的军事，辅佐朝政。在十二月改为建兴四十九年，尊奉使用晋朝的年号升平。朝廷下令派张玄靓做大都督、掌管陇右诸军事、凉州刺史、护羌校尉、西平公。

燕大赦。

秦王坚命牧伯守宰各举孝悌、廉直、文学、政事，察其所举，得人者赏之，非其人者罪之。由是人莫敢妄举，而请托不行，士皆自励；虽宗室外戚，无才能者皆弃不用。当是之时，内外之官，率皆称职；田畴修辟，仓库充实，盗贼屏息。

是岁，归义侯李势卒。

【译文】 前燕国大赦境内。

前秦国君苻坚命令各州牧、方伯、郡守、县宰推举孝悌、廉直、文学、政事等科目的人才，并且考察他们所推举出来的人，如果合适的话就奖赏他们，不合适就惩罚他们。因此，没有人敢随便地推举，就算是请求拜托也没有用，读书人都自我勉励；无论是宗室还是外戚，没有才能的人也都废弃不用。这时朝廷内外任命的官吏，都是才干和职位相称的；对田亩进行修整并且开辟新的田亩，仓库里储蓄充实，盗贼也都销声匿迹了。

这一年，归义侯李势去世。

哀皇帝

隆和元年（壬戌，公元三六二年）春，正有，壬子，大赦，改元。

甲寅，减田租，亩收二升。

燕豫州刺史孙兴请攻洛阳，曰："晋将陈祐弊卒千馀，介守孤城，不中取也！"燕人从其言，遣宁南将军吕护屯河阴。

二月，辛未，以吴国内史庾希为北中郎将、徐、兖二州刺史，镇下邳，龙骧将军袁真为西中郎将、监护豫、司、并、冀四州诸军事、豫州刺史，镇汝南；并假节。希，冰之子也。

丙子，拜帝母周贵人为皇太妃，仪服拟于太后。

燕吕护攻洛阳。三月，乙酉，河南太守戴施奔宛，陈祐告急。五月，丁巳，桓温遣庾希及竟陵太守邓遐帅舟师三千人助祐守洛阳。遐。岳之子也。

【译文】 隆和元年（壬戌，公元362年）春季，正月，壬子日（二十日），诏令大赦，改年号为隆和。

甲寅日（二十二日），又削减田租，每一亩收租米两升。

前燕国的豫州刺史孙兴请求攻打洛阳，他说："晋国的将领陈祐独守在没有外援的孤城，又只有一千多名疲敝的士卒，很容易被攻取。"前燕王听从了他的建议，就派遣宁南将军吕护驻扎在河阴地区。

二月，辛未日（初十），朝廷派遣吴国内史庾希做北中郎将、徐兖两州刺史，镇守在下邳，龙骧将军袁真做西中郎将,监护豫、司、并、冀四州的全部军事，豫州刺史，镇守在汝南，都持有符节。庾希是庾冰的儿子。

丙子日（十五日），封晋哀帝司马丕的母亲周贵人为皇太妃，仪式、衣服都与太后的规格等同。

前燕国的吕护进攻洛阳。三月，乙酉日（三月无此日），河南太守戴施逃到宛城，陈祐告急。五月，丁巳日（二十七日），桓温派遣庾希和竟陵太守邓遐率领三千人的水军帮助陈祐守卫洛阳。邓遐是邓岳的儿子。

温上疏请迁都洛阳，自永嘉之乱播渡江表者，请一切北徙，以实河南。朝廷畏温，不敢为异；而北土萧条，人情疑惧，虽并知不可，莫敢先谏。散骑常待领著作郎孙绰上疏曰："昔中宗龙飞，非惟信顺协于天人，实赖万里长江画而守之耳。今自丧乱已来，六十馀年，河、洛丘墟，函夏萧条。士民播流江表，已经数世，存者老子长孙，亡者丘陇成行，虽北风之思感其素心，目前之哀实为交切。若迁都旋轸之日，中兴五陵，即复缅成遐域。秦山之安，既难以理保，烝烝之思，岂不缠于圣心哉！温今此举，诚欲大览始终，为国远图；而百姓震骇，同怀危惧，岂不以反旧之乐赊，而趋死之忧促哉！何者？植根江外，数十年矣，一朝顿欲拔之，驱踧于穷荒之地；提挈万里，逾险浮深，离坟墓，弃生业，田宅不可复售，舟车无从而得，舍安乐之国，适习乱之乡，将顿仆道涂，飘溺江川，仅有达者。此仁者所宜哀矜，国家所宜深虑也！臣之愚计，以为且宜遣将帅有威名、资实者，先镇洛阳，扫平梁、许，清壹河南。运漕之路既通，开垦之积已丰，豺狼远窜，中夏小康，然后可徐议迁徙耳。奈何舍百胜之长理，举天下而一掷哉！”绰，楚之孙也。少慕高尚，尝著《遂初赋》以见志。温见绰表，不悦，曰：“致意兴公，何不寻君《遂初赋》，而知人家国事邪！”

【译文】 桓温上奏折请求迁都洛阳，也让从永嘉之乱以后漂泊流亡到长江以南的将士和百姓，全部迁徙回归北方，来充实河南的民户。朝廷畏惧桓温，不敢持异议；然而河南经济萧条、土地贫瘠，虽然都知道不可以这样做，但因为畏惧桓温却没有人敢劝止。散骑常侍兼著作郎孙绰上奏书说：“从前晋元帝司马睿在位的时候，不只是他的诚信和顺吻合于天意人心，事实上是依赖万里长江的阻隔和严密的防守。自从中原丧失以来，国家发生混乱，到现在已经六十多年了，黄河、洛水一带已变为废墟，中原地区萧条寂寥。漂泊流亡到长江以南的将士和百姓，已经过了几代了，活着的人的儿子、孙子也都大了，死去的人也已经坟墓成行，他们虽然把怀念北土的思绪常常存在心中，但是眼前的哀痛实际上更为真切。如果迁都回到原来的地方，中兴五陵（元帝建平陵、明帝武平陵、成帝兴平陵、康帝崇平陵、

穆帝永平陵），就成为远域（在江南）。以理看来，迁都洛阳难以保全人们生活安定幸福，而使天下人幸福的思想，又怎能够不萦绕于圣主的心间呢？虽然桓温现在有这样的举动，事实上是想要综观事情的始末，为国家做久远的谋划；然而百姓们却感到震动恐骇，全都产生了不安和恐惧，这难道不是因为返回故土的快乐还遥远，而走向死亡的忧虑紧迫吗？为什么这样说呢？他们已经在江南安家生根几十年了，一旦立刻要把它拔掉，驱赶逼迫他们扶着老人带着小孩、行走万里远路、逾越险阻的高山、浮渡绝深的河川到穷困荒凉的地方，让他们离开亲人的坟墓，抛弃赖以生存的产业和不可以卖掉的田地房屋，又没有办法买来舟车乘坐；让他们舍弃安定快乐的家园，去到久经丧乱的地方，贫困会把他们扑倒在路途上，漂泊会让他们沉溺在江水中，这样能到达的人很少。这是仁德的人所应该哀怜的事，朝廷所应该谨慎而再三考虑的事！我认为应当暂且派遣有威望、有资历、有名声、有才干的将帅，先去镇守洛阳，扫荡且平定梁国和许昌一带，清除一切不安定的因素并且统一黄河以南的地方。让运粮的水路畅通无阻，等中原河南一带稍微安定，开垦的田地有丰富的收获和储蓄，使像豺狼一样凶狠的狄族人逃到远方，然后才可以商讨迁都的问题。为什么要舍弃百胜的大道，把全天下作为孤注一掷的筹码呢？”孙绰是孙楚的孙子。在年少的时候就非常仰慕高士的节操，曾经为表示他的志向而著《遂初赋》。桓温看到孙绰的表奏之后，心里非常不高兴，就说：“请向兴公（孙绰字兴公）问好，为什么他不去探讨他的《遂初赋》（此赋乃述得遂隐遁初衷之意）却要管人家的国事呢！”

时朝廷忧惧，将遣侍中止温，扬州刺史王述曰：“温欲以虚声

威朝廷耳，非事实也；但从之，自无所至。”乃诏温曰：“在昔丧乱，忽涉五纪，戎狄肆暴，继袭凶迹，眷言西顾，慨叹盈怀。知欲躬帅三军，荡涤氛秽，廓清中畿，光复旧京；非夫外身徇国，孰能若此！诸所处分，委之高算。但河、洛丘墟，所营者，经始之勤，致劳怀也。”事果不行。

温又议移洛阳钟虡。述曰：“永嘉不竞，暂都江左，方当荡平区宇，旋轸旧京。若其不尔，宜改迁园陵，不应先事钟虡！”温乃止。

朝廷以交、广辽远，改授温都督并、司、冀三州；温表辞不受。

秦王坚亲临太学，考第诸生经义，与博士讲论，自是每月一至焉。

【译文】 当时朝廷上下都忧虑恐惧，想要派遣侍中劝止桓温，扬州刺史王述说：“桓温并不是真的想这么做，只是想用空话威吓我们而已，只要我们依从他，他就绝不会再实行了。”晋哀帝司马丕诏令桓温说：“从国家丧乱到现在，忽然之间已经过了六十年，戎狄纵肆暴虐，后继者承袭着他们凶狠的恶迹，每次向西面望去，感慨叹息充满了我的心怀。我知道你想要亲自率领三军，扫荡并洗涤掉北方的凶气和污秽，清除王畿野蛮的狄族人和胡人，使京都恢复原来的模样；只有视生命为身外之物、真心为国家着想的人才会这样做，否则谁能够做到如此呢？各方面所做的安排，都依靠于你的多谋深算。但是河南城和洛阳城已经空虚很久了，所以需要经营的很多，开始经营的事情虽然没有实行但要让你多操心了。”迁都的事情果然没有实行。

桓温又建议迁移洛阳的钟和钟架，扬州刺史王述说：“永嘉之乱失利，暂时定都在江左，正可以扫荡平定天下，然后回到旧京都。如果不能如此，也应该改迁先帝的陵墓，不应该先迁移钟和钟架。”桓温才停止了这个建议。

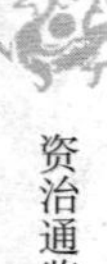

朝廷因为交、广两州地处遥远，改授桓温都督并、司、冀三州；桓温上表辞谢不肯接受。

前秦国君苻坚亲自到太学测试每一个学生的经义水平，评定等第的高下，和博士们讲学论道。从此之后每一个月都会去一次。

六月，甲戌，燕征东参军刘拔刺杀征东将军、冀州刺史范阳王友于信都。

秋，七月，吕护退守小平津，中流矢而卒。燕将段崇收军北渡，屯于野王。邓遐进屯新城；八月，西中郎将袁真进屯汝南，运米五万斛以馈洛阳。

冬，十一月，代王什翼犍纳女于燕，燕人亦以女妻之。

十二月，戊午朔，日有食之。

庾希自下邳退屯山阳，袁真自汝南退屯寿阳。

【译文】 六月，甲戌日（十五日），前燕国征东参军刘拔在信都刺杀了征东将军、冀州刺史、范阳王慕容友。

秋季，七月，吕护退守小平津，中飞箭而死。前燕国将领段崇整顿军队，向北渡过黄河，驻扎在野王。邓遐进军而驻守在新城；八月，西中郎将袁真进军而驻守在汝南，运送五万斛米到洛阳。

冬季，十一月，代国君王拓跋什翼犍把女儿送到前燕国，前燕人也把女儿嫁给代王什翼犍做妻子。

十二月，戊午朔日（初一），发生日食。

庾希从下邳撤退而驻守在山阳，袁真从汝南撤退而驻守在寿阳。

兴宁元年（癸亥，公元三六三年）春，二月，己亥，大赦，改元。

三月，壬寅，皇太妃周氏薨于琅邪第。癸卯，帝就第治丧，诏司徒会稽王昱总内外众务。帝欲为太妃服三年，仆射江虨启："于礼，应服缌麻。"又欲降服期，虨曰："厌屈私情，所以上严祖考。"乃服缌麻。

夏，四月，燕宁东将军慕容忠攻荥阳太守刘远，远奔鲁阳。

【译文】兴宁元年（癸亥，公元363年）的春季，二月，己亥日（二月无此日），东晋诏令大赦，改年号为兴宁。

三月，壬寅日（十七日），皇太妃周氏死于琅邪府第。癸卯日（十八日），晋哀帝司马丕下令司徒会稽王司马昱管理朝廷内外各种事务，自己就在府第为皇太妃办理丧事。晋哀帝司马丕想要替太妃服丧三年，仆射江虨禀告说："按照礼制应该服缌麻。"晋哀帝司马丕又想降低一等，服丧一年。江虨劝说道："压抑自己的感情是对祖先尊敬的考验。"于是晋哀帝司马丕就穿缌麻（按《晋书·礼志中》"缌麻"下，又有"三月"两字，以说明服缌麻的日期）。

夏季，四月，前燕宁东将军慕容忠攻打荥阳太守刘远，刘远逃到鲁阳去了。

五月，加征西大将军桓温侍中、大司马、都督中外诸军、录尚书事，假黄钺。温以抚军司马王坦之为长史。坦之，述之子也。又以征西掾郗超为参军，王珣为主簿，每事必与二人谋之。府中为之语曰："髯参军，短主簿，能令公喜，能令公怒。"温气概高迈，罕有所推，与超言，常自谓不能测，倾身待之；超亦深自结纳。珣，导之孙也，与谢玄皆为温掾，温俱重之，曰：“谢掾年四十必拥旄杖节，王掾当作黑头公，皆未易才也。”玄，奕之子也。

以西中郎将袁真都督司、冀、并三州诸军事，北中郎将庾希都督青州诸军事。

【译文】 五月，加封征西大将军桓温做侍中、大司马、都督中外的军事、录尚书事，持金斧。桓温派遣抚军司马王坦之做长史。王坦之是王述的儿子。又派遣征西掾郗超做参军，派遣王珣做主簿，每一件事情都和他们两人商讨。府中的人替他们编了一句顺口溜说：“髯参军，短主簿，能令公喜，能令公怒。”（因为郗超多髯，王珣身材矮。）桓温为人高傲豪迈，很少有他推崇的人，和郗超谈话的时候，常常自已说我们不能互相猜测，要诚心诚意地对待彼此；郗超也真诚地和他结交。王珣是王导的孙子。王珣和谢玄都做桓温的掾吏（佐治的官吏），桓温都很器重他们，说：“谢掾四十岁的时候，一定拥旗持符节，王掾壮年的时候也会到达三公的高位，都是不容易得到的人才。”谢玄是谢奕的儿子。

朝廷派西中郎将袁真掌管司、冀、并三州诸军事，北中郎将庾希掌管青州诸军事。

癸卯，燕人拔密城，刘远奔江陵。

秋，八月，有星孛于角、亢。

张玄靓祖母马氏卒，尊庶母郭氏为太妃。郭氏以张天锡专政，与大臣张钦等谋诛之，事泄，钦等皆死。玄靓惧，以位让天锡，天锡不受。右将军刘肃等劝天锡自立。闰月，天锡使肃等夜帅兵入宫，弑玄靓，宣言暴卒，谥曰冲公。天锡自称使持节、大

都督、大将军、凉州牧、西平公，时年十八。尊母刘美人曰太妃。遣司马纶骞奉章诣建康请命，并送御史俞归东还。

【译文】 癸卯日（十九日），前燕攻下了密城，刘远逃到江陵。

秋季，八月，有异星出现在角宿、亢宿。

张玄靓的祖母马氏去世后，尊庶母郭氏为太妃。因为张天锡专擅朝政，郭氏就和大臣张钦等人谋划杀掉他，事情败露后，张钦等人都被杀死。张玄靓因为恐惧就要把自己的王位让给张天锡，但是张天锡不肯接受。右将军刘肃等劝张天锡自立为王。闰月，张天锡命令刘肃等人在夜里率领士兵进入禁卫军防守的宫中，杀死了张玄靓。对外宣布说他暴病而死，谥号叫冲公。当时张天锡的年纪是十八岁，他自称使持节、大都督、大将军、凉州牧、西平公，奉他的母亲刘美人为太妃。派遣司马纶骞奉奏章前往建康，要求按朝廷的命令来任用官吏，并且把御史俞归东送回建康。

癸亥，大赦。

冬，十月，燕镇南将军慕容尘攻陈留太守袁披于长平；汝南太守朱斌乘虚袭许昌，克之。

代王什翼犍击高车，大破之，俘获万馀口，马、牛、羊百馀万头。

以征虏将军桓冲为江州刺史。十一月，姚襄故将张骏杀江州督护赵毗，帅其徒北叛；冲讨斩之。

【译文】 癸亥日（闰八月无此日），东晋诏令大赦。

冬季，十月，前燕镇南将军慕容尘到长平攻打陈留太守袁披；汝南太守朱斌乘虚袭击占领了许昌。

代国君王拓跋什翼犍攻击高车（敕勒，古赤狄的余种），俘获了一万多人和一百多头马、牛、羊，大获全胜。

朝廷派遣征虏将军桓冲做江州刺史。十一月，姚襄的旧将张骏杀了江州督护赵毗，然后又率领他的士兵在北方叛变，桓冲讨伐并斩杀了张骏。

兴宁二年（甲子，公元三六四年）春，正月，丙辰，燕大赦。

二月，燕太傅评、龙骧将军李洪略地河南。

三月，庚戌朔，大阅户口，令所在土断，严其法禁，谓之《庚戌制》。

帝信方士言，断谷饵药以求长生。侍中高崧谏曰："此非万乘所宜为；陛下兹事，实日月之食。"不听。辛未，帝以药发，不能亲万机，褚太后复临朝摄政。

夏，四月，甲辰，燕李洪攻许昌、汝南，败晋兵于悬瓠，颍川太守李福战死，汝南太守朱斌奔寿春，陈郡太守朱辅退保彭城。大司马温遣西中郎将袁真等御之，温帅舟师屯合肥。燕人遂拔许昌、汝南、陈郡，徙万馀户于幽、冀二州，遣镇南将军慕容尘屯许昌。

【译文】 兴宁二年（甲子，公元364年）春季，正月，丙辰日（初六），前燕诏令大赦。

二月，前燕太傅慕容评、龙骧将军李洪巡查黄河以南。

三月，庚戌朔日（初一），朝廷大规模地核查户口，凡是从西北流亡或迁徙到东南来的，现在居住在哪个郡县的百姓，便把他们规定为哪个郡县百姓，并记录在该郡县百姓的户籍中。这种被严厉执行的法令制度，被叫作《庚戌制》。

晋哀帝司马丕相信方术之士的言论，专门服用调补身体的药，不吃饭，以求长生不死。侍中高崧规劝阻止说："这不是您贵为万乘之尊的天子所应该有的行为；陛下此事做得不合适，生死就像日食月食，是人人都知道的。"晋哀帝司马丕不肯听从。辛未日（二十二日），晋哀帝司马丕因为药性发作，不能亲自治理国家大事，褚太后又亲自上朝代理朝政。

夏季，四月，甲辰日（二十五日），前燕国的李洪攻打许昌和汝南，在悬瓠这个地方打败了东晋的军队，颍川太守李福战死，汝南太守朱斌逃到寿春，陈郡太守朱辅退守在彭城。大司马桓温派遣西中郎将袁真等前去抵御燕国的进攻，桓温率领水军驻守在合肥。于是前燕的军队攻取了许昌、汝南和陈郡一带，把一万多户百姓迁徙到幽、冀两州，然后派遣镇南将军慕容尘驻守在许昌。

五月，戊辰，以扬州刺史王述为尚书令。加大司马温扬州牧、录尚书事。壬申，使侍中召温入参朝政，温辞不至。

王述每受职，不为虚让，其所辞必于不受。及为尚书令，子坦之白述："故事当让。"述曰："汝谓我不堪邪？"坦之曰："非也，但克让自美事耳。"述曰："既谓堪之，何为复让！人言汝胜我，定不及也。"

【译文】 五月，戊辰日（二十日），朝廷派遣扬州刺史王述做尚书令。加封大司马桓温为扬州牧、录尚书事。壬申日（二十四日），命侍中召桓温入朝参与朝政，桓温推辞没有入朝。

王述每一次接受新的官职，从不做虚假的谦让，凡是他所推辞的，那一定是他不愿意接受的。在他做到尚书令的时候，他的儿子王坦之告诉他说："按照惯例应当谦让一下。"王述说："你认为我不能够胜任这个职务吗？"王坦之说："我不是这个意思，如果你能够谦让一下那自然是美事。”王述说：“既然认为能够胜任，为什么还要再谦让呢？人家都说你比我强，我看你事实上比不上我。”

【乾隆御批】 子请父让，父谓定不及，是何世道人心。吁！可诧哉！

【译文】 儿子请父亲谦让，父亲说你一定不如我，这是什么样的社会风气，人心趋向？唉！真叫人奇怪啊！

【申涵煜评】 克让固为美事，后世相习，以诈人心，渐觉不古，甚至有本出要求而反诡词以沽名者。王述不让尚书令，与赵充国不让金城功同。予最喜此种率真人。

【译文】 能够谦让原本是美好的事情，后世互相沿袭，用来欺诈人心，渐渐让人觉得不厚道，甚至有超过原本的要求而反过来说假话来谋取名声的人。王述不推辞担任尚书令的官职，和赵充国不推辞攻克金城的功劳一样。我最喜欢这种直率真性情的人。

六月，秦王坚遣大鸿胪拜张天锡为大将军、凉州牧、西平公。

秋，七月，丁卯，诏复征大司马温入朝。八月，温至赭圻，诏尚书车灌止之，温遂城赭圻居之，固让内录，遥领扬州牧。

秦汝南公腾谋反，伏诛。腾，秦主生之弟也。是时，生弟晋公柳等犹有五人，王猛言于坚曰：“不去五公，终必为患。”坚不从。

【译文】 六月，前秦国君苻坚派遣大鸿胪任命张天锡为大将军、凉州牧、西平公。

秋季，七月，丁卯日（二十日），朝廷下令再次征召大司马桓温回朝。八月，桓温到达赭圻，朝廷又命令尚书车灌阻止桓温回朝。于是桓温就居住在赭圻城，坚决推辞录尚书事的职务，只在名义上接受了扬州牧。

前秦国汝南公苻腾因为阴谋造反而被杀死了。苻腾是前秦国主苻生的弟弟。这时，苻生的弟弟们还有晋公苻柳等五个人，王猛向前秦国君苻坚建议说：“不除掉这五人，将来必定会造成祸患。”前秦国君苻坚没有听从他的建议。

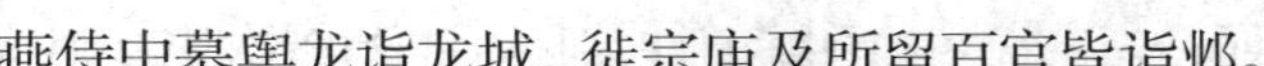

燕侍中慕舆龙诣龙城，徙宗庙及所留百官皆诣邺。

燕太宰恪将取洛阳，先遣人招纳士民，远近诸坞皆归之；乃使司马悦希军于盟津，豫州刺史孙兴军于成皋。

初，沈充之子劲，以其父死于逆乱，志欲立功以雪旧耻；年三十馀，以刑家不得仕。吴兴太守王胡之为司州刺史，上疏称劲才行，请解禁锢，参其府事；朝廷许之。会胡之以病，不行。及燕人逼洛阳，冠军将军陈祐守之，众不过二千。劲自表求配祐效力；诏以劲补冠军长史，令自募壮士，得千馀人以行。劲屡以少击燕众，摧破之。而洛阳粮尽援绝，祐自度不能守，乃以救许昌为名，九月，留劲以五百人守洛阳，祐帅众而东。劲喜曰：“吾志欲致命，今得之矣。”祐闻许昌已没，遂奔新城。燕悦希引兵略河南诸城，尽取之。

【译文】 前燕侍中慕舆龙前往龙城，把宗庙以及留守宗庙的百官，全都迁到邺城。

前燕太宰慕容恪想要攻占洛阳，就先派遣人前去招致和接纳当地的百姓，远近各村落都归顺服从了他；于是命司马悦希驻扎在盟津，豫州刺史孙兴驻扎在成皋。

起初，沈充的儿子沈劲，因为他的父亲叛逆作乱而死，就确定自己的志向一定要为国家建功立业，以洗雪父亲留下的耻

辱；他三十多岁的时候，因为家里有受过刑的人，所以不能够做官。吴兴太守王胡之做司州刺史，上奏折称赞沈劲的才干和德行非常罕有，请求解除他们家人不能做官的禁令，让沈劲参与他府里的事务；朝廷同意了。恰好赶上了王胡之生病，所以没能够实行。等到燕国人逼近洛阳，冠军将军陈祐守卫洛阳，兵将不到两千。沈劲自己上表奏，请求把自己配置在陈祐的部属中，以便为国效力；朝廷下令派遣沈劲补冠军长史，命令他自己广招壮士，招到了一千多人以后就前往洛阳。沈劲屡次以少胜多。而洛阳城的外面又没有援兵，粮食也已经用完。陈祐自己估计不能守住洛阳，就借着援救许昌的名义，九月，把五百人留给沈劲防守洛阳，自己率领着士兵向东而去。沈劲高兴地说："我以前就立志要为国家效命，现在终于得到机会了。"途中陈祐听说许昌已经沦陷，就逃到了新城。燕国的司马悦希带领军队攻打河南各城池，把所有的城池都占据了。

秦王坚命公国各置三卿，并馀官皆听自采辟，独为置郎中令。富商赵掇等车服僭侈，诸公竞引以为卿；黄门侍郎安定程宪言于坚，请治之。坚乃下诏称："本欲使诸公延选英儒，乃更猥滥如是！宜令有司推检，辟召非其人者，悉降爵为侯，自今国官皆委之铨衡。自非命士已上，不得乘车马；去京师百里内，工商皂隶，不得服金银、锦绣。犯者弃市。"于是，平阳、平昌、九江、陈留、安乐五公皆降爵为侯。

【译文】前秦国君苻坚命令凡是公爵封国，都要各自设置郎中令、中尉、大农三卿，其余的官吏也都任由他们自己选拔任命，朝廷只为他们设置郎中令一官。富商赵掇所用的车乘，所穿的服饰，可以和王公贵族相比，每一位公爵都争着让他做自己的客卿；黄门侍郎安定人程宪请求前秦国君苻坚下令处理这件事情。前秦国君苻坚就下令说：“本来想要使诸位公爵博览甄选英明而有学问的人，你们竟然令我如此失望，下令任命主事的官吏检查追究公爵任命官员这件事，凡是没有征召到适当的人选的公爵，全部降爵位为侯位，从现在开始公爵国的官吏全部交给吏部尚书选拔征召。除君王所任命的士人以上的官吏，其他人都不能够乘坐车马；距离京都一百里以内的地方，凡是从事工商业和卑贱职业的人，都不能够佩戴金银的饰物，凡是穿着锦绣的衣服，违犯这个禁令的人，都要处以斩刑，还要把尸体丢弃在公共场所，给众人以警戒。”于是，平阳、平昌、九江、陈留、安乐五公都降低爵位为侯位。

兴宁三年（乙丑，公元三六五年）春，正月，庚申，皇后王氏崩。

刘卫辰复叛代，代王什翼犍东渡河，击走之。

什翼犍性宽厚，郎中令许谦盗绢二匹，什翼犍知而匿之，谓左长史燕凤曰：“吾不忍视谦之面，慎勿泄。若谦惭而自杀，是吾以财杀士也。”尝讨西部叛者，流矢中目；既而获射者，群臣欲脔割之，什翼犍曰：“彼各为其主斗耳，何罪！”遂释之。

大司马温移镇姑孰。二月，乙未，以其弟右将军豁监荆州、扬州之义城、雍州之京兆诸军事，领荆州刺史，加江州刺史桓冲监江州及荆、豫八郡诸军事，并假节。

司徒昱闻陈祐弃洛阳，会大司马温于洌洲，共议征讨。丙申，帝崩于西堂，事遂寝。

帝无嗣，丁酉，皇太后诏以琅邪王奕承大统。百官奉迎于琅邪第，是日，即皇帝位，大赦。

【译文】 兴宁三年（乙丑，公元365年）春季，正月，庚申日（十六日），东晋皇后王氏去世。

刘卫辰又叛变了代国，代国君王拓跋什翼犍向东渡过黄河，一直攻击最后赶走了刘卫辰。

代王拓跋什翼犍本性宽大忠厚，他知道郎中令许谦偷取了两匹绢却没有对外宣布，而是对左长史燕凤说："我不忍心看许谦的脸，假若许谦感到惭愧自杀而死，那就是我因为爱财物而杀死了我的士臣。"拓跋什翼犍曾经在讨伐西部叛变者的时候，被敌人的飞箭射中了眼睛。不久之后，捉到了那个射箭的人，群臣想要把他千刀万剐，拓跋什翼犍却说："他有什么罪呢？他只不过是为自己的主上而战斗罢了。"于是就下令释放了他。

大司马桓温从赭圻迁到姑孰镇守在那里。二月，乙未日（二十一日），派遣他的弟弟右将军桓豁监管荆州、扬州的义城、雍州的京兆诸军事，兼荆州刺史；让江州刺史桓冲监管江州及荆、豫八郡诸军事，并且全都持有符节。

司徒司马昱听说陈祐放弃了洛阳，就到洌洲和大司马桓温会师，共同商量征战讨伐的大事。丙申日（二十二日），晋哀帝司马丕在太极殿的西堂驾崩，事情就被搁置下来了。

晋哀帝司马丕没有子嗣，丁酉日（二十三日），皇太后下诏令任命琅邪王司马奕承继帝位。就在这一天，文武百官就到琅邪王的府第迎接，司马奕登上帝位，诏令大赦。

秦大赦，改元建元。

燕太宰恪、吴王垂共攻洛阳。恪谓诸将曰："卿等常患吾不攻，今洛阳城高而兵弱，易克也，勿更畏懦而怠惰！"遂攻之。三月，克之，执扬武将军沈劲。劲神气自若，恪将宥之。中军将军慕舆虔曰:“劲虽奇士,观其志度,终不为人用,今赦之,必为后患。”遂杀之。恪略地至崤、渑,关中大震,秦王坚自将屯陕城以备之。

燕人以左中郎将慕容筑为洛州刺史,镇金墉;吴王垂为都督荆、扬、洛、徐、兖、豫、雍、益、凉、秦十州诸军事、征南大将军、荆州牧,配方一万,镇鲁阳。

太宰恪还邺,谓僚属曰:“吾前平广固,不能济辟闾蔚;今定洛阳,使沈劲为戮;虽皆非本情,然身为元帅,实有愧于四海。”朝廷嘉劲之忠,赠东阳太守。

【译文】前秦国大赦境内,改年号为建元。

前燕国的太宰慕容恪、吴王慕容垂共同进攻洛阳。慕容恪对各位将领说:“你们常常忧虑我不思进攻,现在的洛阳,城墙虽然高但兵力却很弱,很容易被攻下,我们不要再畏惧怯懦而懈怠懒惰了。”于是他们就全力进攻。三月,攻进了洛阳城,逮捕了扬武将军沈劲,沈劲的神情气度像平时一样,慕容恪想要宽赦他。中军将军慕舆虔(《晋书·忠义·沈劲传》,“舆”字作“容”)说:“沈劲虽然是一个不平凡的人,但是看他的志向和气度,终究会被别人所用,如果我们现在赦免了他,那必定会成为以后的祸患。”于是就杀了沈劲。慕容恪一路攻到了崤谷和渑池,关中人都很震惊,前秦国君苻坚亲自率领军队驻守在陕城以防备慕容恪的袭击。

前燕国派左中郎将慕容筑做洛州刺史,镇守在金墉;吴王慕容垂为都督荆、扬、洛、徐、兖、豫、雍、益、凉、秦十州的军事,征南大将军、荆州牧,配给他兵士一万人,镇守在鲁阳地。

太宰慕容恪回到邺城,对他的僚属们说:“在我从前平定广固的时候,不能够救下辟闾蔚;现在平定洛阳的时候,又使沈

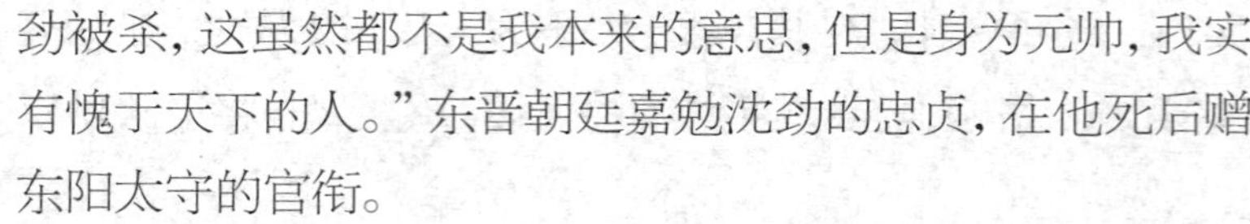

劲被杀，这虽然都不是我本来的意思，但是身为元帅，我实在是有愧于天下的人。”东晋朝廷嘉勉沈劲的忠贞，在他死后赠给他东阳太守的官衔。

◆臣光曰：沈劲可谓能为子矣！耻父之恶，致死以涤之，变凶逆之族为忠义之门。《易》曰：“干父之蛊，用誉。”《蔡仲之命》曰：“尔尚盖前人之愆，惟忠惟孝。”其是之谓乎！◆

太宰恪为将，不事威严，专用恩信；抚士卒务综大要，不为苛令，使人人得便安。平时营中宽纵，似若可犯；然警备严密，敌至莫能近者，故未尝负败。

【译文】◆臣司马光说：沈劲可以说是一个贤能的子弟了！只是由于对他父亲的叛逆行为感到可耻，就发誓以死来孝忠自己的国家以洗雪父亲背叛国家带来的耻辱，使自己的家族变为忠义之家。《易经·蛊卦》六五爻辞说：“干父之蛊，用誉。”（奉承父事，应当用中和之德，不可以用武力。）《尚书·周书·蔡仲之命》说：“尔尚盖前人之衍，惟忠惟孝。”（你要想掩盖前人的罪过，只有自己尽忠尽孝。）大概就是这个意思吧！◆

前燕国太宰慕容恪在做将领的时候，不用威严管束他人，专门用恩德和诚信来对待他人，安抚士卒；阅览规章制度的大纲，没有制定细微苛刻的政令，都是使人人都能得到方便和安适的政令。平常军营看上去比较松懈，好像随时可以侵犯的样子；然而却是警戒防备得非常严密，即使敌人到达这里，也没有人能够接近，所以从来没有失败过。

【申涵煜评】恪有季札之退让，霍光之厚重，孔明之精详，赤心为国，表里如一。在汉人中亦不可多得，勿以鲜卑而少之。

【译文】 慕容恪拥有季札谦退逊让的品格，霍光温厚稳重的性格，诸葛亮（字孔明）精密详实的心思，赤诚为国家做事，表里如一。即使是在中原人之中这种人也不多见，不要以为是鲜卑族就会缺少这种人。

壬申，葬哀帝及静皇后于安平陵。

夏，四月，壬午，燕太尉武平匡公封弈卒。以司空阳骛为太尉，侍中、光禄大夫皇甫真为司空，领中书监。骛历事四朝，年耆望重，自太宰恪以下皆拜之。而骛谦恭谨厚，过于少时；戒束子孙，虽朱紫罗列，无敢违犯其法度者。

六月，戊子，益州刺史建城襄公周抚卒。抚在益州三十馀年，甚有威惠。诏以其子楗为太守楚代之。

【译文】 壬申日（二十九日），在安平陵安葬了晋哀帝司马丕和静皇后。

夏季，四月，壬午日（初九），前燕国的太尉武平匡公封弈去世。派遣司空阳骛做太尉，让侍中、光禄大夫皇甫真做司空，兼中书监一职。司空阳骛经历廆、皝、俊、暐四朝，虽然年事已高，但也是德望隆重之人，太宰慕容恪以下都非常尊敬他。司空阳骛的谦虚恭敬、忠厚谨慎，超过了他幼年还没有做官的时候；他还经常告诫约束自己的子孙，虽然他的子孙成为显贵的人很多，却没有人敢违背他定的戒律。

六月，戊子日（十六日），益州刺史建城襄公周抚去世。周抚在益州已经有三十多年了，是一个很有威望的人，当地受过他恩惠的人也很多。朝廷下令派他的儿子周楗为太守，周楚代替他的职位。

秋，七月，己酉，徙会稽王昱复为琅邪王。

壬子，立妃庾氏为皇后。后，冰之女也。

甲申，立琅邪王昱子昌明为会稽王；昱固让，犹自称会稽王。

匈奴右贤王曹毂、左贤王刘卫辰皆叛秦。毂帅众二万寇杏城，秦王坚自将讨之，使卫大将军李威、左仆射王猛辅太子宏留守长安。八月，坚击毂，破之，斩毂弟活，毂请降，徙其豪杰六千馀户于安。建节将军邓羌讨卫辰，擒之于木根山。

九月，坚如朔方，巡抚诸胡。冬，十月，征北将军、淮南公幼帅杏城之众乘虚袭长安，李威击斩之。

鲜卑秃发椎斤卒，年一百一十，子思复鞬代统其众。椎斤，树机能从弟务丸之孙也。

【译文】秋季，七月，己酉日（初七），会稽王司马昱又被封为琅邪王。

壬子日（初十），晋废帝司马奕立自己的妃子庾氏为皇后。皇后是庾冰的女儿。

甲申日（七月无此日），东晋朝廷立琅邪王司马昱的儿子司马曜做会稽王；司马昱再三谦让，而且仍然称自己为会稽王。

匈奴右贤王曹毂、左贤王刘卫辰都背叛了前秦国。曹毂率领两万人入侵杏城，前秦国君苻坚亲自率领军队前往讨伐，命令卫大将军李威和左仆射王猛，辅助太子苻宏留居镇守长安。八月，前秦国君苻坚去攻击匈奴右贤王曹毂并且把他打败了，而且还斩杀了他的弟弟。曹毂最终请求投降，把他的六千多户富豪显贵迁徙到长安。建节将军邓羌去讨伐匈奴左贤王刘卫辰，在木根山捉住了他。

九月，前秦国君苻坚在前往朔方的途中巡视和安抚见到的每一个胡人。冬季，十月，征北将军、淮南公苻幼率领杏城的士卒趁着前秦国君苻坚不在的时机袭击长安，李威去迎击并且把他斩杀了。

鲜卑的首领秃发椎斤去世，享年一百一十岁，他的儿子思复鞬代替他率领他的士兵。秃发椎斤是树机能的堂弟务丸的孙子。

梁州刺史司马勋，为政酷暴，治中、别驾及州之豪右，言语忤意，即于坐枭斩之，或亲射杀之。常有据蜀之志，惮周抚，不敢发。及抚卒，勋遂举兵反；别驾雍端、西戎司马隗粹切谏，勋皆杀之，自号梁、益二州牧、成都王。十一月，勋引兵入剑阁，攻涪，西夷校尉毋丘暐弃城走。乙卯，围益州刺史周楚于成都。大司马温表鹰扬将军江夏相义阳朱序为征讨都护以救之。

秦王坚还长安，以李威守太尉，加侍中。以曹毂为雁门公，刘卫辰为夏阳公，各使统其部落。

十二月，戊戌，以尚书王彪之为仆射。

【译文】梁州刺史司马勋，有治理政事残酷暴虐的名声，在同州里的豪强讲话的时候，有豪强违背了他的意思，他立刻就在座位上把他们的头斩下来悬挂在木桩上，或者是亲自射杀他们。他常常有占据四川的志向，但因害怕周抚所以不敢发兵。等到周抚去世以后，司马勋就举兵叛变；别驾雍端和西戎司马隗粹恳切地劝谏，司马勋把他们全都杀死了，然后自称梁益两州牧、成都王。十一月，司马勋带兵攻入剑阁，然后又攻打涪城，西夷校尉毌丘暐弃城逃走。乙卯日（十五日），司马勋带兵攻到成都包围了益州刺史周楚。大司马桓温上书推荐鹰扬将军、江夏相义阳人朱序为征讨都护，带兵前往益州援救。

前秦国君苻坚回到长安，派遣李威暂时代理太尉之职，加

封侍中之职。派遣刘卫辰做夏阳公，曹毂做雁门公，命令他们各自率领自己的部落。

十二月，戊戌日（二十九日），东晋朝廷封尚书王彪之做仆射。

海西公上

太和元年（丙寅，公元三六六年）春，三月，荆州刺史桓豁使督护桓罴攻南郑，讨司马勋。

燕太宰、大司马恪，太傅、司徒评，稽首归政，上章绶，请归第；燕主暐不许。

夏，五月，戊寅，皇后庾氏崩。

【译文】 太和元年（丙寅，公元366年）春季，三月，荆州刺史桓豁命令督护桓罴进攻南郑，讨伐司马勋。

前燕国太宰、大司马慕容恪，太傅、司徒慕容评，想告老还乡，奉上自己的印章、官服，请求回到自己私有的宅子；前燕国君慕容暐不答应。

夏季，五月，戊寅日（十两日），东晋皇后庾氏去世。

朱序、周楚击司马勋，破之，擒勋及其党，送大司马温；温皆斩之，传首建康。

代王什翼犍遣左长史燕凤入贡于秦。

秋，七月，癸酉，葬孝皇后于敬平陵。

秦辅国将军王猛、前将军杨安、扬武将军姚苌等帅众二万寇荆州，攻南乡郡；荆州刺史桓豁救之，八月，军于新野。秦兵掠安阳民万馀户而还。

【译文】 朱序和周楚一起攻打司马勋并且打败了他，捉住了司马勋和他的同党，然后把他们全部送给了大司马桓温；桓温把他们全部斩杀，并把他们的头传送到建康。

代国君王拓跋什翼犍派遣左长史燕凤向前秦进贡。

秋季，七月，癸酉日（初八），东晋在敬平陵安葬了庾皇后。

前秦国的辅国将军王猛、前将军杨安、扬武将军姚苌等率领士兵两万人入侵荆州，然后进攻南乡郡；荆州刺史桓豁前去荆州救援，八月，驻军在新野。前秦的士兵掠夺安阳一万多户百姓的财物而回。

九月，甲午，曲赦梁、益二州。

冬，十月，加司徒昱丞相、录尚书事，入朝不趋，赞拜不名，剑履上殿。

张天锡遣使至秦境上，告绝于秦。

燕抚军将军下邳王厉寇兖州，拔鲁、高平数郡，置守宰而还。

初，陇西李俨以郡降秦，既而复通于张天锡。十二月，羌敛岐以略阳四千家叛秦，称臣于俨；俨于是拜置牧守，与秦、凉绝。

南阳督护赵亿据宛城降燕，太守桓澹走保新野；燕人遣南中郎将赵盘自鲁阳戍宛。

徐、兖二州刺史庾希，以后族故，兄弟贵显，大司马温忌之。

【译文】 九月，甲午日（二十九日），桓温对梁、益两州司马勋的同党和胁从者进行处罚，本来不应该赦免的但也都赦免了。

冬季，十月，东晋加封给司徒司马昱丞相、录尚书事，并且允许他入朝晋见皇帝的时候，不必小步行走；在跪拜而赞呼的

时候，不用必须称自己的名字；在上殿的时候，可以佩带剑，可以不脱鞋。

张天锡派遣使臣到前秦国的边境，告诉前秦国，他要和前秦国断绝邦交。

前燕国的抚军将军下邳王慕容厉率人入侵兖州，攻取了鲁和高平数郡，在那设置了郡守、县宰然后回去了。

起初，陇西人李俨率他所统辖的郡投降了前秦国，没过多久，又和张天锡暗中通好。十二月，羌族人敛岐带领略阳的四千家民众叛变了前秦国，向李俨称臣；李俨于是任命和设置州牧、郡守，和前秦国、凉州断绝邦交。

南阳督护赵亿占据宛城投降了前燕国，太守桓澹为了自保逃到新野；燕国人派遣南中郎将赵盘从鲁阳去驻守宛城。

徐、兖两州刺史庾希，因为他是皇后家族之人的缘故，兄弟均居显贵的地位，大司马桓温因此非常忌恨他们。

太和二年（丁卯，公元三六七年）春，正月，庾希坐不能救鲁、高平，免官。

二月，燕抚军将军下邳王厉、镇北将军宜都王桓袭敕勒。

秦辅国将军王猛、陇西太守姜衡、南安太守南安邵羌、扬武将军姚苌等帅众万七千讨敛岐。三月，张天锡使前将军杨遹向金城，征东将军常据向左南，游击将军张统向白土，天锡自将三万人屯仓松，以讨李俨。敛岐部落先属姚弋仲，闻姚苌至，皆降；王猛遂克略阳，敛岐奔白马。秦王坚以苌为陇东太守。

夏，四月，燕慕容尘寇竟陵，太守罗崇击破之。

张天锡攻李俨大夏、武始二郡，下之。常据败俨兵于葵谷，天锡进屯左南。俨惧，退守枹罕，遣其兄子纯谢罪于秦，且请救。

秦王坚使前将军杨安、建威将军王抚帅骑二万，会王猛以救俨。

【译文】 太和二年（丁卯，公元367年）春季，正月，庾希因为不能救援鲁郡和高平郡而获罪，被免去官职。

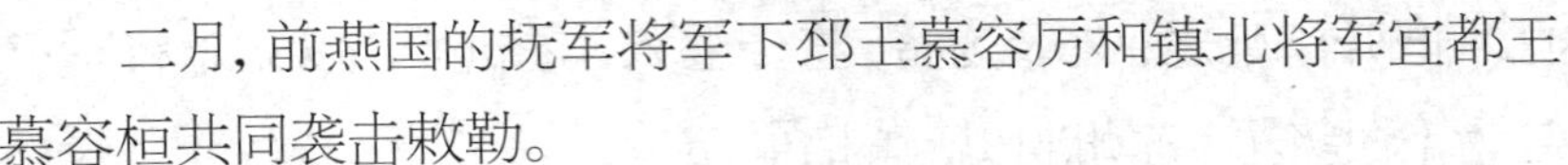

二月，前燕国的抚军将军下邳王慕容厉和镇北将军宜都王慕容桓共同袭击敕勒。

前秦国的辅国将军王猛、陇西太守姜衡、南安太守南安人邵羌、扬武将军姚苌等率领一万七千名士兵去讨伐敛岐。三月，凉州牧张天锡派遣前将军杨遹向金城方向出发，征东将军常据向左南方向出发，游击将军张统向白土方向出发，张天锡亲自率领三万人驻扎仓松，等待讨伐李俨。敛岐的部落早先属于姚弋仲，听说姚苌来到后，士兵们就都向他投降了。于是王猛就攻克了略阳，敛岐被迫逃到白马。前秦国君苻坚派姚苌做陇东太守。

夏季，四月，前燕国的慕容尘入侵竟陵，太守罗崇把他打败了。

张天锡攻打李俨的大夏和武始两郡，获胜取得了两郡。常据在葵谷击败了李俨的军队，然后张天锡进军驻扎在左南地区。李俨因恐惧而撤退驻守在枹罕，派遣他哥哥的儿子李纯向前秦国请罪同时请求救援。前秦国君苻坚命令前将军杨安、建威将军王抚率领骑兵两万人和王猛一起去救援李俨。

猛遣邵羌追敛岐，王抚守侯和，姜衡守白石，猛与杨安救枹罕。天锡遣杨遹逆战于枹罕东，猛大破之，俘斩万七千级，与天锡相持于城下。邵羌禽敛岐于白马，送之。猛遗天锡书曰：“吾受诏救俨，不令与凉州战，今当深壁高垒，以听后诏。旷日持久，恐二家俱弊，非良算也。若将军退舍，吾执俨而东，将军徙民西旋，不亦可乎!”天锡谓诸将曰:“猛书如此;吾本来伐叛，不来与秦战。”遂引兵归。

李俨犹未纳秦师，王猛白服乘舆，从者数十人，请与俨相见。俨开门延之，未及为备，将士继入，遂执俨。以立忠将军彭越为平西将军、凉州刺史，镇枹罕。

【译文】 王猛派遣邵羌追击敛岐，王抚驻守在侯和，姜衡驻守在白石，王猛和杨安带兵去援救枹罕。张天锡派遣杨遹率兵到枹罕东迎战，王猛把他们打得大败，俘虏和斩杀的共有一万七千多人，王猛和张天锡相持在枹罕城下。邵羌在白马捉住了敛岐，把他送给了王猛。王猛在送给张天锡的信里面说:“我只是受命救援李俨，没有受命和凉州交战，现在我也是建好堡垒固守，来听候上级的命令。而现在你、我在这耗费时日，长久相持，恐怕秦国、凉州都要疲惫不堪，这实在不是良策。如果将军能后退一步，让我逮捕李俨然后东去，将军把百姓迁回西方，这样对我们双方都有好处，不是吗?”张天锡对众将领说:“就按王猛信上说的来做，我原本就是来讨伐叛逆，不是来和秦国作战的。”于是就带领军队回去了。

李俨还没有让前秦国的军队进城，王猛就穿着白色的衣服坐着车子，后面跟着几十个人，请求和李俨相见，李俨打开城门请他进去，将士们在李俨还没有来得及防备的时候，就直接进去逮捕了他。王猛派遣立忠将军彭越做平西将军、凉州刺史，镇守在枹罕。

张天锡之西归也，李俨将贺肫说俨曰:“以明公神武，将士骁悍，奈何束手于人!王猛孤军远来，士卒疲弊，且以我请救，必不设备，若乘其怠而击之，可以得志。”俨曰:“求救于人以免难，难既免而击之，天下其谓我何！不若因守以老之，彼将自退”。猛责俨以不即出迎，俨以贺肫之谋告；猛斩肫，以俨归。至长安，坚以俨为光禄勋，赐爵归安侯。

燕太原桓王恪言于燕主暐曰：“吴王垂，将相之才，十倍于臣。先帝以长幼之次，故臣得先之。臣死之后，愿陛下举国以听吴王。”五月，壬辰，恪疾笃。暐亲视之，问以后事。恪曰：“臣闻报恩莫大于荐贤，贤者虽在板筑，犹可为相，况至亲乎！吴王文武兼资，管、萧之亚。陛下若任以大政，国家可安。不然，秦、晋必有窥窬之计。”言终而卒。

【译文】 当初张天锡要返回西方的时候，李俨的将领贺肫对李俨说：“明公您本就像神一样英勇神武，又有如此骁猛强悍的将士，为什么要束缚双手被别人所控制呢？王猛率领一支军队远道而来，士卒们肯定已经疲惫不堪，而且又因为是我们请求他们援救，他们必定不会防备，如果我们趁着他们懈怠的时候去攻击他们，一定可以成功。”李俨说：“为了免除祸难而向别人请求援救，祸难免除了反而又去攻击别人，天下人将会如何评论我们呢？不如严密地防守让他们因疲蔽而丧失斗志，这样他们将会自动地撤退。”王猛愤怒地责备李俨没有立即出城迎接，李俨就把贺肫的计划告诉他；于是王猛斩杀了贺肫，带着李俨回到了长安，前秦国君苻坚派李俨做光禄勋，赐给他归安侯的爵位。

前燕国太原桓王慕容恪向前燕国主慕容暐建议说：“吴王慕容垂出将入相的才干是我的十倍，先帝因为重视长幼的次序，所以我才能够居在他的上位。我死了以后，希望陛下处理国家政事的时候，能够听从吴王的建议。”五月，壬辰日（五月无此日），慕容恪病重，前燕国主慕容暐亲自去看他，并且询问他以

后的国事该怎样处理。慕容恪说："我听说报答恩德没有比推荐贤能更重要的了，贤能的人虽然在市井中，却能做贤能的相国，更何况骨肉至亲呢？吴王具备的文才武略，仅次于管仲和萧何，陛下如果把朝廷大政交给他处理，可保国家安全；如果不这样做的话，秦国、晋国必定会有攻打燕国的谋划。"说完慕容恪就死了。

秦王坚闻恪卒，阴有图燕之计，欲觇其可否，命匈奴曹毂发使如燕朝贡，以西戎主簿冯翊郭辩为之副。燕司空皇甫真兄腆及从子奋、覆皆仕秦，腆为散骑常侍。辩至燕，历造公卿，谓真曰："仆本秦人，家为秦所诛，故寄命曹王，贵兄常侍及奋、覆兄弟并相知有素。"真怒曰："臣无境外之交，此言何以及我！君似奸人，得无因缘假托乎！"白暐，请穷治之；太傅评不许。辩还，为坚言："燕朝政无纲纪，实可图也。鉴机识变，唯皇甫真耳。"坚曰："以六州之众，岂得不使有智士一人哉！"

曹毂寻卒，秦分其部落为二，使其二子分统之，号东、西曹。

荆州刺史桓豁、竟陵太守罗崇攻宛，拔之；赵亿走，赵盘退归鲁阳。豁追击盘于雉城，擒之，留兵戍宛而还。

【译文】 前秦国君苻坚听说慕容恪死了后，感到非常高兴，私下就有了进攻前燕国的计划。前秦国君苻坚想要去观察一下计划是否可以实行，就命令匈奴右贤王曹毂遣派使者去前燕国朝贡，派遣西戎主簿冯翊、郭辩做他的副使。前燕国司空皇甫真的哥哥皇甫腆和他的侄子皇甫奋、皇甫覆都在前秦国做官，皇甫腆做散骑常侍。郭辩到了前燕国，依次拜访前燕国的公卿后又对皇甫真说："我本来就是燕国人，因为家里的人被秦国人杀了，所以我寄托性命在曹王的帐下，你的哥哥散骑常侍皇甫腆以及你的侄子皇甫奋和皇甫覆都已经和我相知相交很久了。”皇甫真非常生气地说：“做臣子的没有私人的境外交谊，你这些话为什么对我说？你好像是奸邪的人，不可能没有任何原因或缘故，你是借此来冒充吗？”于是皇甫真把这些事告诉了前燕国主慕容暐，请求追究和讯问他这么说的原因；太傅慕容评不答应。郭辩回到长安对前秦国君主苻坚说：“燕国政事乱无纲纪，确实是可以设法图谋了，燕国朝中能够洞知变故明见时机的，只有皇甫真一个人而已。”前秦国君苻坚说：“以六州（幽、并、冀、司、兖、豫）的民众，哪里能够不让他有一个明白人呢？”

曹毂不久就去世了，前秦国把他的部落分为两部分，命他的两个儿子各自统领一个部分，号称为东曹、西曹。

荆州刺史桓豁和竟陵太守罗崇进攻宛城，攻取了宛城；赵亿逃走，赵盘撤退回鲁阳，桓豁乘胜追击赵盘到雉城，捉住了他，然后就留下士兵驻守宛城而自己回去了。

秋，七月，燕下邳王厉等破敕勒，获马牛数万头。

初，厉兵过代地，犯其穄田；代王什翼犍怒。燕平北将军武强公埿以幽州兵戍云中。八月，什翼犍攻云中，埿弃城走，振威将军慕舆贺辛战没。

九月，以会稽内史郗愔为都督徐、兖、青、幽、扬州之晋陵诸军事、徐、兖二州刺史，镇京口。

秦淮南公幼之反也，征东大将军、并州牧晋公柳、征西大将军、秦州刺史赵公双，皆与之通谋；秦王坚以双、母弟至亲，柳，健之爱子，隐而不问。柳、双复与镇东将军、洛州刺史魏公廋、安西将军、雍州刺史燕公武谋作乱，镇东主簿南安姚眺谏曰：“明公以周、邵之亲，受方面之任，国家有难，当竭力除之，况自

为难乎!”廋不听。坚闻之，征柳等诣长安。冬，十月，柳卯据蒲阪，双据上邽，廋据陕城，武据安定，皆举兵反。坚遣使谕之曰：“吾待卿等，恩亦至矣，何苦而反！今止不征，卿宜罢兵，各安其位，一切如故。”各啮梨以为信。”皆不从。

【译文】秋季，七月，前燕国下邳王慕容厉等攻破了敕勒，得到了几万头牛马。

起初，慕容厉的军队经过代国，侵犯他们的穄田；代国君王拓跋什翼犍很气愤。前燕国平北将军武强公慕容埿用幽州的士兵驻守在云中。八月，代王拓跋什翼犍进攻云中，慕容埿弃城逃走，振威将军慕舆贺辛战死。

九月，东晋朝廷派遣会稽内史郗愔为都督掌管徐、兖、青、幽、扬州的晋陵诸军事和徐、兖两州刺史，镇守在京口。

前秦国淮南公苻幼反叛的时候，征东大将军、并州牧、晋公苻柳，征西大将军、秦州刺史、赵公苻双，都和他一起谋划；前秦国君苻坚因为苻双是同母弟，具有骨肉之亲，苻柳是苻健的爱子，所以将此事隐埋在心里而让他们没有被收捕问罪。苻柳和苻双又与镇东将军、洛州刺史、魏公苻廋，安西将军、雍州刺史、燕公苻武计划作乱，镇东将军的主簿南安人姚眺劝谏说：“明公，你应该以周公、邵公一样至亲的身份，接受独当一面的重任，国家有了祸难，应当竭尽所有的心力除掉它，怎能自己为国家制造祸难呢？”苻廋不肯听取他的劝谏。前秦国君苻坚听到了这个消息后，就征召苻柳前往长安。冬季，十月，苻柳占据蒲阪，苻双占据上邽，苻廋占据陕城，苻武占据安定，一起起兵发动叛乱。前秦国君苻坚派遣使者告诉他们说：“我对你们的恩德已经到极点了，你们为什么要自寻死路反叛自己的国家呢？现在我停止征召你们，如果你们停止发兵，各人安于自己的职位，那么一切依然如旧。”他又把咬过的梨交给每个使者，赐给苻柳等人作为信约（胡三省注：“梨肉脆，而啮之易入，以喻亲戚离叛，则国力脆弱，将为敌人所乘，故啮梨付使者，赐柳等以为信也。”或谓此乃系羌氏明誓所用之物，不知其意义何在，疑与折节以为信相类似，即如后违信，有如此被啮之梨，不能获全）。但是他们都不肯听从。

代王什翼犍击刘卫辰，河冰未合，什翼犍命以苇絙约流澌。俄而冰合，然犹未坚；乃散苇于其上，冰草相结，有如浮梁，代兵乘之以渡。卫辰不意兵猝至，与宗族西走，什翼犍收其部落什六七而还。卫辰奔秦，秦王坚送卫辰还朔方，遣兵戍之。

十二月，甲子，燕太尉建宁敬公阳骛卒。以司空皇甫真为侍中、太尉，光禄大夫李洪为司空。

【译文】 代国君王拓跋什翼犍攻打刘卫辰，黄河里的冰还没有冻结在一起，代王拓跋什翼犍就命令士兵用苇草拧结成粗大的绳索放在河面上，来拦积冰屑使河里的冰早点冻结。果然没过多久，冰就冻结在一起，但还是不够坚硬；他们命令士兵把苇草散放在冰上，让冰和草互相冻结在一起，像是漂浮的桥梁一样，代国的士兵就借着它渡过了黄河。刘卫辰没有料到代国的士兵突然袭击过来，只能和宗族向西逃走，代王拓跋什翼犍没收他部落留下的财物十分之六七之后退回去。刘卫辰逃到前秦国，前秦国君苻坚送刘卫辰回朔方，并且派遣士兵驻守在那儿。

十二月，甲子日（十二月无此日），前燕国的太尉建宁敬公阳骛去世。于是派遣司空皇甫真做侍中、太尉，光禄大夫李洪做司空。

太和三年（戊辰，公元三六八年）春，正月，秦王坚遣后将军杨成世、左将军毛嵩分讨上邽、安定，辅国将军王猛、建节将军邓羌攻蒲阪、前将军杨安、广武将军张蚝攻陕城。坚命蒲、陕之军皆距城三十里，坚壁勿战，俟秦、雍已平，然后并力取之。

初，燕太宰恪有疾，以燕主暐幼弱，政不在己，太傅评多猜忌，恐大司马之任不当其人，谓暐兄乐安王臧曰："今南有遗晋，西有强秦，二国常蓄进取之志，顾我未有隙耳。夫国之兴衰，系于辅相。大司马总统六军，不可任非其人，我死之后，以亲疏言之，当在汝及冲。汝曹虽才识明敏，然年少，未堪多难。吴王天资英杰，智略超世，汝曹若能推大司马以授之，必能混壹四海，况外寇，不足惮也；慎无冒利而忘害，不以国家为意也。"又以语太傅评。及恪卒，评不能用其言。二月，以车骑将军中山王冲为大司马。冲，暐之弟也。以荆州刺史吴王垂为侍中、车骑大将军、仪同三司。

【译文】 太和三年（戊辰，公元368年）春季，正月，前秦国君苻坚派遣后将军杨成世和左将军毛嵩分别讨伐上邽和安定这两个地方，又派遣辅国将军王猛和建节将军邓羌共同进攻蒲阪，命令前将军杨安和广武将军张蚝共同进攻陕城。前秦国君苻坚命令，蒲阪和陕城的军队都在距离城三十里的地方坚守营垒，不要和他们交战，等到秦州、雍州平定了以后，再合力进攻。

起初，前燕国太宰慕容恪有病，因为前燕国主慕容暐年幼体弱，朝政大权不在他手里，太傅慕容评生性多疑，恐怕大司马的职务任用不适当的人选，就对前燕国君慕容暐的哥哥乐安王慕容臧说："现在，南方有遗留下来的晋朝，西方有强大的秦国，这两个国家常常怀着进犯和攻取我们的想法，只是我们没有松懈罢了。一个国家的兴盛和衰败，依赖于辅佐国家的丞相。大司马率领全国的军队，这个职务不可以任用不适当的人，我死了以后，依照亲疏远近的关系来说，承担大司马职务的人应当由你和慕容冲担任。虽然你们都是很有才干和见识的，也都决断迅速敏捷，但是你们的经历还是太少，不能克服的困难还是很多的。吴王慕容垂天赋资质都异于常人，是一个非常杰出的人，他的智慧谋略也超越一般的人，你们如果能够推举他出任大司马，燕国必定能统一天下，更不用畏惧外来的敌寇了；你们一定不要贪图因做大司马掌握的权力和利益而忘记了可能产生亡国败家的祸患，不以国家安危为己任。”他又把这些话告诉了太傅慕容评。等到慕容恪死了以后，慕容评不采用他的建议。二月，派车骑将军中山王慕容冲做大司马。慕容冲，是前燕国君慕容暐的弟弟。又派荆州刺史、吴王慕容垂做侍中、车骑大将军、仪同三司。

秦魏公廋以陕城降燕，请兵应接；秦人大惧，盛兵守华阴。

燕魏尹范阳王德上疏，以为："先帝应天受命，志平六合；陛下纂统，当继而成之。今苻氏骨肉乖离，国分为五，投诚请援，前后相寻，是天以秦赐燕也。天与不取，反受其殃，吴、越之事，足以观矣。宜命皇甫真引并、冀之众径趋蒲阪，吴王垂引许、洛之兵驰解廋围，太傅总京师虎旅为二军后继，传檄三辅，示以祸福，明立购赏，彼必望风响应，浑壹之期，于此乎在矣！"时燕人多请救陕，因图关中者，太傅评曰："秦，大国也，今虽有难，未易可图。朝廷虽明，未如先帝；吾等智略，又非太宰之比。但能闭关保境足矣，平秦非吾事也。"

魏公廋遗吴王垂及皇甫真笺曰："苻坚、王猛，皆人杰也，谋为燕患久矣；今不乘机取之，恐异日燕之君臣将有甬东之悔矣!”垂谓真曰:“方今为人患者必在于秦，主上富于春秋，观太傅识度，岂能敌苻坚、王猛乎?”真曰:“然，吾虽知之，如言不用何!”

【译文】前秦国魏公苻廋带着陕城投降了前燕国，请求派兵前来接应；前秦国人感到非常恐惧，大规模地聚集士兵防守在华阴。

前燕国魏尹（以魏郡太守为魏尹）范阳王慕容德上奏书，认为:“先帝应该接受上天注定的命，要立定志向平定天下；陛下继承了帝位，应当继续达成这个目标。现在苻氏兄弟，乘国家危机背叛国家，把国家分成五个部分（蒲阪、陕城、上邽、安定和长安），派出请求援救的使者并诚心来归顺我们，前后相接，这是上天把秦国赐给我们燕国啊！上天所给予的如果我们不要，反而会受到上天的惩罚，观察古代吴、越两国的事情，就可以明白了。应当命令皇甫真带领并州、冀州的士卒，直接去往蒲阪；吴王慕容垂带领许昌、洛阳的兵卒，快速前去解除苻廋的围困；太傅慕容评总领京师如虎熊一样勇猛的师旅，分成两军作为后继，把有关战争状况的公文传送到三辅地区，告知他们国家未来的祸福，明确订立悬购和奖赏的标准，他们一定会纷纷前来响应，统一天下的日期就在这时了。”当时燕国人多数请求去救援陕城，以试图谋取关中，太傅慕容评说:“秦国本来就是一个大国，现在虽然遭遇到祸难，也不是轻易可以图谋的。我们现在的君王虽然英明神武，但比不上先帝；我们的智慧谋略也不能和太宰慕容恪相比，只要能够掩闭关塞之门，保卫自己的国境，已经足够了，平定秦国不是我们要做的事情。”

魏公苻廋送给吴王慕容垂和皇甫真的书信说:“秦王苻坚、王猛，都是人中的豪杰之士，计划制造燕国的祸患已经很久了；如果现在不借这个机会攻取秦国，恐怕将来燕国的君臣都会有春秋时吴王居于甬东那样的悔恨了！”慕容垂对皇甫真说：“现在造成人们祸患的人一定在秦国，我们的君王年纪尚轻，再看太傅慕容评的见识和气度，哪里能够对抗秦王苻坚和王猛呢？”皇甫真说：“是的，我虽然也知道这个道理，但是我的建议不被采用我又能如何？”

三月，丁巳朔，日月食之。

癸亥，大赦。

秦杨成世为赵公双将苟兴所败，毛嵩亦为燕公武所败，奔还。秦王坚复遣武卫将军王鉴、宁朔将军吕光、将军冯翊郭将、翟傉等帅众三万讨之。夏，四月，双、武乘胜至于榆眉，以苟兴为前锋。王鉴欲速战，吕光曰："兴新得志，气势方锐，宜持重以待之。彼粮尽必退，退而击之，蔑不济矣！"二旬而兴退。光曰："兴可击矣。"遂追之，兴败。因击双、武，大破之，斩获万五千级。武弃安定，与双皆奔上邽；鉴等进攻之。

晋公柳数出挑战，王猛不应。柳以猛为畏之。五月，留其世子良守蒲阪，帅众二万西趋长安。去蒲坂百馀里，邓羌帅锐骑七千夜袭，败之。柳引军还，猛邀击之，尽俘其众。柳与数百骑入城，猛、羌进攻之。

【译文】三月，丁巳朔日（初一），发生日食。

癸亥日（初七），东晋大赦天下。

前秦国杨成世被赵公苻双的将领苟兴打败，毛嵩也被燕公苻武打败，都逃了回来。前秦国君苻坚又派遣武卫将军王鉴、宁朔将军吕光、将军冯翊人郭将和翟傉等率领士兵三万人前去讨伐他们。夏季，四月，苻双、苻武乘胜抵达榆眉，派苟兴做前锋。

王鉴想要迅速和他们交战，吕光说："苟兴最近得到胜利，他的士兵们现在气势正高，我们应该保持稳重来等待他们士气消退。等到他们粮食吃完后，他们必定撤退，当他们撤退的时候就去追击他们，这样一定会成功的！"二十天后苟兴真的撤退了。吕光说："我们可以对苟兴进行追击了。"于是他们就去追击，苟兴失败了，他们就乘势去攻打苻双、苻武，也战胜了苻双、苻武，斩下了一万五千个将士的首级，苻武放弃了安定，和苻双一起逃到上邽，王鉴等又进一步攻击。

晋公苻柳屡次出城挑战，王猛每次都不理会他。苻柳以为王猛害怕他，五月，苻柳留下他的长子苻良防守蒲阪，自已率领士兵两万人向西赶往长安。在距离蒲阪一百多里的地方，邓羌率领精锐的骑兵七千人，在夜里去突袭他的军队，打败了苻柳。苻柳带着军队回去，王猛又在半路拦击他，俘虏了他所有的士兵。然后苻柳带几百名骑兵逃进蒲阪城，王猛和邓羌联合进兵攻击蒲阪城。

秋，七月，王鉴等拔上邽，斩双、武，宥其妻子。以左卫将军苻雅为秦州刺史。八月，以长乐丕为雍州刺史。

九月，王猛等拔蒲阪，斩晋公柳及其妻子。猛屯蒲阪，遣邓羌与王鉴等会攻陕城。

燕王公、贵戚多占民为荫户，国之户口少于私家，仓库空竭，用度不足。尚书左仆射广信公悦绾曰："今三方鼎峙，各有吞并之心。而国家政法不立，豪贵恣横，至使民户殚尽，委输无入，吏断常俸，战士绝廪，官贷粟帛以自赡给；既不可闻于邻敌，且非所以为治，宜一切罢断诸荫户，尽还郡县。"燕主暐从之，使绾专治其事，纠擿奸伏，无敢蔽匿，出户二十馀万，举朝怨怒。绾先有疾，自力厘校户籍，疾遂亟。冬，十一月，卒。

【译文】 秋季，七月，王鉴等人攻取了上邽，杀了苻双、苻武，但宽赦他们的妻子儿女。前秦国君苻坚派左卫将军苻雅做秦州刺史。八月，派长乐公苻丕做雍州刺史。

九月，王猛等人攻取了蒲阪，杀了晋公苻柳和他的妻子儿女。王猛驻兵蒲阪，派遣邓羌和王鉴等人会合攻打陕城。

前燕国的许多王公贵戚都占用民间的田地，庇护他们的亲属以及他们的食客和佃客，却不负担国家的赋税和徭役，国家纳税的户口比私人拥有的户口还少，因此国家仓库空竭，钱财不够用。尚书左仆射广信公悦绾说："现在燕国、晋国、秦国三方鼎足而立，各方均怀吞并其他两国的野心。而我们国家的政治制度和法令至今都没有订立，豪强显贵们恣肆纵横，以致民间农户非常穷困，也没有上交来的粮食纳入仓库，使小吏们断了正常的俸禄，战士们也断绝了米粮，官员们都借贷米粟、布匹来满足自己的基本生活；像这种情形，既不能让邻近的敌国知道，也不是治理国家的办法，凡是受到庇护而不负担国家赋税和徭役的人，都应该罢免官职和断绝他们的收入，他们所拥有的应全部归还郡县成为国家所有。"前燕国主慕容暐听从了他的意见。并命令悦绾专权治理这件事情，相互举报和揭发匿藏的奸人，结果没有人敢隐瞒和藏匿，于是就多出了二十多万户，全朝廷的大臣们都怨恨愤怒。悦绾以前就有病，因为亲自努力厘订校核户口籍簿，病情就加重了。冬季，十一月，去世。

十二月，秦王猛等拔陕城，获魏公廋，送长安。秦王坚问其所以反，对曰："臣本无反心，但以弟兄屡谋逆乱，臣惧并死，故谋反耳。"坚泣曰："汝素长者，固知非汝心也；且高祖不可以无

后。”乃赐廋死，原其七子，以长子袭魏公，馀子皆封县公，以嗣越厉王及诸弟之无后者。苟太后曰：“廋与双俱反，双独不得置后，何也？”坚曰：“天下者，高祖之天下，高祖之子不可以无后。至于仲群，不顾太后，谋危宗庙，天下之法，不可私也！”以范阳公抑为征东大将军、并州刺史，镇蒲阪；邓羌为建武将军、洛州刺史，镇陕城。擢姚眺为汲郡太守。

加大司马温殊礼，位在诸侯王上。

是岁，以仇池公杨世为秦州刺史，世弟统为武都太守。世亦称臣于秦，秦以世为南秦州刺史。

【译文】 十二月，前秦国王猛等攻取了陕城，捉住了魏公苻廋，并且把他送到了长安。前秦国君苻坚问他为什么要反叛，他回答说：“我本来并没有反叛的心意，但是因为弟兄们屡次计划叛逆作乱，我怕我会和他们一起被处死，所以就谋划反叛了。”前秦国君苻坚哭泣着说：“你一向是一个忠厚的长者，我就知道这不是你真正的心意，而且秦高祖苻健也不可以没有后代。”于是就赐苻廋一死，宽恕了他的七个儿子，并且让他的长子继承魏公，把他其余的儿子都封为县公，来继承越厉王苻生和那些没有后代的弟弟们的职位。苟太后说：“苻廋和苻双全都反叛，为什么唯独苻双一个人不能安置其后代呢？”前秦国君苻坚回答说：“天下是高祖苻健的天下，高祖苻健的儿子不可以没有后代。至于仲群（苻双字），不顾念太后，他计划危害国家，违背天下通行的法令，我不可以徇私枉法。”前秦国君苻坚派遣范阳公苻抑做征东大将军、并州刺史，镇守在蒲阪；邓羌做建武将军、洛州刺史，镇守在陕城。提拔姚眺做汲郡太守。

东晋加赐大司马桓温特殊的礼节，地位在诸侯王之上。

这一年，东晋朝廷派仇池公杨世做秦州刺史，杨世的弟弟杨统做武郡太守。杨世也向前秦国自称臣子，前秦国派杨世做南秦州刺史。

资治通鉴卷第一百二　晋纪二十四

起屠维大荒落，尽上章敦牂，凡二年。

【译文】 起己巳（公元369年），止庚午（公元370年），共二年。

【题解】 本卷记录了公元369年、370年两年间的东晋及各国大事，正当海西公太和四年、五年。主要记录了桓温率军伐前燕，被前燕军大破于枋头、襄邑、谯县，损失了晋军三万多人，桓温为掩盖真相，归罪于袁真；写了慕容垂攻破晋兵后威名大振，慕容评与前燕国太后相互勾结，忌恨并想要杀死慕容垂，逼得慕容垂只好率子侄亲信投靠前秦国；写了秦将王猛两次率军讨伐前燕国，第一次占领洛阳，第二次在潞川打败慕容评的军队，最后包围邺城，前燕国主慕容暐被俘，率文武百官投降了前秦国，至此前燕灭亡等等。

海西公下

太和四年（己巳，公元三六九年）春，三月，大司马温请与徐、兖二州刺史郗愔、江州刺史桓冲、豫州刺史袁真等伐燕。初，愔在北府，温常云："京口酒可饮，兵可用。"深不欲愔居之；而愔暗于事机，乃遗温笺，欲共奖王室，请督所部出河上。愔子超为温参军，取视，寸寸毁裂，乃更作愔笺，自陈非将帅才，不堪军旅，老病，乞闲地自养，劝温并领己所统。温得笺大喜，即转愔冠军将军、会稽内史，温自领徐、兖二州刺史。夏，四月，庚戌，温帅步骑五万发姑孰。

甲子，燕主暐立皇后可足浑氏，太后从弟尚书令豫章公翼之女也。

【译文】 太和四年（己巳，公元369年）春季，三月，大司马桓温请求和徐、兖两州刺史郗愔，江州刺史桓冲，豫州刺史袁真等共同去讨伐前燕国。起初，郗愔在北府的时候，桓温就常常说："京口的酒可以喝，兵也可以用。"他很不想郗愔身居北府，而郗愔不明白事情所带来的机会，就写了一封书信给桓温，想要和他共同协助天子，请桓温允许他监督领导所率领的军队在黄河的上游出征。郗愔的儿子郗超是桓温的参军，拿来书信看过之后，就把信撕得粉碎，又另外替郗愔写一封给桓温的书信，信中说自己不是将帅的人才，不能够胜任军旅的事情，又因为年老多病，所以请求改授闲散的职务以度完残余的年岁，希望桓温能够统领自己所率领的军队。桓温接到书信非常高兴，立刻调郗愔为冠军将军、会稽内史。桓温亲自兼管徐、兖两州刺史的职务。夏季，四月，庚戌日（初一），桓温率领步兵和骑兵共五万人从姑孰出发。

甲子日（十五日），前燕国主慕容暐立可足浑氏为皇后，可足浑氏是太后堂弟尚书令、豫章公可足浑翼的女儿。

大司马温自兖州伐燕。郗超曰："道远，汴水又浅，恐漕运难通。"温不从。六月，辛丑，温至金乡，天旱，水道绝，温使冠军将军毛虎生凿巨野三百里，引汶水会于清水。虎生，宝之子也。温引舟师自清水入河，舳舻数百里。郗超曰："清水入河，难以通运。若寇不战，运道又绝，因敌为资，复无所得，此危道也。不若尽举见众直趋邺城，彼畏公威名，必望风逃溃，北归辽、碣。若能出战，则事

可立决。若欲城邺而守之，则当此盛夏，难为功力。百姓布野，尽为官有，易水以南必交臂请命矣。但恐明公以此计轻锐，胜负难必，欲务持重，则莫若顿兵河、济，控引漕运，俟资储充备，至来夏乃进兵；虽如赊迟，然期于成功而已。舍此二策而连军北上，进不速决，退必愆乏。贼因此势以日月相引，渐及秋冬，水更涩滞。且北土早寒，三军裘褐者少，恐于时所忧，非独无食而已。”温又不从。

【译文】大司马桓温从兖州去讨伐前燕国。郗超说："道路遥远，汴河的水又浅，恐怕由水路转运粮食很难通行。"桓温不肯听从。六月，辛丑日（六月无此日），桓温到达金乡县，因干旱所以水路断绝不通，桓温命领军将军毛虎生在巨野开凿河道三百多里，引导汶水汇流到清水。毛虎生是毛宝的儿子。桓温率领水军从清水进入黄河，船只前后相接，有几百里长。郗超说："从清水进入黄河都是逆流，路程又远还是很难通行。如果敌人不迎战，运输粮食的道路又断绝，要想从敌人那里取得积蓄的粮食，我想是不会有什么收获的，这是一条危险的道路。不如现在率领所有的士兵直接去往邺城，他们畏惧您的威势和声名，必定闻风而逃使军队溃散，逃回到北方辽、碣（《晋书·郗超传》称幽、朔）之地。如果他们能够出城应战，那么胜败立刻就可以决出。如果他们想要紧闭邺城而防守，那么在此炎热的夏天，他们的士兵很难能够尽全力，我们一样可以取胜，那些散布在田野之间的百姓，全都为官府所控制，易水以南的人，必定会束手就擒向我们请求指令。但是恐怕您认为这个计划太轻率，胜败很难料定。如果您想保持慎重，那就不如使军队停顿在黄河和济水一带，控制水路的运输，等到来年夏季，物资和粮食储存得已经充足完备再进兵，虽在时间上似乎是长远和迟慢的，但是成功的概率会大很多。如果舍弃了这两种策略，联结军队大举北上进攻，这不仅不能快速地决出胜败，最后撤退的时候，我们必定会有很大的损失，资源也会匮乏。现在贼人借着这个情势拖延时间，慢慢地到了秋冬季节，河水更是不畅流了，而且北方天气早寒，三军将士能御寒的衣服又少，恐怕到那个时候，我们所忧虑的就不仅仅是没有食物了。”桓温又不肯听从他的建议。

温遣建威将军檀玄攻湖陆，拔之，获燕宁东将军慕容忠。燕主暐以下邳王厉为征讨大都督，帅步骑二万逆战于黄墟，厉兵大败，单马奔还。高平太守徐翻举郡来降。前锋邓遐、朱序败燕将傅颜于林渚。暐复遣乐安王臧统诸军拒温，臧不能抗；乃遣散骑常侍李凤求救于秦。

秋，七月，温屯武阳，燕故兖州刺史孙元帅其族党起兵应温。温至枋头，暐及太傅评大惧，谋奔和龙。吴王垂曰：“臣请击之；若其不捷，走未晚也。”暐乃以垂代乐安王臧为使持节、南讨大都督，帅征南将军范阳王德等众五万以拒温。垂表司徒左长史申胤、黄门侍郎封孚、尚书郎悉罗腾皆从军。胤，钟之子；孚，放之子也。

【译文】桓温派遣建威将军檀玄进攻湖陆，攻取了湖陆并捉住了前燕国的宁东将军慕容忠。前燕国君慕容暐派遣下邳王慕容厉做征讨大都督，率领两万名步兵和骑兵到黄墟迎战，慕容厉的部队大败，他自己单独骑着马逃了回去。高平太守徐翻带领着全郡来投降桓温。前锋邓遐、朱序在林渚打败了前燕国的将领傅颜。前燕国君慕容暐又派遣乐安王慕容臧率领诸路军队去抵御桓温，慕容臧不能战胜桓温，于是就派遣散骑常侍李夙向前秦国请求救援。

秋季，七月，桓温驻兵武阳，前燕国前兖州刺史孙元率领他的宗族和同党发兵响应桓温。桓温到了枋头，前燕国君慕容暐和太傅慕容评非常恐惧，计划逃到和龙。吴王慕容垂说："我愿意去攻击他们；如果不能够取得胜利，再逃走也不晚。"前燕国君慕容暐就派慕容垂代替乐安王慕容臧为使持节、南讨大都督，率领征南将军范阳王慕容德及五万名士兵去抵御桓温的攻击。慕容垂上奏表推荐黄门侍郎封孚、司徒左长史申胤、尚书郎悉罗腾都跟随军队前去。申胤是申钟的儿子；封孚是封放的儿子。

暐又遣散骑侍郎乐嵩请救于秦，许赂以虎牢以西之地。秦王坚引群臣议于东堂，皆曰："昔桓温伐我，至灞上，燕不我救；今温伐燕，我何救焉！且燕不称藩于我，我何为救之！"王猛密言于坚曰："燕虽强大，慕容评非温敌也。若温举山东，进屯洛邑，收幽、冀之兵，引并、豫之粟，观兵崤、渑，则陛下大事去矣。今不如与燕合兵以退温；温退，燕亦病矣，然后我承其弊而取之，不亦善乎！"坚从之。八月，遣将军苟池、洛州刺史邓羌帅步骑二万以救燕，出自洛阳，军至颍川；又遣散骑侍郎姜抚报使于燕。以王猛为尚书令。

【译文】前燕国君慕容暐又派遣散骑侍郎乐嵩到前秦国请求援救，并且答应前秦国把虎牢以西的地方送给他们。前秦国君苻坚召集群臣在东堂商议，大家都说："从前桓温攻打我们到了灞上，燕国不来救我们；现在桓温攻打燕国，我们怎么能去救它呢？而且燕国不向我们自称藩属，我们为什么要去救它呢？"王猛私下向前秦国君苻坚建议说："燕国的国势虽然强大，但是慕容评不是桓温的对手。如果桓温攻取了太行山以东的部分，进军驻扎在洛邑，再召集幽州、冀州的军队运来并州、豫州的米粟，向崤谷、渑池一带地方的人炫耀他的兵威，那么陛下想统一天下的大业就完了。现在不如和燕国的军队联合起来以击退桓温；桓温退了以后，燕国也疲敝了，然后我们趁着它疲敝的时候去攻取它，不也很好吗？”前秦国君苻坚听从了他的建议。八月，前秦国派遣将军苟池、洛州刺史邓羌率领步兵、骑兵两万人，从洛阳出发去救前燕国，驻扎在颍川。又派遣散骑侍郎姜抚为使者到前燕国报告。派遣王猛做尚书令。

太子太傅封孚问于申胤曰：“温众强士整，乘流直进，今大军徒逡巡高岸，兵不接刃，未见克殄之理，事将何如？”胤曰：“以温今日声势，似能有为，然在吾观之，必无成功。何则？晋室衰弱，温专制其国，晋之朝臣未必皆与之同心。故温之得志，众所不愿也，必将乖阻以败其事。又，温骄而恃众，怯于应变。大众深入，值可乘之会，反更逍遥中流，不出赴利，欲望持久，坐取全胜；若粮廪愆悬，情见势屈，必不战自败，此自然之数也。”

【译文】太子太傅封孚向申胤问道：“桓温的士兵强盛，士卒整齐，可以乘着河流一直进攻，但是现在大军只是退守在高岸，士兵不交战，看不出能克服殄灭我们的理由，事情将会是怎么样呢？”申胤说：“凭着桓温现在的声名和势力，似乎是能够有所作为，然而我观察他，必定不能成功。为什么呢？晋朝皇室衰弱，桓温专制他的国家，晋国朝廷的大臣们，不一定都和他一心。所以桓温取得战争的胜利，是众人所不希望的，他们必定要趁机阻止以败毁他的事业。同时，桓温骄傲却依赖众人，弱于应付突变。大军深入敌人的国境，正是可利用的机会，反而却在

中流一带优游自得，不出兵以抓住有利的时机，想要盼望能维持长久，静待以取得全面的胜利；如果运送的米粮过期不到而断绝，那么实情显露，他的气势就会衰竭，必定不用交战他自己就失败，这是自然的道理。”

温以燕降人段思为乡导，悉罗腾与温战，生擒思；温使故赵将李述徇赵、魏，腾又与虎贲中郎将染干津击斩之，温军夺气。

初，温使豫州刺史袁真攻谯、梁，开石门以通水运，真克谯、梁而不能开石门，水运路塞。

九月，燕范阳王德帅骑一万、兰台治书侍御史刘当帅骑五千屯石门，豫州刺史李邽帅州兵五千断温粮道。当，佩之子也。德使将军慕容宙帅骑一千为前锋，与晋兵遇，宙曰：“晋人轻剽，怯于陷敌，勇于乘退，宜设饵以钓之。”乃使二百骑挑战，分馀骑为三伏。挑战者兵未交而走，晋兵追之；宙帅伏以击之，晋兵死者甚众。

【译文】 桓温派投降的燕国人段思做向导带路，悉罗腾和桓温交战的时候，活捉了段思。桓温命前赵的将领李述巡行并宣令赵、魏一带的地方，悉罗腾又和虎贲中郎将染干津攻击并斩杀了李述。桓温军队因此丧失了士气。

起初，桓温命豫州刺史袁真进攻谯郡和梁国，冲开石门以疏通水上的运输通道，袁真攻占了谯郡和梁国，但不能冲开石门，水上运输的路线便被阻塞，运输粮食的船只不能航行。

九月，前燕国范阳王慕容德率领一万名骑兵、兰台治书侍御史刘当率领五千名骑兵驻扎在石门，豫州刺史李邽率领五千名本州士兵断绝桓温运输兵粮的路线。刘当是刘佩的儿子。慕容德命将军慕容宙率领一千名骑兵做前锋，和晋朝的军队相遇，慕容宙说：“晋国人虽剽悍英勇，但性子暴躁，在敌人进攻时，你要冲陷敌阵，但在敌人退却时，你不要勇于乘机追击，应该设置利益以引诱他们。”于是就命两百名骑兵去向他们挑战，其余的骑兵布置在三处埋伏。挑战的骑兵还没有和晋兵干戈相接就逃走了，晋国士兵便从后面追击他们；慕容宙率领埋伏的骑兵来攻击，晋国士兵战死了很多。

温战数不利，粮储复竭，又闻秦兵将至，丙申，焚舟，弃辎重、铠仗，自陆道奔还。以毛虎生督东燕等四郡诸军事，领东燕太守。

温自东燕出仓垣，凿井而饮，行七百馀里。燕之诸将争欲追之，吴王垂曰：“不可。温初退惶恐，必严设警备，简精锐为后拒，击之未必得志，不如缓之。彼幸吾未至，必昼夜疾趋；俟其士众力尽气衰，然后击之，无不克矣。”乃帅八千骑徐行蹑其后。温果兼道而进。数日，垂告诸将曰：“温可击矣。”乃急追之，及温于襄邑。范阳王德先帅劲骑四千伏于襄邑东涧中，与垂夹击温，大破之，斩着三万级。秦苟池邀击温于谯，又破之，死者复以万计。孙元遂据武阳以拒燕，燕左卫将军孟高讨擒之。

【译文】 桓温的军队和前燕国士兵交战，屡次不能得到胜利，储积的兵粮又已用完，而且听说前秦国的援军将要到达，丙申日（十九日），丢弃了装备、武器、铠甲以及仪仗等，烧毁了舟船从陆路逃回去了。派遣毛虎生督东燕等四郡诸军事，兼东燕太守。

桓温从东燕出了仓垣，一路开凿水井以饮用，走了七百多里。前燕国的众将领争着想要去追击他，吴王慕容垂分析说：“现在还不可以，桓温开始撤退的时候，心里惊慌恐惧，必定选择精锐的士兵，严密地设置警戒防备，防御从后面追击的敌

人，现在我们去追击他们不一定能够成功，不如过些时间再追。他们一定会庆幸我们没有追来，必定不分昼夜地急速赶路，等到他们的士兵力气衰竭的时候，再去追击，我们一定会取得胜利！”于是派人率领八千名骑兵慢慢地追随在他们后面。桓温带领士兵果然不分昼夜地加速赶路前进。过了几天以后，慕容垂告诉众将领说：“现在可以追击桓温了。”他们就急速地去追击，等桓温到达襄邑的时候，范阳王慕容德首先率领强有力的四千名骑兵埋伏在襄邑以东的山涧中，和慕容垂前后夹击桓温，把桓温打得大败，斩杀了三万人。前秦国派遣的援军将领苟池又率军在谯郡截击桓温，又把桓温打败了，死亡的人数可以以万计。孙元就据守武阳以抵御前燕国的士兵，前燕国左卫将军孟高讨伐并捉住了他。

冬，十月，己巳，大司马温收散卒，屯于山阳。温深耻丧败，乃归罪于袁真，奏免真为庶人；又免冠军将军邓遐官。真以温诬己，不服，表温罪状；朝廷不报。真遂据寿春叛，降燕，且请救；亦遣使如秦。温以毛虎生领淮南太守，守历阳。

燕、秦既结好，使者数往来。燕散骑侍郎太原郝晷、给事黄门侍郎梁琛相继如秦。晷与王猛有旧，猛接以平生，问晷东方之事。晷见燕政不修而秦大治，知燕将亡，阴欲自托于猛，颇泄其实。

【译文】 冬季，十月己巳日（二十二日），大司马桓温招集失散逃亡的士兵，驻扎在山阳。桓温深以失败为耻，就把失败的罪过归于袁真，上奏章免去袁真的官职，把他降为平民；又免去了领军将军邓遐的官职。袁真心里不服，认为桓温冤枉自己，上奏表陈述桓温的罪状。因为朝廷没有回音，他就占据寿春叛变，然后投降了前燕国，并且请求援救；也派遣使者前往前秦国。桓温派遣毛虎生驻守在历阳，同时兼任淮南太守。

前燕国与前秦国交好以后，两方屡次派遣使者往来。前燕国的散骑侍郎郝晷和给事黄门侍郎梁琛相继来到了前秦国。郝晷和王猛有故旧之谊，王猛就以平生故旧之谊接待他，问他前燕国的情形。郝晷看到前燕国的政治不修明，而前秦国却治理得非常好，暗中想要自托于王猛，于是泄露了不少前燕国的实情。

琛至长安，秦王坚方畋于万年，欲引见琛，琛曰："秦使至燕，燕之君臣朝服备礼，洒扫宫庭，然后敢见。今秦王欲野见之，使臣不敢闻命！"尚书郎辛劲谓琛曰："宾客入境，惟主人所以处之，君焉得专制其礼！且天子称乘舆，所至曰行在所，何堂居之有！又，《春秋》亦有遇礼，何为不可乎！"琛曰："晋室不纲，灵祚归德，二方承运，俱受明命。而桓温猖狂，窥我王略，燕危秦孤，势不独立，是以秦主同恤时患，要结好援。东朝君臣，引领西望，愧其不竞，以为邻忧，西使之辱，敬待有加。今强寇既退，交聘方始，谓宜崇礼笃义以固二国之欢；若忽慢使臣，是卑燕也，岂修好之义乎！夫天子以四海为家，故行曰乘舆，止曰行在。今寓县瓜裂，天光分曜，安得以乘舆、行在为言哉！礼，不期而见曰遇；盖因事权行，其礼简略，岂平居容与之所为哉！客使单行，诚势屈于主人；然苟不以礼，亦不敢从也。"坚乃为之设行宫，百僚陪位，然后延客，如燕朝之仪。

【译文】梁琛到了长安，前秦国君苻坚正在万年打猎，王猛想要引领梁琛来这儿见他，梁琛说："秦国的使者到了燕国，燕国把宫庭洒扫干净，燕国的君臣准备好一切的礼仪，穿着上朝的礼服，然后才敢接见。现在秦王苻坚想要在田野中见我，

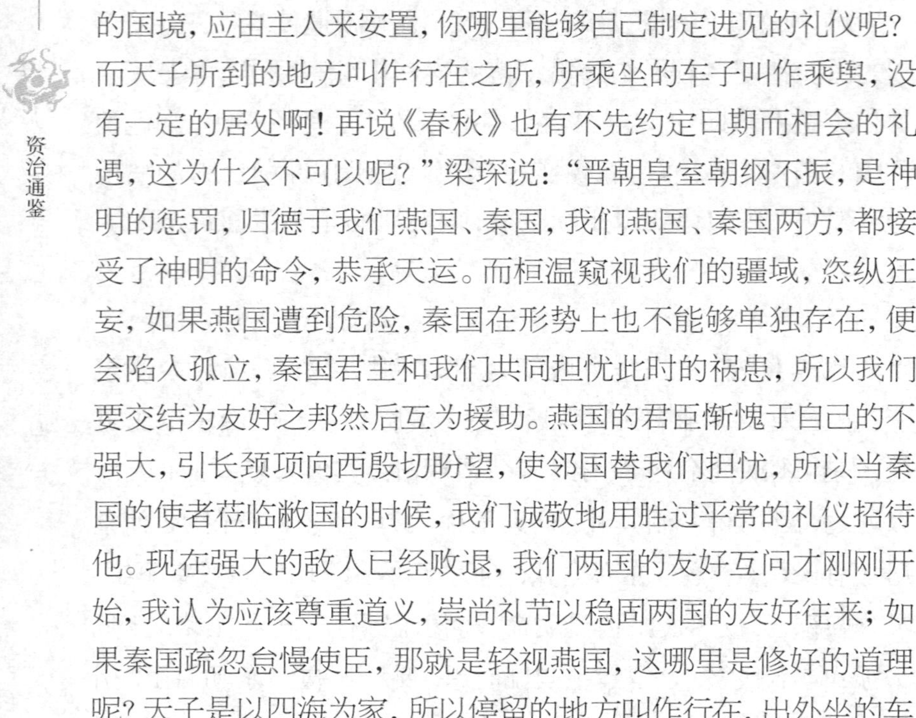

我不敢听从这个命令！”尚书郎辛劲对梁琛说：“宾客进入我国的国境，应由主人来安置，你哪里能够自己制定进见的礼仪呢？而天子所到的地方叫作行在之所，所乘坐的车子叫作乘舆，没有一定的居处啊！再说《春秋》也有不先约定日期而相会的礼遇，这为什么不可以呢？”梁琛说：“晋朝皇室朝纲不振，是神明的惩罚，归德于我们燕国、秦国，我们燕国、秦国两方，都接受了神明的命令，恭承天运。而桓温窥视我们的疆域，恣纵狂妄，如果燕国遭到危险，秦国在形势上也不能够单独存在，便会陷入孤立，秦国君主和我们共同担忧此时的祸患，所以我们要交结为友好之邦然后互为援助。燕国的君臣惭愧于自己的不强大，引长颈项向西殷切盼望，使邻国替我们担忧，所以当秦国的使者莅临敝国的时候，我们诚敬地用胜过平常的礼仪招待他。现在强大的敌人已经败退，我们两国的友好互问才刚刚开始，我认为应该尊重道义，崇尚礼节以稳固两国的友好往来；如果秦国疏忽怠慢使臣，那就是轻视燕国，这哪里是修好的道理呢？天子是以四海为家，所以停留的地方叫作行在，出外坐的车子叫作乘舆。现在日月星辰分别照耀，天下分裂，怎么能够用乘舆、行在来说呢？礼所说的不约定日期而相见叫作遇。那是因为事情必须要权宜而行，它的礼节才简陋疏略，哪是平常从容之时所应遵循的行为呢？异国的使者在人数上、在权势上确实是比不上主人，然而如果不依照礼节进见，他们是不敢从命的。”前秦国君苻坚替他设置行幸所停留的宫殿，文武百官侍立在左右，一切礼仪都像前秦国的使者去进见前燕国主时一样，然后才宴请贵客。

事毕，坚与之私宴，问：“东朝名臣为谁？”琛曰：“太傅上庸王评，明德茂亲，光辅王室；车骑大将军吴王垂，雄略冠世，折冲御侮；其馀或以文进，或以武用，官皆称职，野无遗贤。”

琛从兄弈为秦尚书郎，坚使典客馆琛于弈舍。琛曰：“昔诸葛瑾为吴聘蜀，与诸葛亮惟公朝相见，退无私面，余窃慕之。今使之即安私室，所不敢也。”乃不果馆。弈数来就邸舍，与琛卧起，间问琛东国事。琛曰：“今二方分据，兄弟并蒙荣庞，论其本心，各有所在。琛欲言东国之美，恐非西国之所欲闻；欲言其恶，又非使臣之所得论也。兄何用问为！”

坚使太子延琛相见。秦人欲使琛拜太子，先讽之曰：“邻国之君，犹其君也；邻国之储君，亦何以异乎！”琛曰：“天子之子视元士，欲其由贱以登贵也。尚不敢臣其父之臣，况它国之臣乎！苟无纯敬，则礼有往来，情岂忘恭，但恐降屈为烦耳。”乃不果拜。

王猛劝坚留琛，坚不许。

【译文】 进见的事情结束以后，前秦国君苻坚仿照古代的礼节，为梁琛摆下私宴，问他说：“东朝（指燕国）的名臣是哪一个？”梁琛说：“太傅上庸王慕容评分位至亲，道德盛明，足以辅佐王室把燕国发扬光大；车骑大将军吴王慕容垂是一个有雄才大略，足够抵御敌人的侵侮、冠盖当世的人；其余有的是具备文才而被任用，有的是因为武功而被任用，官吏们都能做好分内的工作，各尽自己的职责，即使是在岩穴草野之间，也没有被遗弃而不用的贤士。”

梁琛的堂兄梁弈是前秦国的尚书郎，前秦国君苻坚命令他主管接待宾客，他招待梁琛住在梁弈的官舍。梁琛说：“从前诸葛瑾替吴王到蜀国去访问，和诸葛亮在大庭广众的地方相见，我心里很仰慕他们，他们退下的时候，并没有私自相见。现在让我居住在私人的家里，这是我所不敢服从的。”结果他就没有住在梁奔的家里。梁奔几次来到梁琛所住的馆舍和梁琛一同饮食，一同睡眠，偶尔问问梁琛燕国的事情。梁琛说："现在秦国、燕国各据一方，我们兄弟都蒙受两国的荣禄尊宠，现在我们各有各的目的，这是就我们的本心而论。梁琛要是说东国（燕国在关东，秦国在关西，两方分据，故称燕国为东国，秦国为西国）的盛大完美，恐怕不是西国所愿意听到的；要是说东国的缺点，又不是使臣所能够评论的。兄弟之间为什么要问这些呢？"

前秦国君苻坚命太子去邀请梁琛见面。前秦国人想让梁琛跪拜太子，事先含蓄地暗示他说："邻国的国君就像自己的国君；邻国的储君又有什么分别呢？"梁琛回答说："天子的儿子和上士的地位相等，想要他从卑贱之位升登到显贵之位，那还不敢让父亲的臣子对自己行臣子之礼，何况是其他国家的臣子呢！如果没有真诚的敬意，那么要按照礼节往来，我心里岂能忘记恭敬？只是怕降屈答拜惹出许多麻烦来。"梁琛始终不肯跪拜。

王猛劝前秦国君苻坚留下梁琛，苻坚不答应。

【申涵煜评】 列国分据，必有良行，人为之辞。琛奉燕命入秦，不野遇，不私馆，不拜储。引经据礼，应答如响，可谓使矣。

【译文】 各诸侯国分别占据一方，一定会有良好的行为，人们会为它说辞。梁琛接受燕的命令进入秦，没有和江湖上的人会面，没有住在私人设置的馆舍里，没有去拜访别人和积储财物。在和秦人辩论时引用经典和礼法作为论证的凭据，对秦人的问答犹如回声一样，可以说是真正的使者了。

燕主暐遣大鸿胪温统拜袁真使持节、都督淮南诸军事、征南大将军、扬州刺史，封宣城公。统未逾淮而卒。

吴王垂自襄邑还邺，威名益振，太傅评愈忌之。垂奏：“所募将士忘身立效，将军孙盖等摧锋陷陈，应蒙殊赏。”评皆抑而不行。垂数以为言，与评廷争，怨隙愈深。太后可足浑氏素恶垂，毁其战功，与评密谋诛之。太宰恪之子楷及垂舅兰建知之，以告垂曰：“先发制人，但除评及乐安王臧，馀无能为矣。”垂曰：“骨肉相残而首乱于国，吾有死而已，不忍为也。”顷之，二人又以告，曰：“内意已决，不可不早发。”垂曰：“必不可弥缝，吾宁避之于外，馀非所议。”

【译文】 前燕国君慕容暐派遣大鸿胪温统任命袁真为使持节、都督淮南诸军事、征南大将军、扬州刺史，封宣城公。结果温统没有过淮水就死了。

吴王慕容垂从襄邑回到邺城，威望、名声越发高涨，太傅慕容评也就更加忌恨他了。慕容垂上奏说：“我所召募的将士，不顾生命危险，将军孙盖等直捣敌锋，攻陷敌阵，为国家建立功劳，应该蒙受特别的赏赐。”慕容评全都压着而不施行。慕容垂屡次和慕容评在朝廷上争论这个问题，所以他们两个人之间的怨恨嫌隙，就越来越深了。太后可足浑氏一向厌恶慕容垂，也想毁损他作战的功劳，于是就和慕容评秘密谋划把他诛杀。太宰慕容恪的儿子慕容楷和慕容垂的舅舅兰建知道了他们的阴谋，就把这件事情告诉了慕容垂，并且建议他说：“应该先发制人，只要除掉慕容评和乐安王慕容臧，其余的人就不能有所作为了。”慕容垂说：“骨肉之间相互残杀而为首的人仍在国中作乱，我只有一死而已，不忍心那样做。”没过多久，两人又告诉慕容垂说：“太后可足浑氏的心意已经确定，我们不能不早日发动政变。”慕容垂说：“一定不能补合间隙变为完好吗？我宁愿到国外去，以避免这次的祸乱，其余的计划，都不是我所想要提出和考虑的。”

垂内以为忧，而未敢告诸子。世子令请曰：“尊比者如有忧色，岂非以主上幼冲，太傅疾贤，功高望重，愈见猜邪？”垂曰：“然。吾竭力致命以破强寇，本欲保全家国，岂知功成之后，返令身无所容。汝既知吾心，何以为吾谋？”令曰：“主上暗弱，委任太傅，一旦祸发，疾于骇机。今欲保族全身，不失大义，莫若逃之龙城，逊辞谢罪，以待主上之察，若周公之居东，庶几可以感寤而得还，此幸之大者也。如其不然，则内抚燕、代，外怀群夷，守肥如之险以自保，亦其次也。”垂曰：“善！”

【译文】慕容垂在心里担忧着这件事情，却不敢告诉他的几个儿子。长子慕容令恭敬地问他：“父亲近来似乎有所忧虑，难道不是因为现在主上年纪幼小，太傅嫉妒贤者，而父亲劳苦功高又德高望重，越来越被猜忌吗？”慕容垂说：“是的。我不顾生命危险打败强大的敌人，本来就是想要竭尽心力保全国家，哪知道成功了以后，反而使自己都没有了容身之地。你既然知道了我的心事，你又怎样替我谋划？”慕容令说：“现在的主上愚昧懦弱，把朝政大权都委托给太傅，一旦发生祸乱，我们会比受震骇而骤发的机辟还要快，现在想要不违背君臣之间的大义，又保全宗族和自身，你不如逃避到龙城，然后言辞谦逊地向主上告发太傅的罪行，以等待君主的明察，这就像古代的周公，暂时居住到东方为了避免管叔等人的流言，希望主上醒悟然后能够让您回来，这是最大的幸运。如果君主不能够如此，您就对外夷实行怀柔政策，对内安抚燕国、代国一带的百姓，派遣士兵防守肥如的要塞，以求保卫自己，也是次一等的幸运。”

慕容垂说："好！"

十一月，辛亥朔，垂请畋于大陆，因微服出邺，将趋龙城。至邯郸，少子麟，素不为垂所爱，逃还告状，垂左右多亡叛。太傅评白燕主暐，遣西平公强帅精骑追之，及于范阳。世子令断后，强不敢逼。会日暮，令谓垂曰："本欲保东都以自全，今事已泄，谋不及设；秦主方招延英杰，不如往归之。"垂曰："今日之计，舍此安之！"乃散骑灭迹，傍南山复还邺，隐于赵之显原陵。俄有猎者数百骑四面而来，抗之则不能敌，逃之则无路，不知所为。会猎者鹰皆飞扬，众骑散去。垂乃杀白马以祭天，且盟从者。

【译文】 十一月，辛亥朔日（十一月无此日），慕容垂请求到广河泽的田园狩猎，因此就脱去礼服，换穿平民的衣服，出了邺城，想要赶去龙城。在到达邯郸的时候，他的小儿子慕容麟，因为平常不被慕容垂所宠爱，就逃回邺城告发他的父亲，说出了他父亲的计划，慕容垂左右的人大多数都逃走或叛变了。太傅慕容评告知了前燕国君慕容暐，并派遣西平公慕容强率领精锐的骑兵去追击慕容垂，等到了范阳，长子慕容令在后面阻止来追击的士兵，慕容强不敢逼近。当时正好太阳落山，慕容令对慕容垂说："我本来想要保卫东都（龙城）以求自身的安全，现在事情已经泄露，即使有其他的谋划也来不及安排。前秦国君苻坚正在招揽天下的英雄豪杰，我们不如前去归附他。"慕容垂说："现在的计划已经失败了，如果舍弃了这条路，我们还有什么地方可以去呢？"于是他就让人马散开，然后消失踪迹，沿着南山又回到邺城，隐匿在后赵国君主石虎的葬处显原陵。没过多久，有几百个打猎的人骑着马从四面八方而来，想抵抗他们但不能取得胜利，逃避他们又没有路可以走，慕容垂不知道该怎么办。正好那时打猎者的鹰都飞起来了，众骑士就分散而去，慕容垂感激上天就杀了白马用来祭祀上天，并且和跟随来的人对天盟誓。

世子令言于垂曰："太傅忌贤疾能，构事以来，人尤忿恨。今邺城之中，莫知尊处，如婴儿之思母，夷、夏同之。若顺众心，袭其无备，取之如指掌耳。事定之后，革弊简能，大匡朝政，以辅主上，安国存家，功之大者也。今日之便，诚不可失，愿给骑数人，足以办之。"垂曰："如汝之谋，事成诚为大福，不成悔之何及！不如西奔，可以万全。"子马奴潜谋逃归，杀之而行。至河阳，为津吏所禁，斩之而济。遂自洛阳与段夫人、世子令、令弟宝、农、隆、兄子楷、舅兰建、郎中令高弼俱奔秦，留妃可足浑氏于邺。乙泉戍主吴归追及于阌乡，世子令击之而退。

【译文】 长子慕容令向慕容垂建议说："太傅忌恨贤能之人，自从设计杀掉您以来，人们非常气愤和怨恨。现在邺城之中，没有人知道您在什么地方，人们就好像婴儿思念母亲一样思念着您，无论是蛮夷还是华夏之人，都是怀着如此的心情，如果您顺从众人的心意，趁太傅没有防备对他进行袭击，成功就是非常容易的事。等事情定了以后，再改革政策弊端，选拔贤能的人才，全面校正朝廷的政事，以辅佐现在的君主安定国家，是最大的功劳。今天的好机会实在是不可以失去，希望您能给我数名骑兵，这就足够办好事情了。"慕容垂说："像你所说的计谋，事情成功了，那就是最大的幸运，如果不成功就算是后悔也来不及了！不如我逃到西方，那样可以得到万全。"慕容垂儿子的马奴暗中计划着逃回去，慕容垂把马奴杀了然后向西走。但是到达河阳的时候，掌管津渡的官吏禁止他们通行，他们就斩杀了官吏然后渡河。于是，慕容垂和段夫人、长子慕容令、慕容令的弟弟慕容宝、慕容农、慕容隆、哥哥的儿子慕容楷、舅舅兰建、郎中令高弼都从洛阳逃到了前秦国，把妃子可足浑氏留在了邺城。戍卫乙泉的首领吴归追到閿乡，长子慕容令击退了他。

初，秦王坚闻太宰恪卒，阴有图燕之志，惮垂威名，不敢发。及闻垂至，大喜，郊迎，执手曰："天生贤杰，必相与共成大功，此自然之数也。要当与卿共定天下，告成岱宗，然后还卿本邦，世封幽州，使卿去国不失为子之孝，归朕不失事君之忠，不亦美乎！"垂谢曰；"羁旅之臣，免罪为幸；本邦之荣，非所敢望！"坚复爱世子令及慕容楷之才，皆厚礼之，赏赐巨万，每进见，属目观之。关中士民素闻垂父子名，皆向慕之。王猛言于坚曰："慕容垂父子，譬如龙虎，非可驯之物，若借以风云，将不可复制，不如早除之。"坚曰："吾方收揽英雄以清四海，奈何杀之！且其始来，吾已推诚纳之矣；匹夫犹不弃言，况万乘乎！"乃以垂为冠军将军，封宾徒侯，楷为积弩将军。

【译文】起初，前秦国君苻坚听说燕太宰慕容恪去世，暗中有图谋前燕国的心志，但是恐惧慕容垂的威名，不敢发动战争。当前秦国君苻坚听说慕容垂来到秦国，非常高兴，亲自到郊外去迎接他，握着慕容垂的手说："你是天生的贤能俊杰，我们必定能共同完成伟大的功业，这是自然的道理。我要和你共同安定天下，向泰山诉说我们的成功，然后我将归还你本来的国土，世世代代封在幽州，让你离开秦国回到故土，以尽人子之孝，而你归服我的时候，能够尽最大的忠心为我出谋划策，不也是很好吗？"慕容垂答谢说："寄居在外的人能够免罪，已经是

最大的荣幸了；我不敢奢望世世代代封在本土的荣幸！”前秦国君苻坚也爱慕其长子慕容令和慕容楷的才华，都以重礼对待他们，赏赐的钱财有数万，每一次他们来进见，前秦国君苻坚都注目端详。关中的士民们早已听说过慕容垂父子的威名，都非常向往仰慕他们。王猛向前秦国君苻坚建议说：“慕容垂父子就像蛟龙猛虎一样，不是可以驯顺的人物，不如我们早一天除掉他们，如果他们得到适当的机会，将不可能再制服。”前秦国君苻坚说：“我为何要杀了他们？现在正在招揽天下的英雄以平定四海，而且他们刚来的时候，我已经真诚地接纳了他们，平常的人还不可以言而无信，更何况是万乘之尊的国家君主呢！”于是就派慕容垂做领军将军，封为宾徒侯，慕容楷做积弩将军。

【乾隆御批】 苻坚是时方有志并吞。以垂材智过人，穷蹙来归，待以不次，亦不失驾驭英雄之略。厥后垂兴，坚败，特所以善其后者无策耳。曹操不杀先主，后世未闻议其失计。至坚不杀垂，乃以“小不忍”讥之。则所云以成败论人者。

【译文】 苻坚这时正有志向并吞四方。因为慕容垂比一般人有才能、智慧，走投无路时前来归附，苻坚对他不差，也不失是驾驭群雄的策略。此后慕容垂兴起，苻坚衰败，只是因为善待他之后就没有策略了。曹操不杀刘备，没听到后世有人议论他失算的。至于苻坚不杀慕容垂就以“小不忍”来讽刺他了。人们所说的都是以成败来论人。

燕魏尹范阳王德素与垂善，及车骑从事中郎高泰等，皆坐免官。尚书右丞申绍言于太傅评曰：“今吴王出奔，外口籍籍，宜征王僚属之贤者显进之，粗可消谤。”评曰：“谁可者？”绍曰：“高泰其领袖也。”乃以泰为尚书郎。泰，瞻之从子；绍，胤之兄也。

【译文】燕国的魏尹范阳王慕容德一向和慕容垂很要好，与车骑从事中郎高泰等人，都因慕容垂而被判罪，免去了官职。尚书右丞申绍向太傅慕容评建议说："现在吴王逃亡到他国，外面议论纷纷，我们应当征召吴王幕僚中贤能的人，明显地晋封而任用他们，基本上可以阻止谤人的议论。"慕容评说："哪一个人可以呢？"申绍说："高泰是其中的领袖。"于是派高泰做尚书郎。高泰是高瞻的侄子；申绍是申胤的儿子。

秦留梁琛月馀，乃遣归。琛兼程而进，比至邺，吴王垂已奔秦。琛言于太傅评曰："秦人日阅军旅，多聚粮于陕东；以琛观之，为和必不能久。今吴王又往归之，秦必有窥燕之谋，宜早为之备。"评曰："秦岂肯受叛臣而败和好哉！"琛曰："今二国分据中原，常有相吞之志：桓温之入寇，彼以计相救，非爱燕也；若燕有衅，彼岂忘其本志哉！"评曰："秦主何如人？"琛曰："明而善断。"问王猛，曰："名不虚得。"评皆不以为然。琛又以告燕主暐，暐亦不然之。以告皇甫真，真深忧之，上疏言："苻坚虽聘问相寻，然实有窥上国之心，非能慕乐德义，不忘久要也。前出兵洛川，及使者继至，国之险易虚实，彼皆得之矣。今吴王垂又往从之，为其谋主；伍员之祸，不可不备。洛阳、太原、壶关，皆宜选将益兵，以防未然。"暐召太傅评谋之，评曰："秦国小力弱，恃我为援；且苻坚庶几善道，终不肯纳叛臣之言，绝二国之好。不宜轻自惊扰以启寇心。"卒不为备。

【译文】前秦国把梁琛留了一个多月才遣他回去。梁琛不分昼夜地加速赶路，等他回到了邺城，吴王慕容垂已经逃到了前秦国。梁琛对太傅慕容评说："秦国人每天都检阅军队，在陕州以东聚积了很多粮食，依我看，我们两国的和好必定不能

长久。现在慕容垂又前往归附他们，秦国一定有窥图燕国的谋划，我们应该早日防备他们。”慕容评说：“秦国难道肯接受叛乱的臣子吗？”梁琛说：“现在燕国、秦国两国分别占据中原，常常有彼此互相并吞的心志。他们因为计算利害关系，在桓温入侵的时候，才来援救我们，并不是因为爱护我们燕国而来援救我们；如果燕国内部有了嫌隙，他们难道会忘记他们本来的心志吗？”慕容评说：“秦国君主是一个怎么样的人？”梁琛说：“是精明睿智而善于决断的人。”慕容评问王猛如何，梁琛说：“名不虚传。”慕容评对这些说法全都不以为然。梁琛又把自己在前秦国看到的一切告诉前燕国君慕容暐，慕容暐也不重视这件事情。他又告诉皇甫真，皇甫真非常担忧，上奏折说：“秦王苻坚虽不断派遣使者前来访问，事实上可能有窥图燕国的野心，并不是不忘记原有的信约而能够仰慕和喜欢道德仁义。前些时候，秦国派兵到洛川来然后又有使者相继来到，是想探察我们国家的险阻、平夷和虚实的地势情形，现在他们都已经了解了。现在吴王慕容垂又前去归从他们，做他们国家君主的谋划之人。像春秋时代的伍员离开楚国逃到吴国，然后借吴国的军队报复楚国进入郢都一样。吴王慕容垂借秦国的军队报复燕国，进入邺城造成邺城的祸患，我们不可以不防备。洛阳、太原、壶关等地方，都应该选拔将领，增派士兵，防患于未然。”前燕国君慕容暐召见太傅慕容评谋划对付前秦国的策略，慕容评说：“秦国的国土小，兵力弱，依靠我们去援助；而且秦王苻坚希望能以最好的方法，达到邻国和睦的目的，终究不会采纳叛臣的建议以断绝两国的友好往来；不应当轻妄地下结论引起自己国家的人的震惊骚动，以诱发敌人侵扰的野心。”于是前燕国最终没有做出任何防备。

秦遣黄门郎石越聘于燕，太傅评示之以奢，欲以夸燕之富盛。高泰及太傅参军河间刘靖言于评曰："越言诞而视远，非求好也，乃观衅也。宜耀兵以示之，用折其谋。今乃示之以奢，益为其所轻矣。"评不从。泰遂谢病归。

是时太后可足浑氏侵桡国政，太傅评贪昧无厌，货赂上流，官非才举，群下怨愤。尚书左丞申绍上疏，以为："守宰者，致治之本。今之守宰，率非其人，或武人出于行伍，或贵戚生长绮纨，既非乡曲之选，又不更朝廷之职。加之黜陟无法，贪惰者无刑罚之惧，清修者无旌赏之劝。是以百姓困弊，寇盗弃斥，纲颓纪紊，莫相纠摄。又官吏猥多，逾于前世，公私纷然，不胜烦扰。大燕户口，数兼二寇，弓马之劲，四方莫及；而比者战则屡北，皆由守宰赋调不平，侵渔无已，行留俱窘，莫肯致命故也。后宫之女四千馀人，僮侍厮役尚在其外，一日之费，厥直万金。士民承风，竞为奢靡。彼秦、吴僭僻，犹能条治所部，有兼并之心，而我上下因循，日失其序。我之不修，彼之愿也。谓宜精择守宰，并官省职，存恤兵家，使公私两遂，节抑浮靡，爱惜用度，赏必当功，罚必当罪。如此，则温、猛可枭，二方可取，岂特保境安民而已哉！又，索头什翼犍疲病昏悖，虽乏贡御，无能为患；而劳兵远戍，有损无益。不若移于并土，控制西河，南坚壶关，北重晋阳，西寇来则拒守，过则断后，犹愈于戍孤城守无用之地也。"疏奏，不省。

【译文】 前秦国派遣黄门郎石越出使前燕国，太傅慕容评向他显示自己的奢豪，想要借此夸耀前燕国的富裕和强盛。高泰和太傅参军河间人刘靖向慕容评说道："石越的言语诡诞，

眼睛远视，并不是求与我们和好，而是来观察我们的衅隙。我们应当展示军队来向他显示军威，以使他的计谋能停止。现在我们却向他显示奢侈，那会更加被他所轻视。”慕容评不肯听从。高泰于是以生病为托词，辞去官职回故乡去了。

这时太后可足浑氏摄略前燕国的政事，太傅慕容评贪财昧利却不知足，大量的钱财货物流入官位高者的手中，官吏不是因才干而被举用，所以群臣感到非常愤怒。尚书左丞申绍上奏折发表自己的看法说：“每一个地方的郡守县宰都是使国家安定的根本。现在的郡守县宰们大多数不是适当的人选，有的是出身军旅的武臣，有的是生长在富贵人家的贵族皇戚，他们既不是乡里所共同推选的，也没有担任过朝廷的职务。再加上升迁和黜降没有一定的法令制度，贪图财物、懈怠职务的县官不惧怕刑罚的惩处；清廉修身的县官也没有得到该有表扬赏赐的勉励。所以现在百姓们感到困乏疲敝，盗匪贼人遍布各地，法度废弛没有人督察和治理。而且官吏的人数超过了前代，使朝廷变得十分烦乱和扰杂。大燕国的户口数目众多，是晋、秦两国的总和，弓箭战马的强劲四方都比不上；而近来的战争，却屡次败北，都是由于太守县宰征敛田赋户税不公平，平时对百姓剥削严重，以至于作战的和留守的人的生活都非常窘困，没有人肯为国家效命的缘故。除侍候君王的男子仆役这些人之外，后宫的婢女还有四千多人，一天的消费都需要万金以上；有钱的士民们也仿效这种风尚，争着过奢侈华靡的生活。像秦国僭越封号而吴偏处在一隅，还能够把他们所属的地方，治理得井然有序，且有兼并他国的意思；而我们燕国君臣上下因循苟且，不思考振作和革新国家的方法就算了，还让秩序一天比一天差。我们的政治混乱正是他们所希望的。我认为应当精心地选择太守和县宰，合并官职，裁减冗员，慰问和赈济有当兵之人的家庭，使他们无论在官在私都能够完成责任，制止人们浮华和奢靡的生活，让他们爱惜日常的用度，赏赐要和做出的功劳相当，惩罚要和犯下的罪过相当。如果能够如此，那桓温、王猛的首级就可以被斩下来挂在木上示众，晋国、秦国两方的国土都可占据，岂止是保全国境内百姓的安定而已呢？同时索头人拓跋什翼犍因为过于疲惫而卧病在床，我们虽然缺乏朝贡和进献，他们却没有能力引起祸患，而让士兵戍守在远方使他们变得疲惫不堪，那样只有损失而且没有任何益处。不如把士兵迁移到并州，以控制西河，并且对南可使壶关的防守更加坚固，对北可使晋阳的实力加大，即使西方敌人来侵扰的时候，也可以抵御和防守，大军经过的时候，则可以截断他们的尾部，胜过远戍孤城防守无用的地方。”疏奏上了，但没有得到回答。

辛丑，丞相昱与大司马温会涂中，以谋后举；以温世子熙为豫州刺史、假节。

初，燕人许割虎牢以西赂秦。晋兵既退，燕人悔之，谓秦人曰：“行人失辞。有国有家者，分灾救患，理之常也。”秦王坚大怒，遣辅国将军王猛、建威将军梁成、洛州刺史邓羌帅步骑三万伐燕。十二月，进攻洛阳。

大司马温发徐、兖州民筑广陵城，徙镇之。时征役既频，加之疫疠，死者什四五，百姓嗟怨。秘书监太原孙盛作《晋春秋》，直书时事；大司马温见之，怒，谓盛子曰：“枋头诚为失利，何至乃如尊君所言！若此史遂行，自是关君门户事！”其子遽拜谢，请改之。时盛年老家居，性方严，有轨度，子孙虽斑白，待之愈峻。至是诸子乃共号泣稽颡，请为百口切计。盛大怒，不许，诸子遂私改之。盛先已写别本，传之外国。及孝武帝购求异书，得之于辽东人，与见本不同，遂两存之。

【译文】 辛丑日（二十五日），丞相司马昱和大司马桓温在涂中相会以计划以后的行动，派桓温的长子桓熙做豫州刺史、假节。

起初，前燕国人答应割虎牢以西的地方贿赂前秦国，东晋军队失败撤退了以后，前燕国人感到后悔，就对前秦国人说：“使者说错了话，凡是有国有家的彼此都会分担灾害拯救祸患，这是不变的大道理。”前秦国君苻坚听了之后就非常愤怒，于是派遣辅国将军王猛、建威将军梁成、洛州刺史邓羌率领三万名步兵和骑兵前去攻打前燕国。十二月，进军攻打洛阳。

大司马桓温想迁都广陵，于是发动徐、兖两州的百姓修筑广陵城，然后迁移到那儿镇守。当时疫病蔓延，再加上征伐劳役很多，死亡的人十有四五，百姓们也都嗟叹怨恨，秘书监孙盛（其他各本“孙”上有“大原”两字）著作了《晋春秋》，直接叙述当时发生的一切事情。大司马桓温看到孙盛写的《晋春秋》后很愤怒，就对孙盛的儿子说：“在枋头的一战确实是失败了，但也不至于像你父亲所说的那样！如果这段历史能流传于世，那自然会关系到你家一门的生死存亡！”他的儿子立刻向桓温跪拜告罪请求回去修改。当时孙盛年纪大住在家里，虽然已经头发斑白，但性情方正严厉，有自己做事的原则和法度，对待他的子孙们也愈加严格。他的几个儿子回来后就共同号哭悲泣跪地叩头，请求他为全家上下百口人的安危做打算，不能让这段历史流传于世。孙盛非常愤怒最终也没有答应，于是他的几个儿子就偷偷地改写了这段历史，但是孙盛早先已经写好了另一本，而且已经把它传送到其他国家（按《晋书·孙盛传》，孙盛写两定本，寄给慕容俊）。等到东晋孝武帝司马曜购买珍本图书的时候，在辽东人那儿得到和现在的本子不同的另一本书，于是两种书本都保存了下来。

【申涵煜评】 盛不改晋史，固有古董狐之风。但公史宜藏于朝，私史宜藏于家，人主且不得自阅，况权臣乎。安有褒贬国是写本流传之理？此崔浩所以被祸也。

【译文】 孙盛没有修改晋朝的历史，本来就有古时董狐的风尚。但是公家修撰的史书应该收藏在朝廷中，私家修撰的史书应该收藏在家中，君主尚且不能私自拿来阅读，何况是权臣呢。不然怎么会有褒扬或贬低国家大事的手抄本流传世上的道理？这就是崔浩遭遇灾祸的原因了。

太和五年（庚午，公元三七〇年）春，正月，己亥，袁真以梁国内史沛郡朱宪及弟汝南内史斌阴通大司马温，杀之。

秦王猛遗燕荆州刺史武威王筑书曰："国家今已塞成皋之险，杜盟津之路，大驾虎旅百万，自轵关取邺都，金墉穷戍，外无救援，城下之师，将军所监，岂三百弊卒所能支也！"筑惧，以洛阳降，猛陈师受之。燕卫大将军乐安王臧城新乐，破秦兵于石门，执秦将杨猛。

【译文】 太和五年（庚午，公元370年）春季，正月，己亥日（二十四日），袁真因为梁国内史沛郡人朱宪和弟弟汝南内史朱斌私通大司马桓温，于是就把他们杀了。

前秦国王猛送给前燕国荆州刺史武威王慕容筑一封书信说："我们国家现在已经堵塞了成皋的天险，阻绝了盟津的道路，我们拥有像猛虎一样精锐的一百万人的军队，从轵关去攻取邺都，金墉戍守的人内部物资匮乏，外面又没有前来救援的军队，城下的大军是将军所亲眼看见的，这哪里是三百名疲敝的士兵所能抵抗的！”慕容筑心里害怕，带着洛阳向前秦国投降；王猛陈列卒伍接受他的投降。前燕国卫大将军乐安王慕容臧移师新乐城，在石门击败了前秦国的士兵，捉住了前秦国将领杨猛。

王猛之发长安也，请慕容令参其军事，以为乡导。将行，造慕容垂饮酒，从容谓垂曰：“今当远别，卿何以赠我，使我睹物思人?”垂脱佩刀赠之。猛至洛阳，赂垂所亲金熙，使诈为垂使者，谓令曰：“吾父子来此，以逃死也。今王猛疾人如仇，谗毁日深；秦王虽外相厚善，其心难知。丈夫逃死而卒不免，将为天下笑。吾闻东朝比来始更悔悟，主、后相尤。吾今还东，故遣告汝；吾已行矣，便可速发。”令疑之，踌躇终日，又不可审覆。乃将旧骑，诈为出猎，遂奔乐安王臧于石门。猛表令叛状，垂惧而出走，及蓝田，为追骑所获。秦王坚引见东堂，劳之曰：“卿家国失和，委身投朕。贤子心不忘本，犹怀首丘，亦各其志，不足深咎。然燕之将亡，非令所能存，惜其徒入虎口耳。且父子兄弟，罪不相及，卿何为过惧而狼狈如是乎！”待之如旧。燕人以令叛而复还，其父为秦所厚，疑令为反间，徙之沙城，在龙都东北六百里。

【译文】王猛发兵长安时，请求慕容令做他的向导参与他的军事行动。在将要出发的时候，慕容令到慕容垂住的地方喝酒，从容不迫地对慕容垂说：“现在要分别到远处去，你要送给我什么东西呢?使我看到这个东西就能思念起东西的主人。”于是慕容垂解下佩刀赠送给他。王猛到了洛阳贿赂慕容垂的亲信金熙，命他装作慕容垂的使者对慕容令说：“我们父子是因为逃避死亡而来到这儿的。现在王猛对我们的谗害和毁谤一天比一天深，现在对我们像仇敌一样嫉恨；秦国君王虽然表面上对待我们非常友善，但是我们很难预知到他心里的真实想法。大丈夫这一次本是为了避免死亡才到此地的，而结果竟不能够避免，那将要被天下人所耻笑。我听说东朝（燕国）近来开始改革，深深地悔悟自己的过错，燕国君主慕容暐和太后可足浑氏相互检讨自己的过错。我现在要回到东朝，我之所以派遣使者告诉你，是因为我已经走了，你乘车便可以赶快出发了。”慕容令怀疑这件事情的真假，犹豫了一整天，但又不可以去核实。最终决定率领从前燕国逃到前秦国时所带的骑兵，假装出去打猎的样子，等到了石门后就去投奔乐安王慕容臧。王猛上表说明慕容令反叛的情况，慕容垂因恐惧而逃走，但是在到了蓝田的时候就被追来的骑兵捉住了。前秦国君苻坚在东堂接见慰劳他说：“你的家庭和国家不和睦，才托身而投靠于我。你的儿子心里还怀念着自己的故国，不能忘记根本，这也是人各有自己志向的表现，不能够深加责备。然而燕国现在将要灭亡了，可惜他回去也是空入虎口而送死罢了，燕国不是慕容令所能够保存的。父子兄弟之间的罪过不能互相牵连，你为什么过度忧惧而如此进退不得呢？”前秦国君苻坚对待他还像以前一样。燕国人因为慕容令反叛了回来，他的父亲受到前秦国优厚的待遇，怀疑慕容令是回来做间谍的，就把他迁徙到龙都东北六百里的沙城。

【乾隆御批】猛设计，绐令、陷垂，非正道也。坚待之如旧，不失大度。然岂不知猛之设计耶？抑知而故委曲了事耶？

【译文】王猛设计，欺骗慕容令、陷害慕容垂，不是正确的途径。苻坚对待慕容垂还像以前一样，没有失去大度。然而难道不知道王猛的计谋吗？也许是知道而故意勉强迁就，了结事端吧。

◆臣光曰：昔周得微子而革商命，秦得由余而霸西戎，吴得伍员而克强楚，汉得陈平而诛项籍，魏得许攸而破袁绍。彼敌国之材臣，来为已用，进取之良资也。王猛知慕容垂之心久而难信，独不念燕尚未灭，垂以材高功盛，无罪见疑，穷困归秦，未有异心，遽以猜忌杀之，是助燕为无道而塞来者之门也，如何其可哉！故秦王坚礼之以收燕望，亲之以尽燕情，宠之以倾燕众，信之以结燕心，未为过矣。猛何汲汲于杀垂，至乃为市井鬻卖之行，有如嫉其宠而谗之者，岂雅德君子所宜为哉！◆

乐安王臧进屯荥阳，王猛遣建威将军梁成、洛州刺史邓羌击走之；留羌镇金墉，以辅国司马桓寅为弘农太守，代羌戍陕城而还。

【译文】◆臣司马光说：往昔周朝因得到微子而灭掉了殷商；秦国得到了由余而称霸西戎；吴得到了伍员而克服了强大的楚国；汉得到了陈平而战胜了项籍；魏得到了许攸而击败了袁绍。那些都是敌国有才能的臣子前来被自己任用所取得的成果，可以说是向敌国进军攻取的良好凭借。王猛很久以前就知道慕容垂的心意，却不能相信他，难道没有想到前燕国还没有灭亡，慕容垂是因为才能高、功劳大，穷迫困窘，没有罪却被怀疑而归附了前秦国，他不会有二心，要是因为猜疑忌恨而急遽地杀了他，这是帮助前燕国做不合道理的事情啊，而且还会使前来的归附者们产生巨大的担忧，这怎么可以呢！所以前秦国君苻坚礼遇他，以得到前燕国人的仰望；亲厚他，以满足前燕国人的心情；宠幸他，以使得前燕国人向往；信任他，以结交前燕国人的诚心，这是多么正确的做法啊！王猛为了想快速地杀死慕容垂竟做出市井鬻卖的行为，这哪里是大雅有德的君子所应

该做的事情？这种做法好像是嫉妒他受宠信而要谗害他呢！◆

乐安王慕容臧进军驻守在荥阳，王猛派遣建威将军梁成、洛州刺史邓羌打跑了他。留下邓羌镇守金墉，派遣辅国司马桓寅代替邓羌驻守陕城，封作弘农太守，然后就回去了。

秦王坚以王猛为司徒，录尚书事，封平阳郡侯。猛固辞曰："今燕、吴未平，戎车方驾，而始得一城，即受三事之赏，若克殄二寇，将何以加之！"坚曰："苟不暂抑朕心，何以显卿谦光之美！已诏有司权听所守；封爵酬庸，其勉从朕命！"

二月，癸酉，袁真卒。陈郡太守朱辅立真子瑾为建威将军，豫州刺史，以保寿春，遣其子乾之及司马爨亮如邺请命。燕人以瑾为扬州刺史，辅为荆州刺史。

三月，秦王坚以吏部尚书权翼为尚书右仆射。夏，四月，复以王猛为司徒，录尚书事；猛固辞，乃止。

燕、秦皆遣兵助袁瑾，大司马温遣督护竺瑶等御之。燕兵先至，瑶等与战于武丘，破之。南顿太守桓石虔克其南城。石虔，温之弟子也。

【译文】 前秦国君苻坚派王猛做司徒、录尚书事（官名指大臣兼管尚书之意），封平阳郡侯。王猛坚持推辞说："现在燕国、吴国没有平定，兵车正在行驶而且才攻取了一座城，就接受三公的赏赐，如果消灭了两寇，那将再加封什么爵位！"前秦国君苻坚说："如果不暂时抑止我的心意，如何显得出你谦让的美德呢？你就暂且听从主管其事者的安排，加封爵位酬答功绩，我已经颁下命令，希望你能顺从我的命令！"

二月，癸酉日（二十八日），袁真去世。陈郡太守朱辅为了保卫寿春就立袁真的儿子袁瑾做建威将军、豫州刺史，于是派遣自己的儿子朱乾之和司马爨亮前往邺城请求颁布命令。前燕国人派朱辅做荆州刺史，袁瑾做扬州刺史。

三月，前秦国君苻坚派吏部尚书权翼做尚书右仆射。夏季，四月，又派王猛做司徒、录尚书事。王猛坚持推辞才不让他做。

前燕国、前秦国都派遣军队援助袁瑾，大司马桓温派遣督护竺瑶等前去抵御他们。前燕国的军队先到，竺瑶等在武丘和前燕国军队交战然后击败了他们。南顿太守桓石虔收复了南顿郡的寿春南城。桓石虔是桓温弟弟的儿子。

秦王坚复遣王猛督镇南将军杨安等十将步骑六万以伐燕。

慕容令自度终不得免，密谋起兵，沙城中谪戍士数千人，令皆厚抚之。五月，庚午，令杀牙门孟妫。城大涉圭惧，请自效。令信之，引置左右。遂帅谪戍士东袭威德城，杀城郎慕容仓，据城部署，遣人招东西诸戍，翕然皆应之。镇东将军勃海王亮镇龙城，令将袭之；其弟麟以告亮，亮闭城拒守。癸酉，涉圭因侍直击令，令单马走，其党皆溃。涉圭追令至薛黎泽，擒而杀之，诣龙城白亮。亮为之诛涉圭，收令尸而葬之。

六月，乙卯，秦王坚送王猛于灞上，曰：“今委卿以关东之任，当先破壶关，平上党，长驱取邺，所谓‘疾雷不及掩耳’。吾当亲督万众，继卿星发，舟车粮运，水陆俱进，卿勿以为后虑也。”猛曰：“臣杖威灵，奉成算，荡平残胡，如风扫叶，愿不烦銮舆亲犯尘雾，但愿速敕所司部置鲜卑之所。”坚大悦。

【译文】 前秦国君苻坚再派遣王猛亲自督率镇南将军杨安等十位将领和六万名步兵骑兵，前去攻打前燕国。

慕容令自己思索着自己终究不能够被免罪，于是他就秘密计划发兵反叛，沙城中因罪革职而派遣到这儿驻守的士兵有数千人，慕容令都厚待和抚慰他们。五月，庚午日（五月无此日），慕容令杀死了牙门孟妫。城主涉圭非常恐惧，自己请求为他效力。慕容令相信他，就把他安置在自己的左右。然后率领戍守的士兵向东袭击威德城，占据了威德城，杀死城主慕容仓后，分别处理各种事务，派遣人招来在东西两面驻守的士兵，他们都纷纷响应他。镇东将军渤海王慕容亮镇守在龙城，慕容令想要去袭击他，他的弟弟慕容麟把这个消息告知了慕容亮，慕容亮严密地防守紧闭城门。 癸酉日（五月无此日），涉圭趁着轮值时攻击慕容令，慕容令一个人骑着马逃走了，他的同党全都溃散。涉圭追慕容令追到薛黎泽，捉住他把他杀了，就前往龙城告知慕容亮。慕容亮替慕容令杀了涉圭，收了慕容令的尸体而埋葬了他。

六月，乙卯日（十二日），前秦国君苻坚送王猛到灞上说："现在把攻伐关东的重大责任委托给你，你应当就像通常所说的以'疾雷不及掩耳'的速度攻下壶关再平定上党，然后长驱直入以攻取邺城。我要亲自率领万名士兵，随着你在黑夜出发，由水陆两路同时用舟车运送兵粮，你不必因粮草有任何忧虑。"王猛说："我依仗你的威严得到神灵的庇护，奉行已设成的计谋，扫荡平定残余的胡夷之人，就像风吹落叶一样简单，但是不希望麻烦你亲自冒着尘埃和霜雾前来看望，只希望你快速下令所有主管的官吏，为了在归降的人到来的时候能够好好地休息，预先为他们修建房舍。"前秦国君苻坚听了之后非常高兴。

秋，七月，癸酉朔，日有食之。

秦王猛攻壶关，杨安攻晋阳。八月，燕主暐命太傅上庸王评将中外精兵三十万以拒秦。暐以秦寇为忧，召散骑侍郎李凤、黄门侍郎梁琛、中书侍郎乐嵩问曰："秦兵众寡何如？今大军既出，秦能战乎？"凤曰："秦国小兵弱，非王师之敌；景略常才，又非太傅之比，不足忧也。"琛、嵩曰："胜败在谋，不在众寡。秦远来为寇，安肯不战！且吾当用谋以求胜，岂可冀其不战而已乎！"暐不悦。王猛克壶关，执上党太守南安王越，所过郡县，皆望风降附，燕人大震。

黄门侍郎封孚问司徒长史申胤曰："事将何如？"胤叹曰："邺必亡矣，吾属今兹将为秦虏。然越得岁而吴伐之，卒受其祸。今福德在燕，秦虽得志，而燕之复建，不过一纪耳。"

【译文】秋季，七月，癸酉朔日（初一），发生日食。

前秦国王猛攻打壶关，杨安攻打晋阳。八月，前燕国君慕容暐命令太傅上庸王慕容评率领三十万名精锐士兵，以抵抗前秦国士兵。前燕国君慕容暐因为前秦兵的入侵而忧虑，召见黄门侍郎梁琛、散骑侍郎李凤、中书侍郎乐嵩，问他们："秦国的士兵有多少？现在大军已经出发，秦国能够应战吗？"李凤说："秦国国家小士兵弱，不值得我们忧虑，它一定不是我们大军的对手；景略（王猛字）的才能不是能和我们的太傅相比的。"梁琛和乐嵩说："战争的胜利和失败不仅仅在于士兵的多少还在于谋略，秦国从远地前来入侵，哪里会有不能应战的能力呢！我们怎么可以寄希望于他们不应战而停止呢？我们应当用计谋以求得胜利。"前燕国君慕容暐听了后很不高兴。王猛捉住了上党太守南安王慕容越，攻取了壶关，凡是他所经过的郡县，那些郡县都已经向他投降请求归附了。前燕国人听说了以后感到非常震骇。

黄门侍郎封孚问司徒长史申胤说："战争的事情怎么样了？"申胤叹息着说："恐怕邺城一定要灭亡了，我们到时也将被秦国俘虏。岁星在越，像春秋时期一样，越国应该有福德，而吴国却去攻伐它，终于遭受到祸殃。现在岁星在燕国，燕国应该有福德，秦国虽然战胜得志，但燕国不会超过十二年就会再行建国的。”

大司马温自广陵帅众二万讨袁瑾；以襄城太守刘波为淮南内史，将五千人镇石头。波，隗之孙也。癸丑，温败瑾于寿春，遂围之。燕左卫将军孟高将骑兵救瑾，至淮北，未渡，会秦伐燕，燕召高还。

广汉妖贼李弘，诈称汉归义侯势之子，聚众万馀人，自称圣王，年号凤凰。陇西人李高，诈称成主雄之子，攻破涪城，逐梁州刺史杨亮。九月，益州刺史周楚遣子琼讨高，又使琼子梓潼太守虓讨弘，皆平之。

【译文】 大司马桓温从广陵率领两万名士兵前去讨伐袁瑾，派遣襄阳太守刘波做淮南内史，带领五千名士兵镇守在石头城。刘波是刘隗的孙子。癸丑日（十一日），桓温在寿春击败了袁瑾，于是就把他包围起来。前燕国的左卫将军孟高率领骑兵前去救援袁瑾，他刚到了淮水以北，还没有渡过淮水，正好赶上前秦国的士兵来攻打前燕国，前燕国就征召孟高回去了。

广汉妖贼李弘欺骗人们说自己是汉归义侯李势的儿子，自称为圣王聚集了士兵一万多人，年号为凤凰。陇西人李高欺骗人们说自己是成主李雄的儿子，逐出了梁州刺史杨亮，攻占了涪城。九月，益州刺史周楚派遣自己的儿子周琼去讨伐李高，又命周琼的儿子梓潼太守周虓去讨伐李弘，最后把他们都平定了。

秦杨安攻晋阳，晋阳兵多粮足，久之未下。王猛留屯骑校尉苟长戍壶关，引兵助安攻晋阳。为地道，使虎牙将军张蚝帅壮

士数百潜入城中，大呼斩关，纳秦兵。辛巳，猛、安入晋阳，执燕并州刺史东海王庄。太傅评畏猛，不敢进，屯于潞川。冬，十月，辛亥，猛留将军武都毛当戍晋阳，进兵潞川，与慕容评相持。

【译文】 前秦国杨安去进攻晋阳，因为晋阳军队众多粮食又充足，所以很久都不能攻下。王猛自己带兵去协助杨安攻打晋阳，留下屯骑校尉苟长驻守在壶关，秘密挖掘地道，地道挖好后就命令虎牙将军张蚝率领几百名壮士从地道秘密地进入城中，大声叫着打开关门，让前秦国的士兵进入。辛巳日（初十），王猛和杨安进入晋阳城，逮捕了前燕国并州刺史东海王慕容庄。太傅慕容评因害怕王猛所以不敢进军，就驻扎在潞川。冬季，十月，辛亥日（初十），王猛留下将军武都人毛当驻守晋阳，自己进兵潞川和慕容评相对峙。

壬戌，猛遣将军徐成觇燕军形要，期以日中；及昏而返，猛怒，将斩之。邓羌请之曰："今贼众我寡，诘朝将战；成，大将也，宜且宥之。"猛曰："若不杀成，军法不立。"羌固请曰："成，羌之郡将也，虽违期应斩，羌愿与成效战以赎之。"猛弗许。羌怒，还营，严鼓勒兵，将攻猛。猛问其故，羌曰："受诏讨远贼；今有近贼，自相杀，欲先除之！"猛谓羌义而有勇，使语之曰："将军止，吾今赦之。"成既免，羌诣猛谢。猛执其手曰："吾试将军耳，将军于郡将尚尔，况国家乎？吾不复忧贼矣！"

太傅评以猛悬军深入，欲以持久制之。评为人贪鄙，鄣固山泉，鬻樵及水，积钱帛如丘陵；士卒怨愤，莫有斗志。猛闻之，笑曰："慕容评真奴才，虽亿兆之众不足畏，况数十万乎！吾今兹破之必矣。"乃遣游击将军郭庆帅骑五千，夜从间道出评营后，烧评辎重，火见邺中。燕主暐惧，遣侍中兰伊让评曰："王，高祖之子也，当以宗庙社稷为忧，奈何不抚战士而榷卖樵水，专以货殖为心乎！府库之积，朕与王共之，何忧于贫！若贼兵遂进，家国丧亡，王持钱帛欲安所置之！”乃命悉以其钱帛散之军士，且趋使战。评大惧，遣使请战于猛。

【译文】 壬戌日（二十一日），王猛派遣将军徐成去侦察前燕国军队的布阵要略，以中午为约定的时限。结果将军徐成到了黄昏才回来，王猛很生气所以想要斩杀他。邓羌请求他说：“明天平明的时候又要作战，现在的情况又是贼人众多我们兵力少；徐成是一名将领，您应该暂且宽恕他。”王猛说：“如果不杀死徐成，那么军法的威严就不能被确立。”邓羌再三请求说：“徐成是邓羌本郡的太守，虽然误了期限应当斩首，邓羌愿意和徐成共同效力决战以赎其罪。”王猛不肯答应。邓羌大怒，回到军营，急忙地击鼓以部署他的士兵，将要攻击王猛。王猛问他原因，邓羌说：“我接受命令讨伐远地的贼人，现在我想要先除掉在近处就想自己互相残杀的贼人！”王猛认为邓羌讲道义而且有勇气，就派遣使者告诉他说：“我现在赦免他，请将军停止吧。”徐成被赦免了以后，邓羌前去向王猛道谢。王猛握着他的手说：“我只是试验将军罢了，将军对于本郡的太守尚且如此爱护，更何况是国家呢！有将军在我也不用再忧虑贼人了！”

太傅慕容评因为王猛孤军深入，想要利用长久相持的战术来制服他。慕容评为人贪婪、吝啬鄙陋，阻塞山泉水下流，使军士们不能采薪和汲水而必须向他购买柴薪和泉水，他借此牟取利益，积聚了像丘陵一样高的钱和绢帛。士卒们都非常怨恨他，因此没有战斗的意志。王猛听到了这个消息笑着说：“慕容评即使有亿万的士兵也不足以令我畏惧，因为他是一个奴才，何况现在他只有数十万的士兵呢！我现在击败他是必定的事了。”于是

就派遣游击将军郭庆率领五千骑兵，在夜里从小路到达慕容评的军营后面，烧毁慕容评的机械、兵仗、粮食等，在邺城中都可以望见火光。前燕国君慕容暐非常恐惧，派遣侍中兰伊责备慕容评说："你是高祖慕容廆的儿子，为什么不抚慰战士而以求得货财生殖繁息为心志而专卖柴薪和泉水呢？国府库里储积的财货，我可以和你共同享用，你何必忧愁贫穷呢！您应当以宗庙社稷的安危为忧虑，如果敌兵进入我们的国境，我们的家国都要丧失灭亡了，你想要把金钱和绢帛放置到什么地方呢？"于是就下命令让慕容评把他所有的金钱和绢帛全部散发给军士们，命令他们赶快去迎战。慕容评非常恐惧就派遣使者向王猛求和。

甲子，猛陈于渭源而誓之曰："王景略受国厚恩，任兼内外，今与诸君深入贼地，当竭力致死，有进无退，共立大功，以报国家。受爵明君之朝，称觞父母之室，不亦美乎！"众皆踊跃，破釜弃粮，大呼竞进。

猛望燕兵之众，谓邓羌曰："今日之事，非将军不能破勍敌。成败之机，在兹一举，将军勉之！"羌曰："若能以司隶见与者，公勿以为忧。"猛曰："此非吾所及也，必以安定太守、万户侯相处。"羌不悦而退。俄而兵交，猛召羌，羌寝弗应。猛驰就许之，羌乃大饮帐中，与张蚝、徐成等跨马运矛，驰赴燕陈；出入数四，旁若无人，所杀伤数百。及日中，燕兵大败，俘斩五万馀人，乘胜追击，所杀及降者又十万馀人，评单骑走还邺。

【译文】 甲子日（二十三日），王猛在渭源列阵向军士们宣誓说："我王景略蒙受国家深厚的恩泽，身兼朝廷内外的重大责任，现在竭尽心力为国效死，当要和诸位深入敌人的国境，只有前进没有后退，我们共同建立伟大的功勋以报答国家；等到战争胜利的时候，就是我们在朝廷接受爵位封赏的时候，如果受爵后回到父母面前，给他们举酒祝寿不也是很好吗？”于是军士们都跳跃欢呼，丢弃兵粮，打破锅子，大声喊着争先前进。

王猛远远望见前燕国士兵多就对邓羌说：“今天的战争，除了将军谁也不能够战胜强大的敌人，成败的机运就在此一战了，将军要多出力！”邓羌说：“如果能把司隶校尉的职务给我，你就不必忧虑这些了。”王猛说：“这不是我职位的权力所能够做到的。我必定会把安定太守、万户侯给予你。”邓羌不高兴地退下。不久之后，双方的士兵交战，王猛召邓羌来应战，邓羌睡在那里不接受命令。王猛骑马赶来答应了他，邓羌就和部属们在营帐中痛饮，然后和张蚝、徐成等跨上马，舞着矛驰往前燕国的兵阵，像四周没有人一样，出入了好几次，所杀伤的有数百人。到中午的时候被俘获和斩杀的有五万多燕国的士兵，又乘着战胜的情势前去追击，前燕国的士兵被杀死和投降的又有十万多，前燕国大败，只有慕容评一个人骑着马逃回邺城。

◆崔鸿曰：邓羌请郡将以挠法，徇私也；勒兵欲攻王猛，无上也；临战豫求司隶，邀君也。有此三者，罪孰大焉！猛能容其所短，收其所长，若驯猛虎，驭悍马，以成大功。《诗》云：“采葑采菲，无以下体。”猛之谓矣！◆

秦兵长驱而东，丁卯，围邺。猛上疏称：“臣以甲子之日，大歼丑类。顺陛下仁爱之志，使六州士庶，不觉易主，自非守迷违命，一无所害。”秦王坚报之曰：“将军役不逾时，而元恶克举，勋高前古。朕今亲帅六军，星言电赴。将军其休养将士，以待朕至，然后取之。”

猛之未至也，邺帝剽劫公行，及猛至，远近贴然。号令严明，军无私犯，法简政宽，燕民各安其业，更相谓曰："不图今日复见太原王！"猛闻之，叹曰："慕容玄恭信奇士也，可谓古之遗爱矣！"设太牢以祭之。

【译文】◆崔鸿说：邓羌请求赦免本郡太守的罪过以阻挠法令的实行是徇从私情的行为；部署士兵想要攻击王猛是目无上司的行为；临作战时预先请求给予司隶校尉的职务是要挟上司的行为。没有比这三种行为所犯下的罪过更大的了！王猛采用他的长处而且还能容忍他的短处，就好像驾驭强悍的战马、驯顺凶猛的老虎，以建立伟大的功劳一样。《诗经·邶风·谷风》中说："采葑采菲，无以下体。"（采葑和菲这两种菜的时候，不要因为它的根坏了就连它的叶子一起丢弃）说的就是王猛吧！◆

前秦国的军队一直向东行去，丁卯日（二十六日），围攻邺城。王猛上奏折称："我在甲子日（二十三日）那一天，基本上可以歼灭丑恶的敌人。顺从陛下仁爱的心意，使六州士民们平静无扰，不会觉得他们的君主更换了，只要不是执迷不悟、违抗命令的百姓都不会有所伤害的。"前秦国君苻坚用书信回答说："将军出师没有超过三个月，就能够拔除首恶之人，功勋高过了古人。我现在亲自率领六军，在早上星辰还没有落下时就开始出发，一路上像闪电一样快速前往。将军先使将士们休养等我到来，然后再合力攻取邺城。"

王猛还没有来邺城的时候，邺城附近剽夺抢劫都是公然而行的，等到王猛来了以后，无论远近的士民竟然都得到了安服；王猛军令严厉，赏罚分明，政令简略而宽大，士兵们不敢私自侵犯前燕国的国民，前燕国国民各自安于自己的工作，而且互相之间说："没有想到今天又看到了太原王了（慕容恪的封号）！"王猛听到了这句话，叹息着说："慕容玄恭（玄恭是恪的字）可以说有古人爱民的遗风了，他确实是一个奇异的士人。”于是就设置牛、羊、豕三牲的祭品来祭祀他。

十一月，秦王坚留李威辅太子守长安，阳平公融镇洛阳，自帅精锐十万赴邺，七日而至安阳，宴祖父时故老。猛潜如安阳谒坚，坚曰：“昔周亚夫不迎汉文帝，今将军临敌而弃军，何也？”猛曰：“亚夫前却人主以求名，臣窃少之。且臣奉陛下威灵，击垂亡之虏，譬如釜中之鱼，何足虑也！监国冲幼，鸾驾远临，脱有不虞，悔之何及！陛下忘臣灞上之言邪！”

初，燕宜都王桓帅众万馀屯沙亭，为太傅评后继，闻评败，引兵屯内黄。坚使邓羌攻信都。丁丑，桓帅鲜卑五千奔龙城。戊寅，燕散骑侍郎馀蔚帅扶馀、高句丽及上党质子五百馀人，夜，开邺北门，纳秦兵，燕主暐与上庸王评、乐安王臧、定襄王渊、左卫将军孟高、殿中将军艾朗等奔龙城。辛巳，秦王坚入邺宫。

【译文】 十一月，前秦国君苻坚亲自率领精锐的军士十万人前往邺城，留下李威辅助太子防守在长安，阳平公苻融镇守在洛阳，前秦国君苻坚在七天后到达了安阳并设宴款待了当年和祖父（苻洪）往还的故老。王猛暗地里到安阳见前秦国君苻坚，苻坚说：“从前周亚夫不迎接汉文帝，现在将军面临敌人时为什么离开军队呢？”王猛说：“周亚夫拒天子以成就个人的声名，我颇不满意他的这种作风，而我奉行陛下的威严和圣明，攻击将要灭亡的敌人，他们就好像锅子里的鱼一样快要毙命，哪里值得您忧虑呢？陛下远来此地，太子年纪又幼小，如果有不可预料的事情发生，后悔都来不及了！陛下难道忘记了我在灞上所说的话了吗？”

起初，前燕国宜都王慕容桓率领一万多士兵驻扎在沙亭，

做太傅慕容评的后援，听到慕容评失败的消息，慕容桓就带领士兵驻扎在内黄。前秦国君苻坚命令邓羌进攻信都。丁丑日（初六），慕容桓率领五千鲜卑人逃到龙城。戊寅日（初七），前燕国的散骑侍郎馀蔚，率领扶馀、高句丽和驻守在上党的留在邺城作为人质的子弟共五百多的士兵，在夜晚的时候，打开邺城的北门让前秦国士兵进入，前燕国君慕容暐和上庸王慕容评、乐安王慕容臧、左卫将军孟高、定襄王慕容渊、殿中将军艾朗等逃到龙城。辛巳日（初十），前秦国君苻坚进入邺城的王宫。

慕容垂见燕公卿大夫及故时僚吏，有愠色。高弼言于垂曰："大王凭祖宗积累之资，负英杰高世之略，遭值迍阨，栖集外邦。今虽家国倾覆，安知其不为兴运之始邪！愚谓国之旧人，宜恢江海之量，有以慰结其心，以立覆篑之基，成九仞之功，奈何以一怒捐之？愚窃为大王不取也！"垂悦，从之。

燕主暐之出邺也，卫士犹千馀骑，既出城，皆散，惟十馀骑从行；秦王坚使游击将军郭庆追之。时道路艰难，孟高扶侍暐，经护二王，极其勤瘁，又所在遇盗，转斗而前。数日，行至福禄，依冢解息，盗二十馀人猝至，皆挟弓矢，高持刀与战，杀伤数人。高力极，自度必死，乃直前抱一贼，顿击于地，大呼曰："男儿穷矣！"馀贼从帝射高，杀之。艾朗见高独战，亦还趋贼，并死。暐失马步走，郭庆追及于高阳，部将巨武将缚之，暐曰："汝何小人，敢缚天子！"武曰："我受诏追贼，何谓天子！"执以诣秦王坚。坚诘其不降而走之状，对曰："狐死首丘，欲归死于先人坟墓耳。"坚哀而释之，令还宫，帅文武出降。暐称孟高、艾朗之忠于坚，坚命厚加敛葬，拜其子为郎中。

【译文】慕容垂看到前燕国的公卿大夫和以前的僚属、官吏们都非常愤怒。高弼向慕容垂建议说："你具有英明俊杰高出世人的谋略，凭借着祖宗们累积的资质，遭受到困厄而寄居在他国。现在虽然国家倾败覆灭，又怎么知道这不是复兴的机运的开始呢？我认为你应该以像江海一样恢宏的度量，来对待以前的僚属官吏们，去抚慰他们的心灵并且和他们结交，先建立自覆一篑的根基以便以后像堆山一样，进而成就九仞高的大山，为什么因为一怒的缘故而捐弃了他们？我私下对你的这种行为颇不赞同。"慕容垂很高兴就听从了他的建议。

前燕国君慕容暐出邺城的时候，还有一千多名骑兵卫士，出了城以后只有十几骑继续跟着他走，其余的都自行散去了。前秦国君苻坚命令游击将军郭庆去追击他。当时道路很难行走，孟高不仅要扶持着前燕国君慕容暐，而且还要随时保护着乐安王慕容臧和定襄王慕容渊，非常辛苦和劳瘁，他们所在之处又遇到盗贼，往往辗转战斗而向前行进。几天后才走到福禄，依着墓冢解下马鞍，让马休息的时候，有二十多个强盗挟着弓箭突然来到，孟高拿着刀和他们交战，杀死了几个强盗。孟高身体疲惫到了极点，料定自己必定死亡，就冲向前抱住一个贼人，把他击倒在地上，大声喊着："我所能够做的，已经达到我的极限了。"其余的贼人，从旁边射击孟高，最后把他射死了。艾朗看到孟高独自一个人和贼人交战，也返回来冲向贼人，结果也被射死了。前燕国君慕容暐失去了马，只能徒步而行，郭庆直到高阳才追上他，郭庆部下的将领巨武将要捆绑他，前燕国君慕容暐说："你是什么小人，竟敢捆绑天子！"巨武说："我只是接受命令追击贼人，怎能成了追击天子了呢？"于是就捉住了他去见前秦国君苻坚，苻坚质问他不投降而逃走的原因，慕容暐

回答说："狐狸即使是死了，它的头还向着山丘的窟穴，我也只是想要回去死在先人的坟墓上罢了。"前秦国君苻坚因为哀怜他而释放了他，让他回到宫里率领文武大臣出来投降。慕容暐向苻坚称赞孟高、艾朗的忠贞，苻坚下令要对他们优厚地装殓和安葬，并任命他们的儿子为郎中。

郭庆进至龙城，太傅评奔高句丽，高句丽执评，送于秦。宜都王桓杀镇东将军勃海王亮，并其众，奔辽东。辽东太守韩稠，先已降秦，桓至，不得入，攻之，不克。郭庆遣将军朱嶷击之，桓充众单走，嶷获而杀之。

诸州牧守及六夷渠帅尽降于秦，凡得郡百五十七，户二百四十六万，口九百九十九万。以燕宫人、珍宝分赐将士。下诏大赦曰："朕以寡薄，猥承休命，不能怀远以德，柔服四维，至使戎车屡驾，有害斯民，虽百姓之过，然亦朕之罪也。其大赦天下，与之更始。"

【译文】 太傅慕容评逃到高句丽，高句丽人捉住慕容评并把他送到前秦国。郭庆到达龙城，宜都王慕容桓杀死了镇东将军渤海王慕容亮，把他的士兵合并到自己的军队里然后逃到了辽东。辽东太守韩稠，早先就已经投降了前秦国，慕容桓到了以后发现不能够进入城中，于是率领士兵攻打，但又不能够攻下。郭庆派遣将军朱嶷去攻击他，慕容桓丢弃了士兵，一个人骑着马逃走，曹嶷捉住他并把他杀死了。

诸州的州牧、郡守以及六夷的大帅都投降了前秦国，前秦国共得到一百五十七个郡，两百四十六万户，九百九十九万人。前秦国把前燕国的宫人和珍宝分赐给将士们，然后颁布大赦的命令说："我承蒙上天之命，因为寡德鲜能所以不能够用德行怀柔远人使四方服从，以至于屡次引起战争伤害到百姓，因此导致百姓们的财产损失，这也是我的罪恶。现在我要诏令大赦和百姓们共同革新。”

初，梁琛之使秦也，以侍辇苟纯为副。琛每应对，不先告纯；纯恨之，归，言于燕主暐曰：“琛在长安，与王猛甚亲善，疑有异谋。”琛又数称秦王坚及王猛之美，且言秦将兴师，宜为之备。已而秦果伐燕，皆如琛言，暐乃疑琛知其情。及慕容评败，遂收琛系狱。秦王坚入邺而释之，除中书著作郎，引见，谓之曰：“卿昔言上庸王、吴王皆将相奇材，何为不能谋画，自使亡国？”对曰：“天命废兴，岂二人所能移也！”坚曰：“卿不能见几而作，虚称燕美，忠不自防，返为身祸，可谓智乎？”对曰：“臣闻‘几者动之微，吉凶之先见者也。’如臣愚暗，实所不及。然为臣莫如忠，为子莫如孝，自非有一至之心者，莫能保忠孝之始终。是以古之烈士，临危不改，见死不避，以徇君亲。彼知几者，心达安危，身择去就，不顾家国，臣就使知之，尚不忍为，况非所及邪！”

【译文】 先前梁琛出使前秦国的时候，派遣侍辇官苟纯做他的副使。到了前秦国梁琛每一次的应对，都没有事先告诉苟纯。苟纯非常怨恨他，回到前燕国以后就向前燕国君慕容暐说：“梁琛在长安的时候，和王猛很亲密友善，怀疑他有二心。”梁琛又屡次称赞前秦国君苻坚和王猛的才干，而且说前秦国将要发动军队，应该防备他们。不久之后，前秦国果然来攻打前燕国，一切都像梁琛所说的，前燕国君慕容暐就怀疑梁琛知道前秦国的实情。等到慕容评失败就收捕了梁琛，把他拘押在狱中。前秦国君苻坚进入邺城的时候，释放了他，任命他为中书著作郎，命官吏引见他，对他说：“你从前说上庸王（慕容评）、吴

王（慕容垂）都具有良将贤相的优异才干，为什么不能够谋略计划而使自己的国家灭亡了呢？”梁琛回答说：“天命的废弃和兴隆，哪里是他们两个人所能够左右的！”前秦国君苻坚说：“你虚赞燕国的盛美，不能够看出细微的征兆而有所行动，虽然忠心却不能够防护自己，反而使自身遭受到祸患，可以说是聪明的行为吗？”梁琛回答说：“我曾听说‘几者动之微，吉之先见者也’。（《易大传》之词，意思是：几的意思就是一切细微的行动，都是吉凶最先显现的征兆）像我这愚昧无知之人，确实是不能事先看出细微的征兆。但是做儿子的没有比孝顺更重要的了，虽然不是时时都有如此心意的人，但能够始终如一地保持忠孝，当然做臣子的也没有比忠贞更重要的了。所以遭遇危险而不改变节操，古代重道义轻生死的士人，才能够不顾生命以殉君亲之难，才能够面临死亡而不苟且逃避。那些明白细微征兆的人，心里了解什么是危险，什么是安全，身体便会不由自主地不顾念自己家国的危险而选择该离开何处，该前往何处，而我即使是事先能够看出细微的征兆，还是不忍心如此去做，更何况是我的智慧还不够能看出那细微的征兆呢！”

坚闻悦绾之忠，恨不及见，拜其子为郎中。

坚以王猛为使持节、都督关东六州诸军事、车骑大将军、开府仪同三司、冀州牧，镇邺，进爵清河郡侯，悉以慕容评第中之物赐之。赐杨安爵博平县侯；以邓羌为使持节、征虏将军、安定太守，赐爵真定郡侯；郭庆为持节、都督幽州诸军事、幽州刺史，镇蓟，赐爵襄城侯。其馀将士封赏各有差。

坚以京兆韦钟为魏郡太守，彭豹为阳平太守；其馀州县牧、守、令、长，皆因旧而授之。以燕常山太守申绍为散骑侍郎，使与散骑侍郎京兆韦儒俱为绣衣使者，循行关东州郡，观省风俗，劝课农桑，振恤穷困，收葬死亡，旌显节行，燕政有不便于民者，皆变除之。

【译文】 前秦国君苻坚听说了悦绾的忠贞表现，很遗憾没有亲眼看到他，就任命他的儿子为郎中。

前秦国君苻坚派遣王猛为使持节、都督关东六州诸军事、车骑大将军、开府仪同三司、冀州牧，进封爵位为清河郡侯，把慕容评府第中所有的财物全部赐给他，镇守在邺城。封杨安的爵位为博平县侯；然后派遣邓羌为使持节、征虏将军、安定太守，封爵位为真定郡侯；郭庆为持节、都督幽州诸军事、幽州刺史，封爵位为襄城侯，镇守在蓟城。其余将士的封爵、赏赐也都各有差别。

前秦国君苻坚派遣彭豹做阳平太守，京兆人韦钟做魏郡太守。其余的州牧、郡守、大县的县长、小县的县令还都是本来的官职，但授给他们印绶。派遣前燕国的常山太守申绍做散骑侍郎，命令他和散骑侍郎京兆人韦儒都做绣衣使者（绣衣使者，即使者穿着绣衣，表示受国家的尊宠），巡行函谷关以东的各州各郡，勉励教导农民们耕种和种植桑麻等各种农作物，赈救穷苦困难的百姓的同时观察各地的风俗习惯，收殓葬埋无人顾及的死亡的人，旌表显扬有节操行为的人，前燕国的政令有不便民利民的都被加以改革或除去了。

十二月，秦王坚迁慕容暐及燕后妃、王公、百官并鲜卑四万馀户于长安。

王猛表留梁琛为主簿，领记室督。它日，猛与僚属宴，语及燕朝使者，猛曰："人心不同。昔梁君至长安，专美本朝；乐君但言桓温军盛；郝君微说国弊。”参军冯诞曰：“今三子皆为国臣，敢问取臣之道何先？”猛曰：“郝君知几为先。”诞曰：“然则明公赏丁公而诛季布也。”猛大笑。

秦王坚自邺如枋头，宴父老，改枋头为永昌，复之终世。甲寅，至长安，封慕容暐为新兴侯；以燕故臣慕容评为给事中，皇甫真为奉车都尉，李洪为驸马都尉，皆奉朝请。李邽为尚书，封衡为尚书郎，慕容德为张掖太守，燕国平叡为宣威将军，悉罗腾为三署郎。其馀封授各有差。衡，裕之子也。

【译文】 十二月，前秦国君苻坚把前燕国君慕容暐和前燕国的后妃、王公、百官以及鲜卑人四万多户迁到长安。

王猛上奏表留下梁琛做主簿并且让他兼领记室督。有一天，王猛和僚属们宴饮，谈到前燕国朝廷的使者，王猛说：“人的心意各不相同。从前梁琛来到长安，只说些赞美燕国王朝的事；乐君（乐嵩）只说桓温军士盛多；郝君（郝晷）稍微说明燕国的弊端。”参军冯诞说：“现在三位先生都是我们秦国的大臣，请问用臣之道应该以哪一位为先呢？”王猛说：“郝君能看出细微的征兆应该被先选用。”冯诞说：“那么你和汉高祖刘邦的用臣之道有什么不同呢，那不是要奖赏丁公而诛杀季布了？”王猛只是大笑。

前秦国君苻坚从邺城到枋头又宴请当地的父老乡亲们，改枋头名为永昌，免除田赋和丁役，一直到前秦国君王之世终了。甲寅日（十四日），到达长安，封前燕国君慕容暐为新兴侯；派遣前燕国的旧臣慕容评做给事中，李洪做驸马都尉，皇甫真做奉车都尉，都奉朝会请召；封李邽做尚书，封慕容德做张掖太守，让封衡做尚书郎，封燕国平睿做宣威将军，封悉罗腾做三署郎；其余的封赏任命也都各有差别。封衡是封裕的儿子。

燕故太史黄泓叹曰："燕必中兴，其在吴王乎！恨吾老，不及见耳！"汲郡赵秋曰："天道在燕，而秦灭之。不及十五年，秦必复为燕有。"

慕容桓之子凤，年十一，阴有复仇之志。鲜卑、丁零有气干者，皆倾身与之交结。权翼见而谓之曰："儿方以才望自显，勿效尔父不识天命！"凤厉色曰："先王欲建忠而不遂，此乃人臣之节；君侯之言，岂奖劝将来之义乎！"翼改容谢之，言于秦王坚曰："慕容凤忼慨有才器，但狼子野心，恐终不为人用耳。"

秦省雍州。

是岁，仇池公杨世卒，子纂立，始与秦绝。叔父武都太守统与之争国，起兵相攻。

【译文】 前燕国的旧太史黄泓叹息着说："燕国必定中兴，大概是因为吴王在吧！遗憾的是我已经来不及看到了，我的年纪已经老了。"汲郡人赵秋说："岁星在燕国的分界，不到十五年，秦国一定再为燕国所有。"

慕容桓的儿子慕容凤十一岁。鲜卑和丁零族中有气度、有干才的人都一心一意和他结交，因此他暗中有复仇的志向。权翼看到他后对他说："你正以才情声望自我显扬，不要效法你父亲不知上天的大命！"慕容凤脸色严厉地说："这是人臣应该有的节操，我的父亲只是想要建立忠贞的气节而没有成而已，你所说的话哪里是奖励劝勉我的将来的呢？"权翼改变了脸色向他告罪，然后向前秦国君苻坚说："慕容凤虽然意气激昂，有才干又有气度；但是心意放纵而很难控制，性情凶暴，恐怕终究不会被人所用。"

前秦国把雍州的建制撤销了。

这一年仇池公杨世去世，他的儿子杨纂继位后就开始和前秦国绝交。因为他的叔父武都太守杨统和他争国，所以发兵互相攻伐。

资治通鉴卷第一百三　晋纪二十五

起重光协洽，尽旃蒙大渊献，凡五年。

【译文】 起辛未（公元371年），止乙亥（公元375年），共五年。

【题解】 本卷记录了公元371年至375年共五年间的东晋及各国大事，正当简文帝咸安元年至孝武帝宁康三年。主要记录了前秦国主苻坚器重王猛，命王猛管理东方六州的军政大事，之后又加授王猛都督中外诸军事，王猛在临死前嘱咐苻坚不要图谋晋朝；写了前秦国主苻坚尊崇儒家学说，下令前秦国官民读经，并建立听讼观以访求隐没在民间的人才；写了桓温因枋头之败而威望大减，于是废掉皇帝司马奕，另立会稽王司马昱为帝，简文帝司马昱在位二年后病死，临死前想把晋国大权拱手让给桓温，多亏王坦之、王彪之的大力支持，才让简文帝的儿子司马曜即帝位；写了桓温死前让他的弟弟桓冲代替他统领部众，桓冲让桓温的小儿子桓玄继承桓温的爵位，他从旁辅佐等等。

太宗简文皇帝

咸安元年（辛未，公元三七一年）春，正月，袁瑾、朱辅求救于秦，秦王坚以瑾为扬州刺史，辅为交州刺史，遣武卫将军武都王鉴、前将军张蚝帅步骑二万救之。大司马温遣淮南太守桓伊、南顿太守桓石虔等击鉴、蚝于石桥，大破之，秦兵退屯慎城。伊，宣之子也。丁亥，温拔寿春。擒瑾及辅，并其宗族送建康斩之。

秦王坚徙关东豪杰及杂夷十五万户于关中，处乌桓于冯翊、北地，丁零翟斌于新安、渑池。诸因乱流移、欲还旧业者，悉听之。

【译文】咸安元年（辛未，公元371年），是年十一月海西公，晋太宗简文皇帝司马昱即位始改年号为咸安。春季，正月，袁瑾和朱辅向前秦国请求援救，前秦国君苻坚派袁瑾做扬州刺史，朱辅做交州刺史，派遣前将军张蚝、武卫将军武都人王鉴率领两万名步兵和骑兵前去救援。大司马桓温派遣南顿太守桓石虔、淮南太守桓伊等到石桥攻击王鉴和张蚝，并把他们打得大败，前秦国士兵退守在慎城。桓伊是桓宣的儿子。丁亥日（十七日），桓温攻取了寿春然后捉住了袁瑾和朱辅，他们两人和他们的宗族一起被送到建康斩杀了。

前秦国君苻坚把函谷关以东的十五万户的英雄豪杰和杂夷迁徙到关中（今陕西省之地），把丁零族和翟斌族安置在新安和渑池，乌桓族安置在冯翊和北地。那些现在想要回到原来的地方因为战乱流离迁移的人，也全部任由他们去做决定。

二月，秦以魏郡太守韦钟为青州刺史，中垒将军梁成为兖州刺史，射声校尉徐成为并州刺史，武卫将军王鉴为豫州刺史，左将军彭越为徐州刺史，太尉司马皇甫覆为荆州刺史，屯骑校尉天水姜宇为凉州刺史，扶风内史王统为益州刺史，秦州刺史西县侯雅为使持节、都督秦、晋、凉、雍州诸军事、秦州牧，吏部尚书杨安为使持节、都督益、梁州诸军事、梁州刺史。复置雍州，治蒲阪；以长乐公丕为使持节、征东大将军、雍州刺史。成，平老之子；统，擢之子也。坚以关东初平，守令宜得人，令王猛以便宜简召英俊，补六州守令，授讫，言台除正。

三月，壬辰，益州刺史建成定公周楚卒。

【译文】二月，前秦国派遣魏郡太守韦钟做青州刺史，射声校尉徐成做并州刺史，武卫将军王鉴做豫州刺史，中垒将军梁成做兖州刺史，左将军彭越做徐州刺史，扶风内史王统做益州刺史，屯骑校尉天水人姜宇做凉州刺史，太尉司马皇甫覆做荆州刺史，秦州刺史、西县侯苻雅为使持节、都督秦国晋凉雍州诸军事、秦州牧，吏部尚书杨安为使持节、都督益梁州诸军事、梁州刺史。又设置雍州，并且把雍州的州政府设在蒲阪，派遣长乐公苻丕为使持节、征东大将军、雍州刺史。王统是王擢的儿子；徐成是徐平老的儿子。前秦国君苻坚认为函谷关以东的地方刚刚平定，郡太守和县令应该慎重挑选比较合适的人担任，命令王猛就以事情的方便为准则，简单选拔征召具备英俊之才的士人，补充授职六州各郡的太守和各县的县令，授职完毕后告知尚书台，就把他们任命为正式官吏。

三月，壬辰日（二十三日），益州刺史建成定公（定为谥号）周楚去世。

秦后将军金城俱难攻兰陵太守张闵子于桃山，大司马温遣兵击却之。

秦西县侯雅、杨安、五统、徐成及羽林左监朱肜、扬武将军姚苌帅步骑七万伐仇池公杨纂。

代将长孙斤谋弑代王什翼犍，世子寔格之，伤胁，遂执斤，杀之。

夏，四月，戊午，大赦。

【译文】 前秦国后将军金城人俱难在桃山攻打兰陵太守张闵的儿子，大司马桓温派遣士兵击退了他。

前秦国西县侯苻雅、徐成、杨安、王统以及扬武将军姚苌、羽林左监朱肜率领共七万名步兵和骑兵去攻伐仇池公杨纂。

代国的将领长孙斤计划杀死代国君王拓跋什翼犍，世子拓跋寔和他搏斗伤到了他的腋下，最后就捉住了长孙斤，把他杀死了。

夏季，四月，戊午日（二十日），东晋诏令大赦。

秦兵至鹭峡，杨纂帅众五万拒之。梁州刺史弘农杨亮遣督护郭宝、卜靖帅千馀骑助纂，与秦兵战于峡中；纂兵大败，死者什三、四。宝等亦没，纂收散兵遁还。西县侯雅进攻仇池，杨统帅武都之众降秦。纂惧，面缚出降，雅送纂于长安。以统为南秦州刺史；加杨安都督南秦州诸军事，镇仇池。

王猛之破张天锡于枹罕也，获其将燉煌阴据及甲士五千人。秦王坚既克杨纂，遣据帅其甲士还凉州，使著作郎梁殊、阎负送之，因命王猛为书谕天锡曰："昔贵先公称藩刘、石者，惟审于强弱也。今论凉土之力，则损于往时；语大秦之德，则非二赵之匹；而将军翻然自绝，无乃非宗庙之福也欤！以秦之威，旁振无外，可以回弱水使东流，返江、河使西注，关东既平，将移兵河右，恐非六郡士民所能抗也。刘表谓汉南可保，将军谓西河可全，吉凶在身，元龟不远，宜深算妙虑，自求多福，无使六世之业一旦而坠地也！"天锡大惧，遣使谢罪称藩。坚拜天锡使持节、都督河右诸军事、票骑大将军、开府仪同三司、凉州刺史、西平公。

【译文】 前秦国军队到达鹭峡，仇池公杨纂率领五万名士兵来抵御。梁州刺史弘农人杨亮派遣督护郭宝和卜靖率领一千多骑兵前去和前秦国军队在峡中作战，以援助杨纂。杨纂的军队大败，士兵战死的有十分之三四，郭宝等也都战死，杨纂收罗逃散的士兵逃了回去。西县侯苻雅进军攻打仇池，杨纂率领武都的士兵投降了前秦国。杨纂因为害怕把双手捆绑在背后出城投降，苻雅送杨纂去长安。派遣杨统做南秦州（秦国置秦州于上邽，仇池在其南，故置南秦州）刺史并让杨安监督南秦州诸军事，镇守在仇池。

王猛在枹罕击败凉王张天锡的时候，俘获了他的将领敦煌人阴据和五千名穿戴盔甲的士兵还有兵器。前秦国君苻坚收复了杨纂以后命令著作郎梁殊和阎负送阴据，又派遣阴据率领他的甲士回凉州去，因此命王猛写信告诉凉王张天锡说："从前贵祖先张骏向石勒自称藩属，张茂向刘曜自称藩属的原因，是因为他们明白地知道局势的强弱。何况就现在凉州的物资财力而论，更比不上从前；就我们大秦国的德泽来说，则不是两赵（指刘曜和石勒所建之赵）所能够比得上的，而你却幡然改变和我们秦国断绝交往，这恐怕不是你们宗庙的福祚吧！以我们秦国已经远播四方的强大威势，就是向西流的弱水，我们也可以使它掉回头来向东流；就是向东流的长江、黄河，我们也可以使它们反过来向西流，现在函谷关以东的地方已经平定，我将要率领军队出发平定黄河以西的地方，我率领的士兵恐怕不是你们凉州六郡（武威、张掖、酒泉、敦煌、西郡、西海）的士兵民众所能够抵抗的吧。你认为河西是安全的，像当初刘表认为汉南可以保住，是吉是凶完全在于你们自己的选择，元龟所显示的征兆也不远，你应该精密地考虑再深切地计算一下，不要使你们凉州六世（自张轨保据西河，至张天锡共九主。今说六主，是不

以曜灵、祚、玄靓为世数）所建立的基业毁于一旦，为自己追求多方面的福运。”凉王张天锡十分恐惧就派遣使者向前秦国告罪，请求自称藩属。前秦国君苻坚任命张天锡为使持节、都督河右诸军事、骠骑大将军、凉州刺史、开府仪同三司、西平公。

吐谷浑王辟奚闻杨纂败，五月，遣使献马千匹、金银五百斤于秦。秦以辟奚为安远将军、漒川侯。辟奚，叶延之子也，好学，仁厚而无威断，三弟专恣，国人患之。长史钟恶地，西漒羌豪也，谓司马乞宿云曰：“三弟纵横，势出王右，几亡国矣。吾二人位为元辅，岂得坐而视之！诘朝月望，文武并会，吾将讨焉。王之左右皆吾羌子，转目一顾，立可擒也。”宿云请先白王，恶地曰：“王仁而无断，白之必不从；万一事泄，吾属无类矣。事已出口，何可中变！”遂于坐收三弟，杀之。辟奚惊怖，自投床下，恶地、宿云趋而扶之曰：“臣昨梦先王刺(臣)〔敕〕云：‘三弟将为逆，不可不讨。’故诛之耳。”辟奚由是发病恍惚，命世子视连曰：“吾祸及同生，何以见之于地下！国事大小，任汝治之，吾馀年残命，寄食而已。”遂以忧卒。

【译文】吐谷浑王辟奚听说杨纂失败后，五月，派遣使者向前秦国献上一千匹马，五百斤的金银。前秦国派遣辟奚做安远将军、漒川侯。辟奚是叶延的儿子，从小喜欢读书，性情仁慈忠厚，但是缺乏威严和果断，他的三弟专横恣纵，国人都害怕他的三弟。长史钟恶地是西漒地方羌人的豪杰领帅，对司马乞宿云说：“三弟恣肆纵横，滥用的权力都在吐谷浑王辟奚之上了，现在国家几乎将要灭亡了，我们两个人身为首要辅弼之臣怎么能够坐视不管呢！明天十五日平旦，文武官员相会的时候，我要讨伐他们。吐谷浑王辟奚左右的人都是我们羌人的子弟，只要我转眼示意一下，立刻就可以捉住他们。” 司马乞宿云请求先告知吐谷浑王辟奚，钟恶地说：“吐谷浑王辟奚仁慈而且没有果断决定的能力，如果告知了他，他也一定不肯依从，万一事情泄露，要被杀戮而没有后人了的就是我们了。事情既然说出来了，怎么可以中途改变呢？”于是第二天就在座位上收捕了三弟并且杀了他。吐谷浑王辟奚因此惊骇恐惧地从座椅上坠落了下来，钟恶地和司马乞宿云快步走上前扶他起来说：“我们昨天夜里做了同样的梦，都梦到先王命令我们说：‘三弟想要叛逆，不可以不讨伐。’所以我们今天才突然诛戮了他。”吐谷浑王辟奚由此染上精神恍惚的病症，命令世子视连说：“我死了以后有什么面目在地下看到三弟，我害死了同胞兄弟啊！国家的事情无论大小都任由你去治理，我虽剩下的几年残余生命，但只是苟且地生活在人世间罢了。”最后因为忧虑而死。

视连立，不饮酒游畋者七年，军国之事，委之将佐。钟恶地谏，以为：“人主当自娱乐，建威布德。”视连泣曰：“孤自先世以来，以仁孝忠恕相承。先王念友爱之不终，悲愤而亡。孤虽纂业，尸存而已，声色游娱，岂所安也！威德之建，当付之将来耳。”

代世子寔病伤而卒。

【译文】吐谷浑王视连即位有七年的时间了，他不出游，不狩猎，不饮酒，把军国大事都交给将领和辅佐的大臣们处理。钟恶地劝说他，认为：“做主君的人应当自己娱乐，建立自己的威势，在国家广布德泽。”吐谷浑王视连流着眼泪说：“自从祖先以来我们都是以仁爱、孝顺、忠贞和宽恕相继承。先王（辟奚）因为不能保全兄弟之间友爱的情谊，悲伤忧愤而死。我虽然承继了大业，但是我只是行尸走肉而已，我的心志早已颓丧，至于那些声色娱乐，哪里是我所适意的！而威势德行的建立也只能托付于将来的人了。”

代国世子拓跋寔因为在三月的时候与长孙斤搏斗而受伤，因伤口发炎而死。

秋，七月，秦王坚如洛阳。

代世子寔娶东部大人贺野干之女，有遗腹子，甲戌，生男，代王什翼犍为之赦境内，名曰涉圭。

大司马温以梁、益多寇，周氏世有威名，八月，以宁州刺史周仲孙监益、梁二州诸军事，领益州刺史。仲孙，光之子也。

秦以光禄勋李俨为河州刺史，镇武始。

王猛以潞川之功，请以邓羌为司隶。秦王坚下诏曰："司隶校尉，董牧皇畿，吏责甚重，非所以优礼名将。光武不以吏事处功臣，实贵之也。羌有廉、李之才，朕方委以征伐之事，北平匈奴，南荡扬、越，羌之任也，司隶何足以婴之！其进号镇军将军，位特进。"

【译文】秋季，七月，前秦国君苻坚前往洛阳。

代国世子拓跋寔娶东部大人贺野干的女儿做妻子，没过多久就有了孩子，甲戌日（初七），生了一个男孩，代国君王拓跋什翼犍因为他的出生赦免境内，给男孩取名叫涉圭。

大司马桓温因为梁、益两州多贼寇，周氏在那儿又世代都有威势和名望，八月，就派宁州刺史周仲孙监益、梁两州诸军事同时兼任益州刺史。周仲孙是周光的儿子。

前秦国派光禄勋李俨做河州刺史，镇守在武始。

王猛因为潞川的战功，请求派邓羌做司隶校尉。前秦国君苻坚颁下诏令说："司隶校尉责任非常重大，治理的是王畿的事务，不能用来优厚礼遇有名的将领。汉光武帝刘秀不让已经建立功劳的臣子处理官吏的事务，事实上是看重他们啊！邓羌具有古代名将廉颇、李牧的才干，我正要把向北平定匈奴，向南扫荡扬、越的征伐大事托付给他，这才是邓羌该做的事，怎么能够拿司隶校尉的事务去劳累他！可晋封他为镇军将军，位特进。”

九月，秦王坚还长安。归安元侯李俨卒于上邽，坚复以俨子辩为河州刺史。

冬，十月，秦王坚如邺，猎于西山，旬馀忘返。伶人王洛叩马谏曰：“陛下群生所系，今久猎不归，一旦患生不虞，奈太后、天下何！”坚为之罢猎还宫。王猛因进言曰：“畋猎诚非急务，王洛之言，不可忘也。”坚赐洛帛百匹，拜官箴左右，自是不复猎。

【译文】九月，前秦国君苻坚回到长安。归安元侯（元为谥号）李俨死在上邽，苻坚又派遣李俨的儿子李辩做河州刺史。

冬季，十月，前秦国君苻坚前往邺城，到西山打猎，去了十几天还没有回来。伶官王洛拉住前秦国君苻坚的马头，劝他说：“陛下是天下人的依靠，现在却长久出来打猎而不回去，一旦发生不可猜测的祸患，您使太后和天下人怎么办呢？”前秦国君苻坚因为他的劝说停止打猎回到王宫。王猛借机向苻坚进言说：“打猎确实不是急切的事情，王洛所说的话不可以忘记。”前秦国君苻坚任命王洛为官箴左右，又赐给他一百匹帛，从此以后再也不去打猎了。

大司马温恃其材略位望，阴蓄不臣之志，尝抚枕叹曰：“男子不能流芳百世，亦当遗臭万年！”术士杜炅能知人贵贱，温问炅以己禄位所至，炅曰：“明公勋格宇宙，位极人臣。”温不悦。温

欲先立功河朔以收时望，还受九锡。及枋头之败，威名顿挫。既克寿春，谓参军郗超曰："足以雪枋头之耻乎？"超曰："未也。"久之，超就温宿，中夜，谓温曰："明公都无所虑乎？"温曰："卿欲有言邪？"超曰："明公当天下重任，今以六十之年，败于大举，不建不世之勋，不足以镇惬民望！"温曰："然则奈何？"超曰："明公不为伊、霍之举者，无以立大威权，镇压四海。"温素有心，深以为然，遂与之定议。以帝素谨无过，而床笫易诬，乃言"帝早有痿疾，嬖人相龙、计好、朱炅宝等，参侍内寝，二美人田氏、孟氏生三男，将建储立王，倾移皇基。"密播此言于民间，时人莫能审其虚实。

【译文】大司马桓温依仗他的谋略、才干、势位和声望，暗怀篡位的心意，曾经抚摸着自己的枕头叹息说："男子汉如果不能把美名流传于后代，那么就把恶名流传万年吧！"听说术士杜灵能够预先知道人的贵贱的事情，桓温就去问杜灵自己最高的爵禄和职位是什么。杜灵说："你的职位尽于人臣，功勋至于宇宙。"桓温听了后非常不高兴。桓温想要得到美好的声望，所以想先在河朔建立功劳，然后回到京城接受九锡的赏赐。在枋头失败了以后，他的威势和声名立刻受到了严重的毁坏。攻取寿春以后，桓温对参军郗超说："这一次的胜利能够洗雪在枋头战败的耻辱吗？"郗超说："恐怕不能。"过了很久，郗超去和桓温一同住宿，在半夜的时候对桓温说："你都没有什么考虑吗？"桓温说："你想要说什么话？"郗超说："现在你已到六十岁的年龄，你一直担当天下的重责大任，只是大规模地举兵（指枋头之败）失败了，但是如果您不能再建立更高的功勋，您就不能够镇抚和满足百姓的愿望啊！"桓温无奈地说："那么我该怎么办？"郗超说："如果你不能做到伊尹和霍光的举措，就不能树立声威权势，安定天下。”桓温一向有这个心意，认为他说得很对，于是和他定下谋略。因皇帝一向行事谨慎，没有过失，而男女之间的事情容易诬陷，于是就说：“晋废帝司马奕早就患有阳痿的毛病，他宠信的臣子相龙、计好、朱灵宝等人，参与服侍起居床笫的事情，和田氏、孟氏两个美人生下了三个男孩，将要册封他们为储嗣，继立为王，来倾败和转移大晋的基业。”并且把这些话秘密地传播到民间，当时的人都不能够明确地分辨是真是假。

十一月，癸卯，温自广陵将还姑孰，屯于白石。丁未，诣建康，讽褚太后，请废帝立丞相会稽王昱，并作令草呈之。太后方在佛屋烧香，内侍启云：“外有急奏。”太后出，倚户视奏数行，乃曰：“我本自疑此！”至半，便止，索笔益之曰：“未亡人不幸罹此百忧，感念存没，心焉如割。”

【译文】 十一月，癸卯日（初九），桓温准备从广陵回到姑孰，在白石驻扎军队。丁未日（十三日），到达了建康，含蓄地劝说褚太后，请求把晋废帝司马奕废黜，改立丞相会稽王司马昱，同时还预先草拟好了褚太后诏令的草稿，呈献给褚太后。褚太后当时正在佛屋（建屋于宫中以奉佛，所以称为佛屋）里面烧香，内侍向她报告：“外面有紧急的奏疏。”褚太后出来以后，倚靠着门户看奏疏，看了几行字，就说：“我自己本来就怀疑是这样的。”看到一半的时候，就停了下来，向内侍要来笔加上了这样的话：“我不幸遭受了这样的种种忧患，想到活着的和死去的，心里面痛苦得就像是被刀子割了一样。”

己酉，温集百官于朝堂。废立既旷代所无，莫有识其故典

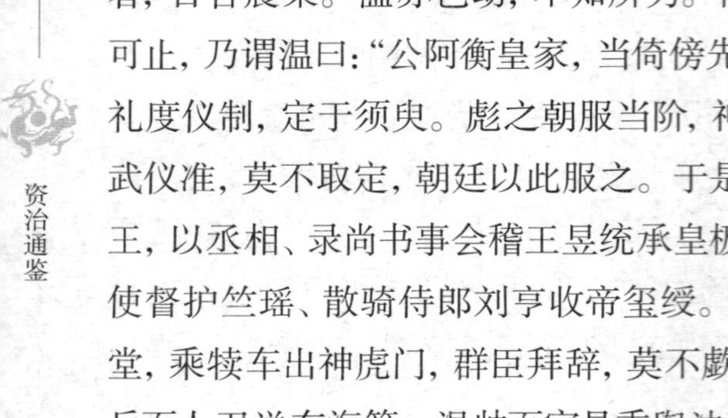

者，百官震栗。温亦色动，不知所为。尚书仆射王彪之知事不可止，乃谓温曰：“公阿衡皇家，当倚傍先代。”乃命取《霍光传》，礼度仪制，定于须臾。彪之朝服当阶，神彩毅然，曾无惧容，文武仪准，莫不取定，朝廷以此服之。于是宣太后令，废帝为东海王，以丞相、录尚书事会稽王昱统承皇极。百官入太极前殿，温使督护竺瑶、散骑侍郎刘亨收帝玺绶。帝著白帢单衣，步下西堂，乘犊车出神虎门，群臣拜辞，莫不歔欷。侍御史、殿中监将兵百人卫送东海第。温帅百官具乘舆法驾，迎会稽王于会稽邸。王于朝堂变服，著平巾帻、单衣，东向流涕，拜受玺绶，是日，即皇帝位，改元。温出次中堂，分兵屯卫。温有足疾，诏乘舆入殿。温撰辞，欲陈述废立本意，帝引见，便泣下数十行，温兢惧，竟不能一言而出。

【译文】 己酉日（十五日），桓温把文武百官召集到朝堂。废立皇帝的事情既然是历代都没有过的事情，没有人知道它过去的典则，百官都震惊恐惧。桓温也神色紧张，不知道应该怎么办。尚书左仆射王彪之知道这件事不可以半途而废，就对桓温说：“你废立皇帝，是对皇家做伊尹曾经做过的事情（伊尹为商朝师保，放太甲于桐宫），应当效法前代的成规。”然后就命令人把《汉书·霍光传》（用霍光废昌邑王旧事）拿来，礼法制度以及一切的仪节，在片刻之间就决定好了。王彪之穿着上朝的礼服，站在台阶上，面对朝廷百官，神情沉着，一点恐惧的脸色也没有，文武仪规典则，全部都由他决定；朝廷百官因此很佩服他。于是就宣布了褚太后的命令，将晋废帝司马奕废黜为东海王，让丞相、录尚书事、会稽王司马昱总理大事，继承皇位。文武百官进入太极前殿，桓温让督护竺瑶、散骑侍郎刘亨把废帝司马奕的印玺绶带收取上来。废帝司马奕戴着白色的便帽，穿着大臣的仅次于朝服的盛装，从西堂走下来，坐着用牛犊驾驶的车子，出了神虎门，群臣向他叩拜辞别的时候，没有一个不叹气哽咽的。侍御史、殿中监率领一百多名士兵，护送废帝司马奕到达了东海王的宅第。桓温率领百官，准备好天子的车乘，前往会稽王的府第去迎接会稽王司马昱。会稽王司马昱在朝堂上更换了服装，戴着平巾帻（平顶的头巾），穿着单衣，面向东方流着眼泪，叩拜以后，接受了印玺绶带，就在这一天，即皇帝位，把年号更改为咸安。桓温临时在中堂居住，分别派遣士兵屯驻守卫。桓温的脚有毛病，晋简文帝司马昱下令他可以坐车进入大殿。桓温预先准备好了言辞，想要在入宫晋见晋简文帝司马昱的时候，陈述他黜废晋废帝司马奕的本意，但是晋简文帝司马昱一引见他，眼泪就不断地流了下来，桓温战战兢兢，始终没能够说出一句话就出来了。

太宰武陵王晞，好习武事，为温所忌，欲废之，以事示王彪之。彪之曰："武陵亲尊，未有显罪，不可以猜嫌之间便相废徙。公建立圣明，当崇奖王室，与伊、周同美；此大事，宜更深详。"温曰："此已成事，卿勿复言！"乙卯，温表"晞聚纳轻剽，息综矜忍；袁真叛逆，事相连染。顷日猜惧，将成乱阶。请免晞官，以王归藩"。从之，并免其世子综、梁王䂮等官。温使魏郡太守毛安之帅所领宿卫殿中。安之，虎生之弟也。

庚戌，尊褚太后曰崇德太后。

【译文】 太宰武陵王司马晞，喜欢习武练兵，被桓温所忌恨，桓温想要把他废黜掉，就把此事告诉了王彪之。王彪之说："武陵王也是晋元帝司马睿的儿子，出继为武陵王司马哲的后代，是皇室的亲族尊者，没有明显的罪过，不可以因为猜忌嫌疑

的间隙，便要随便地把他废黜。你扶立圣明的君主，应当尊崇和辅佐王室的子弟，和伊尹、周公具有同样的美德。这是国家的大事，应该更加深切周详地考虑一下。”桓温说：“这已经是我决定好了的事情，你不要再说了。”乙卯日（二十一日），桓温向晋简文帝司马昱呈上奏表说：“司马晞聚集结纳轻佻彪悍的人，他的儿子司马综矜傲狠忍；袁真叛逆朝廷的事情，也和他有所牵连和沾染。近日他猜疑恐惧，将会成为祸乱的缘由。我请求您可以把司马晞的官职罢免，让他以王的封号返回藩国。”晋简文帝司马昱同意了他的请求，并且还把司马晞的世子司马综、梁王司马𤩎等人的官职罢免了。桓温命令魏郡太守毛安之率领他所统领的士兵，在值宿殿中担当宿卫皇宫的任务。毛安之，是毛虎生的弟弟。

庚戌日（十六日），尊奉褚太后为崇德太后。

初，殷浩卒，大司马温使人赍书吊之。浩子涓不答，亦不诣温，而与武陵王晞游。广州刺史庾蕴，希之弟也，素与温有隙。温恶殷、庾宗强，欲去之。辛亥，使其弟祕逼新蔡王晃诣西堂叩头自列，称与晞及子综、著作郎殷涓、太宰长史庾倩、掾曹秀、舍人刘强、散骑常侍庾柔等谋反；帝对之流涕，温皆收付廷尉。倩、柔，皆蕴之弟也。癸丑，温杀东海王三子及其母。甲寅，御史中丞谯王恬承温旨，请依律诛武陵王晞。诏曰：“悲惋惶怛，非所忍闻，况言之哉！其更详议！”恬，承之孙也。乙卯，温重表固请诛晞，词甚酷切。帝乃赐温手诏曰：“若晋祚灵长，公便宜奉行前诏；如其大运去矣，请避贤路。”温览之，流汗变色，乃奏废晞及三子，家属皆徙新安郡。丙辰，免新蔡王晃为庶人，徙衡阳，殷涓、庾倩、曹秀、刘强、庾柔皆族诛，庾蕴饮鸩死。蕴兄东阳太

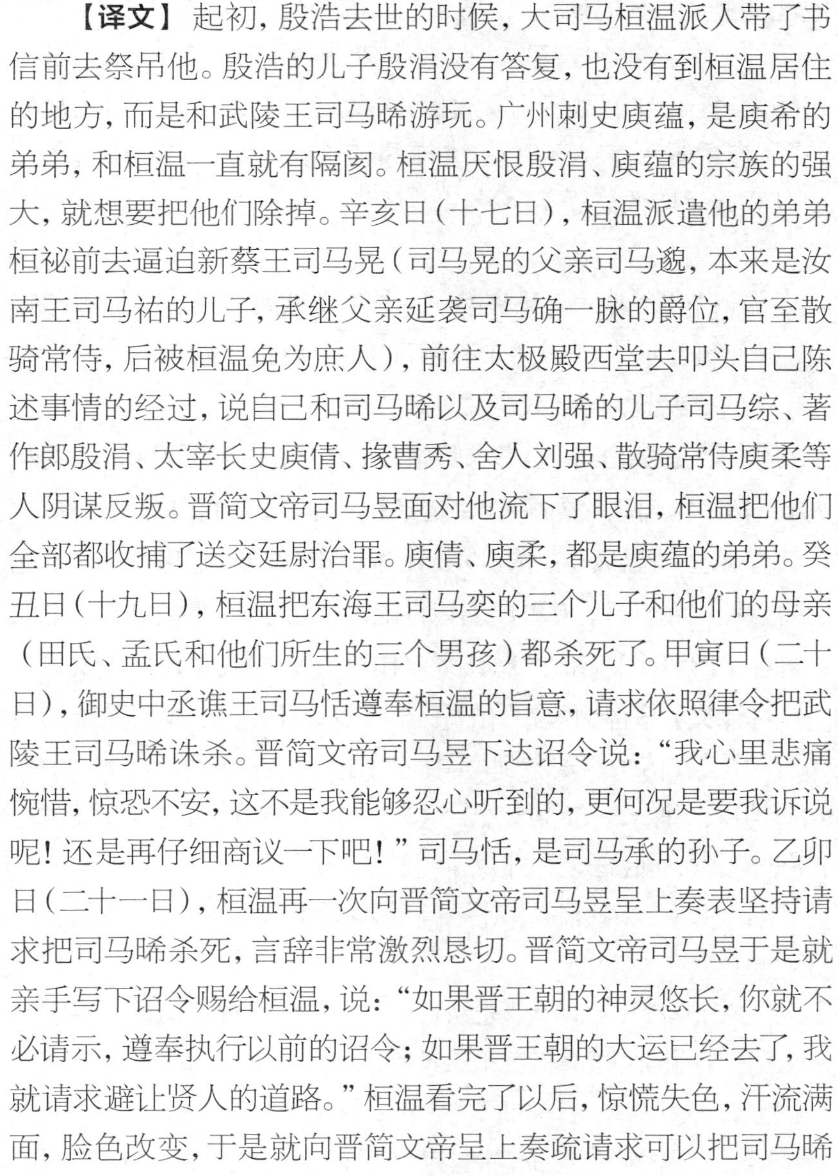

守友子妇，桓豁之女也，故温特赦之。**庾希闻难，与弟会稽王参军邈及子攸之逃于海陵陂泽中。**

【译文】 起初，殷浩去世的时候，大司马桓温派人带了书信前去祭吊他。殷浩的儿子殷涓没有答复，也没有到桓温居住的地方，而是和武陵王司马晞游玩。广州刺史庾蕴，是庾希的弟弟，和桓温一直就有隔阂。桓温厌恨殷涓、庾蕴的宗族的强大，就想要把他们除掉。辛亥日（十七日），桓温派遣他的弟弟桓祕前去逼迫新蔡王司马晃（司马晃的父亲司马邈，本来是汝南王司马祐的儿子，承继父亲延袭司马确一脉的爵位，官至散骑常侍，后被桓温免为庶人），前往太极殿西堂去叩头自己陈述事情的经过，说自己和司马晞以及司马晞的儿子司马综、著作郎殷涓、太宰长史庾倩、掾曹秀、舍人刘强、散骑常侍庾柔等人阴谋反叛。晋简文帝司马昱面对他流下了眼泪，桓温把他们全部都收捕了送交廷尉治罪。庾倩、庾柔，都是庾蕴的弟弟。癸丑日（十九日），桓温把东海王司马奕的三个儿子和他们的母亲（田氏、孟氏和他们所生的三个男孩）都杀死了。甲寅日（二十日），御史中丞谯王司马恬遵奉桓温的旨意，请求依照律令把武陵王司马晞诛杀。晋简文帝司马昱下达诏令说："我心里悲痛惋惜，惊恐不安，这不是我能够忍心听到的，更何况是要我诉说呢！还是再仔细商议一下吧！"司马恬，是司马承的孙子。乙卯日（二十一日），桓温再一次向晋简文帝司马昱呈上奏表坚持请求把司马晞杀死，言辞非常激烈恳切。晋简文帝司马昱于是就亲手写下诏令赐给桓温，说："如果晋王朝的神灵悠长，你就不必请示，遵奉执行以前的诏令；如果晋王朝的大运已经去了，我就请求避让贤人的道路。"桓温看完了以后，惊慌失色，汗流满面，脸色改变，于是就向晋简文帝呈上奏疏请求可以把司马晞

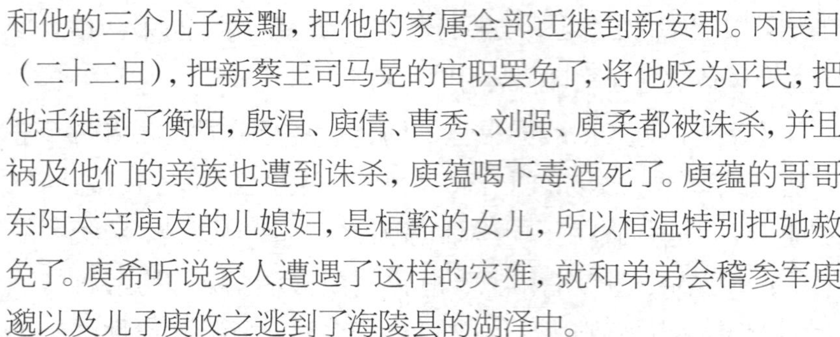
和他的三个儿子废黜，把他的家属全部迁徙到新安郡。丙辰日（二十二日），把新蔡王司马晃的官职罢免了，将他贬为平民，把他迁徙到了衡阳，殷涓、庾倩、曹秀、刘强、庾柔都被诛杀，并且祸及他们的亲族也遭到诛杀，庾蕴喝下毒酒死了。庾蕴的哥哥东阳太守庾友的儿媳妇，是桓豁的女儿，所以桓温特别把她赦免了。庾希听说家人遭遇了这样的灾难，就和弟弟会稽参军庾邈以及儿子庾攸之逃到了海陵县的湖泽中。

温既诛殷、庾，威势翕赫，侍中谢安见温遥拜。温惊曰："安石，卿何事乃尔？"安曰："未有君拜于前，臣揖于后。"

戊午，大赦，增文武位二等。

己未，温如白石，上书求归姑孰。庚申，诏进温丞相，大司马如故，留京师辅政；温固辞，仍请还镇。辛酉，温自白石还姑孰。

秦王坚闻温废立，谓群臣曰："温前败灞上，后败枋头，不能思愆自贬以谢百姓，方更废君以自说，六十之叟，举动如此，将何以自容于四海乎！谚曰：'怒其室而作色于父。'其桓温之谓矣。"

【译文】 桓温把殷氏和庾氏的人诛杀了以后，威严权势都极为盛大显赫，侍中谢安看到桓温，在很远的地方就开始叩拜。桓温吃惊地说："谢安，你为什么要这样做呢？"谢安说："没有国君首先向你叩拜，而臣子之后才拱手还礼的道理。"

戊午日（二十四日），东晋下令大赦天下，加增文武百官品位二等。

己未日（二十五日），桓温到达了白石，向晋简文帝司马昱上书请求可以返回姑孰，庚申日（二十六日），晋简文帝司马昱颁下诏书升桓温为丞相，大司马的职位照旧，留在京师辅佐朝政。桓温固执地辞让，不肯接受任命，并且向晋简文帝司马昱请求可以回到镇所。辛酉日（二十七日），桓温从白石返回姑孰。

前秦国君苻坚听说了桓温废立皇帝的事情，就对群臣说：“桓温先是在灞上战败，后在枋头战败，不能够深刻地反思自己的过失，自我贬降，来向百姓们谢罪，反而要把国君废黜了来求取自己的解脱，六十岁的老头，做出这样子的事情，将怎么样在天下自容呢！谚语说：‘怒其室而作色于父。’（对自己的妻子气愤，却要向父亲发怒）说的大概就是桓温吧。”

【乾隆御批】 君拜臣揖，复成何语？观此则新亭谈笑如出二人，记载抵牾，殊不可解。

【译文】 君主跪拜、臣子作揖，这又成什么话？看这则晋代名士在新亭谈笑的记述如同出自二人之手，记载矛盾，真不可理解。

秦车骑大将军王猛，以六州任重，言于秦王坚，请改授亲贤；及府选便宜，辄已停寝，别乞一州自效。坚报曰：“朕之于卿，义则君臣，亲逾骨肉，虽复桓、昭之有管、乐，玄德之有孔明，自谓逾之。夫人主劳于求才，逸于得士。既以六州相委，则朕无东顾之忧，非所以为优崇，乃朕自求安逸也。夫取之不易，守之亦难，苟任非其人，患生虑表，岂独朕之忧，亦卿之责也，故虚位台鼎而以分陕为先。卿未照朕心，殊乖素望。新政俟才，宜速铨补；俟东方化洽，当衮衣西归。”仍遣侍中梁谠诣邺谕旨，猛乃视事如故。

十二月，大司马温奏：“废放之人，屏之以远，不可以临黎元。东海王宜依昌邑故事，筑第吴郡。”太后诏曰：“使为庶人，情有不忍，可特封王。”温又奏：“可封海西县侯。”庚寅，封海西县公。

【译文】 前秦的车骑大将军王猛，考虑到都督六州的责任重大，就向前秦国君苻坚请求将这个重任改授给和苻坚亲近而又贤明的人。至于受命相机选拔贤俊来补六州郡县官吏的工作，也已经停止了，王猛向苻坚请求可以让自己去镇守一州以效力。前秦国君苻坚回答说："我和你的关系，从道义上讲属于君臣，从亲情上讲则超过同胞兄弟、骨肉，虽然这就像齐桓公拥有管仲，燕昭王拥有乐毅，刘玄德拥有诸葛孔明，但是我认为我要超过他们。身为君主的人，在寻求有才能的人的时候辛劳费力，但是得到适当的人才以后，就很省力放心了。既然我把六州托付给了你，那么我就解除了对于东方的忧虑，并不是利用这个来表示对你的优待尊崇，而是我自己想要求取消闲安逸。取得六州不容易，守住六州也困难，如果任用的官员不是适当的人选，祸患往往就会出乎我们的意料，这哪里仅仅只是我的忧虑，也是你的责任，所以我宁愿让三公的职位空着也要首先分职陕东。你没有对照我的心，曲解了我对你的期望。刚刚建立的政权急需人才，应该尽快选拔充实官吏。等到东方政教融洽以后，我理当让你身着上公礼服回到西边。"于是前秦国君苻坚派遣侍中梁说前往邺城，传达苻坚的诏令，王猛也就像从前一样地处理政事。

十二月，大司马桓温向晋简文帝司马昱上奏说："废黜放逐的人，应该把他屏弃到遥远的地方，不可以让他接近黎民百姓。对东海王司马奕，应该按照过去废黜汉昌邑王刘贺的办法进行处理，让他到吴郡建筑宅第居住。"褚太后颁下诏令说："把东海王贬为平民，在心里面有所不忍，可以特别地册封他为王。"桓温又向晋简文帝司马昱上奏说："可以册封他为海西县侯。"庚寅日（二十六日），册封司马奕为海西县公。

温威振内外，帝虽处尊位，拱默而已，常惧废黜。先是，荧惑守太微端门，逾月而海西废。辛卯，荧惑逆行入太微，帝甚恶之。中书侍郎郗超在直，帝谓超曰："命之修短，本所不计，故当无复近日事邪?"超曰："大司马臣温，方内固社稷，外恢经略，非常之事，臣以百口保之。"及超请急省其父，帝曰："致意尊公，家国之事，遂至于此，由吾不能以道匡卫，愧叹之深，言何能谕!"因咏庾阐诗云："志士痛朝危，忠臣哀主辱。"遂泣下沾襟。帝美风仪，善容止，留心典籍，凝尘满席，湛如也。虽神识恬畅，然无济世大略，谢安以为惠帝之流，但清谈差胜耳。

郗超以温故，朝中皆畏事之。谢安尝与左卫将军王坦之共诣超，日旰未得前，坦之欲去，安曰："独不能为性命忍须臾邪?"

【译文】 桓温的权威震动了朝廷内外，晋简文帝司马昱虽然身处尊贵的地位，实际上也只是拱手缄默罢了，常常恐惧自己会被废置罢黜。此前，荧惑星守在太微垣的南门（天文志：太微垣即天庭），过了一个月，海西县公就被废黜了。辛卯日（二十七日），荧惑星倒着运行而进入太微星座，晋简文帝司马昱对此十分讨厌。中书侍郎郗超在宫中当班，晋简文帝对郗超说："寿命的长短，本来就不是可以计较的，所以前不久废黜皇帝那样的事情应该不会再出现了吧？"郗超说："大司马桓温，正在对内稳固国家的基业，对外开拓封疆的经略，对于废立皇帝的事情，我愿意用我百余口的家人来担保不会发生这种不正常的事变。"等到郗超急于请假回去看望他父亲的时候，晋简文帝司马昱说："请告诉令尊大人，宗族国家的事情，最终竟然到了这种地步，都是由于我不能够用道德去匡正守卫的缘故，我内心深切地惭愧和叹惋，怎么能用语言来表达！"接着就吟咏了庾阐的诗句说："志士痛朝危，忠臣哀主辱。"（有志的人士，为朝廷的危险而痛心；忠贞的臣子，为君主的受辱而悲哀）吟诵得潸然泪下，把衣襟都打湿了。晋简文帝司马昱有风度仪表堂堂，言谈举止得体，在典籍方面十分用心，就是翻阅典籍常常弄得满席尘土，也是一派湛然自得的样子。虽然神情恬淡，见识通达，但是没有济世的伟大谋略，谢安认为他是晋惠帝司马衷那一类的人物，只是清谈方面比晋惠帝司马衷略胜一筹罢了。

郗超因为桓温的缘故，朝廷里面的大臣们都害怕事奉他。谢安曾经和左卫将军王坦之一起到郗超那里去，但是等到太阳快要落山了还是没被召见，王坦之想要离去，谢安说："你难道就不能为了性命忍耐片刻吗？"

秦以河州刺史李辩领兴晋太守，还镇枹罕。徙凉州治金城。张天锡闻秦有兼并之志，大惧，立坛于姑臧南，刑三牲，帅其官属，遥与晋三公盟。遣从事中郎韩博奉表送盟文，并献书于大司马温，期以明年夏同大举，会于上邽。

是岁，秦益州刺史王统攻陇西鲜卑乞伏司繁于度坚山，司繁帅骑三万拒统于苑川。统潜袭度坚山，司繁部落五万馀皆降于统；其众闻妻子已降秦，不战而溃。司繁无所归，亦诣统降。秦王坚以司繁为南单于，留之长安；以司繁从叔吐雷为勇士护军，抚其部众。

【译文】 前秦国君苻坚任命河州刺史李辩兼任兴晋太守，回去镇守枹罕。把凉州的州政府迁移到了金城。凉王张天锡听说前秦有兼并自己国家的志向，非常恐惧，就在姑臧城南设立了祭坛，宰杀了牛、羊、豕三牲，率领他的官吏僚属们遥望东晋，和晋三公致意起誓结盟（张天锡先人曾为东晋臣子，所以自己也以臣自居)。派遣从事中郎韩博去向东晋奉上奏表,送去盟约,并且给大司马桓温送去了书信,约定明年夏季在上邽这个地方会合。

这一年,前秦的益州刺史王统前往度坚山进攻陇西的鲜卑族乞伏司繁,乞伏司繁率领三万骑兵前往苑川抵御王统。王统暗中前去袭击了度坚山,乞伏司繁的五万多部众全部都向王统投降了。他的士兵们听说自己的妻子、子女都已经向前秦的军队投降了,还没有交战就已经溃散了。乞伏司繁没有地方可以去,只好也前去向王统投降了。前秦国君苻坚任命乞伏司繁为南单于,把他留在了长安;任命乞伏司繁的堂叔乞伏吐雷为勇士护军,借此来安抚他们的部众和士兵。

咸安二年(壬申,公元三七二年)春,二月,秦以清河房旷为尚书左丞,征旷兄默及清河崔逞、燕国韩胤为尚书郎,北平阳陟、田勰、阳瑶为著作佐郎,郝略为清河相。皆关东士望,王猛所荐也。瑶,骛之子也。

冠军将军慕容垂言于秦王坚曰:“臣叔父评,燕之恶来辈也,不宜复污圣朝,愿陛下为燕戮之。”坚乃出评为范阳太守,燕之诸王悉补边郡。

◆臣光曰:古之人,灭人之国而人悦,何哉?为人除害故也。彼慕容评者,蔽君专政,忌贤疾功,愚暗贪虐,以丧其国,国亡不死,逃遁见擒。秦王坚不以为诛首,又从而宠秩之,是爱一人而不爱一国之人也,其失人心多矣。是以施恩于人而人莫之恩,尽诚于人而人莫之诚,卒于功名不遂,容身无所,由不得其道故也。◆

【译文】 咸安二年(壬申,公元372年)春季,二月,前秦国君苻坚任命清河人房旷为尚书左丞,征召房旷的哥哥房默以及

清河人崔逞、燕国人韩胤为尚书郎，北平人阳陟、田勰、阳瑶为著作佐郎，郝略为清河相。这些人全部都是函谷关以东享有声望的人士，由王猛所举荐。阳瑶，是阳骛的儿子。

冠军将军慕容垂对前秦国君苻坚说："我的叔父慕容评，是燕国像商代的恶来那样的人（恶来因为力气大事奉商纣，商纣宠幸他因而亡国），不应该让他再玷污圣朝，我希望陛下可以为燕国把他杀死。"于是前秦国君苻坚就派遣慕容评去出任范阳太守，前燕的诸王全部都被任命为边境州郡的太守。

◆臣司马光说：上古时候的人，有时他们的国家被消灭了，他们反而高兴，这是为什么呢？这是为他们铲除了祸害的缘故。慕容评那个人，蒙蔽君上，专擅朝政，猜忌贤能，嫉恨功臣，愚顽暗昧，贪婪暴虐，最终丧失了他的国家，国家灭亡了，他本人还不死，在逃跑躲避的时候被敌人擒获。前秦国君苻坚不把他列为第一个要杀死的人，又对他放纵并且给以宠信，授予他相当的官秩，这是爱他一个人，而不爱前燕一个国家的人，肯定要丧失很多的人心。所以向别人施与恩德，但是别人并没有以恩德相报；诚心诚意地对待别人，但是别人并不以诚心诚意来回报，最终导致不能成就功名，没有地方可以容身，这正是由于不得要领的缘故。◆

三月，戊午，遣侍中王坦之征大司马温入辅，温复辞。

秦王坚诏："关东之民学通一经，才成一艺者，在所郡县以礼送之。在官百石以上，学不通一经，才不成一艺者，罢遣还民。"

夏，四月，徙海西公于吴县西柴里，敕吴国内史刁彝防卫，又遣御史顾允监察之。彝，协之子也。

六月，癸酉，秦以王猛为丞相、中书监、尚书令、太子太傅、司隶校尉，特进、常侍、持节、将军、侯如故；阳平公融为使持节、都督六州诸军事、镇东大将军、冀州牧。

庾希、庾邈与故青州刺史武沈之子遵聚众夜入京口城，晋陵太守卞眈逾城奔曲阿。希诈称受海西公密旨诛大司马温。建康震扰，内外戒严。卞眈发诸县兵二千人击希，希败，闭城自守。温遣东海内史周少孙讨之。秋，七月，壬辰，拔其城，擒希、邈及其亲党，皆斩之。眈，壸之子也。

【译文】 三月，戊午日（二十五日），晋简文帝司马昱派遣侍中王坦之征召大司马桓温入朝辅佐政事，桓温又一次推辞没有前去就任。

前秦国君苻坚颁下诏令："函谷关以东的百姓，凡是有学问能够精通一经、才能具有一技之长的人，所在的地方的官府应该按照礼仪把他们送到朝廷。享受一百石以上俸禄的在职官吏，学问没有精通一经、才能没有一技之长的人，就要罢免他们的官职遣送回去，恢复普通百姓的身份。"

夏季，四月，把海西县公司马奕迁徙到了吴县的西柴里，敕令吴国内史刁彝负责防卫，又派遣御史顾允前去监察。刁彝是刁协的儿子。

六月，癸酉（十二日），前秦国君苻坚任命王猛为丞相、中书监、尚书令、太子太傅、司隶校尉，其特进、常侍、持节、将军、侯爵则仍旧保留。任命阳平公苻融为使持节、都督六州诸军事、镇东大将军、冀州牧。

庾希、庾邈与过去的青州刺史武沈的儿子武遵聚集士兵，趁夜进入了京口城，晋陵太守卞眈翻越出城逃奔到了曲河。庾希谎称自己接受了海西公司马奕的秘密旨令，要把大司马桓温诛杀。建康城里面震惊混乱，内外都加强了戒备。卞眈派遣各县的两千士兵攻击庾希，庾希被打败了，就把城门紧紧地关上自我固守。桓温派遣东海内史周少孙前去讨伐庾希。秋季，七月，壬辰（初一），把京口城攻了下来，擒获了庾希、庾邈以及他们的亲信同党，然后把他们全部都杀死了。卞眈是卞壶的儿子。

甲寅，帝不豫，急召大司马温入辅，一日一夜发四诏。温辞不至。初，帝为会稽王，娶王述从妹为妃，生世子道生及弟俞生。道生疏躁无行，母子皆以幽废死。馀三子，郁、朱生、天流，皆早夭。诸姬绝孕将十年，王使善相者视之，皆曰："非其人。"又使视诸婢媵，有李陵容者，在织坊中，黑而长，宫人谓之"昆仑"，相者惊曰："此其人也！"王召之侍寝，生子昌明及道子。己未，立昌明为皇太子，生十年矣。以道子为琅邪王，领会稽国，以奉帝母郑太妃之祀。遗诏："大司马温依周公居摄故事。"又曰："少子可辅者辅之，如不可，君自取之。"侍中王坦之自持诏入，于帝前毁之。帝曰："天下，傥来之运，卿何所嫌！"坦之曰："天下，宣、元之天下，陛下何得专之！"帝乃使坦之改诏曰："家国事一禀大司马，如诸葛武侯、王丞相故事。"是日，帝崩。

【译文】 甲寅（二十三日），晋简文帝司马昱身体不适，于是紧急征召大司马桓温入朝辅政，在一天一夜之内接连颁下了四道诏令，桓温推辞不肯前来。当初，晋简文帝还是会稽王的时候，娶了王述的堂妹作为自己的妃子，生下了长子司马道生以及弟弟司马俞生。司马道生粗鲁急躁，品行不端，因此母子全部都被囚禁废黜而死。其他的三个儿子司马郁、司马朱生、司马天流，全部都早年夭折了。众姬妾将近十年都没有一个人怀孕，会稽王让会相面的人前来观察她们，那些会相面的人都说："这些人都不能够生下儿子。"会稽王又让那些会相面的人前去观察女仆女佣。其中有一个叫李陵容的，在纺织作坊里面，长得又高又黑，宫女们都叫她“昆仑”。会相面的人见到她以后吃惊地说：“这个人是能够生下儿子的人。”于是会稽王就让她来服侍自己的起居，她生下了儿子司马昌明（司马曜，字昌明）以及司马道子。己未（二十八日），晋简文帝司马昱册立司马昌明为皇太子，这时，司马昌明已经十岁了。任命司马道子为琅邪王，兼领会稽国，来尊奉帝母郑太妃的祀位。晋简文帝颁下遗诏：“大司马桓温根据周公的旧例，代理皇帝摄政。”又说：“对于年轻的儿子，可以辅佐就辅佐，如果不能够辅佐，你就自己取而代之。”侍中王坦之自己手持诏书进入皇宫，当着晋简文帝的面把诏书撕掉了。晋简文帝说：“天下，得自意外的命运，你有什么不满意的啊！”王坦之说：“天下，是宣帝司马懿、元帝司马睿的天下，陛下怎么能够独断专行呢！”于是晋简文帝就让王坦之把诏书修改了，说：“宗族国家的事情，一概听命于大司马桓温，就像诸葛亮、王导辅政的时候的做法一样。”就在这一天，晋简文帝司马昱驾崩。

群臣疑惑，未敢立嗣，或曰：“当须大司马处分。”尚书仆射王彪之正色曰：“天子崩，太子代立，大司马何容得异！若先面咨，必反为所责。”朝议乃定。太子即皇帝位，大赦。崇德太后令，以帝冲幼，加在谅闇，令温依周公居摄故事。事已施行，王彪之曰：“此异常大事，大司马必当固让，使万机停滞，稽废山陵，未敢奉令，谨具封还。”事遂不行。

温望简文临终禅位于己，不尔便当居摄。既不副所望，甚愤怨，与弟冲书曰：“遗诏使吾依武侯、王公故事耳。”温疑王坦之、谢安所为，心衔之。诏谢安征温入辅，温又辞。

【译文】群臣疑惑不解，没人敢确立新皇。有的人说："这件事应当让大司马桓温来处理。"尚书仆射王彪之脸色严厉地感叹说："天子驾崩，太子代立，大司马怎么能够有资格提出异议呢！如果事先当面向他进行询问，一定会被他责备的。"于是经过朝臣的讨论就决定了。太子即皇帝位，实行大赦。崇德太后颁下诏令，因为晋孝武帝司马曜年纪幼小，再加上他需要服丧，所以命令桓温根据周公摄政的旧例行事。诏令已经颁布，王彪之说："这件事责任重大，大司马桓温一定会坚决辞让，从而导致政务停顿，延误了先帝陵墓的修筑，我不敢遵奉命令，谨将诏书密封起来归还。"于是这件事也就没有能够实行。

桓温希望晋简文帝司马昱在临终前可以把皇位禅让给自己，即使不这样做的话，也应当让他代为处理政事。此后这个愿望没有能够实现，于是桓温非常怨恨愤怒，就给弟弟桓冲写信说："简文帝司马昱颁下遗诏让我根据诸葛亮、王导的旧例辅佐政事。"桓温怀疑这件事是王坦之、谢安做的，于是就对他们怀恨在心。东晋朝廷颁下诏令派遣谢安前去征召桓温入朝辅政，桓温又一次推辞了。

【乾隆御批】简文居摄之诏，朝臣几欲依违。赖坦之、彪之而不行。当时谢安竟未有所匡正，想亦在"请须大司马处分"之列耳！苍生如安石何？闻望之不足凭如此。

【译文】简文帝要桓温暂时摄行天子职权的遗诏，朝臣们几乎要依照办理了。全仰赖王坦之、王彪之而没有执行。当时谢安居然没有对此事加以纠正，想来他也是群臣中说"该当由大司马处理安排"这话的行列中人吧！老百姓能把谢安怎么样呢？听闻之类看来也就是这样不可以相信了。

八月，秦丞相猛至长安，复加都督中外诸军事。猛辞曰："元相之重，储傅之尊，端右事繁，京牧任大，总督戎机，出纳帝命，文武两寄，巨细并关，以伊、吕、萧、邓之贤，尚不能兼，况臣猛之无似！"章三四上，秦王坚不许，曰："朕方混壹四海，非卿谁可委者？卿之不得辞宰相，犹朕不得辞天下也。"

猛为相，坚端拱于上，百官总己于下，军国内外之事，无不由之。猛刚明清肃，善恶著白，放黜尸素，显拔幽滞，劝课农桑，练习军旅，官必当才，刑必当罪。由是国富兵强，战无不克，秦国大治。坚敕太子宏及长乐公丕等曰："汝事王公，如事我也。"

阳平公融在冀州，高选纲纪，以尚书郎房默、河间相申绍为治中别驾，清河崔宏为州从事，管记室。融年少，为政好新奇，贵苛察；申绍数规正，导以宽和，融虽敬之，未能尽从。后绍出为济北太守，融屡以过失闻，数致谴让，乃自恨不用绍言。

【译文】八月，前秦的丞相王猛到达了长安，前秦国君苻坚又加封他为都督中外诸军事。王猛推辞说："丞相职务重要，太子太傅地位尊贵，尚书令政务纷繁，司隶校尉责任重大，再加上总领督察军务，上传下达皇帝的命令，文武的重任，都集于我一身，大小的事情，都向我禀告，都要亲自去处理，就是像伊尹、吕望、萧何、邓禹那样的贤能人士，尚且不能够同时兼任，何况是臣王猛这样的不肖之人呢！"表示辞让的表章进上了三四次，前秦国君苻坚都没有答应，说："我正要统一天下，除了你再也没有人可以委以重任了。你不能推辞宰相的职务，正如我不能够推辞天下一样。"

王猛出任了宰相以后，苻坚敛手无为于其上，百官统属其下，军队以及国家内政外交事务，没有一件不是由王猛决定的。

王猛刚正贤明，清廉严肃，褒贬鲜明，放逐黜免尸位素餐的官员，重用拔擢有才而不得志的士人，劝勉百姓农耕桑蚕，训练军队熟习军事，他所任命的官吏所担任的职务，必定都符合他的才干，奸人所受到的刑罚，必定依据他犯下的罪过。因此，国家富裕，军队强大，凡是和敌人交战没有不能够获得胜利的，前秦的一切都治理得很好。前秦国君苻坚敕令太子苻宏和长乐公苻丕等人说："你们侍奉王猛，要像侍奉我一样。"

阳平公苻融在冀州，以严格的标准选择州府官吏，任命尚书郎房默、河间相申绍为治中别驾，清河人崔宏为州从事，管理记室。苻融年纪轻，处理政事喜欢新奇，推崇以苛刻烦琐的方式体现精明。申绍多次向他进谏劝他改正，转向实行宽容和缓的政策，苻融虽然尊敬申绍，却不能够完全听从申绍的劝谏。后来申绍被调出任济北太守，苻融因为多次犯了过错失去了声望，多次导致被谴责，这才悔恨自己没有采纳申绍的谏言。

融尝坐擅起学舍为有司所纠，遣主簿李纂诣长安自理；纂忧惧，道卒。融问申绍："谁可使者？"绍曰："燕尚书郎高泰，清辩有胆智，可使也。"先是丞相猛及融屡辟泰，泰不起，至是，融谓泰曰："君子救人之急，卿不得复辞！"泰乃从命。至长安，丞相猛见之，笑曰："高子伯于今乃来，何其迟也！"泰曰："罪人来就刑，何问迟速！"猛曰："何谓也？"泰曰："昔鲁僖公以泮宫发颂，刘宣王以稷下垂声。今阳平公开建学宫，追踪齐、鲁，未闻明诏褒美，乃更烦有司举劾。明公阿衡圣朝，惩劝如此，下吏何所逃其罪乎！"猛曰："是吾过也。"事遂得释。猛因叹曰："高子伯岂阳平所宜吏乎！"言于秦王坚。坚召见，悦之，问以为治之本，对曰："治本在得人，得人在审举，审举在核真，未有官得其人而国家不治者也。”坚曰：“可谓辞简而理博矣。”以为尚书郎。秦固请还州，坚许之。

九月，甲寅，追尊故会稽王妃王氏曰顺皇后，尊帝母李氏为淑妃。

【译文】 苻融曾经因为擅自建造学舍触犯了律令，被官府举发弹劾，苻融派遣主簿李纂前往长安去陈述理由。李纂忧虑恐惧，半路上就死了。苻融问申绍：“还可以派遣谁前去呢？”申绍说：“燕国的尚书郎高泰，头脑清晰善于言辞，有胆识，有谋略，您可以派遣他前去。”此前，丞相王猛和苻融多次征召高泰，高泰都不肯就任，到了这时候，苻融对高泰说：“君子应该拯救他人于危急，你不能够再推辞了！”于是高泰就听从了他的命令。到达长安以后，王猛看到了他，就笑着说：“高子伯（高泰，字子伯）到今天才来，怎么这么晚啊？”高泰说：“犯了罪的人前来接受刑罚，还问什么迟早啊！”王猛说：“你为什么要这样说呢？”高泰说：“从前鲁僖公因为在泮水建立泮宫（诸侯之学叫泮宫）而受到了颂扬（《诗经·鲁颂·泮水》即颂扬僖公能修泮宫），齐宣王因为在稷下建立学宫而声名远扬，现在阳平公建立学宫，来追从齐宣王和鲁僖公，不但没有听说朝廷颁布圣明的诏令，加以褒扬和赞美，反而还烦请有司举发和罗织他的罪名加以弹劾。你是圣朝的宰辅，辅佐朝政，如此惩罚劝勉，下面的官吏到什么地方能逃避罪责呢？”王猛说：“这都是我的过失啊！”于是事情就圆满解决了。王猛因而感叹着说：“高子伯怎么能够是阳平公可以任命为官吏的呢？”就把这话告诉了前秦国君苻坚。前秦国君苻坚召见高泰，很喜欢他，向他询问治理国家的根本。高泰回答说：“治理国家的根本在于得到人才，得到人才在于审慎地选拔，审慎地选拔在于调查实情，没有得到

适当的人才并且进行任命，就不能够治理好国家。”前秦国君苻坚说：“这话真的可以说是言辞简要而道理博深呀。”任命高泰为尚书郎。高泰固执地向苻坚请求可以返回冀州，苻坚答应了他的请求。

九月，甲寅日，追尊过去的会稽王妃王氏（王述的堂妹）为顺皇后，尊奉晋孝武帝司马曜的生身母亲李氏为淑妃。

【申涵煜评】 泰不应秦王征召，乃为阳平解纷，是鲁仲连一流人。然观其治本，在得人之言，又似乎通于政者。或者以景略为相，不屑位列其下，致有“瑜亮”之感耳。

【译文】 高泰没有答应前秦国君苻坚的征召，却为阳平王苻融解决纠纷，是和鲁仲连同一类型的人。然而观察他所说的治理的根本措施，在于得到了人才，又似乎通晓朝廷的政务。或者是高泰认为苻坚任景略为丞相，不愿意处在他之下，以致有“既生瑜何生亮”的感叹罢了。

冬，十月，丁卯，葬简文帝于高平陵。

彭城妖人卢悚自称大道祭酒，事之者八百馀家。十一月，遣弟子许龙如吴，晨，到海西公门，称太后密诏，奉迎兴复；公初欲从之，纳保母谏而止。龙曰：“大事垂捷，焉用儿女子言乎！”公曰：“我得罪于此，幸蒙宽宥，岂敢妄动！且太后有诏，便应官属来，何独使汝也？汝必为乱！”因叱左右缚之，龙惧而走。甲午，悚帅众三百人，晨攻广莫门，诈称海西公还，由云龙门突入殿庭，略取武库甲仗，门下吏士骇愕不知所为。游击将军毛安之闻难，帅众直入云龙门，手自奋击；左卫将军殷康，中领军桓秘入止车门，与安之并力讨诛之，并党与死者数百人。海西公深虑横祸，专饮酒，恣声色，有子为育，时人怜之。朝廷以其安于屈辱，故不复为虞。

秦都督北蕃诸军事、镇北大将军、开府仪同三司、朔方桓侯梁平老卒。平老在镇十馀年，鲜卑、匈奴惮而爱之。

三吴大旱，饥，人多饿死。

【译文】 冬季，十月，丁卯日（初八），东晋在高平陵安葬了简文帝司马昱。

彭城妖人卢悚自称为大道祭酒，有八百多人对他效忠。十一月，卢悚派遣他的弟子许龙前往吴县，早晨的时候，许龙到达了海西公司马奕的门口，称褚太后秘密地颁下诏令，奉迎海西公复兴大业，重新当天子。海西公刚开始想要听从他所说的话，后来采纳了抚养子女的乳母的劝告没有那样做。许龙说："大事将要成功了，您怎么能听取儿童女人所说的话呢？"海西公说："我犯了罪被派遣到这个地方，有幸承蒙朝廷的赦免原谅，哪里敢轻举妄动呢！而且如果太后颁下了诏令，就应该派遣公卿等官属前来，为什么会只派遣你前来呢？你必定是准备作乱！"然后就大声并且愤怒地喝令左右的人把他捆起来，许龙害怕了，转身逃走。甲午日（初五），卢悚率领三百个士兵，在早晨的时候，攻打广莫门（建康城北门），谎称海西公回来了，从云龙门（建康宫门）突然进入宫殿的庭院，把武器库里面的铠甲武器夺走，守卫云龙门的官吏士兵十分恐惧惊愕，不知道应该怎么办。游击将军毛安之听说发生了祸难，就率领士兵直接进入云龙门，亲自奋勇搏击；左卫将军殷康、中领军桓秘进入止车门，和毛安之合力一起攻击卢悚并且把卢悚斩杀了，几百个卢悚的同党贼人被打死。海西公司马奕深切地忧虑会发生没有理由就降下的祸患，因此只顾喝酒，恣意音乐美色，有儿子也不养育，当时的人都很怜悯同情他。朝廷知道了他安于屈辱的情况，所以对他就不再防备了。

前秦的都督北蕃诸军事、镇北大将军、开府仪同三司、朔方桓侯梁平老去世。梁平老在朔方镇守了十几年，鲜卑人和匈奴人都既畏惧他，又敬爱他。

三吴地区发生了大旱，很多人都饿死了。

烈宗孝武皇帝上之上

宁康元年（癸酉，公元三七三年）春，正月，己丑朔，大赦，改元。

二月，大司马温来朝。辛巳，诏吏部尚书谢安、侍中王坦之迎于新亭。是时，都下人情恟恟，或云欲诛王、谢，因移晋室。坦之甚惧，安神色不变，曰："晋祚存亡，决于此行。"温既至，百官拜于道侧。温大陈兵卫，延见朝士，有位望者皆战慑失色，坦之流汗沾衣，倒执手版。安从容就席，坐定，谓温曰："安闻诸侯有道，守在四邻，明公何须壁后置人邪！"温笑曰："正自不能不尔。"遂命左右撤之，与安笑语移日。郗超常为温谋主，安与坦之见温，温使超卧帐中听其言。风动帐开，安笑曰："郗生可谓入幕之宾矣。"时天子幼弱，外有强臣，安与坦之尽忠辅卫，卒安晋室。

【译文】宁康元年（癸酉，公元373年）春季，正月，己丑朔日（正月无此日），东晋下令大赦天下，把年号更改为宁康。

二月，大司马桓温前来晋见晋孝武帝司马曜。辛巳日（二十四日），晋孝武帝颁下诏令派遣吏部尚书谢安、侍中王坦之到新亭前去迎接。这时，都城里面人心浮动，有人说桓温要把王坦之和谢安都杀死，接着晋王室的天下就要转落他人之手。王坦之非常恐惧，但是谢安的神色却毫无改变，说："晋朝国运的存亡，就取决于这一次的行动。”桓温到达了朝廷以后，文武百官在道路两旁叩拜迎接。桓温部署重兵守卫，接待会见朝廷的官员，凡是有地位、有名望的公卿大臣，全部都战栗慑惧，面无血色。王坦之惧怕得汗水直流，连衣服都被汗水沾湿了，连手版都拿倒了。谢安从容地就座，坐定了以后，对桓温说：“我听说身为诸侯的责任，就是防守四邻的入侵，明公哪里需要在墙壁的后面安排士兵进行防守呢？”桓温笑着说：“正是因为不能不这样做。”于是就命令左右的人让墙壁后面的人都撤走，和谢安谈笑了很长时间。郗超常常作为桓温重要的参谋，谢安和王坦之前去拜见桓温，桓温命令郗超藏在帷帐里面，偷听他们的谈话。一阵风吹过来把帷帐吹开了，谢安笑着说：“郗先生可以说是‘入帐之宾’（甚为亲昵）。”当时天子年幼体弱，外面又有势力强大的臣子，谢安和王坦之竭尽忠心辅佐护卫，最终使晋王室得以安稳。

温治卢悚入宫事，收尚书陆始付廷尉，免桓秘官，连坐者甚众；迁毛安之为右卫将军，桓秘由是怨温。

三月，温有疾，停建康十四日，甲午，还姑孰。

夏，代王什翼犍使燕凤入贡于秦。

秋，七月，己亥，南郡宣武公桓温薨。

初，温疾笃，讽朝廷求九锡，屡使人趣之。谢安、王坦之故缓其事，使袁宏具草。宏以示王彪之，彪之叹其文辞之美，因曰：“卿固大才，安可以此示人！”谢安见其草，辄改之，由是历旬不就。宏密谋于彪之，彪之曰：“闻彼病日增，亦当不复支久，自可更小迟回。”宏从之。

【译文】 桓温对卢悚攻入宫殿的事情进行处理，把尚书陆始拘捕了以后交给廷尉定罪，把桓秘的官职罢免了，受到这件事牵连而坐罪的人有很多。擢升毛安之为左卫将军。桓秘从此开始怨恨桓温。

三月，桓温生病了，因此在建康停留了十四天，甲午日（初十），返回了姑孰。

夏季，代王拓跋什翼犍派遣燕凤到前秦去进献贡物。

秋季，七月，己亥日（十四日），南郡宣武公桓温去世。

起初，桓温病重，曾经暗示朝廷，请求朝廷给他加九锡的礼遇，多次派遣人前去催促。谢安和王坦之故意拖延这件事情，让袁宏草拟诏令。袁宏把草拟好的草稿拿去给王彪之审阅，王彪之赞叹他文辞优美，接着就说：“你本来是杰出的人才，固然是有很高的才华，但是怎么能够写这样的文章让他人看呢！”谢安看到了袁宏写的草稿，就对其加以修改，因此前后经历了十几天也没有最后定稿。袁宏暗地里和王彪之商量，王彪之说：“听说他的病情日益加重，应当也不能支持多长时间了，自然可以再稍稍延迟一段时间再回复。”

温弟江州刺史冲，问温以谢安、王坦之所任，温曰：“渠等不为汝所处分。”其意以为，己存，彼必不敢立异，死则非冲所制；若害之，无益于冲，更失时望故也。

温以世子熙才弱，使冲领其众。于是，桓秘与熙弟济谋共杀冲，冲密知之，不敢入。俄顷，温薨，冲先遣力士拘录熙、济而后临丧。秘遂被废弃，熙、济俱徙长沙。诏葬温依汉霍光及安平献王故事。冲称温遗命，以少子玄为嗣，时方五岁，袭封南郡公。

庚戌，加右将军、荆州刺史桓豁征西将军，督荆、杨、雍、交、广五州诸军事。以江州刺史桓冲为中军将军、都督扬、豫、江三州诸军事、扬、豫二州刺史，镇姑孰；竟陵太守桓石秀为宁远将军、江州刺史，镇寻阳。石秀，豁之子也。冲既代温居任，尽忠王室，或劝冲诛除时望，专执时权，冲不从。始，温在镇，死罪皆专决不请。冲以为生杀之重，当归朝廷，凡大辟皆先上，须报，然后行之。

【译文】 桓温的弟弟江州刺史桓冲，向桓温询问谢安和王坦之应该出任什么官职，桓温说："他们不需要你来进行安排。"桓温的意思是，自己活着的时候，他们必定不敢公开抗衡，自己死了以后，就不是桓冲所能够控制的了；如果这时谋害了他们，对桓冲什么益处也没有，反而会因为这个失去了自己的声望。

桓温考虑到世子桓熙的才能不足，就让桓冲代替他率领他的士兵。因为桓秘和桓熙以及桓熙的弟弟桓济（根据《晋书·桓温传》以及《桓彝附秘传》里面都说桓熙曾经参加计谋，虽然《通鉴》记载不详，但是此处也记入）计划共同去把桓冲杀死，桓冲私底下知道了他们的计划，就不敢进入府内。过了不久，桓温去世，桓冲先派身强力壮的士兵，把桓熙和桓济都逮捕了，然后才前去祭奠。于是桓秘也被罢黜，把桓熙和桓济都迁徙到了长沙。朝廷颁下诏令根据汉朝的霍光以及安平献王的旧例把桓温安葬了。桓冲说这是桓温留下来的遗命，册封小儿子桓玄为继承人，当时桓玄刚刚五岁，承袭了南郡公的爵位。

庚戌日（二十五日），东晋朝廷加任右将军荆州刺史桓豁为征西将军、都督荆杨雍交广五州诸军事（"杨"当为"梁"，因此句下有桓冲"都督扬、豫、江三州诸军事"，故"荆、杨"当为"荆、梁"）。桓冲为中军将军，都督扬豫江三州诸军事，扬州、

豫州两个州刺史，镇守姑孰；竟陵太守桓石秀为宁远将军、江州刺史，镇守寻阳。桓石秀，是桓豁的儿子。桓冲代替桓温承担了重任以后，竭尽心力，效忠王室。有人劝桓冲把那些当时有声望的大臣全部都诛杀和除掉，独自执掌当时的大权，但是桓冲没有听从。当初，桓温在任的时候，判处囚犯死罪，全部都是擅自决定，不向朝廷请示批准。桓冲认为生杀大权，关系重大，应当由朝廷核准，于是凡是死罪全部都要事先向朝廷上报，等到朝廷做出批准，然后再去执行处决。

谢安以天子幼冲，新丧元辅，欲请崇德太后临朝。王彪之曰："前世人主幼在襁褓，母子一体，故可临朝；太后亦不能决事，要须顾问大臣。今上年出十岁，垂及冠婚，反令从嫂临朝，示人君幼弱，岂所以光扬圣德乎！诸公必欲行此，岂仆所制，所惜者大体耳。"安不欲委任桓冲，故使太后临朝，己得以专献替裁决，遂不从彪之之言。八月，壬子，太后复临朝慑政。

【译文】谢安因为太子年纪幼小，辅佐首臣（指桓温）又刚刚去世，就想要请崇德太后临朝处理国政。王彪之说："前代人主年幼尚在襁褓之中，母子不能分离，所以可以让太后临朝听政。但是太后也不能擅自决定朝政的大事，还需要征求大臣们的意见。现在晋孝武帝司马曜的年纪，已经超过了十岁，快要到了加冠结婚的年龄了，反而让堂嫂临朝听政（孝武帝司马曜是晋元帝司马睿的孙子，晋康帝司马岳的堂弟，所以太后是堂嫂），来显示人主年幼体弱，这难道是用来发扬光大圣德的做法吗？如果你们必定要这么做，那也不是我所能够制止的，我所痛惜的是丧失了伦理大义而已。"谢安不想把朝政大权交付给桓冲，所以让太后临朝听政，自己能够专擅国家的权力，自行裁夺决断朝廷的大事，于是就没有听从王彪之的进言。八月，壬子日（八月无此日），太后又临朝代替国君主持处理政事。

梁州刺史杨亮遣其子广袭仇池，与秦梁州刺史杨安战，广兵败，沮水诸戍皆委城奔溃。亮惧，退守磐险。九月，安进攻汉川。

丙申，以王彪之为尚书令，谢安为仆射，领吏部，共掌朝政。安每叹曰："朝廷大事，众所不能决者，以咨王公，无不立决！"

【译文】 梁州刺史杨亮派遣他的儿子杨广袭击仇池，和前秦的梁州刺史杨安交战，杨广的军队被打败了，沮水一带负责戍守的士兵，全部都把城池丢弃奔逃溃散了。杨亮十分恐惧，就撤退到磐险进行防守。九月，杨安率领士兵进攻汉川。

丙申日（十二日），东晋朝廷任命王彪之为尚书令，谢安为仆射，兼领吏部，共同执掌朝廷的大事。谢安每每感叹地说："朝廷的大事，众臣所不能够决断的，只要是前去询问王公（指王彪之），没有什么不能够立刻决断的！"

以吴国内史刁彝为徐、兖二州刺史，镇广陵。

冬，秦王坚使益州刺史王统、秘书监朱肜帅卒二万出汉川，前禁将军毛当、鹰扬将军徐成帅卒三万出剑门，入寇梁、益；梁州刺史杨亮帅巴獠万馀拒之，战于青谷。亮兵败，奔固西城。肜遂拔汉中。徐成攻剑门，克之。杨安进攻梓潼，梓潼太守周虓固守涪城，遣步骑数千送母、妻自汉水趣江陵，朱肜邀而获之，虓遂降于安。十一月，安克梓潼。荆州刺史桓豁遣江夏相竺瑶救梁、益；瑶闻广汉太守赵长战死，引兵退。益州刺史周仲孙勒兵拒朱肜于绵竹，闻毛当将至成都，仲孙帅骑五千奔于南中。秦遂取梁、益二州，邛、莋、夜郎皆附于秦。秦王坚以杨安为益州牧，镇成都；毛当为梁州刺史，镇汉中；姚苌为宁州刺史，屯垫江；王统为南秦州刺史，镇仇池。

【译文】晋孝武帝司马曜任命吴国内史刁彝为徐州、兖州两个州刺史，镇守广陵。

冬季，前秦国君苻坚派遣益州刺史王统和秘书监朱肜率领两万士兵从汉川出发，前禁将军毛当和鹰扬将军徐成率领三万士兵从剑门出发，入侵梁州、益州两个州。梁州刺史杨亮率领了一万多巴獠人前去进行抵御，双方在青谷交战。杨亮的军队被打得失败，逃到了西城县固守。于是朱肜就把汉中攻了下来。徐成进攻剑阁，也把剑阁攻取下来了。杨安进攻梓潼，梓潼太守周虓严密地防守涪城，派遣几千步兵和骑兵护送母亲和妻子从汉水前往江陵，朱肜半路截击，把他们擒获了，于是周虓就向杨安投降了。十一月，杨安把梓潼占据了。荆州刺史桓豁派遣江夏相竺瑶前去援救梁州、益州两个州；竺瑶听说广汉太守赵长已经战死了，就率领士兵撤退了。益州刺史周仲孙率领军队前往绵竹抵御朱肜，听说毛当将要到达成都了，周仲孙就率领五千骑兵逃到了南中。于是前秦就把梁州、益州两个州占领了，邛、莋、夜郎等地都归附了前秦。前秦国君苻坚任命杨安为益州牧，镇守成都；毛当为梁州刺史，镇守汉中；姚苌为宁州刺史，驻守垫江；王统为南秦州刺史，镇守仇池。

秦王坚欲以周虓为尚书郎。虓曰："蒙晋厚恩，但老母见获，失节于此。母子获全，秦之惠也。虽公侯之贵，不以为荣，况郎官乎！"遂不仕。每见坚，或箕踞而坐，呼为氐贼。尝值元会，仪卫甚盛，坚问之曰："晋朝元会，与此何如？"虓攘袂厉声曰："犬羊相聚，何敢比拟天朝!"秦人以虓不逊，屡请杀之，坚待之弥厚。

周仲孙坐失守免官。桓冲以冠军将军毛虎生为益州刺史，领建平太守，以虎生子球为梓潼太守。虎生与球伐秦，至巴西，以粮乏，退屯巴东。

以侍中王坦之为中书令，领丹杨尹。

【译文】 前秦国君苻坚想要任命周虓为尚书郎，周虓说："我蒙受了晋朝深厚的恩泽，只是因为年老的母亲被俘获，才失气节，落身秦国。母子能够获得安全，这是秦国给予我的恩惠。即使给我以公、侯的高贵地位，我都不会以为光荣，更何况是一个郎官呢？"于是就拒绝就任。每次当他看到前秦国君苻坚的时候，就傲慢地叉开双腿一坐，喊苻坚为氐贼（坚本氐族）。有一次刚好遇到正月一日的朝会，仪仗隆重，卫士众多，前秦国君苻坚询问他说："晋朝正月初一的朝会，和我们这里的比起来怎么样呢？"周虓愤怒地捋起袖子并且厉言正色地说："犬羊（苻坚君臣都是六夷，所以骂为犬羊）相聚在一起，怎么敢和天朝（指晋朝）相比！"前秦的百姓因为周虓不恭顺，多次请求苻坚把他杀死，苻坚对待他愈加优厚。

周仲孙因为没有守住益州坐罪而被罢免了官职。桓冲任命冠军将军毛虎生为益州刺史，兼领建平太守，任命毛虎生的儿子毛球为梓潼太守。毛虎生和毛球前去讨伐前秦，已经到达了巴西，但是因为粮食缺乏，只好率领士兵撤退到巴东驻扎进行防守。

晋孝武帝司马曜任命侍中王坦之为中书令，兼领丹杨尹。

是岁，鲜卑勃寒寇掠陇右，秦王坚使乞伏司繁讨之。勃寒请降；遂使司繁镇勇士川。

有彗星出于尾、箕，长十馀丈，经太微，扫东井；自四月始见，及秋冬不灭。秦太史令张孟言于秦王坚曰："尾、箕，燕分；东井，秦分也。令彗起尾、箕而扫东井，十年之后，燕当灭秦；二十年之后，代当灭燕。慕容暐父子兄弟，我之仇敌，而布列朝廷，贵盛莫二，臣窃忧之，宜剪其魁杰者以消天变。"坚不听。

【译文】 这一年，鲜卑人勃寒攻掠了陇右，前秦国君苻坚派遣乞伏司繁前去讨伐，勃寒请求向前秦投降，于是，就命令乞伏司繁镇守勇士川。

有彗星在尾九星和箕四星一带出现，长达十几丈，经过了太微星，扫向东井八星；从四月就开始出现，一直到了秋冬之际仍然没有消失。前秦的太史令张孟对前秦国君苻坚说："尾星、箕星，是燕国的分野；东井星，是秦国的分野。现在彗星从尾星、箕星一带起来，扫向东井星，十年以后，燕国将会把秦国消灭；二十年以后，代国将会把燕国消灭。慕容暐的父子兄弟，是我们的仇敌，然而却布满了朝廷，尊贵显赫，没有人能够比得上，我私下里为此感到很担忧，您应该把他们的首领杀死，来消除上天的灾变。"前秦国君苻坚没有听从。

【申涵煜评】 孟既知燕十年后当灭秦，又请诛慕容氏在朝者，是天文与人事势不能两验。善乎，秦王修德禳灾之言，实为得体。

【译文】 张孟既然知道前燕在十年之后必当被前秦消灭，又请求诛杀慕容氏在朝中担任官职的人，是因为上天的规律和人世间的事情势必不能两者互相验证。幸亏，前秦国君修德行善来消除灾祸的言行，实在是恰当的行为。

阳平公融上疏曰:“东胡跨据六州，南面称帝，陛下劳师累年，然后得之，本非慕义而来。今陛下亲而幸之，使其父子兄弟森然满朝，执权履职，势倾勋旧。臣愚以为狼虎之心，终不可养，星变如此，愿少留意!”坚报曰:“朕方混六合为一家，视夷狄为赤子，汝宜息虑，勿怀耿介。夫惟修德可以禳灾，苟能内求诸己，何惧外患乎!”

【译文】阳平公苻融向前秦国君苻坚呈上奏疏说:“东胡人（鲜卑是东胡的余种）占据的领土横跨了六州的土地，面向南边自称为皇帝，陛下兴师动众这么多年，然后才把他们制服了，他们本来就不是因为仰慕仁义才前来归附我们的。现在，陛下亲近他们，宠信他们，让他们的父兄子弟林立整个朝廷，掌握政权，行使职责，权力威势超过了有功勋的大臣。我愚昧地认为具有狼虎之心的人，终究是不可以收罗豢养的，星象的变化如此，希望您能够稍加注意一些!”苻坚回复说:“我正要统一天下为一家，把夷狄视为天真忠诚的小孩子，你应当停止这种忧虑，不要心怀不安。只要修养德行，就可以禳除灾祸，如果能够对内完善自己，又何必惧怕什么外来的祸患呢!”

宁康二年(甲戌，公元三七四年)春，正月，癸未朔，大赦。

己酉，刁彝卒。二月，癸丑，以王坦之为都督徐、兖、青三州诸军事、徐、兖二州刺史，镇广陵。诏谢安总中书。安好声律，期功之惨，不废丝竹，士大夫效之，遂以成俗。王坦之屡以书苦谏之曰:“天下之宝，当为天下惜之。”安不能从。

三月，秦太尉建宁列公李威卒。

夏，五月，蜀人张育、杨光起兵击秦，有众二万，遣使来请兵。秦王坚遣镇军将军邓羌帅甲士五万讨之。益州刺史竺瑶、威远将军桓石虔帅众三万攻垫江，姚苌兵败，退屯五城。瑶、石虔屯巴东。张育自号蜀王，与巴獠酋帅张重、尹万等五万馀人进围成都。六月，育改元黑龙。秋，七月，张育与张重等争权，举兵相攻，秦杨安、邓羌袭育，败之，育与杨光退屯绵竹。八月，邓羌败晋兵于涪西。九月，杨安败张重、尹万于成都南，重死，斩首二万三千级。邓羌击张育、杨光于绵竹，皆斩之。益州复入于秦。

【译文】宁康二年（甲戌，公元374年）春季，正月，癸未朔日（初一），东晋下令大赦天下。

己酉日（二十七日），刁彝去世。二月，癸丑日（初一），任命王坦之为都督徐州、兖州、青州三个州诸军事，徐州、兖州两个州刺史，镇守广陵。诏令谢安总领中书职事。谢安喜欢音乐，即使是在居期、大功、小功的服丧期间（期为一年，大功服丧为九个月，小功服丧为三个月。一说大功九月，小功五月），也不停止演奏各种乐器，士大夫们都效仿他，以至于成为一种时尚。王坦之多次用书信恳切地劝谏他说："礼仪法度是天下的珍宝，您应当为天下而爱惜它。"谢安没有听从劝告。

三月，前秦的太尉建宁烈公李威去世。

夏季，五月，蜀人张育、杨光起兵攻打前秦，拥有两万名士兵，派遣使者来东晋请求援兵。前秦国君苻坚派遣镇军将军邓羌率领五万名甲士前去讨伐他们。益州刺史竺瑶、威远将军桓石虔率领三万名士兵前去进攻垫江，姚苌的军队被打败了，率领士兵撤退到五城驻守。竺瑶、桓石虔在巴东驻扎军队。张育自称为蜀王，和巴獠族的酋长张重、尹万等一万多人进军包围了成都。六月，张育把年号更改为黑龙。秋季，七月，张育和张重等人争夺权势，起兵互相攻打，前秦的杨安、邓羌攻打张育，把他打败了，张育和杨光率领士兵撤退到绵竹驻扎。八月，邓羌在涪西打败了东晋的军队。九月，杨安在成都以南打败了张重、尹万，张重战死，士兵被斩首的有两万三千人。邓羌前往绵竹攻击张育和杨光，把他们全部都斩杀了。益州又被纳入到前秦的疆域。

冬，十二月，有人入秦明光殿大呼曰："甲申、乙酉，鱼羊食人，悲哉无复遗！"秦王坚命执之，不获。秘书监朱肜、秘书侍郎略阳赵整固请诛诸鲜卑，坚不听。整，宦官也，博闻强记，能属文，好直言，上书及面谏，前后五十馀事。慕容垂夫人得幸于坚，坚与之同辇游于后庭，整歌曰："不见雀来入燕室，但见浮云蔽白日。"坚改容谢之，命夫人下辇。

是岁，代王什翼犍击刘卫辰，南走。

【译文】 冬季，十二月，有人进入前秦的明光殿大声叫喊着说："甲申日（初七）、乙酉日（初八），鱼羊要吃人（鱼羊合起来是称"鲜卑"），悲惨啊！没有人能够活着剩下来。"前秦国君苻坚命令把那个人捉起来，但是没有抓获。秘书监朱肜、秘书侍郎略阳人赵整坚持请求诛杀鲜卑人，前秦国君苻坚不肯听从。赵整，是一名宦官，见闻广博，记忆力很强，善于写文章，喜欢直言，上书以及当面劝谏，前前后后有五十多次。慕容垂的夫人（段夫人）深受前秦国君苻坚的宠信，苻坚和她共同乘坐一辆车，在后庭里面游玩，赵整作歌唱道："没有看到鸟雀飞进燕的窝，只看到浮云遮蔽了白日。"苻坚听到以后脸色一变，向赵整道歉，并且命令这位夫人下车。

这一年，代王拓跋什翼犍前去攻击刘卫辰，刘卫辰向南逃走了。

宁康三年(乙亥，公元三七五年)春，正月，辛亥，大赦。

夏，五月，丙午，蓝田献侯王坦之卒；临终与谢安、桓冲书，惟以国家为忧，言不及私。

桓冲以谢安素有重望，欲以扬州让之，自求外出。桓氏族党皆以为非计，莫不扼腕苦谏，郗超亦深止之，冲皆不听，处之澹然。甲寅，诏以冲都督徐、豫、兖、青、扬五州诸军事、徐州刺史，镇京口；以安领扬州刺史，并加侍中。

【译文】 宁康三年(乙亥，公元375年)春季，正月，辛亥日(初五)，东晋下令大赦天下。

夏季，五月，丙午日(初二)，蓝田献侯王坦之去世；临终的时候给谢安、桓冲写信，书信里面只是对国家的事情表示忧虑，没有谈及私人的事情。

桓冲考虑到谢安一直就有很高的声望，就想要把扬州让给他，自己则请求到外地任职。桓氏的宗族亲党，都认为这不是一个好的办法，全部都扼腕痛惜，苦苦地劝谏桓冲，郗超也竭力地劝阻他，但是桓冲都不肯听从，只是恬静地对待此事。甲寅日(初十)，朝廷下达诏令任命桓冲都督徐、豫、兖、青、扬五州诸军事，徐州刺史，镇守京口；任命谢安兼领扬州刺史，并且加侍中。

【申涵煜评】 权臣易世，子孙必多流窜。唯桓温死后，略无处分，是以玄以五岁孤儿长成，复济父恶。虽冲之贤，足以自固。而王、谢诸公亦大欠斟酌。

【译文】 权臣去世，后世子孙必然是大多到处流亡逃窜。唯独桓温逝世之后，其子孙大致上没有受到处置，这是因为桓玄以五岁的孤儿身份长大成人，又能拯济父亲的恶行。虽然以桓冲的贤能，也能够巩固自身的地位，但是王氏、谢氏两家大都欠缺考虑。

六月，秦清河武侯王猛寝疾，秦王坚亲为之祈南、北郊及宗庙、社稷，分遣侍臣遍祷河、岳诸神。猛疾少疗，为之赦殊死以下。猛上疏曰："不图陛下以臣之命而亏天地之德，开辟已来，未之有也。臣闻报德莫如尽言，谨以垂没之命，窃献遗款。伏惟陛下，威烈振乎八荒，声教光乎六合，九州百郡，十居其七，平燕定蜀，有如拾芥。夫善作者不必善成，善始者不必善终，是以古先哲王，知功业之不易，战战兢兢，如临深谷。伏惟陛下，追踪前圣，天下幸甚。"坚览之悲恸。秋，七月，坚亲至猛第视疾，访以后事。猛曰："晋虽僻处江南，然正朔相承，上下安和，臣没之后，愿勿以晋为图。鲜卑、西羌，我之仇敌，终为人患，宜渐除之，以便社稷。"言终而卒。坚比敛，三临哭，谓太子宏曰："天不欲使吾平壹六合耶？何夺吾景略之速也？"葬之如汉霍光故事。

【译文】六月，前秦清河武侯王猛生病卧床不起，前秦国君苻坚亲自为他到南、北郊以及宗庙和社稷坛祈求神灵，并且分别派遣侍卫大臣前往黄河、华岳遍祈诸神。王猛的病情稍微有所好转，前秦国君苻坚又为他对判处殊死刑（身首异分的死刑）以下的罪犯实行赦免。王猛向苻坚呈上奏疏说："没有想到陛下因为我的生命，而损害了天地的大德，这是从开天辟地以来，从来没有过的事情。我听说报答恩德，没有什么能够比得上把自己所知道的全部都说出来更好的了，我恭敬地以我将要完结的生命，私下里向陛下进献剩下的一点忠诚。我低头想到陛下，威德功业震动了八方，声望教化照耀天地，九州百郡的土地，也得到了十分之七，平定燕国和安定蜀地，就像俯身从地上拾起小草一样容易。善于开创的人，不一定善于完成；善于开始的人，不

一定善于结束。所以古代的先圣贤王，知道建立功业的艰辛，时时刻刻都是战战兢兢，就像靠近深渊一样。我盼望陛下能够追随前代的圣哲帝王，实在是天下人的幸运。”前秦国君苻坚看了王猛的奏疏以后，心里非常悲伤哀痛。秋季，七月，苻坚亲自到王猛的府第察看他的病情，并且向他询问将来的国事。王猛说：“晋朝虽然偏居长江以南，但是他们是正宗相沿，君臣上下，安定和睦，我死了以后，希望不要把晋朝作为图谋的对象。鲜卑、西羌，是我们的仇敌，最终还是会成为我们的祸患，应当把他们慢慢地除掉，来使江山安定，有利于国家。”说完这些话王猛就死了。前秦国君苻坚亲自参与装殓王猛，从王猛去世到入殓的期间，三次亲临痛哭，并且对太子苻宏说：“是上天不想让我平定统一天下吗？为什么这样快就把我的王猛夺走了呢！”按照汉朝安葬霍光的礼仪把王猛安葬了。

【康熙御批】 王猛之事秦，竭忠尽智，至于临殁之时，犹惓惓以善作善，成望秦王追从前圣，宜其主眷优隆，为人臣之所当勉也。

【译文】 王猛事奉前秦，竭尽忠心，耗尽智慧，直到临终的时候，还念念不忘以善作善，希望苻坚追随前代圣人，实在值得君主对他优待尊崇，这是为人臣所应勉力的。

八月，癸巳，立皇后王氏，大赦。后，濛之孙也。以后父晋陵太守蕴为光禄大夫，领五兵尚书，封建昌县侯，蕴固辞不受。

九月，帝讲《孝经》，始览典籍，延儒士。谢安荐东莞徐邈补中书舍人，每被顾问，多所匡益。帝或宴集，酣乐之后，好为手诏诗章以赐侍臣，或文词率尔，所言秽杂；邈应时收敛还省刊削，皆使可观，经帝重览，然后出之，时议以此多邈。

【译文】 八月，癸巳日（二十日），晋孝武帝司马曜册立王氏为皇后，下令大赦天下。皇后，是王濛的孙女。任命皇后的父亲晋陵太守王蕴为光禄大夫，兼领五兵尚书，册封他为建昌县侯。王蕴坚决推辞，不肯接受晋孝武帝的任命。

九月，晋孝武帝司马曜讲习《孝经》，开始阅览经典书籍，延聘邀请儒士。谢安向晋孝武帝举荐东莞人徐邈补为中书舍人，他每一次被晋孝武帝询问的时候，常常都有所匡正和补益。晋孝武帝有的时候会和群臣宴饮集会，在酣饮歌乐之后，喜欢自己随手写一些诗篇和文章，拿来赏赐给侍臣，有的诗章文辞草率不够精练，内容污秽芜杂。徐邈按时把所有的文章和诗篇搜集起来，带回中书省，加以修改之后，使文辞和内容都适宜观览，再经过晋孝武帝重新审阅，然后再赏赐给侍臣，传播出去。当时的百姓，都因此而赞美徐邈。

冬，十月，癸酉朔，日有食之。

秦王坚下诏曰：“新丧贤辅，百司或未称朕心，可置听讼观于未央南，朕五日一临，以求民隐。今天下虽未大定，权可偃武修文，以称武侯雅旨。其增崇儒教，禁老、庄、图谶之学，犯者弃市。”妙简学生，太子及公侯百僚之子皆就学受业；中外四禁、二卫、四军长上将士，皆令受学。二十人给一经生，教读音句，后宫置典学以教掖庭，选阉人及女隶敏慧者诣博士授经。尚书郎王佩读谶，坚杀之，学谶者遂绝。

【译文】 冬季，十月，癸酉朔日（初一），发生了日食。

前秦国君苻坚颁下诏令说：“刚刚丧失了贤能的宰辅，百官当中或许有不符合我心意的地方，可以在未央宫以南设置听理

诉讼的台观（听狱讼之馆），我每五天亲临一次，来访求隐没在民间的人才。现在天下虽然还没有完全平定，但暂时可以停息武备，修习文德，以便实现武侯（王猛谥武侯）高雅的旨趣。应该进一步地尊崇儒家学说，禁止老子、庄子及宣扬符命占验的学说，违犯的人将会在集市上被斩杀示众。”适宜地选择学生，太子以及公、侯、百官的子弟全部都进入学校，接受课业；朝廷内外的四禁、二卫、四军当中长期宿卫的将士（秦有中军、外军将军；前禁、后禁、左禁、右禁将军，是为四禁；左卫、右卫将军，是为两卫；卫军、抚军、镇军、冠军将军，是为四军；长上将士，即长上宿卫将士），命令他们全部都参加学习。每二十个人配备一名经生，负责教授诵读字的发音和文章的句读，在后宫设置学官用来教授后宫的妃嫔，从宦官以及女隶当中选出聪敏而有智慧的人，前往博士那里去学习经书。尚书郎王佩阅读宣扬谶纬符命的书籍，前秦国君苻坚把他杀死了，从此学习谶纬的人也就绝迹了。

【乾隆御批】 放诞之弊，原于老、庄；悖乱之萌，起于图谶。东晋膏肓锢疾，苻坚一言足以洞其症结。

【译文】 放纵不羁的弊端，起源于老、庄；谋反叛乱的萌芽，兴起于图谶之类神学。东晋王朝的深入膏肓无可救药的顽固毛病，以苻坚的一句话就完全可以明白其病根的关键了。

资治通鉴卷第一百四　晋纪二十六

起柔兆困敦，尽玄黓敦牂，凡七年。

【译文】 起丙子（公元376年），止壬午（公元382年），共七年。

【题解】 本卷记录了公元376年至382年共七年间的东晋及各国大事，正当晋孝武帝太元元年至七年。主要记录了前秦国主苻坚派将军苟苌、毛盛等消灭了凉州的张天锡政权，又征服了西障地区的氐、羌二族，又派将军苻融、俱难、邓羌等打败了代王拓跋什翼犍，又在内部平定了苻洛、苻重与苻阳、王皮等内乱后，西攻襄阳、竟陵，东攻彭城，中攻淮南等，多路军队对晋王朝发动进攻；写了晋军在多条战线上取得一系列胜利，西线上桓冲指挥桓石虔、桓石民打败了秦将阎振、吴仲，东线上谢玄指挥田洛、何谦等在盱眙、淮阴大破秦兵，之后又在淮北打败了秦将俱难、彭超等等。

烈宗孝武皇帝上之中

太元元年（丙子，公元三七六年）春，正月，壬寅朔，帝加元服，皇太后下诏归政，复称崇德太后。甲辰，大赦，改元。丙午，帝始临朝。以会稽内史郗愔为镇军大将军、都督浙江东五郡诸军事；徐州刺史桓冲为车骑将军、都督豫、江二州之六郡诸军事，自京口徙镇姑孰。谢安欲以王蕴为方伯，故先解冲徐州。乙卯，加谢安中书监，录尚书事。

二月，辛卯，秦王坚下诏曰："朕闻王者劳于求贤，逸于得士，斯言何其验也！往得丞相，常谓帝王易为。自丞相违世，须发中白，每一念之，不觉酸恸。今天下既无丞相，或政教沦替，可分遣侍臣周巡郡县，问民疾苦。"

三月，秦兵寇南乡，拔之，山蛮三万户降秦。

【译文】太元元年（丙子，公元376年）春季，正月，壬寅朔日（初一），晋孝武帝司马曜加冠。皇太后颁下诏令将朝政归还给晋孝武帝，自己恢复崇德太后的称号。甲辰日（初三），下令大赦天下，把年号更改为太元。丙午日（初五），晋孝武帝开始临朝主持国政。任命会稽内史郗愔为镇军大将军、都督浙江东部五个郡（会稽、东阳、临海、永嘉、新安）诸军事；徐州刺史桓冲为车骑将军，都督豫州、江州两个州的六个郡（豫州之历阳、淮南、庐江、安丰、襄城及江州之寻阳）诸军事，从京口迁移到姑孰镇守。谢安想要任命王蕴为地方长官，所以就先把桓冲徐州刺史的官职解除了。乙卯日（十四日），任命谢安为中书监，录尚书事。

二月，辛卯日（二十一日），前秦国君苻坚颁下诏书说："我听说作为君王的人，应该在搜求贤能的人的时候很勤劳，但是得到适当的人才以后，就省心省力了，这句话是多么符合实际呀！从前我得到了丞相王猛，常常认为帝王非常容易做。但是自从丞相去世以后，我已经操劳得胡须头发都斑白了，每一次当我想到王猛，酸楚悲痛就油然而生。现在天下既然已经失去了丞相，政事教化或许会陷于沦亡衰废，可以分别派遣侍臣到各郡县去周游巡视，查访询问民间的疾苦。"

三月，前秦的士兵入侵南乡，把南乡占领了，山蛮的三万户百姓都向前秦投降了。

夏，五月，甲寅，大赦。

初，张大锡之杀张邕也，刘肃及安定梁景皆有功，二人由是有宠，赐姓张氏，以为己子，使预政事。天锡荒于酒色，不亲庶务，黜世子大怀而立嬖妾焦氏之子大豫，以焦氏为左夫人，人情愤怨；从弟从事中郎宪舆榇切谏，不听。

秦王坚下诏曰："张天锡虽称藩受位，然臣道未纯，可遣使持节、武卫将军武都苟苌、左将军毛盛、中书令梁熙、步兵校尉姚苌等将兵临西河，尚书郎阎负、梁殊奉诏征天锡入朝，若有违王命，即进师扑讨。"是时，秦步骑十三万，军司段铿谓周虓曰："以此众战，谁能敌之！"虓曰："戎狄以来，未之有也。"坚又命秦州刺史苟池、河州刺史李辩、凉州刺史王统帅三州之众为苟苌后继。

【译文】 夏季，五月，甲寅日（十五日），东晋下令大赦天下。

起初，凉王张天锡把张邕杀死的时候，刘肃和安定人梁景都有功劳，他们两个人也因此受到了张天锡的宠信，被赐姓张氏，张天锡把他们当作自己的儿子，让他们参与政治大事。凉王张天锡过度地沉湎于酒色，不亲自处理政务，把世子张大怀罢黜了，改立宠妾焦氏的儿子张大豫为世子，册封焦氏为左夫人，人们的心里都很愤怒怨恨。他的堂弟从事中郎张宪用车载着棺材前来以死劝谏，但是张天锡不肯听从。

前秦国君苻坚颁下诏书说："凉王张天锡虽然对我们称藩，接受我们授予的官职，但是他为臣之道不纯，可以派遣使持节武卫将军苟苌、左将军毛盛、中书令梁熙、步兵校尉姚苌等人率领军队前去西河驻扎；尚书郎阎负、梁殊遵奉诏令，征召张天锡前来朝廷，如果他有违背王命的地方，就立刻进军讨伐。”这时，前秦的步兵和骑兵一共有十三万人，军司（司马）段铿对周虓说：“用这么多的士兵前去出战，有哪一个能够抵挡的呢？”周虓说：“在戎狄之人这里，确实是从来也没有过的。”前秦国君苻坚又派遣秦州刺史苟池、河州刺史李辩、凉州刺史王统率领三州的士兵作为苟苌的后继军队。

秋，七月，阎负、梁殊至姑臧。张天锡会官属谋之，曰：“今入朝，必不返；如其不从，秦兵必至，将若之何？”禁中录事席仂曰：“以爱子为质，赂以重宝，以退其师，然后徐为之计，此屈伸之术也。”众皆怒曰：“吾世事晋朝，忠节著于海内。今一旦委身贼庭，辱及祖宗，丑莫大焉！且河西天险，百年无虞，若悉境内精兵，右招西域，北引匈奴，以拒之，何遽知其不捷也！”天锡攘袂大言曰：“孤计决矣，言降者斩！”使谓阎负、梁殊曰：“君欲生归乎，死归乎？”殊等辞气不屈，天锡怒，缚之军门，命军士交射之，曰：“射而不中，不与我同心者也。”其母严氏泣曰：“秦主以一州之地，横制天下，东平鲜卑，南取巴、蜀，兵不留行，所向无敌。汝若降之，犹可延数年之命。今以蕞尔一隅，抗衡大国，又杀其使者，亡无日矣！”天锡使龙骧将军马建帅众二万拒秦。

【译文】 秋季，七月，阎负、梁殊到达了姑臧。凉王张天锡召集手下的官员们商量说：“现在前往朝廷，就必定回不来了。但是如果不听从征召，前秦的士兵又一定会来到，我应该怎么办呢？”禁中录事席仂说：“把您心爱的儿子送去作为人质，再奉送贵重的宝物去贿赂，来让他们的军队撤退，然后再慢慢地商议，这是以屈求伸的方法。”众人听了以后都愤怒地说：“我们世世代代事奉晋朝，忠义志节在海内显扬闻名。现在一旦委身于秦贼的门下，耻辱殃及祖宗，再也没有比这更大的羞耻了！而且河西是天然险要之地，凭仗河西的天险，永远没有忧患，如果我们出动境内所有精锐的士兵，再向右边延请西域，向北边延请匈奴的兵力，共同前去抵抗他们，怎么就知道无法取得胜利呢？”凉王张天锡捋起袖子露出手臂大声地说：“我的主意已经决定了，说投降的人就把他斩首！”张天锡派遣使者对阎负、梁殊说：“你们是想活着回去呢，还是死着回去呢？”梁殊等人回答的语气言辞慷慨，丝毫不肯屈服，张天锡发怒，把他们捆绑在军营的门柱上面，命令士兵乱箭把他们射死，并且说：“射击但是没有射中的，就是和我不同心的。”他的母亲严氏哭泣着说：“秦国的君主凭借一州的土地起家，纵横并且制服了天下，向东把鲜卑平定了，向南把巴、蜀攻取了下来，军队丝毫没有被阻滞。如果你向他投降了，还可以延长几年的寿命。现在用我这小小的一隅之地，和大国抗衡，又把他们的使者杀死了，距离灭亡的时间就不会有几天了。”凉王张天锡派遣龙骧将军马建率领两万名士兵前去抵抗前秦的军队。

秦人闻天锡杀阎负、梁殊，八月，梁熙、姚苌、王统、李辩济自清石津，攻凉骁烈将军梁济于河会城，降之。甲申，苟苌济自石城津，与梁熙等会攻缠缩城，拔之。马建惧，自杨非退屯清塞。天锡又遣征东将军掌据帅众三万军于洪池，天锡自将馀众五万，军于金昌城。安西将军燉煌宋皓言于天锡曰：“臣昼察人事，夜观天文，秦兵不可敌也，不如降之。”天锡怒，贬皓为宣威护军。广武太守辛章曰：“马建出于行陈，必不为国家用。”苟苌使姚苌帅甲士三千为前驱。庚寅，马建帅万人迎降，馀兵皆散走。辛卯，苟苌及掌据战于洪池，据兵败，马为乱兵所杀，其属

董儒授之以马，据曰：“吾三督诸军，再秉节钺，八将禁旅，十总外兵，宠任极矣。今卒困于此，此吾之死地也，尚安之乎！”乃就帐免胄，西向稽首，伏剑而死。秦兵杀军司席仂。癸巳，秦兵入清塞，天锡遣司兵赵充哲帅众拒之。秦兵与充哲战于赤岸，大破之，俘斩三万八千级，充哲死。天锡出城自战，城内又叛。天锡与数千骑奔还姑臧。甲午，秦兵至姑臧，天锡素车白马，面缚舆榇，降于军门。苟苌释缚焚榇，送于长安，凉州郡县悉降于秦。

【译文】 前秦的人听说凉王张天锡把阎负和梁殊杀死了，八月，梁熙、姚苌、王统、李辩从清石津渡过西河，在河会城攻打前凉的骁烈将军梁济，梁济向他们投降了。甲申日（十七日），苟苌从石城津渡河，和梁熙会合前去攻打缠缩城，把缠缩城攻了下来。马建感到恐惧，就率领士兵从杨非撤退到了清塞驻扎。凉王张天锡又派遣征东将军掌据率领三万名士兵，驻扎在洪池，张天锡亲自率领剩余的五万名士兵，驻扎在金昌城。安西将军敦煌人宋皓对张天锡说：“我白天观察人际表现，夜晚观察天文星象，秦国的军队无法抵挡，不如向他们投降。”张天锡听了以后发怒，把宋皓降职为宣威护军。广武太守辛章说：“马建出身于军旅，必定不为国家效力。”苟苌派遣姚苌率领三千甲士作为前锋部队。庚寅日（二十三日），马建率领一万名士兵迎接前秦的军队，并且向前秦的军队投降了，其余的士兵全部都逃散了。辛卯日（二十四日），苟苌和掌据在洪池交战，掌据的军队被打败了，战马被乱兵杀死了，他的部属董儒交给他一匹马，掌据说：“我三次督领各路军队，两次持节旄、黄钺，八次率领宫中的卫队，十次在外率领士兵，受到的宠信和重用，可以说达到了顶点。现在终于受困于这个地方，这就是我死亡的地方，怎么还能安身活命呢？”于是就进入军帐，在营帐里面把头盔甲胄脱了下来，面向西方恭敬地叩拜，然后用剑刎颈而死。前秦的士兵杀死了军司席仂。癸巳日（二十六日），前秦的士兵进入了清塞，凉王张天锡派遣司兵赵充哲率领士兵前去进行抵御。前秦的士兵和赵充哲在赤岸交战，赵充哲被前秦的士兵打得大败，被俘虏和被斩杀的一共有三万八千人，赵充哲也战死了。凉王张天锡出城亲自迎战，城内又发生了叛乱。张天锡和几千骑兵逃回了姑臧。甲午日（二十七日），前秦的士兵到达了姑臧，张天锡乘坐着用白马驾驶的白车，双手被反绑在背后，载着棺材，到前秦的军营门前投降。苟苌为他解开了捆绑的绳子，烧毁了棺材，把张天锡送到了长安，凉州郡县全部都投降了前秦。

九月，秦王坚以梁熙为凉州刺史，镇姑臧。徙豪右七千馀户于关中，馀皆按堵如故。封天锡为归义侯，拜北部尚书。初，秦兵之出也，先为天锡筑第于长安，至则居之。以天锡晋兴太守陇西彭和正为黄门侍郎，治中从事武兴苏膺、燉煌太守张烈为尚书郎，西平太守金城赵凝为金城太守，高昌杨干为高昌太守；馀皆随才擢叙。

【译文】九月，前秦国君苻坚任命梁熙为凉州刺史，镇守姑臧。把七千多户的豪强世族迁徙到了关中，其余的全部都让他们在原地安居。册封张天锡为归义侯，任命他为北部尚书。起初，前秦军队出征的时候，就预先为张天锡在长安建造了宅第，张天锡到达长安以后就住了进去。任命张天锡的晋兴太守陇西人彭和正为黄门侍郎，治中从事武兴人苏膺、敦煌太守张烈为尚书郎，西平太守金城人赵凝为金城太守，高昌人杨干为高昌太守；其余的人全部都依据他们的才干进行拔擢任用。

梁熙清俭爱民，河右安之，以天锡武威太守燉煌索泮为别驾，宋皓为主簿。西平郭护起兵攻秦，熙以皓为折冲将军，讨平之。

桓冲闻秦攻凉州，遣兖州刺史朱序、江州刺史桓石秀与荆州督护桓罴游军沔、汉，为凉州声援；又遣豫州刺史桓伊帅众向寿阳，淮南太守刘波泛舟淮、泗，欲桡秦以救凉。闻凉州败没，皆罢兵。

初，哀帝减田租，亩收二升。乙巳，除度田收租之制，王公以下，口税米三斛，蠲在役之身。

【译文】梁熙清廉节俭，爱护百姓，黄河以西在他的治理下因此非常安定。任命张天锡的武威太守敦煌人索泮为别驾，宋皓为主簿。西平人郭护起兵攻击前秦，梁熙任命宋皓为折冲将军，前去讨伐并平定了他们。

桓冲听说前秦进攻凉州，于是就派遣兖州刺史朱序、江州刺史桓石秀与荆州督护桓罴率领士兵在沔水、汉水流域一带巡游，用来作为凉州声势方面的支援；又派遣豫州刺史桓伊率领士兵前往寿阳，淮南太守刘波的水军乘船在淮水、泗水巡游，想要把前秦的士兵分散开，来援救凉州。当他听说凉州败亡覆没以后，就把士兵都撤走了，停止了一切行动。

起初，晋哀帝司马丕减少田地的租税，每一亩收租两升。乙巳日（初八），废除了按照田亩收取租税的制度，王公以下的人，每人缴纳三斛米的赋税，对服兵役、劳役的人实行蠲免。

冬，十月，移淮北民于淮南。

刘卫辰为代所逼，求救于秦。秦王坚以幽州刺史行唐公洛为北讨大都督，帅幽、冀兵十万击代；使并州刺史俱难、镇军将军邓羌、尚书赵迁、李柔、前将军朱肜、前禁将军张蚝、右禁将军郭庆帅步骑二十万，东出和龙，西出上都，皆与洛会，以卫辰为乡导。洛，菁之弟也。

苟苌之伐凉州也，遣扬武将军马晖、建武将军杜周帅八千骑西出恩宿，邀张天锡走路，期会姑臧。晖等行泽中，值水失期，于法应斩，有司奏征下狱。秦王坚曰："水春冬耗竭。秋夏盛涨，此乃苟苌量事失宜，非晖等罪。今天下方有事，宜宥过责功。命晖等回赴北军，击索虏以自赎。"众咸以为万里召将，非所以应速。坚曰："晖等喜于免死，不可以常事疑也。"晖等果倍道疾驱，遂及东军。

【译文】冬季，十月，晋孝武帝司马曜把淮河以北的百姓迁徙到了淮河以南。

刘卫辰被代国逼迫，向前秦请求援救，前秦国君苻坚任命幽州刺史行唐公苻洛为北讨大都督，率领幽州、冀州两个州的军队一共十万人前去攻击代国；派遣并州刺史俱难、镇军将军邓羌、尚书赵迁、李柔、前将军朱肜、前禁将军张蚝、右禁将军郭庆率领步兵和骑兵一共二十万人，东出和龙，西出上郡，全部都前去和苻洛会合，任命刘卫辰为向导。苻洛，是苻菁的弟弟。

苟苌攻打凉州的时候，派遣扬武将军马晖、建武将军杜周率领八千骑兵西出恩宿，截断张天锡逃走的道路，并让他们在一定的期限内在姑臧会合。马晖等人行进到水泽，刚好遇到了大水，延误了约定的期限，按照军法应当斩首，有关部门呈上奏章请求召回投入牢狱。前秦国君苻坚说："河水在春季冬季的时候干涸，秋天夏天的时候暴涨，这是苟苌估计上的失误，并不是马晖等人的罪过。现在天下刚好有战事，应当宽恕原谅他们的过失，责求他们建立功劳。命令马晖等人掉头奔赴北军，攻击索虏（他本是鲜卑索头种，所以称索虏）以便自己赎罪。"众人都

认为相距万里征召将领，难以迅速响应，前秦国君苻坚说："马晖等人对免于一死感到高兴，不可以按照寻常的规则去怀疑他们。"马晖等人果然日夜兼程，加速行路迅速前往，于是赶上了东军（马晖等人从西方回，所以称讨伐代国的军队为东军）。

十一月，己巳朔，日有食之。

代王什翼犍使白部、独孤部南御秦兵，皆不胜，又使南部大人刘库仁将十万骑御之。库仁者，卫辰之族，什翼犍之甥也，与秦兵战于石子岭，库仁大败。什翼犍病，不能自将，乃帅诸部奔阴山之北。高车杂种尽叛，四面寇钞，不得刍牧，什翼犍复渡漠南。闻秦兵稍退，十二月，什翼犍还云中。

初，什翼犍分国之半以授弟孤，孤卒，子斤失职怨望。世子寔及弟翰早卒，寔子珪尚幼，慕容妃之子阏婆、寿鸠、纥根、地干、力真、窟咄皆长，继嗣未定。时秦兵尚在君子津，诸子每夜执兵警卫。斤因说什翼犍之庶长子寔君曰："王将立慕容妃之子，欲先杀汝，故顷来诸子每夜戎服，以兵绕庐帐，伺便将发耳。"寔君信之，遂杀诸弟，并弑什翼犍。是夜，诸子妇及部人奔告秦军，秦李柔、张蚝勒兵趋云中；部众逃溃，国中大乱。珪母贺氏以珪走依贺讷。讷，野干之子也。

【译文】十一月，己巳朔日（十一月无此日），发生了日食。

代王拓跋什翼犍派遣白部、独孤部联合起来向南抵抗前秦的士兵，但是都没有获得胜利，又派遣南部大人刘库仁率领十万骑兵前去抵抗。刘库仁这个人，和刘卫辰是同族，代王拓跋什翼犍的外甥，和前秦的士兵在石子岭交战，刘库仁被前秦的士兵打得大败。代王拓跋什翼犍生病，不能亲自率领军队上阵和前秦的军队交战，就率领各部族逃到了阴山以北。高车（赤狄的余种）的各部族全部都叛变了，从四面攻劫掠夺，由于无法牧养牲畜，代王拓跋什翼犍又到了沙漠以南的地方。听说前秦的士兵逐渐撤退，十二月，代王拓跋什翼犍回到了云中。

起初，代王拓跋什翼犍把国土的一半授予他的弟弟拓跋孤，拓跋孤死了以后，拓跋孤的儿子拓跋斤失去了继承的职位，因而心怀不满。世子拓跋寔和他的弟弟拓跋翰早就已经去世，拓跋寔的儿子拓跋珪年龄还小，慕容妃的儿子拓跋阏婆、拓跋寿鸠、拓跋纥根、拓跋地干、拓跋力真、拓跋窟咄都已经长大了，由谁来继位还未确定。当时，前秦的士兵还在君子津，慕容妃的几个儿子每到夜里就要手拿兵器戒备守卫。代王拓跋斤乘机劝说拓跋什翼犍的庶长子拓跋寔君说："大王将要册立慕容妃的儿子为继承人，想要先把你杀死，所以最近慕容妃的几个儿子每到夜里就都穿着军服，拿着兵器，率领士兵环绕庐帐，等到窥探到合适的时机就要动手了。"拓跋寔君相信了他说的话，于是杀死了几个弟弟，并且把代王拓跋什翼犍也杀了。当晚，慕容妃儿子们的妻子以及部属跑去把这件事报告给了前秦的军队，前秦的李柔、张蚝率领士兵前往云中，代国士兵溃逃，国内大乱。拓跋珪的母亲贺氏带着拓跋珪前去投靠贺讷。贺讷，是贺野干的儿子。

秦王坚召代长史燕凤，问代所以乱故，凤具以状对。坚曰："天下之恶一也。"乃执寔君及斤，至长安，车裂之。坚欲迁珪于长安，凤固请曰："代王初亡，群下叛散，遗孙冲幼，莫相统摄。其别部大人刘库仁，勇而有智；铁弗卫辰，狡猾多变，皆不可独任。宜分诸部为二，令此两人统之；两人素有深仇，其势莫敢先发。俟其孙稍长，引而立之，是陛下有存亡继绝之德于代，使其

子子孙孙永为不侵不叛之臣，此安边之良策也。”坚从之，分代民为二部，自河以东属库仁，自河以西属卫辰，各拜官爵，使统其众。贺氏以珪归独孤部，与南部大人长孙嵩、元佗等皆依库仁。行唐公洛以什翼犍子窟咄年长，迁之长安。坚使窟咄入太学读书。

下诏曰：“张天锡承祖父之资，藉百年之业，擅命河右，叛换偏隅。索头世跨朔北，中分区域，东宾秽貊，西引乌孙，控弦百万，虎视云中。爰命两师，分讨黠虏，役不淹岁，穷殄二凶，俘降百万，辟土九千，五帝之所未宾，周、汉之所未至，莫不重译来王，怀风率职。有司可速班功受爵，戎士悉复之五岁，赐爵三级。”于是，加行唐公洛征西将军。以邓羌为并州刺史。

【译文】 前秦国君苻坚召见了代国的长史燕凤，向他询问导致代国大乱的原因，燕凤把当时的情形原原本本地告诉了前秦国君苻坚。前秦国君苻坚说：“天下的丑恶都是一样的。”然后就把拓跋寔君以及拓跋斤抓了起来，把他们押解到了长安，用车裂的酷刑把他们都处死了。前秦国君苻坚想要把拓跋珪迁移到长安，燕凤再三向他请求说：“代王拓跋什翼犍刚刚去世，群臣、部属背叛离散，留下来的孙子年纪幼小，没有人能够统治代国。代国的别部大人刘库仁，勇敢而有智谋，而铁弗卫辰（刘卫辰本匈奴铁弗种，故称铁弗卫辰）却狡猾而多变，他们都不适合单独担任这样的重任。应当将众部族分为两个部分，让他们两个人分别治理。他们两个人一直就有很深的仇恨，按照情势一定没有人敢首先发难。等到代王的孙子拓跋珪逐渐长大了，再将他册立为代王，这样陛下就对代国有存亡继绝的恩德，从而使他的子子孙孙永远成为不侵犯、不叛乱的臣子，这才是安定边疆最好的策略。”前秦国君苻坚采纳了他的意见。把代国的百姓划分成了两部分，自黄河以东属于刘库仁，自黄河以西属于刘卫辰，各自任命官吏，赐封爵位，让他们统领各自的部众。贺氏带着拓跋珪返回了独孤部，和南部大人长孙嵩、元佗等人都前去依附了刘库仁。行唐公苻洛因为代王拓跋什翼犍的儿子拓跋窟咄的年龄已经大了，就把他迁移到了长安。前秦国君苻坚让拓跋窟咄进入太学读书。

前秦国君苻坚颁下诏书说："张天锡承继了先辈遗留下来的成果，凭借着延续百年的功业，擅自在黄河以西发号施令，偏居一隅飞扬跋扈。索头部族世代跨踞朔北，在中部，分割地域，在东部，和秽貊结交，在西部，召引了乌孙，拥有一百万挽弓的勇士，处在云中正在像猛虎一样雄视四方。因此就命令苟苌、苻洛两路军队，分别前去讨伐狡猾奸诈的敌虏，征战不到一年的时间，就已经彻底消灭了这两个顽凶，被俘虏的以及向我们投降的多达一百万人，开辟了九千里的疆土，五帝所没有结交的百姓，周朝、汉朝所没能够到达的地方，全部都经过几次辗转翻译而前来朝拜，感念我们的恩德，恪尽职守。主管的官吏应该迅速依照序次功绩来授予爵禄，军中的将士们全部都免除五年赋税，赐爵三级。"于是册封行唐公苻洛为征西将军，任命邓羌为并州刺史。

阳平国常侍慕容绍私谓其兄楷曰："秦恃其强大，务胜不休，北戍云中，南守蜀、汉，转运万里，道殣相望，兵疲于外，民困于内，危亡近矣。冠军叔仁智度英拔，必能恢复燕祚，吾属但当爱身以待时耳！"

初，秦人既克凉州，议讨西障氐、羌。秦王坚曰："彼种落杂居，不相统壹，不能为中国大患，宜先抚谕，征其租税；若不从

命，然后讨之。”乃使殿中将军张旬前行宣慰，庭中将军魏曷飞帅骑二万七千随之。曷飞忿其恃险不服，纵兵击之，大掠而归。坚怒其违命，鞭之二百，斩前锋督护储安以谢氐、羌。氐、羌大悦，降附贡献者八万三千馀落。雍州士族先因乱流寓河西者，皆听还本。

【译文】阳平国常侍慕容绍私底下对他的哥哥慕容楷说：“秦国凭借他们国家的强大，不休不止地追求交战的胜利，在北边戍卫云中，在南边驻守蜀、汉，转运粮草经常要行驶万里的路途，在道路上面饿死的人，他们的坟冢前后可以相望，士兵在境外疲劳，百姓在国内困穷，危亡的那一天已经不远了。冠军叔父（前秦任命慕容垂做冠军将军，是慕容绍、慕容楷的叔父）无论是智识、仁爱还是气度，都可以说是出类拔萃的，必定能够弘扬光复燕国的国统，我们只需要多多保重来等待时机了。”

起初，前秦的士兵攻取了凉州以后，商议讨伐西方边境上的氐族、羌族人，前秦国君苻坚说：“他们不同种族部落混杂而居，没有互相统一，不能构成中原之国的大患，应当先去对他们进行安抚晓谕，向他们征收田租和赋税，如果他们不服从命令，然后再派遣士兵前去讨伐。”于是前秦国君苻坚就派遣殿中将军张旬先去进行安抚慰问，庭中将军魏曷飞率领两万七千名骑兵紧紧地跟随在他的后面。魏曷飞对他们凭借险要的地势不肯向前秦投降，而感到非常气愤，就率领士兵对他们展开了攻击，劫掠了大量的财物之后回来了。前秦国君苻坚因为他违抗命令而感到气愤，抽打了他两百鞭，并且斩杀了前锋督护储安，向氐族、羌族人谢罪。氐族、羌族人非常高兴，于是有八万三千多个部落前来向前秦投降归附进献贡奉。雍州的士族之前因为战乱而流落寄居在河西的那些人，全部都听凭他们返回故土。

刘库仁招抚离散，恩信甚著，奉事拓跋珪恩勤周备，不以废兴易意，常谓诸子曰："此儿有高天下之志，必能恢隆祖业，汝曹当谨遇之。"秦王坚赏其功，加广武将军，给幢麾鼓盖。

刘卫辰耻在库仁之下，怒，杀秦五原太守而叛。库仁击卫辰，破之，追至阴山西北千馀里，获其妻子。又西击库狄部，徙其部落，置之桑乾川。久之，坚以卫辰为西单于，督摄河西杂类，屯代来城。

是岁，乞伏司繁卒，子国仁立。

【译文】 刘库仁招纳安抚流离失散的百姓，恩泽威信都很显著，侍奉拓跋珪恩勤周到，不会因为自己废兴的缘故而改变想法，常常对他的几个儿子说："这个孩子有高出于天下人的志向，必定能够弘扬昌隆祖先的基业，你们应当谨慎小心地对待他。"前秦国君苻坚奖赏他的功劳，任命他为广武将军，并且赐予他旌旗、战鼓、伞盖等物品。

刘卫辰对于位居刘库仁之下感到耻辱，愤怒地杀死了前秦的五原太守以后叛变了。刘库仁前去攻击刘卫辰，把他打败了，一直追击到阴山西北一千多里的地方，俘获了他的妻子、子女。又向西攻击库狄部，迁徙他们的部落，安置在了桑乾川。过了很长时间，前秦国君苻坚任命刘卫辰为西单于，监督统摄河西的各个部族，驻守在代来城。

这一年，乞伏司繁去世，他的儿子乞伏国仁继位。

太元二年（丁丑，公元三七七年）春，高句丽、新罗、西南夷皆遣使入贡于秦。

赵故将作功曹熊邈屡为秦王坚言石氏宫室器玩之盛，坚以

邈为将作长史，领尚方丞，大修舟舰、兵器，饰以金银，颇极精巧。慕容农私言于慕容垂曰："自王猛之死，秦之法制，日以颓靡，今又重之以奢侈，殃将至矣，图谶之言，行当有验。大王宜结纳英杰以承天意，时不可失也！"垂笑曰："天下事非尔所及。"

桓豁表兖州刺史朱序为梁州刺史，镇襄阳。

秋，七月，丁未，以尚书仆射谢安为司徒，安让不拜；复加侍中、都督扬、豫、徐、兖、青五州诸军事。

丙辰，征西大将军、荆州刺史桓豁卒。冬，十月，辛丑，以桓冲都督江、荆、梁、益、宁、交、广七州诸军事，领荆州刺史；以冲子嗣为江州刺史。又以五兵尚书王蕴都督江南诸军事，假节，领徐州刺史；征西司马领南郡相谢玄为兖州刺史，领广陵相，监江北诸军事。

【译文】太元二年（丁丑，公元377年）春季，高句丽、新罗、西南夷全部都派遣使者来向前秦进献贡奉。

原来后赵的将作功曹熊邈多次对前秦国君苻坚讲述石氏宫室、器物古玩的华丽丰盛，前秦国君苻坚任命熊邈为将作长史，兼领将作丞，大规模地修整舟舰、兵器，用金银进行装饰，十分精美巧妙。慕容农私底下对慕容垂说："自从王猛死了以后，前秦的法令制度，一天比一天荒废混乱，现在再加上奢侈，灾祸就快要降临了，图谶里面的言辞，将要有所验证了。大王应该结交招纳英雄豪杰，来秉承上天的意旨，不可以错过这个时机！"慕容垂笑着说："天下的大事不是你所能够预知的！"

桓豁向晋孝武帝司马曜呈上奏表举荐兖州刺史朱序出任梁州刺史，镇守襄阳。

秋季，七月，丁未日（七月无此日），晋孝武帝司马曜任命尚书仆射谢安为司徒，谢安谦让不肯接受晋孝武帝授予的官职。

又任命谢安为侍中，都督扬州、豫州、徐州、兖州、青州五个州诸军事。

丙辰日（七月无此日），征西大将军、荆州刺史桓豁去世。冬季，十月，辛丑日（十一日），任命桓冲都督江、荆、梁、益、宁、交、广七州诸军事，兼领荆州刺史；任命桓冲的儿子桓嗣为江州刺史。又任命五兵尚书王蕴都督江南诸军事，兼领徐州刺史；任命征西司马兼南郡相谢玄为兖州刺史，兼任广陵相，监察江北诸军事。

桓冲以秦人强盛，欲移阻江南，奏自江陵徙镇上明，使冠军将军刘波守江陵，谘议参军杨亮守江夏。

王蕴固让徐州，谢安曰："卿居后父之重，不应妄自菲薄，以亏时遇。"蕴乃受命。

【译文】 桓冲考虑到前秦威势强盛，想要转移军队固守长江以南的地区，于是向晋孝武帝司马曜呈上奏章请求从江陵迁移到上明镇守，派遣冠军将军刘波在江陵驻守，谘议参军杨亮在江夏驻守。

王蕴坚决推辞兼管徐州刺史的职务，谢安说："你身居皇后父亲的尊贵地位，不应当妄自菲薄，来损害一时的恩遇。"王蕴这才接受了朝廷的任命。

初，中书郎郗超自以其父愔位遇应在谢安之右，而安入掌机权，愔优游散地，常愤邑形于辞色，由是与谢氏有隙。是时朝廷方以秦寇为忧，诏求文武良将可以镇御北方者，谢安以兄子玄应诏。超闻之，叹曰："安之明，乃能违众举亲；玄之才，足以不负所举。"众咸以为不然。超曰："吾尝与玄共在桓公府，见其使

才，虽履屐间未尝不得其任，是以知之。”

玄募骁勇之士，得彭城刘牢之等数人。以牢之为参军，常领精锐为前锋，战无不捷。时号“北府兵”，敌人畏之。

【译文】起初，中书郎郗超自认为他的父亲郗愔的职位待遇都应该在谢安之上，但是谢安入朝掌握了国家的枢要大权，郗愔却在一些闲散的职位上悠闲无事（郗愔自徐州、兖州两个州刺史移镇会稽），所以郗超常常将愤恨和抑郁的心情表现在言辞和神色当中，也因此和谢氏产生了隔阂。这时，朝廷正因为前秦的侵扰深以为忧，颁下诏书在文武良将中寻求可以镇守戍卫北方领土的人，谢安举荐了他哥哥的儿子谢玄应诏。郗超听到了这个消息，慨叹说：“谢安贤明，才能够违背凡俗，不管众人的议论，举荐自己的亲人；谢玄的才干，足以不辜负谢安的举荐。”众人都认为并非如此。郗超说：“我曾经和谢玄共同在桓公（桓温）的府上做事，看到他施展才能，虽然是布衣徒步之间的小事，也从来不失职，所以我了解他啊。”

谢玄召募骁健勇敢的人，得到了彭城刘牢之等几个人。任命刘牢之为参军，他常常率领精锐的士兵作为前锋出战，每一次交战没有不能够取得胜利的。当时的人称他们为“北府兵”，敌人对他们也感到很害怕。

壬寅，护军将军、散骑常侍王彪之卒。初，谢安欲增修宫室，彪之曰:“中兴之初，即东府为宫，殊为俭陋。苏峻之乱，成帝止兰台都坐，殆不蔽寒暑，是以更营新宫。比之汉、魏则为俭，比之初过江则为侈矣。今寇敌方强，岂可大兴功役，劳扰百姓邪!”安曰:“宫室弊陋，后世谓人无能。”彪之曰:“凡任天下之重者，当保国宁家，缉熙政事，乃以修室为能邪?”安不能夺其议，故终彪之之世，无所营造。

十二月，临海太守郗超卒。初，超党于桓氏，以父愔忠于王室，不令知之。及病甚，出一箱书授门生曰：“公年尊，我死之后，若以哀惋害寝食者，可呈此箱；不尔，即焚之。”既而愔果哀惋成疾，门生呈箱，皆与桓温往反密计。愔大怒曰：“小子死已晚矣！”遂不复哭。

【译文】 壬寅日（十二日），护军将军、散骑常侍王彪之去世。起初，谢安想要增建宫室，王彪之说：“朝廷中兴的初期，就把东府（在建康台城之东）作为宫廷，十分俭朴鄙陋。苏峻作乱的时候，成帝司马衍就住在御史台官员办公的地方，几乎连寒风酷暑也不能够遮挡，所以才会另外建造了新的宫殿。这和汉、魏时代的宫殿比较起来，固然是俭朴了一些，但是和刚刚渡过长江时的宫殿比较起来，已经算是奢侈的了。现在正是敌寇力量强大的时候，怎么可以大规模地兴建土木，劳苦侵扰百姓呢？”谢安说：“宫室破旧简陋，将来的人会说住在这里的人没有能力。”王彪之说：“凡是承担国家重大责任的人，应当保全国家安定百姓，使政事光明显赫，怎么能以修建宫室来衡量能力呢？”谢安没有办法改变他的意见，所以王彪之在世期间，什么宫室也没有修筑和营造。

十二月，临海太守郗超去世。起初，郗超和桓氏结为同党，因为父亲郗愔忠心于王室，所以没有让父亲知道。等到他病重的时候，他就拿出一箱子书信交给他的门生说：“父亲的年龄已经大了，我死了以后，如果父亲因为悲痛惋惜的缘故，而妨害到饮食和睡眠，你可以把这个箱子呈献给他；如果没有出现这种情况，你就把它烧掉。”后来，郗愔果然因为悲痛惋惜而生病了，门生把箱子呈献给他，箱子里面全部都是郗超与桓温的往

返信件，而这些信件里面所说的，大抵都是反叛朝廷的秘密计划。郗愔大怒说："这个小子死得已经太晚了！"于是就不再为他悲痛流泪了。

【申涵煜评】 超使尽一生聪明，博得个不忠不孝，反得善终牖下。见当时法网之疏。然虑父过哀，而留箱中密计以止之，犹是死见真性处。

【译文】 郗超耗尽一生的聪明才能，最终获得一个"不忠不孝"的名声，反而得到善终。可见当时的法网疏漏程度。然而他担心父亲郗愔过分哀伤，用遗留在箱子中的书信来阻止他，从他的死可以看出他的真正天性。

太元三年（戊寅，公元三七八年）春，二月，乙巳，作新宫，帝移居会稽王邸。

秦王坚遣征南大将军、都督征讨诸军事、守尚书令长乐公丕、武卫将军苟苌、尚书慕容暐帅步骑七万寇襄阳，以荆州刺史杨安帅樊、邓之众为前锋，征虏将军始平石越帅精骑一万出鲁阳关，京兆尹慕容垂、扬武将军姚苌帅众五万出南乡，领军将军苟池、右将军毛当、强弩将军王显帅众四万出武当，会攻襄阳。夏，四月，秦兵至沔北，梁州刺史朱序以秦无舟楫，不以为虞。既而石越帅骑五千浮渡汉水，序惶骇，固守中城。越克其外郭，获船百馀艘以济馀军。长乐公丕督诸将攻中城。

序母韩氏闻秦兵将至，自登城履行，至西北隅，以为不固，帅百馀婢及城中女丁筑邪城于其内。及秦兵至，西北隅果溃，众移守新城，襄阳人谓之夫人城。

【译文】 太元三年（戊寅，公元378年）春季，二月，乙巳日（十七日），建筑新的宫殿，晋孝武帝司马曜迁到会稽王府邸居住。

前秦国君苻坚派遣征南大将军、都督征讨诸军事、暂时代理尚书令、长乐公苻丕和武卫将军苟苌、尚书慕容暐共同率领七万名步兵和骑兵进攻襄阳，派遣荆州刺史杨安率领樊州、邓州的士兵作为前锋，征虏将军始平人石越率领一万名精锐的骑兵从鲁阳关出发，京兆尹慕容垂和扬武将军姚苌率领五万名士兵从南乡出发，领军将军苟池和右将军毛当、强弩将军王显共同率领四万名士兵从武当出发，会合起来进攻襄阳。夏季，四月，前秦士兵到达了沔水以北的地区，梁州刺史朱序认为前秦的军队没有舟楫，就没有进行防备。不久，石越率领五千名骑兵顺流渡过了汉水，朱序惶恐害怕，固守中城。石越攻取了他的外城，缴获了一百多艘船，用来接运其余的士兵。长乐公苻丕率领众将领前去进攻中城。

朱序的母亲韩氏听说前秦的士兵将要到达，亲自登上城墙察勘是否坚固，到了西北角，认为这里不够坚固，于是就率领女仆以及城里面的一百多个成年女子，在城墙里面又斜着修筑了一道城墙。等到前秦士兵到达的时候，西北角的城墙果然被攻破了，士兵们就转移到新城墙上面进行防守，襄阳人把这段城墙称为夫人城。

桓冲在上明，拥众七万，惮秦兵之强，不敢进。

丕欲急攻襄阳，苟苌曰："吾众十倍于敌，糗粮山积，但稍迁汉、沔之民于许、洛，塞其运道，绝其援兵，譬如网中之禽，何患不获。而多杀将士，急求成功哉！"丕从之。慕容垂拔南阳，

执太守郑裔，与丕会襄阳。

【译文】 桓冲在上明拥有七万名士兵，但是由于畏惧前秦士兵的强大，不敢进攻。

苻丕想要快速把襄阳攻取下来，苟苌说："我们士兵的人数十倍于敌人，储备的粮食堆积得像山一样高，只要逐渐地把汉水、沔水一带的百姓迁徙到许昌和洛阳，把他们转运粮食的道路堵塞，把他们前来援救的军队阻断，他们就会如同坠入网中的禽鸟一样，还需要忧愁不能把他们抓到吗？何必要以将士们过多的伤亡为代价，急切地求取成功呢？"苻丕采纳了他的建议。慕容垂把南阳攻取了下来，擒获了太守郑裔，然后和苻丕在襄阳会合。

秋，七月，新宫成；辛巳，帝入居之。

秦兖州刺史彭超请攻沛郡太守戴逯于彭城，且曰："愿更遣重将攻淮南诸城，为征南棋劫之势，东西并进，丹杨不足平也！"秦王坚从之，使都督东讨诸军事；后将军俱难、右禁将军毛盛、洛州刺史邵保帅步骑七万寇淮阳、盱眙。超，越之弟；保，羌之从弟也。八月，彭超攻彭城，诏右将军毛虎生帅众五万镇姑孰以御秦兵。

【译文】 秋季，七月，新的宫殿修筑完成；辛巳日（二十五日），晋孝武帝司马曜迁入新宫居住。

前秦的兖州刺史彭超请求率领士兵前往彭城攻击沛郡太守戴逯，并且说："希望可以另外派遣将领进攻淮河以南的几个城，以便和征南大将军苻丕形成围棋劫争之势（用棋势比喻兵势。下围棋时，攻对方右边而对方应之，则攻左边以取之，曰劫），东西同时发起进攻，丹阳（晋都建康，是汉丹阳秣陵县地）

很容易就可以被平定了。”前秦国君苻坚采纳了他的意见，派遣他都督东讨诸军事。后将军俱难和右禁将军毛盛、洛州刺史邵保共同率领七万名步兵和骑兵，进攻淮阳和盱眙。彭超，是彭越的弟弟；邵保，是邵羌的堂弟。八月，彭超进攻彭城。晋孝武帝司马曜派遣右将军毛虎生率领五万名士兵镇守姑孰来抵御前秦的士兵。

秦梁州刺史韦钟围魏兴太守吉挹于西城。

九月，秦王坚与群臣饮酒，以秘书监朱肜为正，命人人以极醉为限。秘书侍郎赵整作《酒德之歌》曰：“地列酒泉，天垂酒池，杜康妙识，仪狄先知。纣丧殷邦，桀倾夏国，由此言之，前危后则。”坚大悦，命整书之以为酒戒，自是宴群臣，礼饮而已。

秦凉州刺史梁熙遣使入西域，扬秦威德。冬，十月，大宛献汗血马。秦王坚曰：“吾尝慕汉文帝之为人，用千里马何为！命群臣作《止马之诗》而反之。

【译文】 前秦的梁州刺史韦钟在西城包围了魏兴太守吉挹。

九月，前秦国君苻坚和群臣一起喝酒，任命秘书监朱肜为酒正，让人们都喝到烂醉如泥的程度。秘书侍郎赵整编了一首《酒德之歌》说：“地列酒泉，天垂酒池（依照《天文志》及天垂酒池的“垂”字观之，“池”当作“旗”），杜康妙识，仪狄先知。纣丧殷邦，桀倾夏国，由此言之，前危后则。”（地上列有酒泉郡，天上挂着酒旗星；杜康能精准地辨别酒的香醇美妙，帝女仪狄早就已经知道酒能够亡身。商纣因为长夜饮酒，丧失了殷商之邦；夏桀为了纵酒骄淫，使夏国倾覆了，由此说来，前人的危亡，是后人警戒自己的法则。）前秦国君苻坚听了以后非常高兴，命令赵整把它书写下来，来作为对饮酒的禁戒，从此以后，前秦国君苻坚再宴饮群臣的时候，只是遵照礼节，喝一点酒而已。

前秦的凉州刺史梁熙派遣使者进入西域，宣扬前秦的声威和仁德。冬季，十月，大宛向前秦进献汗血马。前秦国君苻坚说：“我曾经仰慕汉文帝刘恒的为人，使用千里马做什么呢！于是命令群臣作《止马之诗》，然后将汗血马送了回去。

【申涵煜评】 整以貂珰之末，为滑稽之行，歌咏讽谏，大有曼倩风，致彼衣冠士族婞媚取容者觉，须眉俱有愧色。

【译文】 赵整以次要的宦官职位，对前秦国君苻坚的滑稽的行为，利用诗文歌唱进行讽谏，非常具有东方朔（字曼倩）的风范，使得其他衣冠士族阿谀奉承取悦君主的人醒悟，在朝的男子都有惭愧的脸色。

巴西人赵宝起兵梁州，自称晋西蛮校尉、巴郡太守。

秦豫州刺史北海公重镇洛阳，谋反。秦王坚曰：“长史吕光忠正，必不与之同。”即命光收重，槛车送长安，赦之，以公就第。重，洛之兄也。

十二月，秦御史中丞李柔劾奏：“长乐公丕等拥众十万，攻围小城，日费万金，久而无效，请征下廷尉。”秦王坚曰：“丕等广费无成，实宜贬戮；但师已淹时，不可虚返，其特原之，令以成功赎罪。”使黄门侍郎韦华持节切让丕等，赐丕剑曰：“来春不捷，汝可自裁，勿复持面见吾也！”

周虓在秦，密与桓冲书，言秦阴计；又逃奔汉中，秦人获而赦之。

【译文】 巴西人赵宝在凉（他本作“梁”）州起兵，自称为晋西蛮校尉、巴郡太守。

前秦的豫州刺史北海公苻重镇守洛阳，谋划造反；前秦国君苻坚说：“长史吕光忠贞正直，必定不会和他同流合污。”于是命令吕光逮捕苻重，用囚车把他送到长安，前秦国君苻坚赦免了他，让他以公爵的身份回家。苻重，就是苻洛的哥哥。

十二月，前秦的御史中丞李柔向前秦国君苻坚呈上弹劾罪状的奏书说：“长乐公苻丕等人拥有十万名士兵，进攻并且包围了一座小城，每天要耗费数万金，但是已经围攻了很长时间还是没有见到功效，我请求您征召他回来送交廷尉加以追究。”前秦国君苻坚说：“苻丕等人大量耗费，但是不见成效，确实是应该被贬职或者斩杀；只是军队出征的时间已经很久了，不可以无功而返，不如特别地宽恕原谅他们一次，让他们用成就战功来赎罪。”前秦国君苻坚派遣黄门侍郎韦华持着天子的符节，严切地斥责苻丕等人，并且赐给苻丕一把剑说：“如果明年春季还不能够取得胜利的话，你就可以自杀了，不要再厚着脸皮来见我了！”

周虓在前秦，秘密地给桓冲写信，报告前秦的密谋计策。后来又逃到了汉中，前秦的人把他抓获了以后却又赦免了他。

太元四年（己卯，公元三七九年）春，正月，辛酉，大赦。

秦长乐公丕等得诏惶恐，乃命诸军并力攻襄阳。秦王坚欲自将攻襄阳，诏阳平公融以关东六州之兵会寿春，梁熙以河西之兵为后继。阳平公融谏曰：“陛下欲取江南，固当博谋熟虑，不可仓猝。若止取襄阳，又岂足亲劳大驾乎？未有动天下之众而为一城者，所谓以随侯之珠弹千仞之雀也。”梁熙谏曰：“晋主之暴，

未如孙皓，江山险固，易守难攻。陛下必欲廓清江表，亦不过分命将帅，引关东之兵，南临淮、泗，下梁、益之卒，东出巴、峡，又何必亲屈鸾辂，远幸沮泽乎？昔汉光武诛公孙述，晋武帝擒孙皓，未闻二帝自统六师，亲执枹鼓，蒙矢石也。”坚乃止。

【译文】 太元四年（己卯，公元379年）春季，正月，辛酉日（初八），东晋下令大赦。

前秦的长乐公苻丕等人接到诏令以后心里十分恐惧，就命令各路军队合力进攻襄阳。前秦国君苻坚想要亲自率领士兵前去攻打襄阳，颁下诏令命令阳平公苻融率领函谷关以东的六个州的军队在寿春和自己会合，命令梁熙率领黄河以西的军队作为后继军队。阳平公苻融劝谏前秦国君苻坚说：“陛下想要攻取长江以南的地区，本来应当广泛征求意见，深思熟虑，不可以仓促行事。如果只是为了把襄阳攻取下来，又哪里值得亲自劳您的大驾呢！从来没有过为了区区一座城，而调动整个天下士兵的事情，正如《吕氏春秋》里面所说的‘以随侯之珠弹千仞之雀’啊！”（意思是说所耗费的很多，而所得到的很少，而且也不一定能得到。）梁熙劝谏前秦国君苻坚说：“晋朝皇上的暴虐，比不上孙皓，山河险峻坚固，容易进行防守，但是很难进攻。陛下一定想要统一长江以南的地区，也不过是分别派遣将帅，率领函谷关以东的士兵，向南前往淮水、泗水一带，派遣梁州、益州一带的士兵，东出巴山、三峡就可以了，又何必亲自坐着车子，远远地前往低洼潮湿的地方呢？从前汉光武帝刘秀诛杀公孙述，晋武帝司马炎擒拿孙皓，没有听说两位帝王亲自率领六军，亲自拿着鼓槌击战鼓，冒着遭受箭、石的危险。”前秦国君苻坚这才停止。

诏冠军将军南郡相刘波帅众八千救襄阳，波畏秦，不敢进。朱序屡出战，破秦兵，引退稍远，序不设备。二月，襄阳督护李伯护密遣其子送款于秦，请为内应；长乐公丕命诸军进攻之。戊午，克襄阳，执朱序，送长安。秦王坚以序能守节，拜度支尚书；以李伯护为不忠，斩之。

秦将军慕容越拔顺阳，执太守谯国丁穆。坚欲官之，穆固辞不受。坚以中垒将军梁成为荆州刺史，配兵一万，镇襄阳，选其才望，礼而用之。

桓冲以襄阳陷没，上疏送章节，请解职；不许。诏免刘波官，俄复以为冠军将军。

【译文】 晋孝武帝司马曜颁下诏书派遣冠军将军南郡相刘波率领八千名士兵前去救援襄阳，刘波畏惧前秦的士兵，不敢前进。朱序多次出城迎战，把前秦的军队打得大败，前秦的士兵渐渐远退，朱序不再设置防备。二月，襄阳督护李伯护秘密地派遣他的儿子到前秦去表示忠诚，请求作为前秦的内应。长乐公苻丕命令各路军队一齐进攻襄阳。戊午日（二月无此日），终于攻克了襄阳城，擒获了朱序，将他送到了长安。前秦国君苻坚因为朱序能够固守节义，于是就任命他为度支尚书；因为李伯护做了不忠不义的事情，就把他斩杀了。

前秦的将军慕容越攻取了顺阳，并且擒获了太守谯国人丁穆。前秦国君苻坚想要授予他官职，但是丁穆坚决推辞，不肯接受任命。前秦国君苻坚任命中垒将军梁成为荆州刺史，给他分配了一万名士兵，镇守襄阳，选拔当地有才能和声望的人，给予礼遇，并且加以任用。

桓冲因为襄阳沦陷覆没，向晋孝武帝司马曜呈上奏疏请求送还官印和符节，并罢免他的官职；晋孝武帝没有答应。晋孝武帝颁下诏令罢免了刘波的官职，不久又任命他为冠军将军。

秦以前将军张蚝为并州刺史。

兖州刺史谢玄帅众万馀救彭城，军于泗口，欲遣间使报戴逯而不可得；部曲将田泓请没水潜行趣彭城，玄遣之。泓为秦人所获，厚赂之，使云南军已败；泓伪行之，既而告城中曰："南军垂至，我单行来报，为贼所得。勉之！"秦人杀之。彭超置辎重于留城，谢玄扬声遣后军将军东海何谦向留城。超闻之，释彭城围，引兵还保辎重。戴逯帅彭城之众，随谦奔玄，超遂据彭城，留兖州治中徐褒守之，南攻盱眙。俱难克淮阴，留邵保戍之。

三月，壬戌，诏以"疆埸多虞，年谷不登，其供御所须，事从俭约；九亲供给，众官廪俸，权可减半。凡诸役费，自非军国事要，皆宜停省。"

【译文】 前秦任命前将军张蚝为并州刺史。

兖州刺史谢玄率领一万多名士兵，前去援救彭城，驻扎在泗口，想要派遣伺机行事的使者，向戴逯报告这件事，但是一直找不到适合的人。军中将领田泓请求潜入水中秘密地前往彭城，于是谢玄派他去了。但是田泓被前秦的人擒获了，前秦的人送给他很多财物想要贿赂他，让他报告说南军（晋军）已经失败。田泓假装答应了他们的请求，到达以后却告诉城里面的人："南军将要到达，我独自前来向你们报告这个消息，但是被敌人擒获了，你们多多努力吧！"于是前秦的人就把他杀死了。彭超把准备好的轻重装备放置在了留城，谢玄扬言将会派遣后军将军何谦前去进攻留城。彭超听到了这个消息以后，放弃了对彭城的包围，率领军队回去保护轻重装备。戴逯率领彭城的士兵，跟随何谦投奔了谢玄，于是彭超占据了彭城，把兖州治中徐褒留在那里进行防守，自己则向南进攻盱眙。俱难攻取了淮阴，把邵保留在那里进行戍守。

三月，壬戌日（初十），晋孝武帝司马曜颁下诏书，认为：“边境经常发生患难，谷物的收成也不好，供奉天子所需要的物品，一律都应该节俭；九族的供给，百官的粮俸，暂时可以减去一半。各种徭役的费用，如果不是关系到军队和国家事务的关键，全都应该停止支出以求节省。”

癸未，使右将军毛虎生帅众三万击巴中，以救魏兴。前锋督护赵福等至巴西，为秦将张绍等所败，亡七千馀人。虎生退屯巴东。蜀人李乌聚众二万，围成都以应虎生，秦王坚使破虏将军吕光击灭之。夏，四月，戊申，韦钟拔魏兴，吉挹引刀欲自杀，左右夺其刀；会秦人至，执之，挹不言不食而死。秦王坚叹曰：“周孟威不屈于前，丁彦远洁己于后，吉祖冲闭口而死，何晋氏之多忠臣也！”挹参军史颖逃归，得挹临终手疏，诏赠益州刺史。

秦毛当、王显帅众二万自襄阳东会俱难、彭超攻淮南。五月，乙丑，难、超拔盱眙，执高密内史毛璪之。秦兵六万围幽州刺史田洛于三阿，去广陵百里；朝廷大震，临江列戍，遣征虏将军谢石帅舟师屯涂中。石，安之弟也。

【译文】 癸未日（三月无此日），晋孝武帝司马曜派遣右将军毛虎生率领三万名士兵前去进攻巴中，用来援救魏兴。前锋督护赵福等人到达了巴西以后，被前秦的将领张绍等人击败，损失了七千多人。毛虎生率领士兵撤退到巴东驻扎。蜀人李乌聚集了两万名士兵，包围了成都来响应毛虎生，前秦国君苻坚派遣破虏将军吕光前去攻击并消灭了他。夏季，四月，戊申日（二十六日），韦钟攻取了魏兴，吉挹正准备拔刀自杀，周围的人把他的

刀夺走了。刚好这时前秦的士兵到达了，擒获了他，吉挹一言不发，粒米不进而死。前秦国君苻坚感叹地说："前有周孟威不肯向我们屈服，后有丁彦远洁身自好，现在吉祖冲又不言不食而死，为什么晋朝有这么多忠贞的臣子呢？"（周虓，字孟威；丁穆，字彦远；吉挹，字祖冲。）吉挹的参军史颖逃了回去，晋孝武帝司马曜因此得到了吉挹临终时亲自撰写的奏疏，颁下诏令追封他为益州刺史。

前秦的毛当和王显率领了两万名士兵，从襄阳东进，与俱难和彭超会合以后共同进攻淮河以南的地区。五月，乙丑日（十四日），俱难和彭超攻取了盱眙，并且捉住了高密内史毛璪之。前秦的六万名士兵前往三阿包围了幽州刺史田洛，离广陵只有一百里。东晋朝廷上下非常震惊，沿着长江布置了戍守的士兵，派遣征虏将军谢石率领水军在涂中驻扎。谢石，是谢安的弟弟。

右卫将军毛安之等帅众四万屯堂邑。秦毛当、毛盛帅骑二万袭堂邑，安之等惊溃。兖州刺史谢玄自广陵救三阿；丙子，难、超战败，退保盱眙。六月，戊子，玄与田洛帅众五万进攻盱眙，难、超又败，退屯淮阴。玄遣何谦等帅舟师乘潮而上，夜，焚淮桥。邵保战死，难，超退屯淮北。玄与何谦、戴逯、田洛共追之，战于君川，复大破之，难、超北走，仅以身免。谢玄还广陵，诏进号冠军将军，加领徐州刺史。

秦王坚闻之，大怒。秋，七月，槛车征超下廷尉，超自杀。难削爵为民。

以毛当为徐州刺史，镇彭城；毛盛为兖州刺史，镇湖陆；王显为扬州刺史，戍下邳。

谢安为宰相，秦人屡入寇，边兵失利，众心危惧，安每镇之，以和静。其为政，务举大纲，不为小察。时人比安于王导，而谓其文雅过之。

八月，丁亥，以左将军王蕴为尚书仆射，顷之，迁丹杨尹。蕴自以国姻，不欲在内，苦求外出；复以为都督浙江东五郡诸军事、会稽内史。

是岁，秦大饥。

【译文】 东晋的右卫将军毛安之等人率领四万名士兵在堂邑驻扎。前秦的毛当、毛盛率领两万名骑兵，袭击了堂邑，毛安之等人惊惶溃逃。兖州刺史谢玄从广陵率领士兵前去援救三阿。丙子日（二十五日），俱难和彭超都战败了，率领士兵撤退到盱眙进行防守。六月，戊子日（初七），谢玄和田洛率领五万名士兵前去进攻盱眙，俱难和彭超又都战败了，率领士兵撤退到淮阴驻扎进行防守。谢玄派遣何谦等人率领水军趁着潮水上涨的时候沿河而上，夜间焚烧了淮桥（前秦在淮河上面修筑了一座桥，用来方便士兵渡河）。邵保战死，俱难和彭超率领士兵撤退到淮河以北的地方驻扎。谢玄和何谦以及戴逯、田洛共同追击他们，双方在君川交战，又把他们打得大败，俱难和彭超向北逃走，仅仅逃脱了性命。谢玄回到广陵，晋孝武帝司马曜颁下诏命晋升他的封号为冠军将军，并且另外授予他兼领徐州刺史的官职。

前秦国君苻坚知道军队战败的消息以后，非常生气。秋季，七月，用囚车前去征召彭超，把他送交廷尉治罪，彭超自杀而死。削去俱难的爵位，将他贬为平民。

前秦国君苻坚任命毛当为徐州刺史，镇守彭城；毛盛为兖州刺史，镇守湖陆；王显为扬州刺史，戍守下邳。

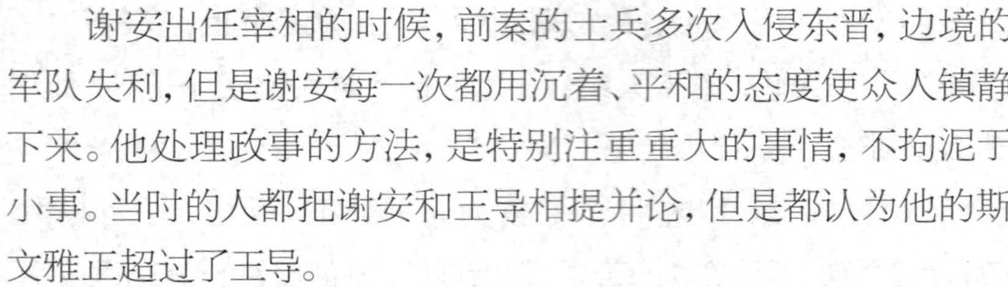

谢安出任宰相的时候，前秦的士兵多次入侵东晋，边境的军队失利，但是谢安每一次都用沉着、平和的态度使众人镇静下来。他处理政事的方法，是特别注重重大的事情，不拘泥于小事。当时的人都把谢安和王导相提并论，但是都认为他的斯文雅正超过了王导。

八月，丁亥日（初七），晋孝武帝司马曜任命左将军王蕴为尚书仆射，不久，又把王蕴升迁为丹阳尹。王蕴认为自己是皇后的父亲，不想在朝廷里面任职，苦苦请求到外地去，晋孝武帝任命他为都督浙江东五郡诸军事、会稽内史。

这一年，前秦发生了严重的饥荒。

太元五年（庚辰，公元三八〇年）春，正月，秦王坚复以北海公重为镇北大将军，镇蓟。

二月，作教武堂于渭城，命太学生明阴阳兵法者教授诸将。秘书监朱彤谏曰："陛下东征西伐，所向无敌，四海之地，什得其八，虽江南未服，盖不足言，是宜稍偃武事，增修文德。乃更始立学舍，教人战斗之术，殆非所以驯致升平也。且诸将皆百战之馀，何患不习于兵，而更使受教于书生，非所以强其志气也。此无益于实而有损于名，惟陛下图之！"坚乃止。

【译文】太元五年（庚辰，公元380年）春季，正月，前秦国君苻坚又任命北海公苻重为镇北大将军，镇守蓟城。

二月，前秦在渭城修筑了教武堂，派遣太学生当中熟悉阴阳兵法的人，教授众位将领，秘书监朱彤劝谏前秦国君苻坚说："陛下无论是向东征讨，还是向西攻伐，所到达的地方都没有敌手，四海之内的土地，十分当中得到了八分，虽然长江以南的地区还没有征服，但是也不值得一说。所以应该逐渐地偃息武事，增加修习文德。但是才刚刚开始设立学堂，就指导人们征战的技术，这大概不是招致天下升平的办法。况且众位将领，都是经历过上百次战争还能够活下来的，为什么还要担心他们不熟悉军事，反而让他们去接受书生的教导？这不是足以使他们的志气强大起来的办法。此事没有实际的好处，反而会对名声有所损害，我希望陛下可以仔细考虑一下！”前秦国君苻坚这才停止了这种做法。

秦征北将军、幽州刺史行唐公洛，勇而多力，能坐制奔牛，射洞犁耳；自以有灭代之功，求开府仪同三司，不得，由是怨愤。三月，秦王坚以洛为使持节、都督益、宁、西南夷诸军事、征南大将军、益州牧，使自伊阙趋襄阳，溯汉而上。洛谓官属曰：“孤，帝室至亲，不得入为将相，而常摈弃边鄙；今又投之西裔，复不听过京师，此必有阴计，欲使梁成沉孤于汉水耳。于诸君意何如？”幽州治中平规曰：“逆取顺守，汤、武是也；因祸为福，桓、文是也。主上虽不为昏暴，然穷兵黩武，民思有所息肩者，十室而九。若明公神旗一建，必率土云从。今跨据全燕，地尽东海，北总乌桓、鲜卑，东引句丽、百济，控弦之士不减五十馀万，奈何束手就征，蹈不测之祸乎！”洛攘袂大言曰：“孤计决矣，沮谋者斩！”于是，自称大将军、大都督、秦王。以平规为幽州刺史，玄菟太守吉贞为左长史，辽东太守赵赞为左司马，昌黎太守王缊为右司马，辽西太守王琳、北平太守皇甫杰、牧官都尉魏敷等为从事中郎。分遣使者征兵于鲜卑、乌桓、高句丽、百济、新罗、休忍诸国，遣兵三万助北海公重戍蓟。诸国皆曰：“吾为天子守藩，不能从行唐公为逆。”洛惧，欲止，犹豫未决。王缊、王琳、皇甫

杰、魏敷知其无成，欲告之；洛皆杀之。吉贞、赵赞曰："今诸国不从，事乖本图。明公若惮益州之行者，当遣使奉表乞留，主上亦不虑不从。"平规曰："今事形颇露，何可中止！宜声言受诏，尽幽州之兵，南出常山，阳平公必郊迎；因而执之，进据冀州，总关东之众以图西土，天下可指麾而定也。"洛从之。夏，四月，洛帅众七万发和龙。

【译文】前秦的征北将军、幽州刺史行唐公苻洛，勇猛并且力大无比，能够坐着就把奔跑的牛制服，射穿厚实并且坚硬的铁犁耳；自认为有消灭代国的功劳，要求获得开府仪同三司的资格，但是没有得到许可，因此心里就非常怨恨气愤。三月，前秦国君苻坚任命苻洛为使持节、都督益宁西南夷诸军事、征南大将军、益州牧，派遣他从伊阙赶往襄阳，沿着汉水逆流而上。苻洛对他手下的官吏部属们说："我，是王室的至亲（苻洛是前秦景明帝苻健哥哥的儿子），却不能够进入朝廷拜将称相，反而一直被摈斥在边远的地方；现在又把我外派到西边的边界，还不让我路经京城，这里边必定有阴谋诡计，是想要让梁成（时梁成守襄阳）把我葬身在汉水里面啊！"幽州治中平规说："逆取顺守，商汤、周武王就是这样的；把坏事变成好事，齐桓公、晋文公就是这样的。主上虽然还没有做昏庸暴虐的事情，但是穷兵黩武，滥行攻伐，百姓盼望可以不要拿着干戈作战，安身休息一下的，十家里面就有九家。如果明公您能够把神旗一立，境域之内的百姓，必定会像云涌似的纷纷前来跟从。现在您占据了燕国所有的土地，就连东海也囊括了，在北边统领着乌桓和鲜卑，在东边统领着高句丽和百济，引弓射箭的士兵不下五十多万，为什么要束手服从征召，迈向深不可测的祸患呢？"苻洛捋起衣袖，露出手臂，高声地说："我已经做出决定了，反对这个决定的人就斩首！”于是，苻洛自称为大将军、大都督、秦王。任命平规为幽州刺史，玄菟太守吉贞为左长史，辽东太守赵赞为左司马，昌黎太守王缊为右司马，辽西太守王琳、北平太守皇甫杰、牧官都尉魏敷等人为从事中郎。分别派遣使者前往鲜卑、乌桓、高句丽、百济、新罗、休忍各国征调士兵，派遣三万名士兵前去协助北海公苻重戍守蓟城。各国都说：“我们为天子防守藩地，不能跟从行唐公苻洛去做叛逆的事情。”苻洛感到恐惧，想要停手不干，但是又犹豫不能决定。王缊、王琳、皇甫杰、魏敷知道他最终不会成功，想要向前秦国君苻坚告发他，苻洛把他们全部都杀死了。吉贞、赵赞说：“现在各国都不肯跟从，事情和我们本来的计划相违背，明公您如果是因为害怕前往益州会发生什么不能预测的变故，也应当派遣使者进封表章乞求可以留下来，主上也不会不加考虑地拒绝。”平规说：“现在事情的行迹已经败露，怎么能够半途而废呢？您应该扬言接受了诏令，实际上率领幽州所有的军队，向南经由常山出发，阳平公苻融（苻融以冀州牧镇守邺城）一定会出城远道迎接，就趁这个机会把他擒获，进军占据冀州。率领函谷关以东的士兵，来图谋西边的领土，天下就会在你的旌旗指挥之下弹指间就可以安定了！”苻洛采纳了平规的意见。夏季，四月，苻洛率领七万名士兵从和龙出发。

秦王坚召群臣谋之，步兵校尉吕光曰：“行唐公以至亲为逆，此天下所共疾。愿假臣步骑五万，取之如拾遗耳。”坚曰：“重、洛兄弟，据东北一隅，兵赋全资，未可轻也。”光曰：“彼众迫于凶威，一时蚁聚耳。若以大军临之，势必瓦解，不足忧也。”坚乃遣使让洛，使还和龙，当以幽州永为世封。洛谓使者曰：“汝还白东

海王，幽州褊阨，不足以容万乘，须王秦中以承高祖之业。若能迎驾潼关者，当位为上公，爵归本国。”坚怒，遣左将军武都窦冲及吕光帅步骑四万讨之；右将军都贵驰传诣邺，将冀州兵三万为前锋；以阳平公融为征讨大都督。

北海公重悉蓟城之众与洛会，屯中山，有众十万。五月，窦冲等与洛战于中山，洛兵大败，生擒洛，送长安。北海公重走还蓟，吕光追斩之。屯骑校尉石越自东莱帅骑一万，浮海袭和龙，斩平规，幽州悉平。坚赦洛不诛，徙凉州之西海郡。

【译文】 前秦国君苻坚召集群臣商议这件事情，步兵校尉吕光说："行唐公苻洛凭借王室至亲的身份作乱，这是天下百姓所共同痛恨的。愿您可以调配给我五万名步兵和骑兵，把他擒获就像俯身捡拾地上的物品一样容易。"前秦国君苻坚说："苻重和苻洛是兄弟，占据着整个东北地区，士兵和赋税全部都有所依凭，不可以轻视。"吕光说："他的士兵是迫于凶狠的威势，才会一时之间像蚂蚁一样聚集在一起的。如果派遣大军前去，在情势上必定会瓦解，不值得忧虑。"于是前秦国君苻坚派遣使者前去责备苻洛，说如果他返回和龙，许诺将会把幽州作为他世代承袭的封地。苻洛对使者说："你回去告诉东海王苻坚（苻坚本封东海王），幽州地域褊隘狭窄，不足以容纳万乘之主，我必须在秦中称王来承继高祖苻健的大业（苻健庙号高祖）。如果他能够亲自到潼关来迎接大驾的话，我就让他居上公之位，封爵之后再回归本国。"前秦国君苻坚听了这些话以后非常生气，派遣左将军武都窦冲以及吕光率领四万名步兵骑兵前去讨伐他；右将军都贵驰马急行到达了邺城，率领冀州的三万名士兵作为前锋；任命阳平公苻融为征讨大都督。

北海公苻重率领蓟城所有的士兵前去和苻洛会合，驻扎在中山，一共有十万名士兵。五月，窦冲等人和苻洛在中山交战，苻洛的军队被打得大败，苻洛也被活捉，送到了长安。北海公苻重逃回了蓟城，吕光前去追击并斩杀了他。屯骑校尉石越从东莱率领一万名骑兵，渡海前去袭击和龙，斩杀了平规，幽州全部被平定。前秦国君苻坚赦免了苻洛，没有诛杀他，把他迁移到了凉州的西海郡。

◆臣光曰：夫有功不赏，有罪不诛，虽尧、舜不能为治，况他人乎！秦王坚每得反者辄宥之，使其臣狃于为逆，行险徼幸，虽力屈被擒，犹不忧死，乱何自而息哉!《书》曰："威克厥爱，允济；爱克厥威，允罔功。"《诗》云："毋纵诡随，以谨罔极；式遏寇虐，无俾作慝。"今坚违之，能无亡乎！◆

朝廷以秦兵之退为谢安、桓冲之功，拜安卫将军，与冲皆开府仪同三司。

【译文】◆臣司马光说：如果有了功劳但是没有奖赏，有了罪过但是没有诛罚，即使是尧、舜也不能治理得很好，更何况是其他的人呢！前秦国君苻坚每一次擒到造反的人，往往马上就宽宥赦免了他，从而使他的臣下对叛逆作乱习以为常，干险恶的勾当还心存侥幸，即便是力量不足被擒获了，也不用担心会被诛杀，这样祸乱怎么能够停止呢？《尚书·胤征篇》上面说："威克厥爱，允济；爱克厥威，允罔功（用严明胜过姑息，相信事情必定能够成功；用姑息胜过严明，相信事情必定不能成功）。"《诗经·大雅·民劳篇》上面说："毋纵诡随，以谨罔极；式遏寇虐，无俾作慝（不要听信狡诈欺骗的话，而应当警惕为恶无穷、两面三刀的人；要遏止暴虐和劫掠，不要使作恶把人欺）。"现在前秦国君苻坚违背了这些道理，怎么能够不灭亡呢？◆

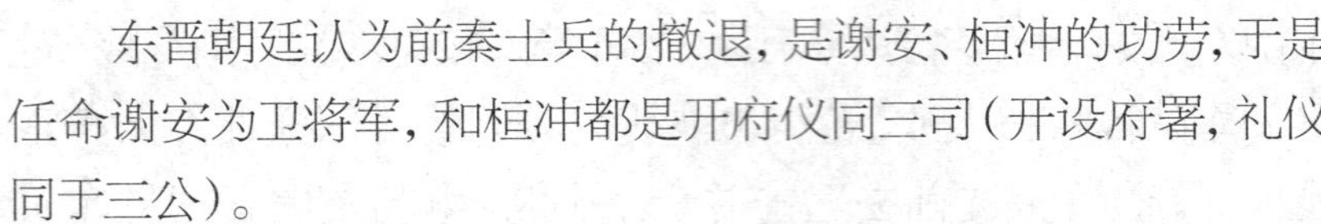
东晋朝廷认为前秦士兵的撤退，是谢安、桓冲的功劳，于是任命谢安为卫将军，和桓冲都是开府仪同三司（开设府署，礼仪同于三公）。

六月，甲子，大赦。

丁卯，以会稽王道子为司徒；固让不拜。

秦王坚召阳平公融为侍中、中书监、都督中外诸军事、车骑大将军、司隶校尉、录尚书事；以征南大将军、守尚书令长乐公丕为都督关东诸军事、征东大将军、冀州牧。坚以诸氏种类繁滋，秋，七月，分三原、九嵕、武都、汧、雍氏十五万户，使诸宗亲各领之，散居方镇，如古诸侯。长乐公丕领氏三千户，以仇池氏酋射声校尉杨膺为征东左司马，九嵕氏酋长水校尉齐午为右司马，各领一千五百户，为长乐世卿。长乐（国）郎中令略阳垣敞为录事参军，侍讲扶风韦干为参军事，申绍为别驾。膺，丕之妃兄也；午，膺之妻父也。八月，分幽州置平州，以石越为平州刺史，镇龙城。中书令梁谠为幽州刺史，镇蓟城。抚军将军毛兴为都督河、秦二州诸军事、河州刺史，镇枹罕。长水校尉王腾为并州刺史，镇晋阳。河、并二州各配氏户三千。兴、腾并苻氏婚姻，氏之崇望也。平原公晖为都督豫、洛、荆、南兖、东豫、扬六州诸军事、镇东大将军、豫州牧，镇洛阳。移洛州刺史治丰阳。以巨鹿公叡为雍州刺史，镇蒲阪。各配氏户三千二百。

【译文】六月，甲子日（十九日），东晋下令大赦天下。

丁卯日（二十二日），晋孝武帝司马曜任命会稽王司马道子为司徒；但是司马道子坚决辞让，不肯拜谢接受任命。

前秦国君苻坚征召阳平公苻融为侍中、中书监、都督中外诸军事、车骑大将军、司隶校尉、录尚书事；任命征南大将军、守（代理）尚书令、长乐公苻丕为都督关东诸军事、征东大将军、冀州牧。前秦国君苻坚考虑到众氐族种族滋长繁杂，秋季，七月，把三原、九嵕、武都、汧、雍氐的十五万户氐族人划分开来，让自己的各个亲属分别统领，分散在各个地方居住，就像古代的诸侯国一样。长乐公苻丕统领了三千户氐族人，任命仇池氐族的酋长射声校尉杨膺为征东左司马，九嵕氐族的酋长水校尉齐午为右司马，让他们每个人各自统领一千五百户，作为长乐世代承袭的卿大夫（为长乐公丕的世卿）。任命长乐郎中令略阳人垣敞为录事参军，侍讲扶风人韦干为参军事，申绍为别驾。杨膺，是苻丕妻子的哥哥；齐午，是杨膺妻子的父亲。八月，把幽州分割，设置了平州，任命石越为平州刺史，镇守龙城。中书令梁谠为幽州刺史，镇守蓟城。抚军将军毛兴为都督河州、秦州两个州诸军事、河州刺史，镇守枹罕。长水校尉王腾为并州刺史，镇守晋阳。河州、并州两个州各自分配了三千户氐族人。毛兴和王腾全部都与苻氏有婚姻之谊，在氐族里面具有崇高的声望。任命平原公苻晖为都督豫州、洛州、荆州、南兖州、东豫州、扬州六个州诸军事，镇东大将军，豫州牧，镇守洛阳。调动洛州刺史前去镇守丰阳。任命巨鹿公苻叡为雍州刺史，镇守蒲阪。各自分配了三千两百户氐族人。

坚送丕至灞上，诸氐别其父兄，皆恸哭，哀感路人。赵整因侍宴，援琴而歌曰："阿得脂，阿得脂，博劳舅父是仇绥，尾长翼短不能飞。远徙种人留鲜卑，一旦缓急当语谁！"坚笑而不纳。

九月，癸未，皇后王氏崩。

冬，十月，九真太守李逊据交州反。

秦王坚以左禁将军杨壁为秦州刺史，尚书赵迁为洛州刺史，南巴校尉姜宇为宁州刺史。

十一月，乙酉，葬定皇后于隆平陵。

十二月，秦以左将军都贵为荆州刺史，镇彭城。

置东豫州，以毛当为刺史，镇许昌。

是岁，秦王坚遣高密太守毛璪之等二百馀人来归。

【译文】 前秦国君苻坚把苻丕送到灞上，众氐族人在辞别他们的父亲、哥哥的时候，全部都伤心地痛哭，悲哀的气氛，连行路的人都被感动了。赵整借着陪同宴饮的机会，弹着琴歌唱说："阿得脂，阿得脂，博劳鸟的舅父是仇绥，尾长翼短不能飞。远徙种人留鲜卑，一旦出现缓急应当告诉谁！"（阿得脂是声词，无义。仇绥，《广雅》云：不知何物。鲜卑，指慕容氏。阿得脂，阿得脂，伯劳鸟的舅父是仇绥，尾巴长，翅膀短，不能飞。把同种族的氐人迁徙到远方，留下了鲜卑，如果一旦有急难的事情发生，应当告知谁？）前秦国君苻坚对此只是微笑，但是并没有理会他的劝谏。

九月，癸未日（初十），东晋皇后王氏去世。

冬季，十月，九真太守李逊占据了交州造反。

前秦国君苻坚任命左禁将军杨壁为秦州刺史，尚书赵迁为洛州刺史，南巴校尉姜宇为宁州刺史。

十一月，乙酉日（十三日），东晋在隆平陵安葬了定皇后王氏（隆平是孝武帝陵名）。

十二月，前秦任命左将军都贵为荆州刺史，镇守彭城。

前秦设置东豫州，任命毛当为刺史，镇守许昌。

这一年，前秦国君苻坚遣送高密太守毛璪之等两百多人返回东晋。

太元六年（辛巳，公元三八一年）春，正月，帝初奉佛法，立精舍于殿内，引诸沙门居之。尚书左丞王雅表谏，不从。雅，肃之曾孙也。

丁酉，以尚书谢石为仆射。

二月，东夷，西域六十二国入贡于秦。

夏，六月，庚子朔，日有食之。

秋，七月，甲午，交趾太守杜瑗斩李逊，交州平。

冬，十月，故武陵王晞卒于新安，追封新宁郡王，命其子遵为嗣。

十一月，己亥，以前会稽内史郗愔为司空；愔固辞不起。

秦荆州刺史都贵遣其司马阎振、中兵参军吴仲帅众二万寇竟陵，桓冲遣南平太守桓石虔、卫军参军桓石民等帅水陆二万拒之。石民，石虔之弟也。十二月，甲辰，石虔袭击振、仲，大破之，振、仲退保管城。石虔进攻之，癸亥，拔管城，获振、仲，斩首七千级，俘虏万人。诏封桓冲子谦为宜阳侯，以桓石虔领河东太守。

是岁，江东大饥。

【译文】太元六年（辛巳，公元381年）春季，正月，晋孝武帝司马曜刚刚开始遵奉佛教的法度，在宫殿里面设置了精舍（释家研习内典之所），用来让那些僧徒居住。尚书左丞王雅向晋孝武帝呈上奏表劝谏，但是晋孝武帝不肯听从。王雅，是曹魏时王肃的曾孙。

丁酉日（二十六日），晋孝武帝司马曜任命尚书谢石为仆射（仆射上当加“尚书”二字）。

二月，东夷、西域六十二国向前秦进贡。

夏季，六月，庚子朔日（初一），发生了日食。

秋季，七月，甲午日（二十五日），交趾太守杜瑗斩杀了李逊，交州这才得以平定。

冬季，十月，原来的武陵王司马晞在新安去世，晋孝武帝司马曜追封他为新宁郡王，任命他的儿子司马遵继嗣王位。

十一月，己亥日（十一月无此日），晋孝武帝司马曜任命前会稽内史郗愔为司空。郗愔坚决推辞，不肯拜谢接受任命。

前秦的荆州刺史都贵派遣他的司马阎振、中兵参军吴仲率领两万名士兵入侵竟陵，桓冲派遣南平太守桓石虔、卫军参军桓石民等人率领两万名水军和陆军前去抵抗。桓石民，是桓石虔的弟弟。十二月，甲辰日（初八），桓石虔袭击了阎振和吴仲，把他们打得大败，阎振和吴仲率领士兵撤退到管城进行防守。桓石虔率领士兵前去进攻，癸亥日（二十七日），攻取了管城，擒获了阎振和吴仲，有七千名士兵被斩首，一万名士兵被俘虏。晋孝武帝司马曜颁下诏书册封桓冲的儿子桓谦为宜阳侯；任命桓石虔兼领河东太守。

这一年，长江以南的地区发生了严重的饥荒。

太元七年（壬午，公元三八二年）春，三月，秦大司农东海公阳、员外散骑侍郎王皮、尚书郎周虓谋反，事觉，收下廷尉。阳，法之子；皮，猛之子也。秦王坚问其反状，阳曰："臣父哀公死不以罪，臣为父复仇耳。"坚泣曰："哀公之死，事不在朕，卿岂不知之？"王皮曰："臣父丞相，有佐命之勋，而臣不免贫贱，故欲图富贵耳。"坚曰："丞相临终托卿，以十具牛为治田之资，未尝为卿求官。知子莫若父，何其明也！"周虓曰："虓世荷晋恩，生为晋臣，死为晋鬼复何问乎！”先是，虓屡谋反叛，左右皆请杀之；坚曰：“孟威烈士，秉志如此，岂惮死乎！杀之适足成其名耳！”皆赦，不诛，徙阳于凉州之高昌郡，皮、虓于朔方之北。虓卒于朔方。阳勇力兼人，寻复徙鄯善。及建元之末，秦国大乱，阳劫鄯善之相，欲求东归，鄯善王杀之。

【译文】 太元七年（壬午，公元382年）春季，三月，前秦的大司农东海公苻阳和员外散骑侍郎王皮、尚书郎周虓计划造反，事情被发觉，他们被抓捕以后送交廷尉奉诏审讯治罪。苻阳，是苻法的儿子；王皮，是王猛的儿子。前秦国君苻坚询问他们造反的情况以及原因，苻阳说：“我的父亲哀公苻法没有犯罪却被杀死了，我只是为我的父亲报仇罢了。”前秦国君苻坚流着眼泪说：“哀公苻法的死，责任不在我身上，难道你不知道吗？”王皮说：“我的父亲身为丞相，有辅佐君王创立大业的功勋，我却没能够避免贫穷卑贱，所以我想要图谋富贵罢了。”前秦国君苻坚说：“丞相临死的时候，把你托付给我，嘱咐我给你十头牛作为耕种田地的资本，未曾为你求取官位；没有谁能比父亲更了解儿子的，丞相是多么英明啊！”周虓说：“我世代蒙受晋朝的恩惠，活着的时候是晋朝的臣子，即使死了也是晋朝的鬼魂，还有什么需要问的！”此前，周虓多次计划造反，周围的人都请求前秦国君苻坚把他杀死。前秦国君苻坚说：“周虓是一个重义轻生的士人，是一个刚烈之士，他秉持着如此坚定的志节，哪里会畏惧死亡呢？我把他杀死刚好能够成就他忠义的名声。”于是将他们全部都赦免了，没有诛杀，把苻阳迁移到了凉州的高昌郡，把王皮和周虓迁移到了朔方以北。周虓最后死在了朔方。苻阳的勇敢力气都超过了一般的人，没有经过多久，苻坚又把苻阳迁移到了鄯善。等到建元（苻坚的年号）末年（建元十九年，苻坚伐晋失败，前秦因此大乱。二十年，苻坚死。这时可能是建元十八年）的时候，前秦国内大乱，苻阳劫持了鄯善国的丞相，想要请求返回东方，结果鄯善王把他杀死了。

【乾隆御批】 周虓既称世荷晋恩，则不宜受秦爵，既受爵复屡叛，直贪生之乱臣耳。苻阳、王皮均为叛逆，此而不诛，何以立纪纲？此特苻坚自欲博宽名而失正义矣！

【译文】 周虓既然声称世代蒙受晋朝的恩泽，就不应该接受秦国的爵位，既已接受了爵位又屡次背叛，只不过是贪生怕死的乱臣贼子罢了。苻阳、王皮均为叛逆之臣，不杀掉他们又如何树立典章法度的威严呢？这只是苻坚自己想博得宽厚的名声，却失去了正义啊！

秦王坚徙邺铜驼、铜马、飞廉、翁仲于长安。

夏，四月，坚扶风太守王永为幽州刺史。永，皮之兄也。皮凶险无行，而永清修好学，故坚用之。以阳平公融为司徒，融固辞不受。坚方谋伐晋，乃以融为征南大将军、开府仪同三司。

五月，幽州蝗生，广袤千里。秦王坚使散骑常侍彭城刘兰发幽、冀、青、并民扑除之。

秋，八月，癸卯，大赦。

秦王坚以谏方大夫裴元略为巴西、梓潼二郡太守，使密具舟师。

【译文】 前秦国君苻坚把邺城的铜驼、铜马、神禽飞廉像、巨人翁仲像迁移到了长安。

夏季，四月，前秦国君苻坚任命扶风太守王永为幽州刺史。王永，是王皮的哥哥。王皮凶暴险恶，行为不善，没有德行，而王永却清正修明，好学不倦，所以被前秦国君苻坚任用。任命阳平公苻融为司徒，苻融坚决推辞，不肯接受任命。前秦国君苻坚正在计划讨伐晋朝，就任命苻融为征南大将军、开府仪同三司。

五月，幽州发生了蝗虫的灾害，遍及了一千里的地区。前秦国君苻坚派遣散骑常侍彭城人刘兰发动幽州、冀州、青州、并州四个州的百姓，消灭了蝗虫。

秋季，八月，癸卯日（十一日），东晋下令大赦天下。

前秦国君苻坚任命谏议大夫裴元略为巴西、梓潼两个郡的太守，命令他秘密地准备水军。

九月，车师前部王弥窴、鄯善王休密驮入朝于秦，请为乡导，以伐西域之不服者，因如汉法置都护以统理之。秦王坚以骁骑将军吕光为使持节、都督西域征讨诸军事，与凌江将军姜飞、轻车将军彭晃、将军杜进、康盛等总兵十万，铁骑五千，以伐西域。阳平公融谏曰：“西域荒远，得其民不可使，得其地不可食，汉武征之，得不补失。今劳师万里之外，以踵汉氏之过举，臣窃惜之。”不听。

桓冲使扬威将军朱绰击秦荆州刺史都贵于襄阳，焚践沔北屯田，掠六百馀户而还。

冬，十月，秦王坚会群臣于太极殿，议曰：“自吾承业，垂三十载，四方略定，唯东南一隅，未沾王化。今略计吾士卒，可得九十七万，吾欲自将以讨之，何如？”秘书监朱肜曰：“陛下恭行天罚，必有征无战，晋主衔璧军门，则走死江海，陛下返中国士民，使复其桑梓，然后回舆东巡，告成岱宗，此千载一时也。”坚喜曰：“是吾志也。”

【译文】 九月，车师前部王弥窴和鄯善王休密驮前往前秦

谒见前秦国君苻坚，请求出任向导，来讨伐西域那些拒绝臣服的部族，然后顺势效法汉朝设置总监督的督护的办法，来对他们进行统领管辖。前秦国君苻坚任命骁骑将军吕光为使持节、都督西域征讨诸军事，和凌江将军姜飞、轻车将军彭晃、将军杜进、康盛等人一起率领十万士兵，五千强悍的骑兵，前去攻打西域。阳平公苻融劝谏他说："西域地方荒凉偏远，即使得到了那里的百姓，也无法役使，得到了那里的土地，也无法进行耕种，汉武帝刘彻派遣士兵前去讨伐他们，结果得不偿失。现在您让军队艰辛地出征到万里以外，重蹈汉武帝刘彻错误的举措，我私下里为此感到痛惜。"前秦国君苻坚没有听从苻融的意见。

桓冲派遣扬威将军朱绰到襄阳攻打前秦的荆州刺史都贵，把沔水以北用来征收军饷的屯田全部都焚烧毁坏，掠夺了六百多户百姓的财物之后回去了。

冬季，十月，前秦国君苻坚在太极殿会见群臣，和他们商议说："自从我承继大业，已经有三十年了，四方之地，已经都大致平定，只有东南一角，尚且没有蒙受到君王的教化。现在粗略地计算了一下我们的士兵，一共有九十七万人，我想要亲自率领他们前去讨伐晋朝，你们觉得怎么样呢？"秘书监朱肜说："陛下恭敬地奉行上天的惩罚，大军一旦出动，必定不用开战，晋朝国君不是在军营门前口含璧玉来向我们表示投降，就是仓皇出逃葬身于江海，陛下可以让中原之国的士人百姓返回故土，让他们重建自己的家园，然后回车向东巡视，在岱宗泰山封禅祭告成功，这是千载难逢的时机。"前秦国君苻坚高兴地说："这正是我的志向！"

尚书左仆射权翼曰："昔纣为无道，三仁在朝，武王犹为之旋师。今晋虽微弱，未有大恶；谢安、桓冲皆江表伟人，君臣辑睦，内外同心。以臣观之，未可图也！”坚嘿然良久，曰：“诸君各言其志。”

太子左卫率石越曰：“今岁镇守斗，福德在吴，伐之，必有天殃。且彼据长江之险，民为之用，殆未可伐也！”坚曰：“昔武王伐纣，逆岁违卜。天道幽远，未易可知。夫差、孙皓皆保据江湖，不免于亡。今以吾之众，投鞭于江，足断其流，又何险之足恃乎！”对曰：“三国之君皆淫虐无道，故敌国取之，易于拾遗。今晋虽无德，未有大罪，愿陛下且案兵积谷，以待其衅。”于是，群臣各言利害，久之不决。坚曰：“此所谓筑室道旁，无时可成。吾当内断于心耳！”

【译文】尚书左仆射权翼说：“过去商纣王的作为不符合君道，但是他有微子、箕子、比干三位仁人在朝，周武王姬发尚且因为他们而掉转军队。现在晋朝虽然衰微软弱，但是还没有很大的罪恶；谢安、桓冲又都是长江以东的地区才识卓越的人才，他们君臣上下和睦，朝廷内外同心，根据我的观察，我们不可以谋取。”前秦国君苻坚沉默了很长时间，然后说：“诸位分别发表一下自己的意见。”

太子左卫率石越说：“现在木星、土星位于斗星和牵牛星、织女星的地方（斗、牛、女，是吴、越、扬州的分野），福德运祚正好位于吴地，如果我们讨伐晋朝，必定会遭到天灾。而且他们凭借着长江的天险，百姓又为他们所使用，恐怕不可以前去讨伐！”前秦国君苻坚说：“从前周武王姬发讨伐商纣的时候，就是逆太岁运行的方向而进，也违背了占卜的结果。天道隐微幽远，不容易确切地知道。夫差、孙皓全部都据守江湖，但是也不能避免灭亡。现在凭借我们兵马的众多，就是把鞭子投掷到江水里面，也能够把江水堵塞住，使它不能够流动，他们又有什么天险能够凭借呢？”石越回答说：“这三个国家的国君（指商纣、夫差和孙皓）全部都是荒淫暴虐而没有君道的，所以敌对的国家攻取他们的时候，就像俯身捡拾地上的物品一样容易。现在晋朝的国君虽然缺乏仁德，但是也没有很大的罪恶，我希望陛下可以暂时按兵不动，积聚谷粮，等待他们灾祸的降临。”于是群臣都各自说明了攻打晋朝的利害，很长时间都不能够做出决定。前秦国君苻坚说：“这正是所说的在道路的旁边修筑房子，看到过路的人就和他进行谋划，路人的意见没有相同的，所以房子没有能够建成的时候。我要自己进行决断了！”

群臣皆出，独留阳平公融，谓之曰：“自古定大事者，不过一二臣而已。今众言纷纷，徒乱人意，吾当与汝决之。”对曰：“今伐晋有三难：天道不顺，一也；晋国无衅，二也；我数战兵疲，民有畏敌之心，三也。群臣言晋不可伐者，皆忠臣也，愿陛下听之。”坚作色曰：“汝亦如此，吾复何望！吾强兵百万，资仗如山；吾虽未为令主，亦非暗劣。乘累捷之势，击垂亡之国，何患不克，岂可复留此残寇，使长为国家之忧哉！”融泣曰：“晋未可灭，昭然甚明。今劳师大举，恐无万全之功。且臣之所忧，不止于此。陛下宠育鲜卑、羌、羯，布满畿甸，此属皆我之深仇。太子独与弱卒数万留守京师，臣惧有不虞之变生于腹心肘掖，不可悔也。臣之顽愚，诚不足采；王景略一时英杰，陛下常比之诸葛武侯，独不记其临没之言乎！”坚不听。于是，朝臣进谏者众，坚曰：“以吾击晋，校其强弱之势，犹疾风之扫秋叶，而朝廷内外皆言不可，诚吾所不解也！”

【译文】群臣都出去了，只有阳平公苻融留了下来，前秦国君苻坚对他说："自古参与决定大事的人，不过是一两个大臣罢了。现在众人议论纷纭，只是白白地扰乱人的心意，我要和你来决定这件事。"苻融回答说："现在攻打晋朝有三件困难的事情：没有顺应上天的道理，这是其一；晋国自身没有灾祸，这是其二；我们频繁征战，士兵疲敝，百姓怀有畏惧敌人的心理，这是其三。群臣当中说不可以攻打晋朝的人，全部都是忠贞的臣子，我希望陛下能够听从他们的意见。"前秦国君苻坚改变了脸色说："就连你也这么说，我还能寄希望于谁呢！我们有一百万强悍的士兵，资材兵器，堆积如山；我虽然不是一个完美的君主，但也不是昏昧庸劣之辈。乘着多次取得胜利的威势，攻击一个即将灭亡的国家，何必忧虑不能攻取下来呢？怎么可以还把这个残余的敌人留下来，让他们长久地成为国家的忧患呢？"苻融哭泣着说："我们无法把晋朝消灭，这是很明显的事情。现在大规模地出动疲劳的军队前去讨伐，恐怕不会获得万无一失的战功。况且我所忧虑的，还不仅仅是此事。陛下宠爱养育鲜卑族、羌族、羯族等族人，让他们布满了京城内外，这些人都是和我们有很深的仇恨的人。太子单独和数万个弱小的士兵在京城留守，我担心会有不测的变乱，发生在我们的心腹地区，到了那个时候就连后悔都来不及了。我冥顽愚蠢，我所说的这些话，确实不值得采纳；王猛是一时的英明杰出的人，陛下常常将他比作诸葛武侯，为什么唯独不记得他临死的时候所说的话呢？"前秦国君苻坚依然没有听从。于是，朝廷的大臣们向苻坚进言劝谏的有很多，前秦国君苻坚说："以我们的力量前去攻打晋国，如果比较双方力量强弱的形势，就好像狂急的风扫落秋天将要脱落的黄叶一样轻松，但是朝廷内外的人士都说不可以前去进攻，这确实令我百思不得其解！"

太子宏曰："今岁在吴分，又晋君无罪，若大举不捷，恐威名外挫，财力内竭，此群下所以疑也！"坚曰："昔吾灭燕，亦犯岁而捷，天道固难知也。秦灭六国，六国之君岂皆暴虐乎！"

冠军、京兆尹慕容垂言于坚曰："弱并于强，小并于大，此理势自然，非难知也。以陛下神武应期，威加海外，虎旅百万，韩、白满朝，而蕞尔江南，独违王命，岂可复留之以遗子孙哉!《诗》云：'谋夫孔多，是用不集。'陛下断自圣心足矣，何必广询朝众！晋武平吴，所仗者张、杜二三臣而已，若从朝众之言，岂有混壹之功乎！"坚大悦，曰："与吾共定天下者，独卿而已。"赐帛五百匹。

【译文】太子苻宏说："现在木星（岁星）在吴地的分野，再加上晋朝的国君没有做罪大恶极的事情，如果我们大规模地起兵发起进攻，却不能够获得胜利，恐怕在国家之外无论威严、声名都要遭受挫折，而在国家之内则资财力量耗尽，这就是导致群臣产生疑惑的原因！"前秦国君苻坚说："从前我消灭燕国的时候，也是违背了木星的征兆，但是取得了胜利，天理本来就是很难确知的。秦国消灭六国的时候，那六国的国君，难道全部都是暴虐无道的君主吗？"

冠军将军、京兆尹慕容垂对苻坚说："势力强的吞并势力弱的，国土大的吞并国土小的，这是自然的道理和趋势，并不是很难理解的。陛下如此神明英武，又顺应了天命期运，声威远播到海外，拥有百万勇猛的士兵，像韩信、白起那样的良将，布满了朝廷，但是小小的江南，单独敢违背君王的命令，怎么可以再把他们留下来，交给子孙后代成为忧患呢？《诗经·小雅·小旻》篇里面说：'谋夫孔多，是用不集。'（出谋划策的人太多，所以所谋划的事情不能够成功。）陛下自己在心里面做出决断就已经足够了，何必广泛地征询朝廷众大臣的意见呢？晋武帝司马炎平定了东吴，所倚仗的也只有张华、杜预这两三个臣子罢了，如果依从了朝廷众大臣的言论，难道能有统一天下的功业？”前秦国君苻坚非常高兴地说：“和我共同平定天下的人，就只有你罢了。”赏赐给慕容垂五百匹绢帛。

坚锐意欲取江东，寝不能旦。阳平公融谏曰：“‘知足不辱，知止不殆。’自古穷兵极武，未有不亡者。且国家本戎狄也，正朔会不归人。江东虽微弱仅存，然中华正统，天意必不绝之。”坚曰：“帝王历数，岂有常邪？惟德之所在耳！刘禅岂非汉之苗裔邪，终为魏所灭。汝所以不如吾者，正病此不达变通耳！”

坚素信重沙门道安，群臣使道安乘间进言。十一月，坚与道安同辇游于东苑，坚曰：“朕将与公南游吴、越，泛长江，临沧海，不亦乐乎！”安曰：“陛下应天御世，居中土而制四维，自足比隆尧、舜，何必栉风沐雨，经略遐方乎！且东南卑湿，沴气易构，虞舜游而不归，大禹往而不复。何足以上劳大驾也！”坚曰：“天生烝民，而树之君，使司牧之，朕岂敢惮劳，使彼一方独不被泽乎！必如公言，是古之帝王皆无征伐也！”道安曰：“必不得已，陛下宜驻跸洛阳，遣使者奉尺书于前，诸将总六师于后，彼必稽首入臣，不必亲涉江、淮也。”坚不听。

【译文】 前秦国君苻坚专注于想要攻取长江以东的地区，就连睡觉也不到天亮就起来了。阳平公苻融劝谏他说：“‘知足不辱，知止不殆。’（见《老子》第四十四章。意思是说：知道满足，就不会感到污辱；知道适可而止，就不会出现危险。）自古以来穷兵黩武的国家，没有一个不灭亡的。况且，我们的国家本

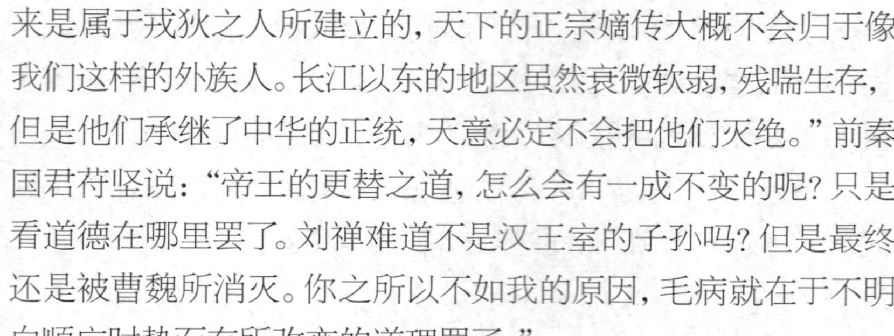

来是属于戎狄之人所建立的，天下的正宗嫡传大概不会归于像我们这样的外族人。长江以东的地区虽然衰微软弱，残喘生存，但是他们承继了中华的正统，天意必定不会把他们灭绝。”前秦国君苻坚说：“帝王的更替之道，怎么会有一成不变的呢？只是看道德在哪里罢了。刘禅难道不是汉王室的子孙吗？但是最终还是被曹魏所消灭。你之所以不如我的原因，毛病就在于不明白顺应时势而有所改变的道理罢了。”

前秦国君苻坚一向信任重视僧人道安，群臣请道安寻找一个适当的时机，向苻坚进言劝说。十一月，前秦国君苻坚和道安乘坐同一辆辇车前往东苑游赏，苻坚说：“我将要和你一起南游吴、越之地，泛舟长江，亲临沧海，不也是很快乐的事情吗？”道安说：“陛下顺应天命来治理天下，身居中原但是能够控制四方，自身的昌隆就足以与尧、舜相比；何必冒着风侵雨淋的风险，经营谋划远方呢？而且东南地区地势低洼潮湿，容易造成灾害不祥之气，虞、舜前去南方游猎的时候，就死在了苍梧的郊野再也没有返回；大禹前去东边游猎的时候，去了一趟就再也没有第二趟，有什么值得劳您大驾呢？”前秦国君苻坚说：“上天生育了百姓，并且为他们树立了君王，是让君王统治教育他们，我哪里敢害怕辛劳，唯独使那一方土地单独不蒙受恩泽呢？如果一定像你所说的那样，古代的帝王就全部都没有征战攻伐的事情了！”道安说：“一定要做的话，陛下应当在洛阳停驻，派遣使者先去给他们送去书信，接着众将领率领六军跟随在后，他们就一定稽首称臣，不一定要亲自渡过长江、淮河。”前秦国君苻坚没有听从。

坚所幸张夫人谏曰：“妾闻天地之生万物，圣王之治天下，皆因其自然而顺之，故功无不成。是以黄帝服牛乘马，因其性也；禹浚九川，障九泽，因其势也；后稷播殖百谷，因其时也；汤、武帅天下而攻桀、纣，因其心也。皆有因则成，无因则败。今朝野之人皆言晋不可伐，陛下独决意行之，妾不知陛下何所因也。《书》曰：'天聪明自我民聪明。'天犹因民，而况人乎！妾又闻王者出师，必上观天道，下顺人心。今人心既不然矣，请验之天道。谚云：'鸡夜鸣者不利行师，犬群嗥者宫室将空，兵动马惊，军败不归。'自秋、冬以来，众鸡夜鸣，群犬哀嗥，厩马多惊，武库兵器自动有声，此皆非出师之祥也。"坚曰："军旅之事，非妇人所当预也！"

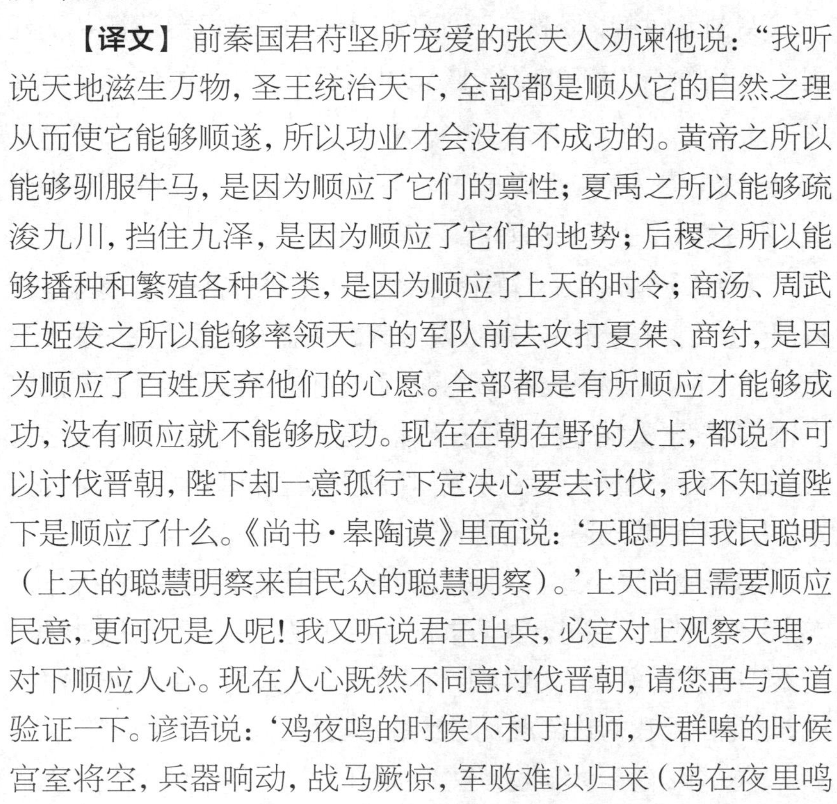

【译文】 前秦国君苻坚所宠爱的张夫人劝谏他说："我听说天地滋生万物，圣王统治天下，全部都是顺从它的自然之理从而使它能够顺遂，所以功业才会没有不成功的。黄帝之所以能够驯服牛马，是因为顺应了它们的禀性；夏禹之所以能够疏浚九川，挡住九泽，是因为顺应了它们的地势；后稷之所以能够播种和繁殖各种谷类，是因为顺应了上天的时令；商汤、周武王姬发之所以能够率领天下的军队前去攻打夏桀、商纣，是因为顺应了百姓厌弃他们的心愿。全部都是有所顺应才能够成功，没有顺应就不能够成功。现在在朝在野的人士，都说不可以讨伐晋朝，陛下却一意孤行下定决心要去讨伐，我不知道陛下是顺应了什么。《尚书·皋陶谟》里面说：'天聪明自我民聪明（上天的聪慧明察来自民众的聪慧明察）。'上天尚且需要顺应民意，更何况是人呢！我又听说君王出兵，必定对上观察天理，对下顺应人心。现在人心既然不同意讨伐晋朝，请您再与天道验证一下。谚语说：'鸡夜鸣的时候不利于出师，犬群嗥的时候宫室将空，兵器响动，战马厥惊，军败难以归来（鸡在夜里鸣

啼，对于行军不利；狗成群地嗥叫，宫室里的人将尽丧亡；兵器摇动，战马惊恐，军队便会失败，不能归来）。'自从秋季、冬季以来，众多的鸡都在夜里发出鸣叫，成群的狗都发出悲哀的嗥叫，马厩里面的战马，大多数都变得很惊恐，武器库里面的兵器，自已摇动发出声音，这些都是不能出兵的预兆。”前秦国君苻坚说：“行军打仗的事情，不是妇人所应当参与、干预的！”

坚幼子中山公诜最有宠，亦谏曰：“臣闻国之兴亡，系贤人之用舍。今阳平公，国之谋主，而陛下违之；晋有谢安、桓冲，而陛下伐之，臣窃惑之。”坚曰：“天下大事，孺子安知！”

秦刘兰讨蝗，经秋冬不能灭。十二月，有司奏请征兰下廷尉。秦王坚曰：“灾降自天，非人力所能除，此由朕之失政，兰何罪乎？”

是岁，秦大熟，上田亩收七十石，下者三十石，蝗不出幽州境，不食麻豆，上田亩收百石，下者五十石。

【译文】前秦国君苻坚的小儿子中山公苻诜，最受苻坚宠爱，他也劝谏苻坚说：“我听说国家的兴盛和衰亡，完全在于对贤明人士的任用和舍弃。现在阳平公苻融，是国家最重要的谋臣，陛下却不采纳他的意见；晋朝有谢安和桓冲，陛下却要去讨伐它，我私下里感到大惑不解。”前秦国君苻坚说：“天下的大事，小孩子能够知道什么！”

前秦的刘兰从事扑杀蝗虫，经过了秋季和冬季，仍然不能够消灭。十二月，有司上奏请求把刘兰送交廷尉进行审讯处理。前秦国君苻坚说：“灾害自上天降下，不是人的力量所能够消除的，这是由于我的政治混乱导致的，刘兰又有什么罪呢？”

这一年，前秦大丰收，上等的农田每一亩可以收获七十石的谷子，下等的农田每一亩可以收获三十石的谷子，蝗虫不飞出幽州的州境，而且不吃麻豆五谷，这里的上等农田每一亩可以收一百石的豆子，下等的农田每一亩可以收五十石的豆子。

资治通鉴卷第一百五　晋纪二十七

起昭阳协洽，尽阏逢涒滩，凡二年。

【译文】 起癸未（公元383年），止甲申（公元384年），共二年。

【题解】 本卷记录了公元383年、384年共两年间的东晋及各国大事，正当东晋孝武帝太元八年、九年。主要记录了前秦国主苻坚带领八十七万大军讨伐东晋，东晋以谢石为大都督，以谢玄为前锋都督，率兵八万人的军队抵抗前秦国的进攻；写了谢玄的部将刘牢之率兵在洛涧大破前秦将梁成，谢石、谢玄率东晋军与苻坚大军在淝水交战，前秦军惨败，死者十分之七八，苻融被晋军射死，苻坚被流箭射伤，只有慕容垂部单独完整保全；写了依附于前秦国的姚苌、乞伏国仁脱离苻坚，各自独立，自立为王；写了东晋将乘胜收复了黄河以南以及巴、蜀、梁州的部分地区等等。

烈宗孝武皇帝上之下

太元八年（癸未，公元三八三年）春，正月，秦吕光发长安，以鄯善王休密驮、车师前部王弥窴为乡导。

三月，丁巳，大赦。

夏，五月，桓冲帅众十万伐秦，攻襄阳；遣前将军刘波等攻沔北诸城；辅国将军杨亮攻蜀，拔五城，进攻涪城；鹰扬将军郭铨攻武当。六月，冲别将攻万岁、筑阳，拔之。秦王坚遣征南将军巨鹿公叡、冠军将军慕容垂等帅步骑五万救襄阳，兖州刺史张崇救武当，后将军张蚝、步兵校尉姚苌救涪城；叡军于新野，垂军于邓城。桓冲退屯沔南。秋，七月，郭铨及冠军将军桓石虔败张崇于武当，掠二千户以归。巨鹿公叡遣慕容垂为前锋，进临沔水。垂夜命军士人持十炬，系于树枝，光照数十里。冲惧，退还上明。张蚝出斜谷，杨亮引兵还。冲表其兄子石民领襄城太守，戍夏口，冲自求领江州刺史；诏许之。

【译文】 太元八年（癸未，公元383年）春季，正月，前秦的吕光率领士兵从长安出发，派遣鄯善王休密驮、车师前部王弥寘作为向导。

三月，丁巳日（二十八日），晋孝武帝司马曜下令大赦天下。

夏季，五月，桓冲率领十万名士兵前去讨伐前秦，进攻襄阳；派遣前将军刘波等人进攻沔北各城；辅国将军杨亮进攻蜀地，攻下了五座城池，又率领士兵前去进攻涪城。鹰扬将军郭铨进攻武当。六月，桓冲的别将前去进攻万岁和筑阳，也把这些城池都攻了下来。前秦国君苻坚派遣征南将军巨鹿公苻叡、冠军将军慕容垂等人率领五万名步兵和骑兵，前去援救襄阳，兖州刺史张崇前去援救武当，后将军张蚝和步兵校尉姚苌前去援救涪城。苻叡驻扎在新野，慕容垂驻扎在邓城。桓冲率领士兵撤退驻扎在沔南。秋季，七月，郭铨和冠军将军桓石虔在武当打败了张崇，劫夺了两千户百姓的财物以后返回了。巨鹿公苻叡任命慕容垂为前锋，进军到达了沔水。慕容垂在夜里命令士兵们每人手持十个把束苇系在树枝上做成的火把，光亮可以照耀到数十里之外的远处。桓冲害怕了，撤退回到了上明。张蚝率领士兵出了斜谷；杨亮率领士兵返回。桓冲向晋孝武帝司马曜呈上奏表推荐他哥哥的儿子桓石民兼领襄城（一作阳）太守，戍守夏口；桓冲向晋孝武帝司马曜请求让自己兼领江州刺史，晋孝武帝颁下诏令答应了他的请求。

秦王坚下诏大举入寇，民每十丁遣一兵；其良家子年二十已下，有材勇者，皆拜羽林郎。又曰："其以司马昌明为尚书左仆射，谢安为吏部尚书，桓冲为侍中；势还不远，可先为起第。"良家子至者三万馀骑，拜秦州主簿金城赵盛之为少年都统。是时，朝臣皆不欲坚行，独慕容垂、姚苌及良家子劝之。阳平公融言于坚曰："鲜卑、羌虏，我之仇雠，常思风尘之变以逞其志，所陈策画，何可从也！良家少年皆富饶子弟，不闲军旅，苟为谄谀之言以会陛下之意耳。今陛下信而用之，轻举大事，臣恐功既不成，仍有后患，悔无及也！"坚不听。

【译文】前秦国君苻坚下达诏令，大规模地出兵入侵东晋，百姓当中每十个成年男子里面派遣一个人充军；将那些勇敢、有才能，年龄在二十岁以下的家世清白的子弟，全部都任命为羽林郎（皇上的禁卫军军官）。又说："任命东晋皇帝司马昌明为尚书左仆射，谢安为吏部尚书，桓冲为侍中，依照这个形势来看，凯旋的时间不会太远，而这些人也必定会被俘虏和我们一起回来，可以先行起身于家，出任官职。"家世清白的子弟们前来应征骑兵的有三万多，前秦国君苻坚任命秦州主簿赵盛之为他们的都统。这时，朝廷的大臣们都不想让苻坚出征，只有慕容垂、姚苌和那些家世清白的子弟们支持他做这件事。阳平公苻融劝前秦国君苻坚说："鲜卑族的慕容垂和羌族的姚苌，都是我们的仇敌，常常盼望着可以乘着变乱的时机，来达到他们的目的，他们所呈献的策略计划，怎么可以听从呢？那些少年全都是富贵饶裕的子弟，不熟悉军队的事情，只不过随便地进上谄媚阿谀的话，来迎合陛下的心意。现在陛下听信并且采纳了他们的话，轻率地进行这样大规模的军事行动，我担心不但不能成就战功，随之还会产生后患，到了那个时候即使后悔也来不及了！”前秦国君苻坚没有采纳他的意见。

八月，戊午，坚遣阳平公融督张蚝、慕容垂等步骑二十五万为前锋；以兖州刺史姚苌为龙骧将军，督益、梁州诸军事。坚谓苌曰："昔朕以龙骧建业，未尝轻以授人，卿其勉之！"左将军窦冲曰："王者无戏言，此不祥之征也！"坚默然。

【译文】 八月，戊午日（初二），前秦国君苻坚派遣阳平公苻融率领张蚝、慕容垂等人部下的步兵、骑兵一共二十五万人为前锋；任命兖州刺史姚苌为龙骧将军，指挥益州、梁州的军事事务。前秦国君苻坚向姚苌说："过去我是依龙骧将军的官位建立大业的，从来没有轻易地把这个官位授予别人，今天把它给了你，希望你好好勉励自己，努力干吧！"左将军窦冲说："君王从来不可以说开玩笑的话，这话是不吉祥的征兆啊！"前秦国君苻坚沉默着什么也没有说。

慕容楷、慕容绍言于慕容垂曰："主上骄矜已甚，叔父建中兴之业，在此行也！"垂曰："然。非汝，谁与成之！"

甲子，坚发长安，戎卒六十馀万，骑二十七万，旗鼓相望，前后千里。九月，坚至项城，凉州之兵始达咸阳，蜀、汉之兵方顺流而下，幽、冀之兵至于彭城，东西万里，水陆齐进，运漕万艘。阳平公融等兵三十万，先至颍口。

诏以尚书仆射谢石为征虏将军、征讨大都督，以徐、兖二州

刺史谢玄为前锋都督，与辅国将军谢琰、西中郎将桓伊等众共八万拒之；使龙骧将军胡彬以水军五千援寿阳。琰，安之子也。

【译文】 慕容楷、慕容绍对慕容垂说："秦王苻坚的骄傲自大已经非常严重，叔父建立中兴燕国的大业，就在此行了！"慕容垂说："是的，但是除了你们，还有谁能够和我共同成就这种大事呢！"

甲子日（初八），前秦国君苻坚从长安出发，率领了六十多万名士兵，二十七万名骑兵，旌旗战鼓遥遥相望，前后连起来，有一千里路那么长。九月，前秦国君苻坚到达了河南的项城，甘肃凉州的军队才刚刚到达咸阳，蜀、汉地区的军队正沿着长江顺流东下，幽州、冀州的军队已经到达了彭城，从东到西全长一共有一万多里，水陆两路同时前进，运输军粮的船只多达一万艘。阳平公苻融等人率领了三十多万人的军队，首先到达了安徽的颍口。

晋孝武帝司马曜任命尚书仆射谢石为征虏将军、征讨大都督，任命徐州、兖州二州刺史谢玄为前锋都督，与辅国将军谢琰、西中郎将桓伊等人共同率领八万名士兵，前去抵抗前秦国君苻坚；派遣龙骧将军胡彬率领五千名水军，前去援助寿阳。谢琰，是谢安的儿子。

是时，秦兵既盛，都下震恐。谢玄入，问计于谢安，安夷然，答曰："已别有旨。"既而寂然。玄不敢复言，乃令张玄重请。安遂命驾出游山墅，亲朋毕集，与围棋赌墅。安棋常劣于玄，是日，玄惧，便为敌手而又不胜。安遂游陟，至夜乃还。桓冲深以根本为忧，遣精锐三千人援京师。谢安固却之，曰："朝廷处分已定，兵甲无阙，西藩宜留以为防。"冲对佐吏叹曰："谢安石有庙堂

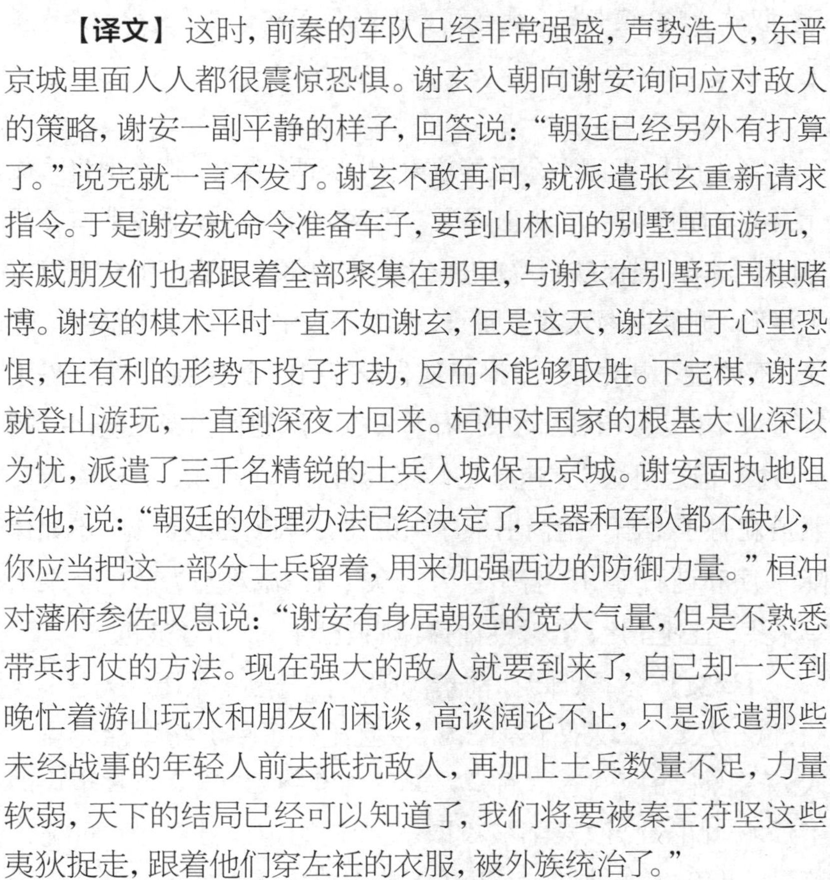

之量，不闲将略。今大敌垂至，方游谈不暇，遣诸不经事少年拒之，众又寡弱，天下事已可知，吾其左衽矣！”

以琅邪王道子录尚书六条事。

【译文】这时，前秦的军队已经非常强盛，声势浩大，东晋京城里面人人都很震惊恐惧。谢玄入朝向谢安询问应对敌人的策略，谢安一副平静的样子，回答说：“朝廷已经另外有打算了。”说完就一言不发了。谢玄不敢再问，就派遣张玄重新请求指令。于是谢安就命令准备车子，要到山林间的别墅里面游玩，亲戚朋友们也都跟着全部聚集在那里，与谢玄在别墅玩围棋赌博。谢安的棋术平时一直不如谢玄，但是这天，谢玄由于心里恐惧，在有利的形势下投子打劫，反而不能够取胜。下完棋，谢安就登山游玩，一直到深夜才回来。桓冲对国家的根基大业深以为忧，派遣了三千名精锐的士兵入城保卫京城。谢安固执地阻拦他，说：“朝廷的处理办法已经决定了，兵器和军队都不缺少，你应当把这一部分士兵留着，用来加强西边的防御力量。”桓冲对藩府参佐叹息说：“谢安有身居朝廷的宽大气量，但是不熟悉带兵打仗的方法。现在强大的敌人就要到来了，自己却一天到晚忙着游山玩水和朋友们闲谈，高谈阔论不止，只是派遣那些未经战事的年轻人前去抵抗敌人，再加上士兵数量不足，力量软弱，天下的结局已经可以知道了，我们将要被秦王苻坚这些夷狄捉走，跟着他们穿左衽的衣服，被外族统治了。”

晋孝武帝司马曜任命琅邪王司马道子为录尚书六条事。

【乾隆御批】谢安赌墅，群翊为运筹帷幄不动声色。然八公之胜，非朱序自败乃公事，则晋军几至不振，又何成莫之可称。读书而不具卓识，随人是非者多矣。

【译文】 谢安在战事紧张时仍然在别墅中下棋玩乐，辅佐的人认为谢安在不动声色中指挥、策划。然而八公山的胜利，如果不是朱序败坏他主公苻坚的谋划，那么晋军几乎不能振作奋起，又怎么说是善于筹划可以称道呢？读书却不具有远见卓识，人云亦云说是道非的人太多了。

冬，十月，秦阳平公融等攻寿阳；癸酉，克之，执平虏将军徐元喜等。融以其参军河南郭褒为淮南太守。慕容垂拔郧城。胡彬闻寿阳陷，退保硖石，融进攻之。秦卫将军梁成等帅众五万屯于洛涧，栅淮以遏东兵。谢石、谢玄等去洛涧二十五里而军，惮成，不敢进。胡彬粮尽，潜遣使告石等曰："今贼盛，粮尽，恐不复见大军！"秦人获之，送于阳平公融。融驰使白秦王坚曰："贼少易擒，但恐逃去，宜速赴之！"坚乃留大军于项城，引轻骑八千，兼道就融于寿阳。遣尚书朱序来说谢石等以"强弱异势，不如速降。"序私谓石等曰："若秦百万之众尽至，诚难与为敌。今乘诸军未集，宜速击之；若败其前锋，则彼已夺气，可遂破也。"

【译文】 冬季，十月，前秦的阳平公苻融等人围攻寿阳；癸酉日（十八日），攻取了寿阳城，并且捉住了平虏将军徐元喜等人。苻融任命他的参军河南人郭褒为淮南太守。慕容垂也攻取了郧城。胡彬听说寿阳被攻取了，于是撤退到硖石进行防守，苻融又向他发起进攻。前秦的卫将军梁成等人率领五万名士兵驻扎在洛涧，沿淮河用木头竖着编成栅栏设置障碍，来遏制东晋的士兵从东面前来进攻。谢石、谢玄的军队驻扎在距离洛涧二十五里的地方，因为害怕梁成，不敢继续前进。这时，胡彬军队的粮食已经吃完了，于是就暗地里派遣使者告诉谢石他们说："现在贼人的气势很强盛，我军队里面的粮食又已经吃完了，恐怕再也不能见到你们了！”但是没有想到前秦的士兵捉住了胡彬的使者，并且把使者送到了阳平公苻融那里。苻融立刻派遣使者骑着快马前去把这件事报告给前秦国君苻坚，说：“敌人的士兵人数少，容易擒获，只是担心他们会逃走，应当率领士兵迅速前来！”前秦国君苻坚收到这个报告以后，就把大军留在了项城，亲自率领八千名轻装的骑兵，日夜兼程加速赶赴寿阳和苻融会合。前秦国君苻坚派遣尚书朱序到东晋的军营里面，以“双方强弱的形势差得很远，不如赶快投降”为理由，劝说谢石等人。朱序却私底下告诉谢石他们说：“如果秦国的百万大军全部都到达了，实在是难以和他们抗衡。不如趁着各路军队现在尚未会集，应当赶快前去攻击他们；如果能够打败他们的前锋部队，那么他们的士气就丧失了，最终就可以借此完全打败他们。”

石闻坚在寿阳，甚惧，欲不战以老秦师。谢琰劝石从序言。十一月，谢玄遣广陵相刘牢之帅精兵五千人趣洛涧，未至十里，梁成阻涧为陈以待之。牢之直前渡水，击成，大破之，斩成及弋阳太守王咏，又分兵断其归津，秦步骑崩溃，争赴淮水，士卒死者万五千人。执秦扬州刺史王显等，尽收其器械军实。于是，谢石等诸军水陆继进。秦王坚与阳平公融登寿阳城望之。见晋兵部阵严整，又望见八公山上草木，皆以为晋兵，顾谓融曰：“此亦劲敌，何谓弱也！”怃然始有惧色。

【译文】 谢石听说前秦国君苻坚在寿阳，非常害怕，想要用不交战的方式，使前秦的军队自己丧失斗志，拖垮前秦的军队。谢琰劝说谢石采纳朱序的建议。十一月，谢玄派遣广陵相刘牢之率领五千名精锐的士兵赶往洛涧，在距离洛涧还有十里路

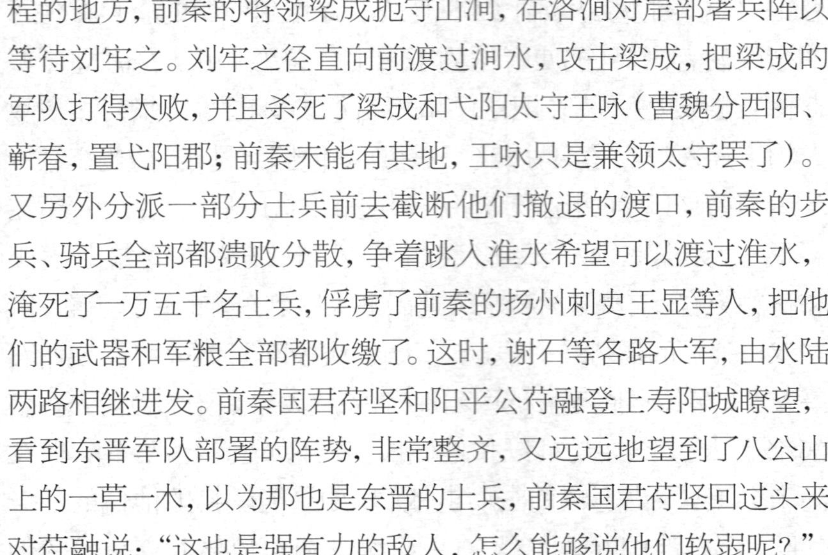

程的地方，前秦的将领梁成扼守山涧，在洛涧对岸部署兵阵以等待刘牢之。刘牢之径直向前渡过涧水，攻击梁成，把梁成的军队打得大败，并且杀死了梁成和弋阳太守王咏（曹魏分西阳、蕲春，置弋阳郡；前秦未能有其地，王咏只是兼领太守罢了）。又另外分派一部分士兵前去截断他们撤退的渡口，前秦的步兵、骑兵全部都溃败分散，争着跳入淮水希望可以渡过淮水，淹死了一万五千名士兵，俘虏了前秦的扬州刺史王显等人，把他们的武器和军粮全部都收缴了。这时，谢石等各路大军，由水陆两路相继进发。前秦国君苻坚和阳平公苻融登上寿阳城瞭望，看到东晋军队部署的阵势，非常整齐，又远远地望到了八公山上的一草一木，以为那也是东晋的士兵，前秦国君苻坚回过头来对苻融说：“这也是强有力的敌人，怎么能够说他们软弱呢？”茫然若失，脸上这才开始表现出恐惧的神色。

秦兵逼肥水而陈，晋兵不得渡。谢玄遣使谓阳平公融曰：“君悬军深入，而置陈逼水，此乃持久之计，非欲速战者也。若移陈小却，使晋兵得渡，以决胜负，不亦善乎！”秦诸将皆曰：“我众彼寡，不如遏之，使不得上，可以万全。”坚曰：“但引兵少却，使之半渡，我以铁骑蹙而杀之，蔑不胜矣！”融亦以为然，遂麾兵使却。秦兵遂退，不可复止，谢玄、谢琰、桓伊等引兵渡水击之。融驰骑略陈，欲以帅退者，马倒，为晋兵所杀，秦兵遂溃。玄等乘胜追击，至于青冈：秦兵大败，自相蹈藉而死者，蔽野塞川。其走者闻风声鹤唳，皆以为晋兵且至，昼夜不敢息，草行露宿，重以饥冻，死者什七、八。初，秦兵小却，朱序在陈后呼曰：“秦兵败矣！”众遂大奔。序因与张天锡、徐元喜皆来奔。获秦王坚所乘云母车及仪服器械、军资珍宝畜产不可胜计，复取寿阳，执其淮南太守郭褒。

【译文】前秦的军队紧靠着淝水摆下了阵势，东晋的士兵不能够渡过。谢玄派遣使者向阳平公苻融说："您孤军深入，然而却紧靠着淝水部署军阵，这是打算长时间相互僵持的策略，而不是想要快速交战的办法。如果能够把阵势稍微向后移动撤退一些，让晋朝的士兵能够渡过河，双方的军队一决胜负，不也是很好的事情吗？"前秦军队的将领们都说："我们的士兵人数多，他们的士兵人数少，不如就这样遏制他们，使他们不能够过河上岸，这样我们就可以万无一失了。"前秦国君苻坚说："只要率领军队稍微地向后移动撤退一些，让他们渡河渡到一半的时候，我们再出动精悍的骑兵接近并且杀过去，没有不能够取胜的道理。"苻融也认为可以这么做，于是挥舞战旗，指挥士兵后退。前秦的士兵一退就不可收拾，没有办法再停止下来，谢玄、谢琰、桓伊等人趁着这个机会率领军队渡过淝水，前去攻击前秦的军队。苻融驰马巡视军阵，打算率领退逃的士兵，不料战马摔倒了，他自己也摔在了地上被东晋的士兵杀死了，于是前秦的军队就全部溃散了。谢玄等人就乘着胜利进行追击，一直追到了青冈。前秦的军队被打得大败，互相践踏凌压而死的士兵，尸骸遮蔽了山野，堵塞了山川。那些逃走的士兵，听到刮风的声音和鹤鸣叫的声音，都以为是东晋的军队将要来到了，白天黑夜都不敢休息，也不敢走大路，只敢从荒草间的小路逃走，慌不择路；走累了也不敢在百姓的家里面借住，只能在野外露宿，再加上饥饿和寒冷，有十分之七八的士兵都死了。起初，前秦的军队向后稍微撤退的时候，朱序在军阵的后面大声喊叫："秦国的军队失败了！"士兵们听到了以后就争着向后狂奔乱逃。朱序趁着这个机会和张天锡、徐元喜投奔到了东晋的军队。缴获了前秦国君苻坚所乘坐的装饰着云母的车乘。又占据了寿阳，捉住了前秦的淮南太守郭褒。

【申涵煜评】 淝水之战侥幸成功耳，使非朱序阵后一呼秦兵，未必便至瓦解。总之此举，人皆不愿三军之气已懈先自有必败理，故晋人因而胜之。

【译文】 淝水之战是东晋侥幸取得成功罢了，假使不是朱序在前秦阵后一声大喊“秦兵失败了”，前秦不一定在东晋军队到达战场就瓦解了。总之，这次战役，人们都不愿意看到三军的士气已经泄掉就首先认为自己必定失败的道理，所以东晋的军队趁机战胜他们。

坚中流矢，单骑走至淮北，饥甚，民有进壶飧、豚髀者，坚食之，赐帛十匹，绵十斤。辞曰：“陛下厌苦安乐，自取危困。臣为陛下子，陛下为臣父，安有子饲其父而求报乎？”弗顾而去。坚谓张夫人曰：“吾今复何面目治天下乎！”潸然流涕。

【译文】 前秦国君苻坚中了流箭，一个人骑着马逃到了淮河以北的地区，非常饥饿，有的百姓把盛在壶里的热汤泡饭和猪骨头送来给他吃，苻坚吃了以后，赏赐给他们十匹布帛、十斤绵。这些人推辞说：“陛下厌倦困苦而安于享乐，自取危难。我是陛下的儿子，陛下是我的父亲，哪里有做儿子的供给父亲食物还要求取报偿的呢？”他们看也不看那些赏赐的布帛和绵就离开了。前秦国君苻坚对张夫人说：“我现在还能用什么脸面去治理天下呢？”说着，眼泪就不断地流了下来。

是时，诸军皆溃，惟慕容垂所将三万人独全，坚以千余骑赴之。世子宝言于垂曰：“家国倾覆，天命人心皆归至尊，但时运未至，故晦迹自藏耳。今秦主兵败，委身于我，是天借之便以复燕祚，此时不可失也，愿不以意气微恩忘社稷之重!”垂曰:“汝言是也。然彼以赤心投命于我，若之何害之!天苟弃之，何患不亡?不若保护其危以报德，徐俟其衅而图之!既不负宿心，且可以义取天下。”奋威将军慕容德曰:“秦强而并燕，秦弱而图之，此为报仇雪耻，非负宿心也;兄奈何得而不取，释数万之众以授人乎?”垂曰:“吾昔为太傅所不容，置身无所，逃死于秦，秦主以国士遇我，恩礼备至。后复为王猛所卖，无以自明，秦主独能明之，此恩何可忘也!若氐运必穷，吾当怀集关东，以复先业耳，关西会非吾有也。”冠军行参军赵秋曰:“明公当绍复燕祚，著于图谶;今天时已至，尚复何待!若杀秦主，据邺都，鼓行而西，三秦亦非苻氏之有也!”垂亲党多劝垂杀坚，垂皆不从，悉以兵授坚。平南将军慕容暐屯郧城，闻坚败，弃其众遁去;至荥阳，慕容德复说暐起兵以复燕祚，暐不从。

【译文】这时，前秦的各路军队都已经溃散了，只有慕容垂所率领的三万名士兵，单独完整保全，前秦国君苻坚率领一千多名骑兵到了他那儿。慕容垂的长子慕容宝对慕容垂说：“宗族国家覆灭（指燕被秦国所灭）以后，无论是上天的大命，还是人心的倾向，都归附极其尊贵的帝王，只是时机还没有到来，所以应该掩饰形迹躲藏起来罢了。现在秦国国君苻坚的军队战败了，他把自己的安全和命运都交给了我们，这是上天赐予我们的有利时机，让我们恢复燕国的福祚，我们不可以失去这个机会，希望您不要因为受到过他给予我们的微小恩惠，而忘记了复兴国家的重大责任！”慕容垂说：“你说得很对。但是他以一片赤诚之心将自己的安全和命运都交给了我们，我们怎么可以去伤害他呢？如果上天要把他抛弃，不用担心他不灭亡。我们不如

在他危险的时候保护他，以报答他对我们的恩德，慢慢地等到他有灾祸的时候，再对他采取计划，进行图谋，这样的话，既不违背往日的心愿，而且可以用道义来征服天下。”奋威将军慕容德说：“秦国强大的时候把燕国吞并了，秦国弱小的时候就去图谋它，这是报复仇恨，洗雪耻辱，并不是违背了往日的心愿；哥哥你为什么得到了却不去占取，把数万名士兵的军队放弃转而授予别人呢？”慕容垂说：“我从前不被太傅慕容评所容，没有地方可以安身，为了躲避死亡的灾祸，而来到了秦国，秦国国君苻坚对待我就像对待秦国人当中那些才能出众的人一样，恩惠礼遇，至为完备。后来我又被王猛所出卖，自己没有办法让别人明白，只有秦国君主苻坚能够明察，这样的恩情怎么能够忘记呢？如果氐族（苻坚即氐族人）人的命运，必定穷尽，我应当安抚招纳函谷关以东地区的士兵，来光复祖先的基业罢了，函谷关以西的地方，必定不会归我所有。”冠军行参军赵秋说：“明公您应当继承光复燕国的国统，这已经明显地表现在星图谶文里面了；现在上天给予的时机已经来到，您还要再等到什么时候呢！如果我们把秦国的国君杀死了，把邺城占领了，打着军鼓向西进军，三秦（指函谷关以西地方）的地区也就不会归苻氏所有了。”慕容垂的亲信和同党，大多数都劝说慕容垂杀死前秦国君苻坚，但是慕容垂一个也没有听从，命令把军队都交给前秦国君苻坚。平南将军慕容暐驻扎在郧城，听说前秦国君苻坚失败的消息以后，抛弃他的士兵逃走了；到达荥阳，慕容德又劝说慕容暐起兵以恢复前燕的国统，但是慕容暐没有听从。

谢安得驿书，知秦兵已败，时方与客围棋，摄书置床上，了无喜色，围棋如故。客问之，徐答曰：“小儿辈遂已破贼。”既罢，还内，过户限，不觉屐齿之折。

丁亥，谢石等归建康，得秦乐工，能习旧声，于是宗庙始备金石之乐。乙未，以张天锡为散骑常侍，朱序为琅邪内史。

秦王坚收集离散，比至洛阳，众十馀万，百官、仪物，军容粗备。

【译文】 谢安接到了驿站传递的书信，知道前秦的军队已经战败了，当时他正在和客人下围棋，就把书信收起来放在了床上，脸上没有露出一点高兴的神色，继续下围棋。客人问他信件里面写的是什么消息，他慢条斯理地回答："小孩子们已经最终攻破了贼人。"下完围棋以后，他返回内室，越过门槛的时候，心里高兴得竟然连木屐底上的木齿被折断了都没发觉。

丁亥日（初二），谢石等人回到了建康，由于捉回了前秦的音乐工匠，熟悉过去的音乐，于是从此宗庙里面开始设置金钟、石磬等乐器来演奏音乐（金钟、石磬是八音的前两种，所以讲雅乐的人常常称作金石。前秦的乐工原本是从前燕俘虏去的，此次，谢石捉回建康的有杨蜀等一共四人）。乙未日（初十），晋孝武帝司马曜任命张天锡为散骑常侍，朱序为琅邪内史。

前秦国君苻坚召集流散逃亡的士兵，等到达洛阳的时候，士兵人数已经达到了十几万人，文武官吏、仪仗器物、军队阵容，也都已经粗略具备。

慕容农谓慕容垂曰："尊不迫人于险，其义声足以感动天地。农闻秘记曰：'燕复兴当在河阳。'夫取果于未熟与自落，不过晚旬日之间，然其难易美恶，相去远矣！"垂心善其言，行至渑池，言于坚曰："北鄙之民，闻王师不利，轻相扇动，臣请奉诏书以镇慰安集之，因过谒陵庙。"坚许之。权翼谏曰："国兵新破，四方

皆有离心，宜征集名将，置之京师，以固根本，镇枝叶。垂勇略过人，世豪东夏，顷以避祸而来，其心岂止欲作冠军而已哉！譬如养鹰，饥则附人，每闻风飙之起，常有陵霄之志，正宜谨其绦笼，岂可解纵，任其所欲哉！”坚曰：“卿言是也。然朕已许之，匹夫犹不食言，况万乘乎？”若天命有废兴，固非智力所能移也。”翼曰：“陛下重小信而轻社稷，臣见其往而不返，关东之乱，自此始矣。”坚不听，遣将军李蛮、闵亮、尹国帅众三千送垂。又遣骁骑将军石越帅精卒三千戍邺，骠骑将军张蚝帅羽林五千戍并州，镇军将军毛当帅众四千戍洛阳。权翼密遣壮士邀垂于河桥南空仓中，垂疑之，自凉马台结草筏以渡，使典军程同衣己衣，乘己马，与僮仆趣河桥。伏兵发，同驰马获免。

【译文】 慕容农对慕容垂说：“父亲不在他人（指苻坚）危险的时候加以迫害，这种仁义的名声，足以使天地都感动。我听说秘记（图谶之类）里面记载：‘燕国的复兴，应当在河阳。’在果实还没有成熟的时候就把它采摘下来，和在它掉落下来的时候拾取，两者之间在时间上，不过是十来天的差距，然而摘取和拾取的困难和容易，果实的美好和不美，就相差很多了！”慕容垂心里面很赞同他说的话，行进到渑池的时候，慕容垂就向前秦国君苻坚说：“位于北方边远之地的百姓，听说朝廷的大军没有获得胜利，轻率地相互煽惑作乱，我请求您准许我遵奉诏书前去镇抚宣慰和招纳他们，顺便路过去拜谒先帝的陵庙。”前秦国君苻坚答应了他的请求。权翼劝止前秦国君苻坚说：“国家的军队才刚刚失败，四方的人全部都有离散的倾向，您应当征召聚集有名的将领，把他们安置在京城，来稳固根基，安定枝叶，并且镇压京城以外的地方。慕容垂的勇敢智略，都超过了一般的人，世世代代都是中原以东的豪杰（时燕在中国东方，故称东夏），前一段时间是因为逃避祸乱前来归附秦国，他的本心难道仅仅是想做一个冠军将军就算了吗？就好像饲养老鹰，它饥饿的时候就依附人，但是每当暴风刮起的时候，就常常有冲上霄汉的志向，正应该紧系它的绳子和关住它的笼子，怎么可以解脱放纵它，听任它为所欲为呢？”前秦国君苻坚说：“你说得很对。但是我已经答应了他的请求，一般人尚且不可以说话不算话，更何况是一个国家的国君呢！如果天命要有一定的衰废和兴盛的事情发生，本来也就不是依靠人的智慧和能力所能够改变的。”权翼说：“陛下重视个人的小的信义而轻视国家政权的安危，依我之见，他一定是去而不返，函谷关以东的祸乱，从此就要开始了。”但是前秦国君苻坚没有听从，派遣将军李蛮、闵亮、尹国率领三千名士兵前去为慕容垂送行。又派遣骁骑将军石越率领三千名精锐的士兵，前去戍守邺城，骠骑将军张蚝率领五千名羽林军前去戍守并州，镇军将军毛当率领四千名士兵前去戍守洛阳。权翼秘密地派遣勇士邀请慕容垂到河桥以南的空仓房中，慕容垂因此心里感到怀疑，从凉马台乘坐用芦苇、高粱秆等编结成的小筏渡过了河，派遣典军程同穿着自己的衣服，骑着自己的马，和僮仆一起奔赴河桥。权翼在那里埋伏的士兵发起进攻，程同骑马奔驰而过，这才得以逃脱。

十二月，秦王坚至长安，哭阳平公融而后入，谥曰哀公。大赦，复死事者家。

庚午，大赦。以谢石为尚书令。进谢玄号前将军，固让不受。

谢安婿王国宝，坦之之子也；安恶其为人，每抑而不用，以为尚书郎。国宝自以望族，故事唯作吏部，不为馀曹，固辞不拜，由是怨安。国宝从妹为会稽王道子妃，帝与道子皆嗜酒，狎昵邪谄，国宝乃谮安于道子，使离间之于帝。安功名既盛，而险诐求进之徒，多毁短安，帝由是稍疏忌之。

【译文】 十二月，前秦国君苻坚回到了长安，哭祭了阳平公苻融之后才进入宫殿，给苻融定谥号为哀公。下令大赦，恢复征收战死者家属的赋税和徭役。

庚午日（十五日），晋孝武帝司马曜下令大赦天下。任命谢石为尚书令。进封谢玄的爵位为前将军；谢玄坚决推辞，不肯接受册封。

谢安的女婿王国宝，是王坦之的儿子；谢安厌恶他的为人态度，常常压制他不对他加以任用，任命他为尚书郎。王国宝自以为出身于有声望的氏族，依照惯例，只需要担任吏部的曹务，一概不出任其他官署（汉以来尚书分曹，担任曹务的叫作尚书郎。晋制尚书分三十五曹，置郎二十三人，而以吏部最为清选）的曹务，因此对于任职坚决推辞，不肯拜谢接受任命，并且因此怨恨谢安。王国宝的堂妹是会稽王司马道子的妃子，晋孝武帝司马曜和司马道子都喜欢喝酒，互相亲昵并且互相谄媚，王国宝就向司马道子说谢安的坏话，让他趁机挑拨晋孝武帝司马曜和谢安的关系。谢安的功劳和声名已经非常显赫，然而那些行为邪恶、追求晋升的人，却大多数都毁谤谢安，晋孝武帝司马曜从此渐渐地和谢安疏远了，并且开始猜忌谢安。

【乾隆御批】 观谢石、谢元惮不敢进之状，则桓冲之言不为无见。幸而朱序私通军情，苻坚骄傲自满，苻融未谙军机，临阵自退，以至晋军乘势得胜耳。不然石、元将蹈偾辕之讥，又何伟绩之能建哉？尹起莘所谓“天幸”非刻论也！

又：坚不早除垂，垂不乘坚之厄。庸者以为英雄度量过人，谲者又以为坐失事机，皆非也。坚贪晋而欲藉垂以就功，垂因晋而欲疲坚以复业，正《吴越春秋》所云："蝉不知螳，螳不知雀也。"

【译文】 看到谢石、谢玄害怕不敢进攻的样子，那么桓冲的话不是没有见地。幸好朱序私通军情，苻坚骄傲自满，苻融不懂军事，作战时命令军队后退，导致晋军乘势取胜。否则谢石、谢玄将受到冲锋倒地、倒翻车辕的讥笑，还有什么丰功伟绩能建立呢？尹起莘所说的"天运之幸"不是尖刻的评论啊！

又：苻坚不早日除掉慕容垂，慕容垂不乘苻坚在危难中加害他。庸碌的人认为是英雄的度量过人，诡诈的人认为他们都坐失良机，他们都没有说对。苻坚贪图东晋的江山想借助慕容垂来就功立业，慕容垂想借助东晋让苻坚疲惫以便恢复祖业。正如《吴越春秋》所说："蝉不知道身后有螳螂，而螳螂也不知道身后有麻雀呀！"

初开酒禁，增民税米，口五石。

秦吕光行越流沙三百馀里，焉耆等诸国皆降。惟龟兹王帛纯拒之，婴城固守，光进军攻之。

秦王坚之入寇也，以乞伏国仁为前将军，领先锋骑。会国仁叔父步颓反于陇西，坚遣国仁还讨之。步颓闻之，大喜，迎国仁于路。国仁置酒，大言曰："苻氏疲民逞兵，殆将亡矣，吾当与诸君共建一方之业。"及坚败，国仁遂迫胁诸部，有不从者，击而并之，众至十馀万。

慕容垂至安阳，遣参军田山修笺于长乐公丕。丕闻垂北来，疑其欲为乱，然犹身自迎之。赵秋劝垂于座取丕，因据邺起兵，垂不从。丕谋袭击垂，侍郎天水姜让谏曰："垂反形未著，而明公擅杀之，非臣子之义；不如待以上宾之礼，严兵卫之，密表情状，听敕而后图之。”丕从之，馆垂于邺西。

【译文】 东晋开始放开禁酒的戒令，增加百姓用来纳税的米粮数量，每人纳粮五石。

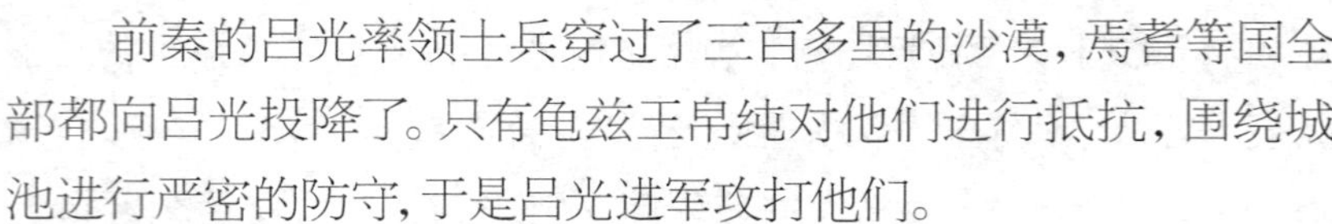

前秦的吕光率领士兵穿过了三百多里的沙漠，焉耆等国全部都向吕光投降了。只有龟兹王帛纯对他们进行抵抗，围绕城池进行严密的防守，于是吕光进军攻打他们。

前秦国君苻坚入侵东晋的时候，任命乞伏国仁为前将军，率领作为先锋的骑兵；恰好这时乞伏国仁的叔父乞伏步颓在陇西反叛，前秦国君苻坚就派遣乞伏国仁返回去讨伐（国仁，代司繁镇的勇士）。乞伏步颓听到了这个消息以后，感到非常高兴，就到半路去迎接乞伏国仁。乞伏国仁在摆设酒菜感谢他们的时候，大声地说：“苻氏使百姓疲劳而炫耀军队，大概就快要灭亡了，我应该和各位共同建立一方的大业。”等到前秦国君苻坚失败了以后，乞伏国仁就逼迫威胁各部族服从自己，对于不服从自己的，就加以攻击，然后吞并，士兵达到了十几万人。

慕容垂到达了安阳，派遣参军田山给长乐公苻丕写了一封信。苻丕听说慕容垂从北方过来，怀疑他要作乱，但还是亲自前去迎接他。赵秋劝慕容垂在座位上把苻丕擒获，顺势占据邺城起兵，但是慕容垂没有听从。苻丕计划趁着慕容垂没有防备的时候去偷袭他，侍郎天水人姜让劝谏说：“慕容垂反叛的迹象，还没有表露出来，但是如果明公您要擅自把他杀死，这不是作为臣子应该有的行为；不如用对待上宾的礼节来对待他，再派遣一些士兵严密地看守他，秘密地呈上奏表说明他最近的表现，等到接到君王的诏令以后，再对他做出处置。”苻丕采纳了他的意见，招待慕容垂在邺西的馆舍里面居住。

垂潜与燕之故臣谋复燕祚，会丁零翟斌起兵叛秦，谋攻豫州牧平原公晖于洛阳，秦王坚驿书使垂将兵讨之。石越言于丕曰："王师新败，民心未安，负罪亡匿之徒，思乱者众，故丁零一唱，旬日之中，众已数千，此其验也。慕容垂，燕之宿望，有兴复旧业之心。今复资之以兵，此为虎傅翼也。"丕曰："垂在邺如藉虎寝蛟，常恐为肘腋之变。今远之于外，不犹愈乎！且翟斌凶悖，必不肯为垂下，使两虎相毙，吾从而制之，此卞庄子之术也。"乃以羸兵二千及铠仗之弊者给垂，又遣广武将军苻飞龙帅氐骑一千为垂之副，密戒飞龙曰："垂为三军之帅，卿为谋垂之将，行矣，勉之！"

【译文】 慕容垂暗中和前燕的旧臣谋划恢复燕国的国统，刚好碰到丁零人翟斌举兵反叛前秦（丁零部落，本来在中山，前秦国君苻坚把前燕消灭以后，迁到了新安），计划前往洛阳攻击豫州牧平原公苻晖，前秦国君苻坚通过驿站送信派遣慕容垂率领军队前去讨伐他。石越向苻丕说："朝廷的军队刚刚遭遇失败，百姓内心尚且没有安定，那些犯罪以及逃亡藏匿的人，渴望祸乱的人有很多，所以丁零人一带头，十天的时间，已经有几千人起来响应了，这就是证明。慕容垂，是燕国德高望重的人，有振兴恢复燕国基业的心志，现在又把军队交给他，这就好比替老虎加上羽翼一样，更加勇猛无敌了。"苻丕说："慕容垂在邺城，我们就好像是睡在猛虎和蛟龙的旁边一样，常常害怕祸乱就发生在肘腋之间，现在让他远行到外面去，不是似乎更好一些吗？而且翟斌凶残悖逆，一定不肯屈居在慕容垂之下，让他们这两只老虎相互拼命，我借机跟着去控制他们，这是卞庄子的策略啊！"（卞庄子，春秋时鲁国卞邑大夫，卞庄子刺虎事，见《史记·陈轸传》。）于是苻丕给了慕容垂两千名老弱的士兵以及一些残次的铠甲兵器，又派遣广武将军苻飞龙率领一千名氐族的骑兵，让他出任慕容垂的副将。苻丕秘密地告诉苻飞龙说："慕容垂是三军的主帅，你是图谋慕容垂的将领，去吧，好生努力地去做吧！"

垂请入邺城拜庙，丕弗许，乃潜服而入；亭吏禁之，垂怒，斩吏烧亭而去。石越言于丕曰："垂敢轻侮方镇，杀吏烧亭，反形已露，可因此除之。"丕曰："淮南之败，垂侍卫乘舆，此功不可忘也。"越曰："垂尚不忠于燕，安能尽忠于我？失今不取，必为后患。"丕不从。越退，告人曰："公父子好为小仁，不顾大计，终当为人擒耳。"

垂留慕容农、慕容楷、慕容绍于邺，行至安阳之汤池，闵亮、李毗自邺来，以丕与苻飞龙所谋告垂。垂因激怒其众曰："吾尽忠于苻氏，而彼专欲图吾父子，吾虽欲已，得乎！乃托言兵少，停河内募兵，旬日间，有众八千。

平原公晖遣使让垂，趣使进兵。垂谓飞龙曰："今寇贼不远，当昼止夜行，袭其不意。"飞龙以为然。壬午，夜，垂遣世子宝将兵居前，少子隆勒兵从己，令氐兵五人为伍；阴与宝约，闻鼓声，前后合击氐兵及飞龙，尽杀之，参佐家在西者皆遣还，并以书遗秦王坚，言所以杀飞龙之故。

【译文】 慕容垂请求进入邺城拜谒祖庙，苻丕没有答应，于是慕容垂把衣服换了暗地里进入邺城。守卫宗庙的官吏（邺城的门亭长）禁止他进入，慕容垂因此很生气，斩杀了官吏，烧毁了亭子以后离开了。石越向苻丕说："慕容垂胆敢轻视侮辱一方长官（指苻丕），杀死亭吏，烧毁庙亭，反叛的形迹已经显露了出来，可以借这个理由把他除掉。"苻丕说："在淮南失败的时候，慕容垂在主上车前马后侍奉守卫天子（指苻坚），这个功劳是不可以忘记的。”石越说：“慕容垂对他自己的燕国尚且不忠，又怎么可能会对我们尽忠呢？错过了今天的这个机会以后就没有把他除掉的机会了，必定会成为以后的祸患。”但是苻丕没有听从他的意见。石越退下以后，告诉别人说：“主公父子喜欢施行小恩小惠，不顾全国家大计，终究将会被他人擒获啊。”

慕容垂把慕容农、慕容楷和慕容绍都留在了邺城，当慕容垂行进到安阳汤池的时候，闵亮、李毗从邺城赶了上来，把苻丕和苻飞龙的计划告诉了慕容垂。慕容垂借机激怒他的士兵说：“我对苻氏竭尽忠诚，他们却专门想要算计我们父子，我虽然想要善罢甘休，但是可以吗？”于是慕容垂就以士兵人数太少为借口，在河内停留招募士兵，十天的时间，就已经聚集了八千名士兵。

平原公苻晖派遣使者责备慕容垂，督促他率领士兵前进。慕容垂对苻飞龙说：“现在寇贼离我们的距离不远，应当白天休息，晚上行军，趁他们不注意的时候前去偷袭。”苻飞龙认为慕容垂的话很有道理。壬午日（二十七日），夜里，慕容垂派遣长子慕容宝率领士兵走在前面，小儿子慕容隆率领士兵跟着自己，命令氐族的士兵，每五个人为一个编制单位；他暗地里已经和慕容宝有了约定，等听到敲战鼓的声音以后，前后合击一同攻击氐族的士兵和苻飞龙，把他们全部都杀死了，参佐当中有家在西方的人，慕容垂让他们全部都还乡，并且给前秦国君苻坚写信，陈述要杀死苻飞龙的原因。

初，垂从坚入邺，以其子麟屡尝告变于燕，立杀其母，然犹不忍杀麟，置之外舍，希得侍见。乃杀苻飞龙，麟屡进策画，启

发垂意，垂更奇之，宠待与诸子均矣。

慕容凤及燕故臣之子燕郡王腾、辽西段延等闻翟斌起兵，各帅部曲归之。平原公晖使武平武侯毛当讨斌。慕容凤曰：“凤今将雪先王之耻，请为将军斩此氐奴。”乃擐甲直进，丁零之众随之，大败秦兵，斩毛当；遂进攻陵云台戍，克之，收万馀人甲仗。

癸未，慕容垂济河焚桥，有众三万，留辽东鲜卑可足浑谭集兵于河内之沙城。垂遣田山如邺，密告慕容农等使起兵相应。时日已暮，农与慕容楷留宿邺中；慕容绍先出，至蒲池，盗丕骏马数百匹以待农、楷。甲申晦，农、楷将数十骑微服出邺，遂同奔列人。

【译文】 起初，慕容垂跟随前秦国君苻坚进入邺城的时候，因为他的儿子慕容麟曾经很多次向前燕的慕容评密告他叛变，所以慕容垂立刻杀死了慕容麟的母亲，然而尚且不忍心杀死慕容麟，只是安排他在城外的屋舍里面居住，慕容麟很少能够见到慕容垂。等到他把苻飞龙杀死了以后，慕容麟多次向慕容垂进献策略和计划，对慕容垂有很大的启发，慕容垂转而认为他不一般，于是对他的宠爱和待遇就和其他的几个儿子一样了。

慕容凤和前燕旧臣的儿子燕郡人王腾、辽西人段延等人，听说了翟斌起兵作乱的消息以后，各自率领自己的部曲家兵前去归附他。平原公苻晖派遣武平武侯毛当前去讨伐翟斌。慕容凤说：“我今天将要洗去先王的耻辱（燕亡的时候，凤父桓死难），请求让我为将军（指慕容垂）斩杀这个氐奴。”于是慕容凤穿上铠甲，一直前进，丁零族的士兵，紧紧地跟随在他的后面，把前秦的士兵打得大败，斩杀了毛当；接着他又率领士兵进攻在陵云台戍守的士兵，攻下了凌云台，缴获了一万多人的铠甲和兵器。

癸未日（二十八日），慕容垂渡过黄河以后，焚毁了桥梁，他拥有三万名士兵，把辽东的鲜卑人可足浑谭留在河内的沙城会集士兵。慕容垂派遣田山前往邺城，秘密地告诉慕容农等人让他们起兵响应。当时天色已晚，慕容农和慕容楷留在邺城里面过夜，慕容绍先行出城，到蒲池盗窃了几百匹苻丕的骏马来等待慕容农和慕容楷。甲申晦日（二十九日），慕容农和慕容楷率领了几十个骑兵，穿着平民的衣服出了邺城，于是他们就和慕容绍一起逃去了列人县（在邺城东北）。

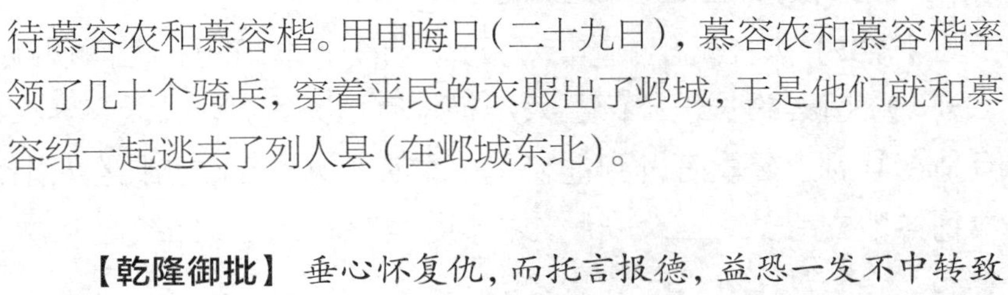

【乾隆御批】 垂心怀复仇，而托言报德，益恐一发不中转致蹉跌耳。观取果自落及诡道避壮士，其深沉阴谋毕见。若苻丕之应垂，既隐忍而俟其变，又离间而藉之辞。至斩吏烧亭反形已露讫置不问，则所为妇人之仁、匹夫之勇耳。

【译文】 慕容垂心怀复仇的想法，而口中却说要报答苻坚，恐怕发动不能成功反而导致失足跌倒。观察他取未熟的果子还是等待果熟自落以及走隐秘的道路躲避壮士，他的深沉和阴谋诡计就充分表露出来。假如苻丕也和慕容垂相对应，既能隐忍能等待慕容垂的变化，又能离间借用他的言辞。等到慕容垂杀亭吏烧亭子，反叛的迹象已露出时却置之不问，那就是所谓的只有妇人之仁和逞匹夫之勇了。

太元九年（甲申，公元三八四年）春，正月，乙酉朔，秦长乐公丕大会宾客，请慕容农不得，始觉有变；遣人四出求之，三日，乃知其在列人，已起兵矣。

慕容凤、王腾、段延皆劝翟斌奉慕容垂为盟主；斌从之。垂欲袭洛阳，且未知斌之诚伪，乃拒之曰："吾来救豫州，不来赴

君。君既建大事，成享其福，败受其祸，吾无预焉。”丙戌，垂至洛阳，平原公晖闻其杀苻飞龙，闭门拒之。翟斌复遣长史郭通往说垂，垂犹未许。通曰：“将军所以拒通者，岂非以翟斌兄弟山野异类，无奇才远略，必无所成故邪？独不念将军今日凭之，可以济大业乎！”垂乃许之。于是，斌帅其众来与垂会，劝垂称尊号。垂曰：“新兴侯，吾主也，当迎归返正耳。”

【译文】太元九年（甲申，公元384年）春季，正月，乙酉朔日（初一），前秦的长乐公苻丕大规模地宴请宾客，邀请了慕容农但是在宴席上并没有见到他，这才发觉出现了变故。派遣人出城到各地去寻找，三天以后，才知道他在列人县，已经起兵叛变了。

慕容凤、王腾和段延都劝翟斌担任盟主的职位，翟斌听从了他们的建议。慕容垂想要袭击洛阳，而且不知道翟斌是否有诚意，就拒绝他说：“我是来援救豫州的（秦国平原公苻晖以豫州牧镇守洛阳），不是来投奔你的。你想要建立丰功伟业，成功了就是你的幸运，失败了就是你的灾难，这些都与我无关。”丙戌日（初二），慕容垂到达了洛阳，平原公苻晖听说他把苻飞龙杀死了，就把城门紧紧地关上，不让他进城。翟斌又派遣长史郭通前去劝说慕容垂，但是慕容垂还是不答应。郭通说：“将军您拒绝郭通的原因，是不是因为翟斌兄弟和你不是同一宗族的（翟斌为丁零种，慕容垂为鲜卑人），而且是身居山野间不开化的百姓，没有过人的才能和远大的谋略，必定不会有什么作为的缘故吗？为什么唯独不考虑将军今天凭借他们，就可以成就大业呢？”听了这话，慕容垂就同意了。于是翟斌率领他的士兵前来和慕容垂会合，劝慕容垂称帝王的尊号。慕容垂说：“新兴侯（秦俘获慕容暐，册封他为新兴侯），是我们的国君，应当迎接他回来，重归正统。”

垂以洛阳四面受敌，欲取邺而据之，乃引兵而东。故扶馀王馀蔚为荥阳太守，及昌黎鲜卑卫驹各帅其众降垂。垂至荥阳，群下固请上尊号，垂乃依晋中宗故事，称大将军、大都督、燕王，承制行事，谓之统府。群下称臣，文表奏诰，封拜官爵，皆如王者。以弟德为车骑大将军，封范阳王；兄子楷为征西大将军，封太原王；翟斌为建义大将军，封河南王；馀蔚为征东将军，统府左司马，封扶馀王；卫驹为鹰扬将军，慕容凤为建策将军。帅众二十馀万，自石门济河，长驱向邺。

【译文】 慕容垂考虑到洛阳四面都会遭到敌人的攻击，想要把邺城攻取下来作为自己的根据地，于是率领军队东进。原来的扶馀王馀蔚出任荥阳太守，和昌黎的鲜卑人卫驹，各自率领自己的士兵向慕容垂投降。慕容垂到达了荥阳，他的部下全部都坚持请他进上帝王之号，慕容垂依照晋中宗（晋元帝司马睿）的遗规，自称为大将军、大都督、燕王，秉承君主的旨意，执行国家的政事，称为统府。部下都向慕容垂称臣，一切的文表奏疏，封拜官位爵号，全部都和君王一样。任命他的弟弟慕容德为车骑大将军，册封他为范阳王；哥哥的儿子慕容楷（慕容恪的儿子）为征西大将军，册封他为太原王；翟斌为建义大将军，册封他为河南王；馀蔚为征东将军、统府左司马，册封他为扶馀王；卫驹为鹰扬将军，慕容凤为建策将军。率领二十多万名士兵，从石门渡过了黄河，长驱直入，直接到达邺城。

慕容农之奔列人也，止于乌桓鲁利家，利为之置馔，农笑而不食。利谓其妻曰：“恶奴，郎贵人，家贫无以馔之，奈何？”妻曰：

“郎有雄才大志，今无故而至，必将有异，非为饮食来也。君亟出，远望以备非常。”利从之。农谓利曰：“吾欲集兵列人以图兴复，卿能从我乎？”利曰：“死生唯郎是从。”农乃诣乌桓张骧，说之曰：“家王已举大事，翟斌等咸相推奉，远近响应，故来相告耳。”骧再拜曰：“得旧主而奉之，敢不尽死！”于是，农驱列人居民为士卒，斩桑榆为兵，裂襜裳为旗，使赵秋说屠各毕聪。聪与屠各卜胜、张延、李白、郭超及东夷馀和、敕勒、易阳乌桓刘大各帅部众数千赴之。农假张骧辅国将军，刘大安远将军，鲁利建威将军。农自将攻破馆陶，收其军资器械，遣兰汗、段赞、赵秋、慕舆悕略取康台牧马数千匹。汗，燕王垂之从舅；赞，聪之子也。于是步骑云集，众至数万，骧等共推农为使持节、都督河北诸军事、票骑大将军，监统诸将，随才部署，上下肃然。农以燕王垂未至，不敢封赏将士。赵秋曰：“军无赏，士不往，今之来者，皆欲建一时之功，规万世之利，宜承制封拜，以广中兴之基。”农从之，于是赴者相继；垂闻而善之。农西招库傉官伟于上党，东引乞特归于东阿，北召光烈将军平叡及叡兄汝阳太守幼于燕国；伟等皆应之。又遣兰汗等攻顿丘，克之。农号令整肃，军无私掠，士女喜悦。

【译文】 慕容农逃到列人县的时候，在乌桓人鲁利的家里居住，鲁利为他准备了食物，慕容农报之一笑，但是没有吃。鲁利对他的妻子说：“恶奴（骂他妻子的话），君郎是贵人，我们家贫穷，没有什么可以给他吃的，怎么办呢？”妻子说：“他有超人的才干，远大的志向，无缘无故地到来，必定是将要有不寻常的事情，不是为了吃东西而来的。你赶快出去，远远地眺望，防备不寻常的事情。”鲁利听从了他妻子的话。慕容农对鲁利说：

“我想要在列人县召集士兵，准备复兴燕国，你能够和我一起做吗？”鲁利说：“不管死生，我都会跟随你。”于是慕容农就去乌桓人张骧那里，劝他说：“家王（指慕容垂，因为慕容农是慕容垂的儿子，故称家王）已经发动了复兴旧业的大事，翟斌等人全部都推举尊奉他，远近的百姓全部都纷纷响应，所以我前来告诉你这件事。”张骧叩头两拜，说：“能够得到过去的君主并且尊奉他，哪里敢不尽死效忠呢？”于是慕容农就把在列人县居住的百姓作为士兵，把桑树、榆树的枝条砍下来作为兵器，把衣服的前襟撕下来作为军旗，派遣赵秋前去劝说屠各（匈奴的贵族）人毕聪。毕聪和屠各人卜胜、张延、李白、郭超以及东夷人馀和，敕勃、易阳县的乌桓人刘大，各自率领自己部下的几千名士兵前去归附慕容农。慕容农暂时任命张骧为辅国将军，刘大为安远将军，鲁利为建威将军。慕容农亲自率领士兵攻取了馆陶，并且把那里的军用物资和器械全部都收缴了，派遣兰汗、段赞、赵秋、慕舆悕夺取了康台的几千匹牧马。兰汗，是后燕国君慕容垂的堂舅；段赞，是毕聪的儿子。于是步兵、骑兵像云涌似的聚集过来，士兵的人数多达几万人，张骧等人共同推举慕容农为使持节、都督河北诸军事、骠骑大将军，对于众将领，根据他们的才能进行任用，上上下下，恭敬顺从。慕容农因为后燕国君慕容垂还没有到达，不敢擅自封爵和赏赐将士们。赵秋说：“军队里面没有赏赐作为奖励，将士们就不会勇往赴战，现在前来归附我们的，全部都是想要建立一时的功勋，来图谋长远的利益，您应该秉承国王的旨意，对他们封爵拜官，来加强中兴大业的根基。”慕容农采纳了他的意见，于是，前来投效的人络绎不绝；后燕国君慕容垂听到了这个消息以后，对此加以赞扬。慕容农派遣使者前往上党招纳库（一作“厍”）傉官伟，向东延引东阿的乞持归，向北到后燕招纳光烈将军平叡以及平叡的哥哥汝阳太守平幼，库傉官伟等人全部都响应他。慕容农又派遣兰汗攻打顿丘，把顿丘攻取了下来。慕容农的军队号令森严，军士们都不敢把居民的财物夺取过来占为己有，男女老幼都感到很高兴。

长乐公丕使石越将步骑万馀讨之。农曰："越有智勇之名，今不南拒大军而来此，是畏王而陵我也；必不设备，可以计取之。"众请治列人城，农曰："善用兵者，结士以心，不以异物。今起义兵，唯敌是求，当以山河为城池，何列人之足治也！"辛卯，越至列人西，农使赵秋及参军綦毋滕击越前锋，破之。参军太原赵谦言于农曰："越甲仗虽精，人心危骇，易破也，宜急击之。"农曰："彼甲在外，我甲在心，昼战，则士卒见其外貌而惮之，不如待暮击之，可以必克。"令军士严备以待，毋得妄动。越立栅自固，农笑谓诸将曰："越兵精士众，不乘其初至之锐以击我，方更立栅，吾知其无能为也。"向暮，农鼓噪出，陈于城西。牙门刘木请先攻越栅，农笑曰："凡人见美食，谁不欲之，何得独请！然汝猛锐可嘉，当以先锋惠汝。"木乃帅壮士四百腾栅而入，秦兵披靡；农督大众随之，大败秦兵，斩越，送首于垂。越与毛当，皆秦之骁将也，故秦王坚使助二子镇守；既而相继败没，人情骚动，所在盗贼群起。

【译文】 前秦的长乐公苻丕派遣石越率领一万多名步兵和骑兵，前去讨伐慕容农。慕容农说："石越有智谋和勇敢兼备的名声，现在不去南边抵抗大军，而来到这里，这是畏惧王（指慕容垂）而来欺负我，他们一定没有做防备，我们可以使用计谋战胜他们。”士兵们请求慕容农据守列人城，慕容农说：“善于用兵的人，凝聚兵众靠的是赢得人心，不依靠别的什么东西。现在兴起义兵，只要是敌人就攻击，应当以高山大河作为城池，一个小小的列人城哪里值得据守呢？”辛卯日（初七），石越到达了列人城西，慕容农派遣赵秋以及参军綦毋滕攻击石越的前锋，打败了他们。参军太原人赵谦向慕容农进言说：“石越的铠甲和兵器虽然精良，但是士兵们心里惊恐畏惧，所以很容易攻破，您应当赶快前去攻击他们。”慕容农说：“他们军士的铠甲是在身上，我们军士的铠甲在心里面，白天作战，士兵们看见他们表面上的精良装备，就会对他们感到畏惧，不如等到晚上再去攻击他们，必定可以打败他们。”慕容农命令士兵们严加戒备来等待时机，不要轻举妄动。石越修建了栅栏来进行防守，慕容农笑着对众将领说：“石越武器精良，士兵众多，不乘着刚刚到来的锐气前来攻击我们，反而在修建栅栏进行防守，我知道他们是没有能力进攻。”等到天黑了以后，慕容农击鼓呼喊出发，在城西摆开战阵，牙门刘木向慕容农请求作为先锋前去攻击石越的栅栏，慕容农笑着说：“凡人看到美味的食物，哪一个不想得到，怎么能够让你独自一个人请求先去呢？然而你的勇猛精锐值得嘉勉，应该把先锋的角色优待给你。”于是刘木就率领四百个健壮的士兵，越过栅栏冲入敌阵，前秦的士兵惊慌溃败；慕容农率大队兵马跟在他的后面进行追击，把前秦的士兵打得大败，砍下了石越的头颅，送到了慕容垂那里。石越和毛当都是前秦骁勇的将领，所以前秦国君苻坚派遣他们协助他的两个儿子（苻晖和苻丕）镇守（洛阳和邺城）；此后，相继失败死亡，人们的心情骚动不安，他们所在的地方盗贼成群地起来抢夺百姓的财物。

庚戌，燕王垂至邺，改秦建元二十年为燕元年，服色朝仪，皆如旧章。以前岷山公库傉官伟为左长史，前尚书段崇为右长史，荥阳郑豁等为从事中郎。慕容农引兵会垂于邺，垂因其所称之官而授之。立世子宝为太子，封从弟拔等十七人及甥宇文输、舅子兰审皆为王；其馀宗族及功臣封公者三十七人，侯、伯、子，男者八十九人。可足浑谭集兵得二万馀人，攻野王，拔之，引兵会攻邺。平幼及弟叡、规亦帅众数万会垂于邺。

【译文】庚戌日（二十六日），后燕国君慕容垂到达了邺县，把前秦建元二十年更改为后燕元年，官员服饰的颜色，朝廷的礼仪，全部都还依照以前的制度。任命以前的岷山公库傉官伟为左长史，前尚书段崇为右长史，荥阳人郑豁等人为从事中郎。慕容农率领士兵前去邺城和慕容垂相会，后燕国君慕容垂把他自称的官职正式授予了他们。册立世子慕容宝为太子，册封堂弟慕容拔等一共十七个人，以及外甥宇文输（输一作翰）、舅舅的儿子兰审都为王；其余的宗族亲属以及功臣，一共有三十七人被册封为公，一共有八十九个人被册封为侯、伯、子、男。可足浑谭聚集到了两万多名士兵，攻打野王，把野王攻取了下来，又率领军队和后燕国君慕容垂的士兵会合一同攻打邺城。平幼和他的弟弟平叡、平规，也率领几万个士兵前往邺城和后燕国君慕容垂会合。

长乐公丕使姜让诮让燕王垂，且说之曰："过而能改，今犹未晚也。"垂曰："孤受主上不世之恩，故欲安全长乐公，使尽众赴京师，然后修复国家之业，与秦永为邻好。何故暗于机运，不以邺城见归？若迷而不复，当穷极兵势，恐单马求生，亦不可得也。”让厉色责之曰：“将军不容于家国，投命圣朝，燕之尺土，将军岂有分乎？主上与将军风殊类别，一见倾心，亲如宗戚，宠逾勋旧，自古君臣际遇，有如是之厚者乎？一旦因王师小败，遽有异图。长乐公，主上元子，受分陕之任，宁可束手输将军以百城之地乎？将军欲裂冠毁冕，自可极其兵势，奚更云云！但惜将军以七十之年，悬首白旗，高世之忠，更为逆鬼耳!”垂默然。左右请杀之，垂曰：“彼各为其主耳，何罪!”礼而归之，遗丕书及上秦王坚表，陈述利害，请送丕归长安。坚及丕怒，复书切责之。

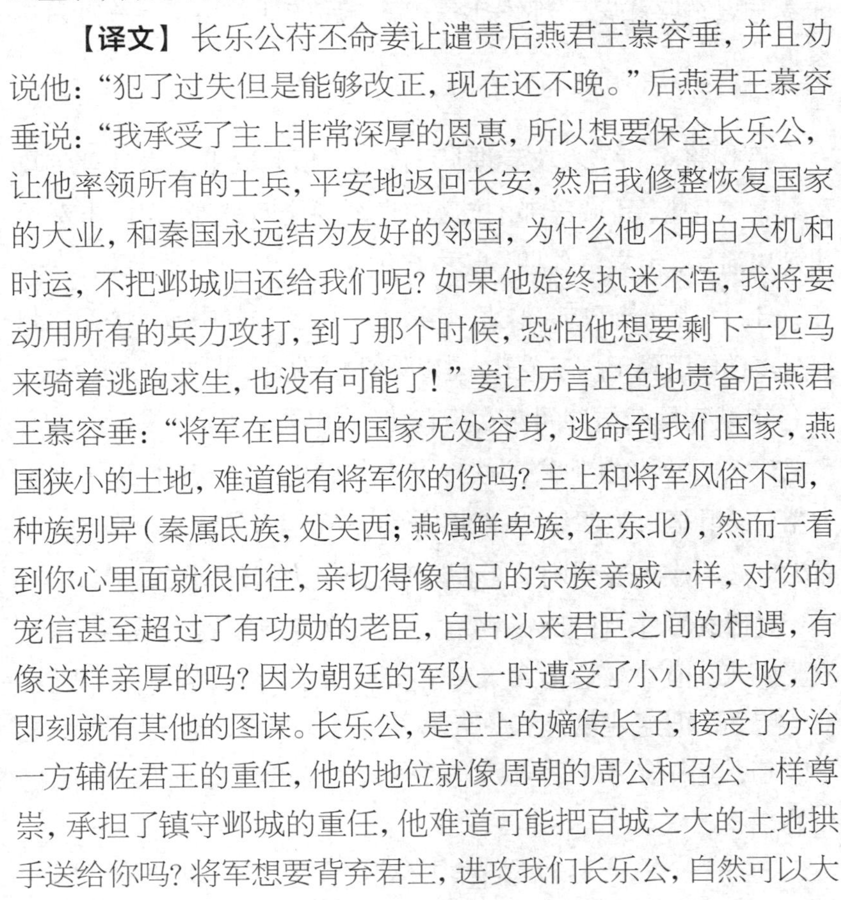

【译文】长乐公苻丕命姜让谴责后燕君王慕容垂，并且劝说他：“犯了过失但是能够改正，现在还不晚。”后燕君王慕容垂说：“我承受了主上非常深厚的恩惠，所以想要保全长乐公，让他率领所有的士兵，平安地返回长安，然后我修整恢复国家的大业，和秦国永远结为友好的邻国，为什么他不明白天机和时运，不把邺城归还给我们呢？如果他始终执迷不悟，我将要动用所有的兵力攻打，到了那个时候，恐怕他想要剩下一匹马来骑着逃跑求生，也没有可能了！”姜让厉言正色地责备后燕君王慕容垂：“将军在自己的国家无处容身，逃命到我们国家，燕国狭小的土地，难道能有将军你的份吗？主上和将军风俗不同，种族别异（秦属氐族，处关西；燕属鲜卑族，在东北），然而一看到你心里面就很向往，亲切得像自己的宗族亲戚一样，对你的宠信甚至超过了有功勋的老臣，自古以来君臣之间的相遇，有像这样亲厚的吗？因为朝廷的军队一时遭受了小小的失败，你即刻就有其他的图谋。长乐公，是主上的嫡传长子，接受了分治一方辅佐君王的重任，他的地位就像周朝的周公和召公一样尊崇，承担了镇守邺城的重任，他难道可能把百城之大的土地拱手送给你吗？将军想要背弃君主，进攻我们长乐公，自然可以大动军威，调用你所有兵力，哪里还用得着说那么多话呢？只可惜将军以七十岁的高龄，被斩下头颅，就像被周武王姬发杀掉商纣王一样把头颅悬挂在白旗上面，往日超越世俗的忠诚，反而要因为叛逆而成为被处死的鬼魂了！”后燕国君慕容垂默默地一句话也不说。后燕国君慕容垂周围的人都请求杀死姜让，慕容垂说：“那也不过是各为其主罢了，有什么罪过呢？”对他以礼相待，送他回去了，并且给苻丕写的信件里，以及给前秦国君苻坚呈上的奏表里，把利害关系都说明了，请求把苻丕送回长安。前秦国君苻坚和苻丕都很生气，回信痛切地责备了后燕国君慕容垂。

鹰扬将军刘牢之攻秦谯城，拔之。桓冲遣上庸太守郭宝攻秦魏兴、上庸、新城三郡，拔之。将军杨佺期进据成固，击秦梁州刺史潘猛，走之。佺期，亮之子也。

壬子，燕王垂攻邺，拔其外郭，长乐公丕退守中城。关东六州郡县多送任请降于燕。癸丑，垂以陈留王绍行冀州刺史，屯广阿。

丰城宣穆公桓冲闻谢玄等有功，自以失言，惭恨成疾；二月，辛巳，卒。朝议欲以谢玄为荆、江二州刺史。谢安自以父子名位太盛，又惧桓氏失职怨望，乃以梁郡太守桓石民为荆州刺史，河东太守桓石虔为豫州刺史，豫州刺史桓伊为江州刺史。

【译文】 东晋的鹰扬将军刘牢之攻打前秦的谯城，把谯城攻了下来。桓冲派遣上庸太守郭宝攻打前秦的魏兴、上庸以及新城三郡，把这些城池全部都攻了下来。将军杨佺期进军占据了成固，攻击前秦的梁州刺史潘猛，潘猛逃走了。杨佺期，是杨亮的儿子。

壬子日（二十八日），后燕国君慕容垂攻打邺城，把邺城的外城攻了下来，长乐公苻丕退守中城。关东六州的郡县，大多数都把和自己亲近的人送去作为人质，向后燕请求投降。癸丑日（二十九日），后燕国君慕容垂任命陈留王慕容绍兼领代理冀州刺史，驻扎在广阿。

丰城宣穆公桓冲听说谢玄等人建立了战功，自认为之前说错了话，因此羞惭恼恨，酿成疾病；二月，辛巳日（二十七日），桓冲去世。朝廷大臣们议论想要任命谢玄为荆州、江州两个州的刺史。谢安自认为自己父子的名声职位太引人注目，又害怕桓氏家族的人因为丢失了职位而怀恨在心，就任命梁郡太守桓石民为荆州刺史，河东太守桓石虔为豫州刺史，豫州刺史桓伊为江州刺史。

燕王垂引丁零、乌桓之众二十馀万为飞梯地道以攻邺，不拔；乃筑长围守之，分处老弱于肥乡，筑新兴城以置辎重。

秦征东府官属疑参军高泰，燕之旧臣，有贰心；泰惧，与同郡虞曹从事吴韶逃归勃海。韶曰："燕军近在肥乡，宜从之。"泰曰："吾以避祸耳；去一君，事一君，吾所不为也！"申绍见而叹曰："去就以道，可谓君子矣！"

燕范阳王德击秦枋头，取之，置戍而还。

【译文】 后燕国君慕容垂率领丁零、乌桓的二十多万名士兵，架设云梯，开挖地道，用来攻打邺城，但是没有攻取下来；于是就修筑了很长的围墙用来进行防守，把老弱的士兵分别安置在肥乡，修筑新兴城，用来放置器械、仪仗、粮草等物品。

前秦征东府的官吏僚属们怀疑参军高泰是前燕的旧臣（高泰先在前燕任官，慕容垂任命他为从事中郎），怀有二心，高泰害怕了，和同郡人虞曹从事吴韶逃回了渤海。吴韶说："燕国的

军队就在很近的肥乡，我们应该前去归附他们。”高泰说：“我们的目的只是逃避灾祸罢了；离开一个君主，又去事奉另一个君主，这是我所不愿意做的！”申绍见到他以后，感叹地说：“离开与归附全都依循一定的道理，可以称得上是君子了！”

后燕的范阳王慕容德攻击前秦的枋头，把枋头攻取了下来，派遣士兵在那里戍守，然后就回来了。

东胡王晏据馆陶，为邺中声援，鲜卑、乌桓及郡县民据坞壁不从燕者尚众；燕王垂遣太原王楷与镇南将军陈留王绍讨之。楷谓绍曰：“鲜卑、乌桓及冀州之民，本皆燕臣，今大业始尔，人心未洽，所以小异；唯宜绥之以德，不可震之以威。吾当止一处，为军声之本，汝巡抚民夷，示以大义，彼必当听从。”楷乃屯于辟阳。绍帅骑数百往说王晏，为陈祸福，晏随绍诣楷降，于是鲜卑、乌桓及坞民降者数十万口。楷留其老弱，置守宰以抚之，发其丁壮十馀万，与王晏诣邺。垂大悦，曰：“汝兄弟才兼文武，足以继先王矣！”

【译文】东胡人王晏占据了馆陶，声援邺中，鲜卑、乌桓以及各郡县的百姓占据了坞壁（筑土为壁障，以防备盗贼，也有单称坞或壁的），不肯归附后燕的百姓尚且还有很多；后燕国君慕容垂派遣太原王慕容楷，和镇南将军陈留王慕容绍前去讨伐他们。慕容楷对慕容绍说：“鲜卑、乌桓以及冀州的百姓，本来都是后燕的臣民，现在大业才刚刚开始，人们的心尚且还没有融洽，这就是导致小有不同的原因；您应该用恩德来使他们安定，不可以依靠威势来使他们震惧。我应当在一个地方停留，作为军队声威的根基；你去巡视安抚后燕的鲜卑人和汉民，以及鲜卑族以外的异族，明白地向他们展示大义，他们就必定会听命服从。”慕容楷于是驻扎在辟阳。慕容绍率领几百名骑兵，前去游说王晏，向他说明避祸求福的道理，因此王晏跟随慕容绍到慕容楷那里投降，于是鲜卑、乌桓以及在坞壁里面守卫的百姓一共有几十万人向慕容楷投降。慕容楷把其中的老弱者留了下来，设置郡守和县宰来安抚他们，派遣其中十几万名身强力壮的成年人，和王晏一起前往邺城。后燕国君慕容垂十分高兴地说：“你们兄弟的才干，文武兼备，足以继承先王的事业！”（先王指慕容恪。）

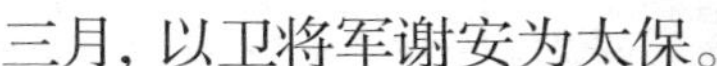

三月，以卫将军谢安为太保。

秦北地长史慕容泓闻燕王垂攻邺，亡奔关东，收集鲜卑，众至数千。还屯华阴，败秦将军强永，其众遂盛；自称都督陕西诸军事、大将军、雍州牧、济北王，推垂为丞相、都督陕东诸军事、领大司马、冀州牧、吴王。

秦王坚谓权翼曰：“不用卿言，使鲜卑至此。关东之地，吾不复与之争，将若泓何？”乃以广平公熙为雍州刺史，镇蒲坂。征雍州牧巨鹿公叡为都督中外诸军事、卫大将军、录尚书事，配兵五万；以左将军窦冲为长史，龙骧将军姚苌为司马，以讨泓。

平阳太守慕容冲亦起兵于平阳，有众二万，进攻蒲坂；坚使窦冲讨之。

【译文】三月，东晋任命卫将军谢安为太保。

前秦北地长史慕容泓听说后燕国君慕容垂攻打邺城，就逃奔到了关东，收拢聚集鲜卑人，士兵人数多达几千，返回的时候驻扎在华阴，把前秦将军强永打败了以后，他的士兵人数就更多了；慕容泓自称为都督陕西诸军事、大将军、雍州牧、济北王，推举后燕国君慕容垂出任丞相、都督陕东诸军事、兼领大司马、冀州牧、吴王。

前秦国君苻坚对权翼说：“我没有采纳你的忠言，反而派遣了慕容垂，才使鲜卑人到了这种地步。关东这个地方，我不再和他们争夺，但是该拿慕容泓怎么办呢？”于是任命广平公苻熙为雍州刺史，镇守蒲坂。征召雍州牧巨鹿公苻叡为都督中外诸军事、卫大将军、录尚书事，分配给他五万名士兵；任命左将军窦冲为长史，龙骧将军姚苌为司马，前去讨伐慕容泓。

平阳太守慕容冲也在平阳起兵，拥有两万名士兵，进军攻打蒲坂；前秦国君苻坚派遣窦冲前去讨伐他。

库傉官伟帅营部数万至邺，燕王垂封伟为安定王。

秦冀州刺史阜城侯定守信都，高城男绍在其国，高邑侯亮、重合侯谟守常山，固安侯鉴守中山。燕王垂遣前将军、乐浪王温督诸军攻信都，不克；夏，四月，丙辰，遣抚军大将军麟益兵助之。定、鉴，秦王坚之从叔；绍、谟，从弟；亮，从子也。温，燕王垂之弟子也。

【译文】库傉官伟率领屯营的几万名士兵到达邺城，后燕国君慕容垂任命库傉官伟为安定王。

前秦冀州刺史阜城侯苻定戍守信都，高城男苻绍在高城，高邑侯苻亮和重合侯苻谟戍守常山，固安侯苻鉴戍守中山。后燕国君慕容垂派遣前将军、乐浪王慕容温督率各路军队攻打信都，但是没有攻下来。夏季，四月，丙辰日（初三），派遣抚军大将军慕容麟增加士兵前去协助他们。苻定、苻鉴，是前秦国君苻坚的堂叔；苻绍、苻谟，是他的堂弟；苻亮，是他的侄子。慕容温，是后燕国君慕容垂弟弟的儿子。

慕容泓闻秦兵且至，惧，帅众将奔关东。秦巨鹿愍公叡粗猛轻敌，欲驰兵邀之。姚苌谏曰：“鲜卑皆有思归之志，故起而为乱，宜驱令出关，不可遏也。夫执鼷鼠之尾，犹能反噬于人。彼自知困穷，致死于我；万一失利，悔将何及！但可鸣鼓随之，彼将奔败不暇矣。”叡弗从，战于华泽，叡兵败，为泓所杀。苌遣龙骧长史赵都、参军姜协诣秦王坚谢罪；坚怒，杀之。苌惧，奔渭北马牧。于是，天水尹纬、尹详、南安庞演等纠扇羌豪，帅其户口归苌者五万馀家，推苌为盟主。苌自称大将军、大单于、万年秦王，大赦，改元白雀，以尹详、庞演为左、右长史，南安姚晃及尹纬为左、右司马，天水狄伯支等为从事中郎，羌训等为掾属，王据等为参军，王钦卢、姚方成等为将帅。

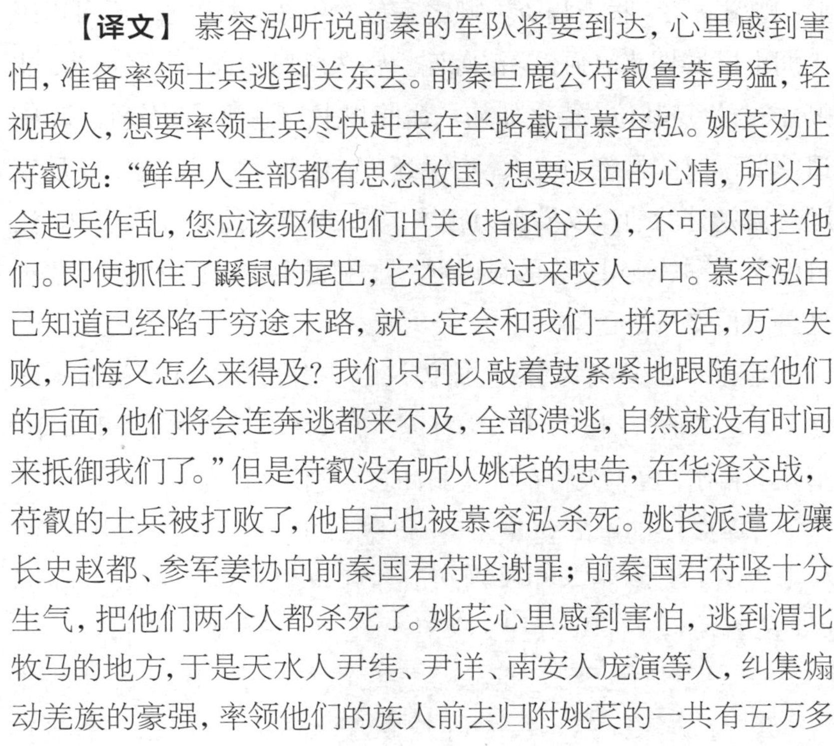

【译文】 慕容泓听说前秦的军队将要到达，心里感到害怕，准备率领士兵逃到关东去。前秦巨鹿公苻叡鲁莽勇猛，轻视敌人，想要率领士兵尽快赶去在半路截击慕容泓。姚苌劝止苻叡说：“鲜卑人全部都有思念故国、想要返回的心情，所以才会起兵作乱，您应该驱使他们出关（指函谷关），不可以阻拦他们。即使抓住了鼷鼠的尾巴，它还能反过来咬人一口。慕容泓自己知道已经陷于穷途末路，就一定会和我们一拼死活，万一失败，后悔又怎么来得及？我们只可以敲着鼓紧紧地跟随在他们的后面，他们将会连奔逃都来不及，全部溃逃，自然就没有时间来抵御我们了。”但是苻叡没有听从姚苌的忠告，在华泽交战，苻叡的士兵被打败了，他自己也被慕容泓杀死。姚苌派遣龙骧长史赵都、参军姜协向前秦国君苻坚谢罪；前秦国君苻坚十分生气，把他们两个人都杀死了。姚苌心里感到害怕，逃到渭北牧马的地方，于是天水人尹纬、尹详、南安人庞演等人，纠集煽动羌族的豪强，率领他们的族人前去归附姚苌的一共有五万多家，推举姚苌担任盟主。姚苌自称大将军、大单于、万年秦王，下令大赦，把年号更改为白雀（自此以后，姚苌系之后秦），任命尹详、庞演为左、右长史，南安人姚晃以及尹纬为左、右司马，天水人狄伯支等人为从事中郎，羌训等人为掾属（佐治之吏，正叫掾，副叫属），王据等人为参军，王钦卢、姚方成等人为将帅。

秦窦冲击慕容冲于河东，大破之；冲帅鲜卑骑八千奔慕容泓。泓众至十馀万，遣使谓秦王坚曰："吴王已定关东，可速资备大驾，奉送家兄皇帝，泓当帅关中燕人翼卫乘舆，还返邺都，与秦以虎牢为界，永为邻好。"坚大怒，召慕容暐责之曰："今泓书如此，卿欲去者，朕当相资。卿之宗族，可谓人面兽心，不可以国士期也！"暐叩头流血，涕泣陈谢。坚久之曰："此自三竖所为，非卿之过。"复其位，待之如初。命暐以书招谕泓、冲及垂。暐密遣使谓泓曰："吾笼中之人，必无还理；且燕室之罪人也，不足复顾。汝勉建大业，以吴王为相国，中山王为太宰、领大司马，汝可为大将军、领司徒，承制封拜，听吾死问，汝便即尊位。"泓于是进向长安，改元燕兴。

燕王垂以邺城犹固，会僚佐议之。右司马封衡请引漳水灌之；从之。垂行围，因饮于华林园，秦人密出兵掩之，矢下如雨，垂几不得出，冠军大将军隆将骑冲之，垂仅而得免。

【译文】 前秦的窦冲在黄河以东的地区攻击慕容冲，把他打得大败；于是慕容冲率领八千名鲜卑的骑兵逃到慕容泓那里。慕容泓部下的士兵已经多达十几万人，他派遣使者对前秦国君苻坚说："吴王慕容垂已经把关东平定了，可以赶快就此准备车驾，恭送家兄慕容皇帝（指其兄慕容暐），慕容泓要率领关中的燕国人，守卫车乘，返回邺城，和秦以虎牢作为边界，永远结为友邻。”前秦国君苻坚听了以后非常愤怒，把慕容暐传召来责备他说：“现在慕容泓的信中把话说到了这种地步，等到你想要离开的时候，我将会为你提供帮助。你的宗族亲戚可以说是具备了人的面貌，却包含着禽兽的心肠，无法把他们作为国士来寄予期望！”慕容暐叩头叩得流了血，哭泣着表示谢罪。过了很长时间，前秦国君苻坚说：“这件事情是这三个竖子（指慕容垂、慕容泓、慕容冲三人）所做的，不是你的过失。然后恢复了慕容暐的官职，对待他仍然像当初一样。让慕容暐写信招纳劝谕慕容泓、慕容冲以及慕容垂。慕容暐秘密地派遣使者对慕容泓说：“我是被困在笼子里面的人，必定没有活着回去的道理；况且我还是燕王室的罪人，不值得你们再顾念。你好好努力建成大业，任命吴王为相国，中山王为太宰、兼领大司马，你可以出任大将军、兼领司徒，承奉我的旨意，封爵拜官，听到我死了的消息以后，你就可以即皇帝的尊位了。”于是慕容泓向长安进军，把年号更改为燕兴。

后燕国君慕容垂因为邺城仍然很坚固，召集僚属、佐吏们商议攻打的策略。右司马封衡向后燕国君慕容垂请求把漳水引进来灌注到邺城里面，慕容垂采纳了他的意见。后燕国君慕容垂巡行到了打猎场，顺便在华林园饮酒，前秦的人秘密地派遣士兵对他突然进行袭击，乱箭像下大雨一样射了过来，慕容垂几乎不能够冲出敌军的包围，冠军大将军慕容隆率领骑兵冲击敌人，慕容垂才幸免于难。

竟陵太守赵统攻襄阳，秦荆州刺史都贵奔鲁阳。

五月，秦洛州刺史张五虎据丰阳来降。

梁州刺史杨亮帅众五万伐蜀，遣巴西太守费统等将水陆兵三万为前锋。亮屯巴郡，秦益州刺史王广遣巴西太守康回等拒之。

秦苻定、苻绍皆降于燕，燕慕容麟引兵西攻常山。

后秦王苌进屯北地，秦华阴、北地、新平、安定羌胡降之者十馀万。

【译文】东晋竟陵太守赵统攻打襄阳，前秦荆州刺史都贵逃到了鲁阳。

五月，前秦洛州刺史张五虎占据了丰阳，前去向东晋投降。

东晋梁州刺史杨亮率领五万名士兵，攻打蜀，任命巴西太守费统率领三万名水、陆士兵作为前锋。杨亮驻扎在巴郡，前秦益州刺史王广派遣巴西太守康回等人抵抗他们。

前秦的苻定、苻绍都向后燕投降了；后燕的慕容麟率领军队向西攻打常山。

后秦国君姚苌率领士兵在北地驻扎，前秦的华阴、北地、新平、安定等地的羌胡有十几万户都向姚苌投降。

【乾隆御批】营中水三尺，营外寸余，或出附会奇谈，不然则苌结营处适当洼下耳。若谓别有神佑，平地水能自深，有是理乎？

【译文】营中的水深三尺，营外的水只有寸余，可能是附和奇谈，不然就是姚苌安营处正好在低洼之处。如果说有神仙保佑，那平地的水就能无故加深，有这样的道理吗？

六月，癸丑朔，崇德太后褚氏崩。

秦王坚自帅步骑二万以击后秦，军于赵氏坞，使护军将军杨璧等分道攻之；后秦兵屡败，斩后秦王苌之弟镇军将军尹买。

后秦军中无井，秦人塞安公谷、堰同官水以固之，后秦人恟惧，有渴死者。会天大雨，后秦营中水三尺，绕营百步之外，寸馀而已，后秦军复振。秦王坚叹曰：“天亦佑贼乎！”

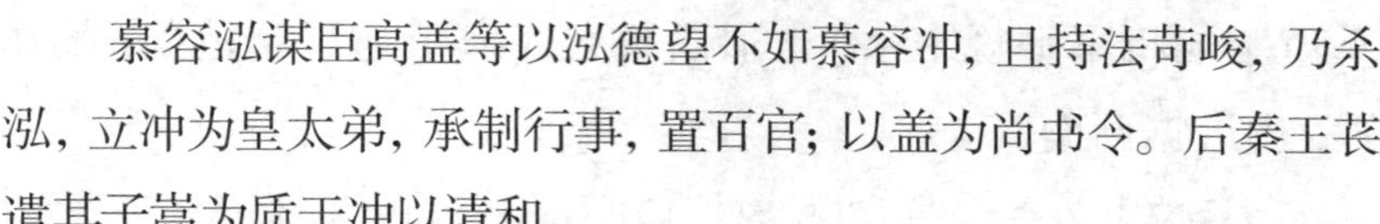

慕容泓谋臣高盖等以泓德望不如慕容冲，且持法苛峻，乃杀泓，立冲为皇太弟，承制行事，置百官；以盖为尚书令。后秦王苌遣其子嵩为质于冲以请和。

【译文】六月，癸丑朔日（初一），东晋崇德太后褚氏去世。

前秦国君苻坚亲自率领两万名步兵和骑兵，驻扎在赵氏坞，让护军将军杨璧等人分路攻打。后秦的士兵多次被打败，斩杀了后秦国君姚苌的弟弟镇军将军尹买。后秦军队驻扎的地方没有水井，前秦的士兵又堵塞了安公谷，并且拦截了同官水，来围困后秦的士兵。后秦的士兵都感到惊恐害怕，有人干渴而死。恰巧天下大雨，后秦的军营里面积水有三尺那么深，环绕军营一百步以外的地方，积水仅仅一寸多深而已，后秦的军队又振奋了起来。前秦国君苻坚叹息着说：“难道就连上天也保佑贼兵吗？”

慕容泓的谋臣高盖等人认为慕容泓的德行和威望都比不上慕容冲，而且执行法律苛刻严峻，于是把慕容泓杀死了，册立慕容冲为皇太弟，秉承国君的旨意，处理事务，设置了百官；慕容冲任命高盖为尚书令。后秦国君姚苌派遣他的儿子姚嵩（《姚苌载记》，“嵩”作“崇”），作为人质到慕容冲那里，请求议和。

将军刘春攻鲁阳，都贵奔还长安。

后秦王苌帅众七万击秦，秦王坚遣杨璧等拒之，为苌所败；获杨璧及右将军徐成、镇军将军毛盛等将吏数十人，苌皆礼而遣之。

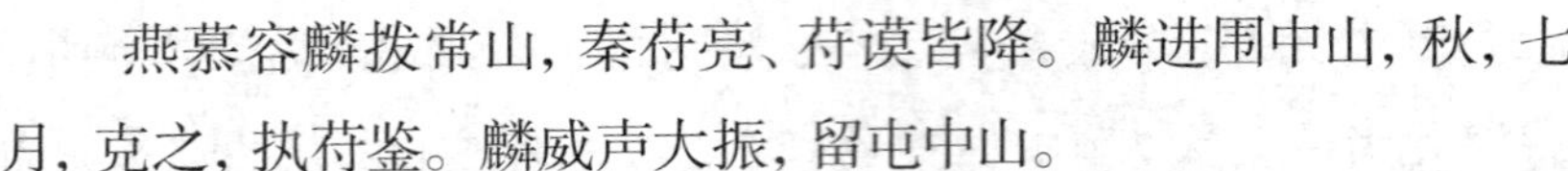

燕慕容麟拔常山，秦苻亮、苻谟皆降。麟进围中山，秋，七月，克之，执苻鉴。麟威声大振，留屯中山。

秦幽州刺史王永、平州刺史苻冲帅二州之众以击燕。燕王垂遣宁朔将军平规击永，永遣昌黎太守宋敞逆战于范阳，敞兵败，规进据蓟南。

【译文】东晋将军刘春攻打鲁阳，都贵逃回了长安。

后秦国君姚苌率领七万名士兵攻击前秦，前秦国君苻坚派遣杨璧等人进行抵抗，却被后秦国君姚苌打败了；把杨璧以及右将军徐成、镇军将军毛盛等几十个将领和官吏都俘虏了，后秦国君姚苌对他们全部都以礼相待，然后放他们回去了。

后燕的慕容麟把常山攻取了下来，前秦的苻亮、苻谟都向慕容麟投降了。慕容麟进军围攻中山，秋季，七月，慕容麟攻取了中山，擒获了苻鉴。慕容麟的威势和名声大振，在中山停留并且驻扎在那里。

前秦幽州刺史王永、平州刺史苻冲率领两个州的士兵攻击后燕。后燕国君慕容垂派遣平（平一作宁）朔将军平规攻击王永，王永派遣昌黎太守宋敞在范阳迎战，宋敞的军队被打败，平规进军占据了蓟南地区。

秦平原公晖帅洛阳、陕城之众七万归于长安。

益州刺史王广遣将军王虬帅蜀汉之众三万北救长安。

秦王坚闻慕容冲去长安浸近，乃引兵归，遣抚军大将军高阳公方戍骊山，拜平原公晖为都督中外诸军事、车骑大将军、录尚书事，配兵五万以拒冲。冲与晖战于郑西，大破之。坚又遣前将军姜宇与少子河间公琳帅众三万拒冲于灞上；琳、宇皆败死，冲遂据阿房城。

泰康回兵数败，退还成都。梓潼太守垒袭以涪城来降。荆州刺史桓石民据鲁阳，遣河南太守高茂北戍洛阳。

【译文】 前秦平原公苻晖率领洛阳、陕城的七万名士兵回到了长安。

益州刺史王广遣将军王虬率领三万名蜀汉士兵向北救长安。

前秦国君苻坚听说慕容冲和长安的距离越来越近，就率领军队回去，派遣抚军大将军高阳公苻方戍守骊山，任命平原公苻晖为都督中外诸军事、车骑大将军、录尚书事，配备五万名士兵用来抵抗慕容冲。慕容冲和苻晖在郑西交战，把苻晖打得大败。前秦国君苻坚又派遣前将军姜宇和小儿子河间公苻琳一起率领三万名士兵，在灞上抵抗慕容冲；苻琳、姜宇全部战败而死，于是慕容冲占据了阿房城。

前秦康回的军队多次被打败，于是撤退回了成都。梓潼太守垒袭用涪城向东晋投降。荆州刺史桓石民占据了鲁阳，派遣河南太守高茂去北方戍守洛阳。

己酉，葬康献皇后于崇平陵。

燕翟斌恃功骄纵，邀求无厌；又以邺城久不下，潜有贰心。太子宝请除之，燕王垂曰："河南之盟，不可负也；若其为难，罪由于斌。今事未有形而杀之，人必谓我忌惮其功能；吾方收揽豪杰以隆大业，不可示人以狭，失天下之望也。藉彼有谋，吾以智防之，无能为也。"范阳王德、陈留王绍、票骑大将军农皆曰："翟斌兄弟恃功而骄，必为国患。"垂曰："骄则速败，焉能为患？彼有大功，当听其自毙耳。"礼遇弥重。

斌讽丁零及其党请斌为尚书令。垂曰："翟王之功，宜居上辅；但台既未建，此官不可遽置耳。”斌努，密与前秦长乐公丕通谋，使丁零决堤溃水；事觉，垂杀斌及其弟檀、敏，馀皆赦之。

【译文】 己酉日（二十八日），东晋在崇平陵安葬了康献皇后。

后燕的翟斌依恃自己的功劳，傲慢无忌，贪得无厌，又因为围攻邺城很长时间也没有攻下来，私底下产生了背叛的想法。太子慕容宝请求后燕国君慕容垂把他除掉，后燕国君慕容垂说：“我们在河南结的盟约，不可以违背；如果他起来发难，罪过就都由他承担。现在事情尚且没有发生就把他杀死了，人家必定会说我忌惮他的功劳，畏惧他的才能；我正在收罗招揽英雄豪杰，以使大业兴隆，不可以向人们显露出狭隘，失去天下人的期望。如果他有什么阴谋，我可以用智慧来防范他，使他不能有什么作为。”范阳王慕容德、陈留王慕容绍、骠骑大将军慕容农都说：“翟斌兄弟依恃自己的功劳而傲慢骄横，必定会成为国家的祸患。”后燕国君慕容垂说：“骄横必然导致迅速的失败，怎么能够成为祸患呢？他立有大功，应当听凭他自取灭亡。”后燕国君慕容垂对翟斌的礼遇越发优厚。

翟斌暗示丁零人以及自己的同党，请求让他出任尚书令。后燕国君慕容垂说：“翟王的功劳，应当居上辅之位的尚书令；但是尚书台尚且没有建立，就不可以仓促设立这个官职。”翟斌听了以后很生气，暗地里和前秦长乐公苻丕私自互通计谋（按《通鉴》凡苻秦事，均写为秦；所以此“前”字衍），命令丁零人开决输引漳水的堤防，把水放走，事情被后燕国君慕容垂发觉了，慕容垂把翟斌以及他的弟弟翟檀和翟敏都杀死了，但是把其余的人都赦免了。

斌兄子真，夜将营众北奔邯郸，引兵还向邺围，欲与丕内外相应。太子宝与冠军大将军隆击破之，真还走邯郸。

太原王楷、陈留王绍言于垂曰："丁零非有大志，但宠过为乱耳。今急之则屯聚为寇，缓之则自散。散而击之，无不克矣"垂从之。

龟兹王帛纯窘急，重赂狯胡以求救；狯胡王遣其弟呐龙、侯将馗帅骑二十馀万，并引温宿、尉头等诸国兵合七十馀万以救龟兹；秦吕光与战于城西，大破之。帛纯出走，王侯降者三十馀国。光入其城，城如长安市邑，宫室甚盛。光抚宁西域，威恩甚著，远方诸国，前世所不能服者，皆来归附，上汉所赐节传。光皆表而易之，立帛纯弟震为龟兹王。

【译文】翟斌哥哥的儿子翟真，趁夜率领军营里面的士兵，向北逃向邯郸，中途又率领士兵掉头前往后燕围攻邺城的包围圈，想要和苻丕形成内外呼应的形势；太子慕容宝和冠军大将军慕容隆打败了他。翟真又掉头逃向邯郸。

太原王慕容楷、陈留王慕容绍向后燕国君慕容垂进言："丁零人并没有很大的志向，只是因为过分地宠待了他们，所以才会背叛作乱罢了。如果我们现在要迅速地消灭他们，那么他们就会聚集起来，成为寇贼；如果我们暂时不理睬他们，他们自然就会离散，等到他们离散了以后，我们再去攻击他们，一定不会不成功的！"后燕国君慕容垂采纳了他的意见。

龟兹王帛纯处境困窘危急，重重地贿赂狯胡，以向他们请求救援；狯胡王派遣他的弟弟呐龙和侯将馗共同率领二十多万名骑兵，同时率领温宿、尉头等各国的士兵，合计七十多万人救援龟兹；前秦的吕光和他们在城西交战，把他们打得大败。帛纯逃走，有三十多个国家的王侯都向吕光投降。吕光进入龟兹人

的城里；城里如同长安的市、邑一样，宫室建筑得很华丽。吕光抚慰安宁西域地区，威势和恩德十分明显，远方的许多国家，前代所未能臣服的，全都前来归附，并且把汉朝时赐给他们的苻节凭证（类似现在商品出口的凭证和过往的文书）都献了上去。吕光全都呈上奏表给前秦国君苻坚，请求为他们进行更换，册立帛纯的弟弟帛震为龟兹王。

八月，翟真自邯郸北走，燕王垂遣太原王楷、骠骑大将军农帅骑马追之，甲寅，及于下邑。楷欲战，农曰："士卒饥倦，且视贼营不见丁壮，殆有他伏。"楷不从，进战，燕兵大败。真北趋中山，屯于承营。

邺中刍粮俱尽，削松木以饲马。燕王垂谓诸将曰："苻丕穷寇，必无降理，不如退屯新城，开丕西归之路，以谢秦王畴昔之恩，且为讨翟真之计。"丙寅夜，垂解围趋新城。遣慕容农徇清河、平原，征督租赋，农明立约束，均适有无，军令严整，无所侵暴，由是谷帛属路，军资丰给。

戊寅，南昌文穆公郗愔薨。

【译文】八月，翟真从邯郸向北逃跑，后燕国君慕容垂派遣太原王慕容楷、骠骑大将军慕容农率领骑兵追击他，在下邑追上了他。慕容楷想要和翟真交战，慕容农说："士兵们饥饿疲倦，而且在敌人的军营中看不见身强力壮的成年人，恐怕他在其他地方设置了埋伏。"慕容楷没有听从，进军交战，后燕的士兵被打得大败。翟真向北赶往中山，驻扎在承营。

邺城里面用来喂牛马的刍草，和供人吃的粮食，全部都吃完了，只能把松树枝砍下来喂马。后燕国君慕容垂对众将领说："苻丕已经是穷途末路的敌人，必定没有向我们投降的道理；

我们不如把军队撤退在新城驻扎，为苻丕让开西返长安的道路，以此来感谢秦王从前的恩情，而且也可以作为讨伐翟真的计策。”丙寅日（十五日）的夜里，后燕国君慕容垂解除了对邺城的包围，前往新城。派遣慕容农率领士兵巡行清河、平原，监督田租赋税的征收。慕容农明确地公布了条令，使有无资产的人分担恰当，军队纪律森严整饬，没有人敢侵犯暴虐，因此，交纳米谷和绢帛的人，络绎不绝，军队的给养丰富充足。

戊寅日（二十七日），东晋南昌文穆公郗愔去世。

太保安奏请乘苻氏倾败，开拓中原，以徐、兖二州刺史谢玄为前锋都督，帅豫州刺史桓石虔等伐秦。玄至下邳，秦徐州刺史赵迁弃彭城走，充进据彭城。

秦王坚闻吕光平西域，以光为都督玉门以西诸军事、西域校尉；道绝，不通。

秦幽州刺史王永求救于振威将军刘库仁，库仁遣其妻兄公孙希帅骑三千救之，大破平规于蓟南，乘胜长驱，进据唐城，与慕容麟相持。

【译文】东晋太保谢安向晋孝武帝司马曜呈上奏表，请求趁苻氏倾覆败亡的时机，开辟拓展中原地区，晋孝武帝司马曜任命徐州、兖州两个州的刺史谢玄为前锋都督，率领豫州刺史桓石虔讨伐前秦。谢玄到达下邳以后，前秦徐州刺史赵迁放弃彭城以后逃走了，谢玄进军占据了彭城。

前秦国君苻坚听说吕光把西域平定了的消息以后，任命吕光为都督玉门以西诸军事、西域校尉。但是因为道路被阻绝，任命无法通达。

前秦幽州刺史王永向振威将军刘库仁请求救援，刘库仁派遣他妻子的哥哥公孙希率领三千名骑兵前去救援他，在蓟南把平规的军队打得大败，乘着胜利，长驱直入，进军占据了唐城，与慕容麟相对持。

九月，谢玄使彭城内史刘牢之攻秦兖州刺史张崇。辛卯，崇弃鄄城奔燕。牢之据鄄城，河南城堡皆来归附。

太保安上疏自求北征。甲午，加安都督扬、江等十五州诸军事，加黄钺。

慕容冲进逼长安，秦王坚登城观之，叹曰："此虏何从出哉！"大呼责冲曰："奴何苦来送死！"冲曰："奴厌奴苦，欲取汝为代耳！"冲少有宠于坚，坚遣使以锦袍称诏遗之。冲遣詹事称皇太弟令答之曰："孤今心在天下，岂顾一袍小惠！苟能知命，君臣束手，早送皇帝，自当宽贷苻氏，以酬曩好。"坚大怒曰："吾不用王景略、阳平公之言，使白虏敢至于此！"

【译文】九月，谢玄派遣彭城内史刘牢之，进攻前秦兖州刺史张崇。辛卯日（十一日），张崇放弃了鄄城逃到了后燕。于是刘牢之占据了鄄城，河南各城邑村堡里面的百姓都前来归附东晋。

东晋太保谢安向晋孝武帝司马曜呈上奏疏，请求准许自己亲自率领士兵出征北伐；晋孝武帝司马曜册封谢安为都督扬州、江州等十五个州诸军事（按《孝武纪》太元九年文，十五州为扬州、江州、荆州、司州、豫州、徐州、兖州、青州、冀州、幽州、并州、梁州、益州、雍州、凉州），并且赐予他黄钺让他代替天子前去征伐。

慕容冲率领士兵逼临长安，前秦国君苻坚登上城墙观望，感叹地说："这些敌虏是从哪里出来的呢？"接着大声呼喊责备慕容冲说："你小子何苦来送死！"慕容冲说："我厌倦了我的困苦，只是想要捉拿你，想要代替你罢了！”慕容冲年少的时候深受前秦国君苻坚的宠幸，苻坚派遣使者带着锦袍宣称是皇帝诏令送给慕容冲的。慕容冲派遣詹事宣称皇太弟回答他说：“我现在的志向在于夺取天下，哪里看得上一件锦袍这样的小恩小惠！如果你能够知道天命所在，君臣就应该停止抵抗，把双手绑住，早日把皇帝（指慕容暐）送来，自然就可以宽恕苻氏，来报答过去的恩好。”前秦国君苻坚非常生气地说：“我没有听从王景略（王猛）、阳平公（苻融）的忠言，竟然使白虏（按《苻坚载记》，秦人称鲜卑为白虏）胆敢放肆到这种地步！”

冬，十月，辛亥朔，日有食之。

乙丑，大赦。

谢玄遣阴陵太守高素攻秦青州刺史苻朗，军至琅邪，朗来降。朗，坚之从子也。

翟真在承营，与公孙希、宋敞遥相首尾。长乐公丕遣宦者冗从仆射清河光祚将兵数百赴中山，与真相结。又遣阳平太守邵兴将数千骑招集冀州故郡县，与祚期会襄国。是时，燕军疲弊，秦势复振，冀州郡县皆观望成败，赵郡人赵粟等起兵柏乡以应兴。燕王垂遣冠军大将军隆、龙骧将军张崇将兵邀击兴，命骠骑大将军农自清河引兵会之。隆与兴战于襄国，大破之；兴走至广阿，遇慕容农，执之。光祚闻之，循西山走归邺。隆遂击赵粟等，皆破之，冀州郡县复从燕。

【译文】冬季，十月，辛亥朔日（初一），发生了日食。

乙丑日（十五日），东晋实行大赦。

谢玄派遣阴陵太守高素去进攻前秦青州刺史苻朗，军队到达琅邪以后，苻朗前去向高素投降。苻朗，是前秦国君苻坚的侄子。

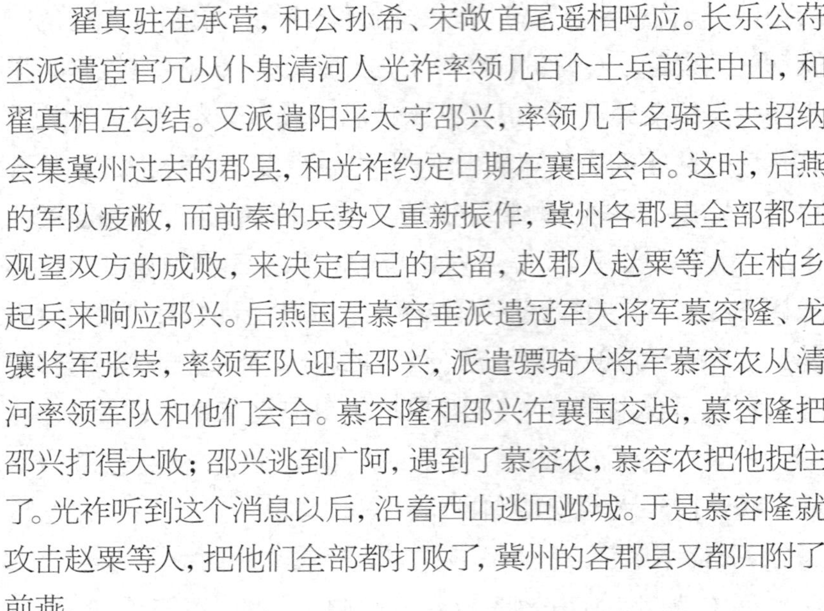

翟真驻在承营，和公孙希、宋敞首尾遥相呼应。长乐公苻丕派遣宦官冗从仆射清河人光祚率领几百个士兵前往中山，和翟真相互勾结。又派遣阳平太守邵兴，率领几千名骑兵去招纳会集冀州过去的郡县，和光祚约定日期在襄国会合。这时，后燕的军队疲敝，而前秦的兵势又重新振作，冀州各郡县全部都在观望双方的成败，来决定自己的去留，赵郡人赵粟等人在柏乡起兵来响应邵兴。后燕国君慕容垂派遣冠军大将军慕容隆、龙骧将军张崇，率领军队迎击邵兴，派遣骠骑大将军慕容农从清河率领军队和他们会合。慕容隆和邵兴在襄国交战，慕容隆把邵兴打得大败；邵兴逃到广阿，遇到了慕容农，慕容农把他捉住了。光祚听到这个消息以后，沿着西山逃回邺城。于是慕容隆就攻击赵粟等人，把他们全部都打败了，冀州的各郡县又都归附了前燕。

刘库仁闻公孙希已破平规，欲大举兵以救长乐公丕，发雁门、上谷、代郡兵，屯繁畤。燕太子太保慕舆句之子文、零陵公慕舆虔之子常时在库仁所，知三郡兵不乐远所，因作乱，夜，攻库仁，杀之，窃其骏马奔燕。公孙希之众闻乱自溃，希奔翟真。库仁弟头眷代领库仁部众。

【译文】 刘库仁听说公孙希已经打败了平规的军队，想要大规模地派遣士兵前去救援长乐公苻丕，他出动了雁门、上谷、代郡的士兵，驻扎在繁畤。前燕太子太保慕舆句的儿子慕舆文、零陵公慕舆虔的儿子慕舆常，当时都在刘库仁所在的地方，他们知道三郡的士兵不愿意到遥远的地方征伐，因此就起兵反叛作乱，趁夜攻打刘库仁，把他杀死了，偷了他的骏马，逃到了后燕。公孙希的士兵听说了发生变乱的事情以后，都自行溃逃了，公孙希逃到了翟真那里。刘库仁的弟弟刘头眷代替刘库仁率领刘库仁的部下和士兵。

秦长乐公丕遣光祚及参军封孚召票骑将军张蚝、并州刺史王腾于晋阳以自救，蚝、腾以众少不能赴。丕进退路穷，谋于僚佐。司马杨膺请自归于晋，丕未许。会谢玄遣龙骧将军刘牢之等据碻磝，济阳太守郭满据滑台，将军颜肱、刘袭军于河北；丕遣将军桑据屯黎阳以据之。刘袭夜袭据，走之，遂克黎阳。丕惧，乃遣从弟就与参军焦逵请救于玄，致书称"欲假途求粮，西赴国难，须援军既接，以邺与之。若西路不通，长安陷没，请帅所领保守邺城"。逵与参军姜让密谓杨膺曰："今丧败如此，长安阻绝，存亡不可知。屈节竭诚以求粮援，犹惧不获；而公豪气不除，方设两端，事必无成。宜正书为表，许以王师之至，当致身南归；如其不从，可逼缚与之。"膺自以力能制丕，乃改书而遣之。

【译文】前秦的长乐公苻丕派遣光祚以及参军封孚，前往晋阳去征召骠骑将军张蚝、并州刺史王腾救援自己；张蚝和王腾因为士兵人数少无法前去救援。苻丕进退无路，就和他的僚属、佐吏们商量。司马杨膺请求自动归附晋朝，但是苻丕没有答应。恰好这时谢玄派遣龙骧将军刘牢之等人占据碻磝，济阳太守郭满占据滑台，将军颜肱、刘袭驻扎在黄河以北的地区，苻丕派遣将军桑据驻扎在黎阳，用来抵抗东晋的军队。刘袭趁夜袭击桑据，桑据逃走了，于是刘袭占据了黎阳。苻丕心里感到害怕，就派遣堂弟苻就和参军焦逵向谢玄请求救援，给他写了一封信说："我想要借一条道路，乞求粮草，向西挽救秦国的祸难，等到援助的军队到达了以后，就把邺城拱手交给你们。如果向西的道路被阻断了，长安沦陷，请求您率领您所有的士兵

来保全守卫邺城。”焦逵和参军姜让秘密地对杨膺说：“今天惨败到这种地步，长安的音讯又阻隔断绝，无法知道存亡的情况。丧失气节，竭尽款诚，前去请求粮草和援军，仍然担心不能够得到，而公（指苻丕）如果不肯把感情义气去掉，态度左右摇摆，事情最终也不会成功。您应该把书信的名称更改为奏表，答应他君王的军队到达的时候，就将投身向南归附晋朝。如果他不听从，可以逼迫捆绑他把他交给晋朝。”杨膺自以为自己的力量能够控制苻丕，于是就把书信更改了以后派遣使者送了过去。

谢玄遣晋陵太守滕恬之渡河守黎阳。恬之，脩之曾孙也。朝廷以兖、青、司、豫既平，加玄都督徐、兖、青、司、冀、幽、并七州诸军事。

后秦王苌闻慕容冲攻长安，会群僚议进止，皆曰：“大王宜先取长安，建立根本，然后经营四方。”苌曰：“不然。燕人因其众有思归之心以起兵，若得其志，必不久留关中。吾当移屯岭北，广收资实，以待秦亡燕去，然后拱手取之耳。”乃留其长子兴守北地，使宁北将军姚穆守同官川，自将其众攻新平。

【译文】谢玄派遣晋陵太守滕恬之渡过黄河戍守黎阳。滕恬之，是滕脩（吴将）的曾孙。东晋朝廷认为兖州、青州、司州、豫州四个州已经被平定，就加封谢玄为都督徐州、兖州、青州、司州、冀州、幽州、并州七个州诸军事。

后秦国君姚苌听说慕容冲攻打长安，就召集众僚属商议是继续进军，还是停止前进，群臣都说：“大王应该先攻取长安，建立根基，然后再筹划占据经营四方。”后秦国君姚苌说：“不能这样做。燕人是因为他们的士兵有急切地想要归返故国的心意才起兵进攻的，如果他们的志向达成了，必定不会在关中长时间地停留，我想要把军队迁移到岭北驻扎，广泛地储备物资粮食，以等待秦国的灭亡和燕兵的离去，然后就可以拱手获取关中。”说完就把他的大儿子姚兴留下来防守北地，派遣宁北将军姚穆防守同官川，自己则亲自率领士兵攻打新平。

初，新平人杀其郡将，秦王坚缺其城角以耻之，新平民望深以为病，欲立忠义以雪之。及后秦王苌至新平，新平太守南安苟辅欲降之，郡人辽西太守冯杰、莲勺令冯羽、尚书郎赵义、汶山太守冯苗谏曰：“昔田单以一城存齐。今秦之州镇，犹连城过百，奈何遽为叛臣乎!”辅喜曰：“此吾志也，但恐久而无救，郡人横被无辜。诸君能尔，吾岂顾生哉!”于是凭城固守。后秦为土山地道，辅亦于内为之，或战地下，或战山上，后秦之众死者万馀人。辅诈降以诱苌，苌将入城，觉之而返；辅仗兵邀击，几获之，又杀万馀人。

陇西处士王嘉，隐居倒虎山，有异术，能知未然，秦人神之，秦王坚、后秦王苌及慕容冲皆遣使迎之。十一月，嘉入长安，众闻之，以为坚有福，故圣人助之，三辅堡壁及四山氐、羌归坚者四万馀人。坚置嘉及沙门道安于外殿，动静咨之。

【译文】起初，新平人杀死了本郡的将领，前秦国君苻坚把他们的城墙去掉一个角来羞辱他们，新平郡的贤俊豪杰都觉得这是一桩心病，深以此为羞耻，想要建立忠义，来洗雪这个耻辱。等到后秦国君姚苌到达新平，新平太守南安人苟辅想要向姚苌投降，本郡人辽西太守冯杰、莲勺县令冯羽、尚书郎赵义以及汶山太守冯苗劝阻他说：“从前田单凭借着一座城的力量保全了整个齐国。现在秦国的州府方镇，相连的郡县，还有一百多个，为什么要这么匆忙地去做叛逆的臣子呢？”苟辅高兴地

说："这正是我的心愿啊！只是我担心时间长了，没有人前来救援，郡中的百姓横遭无辜之祸。诸位能够如此地坚决防守，难道我还会顾惜我的生命，苟且偷生吗？"于是他们就凭借着城池，严密地进行防守。后秦的军队在城外修筑土山，挖地道，苟辅在城里面也同样修筑土山，挖地道，双方有的时候在地道里面交战，有的时候在土山上面交战，后秦有一万多士兵都战死了。苟辅谎称投降来引诱姚苌，姚苌正准备进城，发觉以后就返回了，苟辅预先埋伏的士兵半路对他进行迎击，差一点就俘虏了他，又斩杀了他一万多人。

陇西处士王嘉，在倒虎山隐居，有奇异的方术，能够预知未来的事情，秦国人都把他当作神仙。前秦国君苻坚、后秦国君姚苌以及慕容冲全部都派遣使者前去迎接他。十一月，王嘉进入长安城，众人知道了这个消息以后，都以为前秦国君苻坚有福祚，所以圣人（指王嘉）才会去协助他，三辅地区的村镇军营以及四方山谷间依山而居的氐族、羌族，一共有四万多人前来归附苻坚。前秦国君苻坚把王嘉和僧人道安安置在外殿，行动与否全部都要向他们询问。

【申涵煜评】 坚豁达，有军人之度，一生只认得一王猛。及四方兵起，乃信用术士王嘉沙门道安，动必咨之，辟如壮士暮年皈依二氏，只是一怕死心胜。

【译文】 前秦国君苻坚心胸宽宏，拥有军人的气度，一生只信任和重任一个王猛。等到天下四处发生战争时，竟然听信和任用术士王嘉和沙门道安，国家大事动不动就向他们咨询，犹如壮士在暮年之后皈依佛道，仅仅是为了一个害怕死亡祈求长生的念头。

燕慕容农自信都西击丁零翟辽于鲁口，破之。辽退屯无极，农屯藁城以逼之。辽，真之从兄也。

鲜卑在长安城中者犹千馀人，慕容绍之兄肃，与慕容暐阴谋结鲜卑为乱。十二月，暐白坚，以其子新昏，请坚幸其家，置酒，欲伏兵杀之。坚许之，会天大雨，不果往。事觉，坚召暐及肃，肃曰："事必泄矣，入则俱死。今城内已严，不如杀使者驰出，既得出门，大众便集。暐不从，遂俱入。坚曰："吾相待何如，而起此意？"暐饰辞以对。肃曰："家国事重，何论意气！"坚先杀肃，乃杀暐及其宗族，城内鲜卑无少长、男女，皆杀之。燕王垂幼子柔，养于宦者宋牙家为牙子，故得不坐，与太子宝之子盛乘间得出，奔慕容冲。

【译文】 后燕的慕容农从信都向西到鲁口攻击丁零人翟辽，打败了他。翟辽撤退到无极县驻扎，慕容农驻扎在藁城来威逼他。翟辽，是翟真的堂兄。

在长安城里面的鲜卑人还有一千多人，慕容绍的哥哥慕容肃，和慕容暐暗中计划聚集鲜卑人作乱。十二月，慕容暐告诉前秦国君苻坚，因为他的儿子刚刚结婚，请苻坚到他的家里面去，置酒招待，实际上是想要埋伏士兵把他杀死。前秦国君苻坚答应了，刚好天上降下大雨，没有去成。事情泄露了出去，前秦国君苻坚召见慕容暐和慕容肃，慕容肃说："事情必定是泄露了出去，如果我们进去就会一起被处死。现在城内已经严密布防，不如杀了使者以后，骑快马冲出去，逃出城门以后，我们的兵众就可以立刻聚集起来。"慕容暐没有听从他的话，于是就一起入宫去见前秦国君苻坚。前秦国君苻坚说："我对待你们怎么样，你们反而产生了这样的意图？"慕容暐遮遮掩掩地搪塞回答。慕容肃说："宗族国家事关重大，还谈论什么你对我们的感情义气呢？”于是前秦国君苻坚先杀死了慕容肃，再把慕容暐和他的宗族亲属都杀死了，城内的鲜卑人无论老幼、男女，全部都被杀死。后燕国君慕容垂的小儿子慕容柔，被收养在宦官宋牙的家里，作为宋牙的儿子，所以没有受到牵连坐罪而被杀，和太子慕容宝的儿子慕容盛，乘机逃了出来，投奔了慕容冲。

燕慕容麟、慕容农合兵袭翟辽，大破之，辽单骑奔翟真。

燕王垂以秦长乐公丕犹据邺不去，乃更引兵围邺，开其西走之路。焦逵见谢玄，玄欲征丕任子，然后出兵；逵固陈丕款诚，并述杨膺之意，玄乃遣刘牢之、滕恬之等帅众二万救邺。丕告饥，玄水陆运米二千斛以馈之。

秦梁州刺史潘猛弃汉中，奔长安。

【译文】后燕的慕容麟、慕容农会合军队，趁翟辽不备袭击了他，把他打得大败，翟辽一个人骑着马投奔翟真。

后燕国君慕容垂因为前秦长乐公苻丕还在据守邺城不肯离去，就又率领军队包围了邺城，同时为他放开了向西逃跑的道路。焦逵拜见谢玄，谢玄想要征召苻丕的儿子为人质，然后再派遣士兵救援。焦逵再三恳切地陈说苻丕的真诚，并且诉说了杨膺的心志，于是谢玄派遣刘牢之、滕恬之等人率领两万名士兵援救邺城。苻丕向谢玄报告粮食断绝，请求可以输送粮草，谢玄通过水陆两路给他运送了两千斛米粮。

前秦梁州刺史潘猛放弃了汉中，逃到了长安。

资治通鉴卷第一百六　晋纪二十八

起旃蒙作噩，尽柔兆阉茂，凡二年。

【译文】 起乙酉（公元385年），止丙戌（公元386年），共二年。

【题解】 本卷记录了公元385年至386年共两年间的东晋及各国大事，正当晋孝武帝太元十年、十一年。主要记录了慕容冲在阿房城即帝位，史称西燕，与苻坚争夺长安城及周边地区，慕容冲围攻苻坚，苻坚逃到五将山被姚苌擒获，最后被吊死在新平佛寺，而慕容冲被部下杀死，接着西燕政权又进行了一系列的杀主更立，最后拥立慕容永为西燕主，进驻长子县；写了姚苌在西燕人离开长安后，进据长安称帝，史称后秦；写了苻坚之子苻丕与慕容垂争夺邺城，之后失败被杀，苻坚的族人苻登打败姚苌后，在陇上称帝，继续苻坚的前秦王朝；写了慕容垂在中山称帝，史称后燕；写了秦将吕光自西域龟兹率军东归，占据姑臧，自称凉州牧；写了贺兰部拥立拓跋珪，拓跋珪即代王位，后迁都盛乐，推广农耕，让百姓休养生息；此外还写了东晋名臣谢安病死等。

烈宗孝武皇帝中之上

太元十年（乙西，公元三八五年）春，正月，秦王坚朝飨群臣，时长安饥，人相食，诸将归，吐肉以饲妻子。

慕容冲即皇帝位于阿房，改元更始。冲有自得之志，赏罚任情。慕容盛年十三，谓慕容柔曰："夫十人之长，亦须才过九人，然后得安。今中山王才逮人，功未有成，而骄汰已甚，殆难济乎！"

后秦王苌留诸将攻新平，自引兵击安定，擒秦安西将军勃海公珍，岭北诸城悉降之。

【译文】太元十年（乙酉，公元385年）春季，正月，前秦国君苻坚祭祀太庙，宴请群臣。当时长安正在发生饥荒，许多人靠吃人肉度日。那些参加宴飨的将军，都把肉偷偷地含在嘴里，回家以后，再把肉吐出来给自己的妻子儿女们吃。

慕容冲在阿房登上了皇位，把年号更改为更始。西燕君主慕容冲踌躇满志，赏罚完全随着心情的好恶来决定。慕容盛当时只有十三岁，告诉慕容柔说："即使是在十个人当中居首位，也必须是才能超过其他九个人，然后才可以胜任他的职位。现在中山王慕容冲的才华不及别人，还没有建立战功，但是骄奢傲慢已经非常严重，恐怕很难成功啊！"

后秦国君姚苌留下众将领攻打新平，自己则率领军队去攻打安定，擒获了前秦安西将军渤海公苻珍，岭北各城全部都投降了后秦国君姚苌。

甲寅，秦王坚与西燕主冲战于仇班渠，大破之。乙卯，战于雀桑，又破之。甲子，战于白渠，秦兵大败。西燕兵围秦王坚，殿中将军邓迈等力战却之，坚乃得免。壬申，冲遣尚书令高盖夜袭长安，入其南城，左将军窦冲、前禁将军李辩等击破之，斩首八百级，分其尸而食之。乙亥，高盖引兵攻渭北诸垒，太子宏与战于成贰壁，大破之，斩首三万。

燕带方王佐与宁朔将军平规共攻蓟，王永兵屡败。二月，永使宋敞烧和龙及蓟城宫室，帅众三万奔壶关；佐等入蓟。

慕容农引兵会慕容麟于中山，与共攻翟真。麟、农先帅数千骑至承营，观察形势。翟真望见，陈兵而出。诸将欲退，农曰：“丁零非不劲勇，而翟真懦弱，今简精锐，望真所在而冲之，真走，众必散矣，乃邀门而蹙之，可尽杀也。”使骁骑将军慕容国帅百馀骑冲之，真走，其众争门，自相蹈藉，死者太半；遂拔承营外郭。

【译文】 甲寅日（正月无此日），前秦国君苻坚与西燕君主慕容冲，在仇班渠交战，西燕军队被打得大败。乙卯日（正月无此日），双方在雀桑交战，西燕的军队又一次被打得大败。甲子日（正月无此日），双方在白渠交战，前秦的士兵被打败了。西燕的军队包围了前秦国君苻坚，殿中将军邓迈奋力阻击，打退了西燕的军队，前秦国君苻坚这才幸免于难。壬申日（正月无此日），西燕君主慕容冲派遣尚书令高盖趁夜偷袭长安，进入了南城，结果被前秦左将军窦冲、前禁将军李辩等人打败了，斩首了八百人，士兵们把他们的尸体分割以后，当成食物吃掉了。乙亥日（正月无此日），高盖率领军队攻打渭北的各个城垒，太子苻宏在成贰壁与他交战，大败高盖，斩杀了三万人。

前燕带方王慕容佐与宁朔将军平规共同攻打蓟城，王永的军队屡战屡败。二月，王永派遣宋敞烧毁了和龙以及蓟城的宫室，率领三万名士兵逃奔到了壶关。慕容佐等人进入蓟城。

慕容农率领军队在中山和慕容麟会合，与他一起攻打翟真。慕容麟、慕容农首先率领数千名骑兵到达承营，察看当地的地势。翟真远远地看见了，就部署军队出动。将领们都想要撤退，慕容农说：“丁零人并不是不强劲勇敢，可是翟真却很懦弱。现在我们应该去选拔精锐的士兵，看准翟真所在的位置发起冲锋，翟真一逃走，他的士兵一定会四处溃散奔逃，如果我们堵截城门围歼他们，对他们加以逼迫，就可以把他们全部消灭了。”于是派遣骁骑将军慕容国率领一百多骑兵冲击翟真。翟真战败逃跑，他的士兵争夺城门溃逃，互相践踏跌倒，一大半的人都死了。于是就攻取了承营的外城。

癸未，秦王坚与西燕主冲战于城西，大破之，追奔至阿城。诸将请乘胜入城，坚恐为冲所掩，引兵还。

乙酉，秦益州刺史王广以蜀人江阳太守李丕为益州刺史，守成都。己丑，广帅所部奔还陇西，依其兄秦州刺史统，蜀人随之者三万馀人。

刘牢之至枋头。杨膺、姜让谋泄，长乐公丕收杀之。牢之闻之，盘桓不进。

秦平原悼公晖数为西燕主冲所败，秦王坚让之曰：“汝，吾之才子也，拥大众与白虏小儿战，而屡败，何用生为！”三月，晖愤恚自杀。

前禁将军李辩、都水使者陇西彭和正恐长安不守，召集西州人屯于韭园；坚召之，不至。

【译文】 癸未日（二月无此日），前秦国君苻坚与西燕君主慕容冲在长安城的西边交战，苻坚把慕容冲打得大败，一直追击到了阿房城。众将领向前秦国君苻坚请求可以乘胜进攻阿房城，苻坚担心被慕容冲的伏兵包围，率领军队返回了。

乙酉日（二月无此日），前秦益州刺史王广任命蜀人江阳太守李丕为益州刺史，驻守成都。己丑日（二月无此日），王广率领他的士兵逃回了陇西。跟随他的蜀人，一共有三万多人。

刘牢之到达枋头。杨膺、姜让的阴谋泄露了以后，被长乐公苻丕捉住并且杀死了他们。刘牢之听说了以后，就盘桓犹豫，不敢继续前进。

前秦平原悼公苻晖多次被西燕君主慕容冲打败。前秦国君苻坚责备他说："你是我有才能的儿子，率领众多的士兵，与西燕国稚嫩的小孩子作战，却多次被打败，活着还有什么用呢！"三月，苻晖因为忧愤自杀而死。

前禁将军李辩、都水使者陇西人彭和正担心无法守住长安，召集西方各州人在韭园驻扎军队。前秦国君苻坚征召他们，他们却没有到。

西燕主冲攻秦高阳愍公方于骊山，杀之，执秦尚书韦钟，以其子谦为冯翊太守，使招集三辅之民。冯诩垒主邵安民等责谦曰："君雍州望族，今乃从贼，与之为不忠不义，何面目以行于世乎?"谦以告钟，钟自杀，谦来奔。

秦左将军苟池、右将军俱石子与西燕主冲战于骊山，兵败。西燕将军慕容永斩苟池，俱石子奔邺。永，廆弟运之孙；石子，难之弟也。秦王坚遣领军将军杨定击冲，大破之，虏鲜卑万馀人而还，悉坑之。定，佛奴之孙，坚之婿也。

荥阳人郑燮以郡来降。

【译文】西燕君主慕容冲在骊山攻打前秦高阳愍公苻方，杀死了苻方，并且捉住了前秦尚书韦钟，任命他的儿子韦谦为冯翊太守，让他去招抚三辅地区的百姓。冯诩垒主邵安民等人责备韦谦说："你是雍州的望族，现在反而跟从了贼兵，与他们一起做不忠不义的事情，还有什么脸面见世人呢！"韦谦把这些话告诉了韦钟，于是韦钟自杀了，韦谦投奔了东晋。

前秦左将军苟池、右将军俱石子与西燕君主慕容冲在骊山交战，结果打了败仗。西燕将军慕容永斩杀了苟池，俱石子逃

奔到了邺城。慕容永是慕容廆的弟弟慕容运的孙子；俱石子是俱难的弟弟。前秦国君苻坚派遣领军将军杨定攻打西燕君主慕容冲，大败慕容冲，俘虏了一万多鲜卑人回去以后，把他们全部都活埋了。杨定是杨佛奴的孙子，苻坚的女婿。

荥阳人郑燮举郡向前秦投降。

燕王垂攻邺，久不下，将北诣冀州，乃命抚军大将军麟屯信都，乐浪王温屯中山，召票骑大将军农还邺；于是远近闻之，以燕为不振，颇怀去就。

农至高邑，遣从事中郎眭邃近出，违期不还。长史张攀言于农曰："邃目下参佐，敢欺罔不还，请回军讨之。"农不应，敕备假版，以邃为高阳太守，参佐家在赵北者，悉假署遣归。凡举补太守三人，长史二十馀人，退谓攀曰："君所见殊误，当今岂可自相鱼肉！俟吾北还，邃等自当迎于道左，君但观之。"

【译文】 后燕国君慕容垂攻打邺城，但是很长时间都没有攻下来，于是他准备向北前往冀州，命令抚军大将军慕容麟驻扎在信都，乐浪王慕容温驻扎在中山，传召骠骑大将军慕容农返回邺城。这个消息传了出来，远近的人们听说了以后，都认为后燕威势已经不振，都在考虑归附还是离去的问题。

慕容农到达高邑，派遣从事中郎眭邃到附近外出，但是眭邃超过了约定的期限仍然没有回来。长史张攀告诉慕容农："眭邃是您身边的部将，竟然敢欺骗蒙蔽您，逾期不归，我请求您能够把军队掉转回去讨伐他。"慕容农没有答应他的请求。敕令准备借国王名义下达的诏书，任命眭邃为高阳太守，僚属部下中凡是家在赵国以北的人，让他们全部都回去暂时代理官职，一共推举补充了三个太守，二十多个长史。慕容农退下去以后对张攀说：“你的见解极为错误，当前的情况下，怎么可以自相残杀呢？等我从北边返回的时候，眭邃等人自然应当在道路两旁迎接，你只管等着看吧！”

乐浪王温在中山，兵力甚弱，丁零四布，分据诸城。温谓诸将曰：“以吾之众，攻则不足，守则有馀。票骑、抚军，首尾连兵，会须灭贼，但应聚粮厉兵以俟时耳。”于是，抚旧招新，劝课农桑，民归附者相继，郡县壁垒争送军粮，仓库充溢。翟真夜袭中山，温击破之，自是不敢复至。温乃遣兵一万运粮以饷垂，且营中山宫室。

【译文】乐浪王慕容温在中山，兵力很弱，四周又布满了丁零人，分别占据着各个城邑。慕容温告诉众将领说：“以我们士兵的人数，进攻的话，力量就不足；防守的话，力量就绰绰有余。骠骑将军、抚军将军，兵力汇集起来，应该能够消灭敌人，只是需要积聚粮草、训练军队、磨砺兵器，来等待时机。”于是他就安抚以前的部属，招纳新的士兵，并且劝导百姓努力耕种。因此前来归附的百姓络绎不绝，其他的郡县村落也争先恐后地把军粮运送过来，仓库里面都装得满满的。翟真曾经趁夜偷袭中山，但是被慕容温击败，从此翟真再也不敢去了。于是慕容温派遣了一万名士兵去给后燕国君慕容垂运送粮食，而且在中山修筑了宫室。

刘牢之攻燕黎阳太守刘抚于孙就栅，燕王垂留慕容农守邺围，自引兵救之。秦长乐公丕闻之，出兵乘虚夜袭燕营，农击败之。刘牢之与垂战，不胜，退屯黎阳。垂复还邺。

吕光以龟兹饶乐，欲留居之。天竺沙门鸠摩罗什谓光曰：

“此凶亡之地，不足留也；将军但东归，中道自有福地可居。”光乃大飨将士，议进止，众皆欲还。乃以驼二万馀头载外国珍宝奇玩，驱骏马万馀匹而还。

夏，四月，刘牢之进兵至邺。燕王垂逆战而败；遂撤围，退屯新城；乙卯，自新城北遁。牢之不告秦长乐公丕，即引兵追之。丕闻之，发兵继进。庚申，牢之追及垂于董唐渊。垂曰：“秦、晋瓦合，相待为强。一胜则俱豪，一失则俱溃，非同心也。今两军相继，势既未合，宜急击之。”牢之军疾趋二百里，至五桥泽，争燕辎重；垂邀击，大破之。斩首数千级。牢之单马走，会秦救至，得免。

【译文】 刘牢之在孙就栅这个地方攻打后燕黎阳太守刘抚，后燕国君慕容垂把慕容农留了下来防守邺城的外围，自己亲自率领士兵救援刘抚。前秦长乐公苻丕听说了以后，率领士兵趁机在夜里偷袭了后燕的军营，结果却被慕容农打败了。刘牢之与后燕国君慕容垂交战，被慕容垂打败了，退守黎阳。后燕国君慕容垂又回到了邺城。

吕光因为龟兹富饶康乐，就想要在这个地方长时间地居住下去。天竺和尚鸠摩罗什告诉吕光：“这里是一个凶险的地方，不值得久留；将军只要返回东边，半路上自然就会有美好的地方可以居住。”吕光于是就大肆宴飨将士，商议是否停留的问题，众人都想要回去。于是，吕光就用两万多头骆驼载着境外国家的珍宝奇玩，驱赶了一万多匹骏马返回东边。

夏季，四月，刘牢之率领士兵到达邺城，后燕国君慕容垂迎战，结果被刘牢之打败了，于是就解除了对邺城的包围，退守到新城驻扎军队。乙卯日（初八），从新城向北逃亡。刘牢之没有把这件事告诉前秦长乐公苻丕，就率领士兵追击。苻丕听说了以后，也紧跟着率领士兵追击。庚申日（十三日），刘牢之在董唐渊这个地方追上了慕容垂。后燕国君慕容垂说："前秦与晋朝只是像瓦砾相合，互相依恃才显得强大，一国取胜，则两国全部都威风，一国打败，则两国也全部都溃散。双方并不是同心同德，现在他们两国的军队相继而来，既然兵力尚未结合，我们就应该迅速对他们进行猛烈的攻击。"刘牢之的军队急速行进了两百里的路程，到达了五桥泽，争夺后燕的辎重物资。后燕国君慕容垂迎头攻击，把刘牢之打得大败，斩杀了数千人。刘牢之一个人骑着马逃走了，恰好这时前秦的救兵赶到，才得以幸免于难。

燕冠军将军宜都王凤每战，奋不顾身，前后大小二百五十七战，未尝无功。垂戒之曰："今大业甫济，汝当先自爱！"使为车骑将军德之副，以抑其锐。

邺中饥甚，秦长乐公丕帅众就晋谷于枋头。刘牢之入屯邺城，收集亡散，兵复少振；坐军败，征还。

燕、秦相持经年，幽、冀大饥，人相食，邑落萧条。燕之军士多饿死，燕王垂禁民养蚕，以桑椹为军粮。

垂将北趣中山，以票骑大将军农为前驱，前所假授吏眭邃等皆来迎候，上下如初，李攀乃服农之智略。

会稽王道子好专权，复为奸谄者所构扇，与太保安有隙。安欲避之，会秦王坚来求救，安乃请自将救之。壬戌，出镇广陵之步丘，筑垒曰新城而居之。

【译文】 后燕冠军将军宜都王慕容凤，每次作战都奋不顾身，前后参与了大小两百五十七次战役，没有不建立战功的。后燕国君慕容垂告诫他："现在建国的大业才刚刚有所成就，你应当首先自爱。"然后任命他为车骑将军慕容德的副将，来抑制他的锐气。

邺城里面的饥荒很严重，长乐公苻丕率士兵到枋头求取晋朝的粮谷。刘牢之进入邺城以后，把逃散的士兵都召集起来，士兵又稍微有所振作。刘牢之因为军队失败坐罪，被朝廷征召了回去。

后燕与前秦相持了一年多的时间，幽州、冀州发生了严重的饥荒，人与人相食，城邑村落都十分荒凉。后燕的很多士兵都被饿死了，后燕国君慕容垂禁止百姓养蚕，然后用桑树的果实来作为军粮。

后燕国君慕容垂准备向北前往中山，任命骠骑大将军慕容农为前锋，以前暂时设置的官吏眭邃等人全部都前去迎接恭候，君臣的关系和当初一样。李攀于是对慕容农的远见卓识表示折服。

会稽王司马道子喜好专权，又被奸邪谄谀的人挑拨煽动，因此和太保谢安有了嫌隙隔阂。谢安想要避开他，正巧前秦国君苻坚请求救援，于是谢安就向晋孝武帝司马曜请求允许自己率领士兵去救援他。壬戌日（十五日），谢安率领士兵去镇守广陵郡的步丘，修筑了一个叫作新城的营垒，后来居住在这里。

蜀郡太守任权攻拔成都，斩秦益州刺史李丕，复取益州。

新平粮竭矢尽，外救不至。后秦王苌使人谓苟辅曰："吾方以义取天下，岂仇忠臣邪？卿但帅城中之人还长安，吾正欲得此城耳。"辅以为然，帅民五千口出城。苌围而坑之，男女无遗，独冯杰子终得脱，奔长安。秦王坚追赠辅等官爵，皆谥曰节愍侯；以终为新平太守。

翟真自承营徙屯行唐，真司马鲜于乞杀真及诸翟，自立为赵王。营人共杀乞，立真从弟成为主；其众多降于燕。

五月，西燕主冲攻长安，秦王坚身自督战，飞矢满体，流血淋漓。冲纵兵暴掠，关中士民流散，道路断绝，千里无烟。有堡壁三十馀，推平远将军赵敖为主，相与结盟，冒难遣兵粮助坚，多为西燕兵所杀。坚谓之曰："闻来者率不善达，此诚忠臣之义。然今寇难殷繁，非一人之力所能济也。徒相随入虎口，何益？汝曹宜为国自爱，畜粮厉兵，以俟天时，庶几善不终否，有时而泰也！"

【译文】 蜀郡太守任权攻下了成都，斩杀了前秦益州刺史李丕，又夺取了益州。

新平城里面的粮食已经吃完，弓箭也已经用尽，外面救援的士兵还没有到达。后秦国君姚苌派人告诉苟辅说："我正在以道义夺取天下，又怎么能够仇恨忠臣呢？你只要能率领城里面的百姓返回长安就可以了，我的目的只是想要得到这个城邑而已。"苟辅相信了他说的话，就率领民众五千人出了城，后秦国君姚苌却把他们包围了，然后活埋了他们，男女老少一个活口都没有留下来，只有冯杰的儿子冯终得以脱险，逃到了长安。前秦国君苻坚给苟辅等人都追赠了官爵，全部都定谥号为节愍侯。任命冯终为新平太守。

翟真从承营转移到行唐驻扎军队。翟真的司马鲜于乞杀死了翟真以及他的亲属，自己册立自己为赵王。军营里面的人又一起杀死了鲜于乞，然后拥立翟真的堂弟翟成为王，他的士兵大部分都向后燕投降了。

五月，西燕君主慕容冲攻打长安。前秦国君苻坚亲自督战，被飞来的乱箭射得遍体鳞伤，流了很多血。西燕君主慕容冲放任士兵在关中残暴抢掠，关中的士人百姓流离失所，道路被阻绝不通，千里之地不见人烟。后来有三十几个堡寨营垒一同推举平远将军赵敖为领袖，彼此互相结盟，冒着危难派遣士兵运送粮食去帮助前秦国君苻坚，但是大部分的士兵都被西燕的军队杀死了。前秦国君苻坚告诉他们说："听说前来救助的人大都不能顺利到达，这确实表现了忠臣的大义。但是现在敌寇不是依靠一个人的力量就能解决的，只能是白白地相继落入虎口，这有什么好处呢？你们这些人应该为了国家珍重自爱，储存粮食，训练军队，磨砺兵器，来等待良好的时机。也许为善的人不会长久地困顿，还会有时机否极泰来吧！"

三辅之民为冲所略者，遣人密告坚，请遣兵攻冲，欲纵火为内应。坚曰："甚哀诸卿忠诚！然吾猛士如虎豹，利兵如霜雪，困于乌合之虏，岂非天乎？恐徒使诸卿坐自夷灭，吾不忍也！"其人固请不已，乃遣七百骑赴之。冲营纵火者，反为风火所烧，其得免者什一二；坚祭而哭之。

【译文】三辅地区被西燕君主慕容冲掠夺的百姓，派人秘密地向前秦国君苻坚报告，请求苻坚可以派遣士兵来攻打慕容冲，他们想要在里面放火作为内应。前秦国君苻坚说："我非常怜悯你们的忠诚！可是我猛勇的战士就像虎豹一样勇敢，锐利的兵器像霜雪一样发光，却被没有组织的敌人所围困，这难道不是天意吗？恐怕白白地让你们无缘无故被戮灭，我实在不忍心这样干呀！"三辅地区的百姓派来的人不停地固执请求，于是前秦国君苻坚派遣七百名骑兵前往。在西燕君主慕容冲的军营里面放火的人，反而被乘风的火势所烧，能够得以幸免的只有十之一二，前秦国君苻坚为他们进行了祭祀，并且为他们伤心地哭泣。

卫将军杨定与冲战于城西，为冲所擒。定，秦之骁将也。坚大惧，以谶书云“帝出五将久长得”，乃留太子宏守长安，谓之曰：“天其或者欲导予出外。汝善守城，勿与贼争利，吾当出陇收兵运粮以给汝。”遂帅骑数百与张夫人及中山公诜、二女宝、锦出奔五将山，宣告州郡，期以孟冬救长安。坚过袭韭园，李辩奔燕，彭和正惭，自杀。

【译文】 卫将军杨定与西燕君主慕容冲在长安城的西边交战，结果被慕容冲擒获。杨定，是前秦勇猛的战将。前秦国君苻坚非常恐惧，因为谶书里面说：“国君离京前往五将山才能够得到长久的命运。”于是把太子苻宏留下来防守长安，告诉他：“上天的意思或许是想要指导我外出，你一定要好好地守住城池，不要和敌人争锋，我准备离开陇州，召集士兵，运送粮食供给你。”于是前秦国君苻坚率领数百名骑兵与张夫人以及中山公苻诜、两个女儿苻宝、苻锦奔往五将山。向各州郡公开宣布，约定在初冬的时候拯救长安。前秦国君苻坚顺路袭击了韭园，李辩逃奔到了后燕，彭和正自觉惭愧，自杀而死。

闰月，以广州刺史罗友为益州刺史，镇成都。

庚戌，燕王垂至常山，围翟成于行唐。命带方王佐镇龙城。六月，高句丽寇辽东，佐遣司马郝景将兵救之，为高句丽所败，高句丽遂陷辽东、玄菟。

秦太子宏不能守长安，将数千骑与母、妻、宗室西奔下辨；百官逃散，司隶校尉权翼等数百人奔后秦。西燕主冲入据长安，纵兵大掠，死者不可胜计。

【译文】 闰月，晋孝武帝司马曜任命广州刺史罗友为益州刺史，镇守成都。

庚戌日（初四），后燕国君慕容垂到达常山，在行唐围攻翟成。命令带方王慕容佐镇守龙城。六月，高句丽进犯辽东，慕容佐派遣司马郝景率领士兵援救，结果被高句丽打败。于是高句丽攻占了辽东和玄菟。

前秦太子苻宏没有坚守长安，率领几千名骑兵和母亲、妻子、宗室亲属，一起向西逃奔到了下辨。官吏们四处逃亡，司隶校尉权翼等数百个人投奔了后秦。西燕国君慕容冲攻占了长安，放任士兵到处大肆抢掠，城里面死亡的人多得数都数不完。

秋，七月，旱，饥，井皆竭。

后秦王苌自故县如新平。

秦王坚至五将山，后秦王苌遣骁骑将军吴忠帅骑围之。秦兵皆散走，独侍御十数人在侧，坚神色自若，坐而待之，召宰人进食。俄而忠至，执之，送诣新平，幽于别室。

太子宏至下辨，南秦州刺史杨璧拒之。璧妻，坚之女顺阳公主也，弃其夫从宏。宏奔武都，投氐豪强熙，假道来奔，诏处之江州。

【译文】秋季，七月，东晋发生干旱、饥荒，就连水井都干涸了。

后秦国君姚苌从过去的安定县到达新平。

前秦国君苻坚到达五将山，后秦国君姚苌派遣骁骑将军吴忠率领骑兵包围了苻坚。前秦的士兵全部都溃散逃走了，只有十几个侍从官还留在苻坚的身边，苻坚的神色非常自如，坐在那里等待吴忠军队的到来，并且传召掌管膳食的官吏把食物呈送上来。没有多长时间，吴忠就到了，然后拘捕了前秦国君苻坚，送到新平后幽禁在特设的房间里。

前秦太子苻宏到达下辨，南秦州刺史杨壁拒绝接纳他。杨壁的妻子，是苻坚的女儿顺阳公主，她抛弃了丈夫，跟随苻宏离开了。苻宏逃奔到了武都，投靠氐族的豪杰强熙，然后借道投奔到了晋朝，东晋朝廷下达诏令，把他安置在江州。

【乾隆御批】 坚始禁图谶之学，不可谓不明。至是转信谶文，以身尝试，岂丧败之后神智衰沮遂致？径庭若此邪，其不能复振宜矣。

【译文】 苻坚一开始就禁止谶纬学说，不能说不英明。到这时却转而相信谶文，亲身尝试，难道说是打了败仗之后神智衰败沮丧造成的吗？前后相差这么远，他不能重新振作了。

长乐公丕帅众三万自枋头将归邺城，龙骧将军檀玄击之，战于谷口，玄兵败，丕复入邺城。

燕建节将军馀岩叛，自武邑北趣幽州。燕王垂驰使敕幽州将平规曰："固守勿战，俟吾破丁零自讨之。"规出战，为岩所败。岩入蓟，掠千馀户而去，遂据令支。癸酉，翟成长史鲜于得斩成出降；垂屠行唐，尽坑成众。

太保安有疾，求还，诏许之；八月；安至建康。

【译文】 长乐公苻丕率领三万名士兵准备从枋头回到邺城，龙骧将军檀玄向他发起进攻，两军在谷口进行交战，檀玄的军队被苻丕的军队打得大败，苻丕又进入了邺城。

后燕建节将军馀岩叛乱，从武邑向北前往幽州。后燕国君慕容垂派遣使者敕令幽州将军平规说："加强固守，不要与他交战，等我把丁零攻破了以后，我再率领士兵亲自去讨伐他。"

但是平规却出兵迎战，结果被馀岩打败了。馀岩进入蓟州，掠夺了一千多户人家后离去，于是占据了令支。癸酉日（二十八日），翟成的长史鲜于得斩杀了翟成以后，出城向后燕国君慕容垂投降，慕容垂在行唐大肆屠杀，把翟成的士兵全部都活埋了。

太保谢安生病了，向晋孝武帝司马曜上表请求回建康，晋孝武帝司马曜颁下诏令允许了他的请求。八月，谢安回到了建康。

甲午，大赦。

丁酉，建昌文靖公谢安薨。诏加殊礼，如大司马温故事。庚子，以司徒琅邪王道子领扬州刺史、录尚书、都督中外诸军事，以尚书令谢石为卫将军。

后秦王苌使求传国玺于秦王坚曰："苌次应历数，可以为惠。"坚瞋目叱之曰："小羌敢逼天子，五胡次序，无汝羌名。玺已送晋，不可得也！"苌复遣右司马尹纬说坚，求为禅代；坚曰："禅代，圣贤之事；姚苌叛贼，何得为之！"坚与纬语，问纬："在朕朝何官？"纬曰："尚书令史。"坚叹曰："卿，王景略为俦，宰相才也，而朕不知卿，宜其亡也。"坚自以平生遇苌有恩，尤忿之，数骂苌求死，谓张夫人曰："岂可令羌奴辱吾儿。"乃先杀宝、锦。辛丑，苌遣人缢坚于新平佛寺，张夫人、中山公诜皆自杀，后秦将士皆为之哀恸。苌欲隐其名，谥坚曰壮烈天王。

【译文】 甲午日（十九日），东晋实行大赦。

丁酉日（二十二日），建昌文靖公谢安去世。晋孝武帝司马曜颁下诏命，按非常的礼仪把他安葬了，仿照大司马桓温的遗规。庚子日（二十五日），晋孝武帝司马曜任命司徒琅邪王司马道子兼领扬州刺史、录尚书事、都督中外诸军事；任命尚书令谢石为卫将军。

后秦国君姚苌派遣使者向前秦国君苻坚索取传国玉玺，说："姚苌按照顺序，已经继承了天命，应该成为天子，请把传国玉玺交给他。"前秦国君苻坚怒目斥责姚苌的使者说："小小的羌人竟然敢威逼天子，五胡的次序，没有你们羌人的名字。我已经把传国玉玺送给了晋朝，你们已经不可能得到它了！"后秦国君姚苌又派遣右司马尹纬游说前秦国君苻坚，要求苻坚把帝王之位禅让给他。前秦国君苻坚说："禅让帝位，是圣贤的事情，姚苌是叛逆的贼子，怎么能够把帝王之位禅让给他，让他继位呢？"苻坚与尹纬谈论了一番，询问他："你在我的朝廷里面担任的是什么官职？"尹纬说："是尚书令史。"前秦国君苻坚叹息着说："你是王猛那一类的人才，具有宰相的才干，但是我却不知道你，没有重用你，也难怪我的国家会灭亡了。"苻坚自认为平时对待姚苌有恩德，对姚苌越发感到愤恨，好几次都痛骂姚苌以求一死。前秦国君苻坚对张夫人说："我怎么可以让羌奴有机会侮辱我的孩子呢？"于是就先杀死了他的女儿苻宝、苻锦。辛丑日（二十六日），后秦国君姚苌派遣使者把苻坚吊死在新平的佛寺，张夫人、中山公苻诜等人全部都自杀了，后秦的将士全部都为他们感到哀恸。后秦国君姚苌想要隐埋苻坚的名字，赐给苻坚谥号为壮烈天王。

◆臣光曰：论者皆以为秦王坚之亡，由不杀慕容垂、姚苌故也，臣独以为不然。许劭谓魏武帝治世之能臣，乱世之奸雄。使坚治国无失其道，则垂、苌皆秦之能臣也，乌能为乱哉！坚之所以亡，由骤胜而骄故也。魏文侯问李克吴之所以亡，对曰："数战数胜。"文侯曰："数战数胜，国之福也，何故亡？"对曰："数战则民疲，数胜则主骄，以骄主御疲民，未有不亡者也。"秦王坚似之

矣。◆

长乐公丕在邺，将西赴长安，幽州刺史王永在壶关，遣使招丕，丕乃帅邺中男女六万馀口西如潞川，票骑将军张蚝、并州刺史王腾迎之入晋阳。王永留平州刺史苻冲守壶关，自帅骑一万会丕于晋阳。丕始知长安不守，坚已死，乃发丧，即皇帝位。追谥坚曰宣昭皇帝，庙号世祖，大赦，改元大安。

【译文】◆臣司马光说：谈论这段历史的人都认为前秦国君苻坚的灭亡，是由于没有把慕容垂、姚苌杀死的缘故，唯独我认为不是这样的。许劭说魏武帝曹操是太平盛世贤能的臣子，混乱时代奸邪的才雄。如果苻坚治理国家能够不违背治国之道，那么慕容垂、姚苌都会是前秦贤能的臣子，又怎么能够起来作乱呢？苻坚之所以会灭亡，是因为多次获胜之后变得骄傲的缘故。魏文侯问李克吴国之所以会灭亡的原因，李克回答说：“因为他多次征战又都多次获得了胜利。”魏文侯说：“多次征战又都多次获得胜利，这是国家的福气，为什么国家会灭亡了呢？”李克回答说：“多次征战，百姓就会感到疲乏劳累；多次取得胜利，国君就会变得骄傲狂妄，用骄傲的国君来统治疲乏的百姓，国家没有不灭亡的道理。”前秦国君苻坚就和这个很相似。◆

长乐公苻丕在邺城准备向西前往长安的时候，幽州刺史王永在壶关派遣使者招揽苻丕，于是苻丕率领邺城里的六万余名百姓向西来到潞川，并州刺史王腾、骠骑将军张蚝迎接他进入晋阳。他这才知道苻坚已经死了，长安也已经失守，于是发出丧闻，然后自己登上帝位，追谥苻坚为宣昭皇帝，庙号为世祖，诏令大赦，改年号为大安。

燕主垂以鲁王和为南中郎将，镇邺。遣慕容农出蠮螉塞，历凡城，趣龙城，会兵讨馀岩，慕容麟、慕容隆自信都徇勃海、清河。麟击勃海太守封懿，执之，因屯历口。懿，放之子也。

鲜卑刘头眷击破贺兰部于善无，又破柔然于意亲山。头眷子罗辰言于头眷曰："比来行兵，所向无敌；然心腹之疾，愿早图之！"头眷曰："谁也？"罗辰曰："从兄显，忍人也，必将为乱。"头眷不听。显，库仁之子也。

顷之，显果杀头眷自立。又将杀拓跋珪，显弟亢泥妻，珪之姑也，以告珪母贺氏。显谋主梁六眷，代王什翼犍之甥也，亦使其部人穆崇、奚牧密告珪，且以其爱妻、骏马付崇曰："事泄，当以此自明。"贺氏夜饮显酒，令醉，使珪阴与旧臣长孙犍、元他、罗结轻骑亡去。向晨，贺氏故惊厩中群马，使显起视之。贺氏哭曰："吾子适在此，今皆不见，汝等谁杀之邪？"显以故不急追。珪遂奔贺兰部，依其舅贺讷，〔讷〕惊喜曰："复国之后，当念老臣！"珪笑曰："诚如舅言，不敢忘也。"

【译文】 后燕国君慕容垂任命鲁王慕容和为南中郎将，镇守在邺城。派遣慕容农出师蠮螉塞，经过凡城后直往龙城，会合军队征讨馀岩，慕容麟、慕容隆从信都出发，带兵巡行渤海、清河。慕容麟攻击渤海太守封懿并且抓住了他，因此屯驻在历口。封懿是封放的儿子。

鲜卑人刘头眷在善无击破贺兰部士兵，又在意亲山击破柔然的士兵。刘头眷的儿子罗辰告诉刘头眷："近来我们用兵都是所向无敌，但是也要早一点清理内部的主要祸患。"刘头眷问他："内部的主要祸患是谁呢？"罗辰说："应该是堂兄刘显，他是一个狠毒的人，如果现在不除掉他，将来他一定会作乱的。"刘头眷不肯听罗辰的建议。刘显是刘库仁的儿子。

可是没过多久，刘显果然杀了刘头眷自立为王，然后又准备杀死拓跋珪。刘显的弟弟刘亢埿的妻子是拓跋珪的姑妈，于是就去告诉拓跋珪的母亲贺氏。为刘显出谋划策的人是梁六眷，梁六眷是代王拓跋什翼犍的外甥，他也派遣他的部属穆崇、奚牧向拓跋珪告密，而且还把他喜爱的妻子和骏马交给穆崇说："万一事情泄露出去，你就拿这个当作自白的理由。"贺氏在晚上请刘显喝酒，又故意让他喝醉，然后让拓跋珪和旧臣长孙犍、元他、罗结等人轻装骑马快速逃走。第二天早晨，贺氏故意惊动马厩中的马群，让刘显起来察看。贺氏伤心地哭着说："我的儿子刚刚还在这里，现在却不见了，到底是哪一个人把他杀了呢？"刘显因此不急着追赶。拓跋珪奔往贺兰部依附他的舅舅贺讷。贺讷十分高兴地说："将来你复国以后，一定要想念老臣啊！"拓跋珪笑着说："如果事情像舅舅所说的那样，我一定不敢忘记。"

显疑梁六眷泄其谋，将囚之。穆崇宣言曰："六眷不顾恩义，助显为逆，我掠得其妻马，足以解忿。"显乃舍之。

贺氏从弟外朝大人贺悦举所部以奉珪。显怒，将杀贺氏，贺氏奔亢埿家，匿神车中三日，亢埿举家为之请，乃得免。

故南部大人长孙嵩帅所部七百馀家叛显，将奔五原。时拓跋寔君之子渥亦聚众自立，嵩欲归之；乌渥谓嵩曰："逆父之子，不足从也。不如归珪。"嵩从之。久之，刘显所部有乱，故中部大人庾和辰奉贺氏奔珪。

【译文】 刘显怀疑是梁六眷泄露了他的计划，正准备要把他关起来的时候，穆崇公开地说："梁六眷不顾道义恩德帮助刘显叛逆，我夺取他的爱妻和骏马来消解我心中的愤怒。"所以刘显才没有把梁六眷关起来。

贺氏的堂弟外朝大人贺悦率领部属事奉拓跋珪。刘显因此很愤怒，准备杀害贺氏。贺氏被迫逃到刘亢泥家，藏在他家安置神位的车里过了三天。刘亢泥全家人替她求饶，她才免于一死。

以前的南部大人长孙嵩率领他所领导的七百多户人家背叛了刘显，逃奔到五原。当时拓跋寔君的儿子拓跋渥自立为王，也正在聚集兵众，长孙嵩想要去跟随他。乌渥告诉长孙嵩说："叛逆的父亲（拓跋寔君弑拓跋什翼犍）所生的儿子不值得我们去跟从，我们不如去归附拓跋珪。"长孙嵩听取了他的话，决定去归附拓跋珪。日子一久，刘显所领导的部队有了很大的纷乱，以前的中部大人庾和辰护送贺氏也投奔了拓跋珪。

贺讷弟染干以珪得众心，忌之，使其党侯引七突杀珪；代人尉古真知之，以告珪，侯引七突不敢发。染干疑古真泄其谋，执而讯之，以两车轴夹其头，伤一目，不伏，乃免之。染干遂举兵围珪；贺氏出谓染干曰："汝等欲于何置我，而杀吾子乎！"染干惭而去。

【译文】贺讷的弟弟贺染干十分嫉妒拓跋珪能够得到众人的爱戴，于是派遣他的同党侯引七突去杀拓跋珪；代国人尉古真知道这事后，赶快告诉了拓跋珪，侯引七突因此不敢去杀了。贺染干怀疑是尉古真泄露他的阴谋，于是把他抓起来严刑拷问，先是用两个车轮夹住他的头，然后又弄伤了他的一只眼睛，因为尉古真不肯服罪招供，最后才把他放了。于是贺染干带兵去围攻拓跋珪，贺氏出来告诉贺染干："你们杀死我的儿子要如何安置我呢？"贺染干听了后惭愧地离开了。

九月，秦主丕以张蚝为侍中、司空，王永为侍中、都督中外诸军事、车骑大将军、尚书令，王腾为中军大将军、司隶校尉，苻冲为尚书左仆射，封西平王；又以左长史杨辅为右仆射，右长史王亮为护军将军；立妃杨氏为皇后，子宁为皇太子，寿为长乐王，锵为平原王，懿为勃海王，昶为济北王。

【译文】 九月，前秦国君苻丕任命王腾为中军大将军、司隶校尉，任命王永为侍中、都督中外诸军事、车骑大将军、尚书令，任命张蚝为侍中、司空，任命苻冲为尚书左仆射，封为西平王；又封右长史王亮为护军将军，封左长史杨辅为右仆射。册封妃子杨氏为皇后，又把儿子苻宁封为皇太子，把儿子苻锵封为平原王，把儿子苻懿封为渤海王，把儿子苻寿封为长乐王，把儿子苻昶封为济北王。

吕光自龟兹还至宜禾，秦凉州刺史梁熙谋闭境拒之。高昌太守杨翰言于熙曰："吕光新破西域，兵强气锐，闻中原丧乱，必有异图。河西地方万里，带甲十万，足以自保。若光出流沙，其势难敌。高梧谷口险阻之要，宜先守之而夺其水；彼既穷渴，可以坐制。如以为远，伊吾关亦可拒也。度此二阨，虽有子房之策，无所施矣！"熙弗听。美水令犍为张统谓熙曰："今关中大乱，京师存亡不可知。吕光之来，其志难测，将军何以拒之？"熙曰："忧之，未知所出。"统曰："光智略过人，今拥思归之士，乘战胜之气，其锋未易当也。将军世受大恩，忠诚夙著；立勋王室，宜在今日！行唐公洛，上之从弟，勇冠一时，为将军计，莫若奉为盟主以收众望，推忠义以帅群豪，则光虽至，不敢有异心也。资其

精锐，东兼毛兴，连王统、杨璧，合四州之众，扫凶逆，宁王室，此桓、文之举也。”熙又弗听，杀洛于西海。

【译文】吕光从龟兹回到宜禾，前秦凉州刺史梁熙计划关闭边境拒绝他入境。高昌太守杨翰告诉梁熙说：“吕光兵力强大，刚刚击破西域，现在士兵一定是气势勇锐，他又听说中原发生大乱，我想他一定会有别的意图。河西有万里之大的地方，有十万之多身披铠甲的士兵，足够用自己的力量保全自己。如果吕光出了流沙，那么他的势力就很难被抵挡了。高梧谷口这个关隘是险阻的要塞，我们应该先守住这关隘，然后控制住它的水源，如果敌人来到这里就会变得又穷又渴，那就可以被我们牵制住了。如果您认为高梧谷口太远，伊吾关也是可以抵挡的。如果敌人过了这两个险扼的地方，就算是有张良的计策也没有用了！”梁熙不听他的建议。美水县令犍为人张统告诉梁熙说：“现在关中发生大乱，京师的存亡也不可得知，吕光这次前来一定有他的目的，但是我们很难预测得到，将军准备如何抵抗他呢？”梁熙着急地说：“我也正在担忧这件事，不知该如何处理。”张统说：“吕光的聪明才智本来就超过一般的人，现在又拥有想要回乡的战士，乘着战胜的气势，他们的锋锐是不容易被抵挡的。将军因为世代受到朝廷的大恩大德，所以忠诚的心一直很显著，如果想要对王室建立功劳，那就要看现在的表现了。行唐公苻洛是前秦国君苻丕的堂弟，领导士兵勇猛果敢，盛名一时。我替将军想的计策是奉迎他为盟主，以获得众人的拥戴，然后推举服从命令的忠义之士来统率群豪。那么吕光即使来了，也不敢存有二心。然后再利用他精锐的部队，在东边与毛兴兼合，再联结王统、杨璧和纠合四州的士民，一同扫除那凶恶的叛逆之人，使王室获得安宁，这是我最好的计策了，这也是像齐桓公、晋文公那样的举动啊！”梁熙又不听他的话并且在西海杀死了苻洛。

光闻杨翰之谋，惧，不敢进。〔在〕〔杜〕进曰：“梁熙文雅有馀，机鉴不足，终不能用翰之谋，不足忧也。宜及其上下离心，速进以取之。”光从之。进至高昌，杨翰以郡迎降。至玉门，熙移檄责光擅命还师，以子胤为鹰扬将军，与振威将军南安姚皓、别驾卫翰帅众五万拒光于酒泉。燉煌太守姚静、晋昌太守李纯以郡降光。光报檄凉州，责熙无赴难之志，(五)〔而〕遏归国之众；遣彭晃、杜进、姜飞为前锋，与胤战于安弥，大破擒之。于是，四山胡、夷皆附于光。武威太守彭济执熙以降，光杀之。

【译文】吕光听说了杨翰的计策，感到很害怕，于是不敢再向前行进。杜进劝谏说：“梁熙是一个文雅有余而机灵不足的人，他一定不会采用杨翰的计策，所以不值得我们忧虑。我们应该趁他们现在上下不能同心协力的时候，赶快进军把他们打败。”吕光听取他的劝谏。命令军队快速前进到高昌，还没有攻打杨翰就投降了。等吕光到了玉门的时候，梁熙以檄文责备吕光擅作主张把军队调回来，又任命他的儿子梁胤为鹰扬将军，让梁胤与振威将军南安人姚皓、别驾卫翰一起率领五万人的军队在酒泉抵抗吕光。敦煌太守姚静、晋昌太守李纯各自带着自己的郡城投降了吕光。吕光向凉州回复檄文责备梁熙没有奔赴救助君王危难的意思，反而遏止回国救助的军队；吕光派遣彭晃、杜进、姜飞为前锋，与梁胤等人在安弥交战，不仅大败梁胤并且还把他擒住了。因此四山的胡、夷之人也都归附了吕光。武威太守彭济拘押着梁熙投降，吕光杀掉了梁熙。

光入姑臧，自领凉州刺史，表杜进为武威太守，自馀将佐，各受职位。凉州郡县皆降于光，独酒泉太守宋皓、西郡太守索泮城守不下。光攻而执之，让泮曰："吾受诏平西域，而梁熙绝我归路，此朝廷之罪人，卿何为附之？"泮曰："将军受诏平西域，不受诏乱凉州，梁公何罪而将军杀之？泮但苦力不足，不能报君父之仇耳，岂肯如逆氐彭济之所为乎！主灭臣死，固其常也。"光杀泮及皓。

【译文】 吕光进入姑臧亲自担任凉州刺史，上表奏请把杜进封为武威太守，其余的副将也都安排了相应的职位。凉州的郡县也都向吕光投降了，只有酒泉太守宋皓、西郡太守索泮仍然守住城池不肯投降。吕光发起攻击，抓获了他们，责备索泮说："我接受诏命平定西域一带，而梁熙这个朝廷的罪人竟然断绝我的归路，你为什么要依附他呢？"索泮说："将军虽然接受诏命平定西域但并没有接受诏命扰乱凉州，梁熙犯了什么罪而致使将军你要把他杀死呢？我不能为君父报仇罢了，只是苦于力量不足，又怎会像叛逆的氐人彭济那样做呢？人主被灭，人臣跟着死，这本来就是人之常情。"最后吕光杀死了索泮和宋皓。

主簿尉祐，奸佞倾险，与彭济同执梁熙，光宠信之。祐谮杀名士姚皓等十馀人，凉州人由是不悦。光以祐为金城太守，祐至允吾，袭据其城以叛；姜飞击破之，祐奔据兴城。

乞伏国仁自称大都督、大将军、单于，领秦、河二州牧，改元建义，以乙旃童埿为左相，屋引出支为右相，独孤匹蹄为左辅，武群勇士为右辅，弟乾归为上将军，分其地置武城等十二郡，筑勇士城而都之。

秦尚书令魏昌公纂自关中奔晋阳；秦主丕拜纂太尉，封东海王。

冬，十月，西燕主冲遣尚书令高盖帅众五万伐后秦，战于新平南，盖大败，降于后秦。初，盖以杨定为子，及盖败，定亡奔陇右，复收集其旧众。

【译文】 因为主簿尉祐为人奸邪谄佞、倾诈阴险，和彭济一同抓到梁熙，所以吕光十分宠幸信任他；但是尉祐诬陷杀害了名士姚皓等十多人，凉州人因此对吕光非常不满。吕光不得已降尉祐为金城太守，尉祐到了允吾就侵袭并占据该城发动叛乱。姜飞打败了尉祐后，尉祐又逃奔占据了兴城。

乞伏国仁自称为单于、大都督、大将军、统领秦河两州的州牧，改年号为建义，任命屋引出支为右相，任命乙旃童埿为左相，封武群勇士为右辅，又封独孤匹蹄为左辅，还封他的弟弟乞伏乾归为上将军，又建筑勇士城作为都城，又把领有的土地分置武城等十二郡。

前秦尚书令、魏昌公苻纂从关中奔往晋阳。前秦国君苻丕任命苻纂为太尉，封他为东海王。

冬季，十月，西燕国君慕容冲派遣尚书令高盖率领五万人的军队攻伐后秦国，在新平的南方交战，高盖惨遭大败，被迫向后秦国投降。当初高盖认杨定为义子，等到高盖失败后，杨定逃奔陇右又召集他先前拥有的部属。

苻定、苻绍、苻谟、苻亮闻秦主丕即位，皆自河北遣使谢罪；中山太守王兖，本新平氏也，固守博陵，为秦拒燕。十一月，丕以兖为平州刺史，定为冀州牧，绍为冀州都督，谟为幽州牧，亮为幽、平二州都督，并进爵郡公。左将军窦冲据兹川，有众数万，与秦州刺史王统、河州刺史毛兴、益州刺史王广、南秦州刺史杨璧、卫将军杨定皆自陇右遣使邀丕，共击后秦。丕以定为雍州牧，冲为梁州牧，加统镇西大将军，兴车骑大将军，璧征南大将军，并开府仪同三司，加广安西将军，皆进位州牧。

杨定寻徙治历城，置储蓄于百顷，自称龙骧将军、仇池公，遣使来称藩；诏因其所号假之。其后又取天水、略阳之地，自称秦州刺史、陇西王。

【译文】苻谟、苻定、苻绍、苻亮听说前秦国君苻丕登上帝位，都从河北派遣使者前来认罪。本来中山太守王兖是新平的氐人，为前秦国抵抗燕国而固守在博陵。十一月，前秦国君苻丕任命王兖为平州刺史，任命苻定为冀州牧，任命苻绍为冀州都督，任命苻谟为幽州牧，任命苻亮为幽、平两州的都督，任命都进爵位为郡公。左将军窦冲拥有数万人的军队占据在兹川，与秦州刺史王统、益州刺史王广、河州刺史毛兴、南秦州刺史杨璧、卫将军杨定都从陇右派遣使者邀请前秦国君苻丕，一同攻击后秦国。前秦国君苻丕任命杨定为雍州州牧，任命窦冲为梁州州牧，加封王统为镇西大将军，毛兴为车骑大将军，杨璧为征南大将军，并且为他们开建府署，对待他们的礼仪如同对待三司，又加封王广为安西将军，都给他们进爵位为州牧。

不久杨定把自己所治理的地方迁到历城，在百顷储存粮食，自称为龙骧将军、仇池公，派遣使者到前秦国请求成为藩属国；前秦国君苻丕下诏令把他自封的称号加封给他。杨定后来又取得天水、略阳的领地，自称为秦州刺史、陇西王。

绎幕人蔡匡据城以叛燕，燕慕容麟、慕容隆共攻之。泰山太守任泰潜师救匡，至匡垒南八里，燕人乃觉之。诸将以匡未

下而外敌奄至，甚患之。隆曰："匡恃外救，故不时下。今计泰之兵不过数千人，及其未合，击之，泰败，匡自降矣。"乃释匡击泰，大破之，斩首千馀级。匡遂降，燕王垂杀之，且屠其垒。

慕容农至龙城，休士马十馀日。诸将皆曰："殿下之来，取道甚速，今至此。久留不进，何也?"农曰："吾来速者，恐馀岩过山钞盗，侵扰良民耳。岩才不逾人，诳诱饥儿，乌集为群，非有纲纪；吾已扼其喉，久将离散，无能为也。今此田善熟，未收而行，徒自耗损；当俟收毕，往则枭之，亦不出旬日耳。"顷之，农将步骑三万至令支，岩众震骇，稍稍逾城归农。岩计穷出降，农斩之。进击高句丽，复辽东、玄菟二郡。还至龙城，上疏请缮修陵庙。

【译文】 绎幕人蔡匡背叛后燕国据守城池。后燕的慕容麟、慕容隆共同攻打他。泰山太守任泰暗中派军队救助蔡匡，直到军队到达蔡匡城垒南边八里的地方，后燕的慕容麟、慕容隆才发觉。众将士都因还没有攻下蔡匡，又有突然而来的敌人而非常担心。慕容隆肯定地说："蔡匡是依仗有来救援的士兵，所以才不肯马上投降。现在我料想任泰的兵力应该不过是几千人而已，我们应该趁他们还没有联合之前，先予以攻击。如果我们把任泰打败了，蔡匡自然就会投降。"于是他们决定先放下蔡匡而攻击任泰，他们斩杀了任泰千余人，并且把任泰打得大败。蔡匡随后也就投降了，于是后燕国君慕容垂把他杀了并且屠灭了他的城垒。

慕容农到了龙城，让士兵马匹休息了十几天。众将都说："这次殿下出征一直赶路，很快到了现在这地方，为什么现在却停留在这里很久而不前进呢？"慕容农说："我很快赶来的原因是怕馀岩过山窃盗、偷袭、侵扰当地的百姓。馀岩的才能并不超过一般人，只是诳骗诱惑那些饥饿得像乌鸦一样群集而没有纪律可言的人。我已经控制住了他的咽喉，时间一久他的军队就将离散，不能再有所作为。现在这里的稻谷已经成熟了，如果不等割取我们就离开，那不是空自耗损粮食吗？我们应当等到收成完毕后，再去枭斩馀岩，也不出十日而已。”不久，慕容农率领三万名步兵和骑兵到达令支，馀岩的部属都感到震惊害怕，于是偷偷地爬过城墙去归附慕容农。馀岩计策已穷尽，被逼无奈只能出城投降，于是慕容农把他杀了。他们又进兵高句丽，收复辽东、玄菟两郡。然后又回到龙城，上书请求整修燕国的陵庙。

燕王垂以农为使持节、都督幽、平二州、北狄诸军事、幽州牧，镇龙城。徙平州刺史带方王佐镇平郭。农于是创立法制，事从宽简，清刑狱，省赋役，劝课农桑，居民富赡，四方流民至者前后数万口。先是幽、冀流民多入高句丽，农以骠骑司马范阳庞渊为辽东太守，招抚之。

慕容麟攻王兖于博陵，城中粮竭矢尽，功曹张猗逾城出，聚众以应麟。兖临城数之曰：“卿是秦民，吾是卿君，卿起兵应贼，自号‘义兵’，何名实之相违也？古人求忠臣必于孝子之门，卿母在城，弃而不顾，吾何有焉！今人取卿一切之功则可矣，宁能忘卿不忠不孝之事乎？不意中州礼义之邦，乃有如卿者也！”十二月，麟拔博陵，执兖及苻坚，杀之。昌黎太守宋敞帅乌桓、索头之众救兖，不及而还。秦主丕以敞为平州刺史。

【译文】后燕国君慕容垂任命慕容农为使持节，都督幽、平两州、北狄诸军事以及幽州牧，镇守在龙城。改调平州刺史带方王苻佐镇守平郭。慕容农开始创立法制，要求处理事情要崇尚宽厚简明，因此触犯刑法的人减少了很多，也使监狱变得平静了很多，他又下令减少赋税徭役，劝导百姓努力耕田种桑。在

他的领导下百姓变得十分富足，四方流亡的百姓前来归附的有几万人。刚开始的时候，幽、冀两州流亡的百姓多到高句丽，然后慕容农又任命骠骑司马范阳人庞渊为辽东太守，招待安抚流亡的百姓。

慕容麟在博陵攻打王兖，城里的粮食吃完了，箭也射光了，功曹张猗翻越城墙逃出去纠集兵众一起响应慕容麟。王兖登上城楼大声地责备他说：“我是你的长官，你是秦国的臣民，你竟然起兵响应寇贼而且还自称为‘义兵’，你怎么能够名实互相违背呢？古人都是从孝子之中去找忠臣，现在你的母亲还在城里，你竟然抛弃不管，对我有何损害呢！今天的百姓虽然看见你一时的功劳，难道百姓就会忘记你曾做过那不忠不孝的事吗？我没有想到在中州这样的礼仪之邦，竟会有像你这样的人！”十二月，慕容麟攻下博陵，抓获了王兖和苻坚并且把他们杀死了。昌黎太守宋敞率领乌桓、索头的部属去救助王兖，因为已经来不及所以就又回去了。前秦国君苻丕任命宋敞为平州刺史。

燕王垂北如中山，谓诸将曰：“乐浪王招流散，实仓廪，外给军粮，内营宫室，虽萧何何以加之！”丙申，垂始定都中山。

秦苻定据信都以拒燕，燕王垂以从弟北地王精为冀州刺史，将兵攻之。

拓跋珪从曾祖纥罗与其弟建及诸部大人共请贺讷推珪为主。

【译文】后燕国君慕容垂向北赶往中山，告诉众将说：“乐浪王慕容温不仅招待安抚流亡的百姓，还充实仓库的粮食，对内营建宫室，对外供应军队的食粮，虽然萧何的功劳很大，但也不比慕容温啊！”丙申日（二十三日），后燕国君慕容垂把都城定在了中山。

前秦的苻定据守信都抵抗后燕，后燕国君慕容垂任命他的堂弟北地王慕容精为冀州刺史，率领军队攻打苻定。

拓跋珪的叔伯曾祖父拓跋纥罗和他的弟弟拓跋建以及各部的大人一同请贺讷推举拓跋珪为代国的君主。

太元十一年（丙戌，公元三八六年）春，正月，戊申，拓跋珪大会于牛川，即代王位，改元登国。以长孙嵩为南部大人，叔孙普洛为北部大人，分治其众。以上谷张兖为左长史，许谦为右司马，广宁王建、代人和跋、叔孙建、庾岳等为外朝大人，奚牧为治民长，皆掌宿卫及参军国谋议。长孙道生、贺毗等侍从左右，出纳教命。王建娶代王什翼犍之女；岳，和辰之弟；道生，嵩之从子也。

燕王垂即皇帝位。

后秦王苌如安定。

【译文】太元十一年（丙戌，公元386年）春季，正月，戊申日（初六），拓跋珪在牛川会见各部族的大人后，登上代国君王的王位，改年号为登国。任命叔孙普洛为北部大人，任命长孙嵩为南部大人，分别统领他们的部众。任命许谦为右司马，任命上谷人张兖为左长史，让代国人和跋、叔孙建、庾岳、广宁人王建为外朝大人，任命奚牧为治民长，全都掌管宫中警卫以及参与军国之事的谋议。任命长孙道生、贺毗等人在代王拓跋珪左右侍从，传递命令。王建娶了代王拓跋什翼犍的女儿。长孙道生是长孙嵩的侄子；庾岳是庾和辰的弟弟。

后燕国君慕容垂登上帝位。

后秦国君姚苌到安定。

南安秘宜帅羌、胡五万馀人攻乞伏国仁，国仁将兵五千逆击，大破之。宜奔还南安。

鲜于乞之杀翟真也，翟辽奔黎阳，黎阳太守滕恬之甚爱信之。恬之喜畋猎，不爱士卒，辽潜施奸惠以收从心。恬之南攻鹿鸣城，辽于后闭门拒之，恬之东奔鄄城，辽追执之，遂据黎阳。豫州刺史朱序遣将军秦膺、童斌与淮、泗诸郡共讨之。

秦益州牧王广自陇右引兵攻河州牧毛兴于枹罕，兴遣建节将军卫平帅其宗人一千七百夜袭广，大破之。二月，秦州牧王统遣兵助广攻兴，兴婴城自守。

燕大赦，改元建兴，置公卿尚书百官，缮宗庙、社稷。

西燕主冲乐在长安，且畏燕主垂之强，不敢东归，课农筑室，为久安之计，鲜卑咸怨之。左将军韩延因众心不悦，攻冲，杀之，立冲将段随为燕王，改元昌平。

【译文】南安人秘宜率领五万多名羌、胡人攻打乞伏国仁，乞伏国仁带领五千名士兵进行反击，秘宜最后惨败逃回南安。

鲜于乞杀死翟真的时候，翟辽逃往黎阳，黎阳太守滕恬之非常宠信他。滕恬之非常喜欢打猎但是不爱护士兵，翟辽暗中施用奸巧的恩惠，在他的士兵中悄悄地收揽民心。滕恬之向南攻打鹿鸣城，翟辽却在后面关闭城门不让他返回，滕恬之往东奔向鄄城，翟辽追赶过去把他抓住，把黎阳据为己有。豫州刺史朱序派遣将军秦膺、童斌和淮河、泗水一带的各郡一同讨伐翟辽。

前秦益州州牧王广从陇右带兵在枹罕攻打河州州牧毛兴。在晚上毛兴派遣建节将军卫平率领一千七百名同族人去偷袭王广，把王广打得大败。二月，秦州州牧王统派兵帮助王广攻打毛兴，毛兴据城自守。

后燕君王诏令大赦，改年号为建兴，修缮宗庙和供奉土神、谷神的庙，设置公卿尚书百官。

西燕君主慕容冲喜欢住在长安，但是因为害怕后燕国君慕容垂的强盛所以不敢回到东边，于是督察考核农事，建筑宫室做长久安定的计划，鲜卑人因此都埋怨他。左将军韩延利用众人内心的不满，攻击西燕君主慕容冲并且把他杀死，拥立慕容冲的将领段随为西燕君王，改年号为昌平。

初，张天锡之南奔也，秦长水校尉王穆匿其世子大豫，与俱奔河西，依秃发思复鞬，思复鞬送于魏安。魏安人焦松、齐肃、张济等聚兵数千人迎大豫为主，攻吕光昌松郡，拔之，执太守王世强。光使辅国将军杜进击之，进兵败，大进豫逼姑臧。王穆谏曰："光粮丰城固，甲兵精锐，逼之非利；不如席卷岭西，砺兵积粟，然后东向与之争，不及期年，光可取也。"大豫不从，自号抚军将军、凉州牧，改元凤凰，以王穆为长史，传檄郡县，传穆说谕岭西诸郡，建康太守李隰、祁连都尉严纯皆起兵应之，有众三万，保据杨坞。

代王珪徙居定襄之盛乐，务农息民，国人悦之。

【译文】起初，张天锡逃奔到南方的时候，前秦长水校尉王穆把他的长子张大豫藏了起来，和他一起奔往河西依附秃发思复鞬，秃发思复鞬又把他们送到魏安。魏安人焦松、齐肃、张济等聚合几千名士兵拥立张大豫为君主，然后攻打吕光占据的昌松郡，并且把昌松郡攻了下来，抓住了太守王世强。吕光又派遣辅国将军杜进攻打他们，结果杜进的兵也被打败了，张大豫想继续向前逼迫姑臧。王穆劝谏他说："吕光的城池很坚固，

武器很精锐，粮食也很丰富，如果我们向他逼近，那对我们没有任何利处，不如我们先统领岭西，积聚粮食，磨治兵器，然后不必等到一年就可以向东和他一争高下，到那时候吕光也会被我们擒住的。”但是张大豫不听取他的意见，自称为抚军将军、凉州牧，然后又改年号为凤凰，任命王穆为长史，传达军令到各郡县，派遣王穆游说晓谕岭西各郡，祁连都尉严纯、建康太守李隰都起兵响应他，拥有三万名士兵据守在杨坞。

代国君王拓跋珪迁居于定襄的盛乐，安抚百姓又在农事方面做了很多努力，国人都很喜欢他。

三月，大赦。

泰山太守张愿以郡叛，降翟辽。初，谢玄欲使朱序屯梁国，玄自屯彭城，以北固河上，西援洛阳。朝议以征役既久，欲令玄置戍而还。会翟辽、张愿继叛，北方骚动，玄谢罪，乞解职，诏慰谕，令还淮阴。

燕主垂追尊母兰氏为文昭皇后，欲迁文明段后，以兰后配享太祖，诏百官议之，皆以为当然。博士刘详、董谧以为：“尧母为帝喾妃，位第三，不以贵陵姜原。明圣之道，以至公为先；文昭后宜立别庙。”垂怒，逼之，详、谧曰：“上所欲为，无问于臣。臣案经奉礼，不敢有贰。”垂乃不复问诸儒，卒迁段后，以兰后代之，又以景昭可足浑后倾覆社稷，追废之；尊烈祖昭仪段氏为景德皇后，配享列祖。

【译文】三月，东晋朝廷诏令大赦天下。

泰山太守张愿带领本郡背叛投降了翟辽。起初，谢玄想要任命朱序屯守在梁国，他自己屯守在彭城，使他能够在北面稳固黄河沿岸，在西面援助洛阳。朝廷的臣议认为战争已经很久了，想让谢玄安置好防卫后就回来。正巧翟辽、张愿相继背叛，北方又发生扰乱，谢玄谢罪，请求免职，朝廷下诏令安慰他并且让他回到淮阴。

后燕国君慕容垂追尊他的母亲兰氏为文昭皇后；想要迁移文明段后的灵位，把兰氏的灵位和太祖慕容皝的灵位供奉在一起，诏令百官商议此事，百官都认为应当如此。博士刘详、董谧则认为："尧的母亲为帝喾的妃子所以排位第三，不因为母以子贵，就让她的陵墓超越姜原的。君主要以至大公正为先来表现英明。臣认为文昭皇后应该设立别的庙。"后燕国君慕容垂非常生气而且还威胁他们，刘详、董谧说："那主上想要做的事，就不要问臣下了。臣下不仅依据经典又遵奉礼制，不敢认同异于经典礼制的事情。"慕容垂因此不再询问儒者的意见，最后仍然迁移段后的灵位，而让兰后代替她的地位。又因为景昭可足浑后曾经让国家倾覆，慕容垂追究她的罪过，随意就把她废除了，然后又尊奉烈祖慕容儁的昭仪段氏为景德皇后，与烈祖的灵位供奉在一起。

◆崔鸿曰："齐桓公命诸侯无发妾为妻。夫之于妻，犹不可以妾代之，况子而易其母乎？《春秋》所称母以子贵者，君母既没，得以妾母为小君也；至于享祀宗庙，则成风终不得配庄公也。君父之所为，臣子必习而效之，犹形声之于影响也。宝之逼杀其母，由垂为之渐也。尧、舜之让，犹为之、哙之祸，况违礼而纵私者乎？昔文姜得罪于桓公，《春秋》不之废。可足浑氏虽有罪于前朝，然小君之礼成矣；垂以私憾废之，又立兄妾之无子者，皆非礼也。◆

刘显自善无南走马邑，其族人奴真帅所部降于代。奴真有

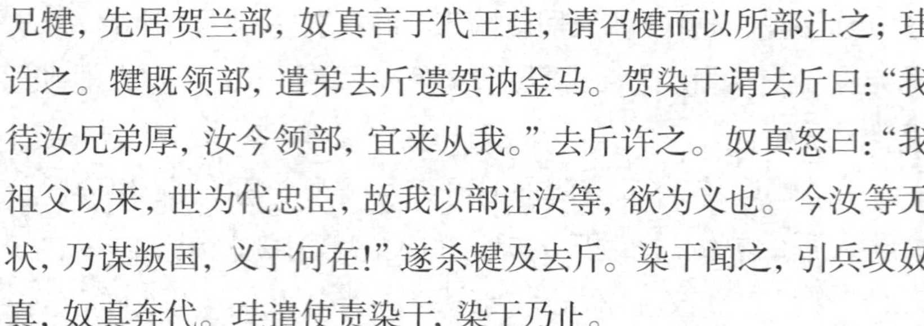

兄犍，先居贺兰部，奴真言于代王珪，请召犍而以所部让之；珪许之。犍既领部，遣弟去斤遗贺讷金马。贺染干谓去斤曰：“我待汝兄弟厚，汝今领部，宜来从我。”去斤许之。奴真怒曰：“我祖父以来，世为代忠臣，故我以部让汝等，欲为义也。今汝等无状，乃谋叛国，义于何在！”遂杀犍及去斤。染干闻之，引兵攻奴真，奴真奔代。珪遣使责染干，染干乃止。

【译文】◆崔鸿说：齐桓公命令诸侯不要把妾当作妻子。丈夫对于妻子尚且不可用妾代替，身为儿子又怎能改易他的母亲呢！《春秋》所说母以子贵的道理是，如果国君的生母已经死了，可以让他父亲的妾转而为正。至于享后代受祭祀宗庙的事，成风（庄公妾，僖公母）始终不能鲁庄公供奉在一起。君主的任何作为，臣子一定会犹如形体之于影子，声音之于回响一样地学习效法。慕容宝逼杀他的母亲，是由慕容垂的所作所为引起的。尧、舜的禅让，尚且造成燕国相子之与燕国王哙之间的祸乱，更何况这是违背礼制而放纵私欲的事情呢！文姜曾经得罪了鲁桓公，《春秋》也没有把她废除。虽然可足浑氏在前朝犯有不小的罪过，可是对待她这样的皇后的礼法已有成规；慕容垂怎么可以因为私人的怨恨而废掉她，又把哥哥没有生儿子的妾立为妻呢？这些都是非礼法所允许的行为。◆

刘显从善无向南逃到马邑，他的族人刘奴真率领他的部族向代国投降。刘奴真告诉代国君王拓跋珪，他有个居住在贺兰部的哥哥名叫刘奴犍，请求拓跋珪招纳安抚刘奴犍，并且请他允许把自己所率领的部族让给他，代王拓跋珪答应了。刘奴犍统领部族之后，派遣弟弟刘去斤给贺讷送去金玉和骏马。贺染干对刘去斤说：“我对待你们兄弟一直很宽厚，你们现在统领部族应该来归附我。”刘去斤答应了服从贺染干。刘奴真知道后愤怒地说："从我祖父以来世代都是代国的忠臣，我是想要行道义所以才把部族让给你们呀！现在你们不仅没有好的表现而且还竟想叛国，你们的道义在哪里！"于是杀死了刘奴鞬和刘去斤。贺染干听说了之后，派遣兵将攻打刘奴真，刘奴真奔往代国。代王拓跋珪派遣使者责备贺染干，贺染干才作罢。

西燕左仆射慕容恒、尚书慕容永袭段随，杀之；立宜都王子𫖮为燕王，改元建明，帅鲜卑男女四十馀万口去长安而东。恒弟护军将军韬诱𫖮，杀之于临晋，恒怒，舍韬去永与武卫将军刁云帅众攻韬，韬败，奔恒营。恒立西燕主冲之子瑶为帝，改元建平，谥冲曰威皇帝。众皆去瑶奔永，永执瑶，杀之，立慕容泓子忠为帝，改元建武。忠以永为太尉，守尚书令，封河东公。永持法宽平，鲜卑安之。至闻喜，闻燕主垂已称尊号，不敢进，筑燕熙城而居之。

鲜卑既东，长安空虚。前荥阳太守高陵赵穀等招杏城卢水胡郝奴帅户四千入于长安，渭北皆应之，以穀为丞相。扶风王驎有众数千，保据马嵬，奴遣弟多攻之。夏，四月，后秦王苌自安定伐之，驎奔汉中。苌执多而进，奴惧，请降，拜镇北将军、六谷大都督。

【译文】 西燕尚书慕容永、左仆射慕容恒偷偷地袭击段随并且把他杀死了；然后拥立宜都王的儿子慕容𫖮为燕国王，改年号为建明，率领鲜卑的男女四十余万人离开长安向东走。慕容恒的弟弟护军将军慕容韬诱骗慕容𫖮，在临晋杀死了他，慕容恒知道后很生气，就离开了慕容韬。慕容永和武卫将军刁云率领军队攻打慕容韬，最后慕容韬被打败，被迫奔往慕容恒的军营。慕容恒拥立西燕君主慕容冲的儿子慕容瑶为帝，给慕容冲

定谥号为威皇帝，改年号为建平。许多人都离开慕容瑶而投奔慕容永。后来慕容永逮捕了慕容瑶并且把他杀死了，又拥立慕容泓的儿子慕容忠为帝，改年号为建武。慕容忠任命慕容永为太尉同时代理尚书令的职务，又把他封为河东公。慕容永执法宽大公平，鲜卑人在心里都很佩服他。到了闻喜之后，听说后燕国君慕容垂已经自称帝号，他们不敢前进，修筑了燕熙城居住。

鲜卑人东行以后，长安城便变得很空虚。前荥阳太守高陵人赵穀等人招纳杏城卢水胡郝奴，胡郝奴率领四千户百姓进入长安，渭北的人都附应说，应该以赵穀为丞相。扶风人王驎有部属数千人，占据马嵬，胡郝奴派遣弟弟胡郝多攻打他。夏季，四月，后秦国君姚苌从安定讨伐胡郝奴，王驎奔往汉中。后秦国君姚苌抓住胡郝多后又向前进军，胡郝奴因为害怕所以请求投降，后秦国君姚苌任命他为镇北将军、六谷大都督。

癸巳，以尚书仆射陆纳为左仆射，谯王恬为右仆射。纳，玩之子也。

毛兴袭击王广，败之，广奔秦州；陇西鲜卑匹兰执广送于后秦。兴复欲攻王统于上邽，枹罕诸氐皆厌苦兵事，乃共杀兴，推卫平为河州刺史，遣使请命于秦。

燕主垂封其子农为辽西王，麟为赵王，隆为高阳王。

代王珪初改称魏王。

【译文】 癸巳日（二十二日），东晋任命谯王司马恬为右仆射，任命尚书仆射陆纳为左仆射。陆纳是陆玩的儿子。

毛兴袭击王广并且打败了他，王广被迫奔往秦州；陇西鲜卑匹兰抓住王广后，又把他送给了后秦国。毛兴又想要攻打上邽的王统，由于枹罕的许多氐人都讨厌作战，于是一同杀死毛兴，决定推举卫平为河州刺史，派遣使者向后秦国请示命令。

后燕国君慕容垂封他的儿子慕容农为辽西王，封慕容麟为赵王，封慕容隆为高阳王。

代王拓跋珪开始改称魏王。

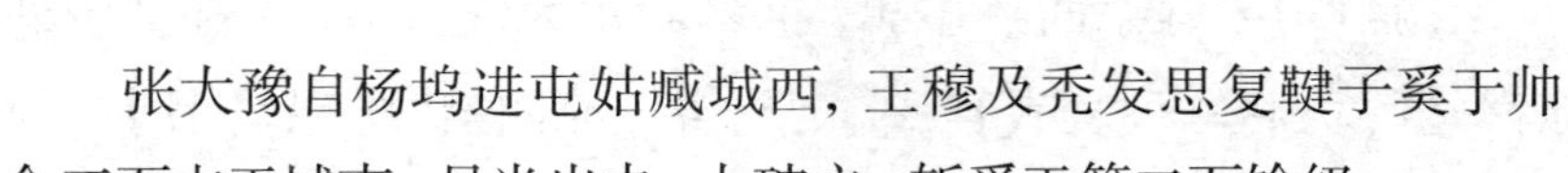

张大豫自杨坞进屯姑臧城西，王穆及秃发思复鞬子奚于帅众三万屯于城南；吕光出击，大破之，斩奚于等二万馀级。

秦大赦，以卫平为抚军将军、河州刺史，吕光为车骑大将军、凉州牧。使者皆没于后秦，不能达。

燕主垂以范阳王德为尚书令，太原王楷为左仆射，乐浪王温为司隶校尉。

【译文】 张大豫从杨坞进兵屯驻在姑臧城的西边，王穆和秃发思复鞬的儿子秃发奚于率领部属三万人屯驻在城的南边。吕光出兵攻击，把他们打得大败并且斩杀了秃发奚于等两万多人。

前秦诏令大赦，封吕光为车骑大将军、凉州牧，封卫平为抚军将军、河州刺史。由于传达任命的使者都被后秦国俘虏了，因此任命不能传达给卫平。

后燕国君慕容垂任命太原王慕容楷为左仆射，任命范阳王慕容德为尚书令，任命乐浪王慕容温为司隶校尉。

后秦王苌即皇帝位于长安，大赦，改元建初，国号大秦。追尊其父弋仲为景元皇帝，立妻虵氏为皇后，子兴为皇太子，置百官。苌与群臣宴，酒酣，言曰：“诸卿皆与朕北面秦朝，今忽为君臣，得无耻乎！”赵迁曰：“天不耻以陛下为子，臣等何耻为臣！”苌大笑。

魏王珪东如陵石，护佛侯部帅侯辰、乙佛部帅代题皆叛走。

诸将请追之，珪曰："侯辰等累世服役，有罪且当忍之。方今国家草创，人情未壹，愚者固宜前却，不足追也！"

六月，庚寅，以前辅国将军杨亮为雍州刺史，镇卫山陵。荆州刺史桓石民遣将军晏谦击弘农，下之。初置湖、陕二戍。

西燕刁云等杀西燕主忠，推慕容永为使持节、大都督中外诸军事、大将军、大单于、雍、秦、梁、凉四州牧、录尚书事、河东王，称藩于燕。

【译文】 后秦国君姚苌在长安登上帝位，追尊他的父亲姚弋仲为景元皇帝，诏令大赦，改年号为建初，国号为大秦。把他的妻子蚍氏立为皇后，把儿子姚兴立为皇太子，设置百官。姚苌和群臣举行酒宴，在酒喝得十分酣畅的时候对群臣说："现在忽然变成君臣的关系不觉得可耻吗？你们都曾与我朝北面向秦国称臣。"赵迁说："上天不以你是他的儿子为耻，我们又怎么会以做你的臣子为耻呢？"姚苌听了之后满意地大笑。

北魏国君拓跋珪向东到了陵石，护佛侯部主帅侯辰、乙佛部主帅代题都背叛他逃走了。众将士请求把他们追回来，拓跋珪对众将士说："侯辰等人世代为我们效劳，现在他们犯了罪应该原谅他们。因为现在国家才开始创建，所以人心还不能归一，那些愚昧的人当然会进退无常，那些叛服无常的人不值得我们去追啊！"

六月，庚寅日（二十日），东晋任命前任辅国将军杨亮为雍州刺史，镇守在卫山陵。荆州刺史桓石民派遣将军晏谦攻击弘农，把它攻了下来，开始设置湖、陕两县的戍卫。。

西燕国刁云等人杀死西燕国君慕容忠后，一致推举慕容永为使持节、大都督中外诸军事、大将军、大单于、雍秦梁凉四州牧、录尚书事、河东王，然后向后燕国称藩属。

燕主垂遣太原王楷、赵王麟、陈留王绍、章武王宙攻秦苻定、苻绍、苻谟、苻亮等；楷先以书与之，为陈祸福，定等皆降。垂封定等为侯，曰："以酬秦主之德。"

秦主丕以都督中外诸军事、司徒、录尚书事王永为左丞相，太尉、东海王纂为大司马，司空张蚝为太尉，尚书令咸阳徐义为司空，司隶校尉王腾为票骑大将军、仪同三司。永传檄四方公侯、牧守、垒主、民豪，共讨姚苌、慕容垂，令各帅所统，以孟冬上旬会大驾于临晋。于是，天水姜延、冯翊寇明、河东王昭、新平张晏、京兆杜敏、扶风马朗、建忠将军、高平牧官都尉扶风王敏等咸承檄起兵，各有众数万，遣使诣秦，丕皆就拜将军、郡守，封列侯。冠军将军邓景拥众五千据彭池，与窦冲为首尾，以击后秦。丕以景为京兆尹。景，羌之子也。

【译文】 后燕国君慕容垂派遣太原王慕容楷、赵王慕容麟、陈留王慕容绍、章武王慕容宙攻打前秦的苻定、苻绍、苻谟、苻亮等。慕容楷先写信给他们，向他们陈述其中的祸福关系，苻定等人听了之后都自觉地投降了。后燕国君慕容垂把苻定等人封为侯，说："这是为了报答前秦国君苻坚的恩德。"

前秦国君苻丕任命都督中外诸军事、司徒、录尚书事王永为左丞相，任命尚书令咸阳人徐义为司空，任命司空张蚝为太尉，任命太尉、东海王苻纂为大司马，任命司隶校尉王腾为骠骑大将军、开府的礼仪如同三司。让王永传达军书给四方的垒主、公侯、牧守、民豪，命令他们各自率领所统有的部属共同讨伐姚苌、慕容垂，在孟冬十月的上旬在临晋与前秦国主苻丕会合。因此天水的姜延、河东的王昭、冯翊的寇明、京兆的杜敏、扶风的马朗、新平的张晏、建忠将军高平牧官都尉扶风人王敏等都接

受这个军书共同起兵，各自拥有兵众数万人，派遣使者到前秦，前秦国君苻丕都把他们任派为将军、郡守，封为列侯。领军将军邓景率领部属五千人占据彭池，与窦冲一前一后，准备前后夹击后秦国。前秦国君苻丕任命邓景为京兆尹。邓景是邓羌的儿子。

后秦主苌徙安定五千馀户于长安。

秋，七月，秦平凉太守金熙、安定都尉没弈干与后秦左将军姚方成战于孙丘谷，方成兵败。后秦主苌以其弟征虏将军绪为司隶校尉，镇长安；自将至安定击熙等，大破之。金熙本东胡之种；没弈干，鲜卑多兰部帅也。

【译文】 后秦国君姚苌把迁徙到安定的五千余户百姓又迁徙到长安。

秋季，七月，前秦平凉太守金熙、安定都尉没弈干和后秦左将军姚方成在孙丘谷城交战。姚方成惨败。后秦国君姚苌任命他的弟弟征虏将军姚绪为司隶校尉，镇守在长安；自己亲自率领军队到安定攻击金熙等人，把他们打得大败。没弈干是鲜卑多兰部的统帅，金熙本来是东胡的种族。

枹罕诸氐以卫平衰老，难为成功，议废之，而惮其宗强，累日不决。氐啖青谓诸将曰："大事宜时定，不然，变生。诸君但请卫公为会，观我所为。"会七夕大宴，青抽剑而前曰："今天下大乱，吾曹休戚同之，非贤主不可以济大事。卫公老，宜返初服以避贤路。狄道长苻登，虽王室疏属，志略雄明，请共立之，以赴大驾。诸君有不同者，即下异议。"乃奋剑攘袂，将斩异己者。众皆从之，莫敢仰视。于是，推登为使持节、都督陇右诸军事、抚军大将军、雍、河二州牧、略阳公，帅众五万，东下陇，攻南安，拔之，驰使请命于秦。登，秦主丕族子也。

【译文】 枹罕许多氐人商量把卫平废掉，因为他年老体衰很难再有所作为，但又害怕他强大的宗族，经过了几天都没能对这件事做出最终的决定。氐人啖青告诉众将说："这件事应该尽快决定，不然随时都有可能发生变化。诸位只要请卫公参加聚会，然后看我的作为就可以了。"正逢七夕举办大宴会，啖青拔剑向前说："现在天下大乱，我们这些人是祸福与共的，如果没有贤明的君主就无法完成大事。现在卫公年纪已经很大了，应该是让位给贤者自己恢复平民身份。虽然狄道的长官苻登只是王室的远亲，可是他的志气雄壮，决策也非常英明而且又有深谋远略，请大家一同拥立他以便响应前秦王苻丕。各位如果有不同意的，请提出不同的意见。"于是卷起袖子用力举剑，准备斩杀与自己有不同意见的人。众人全都服从他，没有人敢仰头观望。于是推举苻登为使持节、都督陇右诸军事、抚军大将军、雍河两州牧、略阳公，率领五万名部属，向东直下陇州，攻打南安。他们把南安攻下后，派遣使者快马加鞭地赶到前秦，向前秦请示命令。苻登是前秦国君苻丕同族的子弟。

祕宜与莫侯悌眷帅其众三万馀户降于乞伏国仁，国仁拜宜东秦州刺史，悌眷梁州刺史。

己酉，魏王珪还盛乐，代题复以部落来降，十馀日，又奔刘显；珪使其孙倍斤代领其众。刘显弟肺泥帅众降魏。

八月，燕主垂留太子宝守中山，以赵王麟为尚书右仆射，录留台。庚午，自帅范阳王德等南略地，使高阳王隆东徇平原。丁零鲜于乞保曲阳西山，闻垂南伐，出营望都，剽掠居民。赵王麟自出讨之，诸将皆曰："殿下虚镇远征，万一无功而返，亏损威重，不如遣诸将讨之。”麟曰:“乞闻大驾在外,无所畏忌,必不设备,一举可取,不足忧也。”乃声言至鲁口,夜,回趣乞,比明,至其营,掩击,擒之。

【译文】 祕宜和莫侯悌眷率领部属三万多户人家投降乞伏国仁,乞伏国仁任命莫侯悌眷为梁州刺史,任命祕宜为东秦州刺史。

己酉日(初十),北魏国君拓跋珪回到盛乐,代题带领他的部落前来投降,但是在十几天后,他又带领他的部落投奔了刘显。北魏国君拓跋珪让代题的孙子倍斤代替他领导他的部属。刘显的弟弟刘肺泥率领部属投降魏国。

八月,后燕国君慕容垂留下太子慕容宝防守中山,任命赵王慕容麟为尚书右仆射,掌管留台之事。庚午日(初一),后燕国君慕容垂亲自率领范阳王慕容德等人向南扩展领土,派遣高阳王慕容隆向东开辟平原地区。丁零人鲜于乞据守在曲阳西面的山岭,听说后燕国君慕容垂到南方讨伐,离开营地驻扎在望都,强抢掠夺居民的财物。赵王慕容麟亲自出兵讨伐。众将都说:“你空虚军营的防守而远去征伐,万一没有成功,那一定会损害你的威名和地位,不如派遣部将去讨伐。”慕容麟确定地说:“鲜于乞听说君主在外面,就没有了畏惧和顾忌,一定不会有防备,所以不必担忧,我们一定一战就可成功。”于是声称要到鲁口,但是在夜晚就回头赶往鲜于乞所在的地方,到了天亮的时候到达了他的营地,进行突击,抓住了鲜于乞。

翟辽寇谯,朱序击走之。

秦主丕以苻登为征西大将军、开府仪同三司、南安王,持节、州牧、都督,皆因其所称而授之。又以徐义为右丞相。留王腾守晋阳，右仆射杨辅戍壶关，帅众四万，进屯平阳。

初，后秦主苌之弟硕德统所部羌居陇上，闻苌起兵，自称征西将军，聚众于冀城以应之；以兄孙详为安远将军，据陇城，从孙训为安西将军，据南安之赤亭，与秦秦州刺史王统相持。苌自安定引兵会硕德攻统，天水屠各、略阳羌胡应之者一万馀户，秦略阳太守王皮降之。

初，秦灭代，迁代王什翼犍少子窟咄于长安，从慕容永东徙，永以窟咄为新兴太守。刘显遣其弟亢埿迎窟咄，以兵随之，逼魏南境，诸部骚动。魏王珪左右于桓等与部人谋执珪以应窟咄，幢将代人莫题等亦潜与窟咄交通。桓舅穆崇告之，珪诛桓等五人，莫题等七姓悉原不问。珪惧内难，北逾阻山，复依贺兰部，遣外朝大人辽东安同求救于燕，燕主垂遣赵王麟救之。

【译文】翟辽进犯谯郡，朱序击退了他。

前秦国君苻丕任命徐义为右丞相；又任命苻登为征西大将军、开府仪同三司、南安王，持节、州牧、都督等，都是依他原有的称呼而授的官职。留下王腾防守晋阳，右仆射杨辅驻守壶关，率领部属四万人进兵屯驻平阳。

起初，后秦国君姚苌的弟弟姚硕德率领所领导的羌人住在陇上，听到姚苌起兵的事，就自称为征西将军，聚集部属在冀城响应他；任命哥哥的孙子姚详为安远将军，让他据守陇城，任命堂孙姚训为安西将军，让他据守南安的赤亭和前秦秦州刺史王统相对抗。后秦国君姚苌从安定带兵会合姚硕德攻打王统，天水的屠各人、略阳的羌胡人有两万多户人家响应他们。前秦略阳太守王皮不得已只能向他们投降。

起初，前秦灭掉代国，把代王拓跋什翼犍的幼子拓跋窟咄迁移到长安，又让他跟随慕容永向东迁徙，慕容永任命拓跋窟

咄为新兴太守。刘显派他的弟弟刘亢埿，带领军队跟随着他一起去迎接拓跋窟咄，在逼近魏国南边边境的时候，许多部族都受到惊动。北魏国君拓跋珪的身边侍从于桓等人和同部族的人正在计划用什么阴谋抓住拓跋珪以便附应拓跋窟咄，幢将代国人莫题等也暗中和拓跋窟咄联络。于桓的舅父穆崇告发了他们，拓跋珪杀死于桓等五人，对莫题等七人则都原谅了，不再追问这件事。北魏国君拓跋珪因为害怕内部的灾难，所以向北越过阴山，又依附了贺兰部，派遣外朝大人辽东的安同向后燕求救。后燕国君慕容垂派遣赵王慕容麟去救他。

九月，王统以秦州降于后秦。后秦主苌以姚硕德为使持节、都督陇右诸军事、秦州刺史，镇上邽。

吕光得秦王坚凶问，举军缟素，谥曰文昭皇帝。冬，十月，大赦，改元大安。

【译文】 九月，王统以秦州向后秦投降。后秦国君姚苌任命姚硕德为使持节、都督陇右诸军事、秦州刺史，镇守在上邽。

吕光得到前秦国君苻坚死亡的坏消息，命令全军都要穿白色的丧服，给苻坚定谥号为文昭皇帝。冬季，十月，诏令大赦，改年号为大安。

西燕慕容永遣使诣秦主丕，求假道东归。丕弗许，与永战于襄陵，秦兵大败，左丞相王永、卫大将军俱石子皆死。初，东海王纂自长安来，麾下壮士三千馀人，丕忌之，既败，惧为纂所杀，帅骑数千南奔东垣，谋袭洛阳。扬威将军冯该自陕邀击之，杀丕，执其太子宁、长乐王寿送建康；诏赦不诛，以付苻宏。纂与其弟尚书永平侯师奴帅秦众数万走据杏城，其馀王公百官皆没于永。

永遂进据长子，即皇帝位，改元中兴。将以秦后杨氏为上夫人，杨氏引剑刺永，为永所杀。

【译文】 西燕慕容永派使者到前秦国君苻丕那里请求借路回到东方，苻丕不答应，与慕容永在襄陵交战，前秦军队被打得大败，左丞相王永、卫大将军俱石子都战死了。当时东海王苻纂从长安来投奔前秦，他的部下有三千多名勇士，前秦国君苻丕非常忌恨他，等到苻丕失败以后，非常害怕自己被苻纂杀害，最后决定率领数千名骑兵向南奔往东垣，谋划袭击洛阳。扬威将军冯该从陕州半途拦截杀死了苻丕，又抓住他的太子苻宁、长乐王苻寿，把他们送到建康，朝廷下诏令宽赦不杀他们，把他们交给了苻宏。苻纂和他的弟弟尚书永平侯苻师奴率领几万名前秦人流亡到杏城，其余的王公百官都被慕容永俘虏了。

慕容永进兵据守在长子，登上帝位，改年号为中兴。想要立前秦王后杨氏为上夫人，杨氏拿剑刺慕容永，最后被慕容永杀死了。

【申涵煜评】 丕后杨不从慕容永，引剑刺之而死；登后毛不从姚苌，巷战大骂而死。侠烈之气，骸骨皆香。彼惠之羊、垂之段辱身辱国，直娄猪耳。

【译文】 前秦苻丕的皇后杨氏不顺从慕容永，企图拔剑刺杀慕容永而被慕容永刺死；前秦苻登的皇后毛氏不顺从姚苌，在双方短兵相接时大骂姚苌而被杀死。她们刚直严正的气概，即使是尸骨都会散发着香气。其他如晋惠帝的皇后羊氏、慕容垂的皇后段氏既使自己蒙羞，也让国家受辱，简直就是母猪。

甲申，海西公弈薨于吴。

燕寺人吴深据清河反，燕主垂攻之，不克。

后秦主苌还安定。

秦南安王登既克南安，夷、夏归之者三万馀户，遂进攻姚硕德于秦州，后秦主苌自往救之。登与苌战于胡奴阜，大破之，斩首二万馀级，将军啖青射苌，中之。苌创重，走保上邽，姚硕德代之统众。

燕赵王麟军未至魏，拓跋窟咄稍前逼魏王珪，贺染干侵魏北部以应之。魏众惊扰，北部大人叔孙普洛亡奔刘卫辰。麟闻之，遽遣安同等归。魏人知燕军在近，众心少安。窟咄进屯高柳，珪引兵与麟会击之，窟咄大败，奔刘卫辰，卫辰杀之。珪悉收其众，以代人库狄干为北部大人。麟引兵还中山。

【译文】甲申日（十六日），海西公司马弈在吴郡去世。

后燕宦官吴深据守清河起兵造反，后燕国君慕容垂攻打他，但是没有取得成功。

后秦国君姚苌回到安定。

前秦南安王苻登已经攻下南安，归附他的夷人、夏人有三万多户，于是他在秦州又进攻姚硕德，后秦国君姚苌亲自前往救援。苻登与姚苌在胡奴阜交战，苻登大败姚苌而且杀死了他两万多人，将军啖青用箭射中姚苌，姚苌受重伤逃到上邽自保，姚硕德代替他统领部属。

后燕赵王慕容麟的军队还没有到达魏国，拓跋窟咄稍微向前逼近魏国君王拓跋珪，贺染干侵入魏国的北部接应他。魏国的民众十分惊乱，北部大人叔孙普洛投奔刘卫辰。慕容麟听说了之后，赶快派遣安同等人回去。魏国人知道后燕的军队就在附近，众人的心里稍微安定了点。拓跋窟咄进兵屯驻高柳，北魏国君拓跋珪和慕容麟带兵一起攻击他，把他打得大败，被迫投奔刘卫辰，但是刘卫辰却把他杀死了。北魏国君拓跋珪收留了他的部属，任命代人库狄干为北部大人，然后慕容麟带兵回中山去了。

刘卫辰居朔方，士马甚盛。后秦主苌以卫辰为大将军、大单于、河西王、幽州牧，西燕主永以卫辰为大将军、朔州牧。

十一月，秦尚书寇遗奉勃海王懿、济北王昶自杏城奔南安，南安王登发丧行服，谥秦主丕曰哀平皇帝。登议立懿为主，众曰："勃海王虽先帝之子，然年在幼冲，未堪多难。今三虏窥觎，宜立长君，非大王不可。"登乃为坛于陇东，即皇帝位，大赦，改元太初，置百官。

慕容柔、慕容盛及盛弟会皆在长子，盛谓柔、会曰："主上已中兴幽、冀，东西未壹，吾属居嫌疑之地，为智为愚，皆将不免。不若以时东归，无为坐待鱼肉也！"遂相与亡归燕。后岁馀，西燕主永悉诛燕主俊及燕主垂之子孙，男女无遗。

张大豫自西郡入临洮，掠民五千馀户，保据俱城。

【译文】 刘卫辰军力很强盛，住在朔方。后秦国君姚苌任命刘卫辰为河西王、大将军、大单于、幽州牧，西燕君主慕容永任命刘卫辰为大将军、朔州牧。

十一月，前秦尚书寇遗奉送济北王苻昶、渤海王苻懿从杏城奔往南安。南安王苻登穿着丧服给前秦国君苻丕发丧，并且给苻丕定谥号为哀平皇帝。苻登提议拥立苻懿为君主，众人劝说道："渤海王虽然是先帝的儿子，但是年纪太小，没承受过那么多的灾难。现在西燕君主慕容永、后秦国君姚苌、后燕国君慕容垂三个大敌正在等待可以袭击我们的机会，我们应该拥立年长的君主，所以非你不可！”于是苻登在陇东设立祭坛登上帝位，诏令大赦，改年号为太初，设置百官。

慕容柔、慕容盛和慕容盛的弟弟慕容会都在长子，慕容盛告诉慕容柔、慕容会说：“主上慕容垂已经使幽、冀两州从衰落中复兴起来了，但是东西两主尚未合一，我们还是处在遭人猜疑的地方，无论我们表现聪明还是愚昧都不能免除我们所处的危险，我们不能坐着等待被人宰割，不如及时回到东边！”于是他们一起逃到后燕。一年多以后，西燕君主慕容永把后燕国君慕容俊和慕容垂的子孙全都杀掉，不论男女，无一遗漏。

张大豫从西郡进入临洮，不仅抢夺五千多户人家的财物还占据了俱城。

十二月，吕光自称使持节、侍中、中外大都督、督陇右、河西诸军事、大将军、凉州牧、酒泉公。

秦主登立世祖神主于军中，载以辎軿，建黄旗青盖，以虎贲三百人卫之，凡所欲为，必启主而后行。引兵五万，东击后秦，将士皆刻鉾、铠为“死”“休”字；每战以剑矟为方圆大阵，知有厚薄，从中分配，故人自为战，所向无前。

【译文】 十二月，吕光自称为使持节、侍中、大将军、凉州牧、酒泉公、中外大都督、都督陇右河西诸军事。

前秦国君苻登在军中设立世祖苻坚的牌位，把它放在四面有屏障的车子上，又为它建立了青色的车盖、黄色的旗帜，而且还让三百个勇士来保护它，凡是想要做的事一定先禀告世祖苻坚然后才去做。前秦国君苻登带领五万名士兵向东攻击后秦，将士们的头盔、铠甲都刻上“死”“休”两字，表示为了复仇直到战死才罢休；每逢作战的时候，士兵们用剑和长矛结成方圆大阵，知道了力量分布不均后，再从中分配，所以人人各自为战，敌人挡都挡不住。

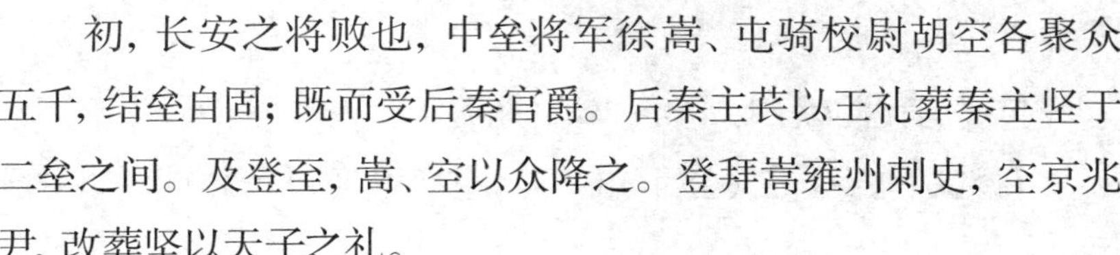

初，长安之将败也，中垒将军徐嵩、屯骑校尉胡空各聚众五千，结垒自固；既而受后秦官爵。后秦主苌以王礼葬秦主坚于二垒之间。及登至，嵩、空以众降之。登拜嵩雍州刺史，空京兆尹，改葬坚以天子之礼。

乙酉，燕主垂攻吴深垒，拔之，深单马走。垂进屯聊城之逢关陂。初，燕太子洗马太原温详来奔，以为济北太守，屯东阿。燕主垂遣范阳王德、高阳王隆攻之，详遣从弟攀守河南岸，子楷守碻磝以拒之。

燕主垂以魏王珪为西单于，封上谷王，珪不受。

【译文】 起初，慕容冲在长安将要打败前秦国君苻坚冲出困境的时候，屯骑校尉胡空和中垒将军徐嵩分别聚集五千名部属建筑城垒自我固守，后来接受了后秦的官爵。后秦国君姚苌在两个城垒之间以君王的礼节埋葬了前秦君主苻坚。等到苻登到达，徐嵩和胡空率领部属投降了苻登。苻登封胡空为京兆尹，封徐嵩为雍州刺史，又以天子的礼节改葬前秦君主苻坚。

乙酉日（十八日），后燕国君慕容垂攻打吴深的城垒，最后把城垒攻下来，只有吴深一个人骑着马逃走了。慕容垂进兵屯驻聊城的逢关陂。起初，后燕太子洗马温详投奔过来，被任命为济北太守，驻扎东阿。后燕国君慕容垂派遣高阳王慕容隆、范阳王慕容德攻打他，温详派遣堂弟温攀守在黄河南岸，儿子温楷守在碻磝以抵抗他们。

后燕国君慕容垂任命魏国君王拓跋珪为西单于，又封他为上谷王；但是北魏国君拓跋珪不肯接受。

资治通鉴卷第一百七　晋纪二十九

起强圉大渊献，尽重光单阏，凡五年。

【译文】 起丁亥（公元387年），止辛卯（公元391年），共五年。

【题解】 本卷记录了公元387年至391年共五年间东晋与各国的大事，正当晋孝武帝太元十二年至十六年。主要记录了后燕主慕容垂在慕容农、慕容隆、慕容楷等人的辅佐下南破东晋兖州、青州境内的郡县；写了匈奴刘显不仅拥有广大的土地而且还拥有强大的兵力，一直在北方称雄，但内部矛盾尖锐，被慕容楷、慕容麟等打败，刘显逃到西燕；写了后秦主姚苌与前秦主苻登在陕、甘邻近地区的反复较量，姚苌斩杀秦将徐嵩，并挖出苻坚的尸体鞭尸；写了吕光集团打败张天锡之子张大豫，平定境内叛乱，在凉州日益强大；写了乞伏国仁攻破邻近的鲜卑部落，又击破秦将没弈干，吐谷浑部落前来归附；写了北魏国君拓跋珪大破柔然、大破刘卫辰，从此黄河以南的各部全都投降，魏国的经济财力因此非常丰饶；写了东晋皇帝司马曜沉迷酒色，会稽王司马道子、王国宝专权，朝纲日益腐败等等。

烈宗孝武皇帝中之下

太元十二年（丁亥，公元三八七年）春，正月，乙巳，以朱序为青，兖二州刺史，代谢玄镇彭城；序求镇淮阴，许之。以玄为会稽内史。

丁未，大赦。

燕主垂观兵河上，高阳王隆曰："温详之徒，皆白面儒生，乌合为群，徒恃长河以自固，若大军济河，必望旗震坏，不待战也。"垂从之。戊午，遣镇北将军兰汗、护军将军平幼于碻磝西四十里济河，隆以大众陈于北岸。温攀、温楷果走趣城，平幼追击，大破之。详夜将妻子奔彭城，其众三万馀户皆降于燕。垂以太原王楷为兖州刺史，镇东阿。

【译文】太元十二年（丁亥，公元387年）春季，正月，乙巳日（初八），晋烈宗孝武皇帝司马曜任命朱序为青、兖两州刺史，让他代替谢玄镇守彭城；但是朱序请求镇守淮阴，晋孝武帝司马曜同意了他的请求。任命谢玄为会稽内史。

丁未日（初十），东晋诏令大赦天下。

后燕国君慕容垂在黄河之上阅兵，高阳王慕容隆知道后说："温详那些人都是白脸孔的读书人，所聚集的都是像乌鸦一样的一点也不团结的贫民群众，他们更多的只是依靠长河之险保卫自己而已；如果我们的大军渡过河去，他们看见军队的军旗一定就会被吓垮了，根本就不必等到交战就把他们吓败了。"后燕国君慕容垂听取了他的话。戊午日（二十一日），慕容垂派遣镇北将军兰汗、护军将军平幼在碻磝以西四十里的地方渡河，慕容隆让很多的部属布阵在北岸。温攀、温楷果然逃往东阿城，平幼加紧追赶他们，追上后把他们打得大败。温详在晚上带着妻子儿女逃奔彭城，他的部属三万多人都投降后燕。后燕国君慕容垂任命太原王慕容楷为兖州刺史，镇守在东阿。

初，垂在长安，秦王坚尝与之交手语，垂出，冗从仆射光祚

言于坚曰："陛下颇疑慕容垂乎？垂非久为人下者也。"坚以告垂。及秦主丕自邺奔晋阳，祚与黄门侍郎封孚、巨鹿太守封劝皆来奔。劝，弈之子也。垂之再围邺也，秦故臣西河朱肃等各以其众来奔。诏以祚等为河北诸郡太守，皆营于济北、濮阳，羁属温详；详败，俱诣燕军降。垂赦之，抚待如旧。垂见光祚，流涕沾衿，曰："秦主待我深，吾事之亦尽；但为二公猜忌，吾惧死而负之，每一念之，中宵不寐。"祚亦悲恸。垂赐祚金帛，祚固辞，垂曰："卿犹复疑邪？"祚曰："臣昔者惟知忠于所事，不意陛下至今怀之，臣敢逃其死？"垂曰："此乃卿之忠，固吾所求也，前言戏之耳。"待之弥厚，以为中常侍。

翟辽遣其子钊寇陈、颍，朱序遣将军秦膺击走之。

【译文】起初，后燕国君慕容垂在长安的时候，前秦国君苻坚曾经和他握手交谈，冗从仆射光祚偷偷地告诉苻坚："陛下很怀疑慕容垂吗？我觉得慕容垂不是长久做别人部下的人。"苻坚把这话告诉了慕容垂。等到前秦国君苻丕从邺城逃奔晋阳后，光祚和黄门侍郎封孚、巨鹿太守封劝都来投靠。封劝是封弈的儿子。当后燕国君慕容垂第二次围攻邺城的时候，前秦旧臣西河人朱肃等人分别带领他们的部属前来投靠。朝廷下诏命令光祚等人为河北各郡的太守，让他们都驻扎在济北、濮阳，他们受到了温详的牵制领导；等到温详失败以后，他们都向后燕投降。后燕国君慕容垂不仅宽赦安抚他们，而且还像从前一样对待他们。后燕国君慕容垂看见光祚后，眼泪流湿了衣襟，悲伤地说："前秦国君苻坚平时待我很宽厚，我事奉他的时候也是尽心尽力；但是长乐公苻丕、平原公苻晖却猜忌我有谋害他的心思，我也是怕被他们害死才不得已背叛他，现在当我每次想到这件事的时候，我还是半夜都睡不着。"光祚听了也很悲痛。后燕国君慕容垂赏赐给光祚许多黄金和丝帛，光祚坚决推辞不接受，慕容垂说："你还怀疑我吗？"光祚说："我从前只知道忠心地对待我的主人，从来没有想到陛下到今天还把以前的事挂在心上，我犯下了大错又岂敢逃过死罪？"后燕国君慕容垂说："你的忠心正是我所希望求得的，前面的话是开玩笑的。"后燕国君慕容垂任命他做中常侍，从此对待他更加宽厚。

翟辽派遣他的儿子翟钊侵入陈、颍两地，朱序派遣将军秦膺击退翟钊。

秦主登立妃毛氏为皇后，勃海王懿为太弟。后，兴之女也。遣使拜东海王纂为使持节、都督中外诸军事、太师、领大司马，封鲁王，纂弟师奴为抚军大将军、并州牧，封朔方公。纂怒谓使者曰："勃海王，先帝之子，南安王何以不立而自立乎？"长史王旅谏曰："南安已立，理无中改；今寇虏未灭，不可宗室之中自为仇敌也。"纂乃受命。于是，卢水胡彭沛谷、屠各董成、张龙世、新平羌雷恶地等皆附于纂，有众十馀万。

后秦主苌徙秦州豪杰三万户于安定。

【译文】前秦国君苻登封渤海王苻懿为皇太弟，册立他的妃子毛氏为皇后。皇后是毛兴的女儿。又派遣使者传送皇命封东海王苻纂为使持节、太师、都督中外诸军事、领大司马，再加封他为鲁王；封苻纂的弟弟苻师奴为抚军大将军、并州牧，再加封他为朔方公。苻纂很生气地对使者说："渤海王才是先帝苻丕的儿子，南安王为什么自立为天子而不立渤海王为天子呢？"长史王旅劝谏说："南安王已经把自己立为天子了，按道理说也没有中途改变君主的；况且现在入侵我们国家的仇敌还没有消

灭，我们现在不可以在宗室之间互相成为仇敌。”苻纂这才接受命令。因此屠各人董成、张龙世、卢水的胡人彭沛谷、新平的羌人雷恶地等都归附苻纂，苻纂现在也有十余万名部属。

后秦国君姚苌把秦州三万户的豪杰迁徙到安定。

初，安次人齐涉聚众八千馀家据新栅，降燕，燕主垂拜涉魏郡太守。既而复叛，连张愿，愿自帅万馀人进屯祝阿之瓮口，招翟辽，共应涉。

高阳王隆言于垂曰：“新栅坚固，攻之未易猝拔。若久顿兵于其城下，张愿拥帅流民，西引丁零，为患方深。愿众虽多，然皆新附，未能力斗。因其自至，宜先击之。愿父子恃其骁勇，必不肯避去，可一战擒也。愿破，则涉自不能存矣。”垂从之。

【译文】起初，安次人齐涉聚集民众八千多家据守新栅，然后投降后燕，后燕国君慕容垂封齐涉为魏郡太守。后来齐涉又背叛后燕去联合张愿，张愿亲自率领一万多人进兵屯驻在祝阿的瓮口，又招引翟辽一同响应齐涉。

高阳王慕容隆告诉后燕国君慕容垂：“新栅的城池很不容易攻破，因为防守很坚固。如果我们长久把军队停顿在城下，张愿所统率的流亡百姓，从西边又引进丁零人翟辽，这样所造成的祸患就会很大了。我们应该在张愿自己前来的时候先攻打他，因为他的部属虽然有很多，但都是刚刚归附的和不能够奋力战斗的百姓。张愿父子自恃他们骁勇善战，一定不肯躲避离去，我们可以一战就把他们擒住。如果张愿被打败，那么齐涉就不能自保了。”后燕国君慕容垂听取了他的计策。

二月，遣范阳王德、陈留王绍、龙骧将军张崇帅步骑二万会

隆击愿。军至斗城，去瓮口二十馀里，解鞍顿息。愿引兵奄至，燕人惊遽，德军退走，隆勒兵不动。愿子龟出冲陈，隆遣左右王末逆击，斩之。隆徐进战，愿兵乃退。德行里馀，复速兵还，与隆合，谓隆曰："贼气方锐，宜且缓之。"隆曰："愿乘人不备，宜得大捷；而吾士卒皆以悬隔河津，势迫之故，人思自战，故能却之。今贼不得利，气竭势衰，皆有进退之志，不能齐奋，宜亟待击之。"德曰："吾唯卿所为耳。"遂进，战于瓮口，大破之，斩首七千八百级，愿脱身保三布口。燕人进军历城，青、兖、徐州郡县壁垒多降。垂以陈留王绍为青州刺史，镇历地。德等还师，新栅人冬鸾执涉送之。垂诛涉父子，馀悉原之。

三月，秦主登以窦冲为南秦州牧，杨定为益州牧，杨壁为司空、梁州牧，乞伏国仁为大将军、大单于、苑川王。

燕上谷人王敏杀太守封戢，代郡人许谦逐太守贾闰，各以郡附刘显。

【译文】 二月，后燕国君慕容垂派遣范阳王慕容德、龙骧将军张崇、陈留王慕容绍率领两万名步兵和骑兵会合慕容隆一起攻击张愿。军队离开瓮口二十多里路程后到了斗城，解下马鞍停下来休息。张愿带领军队突然到达，因此后燕士兵十分惊慌失措，慕容德的军队赶快退走，慕容隆则按兵不动。张愿的儿子张龟带领士兵冲出阵地，慕容隆派遣身边将领王末带领士兵前去迎击，他们不但战胜了张龟而且还把他杀死了。慕容隆慢慢地进兵作战，张愿的兵不得已才后退。慕容德走了一里多后，又整顿军队回来和慕容隆会合，告诉慕容隆："寇贼的气势还很勇猛强锐，我们应该暂且缓和一下。"慕容隆说："张愿是趁我们不防备的时候来袭击，所以才会获得大胜；而我们的士兵都被隔绝在黄河渡口，我们现在是前有强敌，如果后退则会溺死，形势十分险迫，现在人人都想要各自为战，所以才能把张愿打退。现在寇贼不能得到有利的局面，气势已经衰竭，不能齐心奋发，而且都有退却的意思了，我们应该赶快攻击他们。”慕容德想了想说：“我只有照你所说的做了。”于是进兵与张愿在瓮口大战，张愿惨遭大败，杀死七千八百人，只有张愿脱身逃到了三布口自保。后燕军队进军历城，青、兖、徐州郡县与一些民堡大多数都投降了。后燕国君慕容垂任命陈留王慕容绍为青州刺史，镇守在历城。慕容德等人把军队调回去，新栅人冬鸾逮捕齐涉送给慕容垂。后燕国君慕容垂杀死了齐涉父子，其余的人都获得了他的原谅。

三月，前秦国君苻登封窦冲为南秦州牧，封杨壁为司空、梁州牧，封杨定为益州牧，封乞伏国仁为大将军、大单于、苑川王。

后燕上谷人王敏杀死太守封戢，代郡人许谦又赶走太守贾闰，分别带领着他们的郡城归附了刘显。

燕乐浪王温为尚书右仆射。

夏，四月，戊辰，尊帝母李氏为皇太妃，仪服如太后。

后秦征西将军姚硕德为杨定所逼，退过泾阳。定与秦鲁王纂共攻之，战于泾阳，硕德大败。后秦主苌自阴密救之，纂退屯敷陆。

燕主垂自碻磝还中山，慕容柔、慕容盛、慕容会来自长子。庚辰，垂为之大赦。垂问盛：“长子人情如何？为可取乎？”盛曰：“西军扰扰，人有东归之志，陛下唯当修仁政以俟之耳。若大国一临，必投戈而来，若孝子之归慈父也。”垂悦。癸未，封柔为阳平王，盛为长乐公，会为清河公。

【译文】后燕乐浪王慕容温担任尚书右仆射。

夏季，四月，戊辰日（初三），晋孝武帝司马曜尊封他的母亲李氏为皇太妃，所用的礼仪服饰和太后的一样。

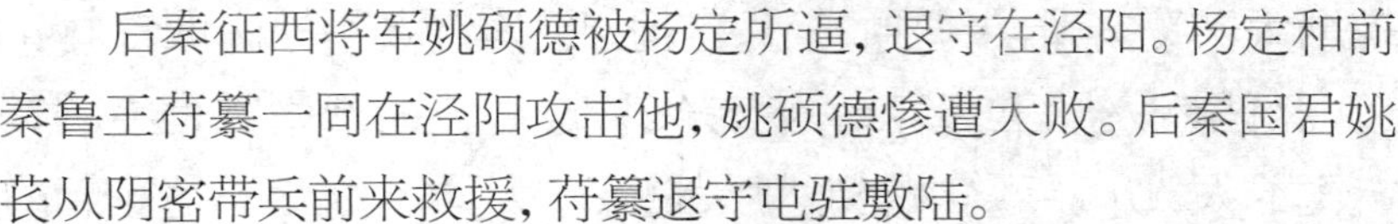

后秦征西将军姚硕德被杨定所逼，退守在泾阳。杨定和前秦鲁王苻纂一同在泾阳攻击他，姚硕德惨遭大败。后秦国君姚苌从阴密带兵前来救援，苻纂退守屯驻敷陆。

后燕国君慕容垂从碻磝回到中山，慕容柔、慕容盛、慕容会也从长子回来。庚子日（四月无此日），后燕国君慕容垂为此诏令大赦。后燕国君慕容垂问慕容盛："长子那地方的情况如何，能够得手吗？"慕容盛说："西燕国君慕容永的军队长期扰攘不安定，人心都有回到东边的意思，陛下只需要修治仁政来等待他们就可以了。只要大军一到，他们必然丢下兵器如同孝子归附慈父一样地归附我国。"后燕国君慕容垂听了后非常高兴。癸未日（十八日），后燕国君慕容垂封慕容柔为阳平王，封慕容盛为长乐公，封慕容会为清河公。

高平人翟畅执太守徐含远，以郡降翟辽。燕主垂谓诸将曰："辽以一城之众，返覆三国之间，不可不讨。"五月，以章武王宙监中外诸军事，辅太子宝守中山，垂自帅诸将南攻辽，以太原王楷为前锋都督。辽众皆燕、赵之人，闻楷至，皆曰："太原王子，吾之父母也！"相遇归之。辽惧，遣使请降。垂以辽为徐州牧，封河南公；前至黎阳，受降而还。

井陉人贾鲍，招引北山丁零翟遥等五千馀人，夜袭中山，隐其外郭。章武王宙以奇兵出其外，太子宝鼓噪于内，合击，大破之，尽俘其众，唯遥、鲍单马走免。

【译文】高平人翟畅抓住太守徐含远后，带领全郡投降了

翟辽。后燕国君慕容垂告诉众将："翟辽带领一个城的民众，在晋国、燕国及西燕国三国之间反复不定，不能不去讨伐他。"五月，后燕国君慕容垂任命章武王慕容宙监领中外诸军事并且辅助太子慕容宝防守中山；慕容垂自己率领各军从南面攻打翟辽，又任命太原王慕容楷为前锋都督。翟辽的部属都是燕国、赵国的人，听说慕容楷到达后都说："太原王的儿子是我们的父母呀！"（慕容楷的父亲慕容恪曾经做过燕国的宰相，因为燕国、赵国的人都很怀念他，所以这么说。）于是互相带领着归降慕容楷。翟辽很害怕，于是派遣使者请求投降；后燕国君慕容垂任命翟辽为徐州牧，封河南公，军队前进到黎阳时，接受了翟辽的投降然后回去了。

井陉人贾鲍召集带领北山丁零部落翟遥等五千多人，利用夜晚偷袭中山，攻陷了它的外城。章武王慕容宙从外面出兵偷袭，太子慕容宝在城里叫众人大喊厮杀的声音，与章武王慕容宙里应外合不仅把他们打得大败，而且还把他们的部属都俘虏了，只有翟遥、贾鲍各自骑着马逃走了。

刘显地广兵强，雄于北方。会其兄弟乖争，魏长史张兖言于魏王珪曰："显志在并吞，今不乘其内溃而取之，必为后患。然吾不能独克，请与燕共攻之。珪从之，复遣安同乞师于燕。

诏征会稽处士载逵，逵累辞不就；郡县敦逼不已，逵逃匿于吴。谢玄上疏曰："逵自求其志，今王命未回，将罹风霜之患。陛下既已爱而器之，亦宜使其身名并存；请绝召命。"帝许之。逵，逯之兄也。

秦主登以其兄同成为司徒、守尚书令，封颍川王；弟广为中书监，封安成王；子崇为尚书左仆射，封东平王。

【译文】匈奴首领刘显不仅拥有广大的土地而且还拥有强大的兵力，所以一直在北方称雄。正巧遇到他们兄弟意见不合发生争执，魏国长史张兖告诉北魏国君拓跋珪："刘显志在吞并别人，如果现在不趁着他内部溃散而把他攻打下来，将来一定会有后患。但是我们无法单独打败他，所以应该请求与燕国一同攻击他。"北魏国君拓跋珪听从了他的意见，又派遣安同向后燕请求派遣军队。

晋孝武帝司马曜下诏征调会稽郡的隐士载逵，载逵每次都推辞不肯接受；因为郡县一直在催促，所以载逵就逃躲到吴郡去了。谢玄上奏书说："载逵自己的愿望是希望获得隐逸的机会，如果王命现在没有收回，他将会一直遭受着奔波躲藏的愁苦。陛下既然很喜欢他而且很器重他，就应当使他的身名同时留存，所以请您收回征召他的命令吧。"于是晋孝武帝答应了他的请求。载逵是载逯的哥哥。

前秦国君苻登任命自己的哥哥苻同成为司徒、守尚书令，封为颍川王；任命弟弟苻广为中书监，封为安成王；任命儿子苻崇为尚书左仆射，封为东平王。

【乾隆御批】逾墙闭门，圣贤讥其已甚。安有奉诏征而可逃匿他所乎？逵托自求其志之说，纯盗虚声，所谓率天下而人于无用者，必欲曲成其名，于世何补？谢元顾斤斤爱惜，谓当使其身名并存，亦鄙论。

【译文】跳墙逃走、闭门不见，这都是备受圣贤讥讽的事。哪里有诏书征聘而逃匿他处的呢？戴逵托言自己追求自我志向的说法，纯粹是盗取虚有的名声，所谓率领天下而使人无所任用的人，必定想用曲折的手段来成就自己的名声，这样对于世事又有什么补益呢？谢玄只顾过分爱惜，还说该让他身体与名声并存，这也是鄙薄粗俗的言论。

燕主垂自黎阳还中山。

吴深杀燕清河太守丁国，章武人王祖杀太守白钦，勃海人张申据高城以叛；燕主垂命乐浪王温讨之。

苑川王国仁帅骑三万袭鲜卑大人密贵、裕苟、提伦三部于六泉。秋，七月，与没弈干、金熙战于渴浑川。没弈干、金熙大败，三部皆降。

秦主登军于瓦亭，后秦主苌攻彭沛谷堡，拔之，谷奔杏城。苌还阴密，以太子兴镇长安。

【译文】后燕国君慕容垂从黎阳回到中山。

章武人王祖杀死了太守白钦，吴深杀死了后燕清河太守丁国，渤海人张申占据高城发动叛乱；后燕国君慕容垂命令乐浪王慕容温前去讨伐。

苑川王乞伏国仁率领三万名骑兵在六泉袭击鲜卑大人密贵、裕苟、提伦三个部族。秋季，七月，乞伏国仁与没弈干、金熙在渴浑川交战，没弈干、金熙惨遭大败，三个部族都投降了。

前秦国君苻登在瓦亭驻军，后秦国君姚苌攻打彭沛谷的堡垒，没过多久堡垒就被攻了下来，彭沛谷不得已奔往杏城。姚苌回到阴密后任命太子姚兴镇守长安。

燕赵王麟讨王敏于上谷，斩之。

刘卫辰献马于燕，刘显掠之。燕主垂怒，遣太原王楷将兵助赵王麟击显，大破之。显奔马邑西山，魏王珪引兵会麟击显于弥泽，又破之。显奔西密，麟悉收其部众，获马牛羊以千万数。

吕光将彭晃，徐炅攻张大豫于临洮，破之。大豫奔广武，王穆奔建康。八月，广武人执大豫送姑臧，斩之。穆袭据酒泉，自称大将军、凉州牧。

【译文】后燕赵王慕容麟在上谷讨伐王敏并且杀死了他。

朔方部落首领刘卫辰给后燕献马，但在途中被刘显抢走。后燕国君慕容垂非常生气，于是派遣太原王慕容楷带兵帮助赵王慕容麟攻击刘显，把刘显打得大败。刘显被迫逃到了马邑西边的山上。北魏国君拓跋珪带兵会合慕容麟在弥泽攻打刘显，又把他打败。刘显最后逃到西燕国，慕容麟接收了刘显残留下来的全部兵马，获得了马牛羊上千万只。

吕光的部将彭晃、徐炅在临洮攻打张大豫并且把他打败了。张大豫被迫逃往广武，王穆被迫逃往建康。八月，广武人抓住了张大豫并且把他送到姑臧之后斩首了。王穆突袭占据了酒泉，在那里自称为大将军、凉州牧。

辛巳，立皇子德宗为太子，大赦。

燕主垂立刘显弟可泥为乌桓王，以抚其众，徙八千馀落于中山。

秦冯翊太守兰椟帅众二万自频阳入和宁，与鲁王纂谋攻长安。纂弟师奴劝纂称尊号，纂不从。师奴杀纂而代之，椟遂与师奴绝。西燕主永攻椟，椟遣使请救于后秦。后秦主苌欲自救之，尚书令姚旻，左仆射尹纬曰："苻登近在瓦亭，将乘虚袭吾后。"苌曰："苻登众盛，非旦夕可制；登迟重少决，必不能轻军深入。比两月间，吾必破贼而返，登虽至，无能为也。"九月，苌军于泥源。师奴逆战，大败，亡奔鲜卑。后秦尽收其众，屠各董成等皆降。

【译文】辛巳日（十八日），东晋诏令大赦天下，又册立皇子司马德宗为太子。

资治通鉴

后燕国君慕容垂封刘显的弟弟刘可泥为乌桓王，来安抚他的部属，又把八千多个部落迁移到中山。

前秦冯翊太守兰椟率领两万人从频阳进入和宁和鲁王苻纂商讨攻打长安的计谋。苻纂的弟弟苻师奴劝苻纂自称帝王的尊号，但是苻纂不肯听从；最后苻师奴杀死苻纂而自己取而代之，于是兰椟和苻师奴断绝关系。西燕君主慕容永攻打兰椟，于是兰椟向后秦请求援助，后秦国君姚苌想要亲自带兵前去救助。尚书令姚旻、左仆射尹纬劝说："前秦王苻登在附近的瓦亭，可能会趁我们空虚从后面偷袭。"后秦国君姚苌说："苻登不是短期间可以制服的，因为他的部属很多。但是苻登为人反应迟缓滞重，做事不能快速决断，所以一定不会轻易地指挥大军迅速深入袭击我们。等到过了两个月，我一定会打败敌人回来的，那时苻登即使到达了也没有用了。"九月，后秦国君姚苌在泥源驻军。苻师奴迎战但是打了败仗，不得已逃亡到了鲜卑。后秦收容了他的全部部属，屠各人董成等也都投降了。

秦主登进据胡空堡，戎、夏归之者十馀万。

冬，十月，翟辽复叛燕，遣兵与王祖、张申寇抄清河、平原。

后秦主苌进击西燕主永于河西，永走。兰椟复列兵拒守，苌攻之，十二月，禽椟，遂如杏城。

后秦姚方成攻秦雍州刺史徐嵩垒，拔之，执嵩而数之。嵩骂曰："汝姚苌罪当万死，苻黄眉欲斩之，先帝止之。授任内外，荣宠极矣。曾不如犬马识所养之恩，亲为大逆。汝羌辈岂可以人理期也，何不速杀我，早见先帝取姚苌于地下治之！"方成怒，三斩嵩，悉坑其士卒，以妻子赏军。后秦主苌掘秦主坚尸，鞭挞无数，剥衣倮形，荐之以棘，坎土而埋之。

【译文】前秦国君苻登进兵据守胡空堡，有十多万的戎人、夏人都归附了他。

冬季，十月，翟辽又一次背叛了后燕，派遣士兵和王祖、张申侵略抢劫清河、平原地区。

后秦国君姚苌在河西进兵攻击西燕君王慕容永，慕容永被迫退走。兰椟又出兵防守抵抗，姚苌加以攻击；十二月，姚苌抓住了兰椟，于是进入杏城。

后秦姚方成攻打前秦雍州刺史徐嵩的城垒并且把城垒攻打了下来，然后抓住徐嵩，历数他的罪恶。徐嵩高声骂着说："你们的君王姚苌犯了很大的罪过，苻黄眉想要把他杀死，但是先帝苻坚不仅禁止苻黄眉那么做，而且还任命徐嵩担任朝廷和地方的重要官职，可以说对他是非常宠幸啊！但是姚苌还不如狗和马，它们还识得养主的恩德，你们却亲自做出如此大逆不道的事。你们羌人哪里可以拿做人的道理来要求呢？何不快点把我杀死！"姚方成很生气，分三次斩杀徐嵩，并且把他的士卒全都活埋了，还把他们的妻子、儿女奖赏给自己的军队。后秦国君姚苌挖出前秦国君苻坚的尸首，鞭挞了尸首许多次，而且还把他的衣服剥下来，让他的形体裸露在外，用荆棘给他当草席，又挖土把他埋到地下。

凉州大饥，米斗直钱五百，人相食，死者太半。

吕光西平太守康宁自称匈奴王，杀河湟太守强禧以叛。张掖太守彭晃亦叛，东结康宁，西通王穆。光欲自击晃，诸将皆曰："今康宁在南，伺衅而动。若晃、穆未诛，康宁复至，进退狼狈，势必大危。"光曰："实如卿言。然我今不往，是坐待其来也。若三寇连兵，东西交至，则城外皆非吾有，大事去矣。今晃初叛，与宁、穆情契未密，出其仓猝，取之差易耳。”乃自帅骑三万，倍道兼行。既至，攻之二旬，拔其城，诛晃。

【译文】凉州发生大饥荒，一斗米价格竟然能卖到五百个钱，还出现了人吃人的状况，百姓死了大半。

吕光的西平太守康宁自称为匈奴王，杀死了河湟太守强禧后发动叛乱。张掖太守彭晃也发动叛乱，彭晃东边与康宁结合，西边又沟通王穆。吕光想要亲自攻打彭晃，众将都说：“现在康宁在南边等待机会，只要有机会就会发动士兵，如果彭晃、王穆还未被诛灭，康宁又来了，我们进退都会感到困难，面临的形势一定有很大的危险。”吕光想了想说：“确实是像你们所说的那样。但是如果我今天不去打他们，那我们就是坐着等他们来攻打啊！如果康宁、王穆、彭晃三个敌寇联合兵力，从东西两面前后夹击我们，那么城外的地方就都不是我们所有的了，我们所计划的大事也就无法挽救了。现在彭晃刚刚叛乱，所以和康宁、王穆的情谊契合还没有多么密切，如果现在趁他不备的时候出兵攻打他，还是比较容易攻取啊。”于是吕光亲自率领三万名骑兵日夜加速前进，到达以后稍作休息，连续攻打了二十天，才终于攻下了城池，并且杀死了彭晃。

初，王穆起兵，遣使招燉煌处士郭瑀，瑀叹曰：“今民将左衽，吾忍不救之邪?”乃与同郡索嘏起兵应穆运粟三万石以饷之。穆以瑀为太府左长史、军师将军，嘏为燉煌太守。既而穆听谗言，引兵攻嘏，瑀谏不听，出城大哭，举手谢城曰：“吾不复见汝矣!”还而引被覆面，不与人言，不食而卒。吕光闻之，曰：“二虏相攻，此成擒也，不可以惮屡战之劳而失永逸之机也。”遂帅步骑二万攻酒泉，克之，进屯凉兴；穆引兵东还，未至，众溃，穆单骑走，骍马令郭文斩其首送之。

【译文】 起初，王穆起兵的时候，派遣使者招请敦煌的隐士郭瑀，郭瑀叹息着说："现在百姓将被夷人统治，我怎能忍心不救助他们呢？"于是和同郡的索嘏一起起兵附应王穆，运送三万石米粟作为军粮。王穆任命索嘏为敦煌太守，任命郭瑀为太府左长史、军师将军。后来王穆听信坏人的谗言决定带兵攻打索嘏，对郭瑀的劝谏也不肯听取，郭瑀走出城门大哭，然后举手向城门辞别说："我不会再看见你了。"回去以后，拿被子覆盖在脸上，从此不再和别人说话，也不吃食物，最后饿死了。吕光听了以后说："两个敌人互相攻打，这是我们一举成功的机会啊！我们绝不可以因为害怕经常打仗的辛苦而错失永久得到安逸的机会。"于是率领两万名步兵和骑兵攻打酒泉，把酒泉攻下来后，又进兵屯驻凉兴，王穆带兵回到东边，但在他还没到达的时候，他的士兵们就已经溃散了，只有王穆一个人骑着马逃走了，骍马县令郭文斩下了王穆的头，然后把他的头送给了吕光。

太元十三年（戊子，公元三八八年）春，正月，康乐献武公谢玄卒。

二月，秦主登军朝那，后秦主苌军武都。

翟辽遣司马眭琼诣燕谢罪；燕主垂以其数反覆，斩琼以绝之。辽乃自称魏天王，改元建光，置百官。

燕青州刺史陈留王绍为平原太守辟闾浑所逼，退屯黄巾固。燕主垂更以绍为徐州刺史。浑，蔚之子也。因苻氏乱，据齐地来降。

三月，乙亥，燕主垂以太子宝录尚书事，授之以政，自总大纲而已。

燕赵王麟击许谦，破之，谦奔西燕。遂废代郡，悉徙其民于龙城。

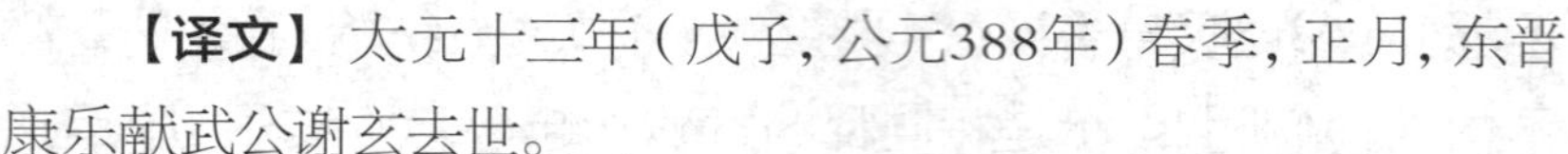

【译文】 太元十三年（戊子，公元388年）春季，正月，东晋康乐献武公谢玄去世。

二月，前秦国君苻登在朝那驻军，后秦国君姚苌在武都驻军。

翟辽派司马眭琼到后燕请罪；后燕国君慕容垂因为他屡次反复不定，杀死了司马眭琼，拒绝他的请罪。翟辽因此自称为魏天王，改年号为建光，设置百官。

后燕青州刺史陈留王慕容绍受到东晋平原太守辟闾浑的逼迫，所以退兵屯守在黄巾固。后燕国君慕容垂把慕容绍改封为徐州刺史。辟闾浑是辟闾蔚的儿子，因为苻氏内部作乱，所以占据齐国的地域投降东晋。

三月，乙亥日（十五日），后燕国君慕容垂任命太子慕容宝领尚书事并且把政事交付给他，自己只是总体上把握而已。

后燕赵王慕容麟攻打许谦，没过多久就打败许谦，许谦被迫逃往西燕。于是后燕废掉了代郡，把百姓全都迁徙到龙城。

吕光之定凉州也，杜进功居多，光以为武威太守，贵宠用事，群僚莫及。光甥石聪自关中来，光问之曰："中州人言我为政何如？"聪曰："但闻有杜进耳，不闻有舅。"光由是忌进而杀之。

光与群寮宴，语及政事，参军京兆段业曰："明公用法太峻。"光曰："吴起无恩而楚强，商鞅严刑而秦兴。"业曰："起丧其身，鞅亡其家，皆残酷之致也。明公方开建大业，景行尧、舜，犹惧不济，乃慕起、鞅之为治，岂此州士女所望哉？"光改容谢之。

【译文】 吕光之所以能够平定凉州，其中杜进的功劳是最多的，于是吕光任命他为武威太守。他不仅手握大权而且又获得吕光非同一般的宠幸，吕光其他的幕僚都比不上。吕光的外甥石聪从关中过来，吕光高兴地问他："中州那里的人说我治理朝政怎么样？"石聪说："我在那里只听说有杜进这个人，根本就没有听说舅舅的名字。"吕光因此常常猜忌杜进，怕他有谋反之心，最后把他杀死了。

吕光和他的幕僚们举行酒宴，在他们谈到政事的时候，参军京兆人段业建议说："明公用法太严峻苛刻了吧！"吕光说："吴起从不重视恩德却使楚国变得非常强大，商鞅也因为使用严酷的刑罚而使秦国变得兴盛。"段业反驳说："吴起最终使自己丧命，商鞅最终让自己的国家灭亡，那都是因为他们对百姓太残酷而造成的。明公刚刚开创出来的大业，如果效仿尧、舜的行为举措，还怕不能成功吗？怎么能羡慕吴起、商鞅的方法，这哪是州里老百姓所希望的呢？"吕光改变脸色向段业道歉，从此不再效仿吴起、商鞅的方法。

夏，四月，戊午，以朱序为都督司、雍、梁、秦四州诸军事、雍州刺史，戍洛阳。以谯王恬代为都督兖、冀、幽、并诸军事、青、兖二州刺史。

苑川王国仁破鲜卑越质叱黎于平襄，获其子诘归。

丁亥，燕主垂立夫人段氏为皇后，以太子宝领大单于。段氏，右光禄大夫仪之女；其妹适范阳王德。仪，宝之舅也。追谥前妃段氏为成昭皇后。

五月，秦太弟懿卒，谥曰献哀。

翟辽徙屯滑台。

【译文】夏季，四月，戊午日（二十九日），东晋任命朱序为都督司雍梁秦四州诸军事、雍州刺史，戍守在洛阳，又让谯王司马恬代替朱序为都督兖冀幽并等州诸军事、青兖两州刺史。

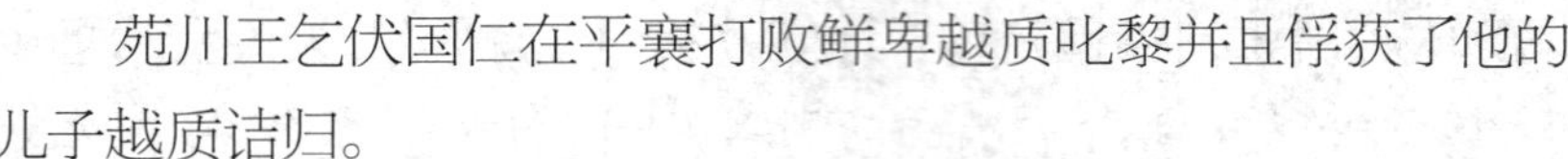

苑川王乞伏国仁在平襄打败鲜卑越质叱黎并且俘获了他的儿子越质诘归。

丁亥日（四月无此日），后燕国君慕容垂册立夫人段氏为皇后，让太子慕容宝接领大单于。现在的段氏是右光禄大夫段仪的女儿；她的妹妹嫁给了范阳王慕容德。而段仪是慕容宝的舅舅。后燕国君慕容垂追尊前妃段氏为成昭皇后。

五月，前秦皇太弟苻懿去世，赐谥号为献哀。

翟辽徙兵屯驻滑台。

六月，苑川王乞伏国仁卒，谥曰宣烈，庙号烈祖。其子公府尚幼，群下推国仁弟乾归为大都督、大将军、大单于、河南王，大赦，改元太初。

魏王珪破库莫奚于弱落水南。秋，七月，库莫奚复袭魏营，珪又破之。库莫奚者，本属宇文部，与契丹同类而异种，其先皆为燕王皝所破，徙居松漠之间。

秦、后秦自春相持，屡战，互有胜负，至是各解归。关西豪杰以后秦久无成功，多去而附秦。

河南王乾归立其妻边氏为王后；置百官，仿汉制，以南川侯出连乞都为丞相，梁州刺史悌眷为御史大夫，金城边芮为左长史，东秦州刺史秘宜为右长史，武始翟勍为左司马，略阳王松寿为主簿，从弟轲弹为梁州牧，弟益州为秦州牧，屈眷为河州牧。

【译文】 六月，苑川王乞伏国仁去世，赐谥号为宣烈，赐庙号为烈祖。因为他的儿子乞伏公府年纪还非常小，所以他的部属们都推举乞伏国仁的弟弟乞伏乾归为大都督、大将军、大单于、河南王，乞伏乾归上位后诏令大赦，改年号为太初。

北魏国君拓跋珪在弱落水的南边打败库莫奚，秋季，七月，库莫奚又举兵袭击魏国军营，拓跋珪又打败了他。本来库莫奚这个人属于宇文部，和契丹同属东胡但是支派不同，又因为他的祖先都被前燕国君慕容皝打败，所以迁徙居住在松漠之间。

前秦国和后秦国，从春季开始就相持不下，所以平时经常作战，但是互有胜败，因此各自罢兵回去了。关西的很多壮士因为后秦很长时间没有获得胜利，就离开后秦归附前秦了。

河南王乞伏乾归册立他的妻子边氏为王后；模仿汉族的制度，设置百官，任命南川侯出连乞都为丞相，任命梁州刺史悌眷为御史大夫，任命金城人边芮为左长史，任命东秦州刺史秘宜为右长史，任命武始人翟勍为左司马，任命略阳人王松寿为主簿，任命堂弟乞伏轲弹为梁州牧，任命弟弟乞伏益州为秦州牧，任命乞伏屈眷为河州牧。

八月，秦主登立子崇为皇太子，弁为南安王，尚为北海王。

燕护军将军平幼会章武王宙讨吴深，破之，深走保绎幕。

魏王珪密有图燕之志，遣九原公仪奉使至中山，燕主垂诘之曰：“魏王何以不自来？”仪曰：“先王与燕并事晋室，世为兄弟，臣今奉使，于理未失。”垂曰：“吾今威加四海，岂得以昔日为比！”仪曰：“燕若不修德礼，欲以兵威自强，此乃将帅之事，非使臣所知也。”仪还，言于珪曰；“燕主衰老，太子暗弱，范阳王自负材气；非少主臣也。燕主既没，内难必作，于明乃可图也，今则未可。”珪善之。仪，珪母弟翰之子也。

【译文】 八月，前秦国君苻登册立他儿子苻崇为皇太子，苻尚为北海王，苻弁为南安王。

后燕护军将军平幼会合章武王慕容宙讨伐吴深，把吴深打败了，吴深被迫逃到绎幕自保。

北魏国君拓跋珪暗中就有图谋后燕的想法，于是派遣九原公拓跋仪出使中山，后燕国君慕容垂生气地责问他说："魏王为什么不自己来呢？"拓跋仪回答说："我们的先王和燕国世代都像兄弟一样一起尊奉晋朝，我现在奉魏王的命令出使，在道理上并没有任何的不合适吧！"后燕国君慕容垂愤怒地说："我现在威武强大，四海之内无人不知，你怎么可以拿过去的燕国和现在来相比呢？"拓跋仪平静地说："燕国如果不讲求道德礼仪，想要拿兵力的威武来表现自己的强大，这是将帅之间的事情，不是我这使者所能知道的。"拓跋仪回去以后告诉北魏国君拓跋珪："后燕国君年老体衰，太子是一个昏昧懦弱之人，范阳王慕容德自恃才气很高不是太子可以驾御的。后燕国君慕容垂死后，后燕一定会发生内乱，现在还不可以，到那个时候我们才能有所作为。"北魏国君拓跋珪觉得他的话很有道理。拓跋仪是拓跋珪舅父贺翰的儿子。

九月，河南王乾归迁都金城。

张申攻广平，王祖攻乐陵；壬午，燕高阳王隆将兵讨之。

冬，十月，后秦主苌还安定。秦主登就食新平，帅众万馀围苌营，四面大哭；苌命营中哭以应之，登乃退。

【译文】九月，河南王乞伏乾归迁都到金城。

后燕张申攻打广平，王祖攻打乐陵；壬午日（二十五日），后燕高阳王慕容隆带兵讨伐他们。

冬季，十月，后秦国君姚苌回到安定；前秦国君苻登在新平率领一万多人围攻姚苌的军营以谋取食物，在四面大哭，姚苌命令营中的人以哭来回应，苻登才退兵。

十二月，庚子，尚书令南康襄公谢石卒。

燕太原王楷、赵王麟将兵会高阳王隆于合口，以击张申；王祖帅诸垒共救之，夜犯燕军，燕人逆击走之。隆欲追之，楷、麟曰："王祖老贼，或诈走而设伏，不如俟明。"隆曰："此白地群盗，乌合而来，徼幸一决，非素有约束，能壹其进退也。今失利而去，众莫为用；乘势追之，不过数里，可尽禽也。申之所恃，惟在于祖，祖破，则申降矣。"乃留楷、麟守申垒，隆与平幼分道击之，比明，大获而还，悬所获之首以示申。甲寅，申出降，祖亦归罪。

秦以颍川王同成为太尉。

【译文】 十二月，庚子日（十五日），东晋尚书令、南康襄公谢石去世。

后燕太原王慕容楷、赵王慕容麟带兵在合口与高阳王慕容隆会合之后攻击张申；王祖率领各城垒一同救助张申，趁夜袭击后燕的军队，后燕士兵加以迎击，没过多久他们就败走了。慕容隆想要追击，慕容楷、慕容麟说："王祖是个老奸巨猾的人，他可能是假装逃走引诱我们陷入他设下的埋伏，不如我们等到天亮看情形再去追他。"慕容隆说："这些都是全无训练的成群的像乌鸦一样聚合而来的盗匪，他们只是希望能够在这一次的决战中侥幸获得胜利，并不是平常富有纪律能够统一军队进退的。现在他们失败而逃走，群众也不能为其所用，我们乘着战胜的优势追击，不到数里路一定可以全部把他们俘获。张申所依恃的只是王祖，如果王祖被打败了，那张申就一定会投降。"于是留下慕容楷、慕容麟防守张申的城垒，慕容隆和平幼分路追击他们，等到天亮的时候，俘获了很多逃兵回来，把所俘获的尸首悬挂给张申看。甲寅日（二十九日），张申被逼无奈出城投降，王祖也回来投降请罪。

前秦任命颍川王苻同成为太尉。

太元十四年（己丑，公元三八九年）春，正月，燕以阳平王柔镇襄国。

辽西王农在龙城五年，庶务修举，乃上表曰："臣顷因征即镇，所统将士安逸积年，青、徐、荆、雍遗寇尚繁，愿时代还，展竭微效，生无馀力，没无遗恨，臣之志也。"庚申，燕主垂召农为侍中、司隶校尉。以高阳王隆为都督幽、平二州诸军事、征北大将军、幽州牧，建留台于龙城，以隆录留台尚书事。又以护军将军平幼为征北长史，散骑常侍封孚为司马，并兼留台尚书。隆因农旧规，修而广之，辽、碣由是遂安。

【译文】 太元十四年（己丑，公元389年）春季，正月，后燕命令阳平王慕容柔镇守在襄国。

辽西王慕容农驻守在龙城五年，把那个地方治理得非常好，于是上表说："臣最近因为出征而镇守在龙城，所率领的将士在这里也得到了多年安逸，青州、徐州、荆州、雍州遗留的贼寇还有很多，希望很快能派人接替我的职务，让我回去竭尽微薄的能力，在有生之年尽力地奉献自己，到死的时候能没有什么遗憾，这是臣的愿望。"庚申日（初五），后燕国君慕容垂下召任命高阳王慕容隆为都督幽平两州诸军事、征北大将军、幽州牧；任命慕容农做侍中、司隶校尉；在龙城建留台，任命慕容隆为留台录尚书事。任命散骑常侍封孚为司马，而且让他同时兼任留台尚书，又任命护军将军平幼担任征北长史。慕容隆利用慕容农原有的规模加以整治扩充，辽水、碣石一带因此很安定。

后秦主苌以秦战屡胜，谓得秦王坚之神助，亦于军中立坚像而祷之曰："臣史襄敕臣复仇，新平之祸，臣行襄之命，非臣罪也。苻登，陛下疏属，犹欲复仇，况臣敢忘其兄乎？且陛下命臣以龙骧建业，臣敢违之？今为陛下立像，陛下勿追计臣过也。"秦主登升楼，遥谓苌曰："为臣弑君，而立像求福，庸有益乎？"因大呼曰："弑君贼姚苌何不自出？吾与汝决之！"苌不应。久之，以战未有利，军中每夜数惊，乃斩像首以送秦。

秦主登以河南王乾归为大将军、大单于、金城王。

甲寅，魏王珪袭高车，破之。

二月，吕光自称三河王，大赦，改元麟嘉，置百官。光妻石氏、子绍、弟德世自仇池来至姑臧，光立石氏为妃，绍为世子。

癸巳，魏王珪击吐突邻部于女水，大破之，尽徙其部落而还。

秦主登留辎重于大界，自将轻骑万馀攻安定羌密造保，克之。

【译文】后秦国君姚苌因为后秦屡次打胜仗，说是得到前秦国君苻坚神灵的帮助，所以也在军中设立苻坚的神像，而且常常向他祈祷说："臣的哥哥姚襄命令臣替他复仇，对于新平的灾祸（指姚苌杀害苻坚），那不是臣的罪过，臣也只是执行姚襄的命令而已。苻登是陛下疏远的部属，而且还想要报仇，臣又怎敢忘了自己的哥哥呢？而且陛下曾经命令臣以龙骧将军的身份创立基业，臣敢违背吗？现在我替陛下在军中设立神像，陛下不要再追究计较臣以前的过失了。"前秦国君苻登登上城楼，从远处告诉后秦国君姚苌："当臣子的却杀死了国君，之后又设立国君的神像请求保佑，这会有什么用处呢？"因此大声叫喊："杀死国君的恶贼姚苌，你怎么不自己出来，我要和你一决胜负！"姚苌不敢应答。又因为在交战时没有占优势，他自己在军营中每个晚上都要受几次惊扰，所以，后秦国君姚苌斩下苻坚神像的头送给了前秦。

前秦国君苻登任命河南王乞伏乾归为大将军、大单于、金城王。

甲寅日（正月无此日），北魏国君拓跋珪袭击高车并且打了胜仗。

二月，吕光自称为三河王，诏令大赦，改年号为麟嘉，设置百官。吕光的妻子石氏、儿子吕绍、弟弟吕德世都从仇池来到姑臧，吕光册立石氏为妃，吕绍为世子。

癸巳日（初九），北魏国君拓跋珪在女水袭击吐突邻部，把他们打得大败之后又强行把他们的部落全部迁移到别的地方，然后才带领自己的将士回去。

前秦国君苻登把军队的一些需要搬运的笨重物资留在大界，自己带领一万多名轻装的骑兵攻打安定的羌人密造保并且打了胜仗。

夏，四月，翟辽寇荥阳，执太守张卓。

燕以长乐公盛镇蓟城，修缮旧宫。

五月，清河民孔金斩吴深，送首中山。

金城王乾归击侯年部，大破之。于是，秦、凉、鲜卑、羌、胡多附乾归，乾归悉授以官爵。

【译文】夏季，四月，翟辽带兵入侵荥阳，抓住了荥阳太守张卓。

后燕让长乐公慕容盛镇守在蓟城，整修旧的宫殿。

五月，清河人孔金杀死吴深并把他的首级送到后燕的都城中山。

金城王乞伏乾归攻击侯年部并且大败他们。因此秦州、凉州的百姓以及鲜卑人、羌人、胡人等大多数归附乞伏乾归，乞伏乾归全部授给他们相应的官爵。

后秦主苌与秦主登战，数败，乃遣中军将军姚崇袭大界。登邀击之于安丘，又败之。

燕范阳王德、赵王麟击贺讷，追奔至勿根山，讷穷迫请降，徙上之上谷，质其弟染干于中山。

秋，七月，以票骑长史王忱为荆州刺史、都督荆、益、宁三州诸军。忱，国宝之弟也。

【译文】 后秦国君姚苌和前秦国君苻登作战。姚苌战败了好几次，于是就派遣中军将军姚崇偷袭大界，苻登在安丘迎击并且又一次把他打败。

后燕赵王慕容麟、范阳王慕容德攻打贺讷，把他追赶到勿根山，贺讷穷途末路，被迫请求投降，并把他的部众迁移到上谷，把他的弟弟贺染干送到中山去当人质。

秋季，七月，东晋任命骠骑长史王忱为荆州刺史、都督荆益宁三州诸军事。王忱是王国宝的弟弟。

秦主登攻后秦右将军吴忠等于平凉，克之。八月，登据苟头原以逼安定。诸将劝后秦主苌决战，苌曰："与穷寇竞胜，兵家之忌也，吾将以计取之。"乃留尚书令姚旻守安定，夜，帅骑三万袭秦辎重于大界，克之，杀毛后及南安王弁、北海王尚，擒名将数十人，驱掠男女五万馀口而还。毛氏美而勇，善骑射，后秦兵入其营，毛氏犹弯弓跨马，帅壮士数百力战，杀七百馀人。众寡不敌，为后秦所执。苌将纳之，毛氏骂且哭曰："姚苌，汝先已杀天子，今又欲辱皇后。皇天后土，宁汝容乎？"苌杀之。诸将欲因秦军骇乱击之，苌曰："登众虽乱，怒气犹盛，未可轻也。"遂止。登收馀众屯胡空堡。苌使姚硕德镇安定，徙安定千馀家于阴密，遣其弟征南将军靖镇之。

九月，庚午，以左仆射陆纳为尚书令。

【译文】 前秦国君苻登在平凉攻打后秦右将军吴忠等人并把他们打败了。八月，苻登占据苟头原，以此威逼安定。众将劝谏后秦国君姚苌与他决一死战，姚苌说："和穷途末路的贼寇比胜负是兵家最忌讳的事情；我准备用计谋打败他。"于是留下尚书令姚旻防守在安定，他在夜晚亲自率领三万名骑兵，偷袭前秦等待搬运的粮草等笨重物资，最后获得胜利，杀死了毛皇后及南安王苻弁、北海王苻尚，俘虏十多个有名的部将并抢掠五万多名男女，然后才回去。毛皇后长得很漂亮而且还很勇敢，又很会骑马射箭，后秦的军队进攻她的营帐的时候，她还弯弓骑马率领数百名壮士与敌人作战，因为众寡悬殊所以才不是敌人的对手，最后被后秦的军队抓住。后秦国君姚苌想要纳她为妾，毛氏边骂边哭说："姚苌，你先前已经杀死天子，现在又想要侮辱皇后，在这天地之间，哪里还能容纳你？"最后姚苌把她杀死了。众将想要利用前秦军队惊骇惶乱的时机加以攻击，后秦国君姚苌说："我们不可以轻视苻登的军队，苻登的军队虽然惶乱，但愤怒之气还很盛。"于是没有让士兵加以攻击。前秦国君苻登招收剩余的部属屯驻胡空堡。后秦国君姚苌把安定的一千多户人家迁往阴密，派他的弟弟征南将军姚靖镇守在那里，又派遣姚硕德镇守在安定。

九月，庚午日（十九日），东晋任命左仆射陆纳为尚书令。

秦主登之东也，后秦主苌使姚硕德置秦州守宰，以从弟常戍陇城，邢奴戍冀城，姚详戍略阳。杨定攻陇、冀，克之，斩常，执邢奴，详弃略阳，奔阴密。定自称秦州牧、陇西王，秦因其所称而授之。

冬，十月，秦主登以窦冲为大司马、都督陇东诸军事、雍州牧，〔杨定为左丞相、都督中外诸军事、秦、梁二州牧〕，杨壁为都督陇右诸军事，南秦、益二州牧，约与共攻后秦；又约监河西诸军事、并州刺史杨政、都督河东诸军事、冀州刺史杨楷各其众会长安。政、楷皆河东人。秦主丕既败，政、楷收集流民数万户，政据河西，楷据湖、陕之间，遣使请命于秦，登因而授之。

燕乐浪悼王温为冀州刺史，翟辽遣丁零故堤诈降于温，为温帐下，乙酉，刺温，杀之，并其长史司马驱，帅守兵二百户奔西燕。辽西王农邀击于襄国，尽获之，惟堤走免。

十一月，枹罕羌彭奚念附于乞伏乾归，以奚念为北河州刺史。

【译文】 前秦国君苻登东行以后，后秦国君姚苌派遣姚硕德设置后秦各州的守宰，任命堂弟姚常驻守陇城，姚详驻守略阳，邢奴驻守冀城。杨定攻打陇、冀，打了胜仗，杀死姚常又抓住了邢奴；姚详放弃略阳逃奔到阴密。杨定自称为秦州牧、陇西王，前秦依照他的称号授他相应的爵位。

冬季，十月，前秦国君苻登任命杨定为左丞相、都督中外诸军事、秦梁两州牧，又任命窦冲为大司马、都督陇东诸军事、雍州牧，约定共同攻打后秦；又约了都督河东诸军事、冀州刺史杨楷，监河西诸军事、并州刺史杨政分别率领他们的军队在长安

会合。杨政、杨楷都是河东人。前秦国君苻丕失败以后，杨政、杨楷召集几万户流民，杨政据守河西，杨楷据守于湖县、陕城之间，派遣使者向前秦请求任命官职，因此前秦国君苻登按照他们的功劳分别授给官职。

后燕乐浪悼王慕容温当冀州刺史，翟辽派丁零人故堤假装投降到慕容温帐下。乙酉日（初四），故堤行刺慕容温，把他杀死了，并且还杀死了他的长史司马驱，然后率领驻守的军队两百人逃奔西燕。后燕辽西王慕容农在襄国迎击刺杀慕容温的人，把他们全都俘获，最后只有故堤逃走了。

十一月，枹罕的羌人首领彭奚念请求依附西秦王乞伏乾归的王朝，乞伏乾归任命彭奚念为北河州刺史。

初，帝既亲政事，威权己出，有人主之量。已而溺于酒色，委事于琅邪王道子；道子亦嗜酒，日夕与帝以酣歌为事。又崇尚浮屠，穷奢极费，所亲昵者皆姏姆、僧尼。左右近习，争弄权柄，交通请托，贿赂公行，官赏滥杂，刑狱谬乱。尚书令陆纳望宫阙叹曰："好家居，纤儿欲撞坏之邪？"左卫领营将军会稽许营上疏曰："今台府局吏、直卫武官及仆隶婢儿取母之姓者，本无乡邑品第，皆得为郡守县令，或带职在内，及僧尼乳母，竞进亲党，又受货赂；辄临官领众，政教不均，暴滥无罪，禁令不明，劫盗公行。昔年下书敕群下尽规，而众议兼集，无所采用。臣闻佛者清远玄虚之神，今僧尼往往依傍法服，五诫粗法尚不能遵，况精妙乎？而流惑之徒，竞加敬事，又侵渔百姓，取材为惠，亦未合布施之道也。"疏奏，不省。

【译文】起初，晋烈宗孝武皇帝司马曜已经亲自处理政事，在天下也有权力和威望，也有成为好的主君的气量。但后来沉迷于酒色，因此把政事都委交给琅邪王司马道子；司马道子也是一个喜欢喝酒的人，于是他每天早晚都和孝武帝以喝酒唱歌为乐事。孝武帝平时就极为奢侈浪费，又崇拜佛教，平时所亲近的人都是年老的女师及和尚、尼姑。他左右亲近的人都争相夺取权柄，都是以私事请托互相往来，甚至公然以财物贿赂官员，官员授官赏赐也都是杂乱无章，对犯人的刑罚讼狱也都是谬误错乱。尚书令陆纳望着宫阙叹息说："这么好的一个家室，小孩子想要把它毁坏吗？"左卫领营将军会稽人许营向孝武帝司马曜上奏书说："现在台省、公府及各局的官吏、直卫的武官以及仆隶奴婢，从母姓的人（指官婢私合所生的子女，不知谁是他们的父亲，所以从母姓）未受到过郡县中正的品第荐举，但是都能够担任郡守县令之职或在朝廷里做官，至于和尚、尼姑、乳母，竟接受财物的贿赂又竞相引进自己的亲戚朋党；和尚、尼姑、乳母还常常到官署治理庶民；现在政教不公平总是对无辜的人滥施暴虐，法令不够明确以至于抢劫盗窃的人公然犯法。陛下往年下命令要群臣尽量规谏，群臣的议论都已齐集可是却没有一个建议被采用。臣听说佛是一个清淡、玄妙虚旷的神，现在的和尚、尼姑往往虽穿着僧服却不遵教规，连佛的五戒（指不淫、不盗、不杀、不妄语、不饮酒）都还不能遵守，又怎能理解精妙的佛法呢？而且那些受流行的歪风迷惑侵侮夺取百姓的财物作为他们私人的实惠的人，竟然也争相从事敬佛，这与佛家布施的道理一点也不相符。"奏章递上以后，没有回音。

道子势倾内外，远近奔凑。帝渐不平，然犹外加优崇。侍中王国宝以谗佞有宠于道子，扇动朝众，讽八座启道子宜进位丞相、扬州牧，假黄钺，加殊礼。护军将军南平车胤曰："此乃成王所以尊周公也。今主上当阳，非成王之比；相王在位，岂得为周公乎?”乃称疾不署。疏奏，帝大怒，而嘉胤有守。

【译文】 晋孝武帝司马曜渐渐感到不安，因为司马道子的势力已经倾覆内外，远近的人都跑来投靠他，但是在表面上对他还是多加优待尊崇。侍中王国宝因为会谄媚逢迎而得到司马道子的宠幸，劝八座尚书奏启孝武帝和煽动朝里的众官上奏书，请求擢升司马道子为丞相兼任扬州牧，赐给黄钺（金斧，天子用以征伐），并加以特别尊崇的礼节等。护军将军南平人车胤说：“这是周成王姬诵用来尊敬周公姬旦的礼节。现在主上在南面称王，和周成王不一样；相王（指琅邪王司马道子）处在这地位岂能和周公一样呢！”于是声称自己有病无法在奏书呈上签名。奏书呈上去后孝武帝很生气，看到只有车胤没有在上面签名，因此嘉勉车胤有自己的节操。

中书侍郎范宁、徐邈为帝所亲信，数进忠言，补正阙失，指斥奸党。王国宝，宁之甥也，宁尤疾其阿谀，劝帝黜之。陈郡袁悦之有宠于道子，国宝使悦之因尼支妙音致书于太子母陈淑媛云：“国宝忠谨，宜见亲信。”帝知之，发怒，托以他事斩悦之。国宝大惧，与道子共谮范宁出为豫章太守。宁临发，上疏言：“今边烽不举而仓库空匮。古者使民岁不过三日，今之劳扰，殆无三日之休，至有生儿不复举养，鳏寡不敢嫁娶。臣恐社稷之忧，厝火积薪，不足喻也。”宁又上言：“中原士民流寓江左，岁月渐久，人安其业。凡天下之人，原其先祖，皆随世适移，何至于今而独不可？谓宜正其封疆，户口皆以土断。又，人性无涯，奢俭由势；今并廉之室，亦多不赡，非其财力不足，盖由用之无节，争以靡丽相高，无有限极故也。礼十九为长殇，以其未成人也。今以十六为全丁，十三为半丁，所任非复童幼之事，岂不伤天理、困百姓乎？谓宜以二十为全丁，十六为半丁，则人无夭折，生长繁滋矣。”帝多纳用之。

【译文】晋孝武帝司马曜所亲近信任的中书侍郎范宁、徐邈，屡次向孝武帝进献忠言，指责奸邪的党人并补充修正朝中职位的各种缺失。王国宝虽然是范宁的外甥，但是范宁劝说孝武帝罢免革除他的官职，因为范宁尤其厌恶他奉承巴结别人的个性，一直认为他的个性不适合做官。陈郡人袁悦之得到司马道子的宠幸，王国宝叫袁悦之请尼姑妙音写信给太子司马德宗的母亲陈淑媛，说："王国宝这个人非常忠心谨慎，应该受到陛下的亲近信任。"孝武帝司马曜知道这事后大发脾气，以别的事为理由杀死了袁悦之。王国宝非常害怕，于是和司马道子一同毁谤范宁，把他出调到豫章当太守。范宁在出发的时候上书说："现在边疆虽然平静但是国库却很空乏；从前使用民力一年不超过三天，现在给百姓几乎都没有三天的休息时间，百姓一直处在劳苦骚扰之中，以至于鳏夫寡妇不敢谈嫁娶的事，有的生下男孩也不再抚养，把火放在一堆木柴的下边都不足以形容现在局势的危险。"范宁又上书说："时间已经过了很久，中原的读书人和一般的老百姓慢慢地流亡到了江左，现在人人都安居乐业。凡是天底下生活的人，追溯他们的先祖，我想都是随着时局而迁徙，到今天怎么就不能这样了呢？臣以为应该确定国土的范围，以现在所居的郡县作为划定户籍的根据。还有就是现在性情是没有任何约束的，奢侈或节俭全都是由于所处的形势所决定；现在，那些曾经兼并过别人财产的豪门大族，也已大多数不能维持，不是他们的财力不够，主要是因为他们花销没有节制，争相以奢靡豪华来比试高下，没有限制的缘故。古礼十九岁而死的人称为长殇（年长而夭折的意思），因为他还没有成人。

现在却是以十六岁的人为完全丁壮，以十三岁的人为一半丁壮，让他们所担任的不再是童幼所能做的事，这岂不是伤害天理，虐待人民吗？臣认为应该以二十岁的人为完全丁壮，十六岁的人为一半丁壮，那么就不会有小小年纪就夭折，生儿育女的人也会越来越多的。”孝武帝司马曜采纳了他的许多意见。

宁在豫章，遣十五议曹下属城，采求风政，并吏假还，讯问官长得失。徐邈与宁书曰："足下听断明允，庶事无滞，则吏慎其负，而人听不惑矣，岂须邑至里诣，饰其游声哉！非徒不足致益，乃实蚕渔之所资，岂有善人君子而干非其事，多所告白者乎！自古以来，欲为左右耳目者，无非小人，皆先因小忠而成其大不忠，先藉小信而成其大不信，遂使谗谄并进，善恶倒置，可不戒哉？足下慎选纲纪，必得国士以摄诸曹，诸曹皆得良吏以掌文按，又择公方之人以为监司，则清浊能否，与事而明，足下但平心处之，何取于耳目哉？昔明德马后未尝顾左右与言，可谓远识，况大丈夫而不能免此乎！"

【译文】 范宁在豫章的时候，派遣十五位议曹下到属城，查看当地风俗政教的得失；询问休假期满而回到城府的官吏，他们各个官长的好坏。徐邈写信给范宁说："您听断讼狱明正公允，众事都没有停顿。官吏怕犯错办事就会更加谨慎，百姓的听闻就不致迷惑，哪里需要深入每一个邑里，这不是装饰虚浮您的声名吗？这不但不能获得益处，可能会成为蚕食鱼肉百姓的借口；哪里有善良的人、品德好的人会干预不是他分内的事而向上告发的呢？自古以来想要替别人在旁边打听消息的人，不是品德不好的小人，就是先以小的忠心最后做出大的不忠的人，先利用小的诚信最后做出大逆不道的事，于是使得谗害别人和谄媚别人的人一起导致善恶颠倒，这能不戒慎吗？您很谨慎地选用僚佐，我想一定能够得到全国推崇仰望的人士，让他们去治理各个部门，各部门都能够得到好的官吏来掌管主持事务，又选拔贤明公正的人担任监督的官职，那么能做事不能做事，清白混浊，由他所做的事就看得很清楚了；您又何必借用耳目呢？您只要以公平的心来处理就可以了。从前汉明帝刘庄的皇后明德马后从来没有管左右的人的意见，可以说是见识高远的人，难道大丈夫不能避免如此吗？”

【乾隆御批】 先由小忠信，以成大不忠不信，实千古小人通病。徐邈谆谆致书戒宁勿任耳目，持论极当。但所云得国士良吏，委以摄掌则犹未为尽善。使无克知灼见之明，采取虚名过为任用，则贻误正复不浅。坐啸画诺之风，其流弊将安底哉？

【译文】 先由小的忠信开始，用它造成大的不忠不信，这实在是千百年来小人的通病。徐邈写信谆谆告诫范宁不要听信耳目所言，徐邈的话是非常精当的。而徐邈所说的得到优秀人才、良好官吏，委任他们统治掌管就显得没有尽善尽美。假使没有把握真知灼见的自知之明，而采用虚名又过分使用，那可就贻误不浅了。做官发号施令、画圈允诺的作风，它的流弊将怎么清除呢？

十二月，后秦主苌使其东门将军任瓫诈遣使招秦主登，许开门纳之。登将从之，征东将军雷恶地将兵在外，闻之，驰骑见登，曰：“姚苌多诈，不可信也。”登乃止。苌闻恶地诣登，谓诸将曰：“此羌见登，事不成矣！”登以恶地勇略过人，阴惮之。恶地惧，降于后秦，苌以恶地为镇军将军。

秦以安成王广为司徒。

【译文】 十二月，后秦国君姚苌派遣他的东门将军任瓫假装投降前秦国君苻登，任瓫被允许开门接纳。前秦国君苻登准备听他的话，在外面带领军队的征东将军雷恶地听了这消息后，骑快马来见苻登说："姚苌这个人诡计多端，所以任瓫的话不可听信！"前秦国君苻登这才没有听任瓫的话。后秦国君姚苌听到雷恶地拜见苻登后，告诉众将说："这个羌人去见苻登，那么事情一定没法成功！"前秦国君苻登因为雷恶地勇敢谋略超过一般人，于是就暗中忌惮他。雷恶地因为担心自己被害所以就向后秦投降，后秦国君姚苌任命雷恶地为镇军将军。

前秦任命安成王苻广为司徒。

太元十五年（庚寅，公元三九〇年）春，正月，乙亥，谯敬王恬薨。

西燕主永引兵向洛阳，朱序自河阴北济河，击败之，永走还上党。序追至白水，会翟辽谋向洛阳，序乃引兵还，击走之，留鹰扬将军朱党戍石门，使其子略督护洛阳，以参军赵蕃佐之，身还襄阳。

琅邪王道子恃宠骄恣，侍宴酣醉，或亏礼敬。帝浸不能平，欲选时望为藩镇以潜制道子，问于太子左卫率王雅曰："吾欲用王恭、殷仲堪，何如？"雅曰："王恭风神简贵，志气方严；仲堪谨于细行，以文义著称。然皆峻狭自是，且干略不长，若委以方面，天下无事，足以守职，若其有事，必为乱阶矣！"帝不从。恭，蕴之子；仲堪，融之孙也。二月，辛巳，以中书令王恭为都督青、兖、幽、并、冀五州诸军事、兖、青二州刺史，镇京口。

【译文】 太元十五年（庚寅，公元390年）春季，正月，乙亥日（二十六日），东晋谯敬王司马恬去世。

西燕君主慕容永带兵向洛阳进发，朱序从河阴向北渡过黄河打败了他。朱序追赶西燕君主慕容永的军队到白水，正巧了解到翟辽计划向洛阳进兵的消息，朱序又带兵回去打跑了翟辽；朱序派遣他儿子朱略监督防护在洛阳，让参军赵蕃辅佐朱略，又留下鹰扬将军朱党驻守在石门，然后自己回到襄阳。

琅邪王司马道子依恃宠幸而骄傲恣肆，在陪同晋孝武帝司马曜宴饮时，喝得大醉，平时对晋孝武帝司马曜也常常缺少礼节和敬意。晋孝武帝不能平复自己想要整治司马道子的心情，想要选用当时有名望的人为藩王，以暗中节制司马道子。晋孝武帝司马曜问太子左卫率王雅："我想要重用王恭、殷仲堪，你认为怎么样？"王雅说："王恭是一个风度神态优雅高贵，志向气质十分方正严谨的人；殷仲堪是一个对小节非常谨慎，以文章义理驰名的人。但都心胸狭窄又自以为是，而且缺乏才干谋略；在天下太平的时候他们可以忠于职守，如果天下有事的话，他们一定会成为祸乱的根源！"晋孝武帝司马曜不听他的意见。殷仲堪是殷融的孙子，王恭是王蕴的儿子。二月辛巳日（初二），晋孝武帝司马曜任命中书令王恭为兖青两州刺史、都督青兖幽并冀五州诸军事，镇守在京口。

三月，戊辰，大赦。

后秦主苌攻秦扶风太守齐益男于新罗堡，克之，益男走。秦主登攻后秦天水太守张业生于陇东，苌救之，登引去。

夏，四月，秦镇东将军魏揭飞自称冲天王，帅氐、胡攻后秦安北将军姚当成于杏城；镇军将军雷恶地叛应之，攻镇东将军姚汉得于李润。后秦主苌欲自击之，群臣皆曰："陛下不忧六十里苻登，乃忧六百里魏揭飞，何也？"苌曰："登非可猝灭，吾城亦非登所能

猝拔。恶地智略非常，若南引揭飞，东结董成，得杏城、李润而据之，长安东北非吾有也。”乃潜引精兵一千六百赴之。揭飞、恶地有众数万，氐、胡赴之者首尾不绝。苌每见一军至，辄喜。群臣怪而问之，苌曰：“揭飞等扇诱同恶，种类甚繁，吾虽克其魁帅，馀党未易猝平。今乌集而至，吾乘胜取之，可一举无馀也。”揭飞等见后秦兵少，悉众攻之。苌固垒不战，示之以弱，潜遣其子中军将军崇帅骑数百出其后。揭飞兵扰乱，苌遣镇远将军王超等纵兵击之，斩揭飞及其将士万馀级。恶地请降，苌待之如初，恶地谓人曰：“吾自谓智勇杰出一时，而每遇姚翁辄困，固其分也！”

【译文】三月戊辰日（二十日），东晋诏令大赦天下。

后秦国君姚苌在新罗堡攻打前秦扶风太守齐益男获得胜利，但是齐益男逃走了。前秦国君苻登在陇东攻打后秦天水太守张业生，后秦国君姚苌前去救援，最后前秦国君苻登带兵退去。

夏季，四月，前秦镇东将军魏揭飞自称为冲天王，率领氐人、胡人在杏城攻打后秦安北将军姚当成；镇军将军雷恶地背叛后秦响应他，在李润攻打镇东将军姚汉得。后秦国君姚苌想亲自去攻打雷恶地，群臣都说：“陛下不担心在六十里外的苻登却担心六百里外的魏揭飞，这是为什么呢？”后秦国君姚苌解释说：“我的城不是苻登一下子攻得下来的，苻登也不是一下子可以灭亡的。雷恶地有智慧谋略，如果他南边接应魏揭飞，东边结合董成，就会得到杏城，然后再把李润守住，长安的东北边就不是我所有的了。”于是暗中带领一千六百名精锐军队赶去。魏揭飞、雷恶地拥有几万名部属，氐、胡人赶来归顺的人前后不断。后秦国君姚苌每看见一个军队到达心里就很高兴。群臣觉得很奇怪就问他：“陛下为什么为敌人的士兵增加而高兴呢？”

后秦国君姚苌说："魏揭飞等人煽惑引诱共同为恶的人，各式各样的人都有，我虽然能够打败他们的首领，但剩余的党羽想一下子平定却不容易。现在他们像乌鸦一样群集而来，我就可以一网打尽而无遗漏，利用优势尽情地击败他们。"魏揭飞等人看见后秦的兵力很少，于是倾尽所有的部属去攻打；后秦国君姚苌表现出很懦弱的样子，固守壁垒不与他们作战，但是暗中派遣他的儿子中军将军姚崇率领数百名骑兵从后面出去。魏揭飞的军队受到扰乱，变得一片混乱，然后后秦国君姚苌派遣镇远将军王超等人出师迎击，把魏揭飞和他的将士杀了一万多。雷恶地被迫请求投降，后秦国君姚苌还像从前一样对待他。雷恶地告诉别人："我自认为智慧勇气超过一般人，但是每次遇到姚公就往往被困而失败，实在是命中注定如此呀！"

苌命姚当成于所营之地，每栅孔中辄树一木以旌战功。岁馀，问之，当成曰："营地太小，已广之矣。"苌曰："吾自结发以来，与人战，未尝如此之快，以千馀兵破三万之众，营地惟小为奇，岂以大为贵哉！"

吐谷浑视连遣使献见于金城王乾归，乾归拜视连沙州牧、白兰王。

丙寅，魏王珪会燕赵王麟于意辛山，击贺兰、纥突邻、纥奚三部，破之，纥突邻、纥奚皆降于魏。

【译文】 后秦国君姚苌命令姚当成在所驻营的地方，每一个栅孔里都种一棵树来旌表战功。一年多后，后秦国君姚苌问姚当成，姚当成说："营地以前太小，现在已经扩大了。"后秦国君姚苌说："我自二十岁束发以来就和别人作战，从来没有做出以一千多名士兵击败三万多个敌人的事，没有这样称心如意过。营地因为狭小才算神奇，营地大了就不为珍贵了！”

吐谷浑汗国可汗慕容视连派遣使者进见金城王乞伏乾归呈献物品，乞伏乾归封慕容视连为沙州牧、白兰王。

丙寅日（四月无此日），北魏国君拓跋珪和后燕赵王慕容麟在意辛山会合，攻打贺兰、纥突邻、纥奚三部并把他们都打败了，纥突邻、纥奚最终都向魏国投降。

秋，七月，冯诩人郭质起兵于广乡以应秦，移檄三辅曰：“姚苌凶虐，毒被神人。吾属世蒙先帝尧、舜之仁，非常伯、纳言之子，即卿校、牧守之孙也。与其含耻而存，孰若蹈道而死！”于是三辅壁垒皆应之；独郑县人苟曜不从，聚众数千附于后秦。秦以质为冯翊太守；后秦以曜为豫州刺史。

刘卫辰遣子直力鞮攻贺兰部，贺讷困急，请降于魏。丙子，魏王珪引兵救之，直力鞮退。鞮徙讷部落，处之东境。

八月，刘牢之击翟钊于鄄城，钊走河北；又败翟辽于滑台，张愿来降。

【译文】秋季，七月，冯翊人郭质在广乡起兵响应前秦，向三辅的百姓发布檄文说：“姚苌这个人非常凶恶暴虐，神灵及士民都被他毒害得很苦。我们家世代蒙受先帝苻坚的宽仁，不是做常伯（侍中）、纳言（尚书）的儿子，就是做公卿、将校、州牧、郡守的孙子，现在与其含着羞耻而活着，不如为实践正道而死。”因此三辅一带所有的民堡都响应他；只有郑县人苟曜聚集数千名部属归附了后秦。后秦任命苟曜为豫州刺史。前秦任命郭质为冯翊太守。

匈奴部落首领刘卫辰派遣他的儿子刘直力鞮攻打贺兰部，贺讷因处境窘急，请求向魏国投降。丙子日（三十日），北魏国君拓跋珪亲自带兵去救他，最后刘直力鞬退兵回去。北魏国君拓跋珪迁移贺讷的部落，把他们安置在东边的边境。

八月，东晋刘牢之在鄄城攻击翟钊，翟钊被迫逃往河北；最后又在滑台打败翟辽，张愿到晋朝投降。

九月，北平人吴柱聚众千馀，立沙门法长为天子，破北平郡，转寇广都，入白狼城。燕幽州牧高阳王隆方葬其夫人，郡县守宰皆会之，众闻柱反，请隆还城，遣大兵讨之。隆曰："今闾阎安业，民不思乱，柱等以诈谋惑愚夫，诱胁相聚，无能为也。"遂留葬讫，遣广平太守、广都令先归，继遣安昌侯进将百馀骑趋白狼城。柱众闻之，皆溃；穷捕，斩之。

以侍中王国宝为中书令，俄兼中领军。

【译文】 九月，北平的吴柱聚集一千多名部属，攻破北平郡拥立沙门法长为天子，转向又侵略广都进入白狼城。后燕幽州牧高阳王慕容隆正在安葬他的夫人，各郡县的太守宰官都会合在一起，众人听说吴柱造反，纷纷请求慕容隆回城，派遣大兵前去讨伐他。慕容隆说："现在的百姓安居乐业，并不愿意战乱，吴柱等人只会以诱惑威胁而聚合没有什么作为的人，用欺骗的方法迷惑愚昧的人。"于是停留到安葬结束，派遣广平（当作北平）太守、广都县令先回去，又派遣安昌侯带领一百多名骑兵赶往白狼城，吴柱的部下听到这消息后都溃散逃走，在安昌侯尽心竭力追捕之下，他们都被杀了。

东晋任命侍中王国宝为中书令，没过多久又让他兼中领军。

丁未，以吴郡太守王珣为尚书右仆射。

吐谷浑视连卒，子视罴立。视罴以其父祖慈仁，为四邻所侵侮，乃督厉将士，欲建功业。冬，十月，金城王乾归遣使拜视罴沙州牧、白兰王，视罴不受。

十二月，郭质及苟曜战于郑东，质败，奔洛阳。

越质诘归据平襄，叛金城王乾归。

【译文】 丁未日（初一），东晋任命吴郡太守王珣为尚书右仆射。

吐谷浑汗国可汗慕容视连去世，他的儿子慕容视罴继位。慕容视罴认为他的父亲、祖父做人仁慈，所以才会被四邻的人侵略欺侮，于是用建立功业来督责激励将士们。冬季，十月，金城王乞伏乾归派遣使者封慕容视罴为沙州牧、白兰王；但慕容视罴不肯接受。

十二月，郭质和苟曜在郑东交战，郭质被打败后逃奔到了洛阳。

鲜卑部落首领越质诘归占据平襄之后背叛金城王乞伏乾归。

太元十六年（辛卯，公元三九一年）春，正月，燕置行台于蓟，加长乐公盛录行台（文）〔尚〕书事。

金城王乾归击越质诘归，诘归降，乾归以宗女妻之。

贺染干谋杀其兄讷，讷知之，举兵相攻。魏王珪告于燕，请为乡导以讨之。二月，甲戌，燕主垂遣赵王麟将兵击讷，镇北将军兰汗帅龙城之兵击染干。

三月，秦主登自雍攻后秦安东将军金荣于范氏堡，克之。遂渡渭水，攻京兆太守韦范于段氏堡，不克，进据曲牢。

【译文】 太元十六年（辛卯，公元391年）春季，正月，后燕在蓟城设置行台并加封长乐公慕容盛录行台尚书事。

金城王乞伏乾归攻击越质诘归，越质诘归投降后，乞伏乾归把本族的女子嫁他为妻。

贺兰部落的贺讷知道了弟弟贺染干计划杀害自己后就派兵攻打贺染干。北魏国君拓跋珪告诉后燕，愿意做前导去讨伐他们。二月，甲戌日（二月无此日），后燕国君慕容垂派遣镇北将军兰汗带领龙城的军队攻打贺染干，赵王慕容麟带兵攻打贺讷。

三月，前秦国君苻登从雍城到范氏堡攻打后秦安东将军金荣，得到了胜利；于是又渡过渭水，在段氏堡攻打京兆太守韦范但是没有取得胜利；前秦国君苻登因此进入并占据曲牢。

夏，四月，燕兰汗破贺染干于牛都。

苟曜有众一万，密召秦主登，许为内应。登自曲牢向繁川，军于马头原。五月，后秦主苌引兵逆战，登击破之，斩其右将军吴忠。苌收众复战，姚硕德曰："陛下慎于轻战，每欲以计取之，今战失利而更前逼贼，何也？"苌曰："登用兵迟缓，不识虚实。今轻兵直进，遥据吾东，此必苟曜竖子与之有谋也。缓之则其谋得成，故及其交之未合，急击之，以败散其事耳。"遂进战，大破之。登退屯于郿。

【译文】夏季，四月，后燕兰汗在牛都打败贺染干。

苟曜有一万名部属，暗中答应前秦国君苻登愿意做他的内应；前秦国君苻登从曲牢转向繁川，让军队驻守在马头原。五月，后秦国君姚苌带兵迎战，前秦国君苻登把他打败后杀了他的右将军吴忠。后秦国君姚苌收集部属军队准备再战，姚硕德说："陛下以前很谨慎不轻易作战，常常要用计谋取胜，现在向

前逼近敌人和他们作战对我们非常不利，您为什么还要这样做呢？”后秦国君姚苌说：“苻登不了解敌人的虚实所以调用军队十分缓慢。现在却轻快地调用部队直接前进，远据我的东面，这一定是苟曜那小子和他暗中通谋。如果我太慢，他们的计谋就会得逞，所以我要打散他们的阴谋，在他们还没有接触的时候赶快攻击他。”于是快速地进兵把前秦国君苻登打败，前秦国君苻登被迫退守到郿城。

秦兖州刺史强金槌据新平，降后秦，以其子逵为质。后秦主苌将数百骑入金槌营。群下谏之，苌曰：“金槌既去苻登，又欲图我，将安所归乎？且彼初来款附，宜推心以结之，奈何复以不信疑之乎？”既而群氐欲取苌，金槌不从。

六月，甲辰，燕赵王麟破贺讷于赤城，禽之，降其部落数万。燕主垂命麟归讷部落，徙染干于中山。麟归，言于垂曰：“臣观拓跋珪举动，终为国患，不若摄之还朝，使其弟监国事。”垂不从。

西燕主永寇河南，太守杨佺期击破之。

【译文】前秦兖州刺史强金槌占据新平，把他儿子强逵送到后秦做人质。后秦国君姚苌带领数百名骑兵进入强金槌的营区。群臣劝谏，后秦国君姚苌说：“强金槌已经离开苻登，如果要对我不利，他又怎么会来到我们这里呢？而且他刚刚来归附，怎么可以不相信而怀疑他呢？我应该坦诚地和他结交。”没过多久，许多氐人想要抓后秦国君姚苌，强金槌坚决不答应。

六月，甲辰日（初三），后燕赵王慕容麟在赤城打败贺讷，不仅抓住了他而且还降服他的数万人的部落。后燕国君慕容垂命令慕容麟将贺讷送回他的部落，并把贺染干迁移到中山。慕容麟回去告诉后燕国君慕容垂：“臣从拓跋珪的行为来看，他最后一定会成为国家的祸患，不如让他弟弟监领国事，把他召令回朝中。”后燕国君慕容垂不答应。

西燕君主慕容永侵略河南，太守杨佺期把他打败。

秋，七月，壬申，燕主垂如范阳。

魏王珪遣其弟觚献见于燕，燕主垂衰老，子弟用事，留觚以求良马。魏王珪弗与，遂与燕绝，使长史张衮求好于西燕。觚逃归，燕太子宝追获之，垂待之如初。

秦主登攻新平，后秦主苌救之，登引去。

【译文】 秋季，七月，壬申日（初二），后燕国君慕容垂到范阳。

北魏国君拓跋珪派遣他弟弟拓跋觚到后燕去进贡晋见；后燕国君慕容垂年纪已老，他的子弟专揽朝政大权，扣留拓跋觚要求北魏国君拓跋珪用精良的马匹作为交换。北魏国君拓跋珪不给，于是和后燕国断绝关系，派长史张衮向西燕表示友好。拓跋觚千辛万苦逃回去，后燕太子慕容宝又把他追回来，后燕国君慕容垂像从前一样对待他。

前秦国君苻登攻打新平，后秦国君姚苌去救援，最后前秦王苻登带兵离去。

秦骠骑将军没弈干以其二子为质于金城王乾归，请共击鲜卑大兜。乾归与没弈干攻大兜于鸣蝉堡，克之。兜微服走，乾归收其部众而还，归没弈干二子。没弈干寻叛，东合刘卫辰。八月，乾归帅骑一万讨没弈干，没弈干奔他楼城，乾归射之，中目。

九月，癸未，以尚书右仆射王珣为左仆射，太子詹事谢琰为右仆射。太学博士范弘之讼殷浩宜加赠谥，因叙桓温不臣之迹。

是时桓氏犹盛，王珣，温之故吏也，以为温废昏立明，有忠贞之节；黜弘之为馀杭令。弘之，汪之孙也。

【译文】前秦骠骑将军没弈干把自己的两个儿子给金城王乞伏乾归做人质，请他一起攻打鲜卑的大兜。乞伏乾归和没弈干在鸣蝉堡攻打大兜并且把大兜打败。大兜穿着便服偷偷地逃走了，乞伏乾归收纳他的部属班师回朝，回去后送回了没弈干的两个儿子。但是没弈干不久背叛了他，在东面联合刘卫辰。八月，金城王乞伏乾归带领一万名骑兵讨伐没弈干，没弈干被迫逃到他楼城，乞伏乾归用箭射他，射中了他的眼睛。

九月，癸未日（十四日），东晋任命尚书右仆射王珣为左仆射，太子詹事谢琰为右仆射。太学博士范弘之叙说桓温不合臣道的事迹，他主张殷浩应该追加谥号。当时王珣是桓温的旧属官，桓氏的力量还很强大。王珣认为桓温废除昏君拥立有忠贞节操的明君；贬范弘之为余杭县令。范弘之是范汪的孙子。

冬，十月，壬辰，燕主垂还中山。

初，柔然部人世服于代，其大人郁久闾地粟袁卒，部落分为二：长子匹候跋继父居东边，次子缊纥提别居西边。秦王坚灭代，柔然附于刘卫辰。

及魏王珪即位，攻击高车等，诸部率皆服从，独柔然不事魏。戊戌，珪引兵击之，柔然举部遁走，珪追奔六百里。诸将因张衮言于珪曰："贼远粮尽，不如早还。"珪问诸将："若杀副马，为三日食，足乎?"皆曰："足。"乃复倍道追之，及于大碛南床山下，大破之，虏其半部，匹候跋及别部帅屋击各收馀众遁走。珪遣长孙嵩、长孙肥追之。珪谓将佐曰："卿曹知吾前问三日粮意乎?"曰："不知也。"珪曰："柔然驱畜产奔走数日，至水必留；我

以轻骑追之，计其道里，不过三日及之矣。”皆曰：“非所及也！”嵩追斩屋击于平望川。肥追匹候跋至涿邪山，匹候跋举从降，获缊纥提之子曷多汗、兄子社仑、斛律等宗党数百人。缊纥提将奔刘卫辰，珪追及之，缊纥提亦降，珪悉徙其部众于云中。

【译文】 冬季，十月，壬辰日（十月无此日），后燕国君慕容垂回到中山。

起初，柔然部的人世代听命于代国，它的大人郁久闾地粟袁死了之后部落分为两部分：长子郁久闾匹候跋继承父亲的职位住在东边，次子郁久闾缊纥提另外住在西边。前秦国君苻坚消灭代国后，柔然归附了刘卫辰。

等到北魏国君拓跋珪登上帝位，攻打高车等部落的时候，大多数人都已服从魏国，只有柔然不听魏国的命令。戊戌日（十月无此日），北魏国君拓跋珪带兵攻打他们，柔然部以为无法抵御他的攻击所以全都逃走，北魏国君拓跋珪追赶了六百里。众将通过张衮向北魏国君拓跋珪建议说：“贼兵已经跑远了，我们的粮食也吃完了，应该早一点回去。”北魏国君拓跋珪问众将：“如果杀了副马（北人骑兵，各乘一马，又一马为副马），作为三日的食粮，能够我们吃吗？”众将都点头说：“够了。”于是杀了副马又开始加快速度追赶，终于在大碛的南床山下把他们打败，俘虏了他们一半的人，郁久闾匹候跋和别部的统帅屋击各自收拾剩下的部属逃走了。北魏国君拓跋珪派遣长孙嵩、长孙肥前去追赶。北魏国君拓跋珪告诉部将们说：“你们知道我前几日问三天的粮食是否够吃的用意吗？”部将们都说：“不知道。”北魏国君拓跋珪说：“柔然人驱赶牲畜奔走了好几天了，到了有水的地方一定会停留下来；我们以轻装的骑兵追赶，计算路程不超过三天就一定可以赶上他们。”部将们都说：“这不是我们

这些庸人的智慧比得上的。”长孙嵩在平望川追上屋击并把他杀死。长孙肥在涿邪山追到了郁久闾匹候跋，郁久闾匹候跋带领部属投降。北魏国君拓跋珪又俘获了郁久闾缊纥提的儿子郁久闾曷多汗、侄子郁久闾社仑、郁久闾斛律等宗族数百人，只有郁久闾缊纥提逃走了。在郁久闾缊纥提准备投靠刘卫辰的时候，北魏国君拓跋珪又追上了他，郁久闾温纥提也投降了，最后北魏国君拓跋珪把柔然部落的居民部众全部迁徙到云中。

翟辽卒，子钊代立，改元定鼎。攻燕邺城，燕辽西王农击却之。

三河王光遣兵乘虚伐金城王乾归，乾归闻之，引兵还，光兵亦退。

刘卫辰遣子直力鞮帅众八九万攻魏南部。十一月，己卯，魏王珪引兵五六千人拒之，壬午，大破直力鞮于铁岐山南，直力鞮单骑走。乘胜追之，戊子，自五原金津南济河，径入卫辰国，卫辰部落骇乱。辛卯，珪直抵其所居悦跋城，卫辰父子出走。壬辰，分遣诸将轻骑追之。将军伊谓禽直力鞮于木根山，卫辰为其部下所杀。十二月，珪军于盐池，诛卫辰宗党五千馀人，皆投尸于河。自河以南诸部悉降，获马三十馀万匹，牛羊四百馀万头，国用由是遂饶。

【译文】翟辽死后他儿子翟钊继位，改年号为定鼎。攻打后燕邺城，后燕辽西王慕容农把他打退。

三河王吕光派兵趁金城王乞伏乾归国内空虚攻打他；乞伏乾归听了这消息后带兵赶回，吕光把自己的军队也退走了。

刘卫辰派遣儿子刘直力鞮率领八九万人攻打魏国南部。十一月，己卯日（初十），北魏国君拓跋珪带领五六千名士兵抵抗，壬午日（十三日），在铁岐山南边大败刘直力鞮的军队，最后刘直力鞮一个人骑着马逃走了。北魏国君拓跋珪乘胜追击，戊子日（十九日），从五原金津的南边渡过黄河直接进入刘卫辰的国土，刘卫辰的部落因此变得惊骇纷乱。辛卯日（二十两日），北魏国君拓跋珪直接到达刘卫辰居住的悦跋城，最后刘卫辰父子只能离城逃走。壬辰日（二十三日），北魏国君拓跋珪分别派遣将领率领轻装骑兵前去追击，将军伊谓在木根山捉住刘直力鞮，刘卫辰也被他自己的部下杀死。十二月，北魏国君拓跋珪杀死刘卫辰的宗党五千多人，把他们的尸体都投到河里，驻军于盐池。从此，黄河以南的各部全都投降，缴获三十多万匹马和四百多万头牛羊，魏国的经济财力因此非常丰饶。

卫辰少子勃勃亡奔薛干部，珪使人求之，薛干部帅太悉伏出勃勃以示使者曰："勃勃国破家亡，以穷归我，我宁与之俱亡，何忍执以与魏！"乃送勃勃于没奕干，没奕干以女妻之。

戊申，燕主垂如鲁口。

秦主登攻安定，后秦主苌如阴密以拒之，谓太子兴曰："苟曜闻吾北行，必来见汝，汝执诛之。"曜果见兴于长安，兴使尹纬让而诛之。

苌败登于安定城东，登退据路承堡。苌置酒高会，诸将皆曰："若值魏武王，不令此贼至今，陛下将牢太过耳。"苌笑曰："吾不如亡兄有四：身长八尺五寸、臂垂过膝，人望而畏之，一也；将十万之众，与天下争衡，望麾而进，前无横阵，二也；温古知今，讲论道艺，收罗英隽，三也；董帅兄众，上下咸悦，人尽死力，四也。所以得建立功业、驱策群贤者，正望算略中有片长耳。"群臣咸称万岁。

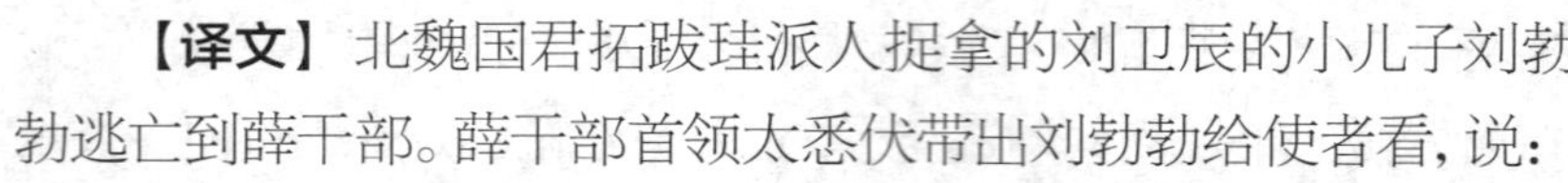

【译文】北魏国君拓跋珪派人捉拿的刘卫辰的小儿子刘勃勃逃亡到薛干部。薛干部首领太悉伏带出刘勃勃给使者看，说：“刘勃勃国破家亡，因为困穷而归附我，我宁愿和他一起灭亡也不忍心抓他送去给魏国。”于是又把刘勃勃送到了没弈干那里，没弈干把女儿嫁给了他。

戊申日（初十），后燕国君慕容垂到达鲁口。

前秦国君苻登攻打安定，后秦国君姚苌到阴密抵抗，走之前告诉太子姚兴说：“苟曜听到我到北边去，一定会来见你，如果他来你就抓住并杀掉他。”苟曜果然来长安见姚兴，姚兴派遣尹纬责备苟曜并且把他杀死。

后秦国君姚苌在安定城以东打败前秦国君苻登，前秦国君苻登被迫退守到路承堡。后秦国君姚苌设置酒席举行庆功宴，众将都说：“陛下您太过于稳健保守了，如果是魏武王（指姚苌的哥哥姚襄），他不会让这个贼寇留到今天。”后秦国君姚苌笑着说：“我有四点比不上死去的哥哥：第一点是他的身高八尺五寸，手臂下垂超过膝盖，别人看了就怕他；第二点是他带领十万人的军队和天下豪杰争高下，士卒看他的旌旗指挥而奋勇向前所向无敌，没有人能够抵挡；第三点是他经常温习旧的学问，学习新的知识，讲解论说道理和艺文，网罗天下的英才；第四点是他统领大军能使上上下下都心悦诚服，人人愿意尽心效命。这都是我所不能及的，我之所以能够建立功业、驾御群贤，正是因为在谋略上有那么一点长处罢了。”群臣都高呼万岁表示对他的佩服。

资治通鉴卷第一百八　晋纪三十

起玄黓执徐，尽柔兆涒滩，凡五年。

【译文】 起壬辰（公元392年），止丙申（公元396年），共五年。

【题解】 本卷记录了公元392年至396年共五年间的东晋与各国大事，正当晋孝武帝太元十七年至二十一年。主要记录了慕容垂出兵讨伐慕容永，杀死慕容永，西燕灭亡；写了后燕讨伐魏国，在参合陂和平城先败后胜，后燕国君慕容垂死在路上，慕容宝继位，后燕政权内部出现重重矛盾；写了北魏国君拓跋珪即帝位，进攻晋阳、并州、常山；此外还写了后秦主姚苌去世，太子姚兴即位，在废桥击败前秦主苻登，之后苻登之子苻崇被乞伏乾归所杀，前秦灭亡；写了晋王朝司马道子奢侈腐化、结党专权，与孝武帝司马曜、藩镇势力王恭等矛盾尖锐，孝武帝起用殷仲堪，朝廷派系对立；写了晋孝武帝沉迷酒色，因戏言被张贵人所杀，呆傻的太子司马德宗即帝位；写了后秦与凉州、西秦相互攻战，以及湟中地区秃发乌孤势力的兴盛等等。

烈宗孝武皇帝下

太元十七年（壬辰，公元三九二年）春，正月，巳朔，大赦。

秦主登立昭仪陇西李氏为皇后。

二月，壬寅，燕主垂自鲁口如河间、渤海、平原。翟钊遣其将翟都侵馆陶，屯苏康垒。三月，垂引兵南击钊。

秦票骑将军没弈干帅众降于后秦，后秦以为车骑将军，封高平公。

后秦主苌寝疾，命姚硕德镇李润，尹纬守长安，召太子兴诣行营。征南将军姚方成言于兴曰："今寇敌未灭，上复寝疾。王统等皆有部曲，终为人患，宜尽除之。"兴从之，杀王统、王广、苻胤、徐成、毛盛。苌怒曰："王统兄弟，吾之州里，实无他志；徐成等皆前朝名将，吾方用之，奈何辄杀之！"

【译文】 太元十七年（壬辰，公元392年）春季，正月，己巳朔日（初一），东晋诏令大赦天下。

前秦国君苻登册立昭仪陇西李氏为皇后。

二月，壬寅日（初五），后燕国君慕容垂从鲁口到河间、渤海、平原。翟钊派遣他的部将翟都入侵馆陶，然后屯守在苏康垒。三月，后燕国君慕容垂带兵向南攻击翟钊。

前秦骠骑将军没弈干率领部属向后秦投降，后秦任命他为车骑将军并封他为高平公。

后秦国君姚苌卧病不起，命令尹纬镇守在长安，姚硕德镇守在李润，又召见太子姚兴到他临时屯驻的营地。征南将军姚方成告诉姚兴："现在陛下卧病在床，敌人也还没有消灭，王统等人都有私人的军队，终究是一个祸患，他们应该被完全除去。"姚兴听取了他的意见，杀死了王广、苻胤、徐成、王统、毛盛。后秦国君姚苌非常生气地说："王统兄弟确实没有其他的意图，他们和我是同一州里的人；徐成等人也都是前朝的名将，你为什么把他们都杀了？我正要重用他们呢！"

燕主垂进逼苏康垒。夏，四月，翟都南走滑台。翟钊求救

于西燕，西燕主永谋于群臣，尚书郎渤海鲍遵曰："使两寇相弊，吾承其后，此卞庄子之策也。"中书侍郎太原张腾曰："垂强钊弱，何弊之承！不如速救之，以成鼎足之势。今我引兵趋中山，昼多疑兵，夜多火炬，垂必惧而自救。我冲其前，钊蹑其后，此天授之机，不可失也。"永不从。

燕大赦。

【译文】后燕国君慕容垂进兵逼近苏康垒。夏季，四月，翟都向南逃到滑台。翟钊向西燕请求救助，西燕君主慕容永与群臣商量，尚书郎渤海人鲍遵说："卞庄子的计策是让敌人两败俱伤，我们跟在后面获取最大的利益。"中书侍郎太原人张腾说："慕容垂的力量强，翟钊的力量弱，怎么能承受慕容垂的攻击呢？不如我们赶快去救援，把局面变成三国鼎立的形势。现在我带兵奔袭中山，如果白天多布置令人猜疑的士兵，晚上点燃很多令人疑惧的火把，慕容垂一定会害怕而先救自己。我冲向他的前面，翟钊攻击他的后面，这是天赐的不可失去的良机呀！"西燕君主慕容永没有听从他的意见。

后燕大赦境内。

五月，丁卯朔，日有食之。

六月，燕主垂军黎阳。临河欲济，翟钊列兵南岸以拒之。辛亥，垂徙营就西津，去黎阳西四十里，为牛皮船百馀艘，伪列兵仗，溯流而上。钊亟引兵趣西津，垂潜遣中垒将军桂林王镇等自黎阳津夜济，营于河南，比明而营成。钊闻之，亟还，攻镇等营；垂命镇等坚壁勿战。钊兵往来疲暍，攻营不能拔，将引去；镇等引兵出战，票骑将军农自西津济，与镇等夹击，大破之。钊走还滑台，将妻子，收遗众，北济河，登白鹿山，凭险自守，燕兵不得

进。农曰:“钊无粮，不能久居山中。”乃引兵还，留骑候之。钊果下山；还兵掩击，尽获其众，钊单骑奔长子。西燕主永以钊为车骑大将军、兖州牧，封东郡王。岁馀，钊谋反，永杀之。

【译文】五月，丁卯朔日(初一)，发生日食。

六月，后燕国君慕容垂驻军在黎阳，到了黄河岸边准备渡河，看到翟钊把军队陈列在南岸准备拼死抵抗。辛亥日(十六日)，后燕国君慕容垂把军营迁徙到西津，距离黎阳四十里，又做了一百多艘牛皮船，沿着河流上行假装陈列军队。翟钊立刻带兵赶往西津，后燕国君慕容垂暗中派遣中垒将军桂林王慕容镇等人，在晚上从黎阳津渡河然后扎营在河的南岸，等到天亮的时候，军营就已经扎好。翟钊听了这消息后就赶快回去，攻打慕容镇等人的军营，后燕国君慕容垂命令慕容镇等人不要与他们主动作战，只要坚守城池就好。翟钊的兵来往都很疲累又多中暑，始终不能攻下慕容镇的军营。在翟钊准备要带兵回去的时候，慕容镇等人带兵出城作战，骠骑将军慕容农从西津渡河和慕容镇等人两面夹击翟钊，最后把翟钊打得大败。翟钊逃回滑台带领妻子儿女和剩下的士兵向北边渡河，登上白鹿山，依靠山上险要的地势来防守，后燕的军队无法前进。慕容农说：“翟钊没有粮食所以不能久住在山里。”于是他带兵回去却留下骑兵守候。翟钊果然没过多久就下山了，慕容农调回军队正面迎击他，俘获了他的全部部属，最后只有翟钊一个人骑着马逃到长子。西燕君主慕容永任命翟钊为车骑大将军、兖州牧，封他为东郡王。过了一年多，翟钊又阴谋造反，西燕君主慕容永把他杀了。

初，郝晷、崔逞及清河崔宏、新兴张卓、辽东夔腾、阳平路纂皆仕于秦，避秦乱来奔，诏以为冀州诸郡，各将部曲营于河南。既而受翟氏官爵，翟氏败，皆降于燕，燕主垂各随其材而用之。钊所统七郡三万馀户，皆按堵如故。以章武王宙为兖、豫二州刺史，镇滑台；徙徐州民七千馀户于黎阳，以彭城王脱为徐州刺史，镇黎阳。脱，垂之弟子也。垂以崔荫为宙司马。

初，陈留王绍为镇南将军，太原王楷为征西将军，乐浪王温为征东将军，垂皆以荫为之佐。荫才干明敏强正，善规谏，四王皆严惮之；所至简刑法，轻赋役，流民归之，户口滋息。

秋，七月，垂如邺，以太原王楷为冀州牧，右光禄大夫馀蔚为左仆射。

【译文】 起初，郝晷、崔逞和新兴的张卓、辽东的夔腾、清河的崔宏、阳平的路纂都在前秦做官，为了逃避前秦的灾乱才跑来晋朝，晋朝下诏命令他们在冀州各郡各自带领自己的军队，在黄河南岸扎营；他们接受翟氏的官爵没多久，翟氏失败后，他们又都向后燕投降，后燕国君慕容垂依照他们的才能分别任用他们。翟钊所领导的七个郡三万多户也都安居如常。后燕国君慕容垂任命章武王慕容宙为兖、豫两州刺史，让他镇守在滑台；迁移徐州的百姓七千多户到黎阳，任命他的侄子彭城王慕容脱为徐州刺史，让他镇守在黎阳。后燕国君慕容垂让崔荫做慕容宙的司马。

起初，陈留王慕容绍为镇南将军，乐浪王慕容温为征东将军，太原王慕容楷为征西将军，后燕国君慕容垂让崔荫做他们的幕僚。崔荫是一个精明强干、刚强正直、善于规劝主上过失的人，因此四个王都很害怕他；凡是他所到的地方都简省刑法、减轻赋税劳役，流亡的百姓都来归附，人口愈来愈多。

秋季，七月，后燕国君慕容垂到邺城封右光禄大夫馀蔚为

左仆射，封太原王慕容楷为冀州牧。

秦主登闻后秦主苌疾病，大喜，告祠世祖神主，大赦，百官进位二等，秣马厉兵，进逼安定，去城九十馀里。八月，苌疾小瘳，出拒之。登引兵出营，将逆战，苌遣安南将军姚熙隆别攻秦营，登惧而还。苌夜引兵旁出以蹑其后，旦而候骑告曰："贼诸营已空，不知所向。"登惊曰："彼为何人，去令我不知，来令我不觉，谓其将死，忽然复来，朕与此羌同世，何其厄哉！"登遂还雍，苌亦还安定。

三河王光遣其弟右将军宝等攻金城王乾归，宝及将士死者万馀人。又遣其子虎贲中郎将纂击南羌彭奚念，纂亦败归。光自将击奚念于枹罕，克之，奚念奔甘松。

【译文】 前秦国君苻登听说后秦国君姚苌生病的消息后非常高兴，于是向世祖苻坚的神位祭祀报告，然后诏令大赦，让百官都晋升两级爵位，让士兵喂饱马匹，磨砺兵器，统领大军逼近安定，距离城池仅九十多里。八月，后秦国君姚苌的病稍微好一点就出兵抵抗。前秦国君苻登准备要迎战所以就带兵离开营区，于是后秦国君姚苌派遣安南将军姚熙隆从别的地方攻打前秦的营区，前秦国君苻登因为害怕，连忙撤退。后秦国君姚苌在晚上带兵偷偷地从旁边跟在他的后面离开，到天亮的时候，探候的骑兵告诉前秦国君苻登："不知道贼兵去了哪里，他们的各个营区都已经空了。"前秦国君苻登惊奇地说："他是怎样的一个人呢？来的时候使我不知道他从哪里来，离开的时候使我不知道他的去处，说他快要死了但忽然又来了。我真是太不幸了，竟然和这个羌人同一个时代！" 于是前秦国君苻登回到雍城，后秦国君姚苌也回了安定。

三河王吕光派遣他弟弟右将军吕宝等人攻打金城王乞伏乾归，吕宝和一万多名将士都战死了。又派遣他儿子虎贲中郎将吕纂攻打南羌彭奚念，但是吕纂打了败仗回来。最后吕光亲自在枹罕攻打彭奚念，最终把他打败，彭奚念被迫逃到甘松。

冬，十月，辛亥，荆州刺史王忱卒。

雍州刺史朱序以老病求解职，诏以太子右卫率郗恢为雍州刺史，代序镇襄阳。恢，昙之子也。

巴蜀人在关中者皆叛后秦，据弘农以附秦。秦主登以窦冲为左丞相，冲徙屯华阴。郗恢遣将军赵睦守金墉，河南太守杨佺期帅众军湖城，击冲，走之。

十一月，癸酉，以黄门郎殷仲堪为都督荆、益、宁三州诸军事、荆州刺史，镇江陵。仲堪虽有英誉，资望犹浅，议者不以为允。到官，好行小惠，纲目不举。

【译文】冬季，十月，辛亥日（十八日），东晋荆州刺史王忱去世。

雍州刺史朱序因为自己年老多病，请求免去职务，于是晋孝武帝司马曜下诏，命令以太子右卫率郗恢为雍州刺史代替朱序镇守在襄阳。郗恢是郗昙的儿子。

在关中的巴蜀人都背叛后秦，占据弘农以响应前秦。前秦国君苻登任命窦冲为左丞相，让窦冲迁移屯驻在华阴。郗恢派将军赵睦防守在金墉，带兵驻守在湖城的河南太守杨佺期攻打窦冲并且把他赶走了。

十一月，癸酉日（初十），东晋封黄门郎殷仲堪为都督荆益宁三州诸军事、荆州刺史，镇守在江陵。殷仲堪虽然有好的美誉但是声望还很浅，人们议论纷纷，认为这不公允。殷仲堪到任以后喜欢施行小恩小惠，但大方面的事却不能领导起来。

南郡公桓玄负其才地，以雄豪自处，朝廷疑而不用，年二十三，始拜太子洗马。玄尝诣琅邪王道子，值其酣醉，张目谓众客曰："桓温晚途欲作贼，云何？"玄伏地流汗，不能起；由是益不自安，常切齿于道子。后出补义兴太守，郁郁不得志，叹曰："父为九州伯，儿为五湖长！"遂弃官归国，上疏自讼曰："先臣勤王匡复之勋，朝廷遗之，臣不复计。至于先帝龙飞，陛下继明，请问谈者，谁之由邪？"疏寝不报。

【译文】 南郡公桓玄自恃他的才能和门第，总是以英雄豪杰自居，东晋朝廷非常怀疑他的能力，因此不重用他；他在二十三岁的时候才被任命为太子洗马。桓玄曾去拜访琅邪王司马道子，正巧碰上司马道子喝得大醉，他张开眼睛告诉所有的客人："桓温晚年想要做叛贼，你说是不是呢？"桓玄听了之后非常恐惧，流着汗伏在地上爬不起来；从此自己就更加不能心安了，因此他就常常怨恨司马道子。后来被派遣出去担任义兴太守，心里郁闷不得意地叹息说："父亲是九州的诸侯，儿子却是五湖的小官！"于是他丢弃官职回到封地，上书为自己申辩，说："先臣（指桓温）有辅佐王室匡正平乱的功劳，朝廷却把它遗忘了，臣不再计较这些事。但是对于先帝司马昱登上帝位，陛下继承大统，请问按理来说是谁使事情能够如此的呢？"奏书被搁置一旁，没有上报。

玄在江陵，仲堪甚敬惮之。桓氏累世临荆州，玄复豪横，士民畏之，过于仲堪。尝于仲堪听事前戏马，以矟拟仲堪。仲堪中兵参军彭城刘迈谓玄曰："马矟有余，精理不足。"玄不悦，仲堪为之失色。玄出，仲堪谓迈曰：“卿，狂人也！玄夜遣杀卿，我岂能相救邪?”使迈下都避之；玄使人追之，迈仅而获免。

【译文】 桓玄在江陵的时候，殷仲堪十分敬畏他。桓氏连续几代都在荆州做官，桓玄又是一个豪强蛮横的人，所以一般百姓害怕他超过了害怕殷仲堪。桓玄曾经在殷仲堪升堂办公之前戏马，还曾举长矛朝向殷仲堪。殷仲堪的中兵参军彭城人刘迈告诉桓玄：“你骑马射矛的本事很好，足可以杀了他，但是你没有可以杀他的道理。”桓玄不高兴，殷仲堪却怕得脸色都变了。桓玄出去，殷仲堪告诉刘迈：“你真是个狂人，桓玄晚上一定会派人杀你，我怎样才能救你呢？”于是命令刘迈到建康躲避。桓玄派人追杀刘迈，刘迈仅免于一死。

征虏参军豫章胡藩过江陵，见仲堪，说之曰：“桓玄志趣不常，每怏怏于失职，节下崇待太过，恐非将来之计也！”仲堪不悦。藩内弟同郡罗企生为仲堪功曹，藩退，谓企生曰：“殷侯倒戈以授人，必及于祸。君不早图去就，后悔无及矣！”

庚寅，立皇子德文为琅邪王，徙琅邪王道子为会稽王。

十二月，燕主垂还中山，以辽西王农为都督兖、豫、荆、徐、雍五州诸军事，镇邺。

休官权千成据显亲，自称秦州牧。

清河人李辽上表请敕兖州修孔子庙，给户洒扫，仍立庠序，收教学者，曰：“事有如赊而实急者，此之谓也！”表不见省。

【译文】 东晋征虏参军豫章人胡藩经过江陵，见到殷仲堪，告诉他：“桓玄常常闷闷不乐于没有好的职位，因为他的志向兴趣与平常人不同，您太过于厚待他，恐怕将来不会有什么好结果！”殷仲堪非常不高兴。胡藩的内弟罗企生担任殷仲堪

的功曹，胡藩退下以后告诉罗企生："殷侯把自己的戈柄让敌人知道了，一定会遭到灭顶之祸。你如果不早一点计划离开，后悔就来不及了！"

庚寅日（二十七日），东晋朝廷册立皇子司马德文为琅邪王，又把琅邪王司马道子封为会稽王。

十二月，后燕国君慕容垂回到中山，把辽西王慕容农任命为都督兖、豫、荆、徐、雍五州诸军事，镇守在邺城。

休官部落的首领权千成占据显亲，自称为秦州牧。

东晋清河人李辽上表请求下令在兖州修孔子庙，指定专门的人提供洒扫的劳役。还要建立学校招收学生、聘请老师，他说："事情好像离我们很远，但实际上这是很紧急的事，就像这个一样。"表上奏但是没有回应。

【乾隆御批】 桓元怨望，弃官弁，髦国宪。乃听其翱翔阶乱蒿目谁何，东晋纪纲可谓扫地矣。

【译文】 桓元怨气十足，弃官不做，蔑弃典章。却还听任他自由自在，等级混乱谁也不觉得忧虑不安，东晋朝廷的法纪朝纲可以说是全部丧失了。

太元十八年（癸巳，公元三九三年）春，正月，燕阳平孝王柔卒。

权千成为秦所逼，请降于金城王乾归，乾归以为东秦州刺史、休官大都统、显亲公。

夏，四月，庚子，燕主垂加太子宝大单于；以安定王库傉官伟为太尉，范阳王德为司徒，太原王楷为司空，陈留王绍为尚书右仆射。五月，立子熙为河间王，朗为渤海王，鉴为博陵王。

秦右丞相窦冲矜才尚人，自请封天水王，秦主登不许。六月，冲自称秦王，改元元光。

金城王乾归立其子炽磐为太子。炽磐勇略明决，过于其父。

【译文】 十八年（癸巳，公元393年）春季，正月，后燕阳平孝王慕容柔去世。

权千成被前秦逼迫因此向金城王乞伏乾归请求投降，乞伏乾归任命他为东秦州刺史、休官大都统、显亲公。

夏季，四月，庚子日（初九），后燕国君慕容垂加封太子慕容宝为大单于；把安定王库傉官伟封为太尉，把范阳王慕容德封为司徒，把太原王慕容楷封为司空，把陈留王慕容绍封为尚书右仆射。五月，又册立他儿子慕容熙为河间王，慕容朗为渤海王，慕容鉴为博陵王。

前秦右丞相窦冲觉得自己才高八斗，认为自己高人一等，他自己请求封为天水王，前秦国君苻登不答应。六月，窦冲自称为秦王，改年号为元光。

金城王乞伏乾归册立他儿子乞伏炽磐为太子。乞伏炽磐的勇敢果决、明智决断超过他父亲。

秋，七月，秦主登攻窦冲于野人堡，冲求救于后秦。尹纬言于后秦主苌曰："太子仁厚之称，著于远近，而英略未著，请使击苻登以著之。"苌从之。太子兴将兵攻胡空堡，登解冲围以赴之。兴因袭平凉。大获而归。苌使兴还镇长安。

魏王珪以薛干太悉伏不送刘勃勃，八月，袭其城，屠之，太悉伏奔秦。

氐帅杨佛嵩叛，奔后秦，杨佺期、赵睦追之，九月，丙戌，败佛嵩于潼关。后秦将姚崇救佛嵩，败晋兵，赵睦死。

冬，十月，后秦主苌疾甚，还长安。

燕主垂议伐西燕，诸将皆曰："永未有衅，我连年征讨，士卒疲弊，未可也。"范阳王德曰："永既国之枝叶，又僭举位号，惑民视听，宜先除之，以壹民心。士卒虽疲，庸得已乎！"垂曰："司徒意正与吾同。吾比老，叩囊底智，足以取之，终不复留此贼以累子孙也。"遂戒严。

【译文】 秋季，七月，前秦国君苻登在野人堡攻打窦冲，窦冲无法抵抗所以向后秦求救。尹纬向后秦国君姚苌说："太子姚兴仁慈宽厚的美誉远近的人都知道，而他的英明勇略还没有被世人所见识，请求派遣他去攻打前秦王苻登，让他有表现的机会。"后秦国君姚苌听从了他的意见。太子姚兴带领军队攻打胡空堡，因此前秦国君苻登解除对窦冲的包围赶往胡空堡。姚兴于是又趁机侵袭平凉，俘获了很多东西才回去。后秦国君姚苌派姚兴回去镇守长安。

北魏国君拓跋珪由于薛干部落的首领太悉伏不肯送交刘勃勃，八月，派人侵袭太悉伏的城池并屠杀很多人，薛干部落的首领太悉伏逃到前秦。

东晋氐族将帅杨佛嵩背叛投奔后秦，杨佺期、赵睦追击他，九月，丙戌日（九月无此日），在潼关打败杨佛嵩。后秦派遣将军姚崇前去救援杨佛嵩，打败了晋朝军队，赵睦也战死了。

冬季，十月，后秦国君主姚苌病重，回到长安。

后燕国君慕容垂建议攻打西燕，众将都说："现在不可以攻打，因为第一慕容永没有挑衅，第二我军连年出征作战，现在士兵们都很疲累。"范阳王慕容德说："慕容永僭称名位帝号，迷惑百姓的视听，其实他只是我们国家的支属，我们应该先除掉他使民心归一。士兵们虽然疲累，但哪能停止征战呢？"后燕国君慕容垂接着说：“我和司徒的意见一样。我虽然已接近老年，但是将囊底的智谋使出来还是足以捉拿慕容永，一定不能再留下这个贼寇作为子孙的拖累。”于是加紧戒备。

十一月，垂发中山步骑七万，遣镇西将军丹杨王(缵)[瓒]、龙骧将军张崇出井陉，攻西燕武乡公友于晋阳，征东将军平规攻镇东将军段平于沙亭。西燕主永遣其尚书令刁云、车骑将军慕容钟帅众五万守潞川。友，永之弟也。十二月，垂至邺。

己亥，后秦主苌召太尉姚旻、仆射尹纬、姚晃、将军姚大目、尚书狄伯支入禁中，受遗诏辅政。苌谓太子兴曰：“有毁此诸公者，慎勿受之。汝抚骨肉以恩，接大臣以礼，待物以信，遇民以仁，四者不失，吾无忧矣。”姚晃垂涕问取苻登之策，苌曰：“今大业垂成，兴才智足办，奚所复问!”庚子，苌卒。兴秘不发丧，以其叔父绪镇安定，硕德镇阴密，弟崇守长安。

或谓硕德曰：“公威名素重，部曲最强，今易世之际，必为朝廷所疑，不如且奔秦州，观望事势。”硕德曰：“太子志度宽明，必无它虑。今苻登未灭而骨肉相攻，是自亡也。吾有死而已，终不为也。”遂往见兴，兴优礼而遣之。兴自称是大将军，以尹纬为长史，狄伯支为司马，帅众伐秦。

【译文】十一月，后燕国君慕容垂调出中山的七万名步兵和骑兵，派遣龙骧将军张崇、镇西将军丹杨王慕容瓒从井陉出兵，在晋阳攻打西燕武乡公慕容友，又派遣征东将军平规在沙亭攻打镇东将军段平。西燕君主慕容永派遣尚书令刁云、车骑将军他的弟弟慕容钟率领五万名士兵防守在潞川。十二月，后燕国君慕容垂到达邺城。

己亥日（十二月无此日），后秦国君姚苌将太尉姚旻、仆射尹纬、姚晃、将军姚大目、尚书狄伯支召进宫中，要他们接受辅佐太子处理政事的遗命。后秦国君姚苌告诉太子姚兴："如果有人诋毁这些人，你千万不要听信。你要是能够以礼节接纳大臣，以恩德抚爱兄弟，以仁慈看待老百姓，以诚信对待一般人，这四件事都做到我就不担忧了。"姚晃哭着问捉拿前秦国君苻登的计策，后秦国君姚苌回答说："姚兴的才智足够办到，你何必再问我呢？现在大业快要完成了。"庚子日（十二月无此日），后秦国君姚苌去世。姚兴保密不发布丧闻，任命弟弟姚崇防守在长安，又任命他叔父姚绪镇守在安定，姚硕德镇守在阴密。

有人对姚硕德说："您自己的私人军队最强，您的威信名望也一直很被尊重，现在正当改易君王的时候，您不如暂时到秦州去，在那观望形势，不然您一定会被朝廷疑心。"姚硕德说："太子宽大睿明，又有一般人所没有的心胸度量，所以他一定不会有其他的想法。现在苻登还没有被消灭，如果骨肉亲戚之间互相攻打，这就是在自取灭亡啊，这样的事太子是不会做的，我也只会尽心效命绝不会有其他的作为。"于是他前去晋见姚兴，姚兴对他非常礼遇，并送他回去。姚兴自称为大将军，封狄伯支为司马，尹纬为长史，一起率领军队攻打前秦。

太元十九年（甲午，公元三九四年）春，正月，秦主登闻后秦主苌卒，喜曰："姚兴小儿，吾折杖笞之耳。"乃大赦，尽众而东，留司徒安成王广守雍，太子崇守胡空堡；遣使拜金城王乾归为左丞相、河南王，领秦、梁、益、凉、沙五州牧，加九锡。

【译文】太元十九年（甲午，公元394年）春季，正月，前秦国君苻登听到后秦国君姚苌已死，高兴地说："姚兴那个小孩子，我只要轻轻地折一根木杖就可以打败他。"于是诏令大赦，然后留下司徒安成王苻广防守在雍城，太子苻崇防守在胡空堡，自己带领所有的部属向东进军；又派遣使者封金城王乞伏乾归为左丞相、河南王、领秦梁益凉沙五州牧，又加赠九锡。

初，秃发思复鞬卒，子乌孤立。乌孤雄勇有大志，与大将纷陁谋取凉州。纷陁曰："公必欲得凉州，宜先务农讲武，礼俊贤，修政刑，然后可也。"乌孤从之。三河王光遣使拜乌孤冠军大将军、河西鲜卑大都统。乌孤与其群下谋之曰："可受乎？"皆曰："吾士马众多，何为属人？"石真若留不对，乌孤曰："卿畏吕光邪？"石真若留曰："吾本根未固，小大非敌，若光致死于我，何以待之？不如受，以骄之，俟衅而动，蔑不克矣。"乌孤乃受之。

【译文】 起初，鲜卑部落的首领秃发思复鞬去世，他的儿子秃发乌孤继位。秃发乌孤是一个身形雄伟，性格勇敢而且还有远大志向的人，他和将领纷陁计划夺取凉州。纷陁建议说："主公如果一定要取得凉州，就应该先在农事方面努力，再讲求武艺，再尊敬贤明能干的人，再修治政事刑法等，然后才能办得到。"秃发乌孤听从了他的意见。三河王吕光派遣使者封秃发乌孤为领军大将军、河西鲜卑大都统。秃发乌孤和他的群臣商量说："你们可以接受吗？"群臣都说："我们的士兵马匹非常多，为什么要附属于别人呢？"只有石真若留没有讲话。秃发乌孤说："卿害怕吕光吗？"石真若留说："我们的根基还不稳固，和他们相比力量大小相差太悬殊，如果吕光要置我们于死地，我们又该怎么对付他呢？不如先接受下来让他感到骄傲，然后等待好机会再下手，那就没有不成功的道理了。"于是鲜卑部落的首领秃发乌孤接受三河王吕光的封爵。

二月，秦主登攻屠各姚奴、帛蒲二堡，克之。

燕主垂留清河公会镇邺，发司、冀、青、兖兵，遣太原王楷出滏口，辽西王农出壶关，垂自出沙庭，以击西燕，标榜所趣，军各就顿。西燕主永闻之，严兵分道拒守，聚粮台壁，遣从子征东将军小逸豆归、镇东将军王次多、右将军勒马驹帅众万馀人戍之。

夏，四月，秦主登自六陌趣废桥，后秦始平太守姚详据马嵬堡以拒之。太子兴遣尹纬将兵救详，纬据废桥以待秦。秦兵争水，不能得，渴死者什二、三，因急攻纬。兴驰遣狄伯支谓纬曰："苻登穷寇，宜持重以挫之。"纬曰："先帝登遐，人情扰惧，今不因思奋之力以禽敌，大事去矣！"遂与秦战，秦兵大败。其夜，秦众溃，登单骑奔雍。太子崇及安成王广闻败，皆弃城走；登至，无所归，乃奔平凉，收集遗众，入马毛山。

【译文】二月，前秦国君苻登攻打屠各部落所占领的姚奴、帛蒲两个城堡而且都打了下来。

后燕国君慕容垂留下清河公慕容会镇守在邺城，他发动司、冀、青、兖州的军队，派遣辽西王慕容农从壶关出兵，太原王慕容楷从滏口出兵，后燕国君慕容垂自己从沙庭出兵，去攻打西燕，一路上军队在标示出的地方各自驻营。西燕君主慕容永听到这消息后严整军队，分路抵抗防守，把粮食屯聚在台壁，派遣他侄子征东将军小慕容逸豆归、镇东将军王次多、右将军勒马驹率领一万多人保卫台壁。

夏季，四月，前秦国君苻登从六陌赶往废桥，后秦始平太守姚详据守马嵬堡以死抵抗。太子姚兴派尹纬带兵救援姚详，尹纬据守废桥等待前秦的士兵。前秦士兵缺少水源，得不到水的人有十分之二三，最后那些人都渴死了，因此紧急攻打尹纬。姚兴派狄伯支骑着快马告诉尹纬："不要与苻登这个穷困的贼寇作战，要挫败他的士气。”尹纬说：“因为先帝崩逝所以人心纷扰恐惧，如果现在不利用想要振奋的战士们的力量来捉拿敌人，大势就会失去。”于是和前秦作战，把前秦的军队打得大败。当天晚上前秦的军队溃散，前秦国君苻登一个人骑着马逃到雍城，太子苻崇和安成王苻广听说战败的消息都弃城逃走；前秦国君苻登到了以后，没有地方投靠，于是又逃到平凉，收集残遗的部属进入马毛山。

燕主垂顿军邺西南，月馀不进。西燕主永怪之，以为太行道宽，疑垂欲诡道取之，乃悉敛诸军屯轵关，杜太行口，惟留台壁一军。甲戌，垂引大军出滏口，入天井关。五月，乙酉，燕军至台壁，永遣从兄太尉大逸豆归救之，平规击破之。小逸豆归出战，辽西王农又击破之，斩勒马驹，禽王次多，遂围台壁。永召太行军还，自将精兵五万以拒之。刁云、慕容钟震怖，帅众降燕，永诛其妻子。己亥，垂陈于台壁南，遣骁骑将军慕容国伏千骑于涧下。庚子，与永合战，垂伪退，永众追之，行数里，国骑从涧中出，断其后，诸军四面俱进，大破之，斩首八千馀级，永走归长子。晋阳守将闻之，弃城走。丹杨王瓒等进取晋阳。

后秦太子兴始发丧，即皇帝位于槐里，大赦，改元皇初；遂如安定。谥后秦主苌曰武昭皇帝，庙号太祖。

【译文】 后燕国君慕容垂一个多月都不进兵，把军队驻扎在邺城的西南方。西燕君主慕容永觉得很奇怪，认为可能是太行的路比较宽，怀疑后燕国君慕容垂要诡诈，于是计划从别的路袭击，便聚集所有的军队，为了堵住太行的路口就让他们都屯驻在轵关，只留下台壁的一支军队。甲戌日（四月二十日），后燕国君慕容垂从滏口出兵带领大军进入天井关。五月，乙酉日

（初一），后燕军队到达台壁，西燕君主慕容永派遣堂兄太尉大慕容逸豆归前去救助，但是平规把他打败了，然后小慕容逸豆归又出兵作战，辽西王慕容农又打败了他并且杀死勒马驹、俘虏王次多，最后又包围台壁。西燕君主慕容永召集太行的军队，让他们先回去，自己带领五万名精良的将士誓死抵抗。刁云、慕容钟都非常震惊害怕，于是带领部属投降了后燕，西燕君主慕容永一怒之下把他们的妻子儿女全都杀死。己亥日（十五日），后燕国君慕容垂把军队布置在台壁的南边，又派遣骁骑将军慕容国在山涧下埋伏一千名骑兵。庚子日（十六日），后燕国君慕容垂和西燕君主慕容永会战，后燕国君慕容垂假装败退，于是西燕君主慕容永的军队就从后面追赶，跑了好几里路后，突然慕容国的骑兵从山涧中冲出来，截断他们的后路，各军从四面一起进兵，把他们打得大败并且杀死他们八千多人，西燕君主慕容永逃回长子。丹杨王慕容瓒等人进兵占晋阳的时候，晋阳守将听说西燕君主慕容永战败的消息后，也都弃城逃走，于是丹杨王慕容瓒等人占领了晋阳。

后秦太子姚兴这才发布父王的丧闻，在槐里登上帝位，诏令大赦，改年号为皇初；随后回到安定。然后给后秦国君姚苌定谥号为武昭皇帝，庙号为太祖。

六月，壬子，追尊会稽王太妃郑氏曰简文宣太后。群臣谓宣太后应配食元帝，太子前率徐邈曰："宣太后平素之时，不伉俪于先帝；至于子孙，岂可为祖考立配！"国学明教东莞臧焘曰："今尊号既正，则罔极之情申；别建寝庙，则严祢之义显；系子为称，兼明贵之所由。一举而允三义，不亦善乎？"乃立庙于太庙路西。

燕主垂进军围长子。西燕主永欲奔后秦，侍中兰英曰："昔石虎伐龙都，太祖坚守不去，卒成大燕之基。今垂七十老翁，厌苦兵革，终不能顿兵连岁以攻我也。但当城守以疲之。”永从之。

【译文】 六月，壬子日（六月无此日），晋孝武帝司马曜下令追尊会稽王太妃郑氏为简文宣太后。群臣都议论说宣太后应该配祭元帝司马睿，太子前率徐邈说：“宣太后活着的时候就不是先帝的正妃，后代子孙怎么可以为祖先们做主安排妻室呢？”国学明教东莞人臧焘说：“现在尊号既然已经确立就是人子之情的申明；另外建立祭庙就是尊敬父庙的意思的彰明；把儿子的谥号系在称呼上，同时也说明了尊贵的原因。这一个举动而合乎三件道理不是很好吗？”于是立宣太后的庙在太庙路的西侧。

后燕国君慕容垂进兵围攻长子。西燕君主慕容永想要逃到后秦，侍中兰英说：“从前石虎攻打龙都，太祖慕容皝坚守不离开，最后终于成就大燕国的基础。现在后燕国君慕容垂是七十岁的老头子，已经无法承受住战争的艰苦，他最后一定不会整年驻兵在这里攻打我们；我们只要守住城池使他们疲敝就可以了。”西燕君主慕容永听从了他的意见。

秦主登遣其子汝阴王宗为质于河南王乾归以请救，进封乾归梁王，纳其妹为梁王后。乾归遣前军将军乞伏益州等帅骑一万救之。秋，七月，登引兵出迎乾归兵。后秦主兴自安定如泾阳，与登战于山南，执登，杀之。悉散其部众，使归农业，徙阴密三万户于长安，以李后赐姚晃。益州等闻之，引兵还。秦太子崇奔湟中，即帝位，改元延初。谥登曰高皇帝，庙号太宗。

后秦安南将军强熙、镇远将军杨多叛，推窦冲为主。后秦主兴自将讨之，军至武功，多兄子良国杀多而降，熙奔秦州，冲奔汧川，汧川氐仇高执送之。

三河王光以子覆为都督玉门以西诸军事、西域大都护，镇高昌，命大臣子弟随之。

【译文】 前秦国君苻登派遣自己的儿子汝阴王苻宗到河南王乞伏乾归那里做人质，以此来向他请求救兵，前秦国君苻登加封乞伏乾归为梁王并迎娶他的妹妹为梁王后；乞伏乾归派遣前军将军乞伏益州等人带领一万名骑兵前去救助。秋季，七月，前秦国君苻登带兵出去迎接乞伏乾归的军队，后秦国君姚兴从安定到泾阳和前秦国君苻登在山南交战，最后抓住前秦国君苻登并把他杀死，然后把苻登的部属全都解散，让他们回到家里从事农业，把阴密的三万户人家迁到长安，把前秦国君苻登的妻子李皇后赏赐给姚晃。乞伏益州等人听到这消息就带兵回去了。前秦太子苻崇逃到湟中然后登上帝位，改年号为延初。给前秦国君苻登定谥号为高皇帝，庙号为太宗。

后秦镇远将军强多、安南将军强熙叛变，推举窦冲为君主。后秦国君姚兴亲自带兵讨伐，在军队到达武功的时候，强多的侄子强良国杀死强多投降。窦冲逃到汧川，强熙逃到秦州，汧川的氐人仇高把他抓住送给后秦。

三河王吕光任命他儿子吕覆为都督玉门以西诸军事、西域大都护，镇守在高昌，命令大臣的子弟跟随在他的身边。

八月，己巳，尊皇太妃李氏为皇太后，居崇训宫。

西燕主永困急，遣其子常山公弘等求救于雍州刺史郗恢，并献玉玺一纽。恢上言："垂若并永，为患益深，不如两存之，可以乘机双毙。"帝以为然，诏青、兖二州刺史王恭、豫州刺史庾楷救之。楷，亮之孙也。永恐晋兵不出，又遣其太子亮来为质；平规追亮，及于高都，获之。永又告急于魏，魏王珪遣陈留公虔、将军庾岳帅骑五万东渡河，屯秀容，以救之。虔，纥根之子也。晋、魏兵皆未至，大逸豆归部将伐勤等开门内燕兵，燕人执永，斩之，并斩其公卿大将刁云、大逸豆归等三十馀人，得永所统八郡七万馀户及秦乘舆、服御、伎乐、珍宝甚众。燕主垂以丹杨王瓒为并州刺史，镇晋阳；宜都王凤为雍州刺史，镇长子。永尚书仆射昌黎屈遵、尚书阳平王德、秘书监中山李先、太子詹事渤海封则、黄门郎太山胡母亮、中书郎张腾、尚书郎燕郡公孙表皆随才擢叙。

【译文】八月，己巳日（十六日），晋孝武帝司马曜尊奉皇太妃李氏为皇太后，让她住在崇训宫。

西燕君主慕容永被包围，处境非常困难紧急，于是就派遣他儿子常山公慕容弘等人向东晋雍州刺史郗恢请求救援，同时献给他一个玺印。郗恢上奏说："如果后燕国君慕容垂吞并西燕君主慕容永，给我们带来的祸患就更大了，我们不如让他们两人并存，利用这个机会把他们两人处死。"晋孝武帝司马曜同意使用他说的方法，于是诏命青兖两州刺史王恭、豫州刺史庾楷去救助他们。庾楷是庾亮的孙子。慕容永害怕东晋不出援兵，又派遣他的太子慕容亮到东晋做人质，后燕平规追赶慕容亮追到了高都，在那里把他俘获。西燕君主慕容永又向魏国请求紧急支援，北魏国君拓跋珪派遣陈留公拓跋虔、将军庾岳带领五万名骑兵从东边渡河，屯驻秀容前去救援。拓跋虔是拓跋纥根的儿子。在东晋、魏国的军队都还没有到达的时候，大慕容逸豆归的部将伐勤等人就打开城门接纳了后燕的军队，后燕的军队抓住并杀了西燕君主慕容永，又斩死他的公卿将领刁云、大慕容逸豆归等三十多人，获得西燕君主慕容永所统率的八个郡七万多户以及很多前秦的车辆、服饰、歌伎和珍贵的珠宝。后燕国君慕容垂任命丹杨王慕容瓒做并州刺史，镇守在晋阳；同时任命宜都王慕容凤做雍州刺史，镇守在长子。西燕君主慕容永的尚书仆射昌黎屈遵、尚书阳平王慕容德、秘书监中山人李先、太子詹事渤海人封则、黄门郎太山人胡母亮、中书郎张腾和尚书郎燕郡人公孙表等后燕国君慕容垂根据他们的才干加以任用。

九月，垂自长子如邺。

冬，十月，秦主崇为梁王乾归所逐，奔陇西王杨定。定留司马邵强守秦州，帅众二万与崇共攻乾归，乾归遣凉州牧轲弹、秦州牧益州、立义将军诘归帅骑三万拒之。益州与定战，败于平州。轲弹、诘归皆引退，轲弹司马翟瑥奋剑怒曰："主上以雄武开基，所向无敌，威振秦、蜀。将军以宗室居元帅之任，当竭力致命以佐国家。今秦州虽败，二军尚全，奈何望风退衄，将何面以见主上乎？瑥虽无任，独不能以便宜斩将军乎？"轲弹谢曰："向者未知众心何如耳。果能如是，吾敢爱死？"乃帅骑进战，益州、诘归亦勒兵继之，大败定兵，杀定乃崇，斩首万七千级。乾归于是尽有陇西之地。

【译文】九月，后燕国君慕容垂从长子来到邺城。

冬季，十月，前秦国君苻崇被梁王乞伏乾归驱逐而逃到陇西王杨定那里。杨定留下司马邵强防守在秦州，带领两万大军和前秦国君苻崇一同攻打乞伏乾归，乞伏乾归派遣凉州牧乞伏轲弹、秦州牧乞伏益州和立义将军越质诘归带领三万名骑兵抵抗他们。乞伏益州和杨定在平州（州当作川）交战，但是被打败了，乞伏轲弹、越质诘归也都带兵退了回来，乞伏轲弹的司马翟瑥拔出剑，然后非常生气地说："主上开创基业的时候，可以说是雄壮威武、所向无敌，声名和威望更是震动秦、蜀地区。将军因为是宗室而担任元帅的职务，就应当尽全力为国家效命以帮助国家。现在秦州虽然被打败了，但其他的两支军队都还完好无损，你为什么听到一些不利的风声就退却了呢？将来你又有什么脸去见主上呢！我翟瑥虽然没有什么重要职务和大权，难道我就不可以根据你所做出的事情把将军杀死吗？"乞伏轲弹充满歉意地说："以前我根本不知道大家的心里是怎么想的，如果真能如你所说的，我又怎会害怕呢？"于是乞伏轲弹带领骑兵进军作战，乞伏益州和越质诘归也带领军队紧紧跟上，最后把杨定的军队打得大败并且杀死杨定和前秦国君苻崇，共斩杀一万七千人。乞伏乾归因此完全占有了陇西这个地方。

定无子，其叔父佛狗之子盛，先守仇池，自称征西将军、秦州刺史、仇池公，谥定为武王，仍遣使来称藩。秦太子宣奔盛，盛分氐、羌为二十部护军，各为镇戍，不置郡县。

燕主垂东巡阳平、平原，命辽西王农济河，与安南将军尹国略地青、兖。农攻廪丘，国攻阳城，皆拔之。东平太守韦简战死，高平、太山、琅邪诸郡皆委城奔溃，农进军临海，遍置守宰。

柔然曷多汗弃其父，与社仑帅众西走；魏长孙肥追之，及于上郡跋那山，斩曷多汗。社仑收其馀众数百，奔疋候跋，疋候跋处之南鄙。社仑袭疋候跋，杀之；疋候跋子启跋、吴颉等皆奔魏。社仑掠五原以西诸部，走度漠北。

十一月，燕辽西王农败辟闾浑于龙水，遂入临淄。十二月，燕主垂召农等还。

秦主兴遣使与燕结好，并送太子宝之子敏于燕，燕封敏为河东公。

梁王乾归自称秦王，大赦。

【译文】 杨定没有儿子，他叔父杨佛狗的儿子杨盛起先防守在仇池，自称为征西将军、秦州刺史和仇池公，而且给杨定定谥号为武王，他仍然派使者到晋朝称藩属。前秦太子苻宣逃到杨盛的城池，把氐族人、羌族人分为二十部护军各自镇守戍卫，不再设置郡县。

后燕国君慕容垂向东巡守阳平、平原，命令辽西王慕容农渡河和安南将军尹国扩展土地到青州、兖州，慕容农攻打廪丘，同时尹国攻打阳城，廪丘和阳城都被攻占了。东平太守韦简战死沙场，高平、泰山、琅邪各郡的太守都弃城逃跑，慕容农向海边进军，一路上设置了许多地方官员。

柔然部落首领郁久闾曷多汗抛弃他的父亲，然后和郁久闾社仑带领所有的部属向西逃去；魏国长孙肥领命追赶他们，在上郡跋那山追上他们并且杀死了郁久闾曷多汗。郁久闾社仑收集他剩余的部属共几百人，带领他们投奔郁久闾疋候跋，郁久闾疋候跋把他们安置在南边很偏远的地方。郁久闾社仑偷袭郁久闾疋候跋并且把他杀死；郁久闾疋候跋的儿子郁久闾启跋、郁久闾吴颉等人被迫都逃往魏国。郁久闾社仑抢掠五原以西的各部，快速逃过漠北。

十一月，后燕辽西王慕容农在龙水打败东晋的辟闾浑后进入临淄。十二月，后燕国君慕容垂下诏命令慕容农等人回去。

后秦国君姚兴派遣使者和后燕交好，并且送太子姚宝的儿子姚敏到后燕表示想交好的诚意，后燕把姚敏封为河东公。

梁王乞伏乾归自称为秦王，下令大赦。

太元二十年(乙未,公元三九五年)春,正月,燕主垂遣散骑常侍封则报聘于秦;遂自平原狩于广川、勃海、长乐而归。

西秦王乾归以太子炽磐领尚书令,左长史边芮为左仆射,右长史秘宜为右仆射,置官皆如魏武、晋文故事,然犹称大单于、大将军。边芮等领府佐如故。

薛干太悉伏自长安亡归岭北,上郡以西鲜卑杂胡皆应之。

二月,甲寅,尚书令陆纳卒。

三月,庚辰朔,日有食之。

皇太子出就东宫,以丹杨尹王雅领少傅。

【译文】 太元二十年(乙未,公元395年)春季,正月,后燕国君慕容垂派散骑常侍封则到后秦回访;然后后燕国君慕容垂自己从平原到广川、渤海、长乐一路打猎,回到中山。

西秦王乞伏乾归让太子乞伏炽磐担任尚书令,左长史边芮担任左仆射,右长史秘宜担任右仆射,设置的官吏都是依照魏武帝曹操、晋文帝司马昭时候的制度,但是仍然称自己为大单于、大将军,边芮等人也像以前一样辅佐他。

薛干部落的首领太悉伏从长安逃回九嵕岭北边,上郡以西的鲜卑族人和其他胡人都响应他的号召。

二月,甲寅日(初四),东晋尚书令陆纳去世。

三月,庚辰朔日(初一),发生日食。

东晋皇太子司马德宗住在太子东宫并且让丹杨尹王雅担任少傅。

时会稽王道子专权奢纵,嬖人赵牙本出倡优,茹千秋本钱唐捕贼吏,皆以谄赂得进。道子以牙为魏郡太守,千秋为票骑谘议参军。牙为道子开东第,筑山穿池,功用巨万。帝尝幸其第,

谓道子曰:“府内乃有山,甚善;然修饰太过。”道子无以对。帝去,道子谓牙曰:“上若知山是人力所为,尔必死矣!”牙曰:“公在,牙何敢死!”营作弥甚。千秋卖官招权,聚货累亿。博平令吴兴闻人奭上疏言之,帝益恶道子,而逼于太后,不忍废黜,乃擢时望及所亲幸王恭、(郄)〔郗〕恢、殷仲堪、王珣、王雅等,使居内外要任以防道子。道子亦引王国宝及国宝从弟琅邪内史绪以为心腹。由是朋党竞起,无复向时友爱之欢矣;太后每和解之。中书侍郎徐邈从容言于帝曰:“汉文明主,犹悔淮南;世祖聪达,负愧齐王。兄弟之际,实为深慎。会稽王虽有酣媟之累,宜加弘贷,消散群议,外为国家之计,内慰太后之心。”帝纳之,复委任道子如故。

【译文】 当时会稽王司马道子不仅专揽朝政大权而且品行不端,对手下的人更是放纵,被他宠幸的赵牙和茹千秋,一个是优伶出身的人,另一个是钱塘捕贼的小吏,他们都因为谄媚、贿赂司马道子得以进用。司马道子任命赵牙为魏郡太守,茹千秋为骠骑谘议参军。赵牙为司马道子建造府第,还在他的府第中给他建造假山、开辟池塘,所耗费用非常巨大。晋孝武帝司马曜曾经莅临他的府第,告诉司马道子:“府内有山真的很好;只是府内装饰得太过分。”司马道子没有话可说。等孝武帝司马曜离开了以后,司马道子就告诉赵牙:“如果陛下知道这山是人工所建造的,你一定会被处死。”赵牙谄媚地说:“只要有您在,谁敢让我赵牙死呢?”组织建造工程更加恣意妄为。茹千秋出卖官爵招揽权势已累聚财货上亿。博平令吴兴闻人奭上书提到这事,孝武帝司马曜就更加讨厌司马道子,只是因为被太后逼迫,所以才不能把他的官职废除。于是孝武帝司马曜就提拔当时有名望以及自己亲近信任的王恭、郗恢、殷仲堪、王珣、王雅等人，让他们担任朝廷内外重要的职务来防范司马道子。司马道子也引进王国宝和王国宝的堂弟琅邪内史王绪成为最亲近的人。因此朝中结党纷起，不再有从前友爱欢乐的氛围；太后常常从中加以调解。中书侍郎徐邈委婉地告诉孝武帝司马曜："汉文帝刘恒是个贤明的君主，尚且对自己处死淮南王刘长有悔恨；世祖（指晋武帝司马炎）很聪明通达也对齐王司马攸有愧歉。兄弟之间事实上应该互相包容。会稽王司马道子虽然有行为放荡、喜欢酣饮作乐的毛病，但您应该要多加宽待以消除大家的议论，这对内是安慰太后的心，对外是为国家考虑。"孝武帝司马曜采纳他的意见，又像从前一样信任司马道子。

初，杨定之死也，天水姜乳袭据上邽；夏，四月，西秦王乾归遣乞伏益州帅骑六千讨之。左仆射边芮、民部尚书王松寿曰："益州屡胜而骄，不可专任。必以轻敌取败。"乾归曰："益州骁勇，诸将莫及，当以重佐辅之耳。"乃以平北将军韦虔为长史，左禁将军务和为司马。至大寒岭，益州不设部伍，听将士游畋纵饮，令曰："敢言军事者斩！"虔等谏不听，乳逆击，大破之。

【译文】起初，在杨定死的时候，天水人姜乳袭击并占据上邽；夏季，四月，西秦君王乞伏乾归派遣乞伏益州率领六千名骑兵讨伐他。左仆射边芮、民部尚书王松寿说："乞伏益州因为屡次获胜而骄傲，现在不可以专门委任他，否则他一定会因为轻视敌人而自己遭到失败。"西秦君王乞伏乾归说："乞伏益州非常勇敢，其他的将军没有人能比得上他，如果我让重要的僚佐辅助他，那他就不会失败了吧！"于是让平北将军韦虔做他的长史，左禁将军务和做他的司马。到了大寒岭以后，乞伏益州不但不设置队伍而且还听任将士游猎纵酒并且下令说："如果有人敢提军事就把他杀死。”韦虔等人的劝谏他一点都不听，姜乳出兵攻击打败了乞伏益州。

魏王珪叛燕，侵逼附塞诸部。五月，甲戌，燕主垂遣太子宝、辽西王农、赵王麟帅众八万，自五原伐魏，范阳王德、陈留王绍别将步骑万八千为后继。散骑常侍高湖谏曰：“魏与燕世为昏姻，彼有内难，燕实存之，其施德厚矣，结好久矣。间以求马不获而留其弟，曲在于我，奈何遽兴兵击之！拓跋涉珪沉勇有谋，幼历艰难，兵精马强，未易轻也。皇太子富于春秋，志果气锐，今委之专征，必小魏而易之，万一不如所欲，伤威毁重，愿陛下深图之！”言颇激切。垂怒，免湖官。湖，泰之子也。

六月，癸丑，燕太原元王楷卒。

西秦王乾归迁于西城。

【译文】北魏国君拓跋珪不仅背叛后燕而且还侵略逼迫靠近边塞的一些部落。五月，甲戌日（五月无此日），后燕国君慕容垂派太子慕容宝、辽西王慕容农和赵王慕容麟率领八万名部属从五原开始攻打魏国，范阳王慕容德和陈留王慕容绍另外带领一万八千名步兵和骑兵为后继部队。散骑常侍高湖劝谏说：“魏国和我们燕国世代联姻，当初因为他们的内部有灾难，我们燕国又及时去救他们，对他们的恩德很宽厚而且和他们结交友好也已经很久了。最近这样是因为我们向他们索求良马，他们不给我们，而我们又扣留拓跋珪的弟弟拓跋觚，这是我们自己所犯下的错误，为什么还要出兵攻打他们呢？拓跋珪是一个沉着勇敢又有谋略的人，他又在小的时候经历许多的困苦危难。现在他不仅有精锐的军队而且还有强壮的马匹，他已经很强大了，我们不可以随意攻打他。现在又把这么重大的责任交给皇太子负责，虽然皇太子正值英年、意志果断、气势英锐，但是他一定会因小看魏国而掉以轻心，万一不能够如我们所愿，那必定会损伤威望而且还会败毁我们的大事，希望陛下再三深思。”他的言论十分激烈直切，后燕国君慕容垂很生气，因此免除了高湖的官职。高湖是高泰的儿子。

六月，癸丑日（初五），后燕太原元王慕容楷去世。

西秦君王乞伏乾归迁到西城。

秋，七月，三河王光帅众十万伐西秦，西秦左辅密贵周、左卫将军莫者羖羝劝西秦王乾归称藩于光，以子敕勃为质。光引兵还，乾归悔之，杀周及羖羝。

魏张兖闻燕军将至，言于魏王珪曰：“燕狃于滑台、长子之捷，竭国之资力以来，有轻我之心。宜羸形以骄之，乃可克也。”珪从之，悉徙部落畜产西渡河千馀里以避之。燕军至五原，降魏别部三万馀家，收穄田百馀万斛，置黑城，进军临河，造船为济具。珪遣右司马许谦乞师于秦。

秃发乌孤击乙弗、折掘等诸部，皆破降之，筑廉川堡而都之。广武赵振，少好奇略，闻乌孤在廉川，弃家从之。乌孤喜曰：“吾得赵生，大事济矣！”拜左司马。三河王光封乌孤为广武郡公。

有长星见自须女，至于哭星。帝心恶之，于华林园举酒祝之曰：“长星，劝汝一杯酒。自古何有万岁天子邪！”

【译文】 秋季，七月，三河王吕光率领十万大军攻打西秦国，西秦国左辅密贵周、左卫将军莫者羖羝劝西秦君主乞伏乾归向吕光称属国，让他的儿子乞伏敕勃作为人质。在吕光带兵回去后，西秦君主乞伏乾归感到非常后悔，因此杀死了密贵周和莫者羖羝。

魏国张兖听说后燕国的军队快要到达，就告诉北魏国君拓跋珪："后燕国仍然为滑台、长子的胜利而骄傲，竭尽全国的物资人力来攻打我们，而且有轻视我们的心理，我们应该让自己的形象羸弱无比，让他们感到更加骄傲，这样我们才能获得胜利。"北魏国君拓跋珪听从了他的意见，把部落牲畜全部迁到黄河以西一千多里以外，避开后燕国的军队。后燕国的军队到了五原后，降服魏国其他部族的居民三万多家，收割穄田一百多万斛，在那里设置黑城，然后让士兵到河岸造船作为渡河的工具。北魏国君拓跋珪派右司马许谦向后秦国请求救兵。

秃发乌孤攻击乙弗、折掘等部，把乙弗、折掘等部全都攻破并降服，秃发乌孤建筑廉川堡作为都城。广武人赵振，小的时候就喜欢奇谋异计，他听说秃发乌孤在廉川后，就离弃家人前去跟从他。秃发乌孤很高兴地说："我得了赵先生，那么谋划的大事就一定能成功了。"三河王吕光封秃发乌孤为广武郡公。秃发乌孤封赵振为自己的左司马。

有一颗长星从须女星出现，终止在哭星的边上。晋孝武帝司马曜心里感到很不舒服，在华林园举起酒杯祷祝说："长星呀，我敬你一杯酒，从古至今哪里会有能活万岁的天子呢？"

八月，魏王珪治兵河南。九月，进军临河。燕太子宝列兵将济，暴风起，漂其船数十艘泊南岸。魏获其甲士三百馀人，皆释而遣之。

宝之发中山也，燕主垂已有疾，既至五原，珪使人邀中山之路，伺其使者，尽执之。宝等数月不闻垂起居，珪使所执使者临河告之曰："若父已死，何不早归！"宝等忧恐，士卒骇动。

【译文】 八月，北魏国君拓跋珪在黄河南岸练兵；九月，让军队到达黄河边。后燕国太子慕容宝部署军队正准备渡河，忽然起了一阵暴风把几十条船吹到河的南岸。魏国因此俘获船上的三百多名武装士兵，但是又把他们都释放回去。

慕容宝从中山出发的时候，后燕国君主慕容垂就已经生病了，慕容宝到了五原以后，北魏国君拓跋珪派人在中山的路途拦截，看到后燕的使者把他们全都抓起来。慕容宝等人有几个月没有听到后燕国君慕容垂日常生活的情况，于是北魏国君拓跋珪差遣被抓的使者到河边告诉慕容宝说："你的父亲已经死了，你为什么不早一点回去呢？"慕容宝等人都非常担心害怕，士兵们更是恐惧，因此士兵发生了混乱。

珪使陈留公虔将五万骑屯河东，东平公仪将十万骑屯河北，略阳公遵将七万骑塞燕军之南。遵，寿鸠之子也。秦主兴遣杨佛嵩将兵救魏。

燕术士靳安言于太子宝曰："天时不利，燕必大败，速去可免。"宝不听。安退，告人曰："吾辈皆当弃尸草野，不得归矣！"

【译文】 北魏国君拓跋珪派遣东平公拓跋仪带领十万名骑兵屯守在河的北边，陈留公拓跋虔带领五万名骑兵屯守在河的东边，略阳公拓跋遵带领七万名骑兵堵塞后燕国在南边的军队。拓跋遵是拓跋寿鸠的儿子。后秦国君主姚兴派遣杨佛嵩带兵救援魏国。

后燕国的一个方士靳安告诉太子慕容宝说："天时不利后燕国一定会大败，如果赶快撤退就可以免除灾祸。"慕容宝不听他的意见。靳安伤心地告退，悲伤地对别人说："我们这些人尸体将被废弃在草野之间，回不去了。"

燕、魏相持积旬，赵王麟将慕舆嵩等以垂为实死，谋作乱，奉麟为主。事泄，嵩等皆死，宝、麟等内自疑，冬，十月，辛未，烧船夜遁。时河冰未结，宝以魏兵必不能渡，不设斥候。十一月，己卯，暴风，冰合，魏王珪引兵济河，留辎重，选精锐二万馀骑急追之。

燕军至参合陂，有大风，黑气如堤，自军后来，临覆军上。沙门支昙猛言于宝曰："风气暴迅，魏兵将至之候，宜遣兵御之。"宝以去魏军已远，笑而不应。昙猛固请不已，麟怒曰："以殿下神武，师徒之盛，足以横行沙漠，索虏何敢远来！而昙猛妄言惊众，当斩以徇！"昙猛泣曰："苻氏以百万之师，败于淮南，正由恃众轻敌，不信天道故也！"司徒德劝宝从昙猛言，宝乃遣麟帅骑三万居军后以备非常。麟以昙猛赤妄，纵骑游猎，不肯设备。宝遣骑还诇魏兵，骑和十馀里，即解鞍寝。

【译文】 后燕国、魏国相持了二十多天，后燕赵王慕容麟的部将慕舆嵩等人以为后燕国君慕容垂确实已死，想要暗中作乱，尊奉慕容麟为君主；不慎事情被泄露出去，慕舆嵩等人因此都被杀死。慕容宝、慕容麟等人互相猜疑。冬季，十月，辛未日（二十五日），后燕军自己烧毁船只，在夜晚偷偷地逃走。当时黄河还没有结冰，慕容宝认为魏国的军队一定不能渡河，所以没有设置伺望敌兵的人。十一月，己卯日（初三），突然吹起暴风，气温骤降，很快河上结了一层厚厚的冰，北魏国君拓跋珪带挑选的两万多名精锐骑兵，留下军需品快速渡河，然后奋起直追后燕部队。

后燕国军队到了参合陂，又突然起了大风，产生的黑气像河堤一样高，从军队的后面压了上来，快要覆盖整个军队。和尚支昙猛告诉慕容宝："暴风突然吹来一定是魏国军队快要到达的征兆，我们应该派遣士兵抵抗。”慕容宝认为离开魏国的军队已经很远了，对他的话笑而不答。支昙猛坚持不断地请求，最后慕容麟生气地说：“以殿下的英明神武和众多的军队，足够毫无畏惧地在沙漠行进，胡虏难道是想来找死吗？支昙猛随便乱说惊吓众人的话，应该把他杀死来警示众人！”支昙猛悲愤地哭着说：“苻氏拥有一百万的军队却在淮南打了败仗，正是因为仗恃人多而轻视敌人，不相信天理的缘故呀！”司徒慕容德劝慕容宝听从支昙猛的话，于是慕容宝派遣慕容麟带领三万名骑兵留在大军的后面，以防可能突然发生的变化。慕容麟认为支昙猛的话是狂妄之说，所以他不督促骑兵严加防备，而且还放纵骑兵在大军的后面游玩打猎。慕容宝派遣骑兵回去刺探魏国的军队，骑兵才走了十多里就开始解下马鞍睡觉。

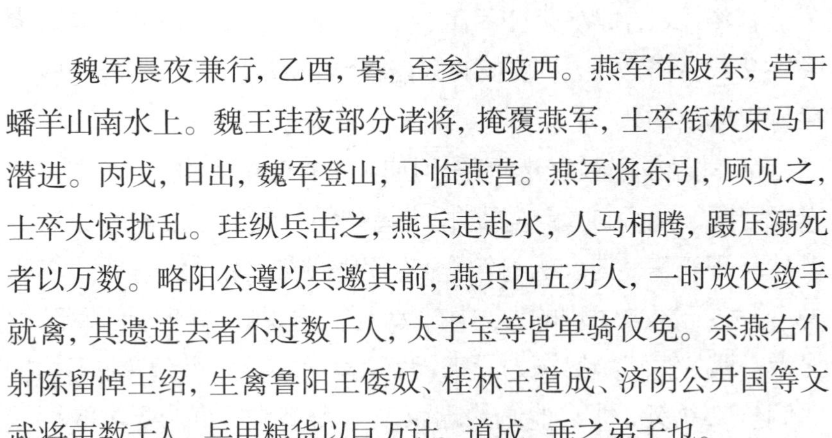

魏军晨夜兼行，乙酉，暮，至参合陂西。燕军在陂东，营于蟠羊山南水上。魏王珪夜部分诸将，掩覆燕军，士卒衔枚束马口潜进。丙戌，日出，魏军登山，下临燕营。燕军将东引，顾见之，士卒大惊扰乱。珪纵兵击之，燕兵走赴水，人马相腾，蹑压溺死者以万数。略阳公遵以兵邀其前，燕兵四五万人，一时放仗敛手就禽，其遗迸去者不过数千人，太子宝等皆单骑仅免。杀燕右仆射陈留悼王绍，生禽鲁阳王倭奴、桂林王道成、济阴公尹国等文武将吏数千人，兵甲粮货以巨万计。道成，垂之弟子也。

魏王珪择燕臣之有才用者代郡太守广川贾闰、闰从弟票骑长史昌黎太守彝、太史郎辽东晁崇等留之，其馀欲悉给衣粮遣还，以招怀中州之人。中部大人王建曰：“燕众强盛，今倾国而来，我幸而大捷，不如悉杀之，则其国空虚，取之为易。且获寇而纵之，无乃不可乎！”乃尽坑之。十二月，珪还云中之盛乐。

【译文】 魏国的军队早晚都在加急赶路，乙酉日（初九），黄昏，到达参合陂的西边，当时后燕国的军队就在参合陂的东边，扎营在蟠羊山南的水边。北魏国君拓跋珪在晚上部署分配众将，让他们偷袭后燕国的军队，士兵们口里衔着枚（形状似箸），束缚马的口，暗中前进。丙戌日（初十），太阳一出来，魏国军队登上山顶，可以看见下面的后燕国的军营；后燕国的军队准备向东前进回头却看见魏军，士兵们都惊慌失措。北魏国君拓跋珪出兵攻击，后燕国的军队逃到河边，人马因混乱而相互践踏，被践压而死和溺水而死的就有一万多人。略阳公拓跋遵横阻在逃亡的后燕军的前边，后燕国四五万人的军队都一下子放下武器束手就擒，其他残遗逃去的不过是几千人而已，太子慕容宝等也都单独骑着马逃走了。魏国杀死了后燕国右仆射陈留悼王慕容绍，又活捉济阴公尹国、鲁阳王慕容倭奴、桂林王慕容道成等文武官员数千人，缴获的武器粮食也有好几万。慕容道成是慕容垂弟弟的儿子。

北魏国君拓跋珪选择后燕国臣子中有才干的人，代郡太守广川贾闰、贾闰的堂弟骠骑长史昌黎太守贾彝、太史郎晁崇等人被留了下来，其余的打算全部都发给衣服粮食，遣散他们回去，以安抚怀柔中州的人。中部大人王建说："后燕国的军队很强大，现在他们倾尽国力而来，我们幸运获得大胜，现在不如把他们全部杀死，那么他们的国家就变得空虚，如果要攻取那就比较容易了。再说俘获寇贼又放回去恐怕不好吧！"于是把他们全部活埋。十二月，北魏国君拓跋珪回到云中的盛乐。

燕太子宝耻于参合之败，请更击魏。司徒德言于燕主垂曰："虏以参合之捷，有轻太子之心，宜及陛下神略以服之，不然，将为后患。”垂乃以清河公会录留台事，领幽州刺史，代高阳王隆镇龙城；以阳城王兰汗为北中郎将，代长乐公盛镇蓟；命隆、盛悉引其精兵还中山，期以明年大举击魏。

是岁，秦主兴封其叔父绪为晋王，硕德为陇西王，弟崇为齐公，显为常山公。

【译文】 后燕国太子慕容宝请求再去攻打魏国来洗雪参合陂失败的耻辱。司徒慕容德告诉后燕国君主慕容垂：“胡虏现在有轻视太子的心理，因为在参合陂的战斗中取得了胜利，现在陛下应该以英明的谋略让他们屈服，不然将来一定会有后患。”后燕国君慕容垂于是让清河公慕容会总录留守台府的事，代替高阳王慕容隆镇守在龙城，担任幽州刺史；让阳城王慕容兰汗代替长乐公慕容盛镇守在蓟城做北中郎将；命令慕容隆、慕容盛一起计划明年大举攻打魏国，同时让他们带领他们的全部精兵回到中山。

这一年，后秦国君主姚兴封他的叔父姚绪为晋王，封弟弟姚崇为齐公，姚显为常山公，封姚硕德为陇西王。

太元二十一年（丙申，公元三九六年）春，正月，燕高阳王隆引龙城之甲入中山，军容精整，燕人之气稍振。

休官权万世帅众降西秦。

燕主垂遣征东将军平规发兵冀州。二月，规以博陵、武邑、长乐三郡兵反于鲁口，其从子冀州刺史喜谏，不听。规弟海阳令翰亦起兵于辽西以应之。垂遣镇东将军馀嵩击规，嵩败死。垂自将击规，军至鲁口，规弃众，将妻子及平喜等数十人走渡河，垂引兵还。翰引兵趣龙城，清河公会遣东阳公根等击翰，破之，翰走山南。

【译文】太元二十一年（丙申，公元396年）春季，正月，后燕国高阳王慕容隆带领龙城的军队进入中山，军容整齐，士气也稍为振作，看起来是一支精锐坚强的队伍。

休官部落的首领权万世率领部属投降西秦国。

后燕国君主慕容垂派遣征东将军平规从冀州出兵。二月，平规凭借博陵、武邑、长乐三郡的军队在鲁口造反，他侄子冀州刺史平喜劝谏他不要这么做，但是他没有听从。平规的弟弟海阳令平翰也在辽西起兵响应平规。后燕国君慕容垂派镇东将军馀嵩攻打平规，馀嵩战败而死。后燕国君慕容垂又亲自带兵攻打平规，大军到了鲁口，平规丢弃部属带领妻子儿女和平喜等数十人渡河逃走，慕容垂又带兵回去。平翰带兵前往龙城，清河公慕容会派遣东阳公慕容根等攻打平翰并且把他打败了，平翰被迫逃到山南。

三月，庚子，燕主垂留范阳王德守中山，引兵密发，逾青岭，经天门，凿山通道，出魏不意，直指云中。魏陈留公虔帅部落三万馀家镇平城；垂至猎岭，以辽西王农、高阳王隆为前锋以袭之。是时，燕兵新败，皆畏魏，惟龙城兵勇锐争先。虔素不设备，闰月，乙卯，燕军至平城，虔乃觉之，帅麾下出战，败死，燕军尽收其部落。魏王珪震怖，欲走，诸部闻虔死，皆有贰心，珪不知所适。

【译文】三月，庚子日（二十六日），后燕国君主慕容垂留下范阳王慕容德防守中山，自己带兵秘密出发，越过青岭，经过天门，道路受阻他们就开凿山口沟通道路，趁魏国不注意的时候，把进攻的矛头直接指向云中。魏国陈留公拓跋虔率领部落三万多户镇守平城；后燕国君慕容垂到了猎岭，让辽西王慕容农、高阳王慕容隆做前锋偷袭拓跋虔。当时，后燕国军队刚打过败仗因此都怕魏国，只有龙城勇敢精锐的军队争先杀敌。拓跋虔平常根本就没有防备，闰三月，乙卯日（十二日），后燕国军队到达平城后，拓跋虔才发觉，仓促率领部属出城迎战，战败而死，后燕国军队收编了他的部属。北魏国君拓跋珪感到非常震惊恐惧想要逃走，各部听到拓跋虔战死的消息也都有叛逆的心理，北魏国君拓跋珪不知该何去何从。

垂之过参合陂也，见积骸如山，为之设祭，军士皆恸哭，声震山谷。垂惭愤呕血，由是发疾，乘马舆而进，顿平城西北三十里。太子宝等闻之，皆引还。燕军叛者奔告于魏云"垂已死，舆尸在军。"魏王珪欲追之，闻平城已没，乃引还阴山。

垂在平城积十日，疾转笃，乃筑燕昌城而还。夏，四月，癸未，卒于上谷之沮阳，秘不发丧。丙申，至中山；戊戌，发丧，谥曰成武皇帝，庙号世祖。壬寅，太子宝即位，大赦，改元永康。

【译文】后燕国君慕容垂在经过参合陂的时候看见尸骸堆积得像山一样高，于是替他们设奠祭祀，军士们都伤心恸哭，哭声震动山谷。后燕国君慕容垂羞惭悲愤而吐血，因此旧疾复发只能乘坐马车行进，然后停驻在平城西北三十里的地方。太子慕容宝等人听到这个消息就都带兵回去了。背叛后燕国军队的人跑去告诉魏国说："慕容垂已经死了，他的尸体放在军中的战车上。"北魏国君拓跋珪想要追赶他，但听说平城已经沦陷，于是就带兵回到阴山。

后燕国君慕容垂在平城停留了十天，病情却反而加重，在这里修筑燕昌城然后班师回朝。夏季，四月，癸未日（初十），后燕国君慕容垂死在上谷的沮阳，因为要对后燕国君慕容垂的死保密所以暂时没有发布丧闻。丙申日（二十三日），大军到达中山；戊戌日（二十五日），才发布丧闻，定后燕国君慕容垂谥号为成武皇帝，庙号为世祖。壬寅日（二十九日），太子慕容宝登皇帝位，诏令大赦，改年号为永康。

五月，辛亥，以范阳王德为都督冀、兖、青、徐、荆、豫六州诸军事、车骑大将军、冀州牧，镇邺；辽西王农为都督并、雍、益、梁、秦、凉六州诸军事、并州牧，镇晋阳。又以安定王库傉官伟为太师，夫馀王蔚为太傅。甲寅，以赵王麟领尚书左仆射，高阳王隆领右仆射，长乐公盛为司隶校尉，宜都王凤为冀州刺史。

乙卯，以散骑常侍彭城刘该为徐州刺史，镇鄄城。

甲子，以望蔡公谢琰为尚书左仆射。

【译文】五月，辛亥日（初九），后燕君王慕容宝任命范阳王慕容德为都督冀、兖、青、徐、荆、豫六州诸军事，车骑大将军，冀州牧，辽西王慕容农为都督并、雍、益、梁、秦、凉六州诸军事，并州牧，分别镇守在邺城和晋阳。又任命安定王库傉官伟为太师，任命夫馀王慕容蔚为太傅。甲寅日（十两日），让高阳王慕容隆担任右仆射，让赵王慕容麟担任尚书左仆射，让宜都王慕容凤担任冀州刺史，让长乐公慕容盛担任司隶校尉。

乙卯日（十三日），东晋任命散骑常侍彭城人刘该担任徐州刺史，镇守在鄄城。

甲子日（二十二日），东晋任命望蔡公谢琰担任尚书左仆射。

初，燕主垂先段后生子令、宝，后段后生子朗、鉴，爱诸姬子麟、农、隆、柔、熙。宝初为太子，有美称，已而荒怠，中外失望。后段后尝言于垂曰："太子遭承平之世，足为守成之主；今国步艰难，恐非济世之才。辽西、高阳二王，陛下之贤子，宜择一人，付以大业。赵王麟奸诈强愎，异日必为国家之患，宜早图之。"宝善事垂左右，左右多誉之，故垂以为贤，谓段氏曰："汝欲使我为晋献公乎？"段氏泣而退，告其妹范阳王妃曰："太子不才，天下所知，吾为社稷言之，主上乃以吾为骊姬，何其苦哉！观太子必丧社稷，范阳王有非常器度，若燕祚未尽，其在王乎！"宝及麟闻而恨之。

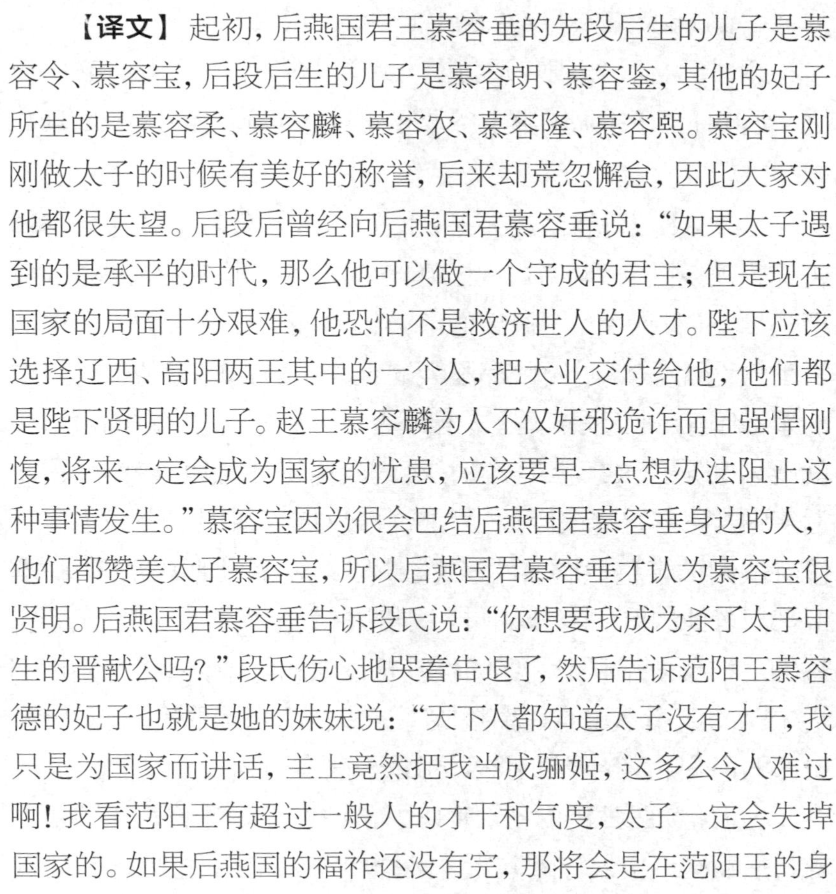

【译文】起初，后燕国君王慕容垂的先段后生的儿子是慕容令、慕容宝，后段后生的儿子是慕容朗、慕容鉴，其他的妃子所生的是慕容柔、慕容麟、慕容农、慕容隆、慕容熙。慕容宝刚刚做太子的时候有美好的称誉，后来却荒忽懈怠，因此大家对他都很失望。后段后曾经向后燕国君慕容垂说："如果太子遇到的是承平的时代，那么他可以做一个守成的君主；但是现在国家的局面十分艰难，他恐怕不是救济世人的人才。陛下应该选择辽西、高阳两王其中的一个人，把大业交付给他，他们都是陛下贤明的儿子。赵王慕容麟为人不仅奸邪诡诈而且强悍刚愎，将来一定会成为国家的忧患，应该要早一点想办法阻止这种事情发生。"慕容宝因为很会巴结后燕国君慕容垂身边的人，他们都赞美太子慕容宝，所以后燕国君慕容垂才认为慕容宝很贤明。后燕国君慕容垂告诉段氏说："你想要我成为杀了太子申生的晋献公吗？"段氏伤心地哭着告退了，然后告诉范阳王慕容德的妃子也就是她的妹妹说："天下人都知道太子没有才干，我只是为国家而讲话，主上竟然把我当成骊姬，这多么令人难过啊！我看范阳王有超过一般人的才干和气度，太子一定会失掉国家的。如果后燕国的福祚还没有完，那将会是在范阳王的身上延续吧！”慕容宝和慕容麟听到这话都对后段后产生很深的愤恨。

乙丑，宝使麟谓段氏曰：“后常谓主上不能守大业，今竟能不？宜早自裁，以全段宗！”段氏怒曰：“汝兄弟不难逼杀其母，况能守先业乎！吾岂爱死，但念国亡不久耳。”遂自杀。宝议以段后谋废適统，无母后之道，不宜成丧，群臣咸以为然。中书令眭邃扬言于朝曰：“子无废母之义，汉安思阎后亲废顺帝，犹得配飨太庙，况先后暧昧之言，虚实未可知乎？”乃成丧。

六月，癸酉，魏王珪遣将军王建等击燕广宁太守刘亢泥，斩之，徙其部落于平城。燕上谷太守开封公详弃郡走。详，皝珪之曾孙也。

【译文】 乙丑日（二十三日），后燕国君慕容宝派遣慕容麟告诉段氏说：“你常常说主上不能守住大业，现在主上不是守住了吗？你应该为了保全段氏的宗族颜面而早一点自尽！”段氏非常生气地说：“你们兄弟都不把逼迫杀害你们的母亲看作难过的事，难道你们还能守住先王的基业吗？我只是忧虑国家不久就要灭亡罢了，又怎会是贪生怕死的人呢！”于是段氏就自杀了。后燕国君慕容宝提议段后因为暗中谋划废除嫡传正统的君主，没有做到母亲皇后应尽的道义，所以不应该为她办理丧事。群臣都同意他的看法。只有中书令眭邃在朝上大声地说：“汉朝安思阎后亲自废除顺帝刘保尚且能够在太庙配飨，何况先皇后模糊未明的话还不知道是真是假呢！在任何时候都没有儿子废弃母亲的道理啊！”于是最终又为段氏举行了丧礼。

六月，癸酉日（初一），北魏国君拓跋珪派遣将军王建等人攻打后燕国广宁太守刘亢泥并且把他杀死，然后把他的部落都迁徙到平城。前燕文明帝慕容皝的曾孙上谷太守开封公慕容详丢弃城郡逃走。

丁亥，魏贺太妃卒。

燕主宝定士族旧籍，分辨清浊，校阅户口，罢军营封荫之户，悉属郡县。由是士民嗟怨，始有离心。

三河王吕光即天王位，国号大凉，大赦，改元龙飞。备置百官，以世子绍为太子，封子弟为公侯者二十人，以中书令王详为尚书左仆射，著作郎段业等五人为尚书。

光遣使者拜秃发乌孤为征南大将军、益州牧、左贤王。乌孤谓使者曰："吕王诸子贪淫，三甥暴虐，远近愁怨，吾安可违百姓之心，受不义之爵乎？吾当为帝王之事耳。"乃留其鼓吹、羽仪，谢而遣之。

平规收合馀党据高唐，燕主宝遣高阳王隆将兵讨之。东土之民，素怀隆惠，迎候者属路。秋，七月，隆进军临河，规弃高唐走。隆遣建威将军慕容进等济河追之，斩规于济北。平喜奔彭城。

【译文】丁亥日（十五日），魏国贺太妃去世。

后燕国君主慕容宝检核士族的簿籍，以分辨哪些人的属籍为好，哪些人的属籍为不好，校正每一户的人口数，清除军营相互包庇被一直认为是部曲（部曲在汉代本是军队编制的名称，大将军营有五部，部下有曲。联称泛指某人率领下的军队。以后，部曲地位卑微化。在南北朝前期，主人视部曲为贱口，但并未得到法律上的认可）的户口，让他们全部隶属郡县。因此士族百姓都嗟叹怨恨，开始有叛离的心理。

三河王吕光登上天王位，改国号为大凉，诏令大赦，改年号为龙飞。封他儿子吕绍为太子，封子弟二十人为公侯，封著作郎段业等五人为尚书，让中书令王详担任尚书左仆射，重新设置百官。

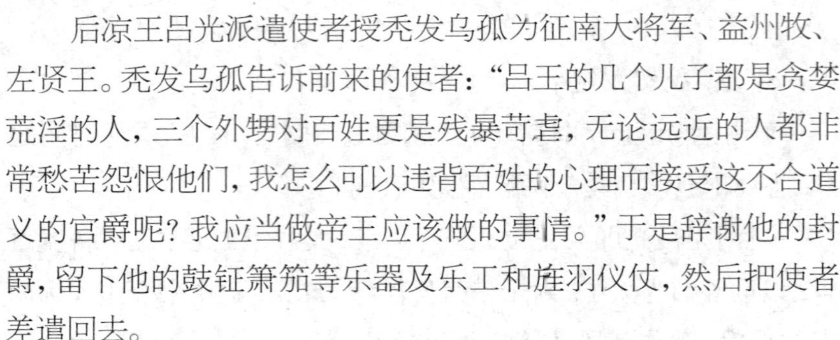

后凉王吕光派遣使者授秃发乌孤为征南大将军、益州牧、左贤王。秃发乌孤告诉前来的使者："吕王的几个儿子都是贪婪荒淫的人，三个外甥对百姓更是残暴苛虐，无论远近的人都非常愁苦怨恨他们，我怎么可以违背百姓的心理而接受这不合道义的官爵呢？我应当做帝王应该做的事情。"于是辞谢他的封爵，留下他的鼓钲箫笳等乐器及乐工和旌羽仪仗，然后把使者差遣回去。

平规收拾残余的同党据守在高唐，后燕国君主慕容宝派遣高阳王慕容隆带兵讨伐他。在东方土地居住的百姓，平时就时常想起慕容隆的恩惠，在路上有接连不断的人欢迎等候他们。秋季，七月，慕容隆的军队来到黄河岸边，平规放弃高唐逃走了。慕容隆又派遣建威将军慕容进等人渡河追赶，最终在济北把平规杀死，只有平喜逃到彭城。

纳故中书令王献之女为太子妃。献之，羲之之子也。

魏群臣劝魏王珪称尊号，珪始建天子旌旗，出警入跸，改元皇始。参军事上谷张恂劝珪进取中原，珪善之。

燕辽西王农悉将部曲数万口之并州，并州素乏储偫，是岁早霜，民不能供其食。又遣诸部护军分监诸胡，由是民夷俱怨，潜召魏军。八月，己亥，魏王珪大举伐燕，步骑四十馀万，南出马邑，逾句注，旌旗二千馀里，鼓行而进。左将军雁门李栗将五万骑为前驱，别遣将国封真等从东道出军都，袭燕幽州。

【译文】 东晋王羲之的儿子前中书令王献之的女儿被纳为太子妃。

魏国群臣劝奉北魏国君拓跋珪称帝，于是拓跋珪就开始制作天子的旌旗，改年号为皇始，出入宫殿都要清除道路并且有很多警卫保护车驾。参军事上谷人张恂劝谏北魏国君拓跋珪进兵夺取中原，北魏国君拓跋珪非常赞成他的意见。

后燕国辽西王慕容农带领他手下数万名之多的士兵，辛辛苦苦地来到并州，因为并州平常就缺乏储备而这一年霜又下得很早，所以百姓不能给他们供给粮食，于是慕容农派各部的护军分别监视各胡族的日常生活，因此百姓和胡夷都怨恨他，暗中请来魏军。八月，己亥日（二十八日），北魏国君拓跋珪派遣大量士兵攻打后燕国，步兵和骑兵共有四十多万人，从南面离开马邑然后越过句注，军旗相连有两千多里长。左将军雁门李栗带领五万名骑兵作为前驱部队，剩余的士兵击鼓前进。北魏国君拓跋珪又另外派遣将军封真等人从东边的道路离开军都前去袭击后燕国的幽州。

燕征北大将军、幽、平二州牧、清河公会母贱而年长，雄俊有器艺，燕主垂爱之。宝之伐魏也，垂命会摄东宫事、总录，礼遇一如太子。及垂代魏，命会镇龙城，委以东北之任，国官府佐，皆选一时才望。垂疾笃，遗言命宝以会为嗣；而宝爱少子濮阳公策，意不在会。长乐公盛与会同年，耻为之下，乃与赵王麟共劝宝立策，宝从之。乙亥，立妃段氏为皇后，策为皇太子，会、盛皆进爵为王。策年十一，素惷弱；会闻之，心愠怼。

九月，章武王宙奉燕方垂及成哀段后之丧葬于龙城宣平陵。宝诏宙悉高阳王隆参佐、部曲、家属还中山，会违诏，多留部曲不遣。宙年长属尊，会每事陵侮之，见者皆知其有异志。

【译文】 后燕国幽平两州牧、征北大将军、清河公慕容会

的母亲是一个出身卑贱的人，慕容会虽然年龄较长但也是一个雄伟英俊，非常有才气的人，后燕国君主慕容垂很喜爱他。慕容宝去攻打魏国的时候，后燕国君慕容垂对待慕容会像对待太子一样，命令他管理东宫的事务又总领一切朝政。等到后燕国君慕容垂去攻打魏国的时候，他委托交付给慕容会东北的重任，命令慕容会镇守在龙城，都是选拔当时有才能又有声望的人给慕容会做官员及府中的僚佐。后燕国君慕容垂病重，留下遗言命令慕容宝要以慕容会为子嗣，可是慕容宝不喜欢慕容会而是非常喜爱自己的小儿子濮阳公慕容策。长乐公慕容盛和慕容会同年龄，对居他的下位有一些怨恨，于是和赵王慕容麟共同劝谏后燕国君慕容宝册立慕容策为储君，后燕国君慕容宝听从了他们的意见。乙亥日（初四），后燕国君慕容宝册立慕容策为皇太子，册立妃子段氏为皇后，把慕容会、慕容盛的爵位都加封为王。慕容策才十一岁，但是很愚钝软弱，慕容会听到后心里十分愤恨。

九月，章武王慕容宙奉命送后燕国先君慕容垂和成哀段后的灵柩到龙城宣平陵埋葬，后燕国君慕容宝下诏命令慕容宙把高阳王慕容隆的家属和参谋僚佐、私人军队全部迁回中山。慕容会违抗后燕国君慕容宝下的命令，私下留了很多私人军队，不把他们派遣回去。慕容宙年纪长、辈分高，慕容会每件事都要欺凌侮辱他，看见的人都知道他有离叛的心思。

戊午，魏军至阳曲，乘西山，临晋阳，遣骑环城大噪而去。燕辽西王农出战，大败，奔还晋阳，司马慕舆嵩闭门拒之。农将妻子帅数千骑东走，魏中领将军长孙肥追之，及于潞川，获农妻子。燕军尽没，农被创，独与三骑逃归中山。

【译文】 戊午日（十八日），魏国军队到达阳曲，然后又越过西山，最终到达晋阳，派遣骑兵绕城大声喊叫后离开，后燕国辽西王慕容农出兵作战，被打得大败后逃回晋阳，司马慕舆嵩关闭城门拒绝他们入城。慕容农带领妻子儿女，率领数千名骑兵赶快向东逃走，魏国中领将军长孙肥追击他们，追到了潞川，在那里俘获了慕容农的妻子儿女。慕容农虽然受了伤，但是最后还是和三名骑兵一同逃回中山，后燕国慕容农的军队全部覆没。

魏王珪遂取并州。初建台省，置刺史、太守、尚书郎以下官，悉用儒生为之。士大夫诣军门者，无少长，皆引入存慰，使人人尽言，少有才用，咸加擢叙。己未，遣辅国将军奚收略地汾川，获燕丹杨王买得及离石护军高秀和。以中书侍郎张恂等为诸郡太守，招抚离散，劝课农桑。

【译文】 于是北魏国君拓跋珪取得并州，他在那里开始设置朝廷办事机构，又设置刺史、太守、尚书郎以下的官职，这些官职全部都让读书人担任。士大夫到了军门，无论年龄大小都带进去询问慰劳，使每一个人都能够畅所欲言，稍有才气可用的也都加以提拔录用。己未日（十九日），北魏国君拓跋珪派遣辅国将军奚收入侵掠抢汾川地区，在那里俘获后燕国丹杨王慕容买得和离石护军高秀和。北魏国君拓跋珪封中书侍郎张恂等人为各郡太守，然后召集抚慰离散流亡的人，劝导他们努力耕田种桑。

燕主宝闻魏军将至，议于东堂。中山尹苻谟曰："今魏军众强，千里远斗，乘胜气锐，若纵之使入平土，不可敌，宜杜险以

拒之。”中书令眭邃曰：“魏多骑兵，往来剽速，马上赍粮，不过旬日。宜令郡县聚民千家为一堡，深沟高垒，清野以待之，彼至无所掠，不过六旬，食尽自退。”尚书封懿曰；“今魏兵数十万，天下之勍敌也，民虽筑堡，不足以自固，是聚兵及粮以资之也。且动摇民心，示之以弱。不如阻关拒战，计之上也。”赵王麟曰：“魏今乘胜气锐，其锋不可当，宜完守中山，待其弊而乘之。”于是，修城积粟，为持久之备。命辽西王农出屯安喜，军事动静，悉以委麟。

【译文】 后燕国君主慕容宝听说魏国军队快要到达，就在东堂和大家共同商议对策。中山尹苻谟说：“现在魏国军队不仅众多而且又很强大，从千里之外前来战斗．先前又获得胜利，现在他们一定是气势勇猛强锐，如果我们放纵他们，让他们进入平原，那么我们就无法抵抗了，我们应该把他们阻挡在危险的地方。”中书令眭邃说：“魏国有很多骑兵，所以往来速度很快，马上所携带的粮食应该不会超过十天。陛下应该下令聚集各郡县百姓，一千家当成一堡把城沟挖深，再把城垒加高，清除原野而等待他们到达，等他们到达以后没有可以掠夺的东西，不超过六十天他们的粮食就会被吃完，到那时他们自然会退兵。”尚书封懿说：“现在魏国有几十万名士兵，是天下人的强敌。百姓虽然能够建筑城堡但不能够稳固自己，这是在聚集兵力和粮食来帮助他们啊。如果动摇百姓的信心就表示自己很懦弱，我们不如把他们阻挡在关口，进行抵抗作战，这是上上之计。”赵王慕容麟说：“魏国现在趁战争的胜利，威风气势一定正勇猛强锐，他们的锋芒我们现在不能去强硬地抵挡，我们应该要完全地守住中山，等到他们士气衰弱，我们再乘机攻击。”于是后燕国修理城池，聚集粟米来做持久的准备。把军务全部委交慕容麟来掌管，命令辽西王慕容农出兵屯守安喜。

帝嗜酒，流连内殿，醒治既少，外人罕得进见。张贵人宠冠后宫，后宫皆畏之。庚申，帝与后宫宴，妓乐尽侍；时贵人年近三十，帝戏之曰："汝以年亦当废矣，吾意更属少者。"贵人潜怒，向夕，帝醉，寝于清暑殿，贵人遍饮宦者酒，散遣之，使婢以被蒙帝面，弑之，重赂左右，云"因魇暴崩"。时太子暗弱，会稽王道子昏荒，遂不复推问。王国宝夜叩禁门，欲入为遗诏，侍中王爽拒之，曰："大行晏驾，皇太子未至，敢入者斩！"国宝乃止。爽，恭之弟也。辛酉，太子即皇帝位，大赦。

癸亥，有司奏："会稽王道子宜进位太傅、扬州牧，假黄钺。"诏内外众事动静咨之。

【译文】 晋孝武帝司马曜不仅喜欢喝酒而且沉迷后宫，能够清醒地治理政事的时候很少，因此朝中大臣也很少有机会能够觐见。张贵人在后宫最受宠幸，事实上她也是一个心肠狠毒的人，所以后宫的人都很怕她。庚申日（二十日），孝武帝司马曜和后宫的人举行酒宴，声伎女乐全都在旁侍候；孝武帝和她开玩笑说："你年纪大应当被废掉，我希望另外中意年轻漂亮的女人。" 当时张贵人年龄已接近三十岁，张贵人心里非常生气。在当晚趁孝武帝司马曜喝醉睡在清暑殿的时候，张贵人拿酒赏赐宦官们打发他们走开，叫婢女用被子蒙住孝武帝的脸，把孝武帝杀死了，然后用很多钱贿赂左右的侍从，让他们说孝武帝是"因为睡梦中惊悸窒息，突然死亡的"。当时太子司马德宗很懦弱，会稽王司马道子也十分昏庸荒淫，因此也没有再追究细问下去。王国宝夜晚敲打内宫禁门，想要进去寻找孝武帝司马曜遗留的诏书，王恭的弟弟侍中王爽拒绝他说："陛下刚刚才过世，皇太子还没有到达，如果有人胆敢进去，我一定会把他杀死。”王国宝不得已才停止想要闯进去的想法。辛酉日（二十一日），太子司马德宗登上皇位，发布诏书大赦天下。

癸亥日（二十三日），有官吏上奏：“会稽王司马道子应该加爵位为太傅、扬州牧，赐信物黄钺。”晋安帝司马德宗下诏书命令朝廷内外所有的事，一动一静都要向司马道子咨询。

安帝幼而不慧，口不能言，至于寒暑暴饥饱亦不能辨，饮食寝兴皆非己出。母弟琅邪王德文，性恭谨，常侍左右，为之节适，始得其宜。

初，王国宝党附会稽王道子，骄纵不法，屡为御史中丞褚粲所纠。国宝起斋，侔清暑殿，孝武帝甚恶之；国宝惧，遂更求媚于帝而疏道子，帝复宠昵之。道子大怒，尝于内省面责国宝，以剑掷之，旧好尽矣。及帝崩，国宝复事道子，与王绪共为邪谄。道子更惑之，倚为心腹，遂参管朝权，威震内外，并为时之所疾。

王恭入赴山陵，每正色直言，道子深惮之。恭罢朝，叹曰：“榱栋虽新，便有黍离之叹！”绪说国宝，因恭入朝，劝相王伏兵杀之，国宝不许。道子欲辑和内外，乃深布腹心于恭，冀除旧恶；而恭每言及时政，辄厉声色。道子知恭不可和协，遂有相图之志。

【译文】安帝司马德宗小的时候便不聪明机敏，嘴巴不能讲话，甚至于连自己冷热饿饱都不能分辨，平时吃东西、睡觉、起床自己也都不能做。他的同母弟琅邪王司马德文是一个性情恭敬谨慎的人，替他安排调度一切生活，常常侍奉在他左右，这才使事情顺当。

起初，王国宝依附会稽王司马道子的时候就不守法纪、骄傲放纵，因此屡次被御史中丞褚粲纠举弹劾。王国宝建造了比清暑殿更好的斋舍，孝武帝司马曜因此很厌恶他；王国宝心里害怕，因此便疏离司马道子向孝武帝司马曜献媚，孝武帝又宠幸亲昵他。司马道子非常生气，曾经在内省（官署名）当面用剑投掷王国宝，还责备他的所作所为，并与他断绝以前的友好情谊。等到孝武帝司马曜去世，王国宝和王绪又去事奉司马道子，司马道子更加被迷惑，倚信他们为最亲密的人，他们一同奸邪谄佞朝中忠良，参与管理朝廷政事，声名震动国家内外，都被当时的人所忌恨。

王恭回来参加晋孝武帝司马曜的葬礼，常常面色严正，讲话真切，司马道子非常怕他。王恭退朝后，叹息着说："宫室的建筑虽然是新的，却令人有衰败的哀叹。"王绪让王国宝劝司马道子利用王恭入朝的时候，埋伏军队把他杀死，但是王国宝不答应。司马道子想要安和内外，因此希望消除旧恶，于是向王恭披露心腹之言；可是王恭每次谈到当时朝政的时候，就声色严厉。司马道子知道王恭不可能与自己和平妥协，于是有了图谋杀害他的念头。

或劝恭因入朝以兵诛国宝，恭以豫州刺史庾楷士马甚盛，党于国宝，惮之，不敢发。王珣谓恭曰："国宝虽终为祸乱，要之罪逆未彰，今遽先事而安，必大失朝野之望。况拥强兵窃发于京辇，谁谓非逆！国宝若遂不改，恶布天下，然后顺众心以除之，亦无忧不济也。"恭乃止。既而谓珣曰："比来视君一似胡广。"珣曰："王陵廷争，陈平慎默，但问岁晏何如耳！"

冬，十月，甲申，葬孝武帝于隆平陵。王恭还镇，将行，谓道子曰："主上谅闇，冢宰之任，伊、周所难，愿大王亲万几，纳直言。放郑声，远佞人。"国宝等愈惧。

魏王珪使冠军将军代人于栗磾、宁朔将军公孙兰帅步骑二万，潜自晋阳开韩信故道。己酉，珪自井陉趋中山。李先降魏，珪以为征东左长史。

西秦凉州牧轲弹与秦州牧益州不平，轲弹奔凉。

【译文】 有人劝说王恭利用朝见晋安帝司马德宗的机会，动用军队把王国宝杀死，王恭因为豫州刺史庾楷的兵马精壮强盛，他和王国宝结为同党，对他心存顾忌不敢贸然动手。王珣告诉王恭说："王国宝虽然最后一定会成为祸乱，但是，他的罪恶和倒行逆施还没有大白于天下，如果我们现在急着先对他发动进攻，一定会使全国上下大失所望。况且如果你率领强悍的军队，偷偷地在京城里面起事，谁会说你这不是叛乱呢？王国宝如果仍然不思悔过，他的罪孽一定会很快地传遍全国，到了那个时候，我们顺应民心把他除掉，也就不用忧虑不能成功了。"王恭因此才停止除掉王国宝的准备。后来，王恭告诉王珣说："最近以来，我看你完全像胡广一样。"（意思是说依偎在权奸之间以保王位。）王珣说："王陵因为在皇帝面前争执而失去自己的官职，陈平因为在一旁谨慎小心，沉默不语最终能够使汉室安定，你只要看结果如何罢了！"

冬季，十月，甲申日（十四日），晋孝武帝司马曜被安葬在隆平陵。王恭准备返回他镇守的地方，在临走的时候，他告诉司马道子："主上正在守丧，相国身上的任务更加繁重，恐怕即使是像伊尹、周公也都很难做好，希望您亲自料理军政要务，听取接受忠直坦率的不同意见，放弃对淫靡之音的爱好，疏远谄媚奸佞的小人。"王国宝等人更加害怕。

北魏国君拓跋珪派遣冠军将军代人于栗磾、宁朔将军公孙兰率领两万名步兵和骑兵，偷偷地从晋阳向东开辟修复韩信当年修筑使用过的栈道。己酉日（十月无此日），北魏国君拓跋珪率领士兵从井陉赶往中山。李先向北魏投降，北魏国君拓跋珪任命他为征东左长史。

西秦凉州牧乞伏轲弹和秦州牧乞伏益州不和，乞伏轲弹投奔后凉。

【乾隆御批】 德宗幼而不慧，至不辨饥饱寒暑，岂尚可授以主鬯？晋惠取鉴不远，故狃于立长立嫡，而昧于为天下得人者，直庸主耳！其罪与己身失天下同。

【译文】 司马德宗年幼而且不聪慧，甚至不能分辨别饥饱与寒暑，难道可以交给他主掌宗庙祭祀的皇帝之位吗？晋惠帝司马衷的前车之鉴并不久远，却还因袭着立长子立嫡子，而不知道为天下找寻合适的继任君主，真是昏庸不明的君主啊！他的罪过和亲自失去天下是一样的。

魏王珪进攻常山，拔之，获太守苟延，自常山以东，守宰或走或降，诸郡县皆附于魏，惟中山、邺、信都三城为燕守。十一月，珪命东平公仪将五万骑攻邺，冠军将军王建、左将军李栗攻信都。戊午，珪进军中山；己未，攻之。燕高阳王隆守南郭，帅众力战，自旦至晡，杀伤数千人，魏兵乃退。珪谓诸将曰："中山城固，宝必不肯出战。急攻则伤士，久围则费粮，不如先取邺、信都，然后图之。"丁卯，珪引兵而南。

章武王（寅）〔宙〕自龙城还，闻有魏寇，驰入蓟，与镇北将军阳城王兰乘城固守。兰，垂之从弟也。魏别将石河头攻之，不克，退屯渔阳。

【译文】 北魏国君拓跋珪率领士兵进攻常山，把常山攻了

下来，抓获了太守苟延；从常山以东，各地驻守的官吏或者逃跑或者打开城门向北魏投降，除中山、邺城、信都外，所有的郡县都归附北魏。十一月，北魏国君拓跋珪令东平公拓跋仪率领五万名骑兵攻打邺城，冠军将军王建、左将军李栗攻打信都。戊午日（十九日），拓跋珪率领士兵前往中山；己未日（二十日），北魏士兵对中山发起进攻。后燕国高阳王慕容隆防守南城，率领士兵奋力作战，从早晨苦战到中午，杀伤敌兵几千个，北魏的军队这才败退下去。北魏国君拓跋珪告诉众将："中山城非常坚固，后燕国君慕容宝一定不肯率领士兵出城和我们作战，我们急着去攻打，就会损伤很多士兵，长时间地围困，又要耗费很多粮食，不如先去夺取邺城和信都，得手之后再来想办法对付他。"丁卯日（二十八日），北魏国君拓跋珪率领士兵向南开进。

后燕章武王慕容宙从龙城回京，在返回的途中听说有北魏的军队进犯，就立刻骑着快马进入蓟城，和镇北将军阳城王慕容兰一起据城固守。慕容兰是后燕国君慕容垂的堂弟。北魏的别将石河头率领士兵攻打他们，没有取得胜利，就撤退到渔阳驻扎军队。

珪军于鲁口，博陵太守申永奔河南，高阳太守崔宏奔海渚。珪素闻宏名，遣吏追求，获之，以为黄门侍郎，与给事黄门侍郎张衮对掌机要，创立制度。博陵令屈遵降魏，珪以为中书令，出纳号令，兼总文诰。

燕范阳王德使南安王青等夜击魏军于邺下，破之，魏军退屯新城。青等请追击之，别驾韩谆曰："古人先计而后战。魏军不可击者四：悬军远客，利在野战，一也；深入近畿，顿兵死地，二也；前锋既败，后阵方固，三也；彼众我寡，四也。官军不宜动者三：自战其地，一也；动而不胜，众心难固，二也；城隍未修，敌来无备，三也。今魏无资粮，不如深垒固军以老之。”德从之，召青还。青，详之兄也。

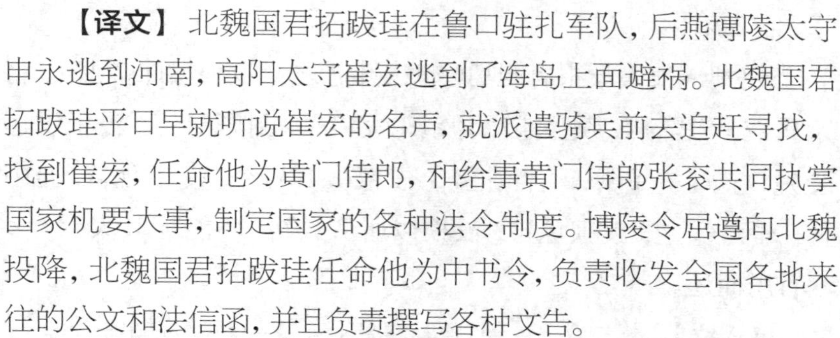

【译文】北魏国君拓跋珪在鲁口驻扎军队，后燕博陵太守申永逃到河南，高阳太守崔宏逃到了海岛上面避祸。北魏国君拓跋珪平日早就听说崔宏的名声，就派遣骑兵前去追赶寻找，找到崔宏，任命他为黄门侍郎，和给事黄门侍郎张衮共同执掌国家机要大事，制定国家的各种法令制度。博陵令屈遵向北魏投降，北魏国君拓跋珪任命他为中书令，负责收发全国各地来往的公文和法信函，并且负责撰写各种文告。

后燕范阳王慕容德派遣南安王慕容青等人趁夜色的掩护偷袭在邺下北魏的军队，打败了他们，北魏的军队撤退驻扎在新城。慕容青等人请求继续追击北魏的军队，别驾韩谆说：“古代的人，先计划好如何用兵，然后才按计划作战。这一次不可以追击魏军的原因有四点：对方远路而来，缺乏根基，在原野上作战对他们有利，这是第一点；敌军孤军深入，已经毫无退路可走，这时继续攻打，恐怕要逼迫他们和我们拼命，这是第二点；敌人的前锋部队虽然已经遭到失败，但是他们的后队仍然很整齐精壮，这是第三点；敌人的士兵人数多，我们的士兵人数少，这是第四点。不应该轻易出动我们自己军队的原因也有三点：我们是在自己的土地上作战，稍有挫折，兵士便易于溃散，这是第一点；如果我们轻易出战但是不能取胜，容易使军心动摇，这是第二点；我们的城池还没有来得及修整加固，一旦敌兵冲来，我们缺少必要的防备和依托，这是第三点。现在魏国的军队里面缺乏物资军粮，我们不如深挖战壕、高筑壁垒，稳住阵脚，安定军心，使他们衰疲，把敌人拖垮。”慕容德听从了他的意见，传召慕容青赶紧回来。慕容青是慕容详的哥哥。

十二月，魏辽西公贺赖卢帅骑二万会东平公仪攻邺。赖卢，讷之弟也。

魏别部大人没根有胆勇，魏王珪恶之。没根惧诛，己丑，将亲兵数十人降燕，燕主宝以为镇东大将军，封雁门公。没根求还袭魏，宝难与重兵，给百馀骑。没根效其号令，夜入魏营，至中仗，珪乃觉之，狼狈惊走；没根以所从人少，不能坏其大众，多获首虏而还。

【译文】 十二月，北魏辽西公贺赖卢率领两万名骑兵会同东平公拓跋仪一起攻打邺城。贺赖卢是贺讷的弟弟。

北魏另有一支部落的首领没根有胆识又很骁勇，北魏国君拓跋珪很讨厌他。没根担心自己会被北魏国君拓跋珪杀死，己丑日（二十日），没根率领几十名亲信士兵向后燕投降。后燕国君慕容宝任命他为镇东大将军，册封他为雁门公。没根向后燕国君慕容宝请求可以率领士兵回击侵袭北魏，但是后燕国君慕容宝不愿意给他调配大量的士兵，仅仅给他调配一百多名骑兵。没根更换了这些人的装束，伪装成北魏的士兵，在夜晚进入北魏的军营，来到中军营帐，北魏国君拓跋珪这时才发觉，只好狼狈不堪地仓皇逃走，没根因为自己率领的士兵人数很少，不能大批杀伤北魏军营的士兵，只是把一些士兵斩杀、俘获，然后就回去了。

杨盛遣使来请命。诏拜盛镇南将军、仇池公。盛表苻宣为平北将军。

是岁，越质诘归帅户二万叛西秦降于秦，秦人处之成纪，拜镇西将军、平襄公。

秦陇西王硕德攻姜乳于上邽，乳帅众降。秦以硕德为秦州牧，镇上邽；征乳为尚书。强熙、权千成帅众三万共围上邽，硕德击破之，熙奔仇池，遂来奔。硕德西去千成于略阳，千成降。

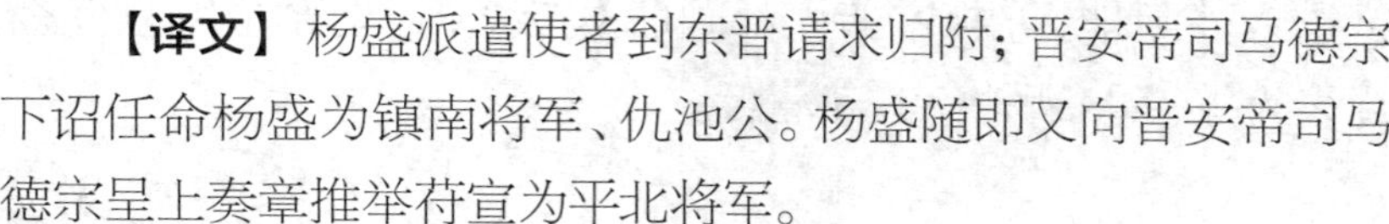

【译文】 杨盛派遣使者到东晋请求归附；晋安帝司马德宗下诏任命杨盛为镇南将军、仇池公。杨盛随即又向晋安帝司马德宗呈上奏章推举苻宣为平北将军。

这一年，越质诘归率领自己的两万户部属背叛西秦，向后秦投降，后秦把他们安置在成纪地区，任命越质诘归为镇西将军、平襄公。

后秦陇西王姚硕德在上邽地区攻打姜乳，姜乳率领自己的部下向姚硕德投降。后秦任命姚硕德为秦州牧，镇守上邽；并且征召姜乳为尚书。强熙、权千成率领三万名士兵包围了上邽，姚硕德打破封锁，把他们击败，强熙逃到仇池，不久又转而跑来投奔东晋。姚硕德向西追击权千成一直追到略阳，权千成向姚硕德投降。

西燕既亡，其所署河东太守柳恭等各拥兵自守。秦主兴遣晋王绪攻之，恭等临河拒守，绪不得济。

初，永嘉之乱，汾阴薛氏聚其族党，阻河自固，不仕刘、石。及苻氏兴，乃以礼聘薛强，拜镇东将军。强引秦兵自龙门济，遂入蒲阪，恭等皆降。兴以绪为并、冀二州牧，镇蒲阪。

【译文】 西燕已经灭亡，原来由它所领署的河东太守柳恭等人各自拥有军队固守地盘。后秦君主姚兴派遣晋王姚绪攻打他们，柳恭等人在黄河沿岸设防进行抵抗防守，姚绪没有办法渡过黄河。

起初，永嘉之乱发生的时候，汾阴薛氏家族聚合同族、同党据守黄河险要，保卫家园，不去做刘氏与石氏的臣民。等到前秦苻氏兴起以后，对他们加以礼遇，用厚礼延聘薛强出仕，任命他为镇东将军。这时薛强引导后秦的军队从龙门渡过黄河，于是进入蒲阪地区，柳恭等人都向后秦投降，后秦君主姚兴任命姚绪为并、冀二州牧，镇守蒲阪。

资治通鉴卷第一百九　晋纪三十一

强圉作噩，一年

【译文】 起止丁酉（公元397年），共一年。

【题解】 本卷记录了公元397年一年间东晋与各国的大事，正当晋安帝隆安元年。主要记录了北魏国君拓跋珪在攻克后燕国的信都后，出现内乱，后燕国君慕容宝趁势进攻，被拓跋珪反击打败；写了后燕国君慕容宝之子慕容会作乱，杀死慕容隆，重伤慕容农，围攻慕容宝，被慕容宝的部将高云等打败，慕容会逃到中山被守将慕容详杀死，之后慕容详又被慕容麟杀死，慕容麟在中山自立为帝，与北魏国君拓跋珪对抗，最后被拓跋珪击败，拓跋珪占领中山；写了后凉的吕光政权日益衰落，先后被西秦王乞伏乾归与占据金城的秃发乌孤打败，境内郭馨、沮渠蒙逊起兵造反；写了东晋殷仲堪与王恭里应外合，请求杀死王国宝，司马道子为求息事宁人，杀了王国宝、王绪；此外还写了后秦姚兴勤于政事，广纳忠言，善用贤臣等等。

安皇帝甲

隆安元年（丁酉，公元三九七年）春，正月，己亥朔，帝加元服，改元。以左仆射王珣为尚书令；领军将军王国宝为左仆射，领选，仍加后将军、丹杨尹。会稽王道子悉以东宫兵配国宝，使领之。

燕范阳王德求救于秦，秦兵不出。邺中恟惧。贺赖卢自以魏王珪之舅，不受东平公仪节度，由是与仪有隙。仪司马丁建阴与德通，从而构间之，射书入城中言其状。甲辰，风霾，昼晦，赖卢营有火，建言于仪曰："赖卢烧营为变矣。"仪以为然，引兵退；赖卢闻之，亦退。建帅其众诣德降，且言仪师老可击。德遣桂阳王镇、南安王青帅骑七千追击魏军，大破之。

燕主宝使左卫将军慕舆腾攻博陵，杀魏所置守宰。

【译文】隆安元年（丁酉，公元397年）春季，正月，己亥朔日（初一），晋安帝司马德宗穿戴成年人之衣冠，改年号为隆安。任命左仆射王珣为尚书令；领军将军王国宝为左仆射，兼管官员任免升降，仍然兼任后将军、丹杨尹。会稽王司马道子把东宫太子的士兵全部分配给了王国宝，让他掌管这些士兵。

后燕范阳王慕容德向后秦请求救援，但是后秦不肯出兵，邺城里面的士兵和百姓都感到很惊恐。贺赖卢自恃自己是北魏国君拓跋珪的舅舅，所以不肯听从东平公拓跋仪的调度、指挥，因此，他和拓跋仪产生了矛盾。拓跋仪的司马丁建暗地里和慕容德勾结，在中间挑拨离间，并且把这种情况写成书信用箭射进邺城告诉了慕容德。甲辰日（十六日），刮起大风，卷起尘土，即使在白天也天昏地暗，贺赖卢的军营里面出现火光，丁建告诉慕容仪："贺赖卢焚烧了营地，举行叛变。"拓跋仪相信了他的话，就迅速率领士兵撤退回去了；贺赖卢听说拓跋仪撤退的消息以后，也率领士兵撤退了；这时，丁建率领他的士兵向慕容德投降，并且告诉慕容德，说拓跋仪的军队已经疲惫不堪，可以前去攻击他。于是慕容德派遣桂阳王慕容镇、南安王慕容青率领七千名骑兵追击北魏的军队，把北魏的军队打得大败。

后燕国君慕容宝派遣左卫将军慕舆腾攻打博陵，杀死了北魏的地方官吏。

王建等攻信都，六十馀日不下，士卒多死。庚申，魏王珪自攻信都。壬戌夜，燕宜都王凤逾城奔中山。癸亥，信都降魏。

凉王光以西秦王乾归数反覆，举兵伐之。乾归群下请东奔成纪以避之，乾归曰："军之胜败，在于巧拙，不在众寡。光兵虽众而无法，其弟延勇而无谋，不足惮也。且其精兵尽在延所，延败，光自走矣。"光军于长最，遣太原公纂等帅步骑三万攻金城；乾归帅众二万救之，未到，纂等拔金城。光又遣其将梁恭等以甲卒万馀出阳武下峡，与秦州刺史没弈干攻其东，天水公延以枹罕之众攻临洮、武始、河关，皆克之。乾归使人绐延云："乾归众溃，奔成纪。"延欲引轻骑追之，司马耿稚谏曰："乾归勇略过人，安肯望风自溃？前破王广、杨定，皆羸师以诱之。今告者视高色动，殆必有奸，宜整陈而前，使步骑相属，俟诸军毕集，然后击之，无不克矣。"延不从，进，与乾归遇，延战死。稚与将军姜显牧散卒，还屯枹罕。光亦引兵还姑臧。

【译文】 王建等人攻打信都，一连进攻了六十多天，也没有攻取下来，士兵的伤亡人数很多。庚申日（二十两日），北魏国君拓跋珪亲自率领士兵攻打信都。壬戌日（二十四日）的晚上，后燕宜都王慕容凤跳出城墙，逃到中山。癸亥日（二十五日），信都城向北魏投降。

后凉王吕光因为西秦王乞伏乾归好几次反复不定，就派遣士兵讨伐他。西秦王乞伏乾归的属下请求向东逃到成纪避难，西秦王乞伏乾归说："战争的胜败，全部都在于用兵的巧妙还是笨拙，不在于人数的众多还是寡少。吕光的军队虽然士兵的人数众多但是却缺乏纪律，他的弟弟吕延虽然勇敢但是没有谋

略，不值得我们担心害怕。而且他们的精锐士兵全部都由吕延率领，吕延战败，吕光自然而然就会逃跑了。”后凉王吕光在长最驻扎军队，派遣太原公吕纂等人率领三万名步兵和骑兵攻打金城；西秦王乞伏乾归率领两万名士兵前去进行救援，但是他们还没有到达，吕纂等人就已经把金城攻了下来。后凉王吕光又派遣他的部将梁恭等人率领一万多名身穿全副甲胄的士兵直逼阳武下峡，和秦州刺史没弈干一起从东部进攻西秦王乞伏乾归，天水公吕延也率领枹罕的士兵攻打临洮、武始、河关，把这些地方全部都攻了下来。西秦王乞伏乾归派人去欺骗吕延说：“乞伏乾归的军队已经溃散，他自己逃到成纪去了。”吕延想要率领轻装的骑兵前去追击，司马耿稚劝谏他说：“乞伏乾归的勇武和谋略都超过了一般的人，怎么可能听到一点风声就自行溃败呢？从前，他把王广、杨定都打败了，都是这样先把自己的弱点暴露给敌人，引诱对方急功冒进。我看这次前来传话的人，目光往上看，脸上的表情也闪烁不定，其中一定有诈，我们应该列好战阵，有条不紊地向前推进，使步兵和骑兵互相照应配合，等到各军全部都齐集，然后再去攻击敌人，那就没有不能攻破的道理。”吕延没有听从他的劝阻，率领军队向前挺进，和西秦王乞伏乾归相遇，吕延战败而死。司马耿稚和将军姜显把那些流散的士兵都收集起来，返回枹罕进行驻守。后凉王吕光也率领士兵退回姑臧。

秃发乌孤自称大都督、大将军、大单于、西平王，大赦，改元太初。治兵广武，攻凉金城，克之。凉王光遣将军窦苟伐之，战于街亭，凉兵大败。

燕主宝闻魏王珪攻信都，出屯深泽，遣赵王麟攻杨城，杀守兵三百。宝悉出珍宝及宫人募郡县君盗以击魏。

【译文】 秃发乌孤自称为大都督、大将军、大单于、西平王，下令大赦，改年号为太初。在广武集结训练军队，攻打后凉的金城，并且把金城攻了下来。后凉王吕光派遣将军窦苟前去讨伐，双方在街亭交战，后凉的军队被打得大败。

后燕国君慕容宝听说北魏君主拓跋珪率领士兵攻打信都，就率领军队在深泽驻扎，派遣赵王慕容麟攻打杨城，杀了三百个负责防守的士兵。后燕国君慕容宝把皇宫里面所有收藏的珍珠宝贝和宫女都拿出来作为赏资，招募各郡各封国的强盗匪徒，让他们充军，前去抗击北魏。

二月，己巳朔，珪还屯杨城。没根兄子丑提为并州监军，闻其叔父降燕，惧诛，帅所部兵还国作乱。珪欲北还，遣其国相涉延求和于燕，且请以其弟为质。宝闻魏有内难，不许，使冗从仆射兰真责珪负恩，悉发其众步卒十二万、骑三万七千屯于曲阳之柏肆，营于嘑沲水北以邀之。丁丑，魏军至，营于水南。宝潜师夜济，募勇敢万馀人袭魏营，宝陈于营北以为之援。募兵因风纵火。急击魏军，魏军大乱，珪惊起，弃营跣走；燕将军乞特真帅百馀人至其帐下，得珪衣靴。既而募兵无故自惊，互相斫射。珪于营外望见之，乃击鼓收众，左右及中军将士稍稍来集，多布火炬于营外，纵骑冲之。募兵大败，还赴宝陈，宝引兵复渡水北。戊寅，魏整众而至，与燕相持，燕军夺气。宝引还中山，魏兵随而击之，燕兵屡败。宝惧，弃大军，帅骑二万奔还。时大风雪，冻死者相枕。宝恐为魏军所及，命士卒皆弃袍仗、兵器数十万，寸刃不返，燕之朝臣将卒降魏及为魏所系虏者甚众。

【译文】 二月，己巳朔日（初一），北魏国君拓跋珪率领士兵返回杨城驻扎。叛将没根哥哥的儿子丑提出任并州监军，听说他的叔父向后燕投降，害怕牵连自己被杀，就率领他所管辖的军队回国进行叛乱。北魏国君拓跋珪想要撤回北方，于是就派遣他的国相涉延向后燕求和，并且请求用他的弟弟作为人质。后燕国君慕容宝听说北魏内部发生动乱，就没有答应北魏国君拓跋珪求和的请求，派遣冗从仆射兰真前往北魏军营，责备北魏国君拓跋珪忘恩负义，调动全部步兵十二万人，骑兵三万七千人去曲阳的柏肆驻扎，在滹沱河的北岸立下大营。丁丑日（初九），北魏撤退的军队到达了这里，在滹沱河的南岸扎营。后燕国君慕容宝暗中派遣一支军队在晚上渡过滹沱河，招募一万个勇士偷袭北魏的军营，后燕国君慕容宝把军队部署在军营的北边作为支援。后燕募集来的那些士兵利用风势放火，对北魏的军队发起猛烈的进攻，北魏的军队大乱，北魏国君拓跋珪也从睡梦当中惊醒，惊慌起床，光着双脚抛弃军营逃走；后燕将军乞特真率领一百多名士兵来到北魏国君拓跋珪的营帐，但是只得到北魏国君拓跋珪仓促之间遗失下来的衣服和皮靴。没有多长时间，那些招募来的军队不知道是什么原因就突然一片大乱，互相之间胡砍乱射，北魏国君拓跋珪在营区外远远看到这种情况，于是就击起战鼓，召集那些刚刚溃散的士兵，他左右的侍从和中军将士渐渐地都集合在一起，并且在营区外设置了很多火把，派出骑兵向前冲击后燕兵营。募集的军队被打得大败，逃回了后燕国君慕容宝的大营，后燕国君慕容宝率领军队又一次渡到滹沱河的北岸。戊寅日（初十），北魏整顿好军队渐渐逼近，并且和后燕军队相对峙，后燕军队士气大为低落。后燕国君慕容宝只好率领军队返回中山，北魏军队跟在后面进行追击，后燕军队多次接战均告失败。后燕国君慕容宝十分害怕，丢下大军，自己率领两万名骑兵逃奔回去，这时正好发生了大风雪，冻死的人在原野上横躺竖卧，尸体相互枕藉。后燕国君慕容宝害怕被北魏军队追赶上抓获，命令士兵们把战袍、军仗和数十万件兵器全部都丢弃，甚至连一把小刀也没有带回去，后燕的朝廷臣子、将帅士兵全部都向北魏投降，并且被北魏俘虏的人也很多。

先是，张衮常为魏王珪言燕秘书监崔逞之材，珪得之，甚喜，以逞为尚书，使录三十六曹，任以政事。

魏军士有自柏肆亡归者，言大军败散，不知王处。道过晋阳，晋阳守将封真因起兵攻并州刺史曲阳侯素延，素延击斩之。

南安公顺守云中，闻之，欲自摄国事。幢将代人莫题曰："此大事，不可轻尔，宜审待后问；不然，为祸不细。"顺乃止。顺，什翼犍之孙也。贺兰部帅附力眷、纥邻部帅匿物尼、纥奚部帅叱奴根皆举兵反，顺讨之，不克。珪遣安远将军庾岳帅万骑还讨三部，皆平之，国人乃安。

【译文】 在这之前，张衮曾经告诉北魏君主拓跋珪后燕秘书监崔逞很有才干。北魏国君拓跋珪这次得到崔逞，非常高兴，任命他为尚书，让他掌管三十六曹，把政事委任给他来处理。

北魏军队里面有人从柏肆逃亡回来，说大军已经惨败溃散，甚至也不知道北魏君主拓跋珪的下落。他们途中路过晋阳，晋阳守将封真调集军队攻打并州刺史曲阳侯拓跋素延，拓跋素延出城迎战，杀死了封真。

北魏南安公拓跋顺留在云中进行防守，听说北魏国君拓跋珪下落不明的消息后，打算自己代理国家政事。他的幢将代郡

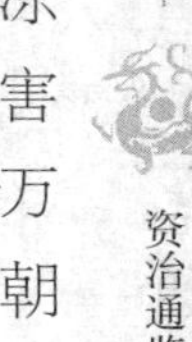

人莫题说："这可是一件大事，千万不可以草率行事，应该谨慎地等待观察事态的进一步发展，不然，为祸不浅。"拓跋顺这才放弃了这个想法。拓跋顺，是代王拓跋什翼犍的孙子。这时，贺兰部落的首领附力眷、纥邻部落的首领匿物尼、纥奚部落的首领叱奴根都闻讯拉起队伍反叛，拓跋顺率领士兵讨伐他们，但是都没有取得成功。北魏国君拓跋珪派遣安远将军庾岳率领一万名骑兵讨伐贺兰等三个部落，把这三个部落都平定了以后，全国百姓这才安定下来。

珪欲抚慰新附，深悔参合之诛，素延坐讨反者杀戮过多，免官；以奚牧为并州刺史。牧与东秦主兴书称"顿首"，与之均礼。兴怒，以告珪，珪为之杀牧。

己卯夜，燕尚书郎慕舆皓谋弑燕主宝，立赵王麟；不克，斩关出奔魏。麟由是不自安。

【译文】北魏国君拓跋珪想要安抚新来归附的人，因此对在参合陂那次大批屠杀俘虏的举动深感后悔。拓跋素延因为讨伐叛变的人的时候，诛杀了太多人，于是北魏国君拓跋珪就把他的官职罢免了；任命奚牧为并州刺史。奚牧给后秦君主姚兴写信，以对等之礼称"顿首"，姚兴看了以后感到很生气，把这件事告诉了北魏国君拓跋珪，北魏国君拓跋珪因此杀死了奚牧。

己卯日（十一日）的晚上，后燕尚书郎慕舆皓计划把后燕国君慕容宝杀死，拥立赵王慕容麟；但是没有成功，因此慕舆皓把守卫关卡的士兵杀了以后，砍开城门，逃奔到北魏。慕容麟从此心里万分不安。

三月，燕以仪同三司武乡张崇为司空。

初，燕清河王会闻魏军东下，表求赴难，燕主宝许之。会初无去意，使征南将军库傉官伟、建威将军馀崇将兵五千为前锋。崇，嵩之子也。伟等顿卢龙近百日，无食，啖马牛且尽，会不发。宝怒，累诏切责；会不得已，以治行简练为名，复留月馀。时道路不通，伟欲使轻军前行通道，侦魏强弱，且张声势；诸将皆畏避不欲行。馀崇奋曰："今巨寇滔天，京都危逼，匹夫犹思致命以救君父，诸君荷国宠任，而更惜生乎？若社稷倾覆，臣节不立，死有馀辱。诸君安居于此，崇请当之。"伟喜，简给步骑五百人。崇进至渔阳，遇魏千馀骑，崇谓其众曰："彼众我寡，不击则不得免。"乃鼓噪直进，崇手杀十馀人。魏骑溃去，崇亦引还，斩首获生，具言敌中阔狭，众心稍振。会乃上道徐进，是月，始达蓟城。

【译文】三月，后燕任命仪同三司武乡人张崇为司空。

起初，后燕清河王慕容会听说北魏军队大批东向而来，就向后燕国君慕容宝上表请求准许自己亲自率领士兵出征， 来解救国家的危难，后燕国君慕容宝答应了他。慕容会最初根本没有要去拯救国家、离开龙城的意思，只是派遣征南将军库傉官伟、建威将军馀崇率领五千名士兵作为前锋。馀崇是馀嵩的儿子。库傉官伟等人在卢龙停留将近一百天的时间，吃完了粮食，军中的马牛也即将吃尽，慕容会还是没有率领士兵出发。后燕国君慕容宝因此很生气，多次下诏严厉地责备他；慕容会最后迫不得已，只好以整治行装、加强士兵的训练为名义，又停留一个多月。这时，道路不通，库傉官伟打算派遣一支活动灵便的部队继续向前把道路开通，侦察了解北魏军队的强弱虚实，而且又能大肆张扬他们的声势，众将都因为害怕危险，不愿意前去。馀崇奋勇而起说："现在敌人的力量强盛无比，京都（指中山）正在遭受着强敌的逼迫，一个普通人尚且想要牺牲自己的性命

来拯救自己的君主和父老，各位深受国家的宠爱和信任，怎么能够再爱惜个人的性命呢？如果国家社稷被推翻了，作为臣子的节操不能够保全，即便是死了，也要留下耻辱。你们几位就安安稳稳地待在这里吧，我馀崇愿意担当先行部队，请求去抵挡敌人。”库傉官伟很高兴，挑选了五百名步兵和骑兵分配给他。馀崇率领士兵前往渔阳，遇到一千多名北魏骑兵。馀崇告诉他的部属：“他们的士兵多，我们的士兵少，不主动出击，我们就跑不掉了。”于是击鼓大声叫喊着一直向敌人杀去，馀崇一个人就杀死十几个敌兵。北魏骑兵溃败逃走，馀崇也率领士兵回营，这次出击，杀死了很多敌人，还有一些敌人被生擒，他很详细地说明敌人的内部情况，军心因此稍微振作了一些。慕容会这才正式率领士兵上路，慢慢地向前进军，这个月，他们方才到达蓟城。

魏围中山既久，城中将士皆思出战。征北大将军隆言于宝曰：“涉珪虽屡获小利，然顿兵经年，凶势沮屈，士马死伤太半，人心思归，诸部离散，正是可破之时也。加之举城思奋，若因我之锐，乘彼之衰，往无不克。如其持重不决，将卒气丧，日益困逼，事久变生，后虽欲用之，不可得也！”宝然之。而卫大将军麟每沮其议，隆成列而罢者，前后数四。

【译文】 北魏军队围攻后燕的都城中山城已经很长时间了，中山城里面的将士们都想要出城与敌人决一死战。征北大将军慕容隆告诉后燕国君慕容宝：“北魏国君拓跋珪虽然多次获得一些小的胜利，但是军队在外面驻扎已经有一年的时间，他们来时那种凶恶的气势，已经萎靡丧失，士兵战马也或死或伤损失大半，人心都想要返回，各部落（指贺兰、纥邻、纥奚）都正在背离解散，现在正是我们把他们打败的大好时机啊。再加上我们全城的兵民都在想着奋力一搏，如果利用我们的锐气，趁着他们的衰微，前去攻打，就没有不能够取胜的。如果谨慎持重、犹豫不决，等到军士们的斗志都丧失了，环境又一天比一天更加困窘逼迫，时间一久，事情就会发生变化，到了那时，虽然想利用机会，一定不会再有了。”后燕国君慕容宝认为他说得很正确。可是卫大将军慕容麟每次都阻止他的建议，慕容隆做好出击的准备却被迫停止，前后一共有四次。

宝使人请于魏王珪，欲还其弟觚，割常山以西皆与魏以求和。珪许之；既而宝悔之。己酉，珪如卢奴，辛亥，复围中山。燕将士数千人俱自请于宝曰：“今坐守穷城，终于困弊，臣等愿得一出乐战，而陛下每抑之，此为坐自摧败也。且受围历时，无他奇变，徒望积久寇贼自退。今内外之势，强弱悬绝，彼必不自退明矣，宜从众一决。”宝许之。隆退而勒兵，召诸参佐谓之曰：“皇威不振，寇贼内侮，臣子同耻，义不顾生。今幸而破贼，吉还固善；若其不幸，亦使吾志节获展。卿等有北见吾母者，为吾道此情也！”乃被甲上马，诣门俟命。麟复固止宝，众大忿恨，隆涕泣而还。

是夜，麟以兵劫左卫将军北地王精，使帅禁兵弑宝。精以义拒之，麟怒，杀精，出奔西山，依丁零馀众。于是，城中人情震骇。

【译文】 后燕国君慕容宝派人向北魏君主拓跋珪请求，想要把他的弟弟拓跋觚护送回去，并且把常山以西的大部分地区都割让给魏国，向北魏讲和。北魏国君拓跋珪答应了，但是事后，后燕国君慕容宝却又后悔。己酉日（十一日），北魏国君拓跋珪到达卢奴，辛亥日（十三日），他再一次包围中山城。后燕有几千名将士都自己主动向后燕国君慕容宝请战说：“现在我们坐

守这座已经山穷水尽的孤城，终有一天会被困死。我们都愿意出城与敌人决一死战，可是陛下却每一次都制止了下来，这是自取灭亡呀！而且我们遭受包围已经有很长时间了，并没有产生其他突然的变化，只是白白地盼望时间久了贼兵能够自行退去。现在城里城外的形势，强弱的力量相差过于悬殊，他们一定不会自己把军队撤退回去，这已经是很明显的事情，我们应该听从众人的意见，出城和敌人决一胜负。”后燕国君慕容宝答应了。慕容隆退出去后，很快把士兵调配完毕，把所有的参佐都召集过来，告诉他们：“皇上的声威不能够振作，寇贼打到我们家门口来侮辱我们，这是我们身为臣子的共同耻辱，为了正义，我们理应把自己的生死置之度外。这次决战，如果我们很幸运地能够把敌人打败，平平安安地凯旋回来，固然很好；但是如果我们不幸失败，起码也让我们的志向节操获得一次舒展的机会。你们这些人里面如果有人能够回到北方，见到我母亲的，请千万代替我向母亲禀告我的这种心情。”于是他披上战甲，骑上战马，到城门等候命令。慕容麟又一次坚决制止了这次军事行动，众人都非常生气怨恨，慕容隆也流着眼泪回去了。

这天晚上，慕容麟率领士兵劫持了左卫将军北地王慕容精，并且派遣他率领内府的卫队去刺杀后燕国君慕容宝。慕容精用义理拒绝了他的要求，慕容麟感到很生气，杀死了慕容精，跑出城去逃奔西山，依靠丁零的残余部落。从此，中山城里的军民的情绪更加震惊动荡。

宝不知麟所之，以清河王会军在近，恐麟夺会军，先据龙城，乃召隆及票骑大将军农，谋去中山，走保龙城。隆曰“先帝栉风沐雨以成中兴之业，崩未期年而天下大坏，岂得不谓之孤负邪！今外寇方盛而内难复起，骨肉乖离，百姓疑惧，诚不可以拒敌；北迁旧都，亦事之宜。然龙川地狭民贫，若以中国之意取足其中，复朝夕望有大功，此必不可。若节用爱民，务农训兵，数年之中，公私充实，而赵、魏之间，厌苦寇暴，民思燕德，庶几返旆，克复故业。如其未能，则凭险自固，犹足以优游养锐耳。"宝曰："卿言尽理，朕一从卿意耳。"

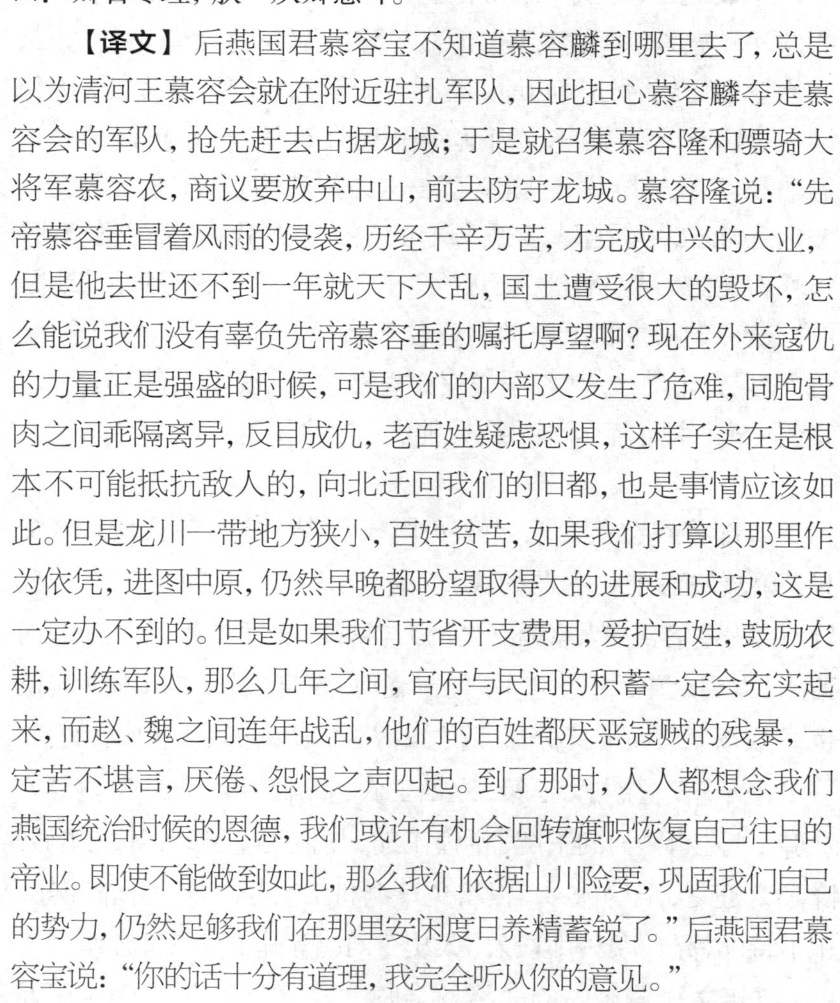

【译文】 后燕国君慕容宝不知道慕容麟到哪里去了，总是以为清河王慕容会就在附近驻扎军队，因此担心慕容麟夺走慕容会的军队，抢先赶去占据龙城；于是就召集慕容隆和骠骑大将军慕容农，商议要放弃中山，前去防守龙城。慕容隆说："先帝慕容垂冒着风雨的侵袭，历经千辛万苦，才完成中兴的大业，但是他去世还不到一年就天下大乱，国土遭受很大的毁坏，怎么能说我们没有辜负先帝慕容垂的嘱托厚望啊？现在外来寇仇的力量正是强盛的时候，可是我们的内部又发生了危难，同胞骨肉之间乖隔离异，反目成仇，老百姓疑虑恐惧，这样子实在是根本不可能抵抗敌人的，向北迁回我们的旧都，也是事情应该如此。但是龙川一带地方狭小，百姓贫苦，如果我们打算以那里作为依凭，进图中原，仍然早晚都盼望取得大的进展和成功，这是一定办不到的。但是如果我们节省开支费用，爱护百姓，鼓励农耕，训练军队，那么几年之间，官府与民间的积蓄一定会充实起来，而赵、魏之间连年战乱，他们的百姓都厌恶寇贼的残暴，一定苦不堪言，厌倦、怨恨之声四起。到了那时，人人都想念我们燕国统治时候的恩德，我们或许有机会回转旗帜恢复自己往日的帝业。即使不能做到如此，那么我们依据山川险要，巩固我们自己的势力，仍然足够我们在那里安闲度日养精蓄锐了。"后燕国君慕容宝说："你的话十分有道理，我完全听从你的意见。"

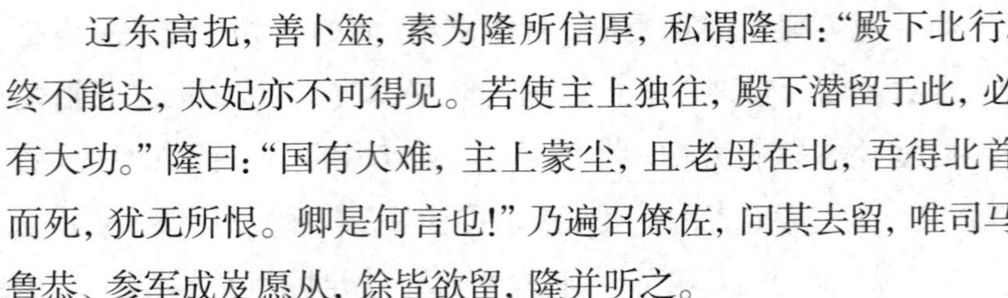

辽东高抚，善卜筮，素为隆所信厚，私谓隆曰："殿下北行，终不能达，太妃亦不可得见。若使主上独往，殿下潜留于此，必有大功。"隆曰："国有大难，主上蒙尘，且老母在北，吾得北首而死，犹无所恨。卿是何言也！"乃遍召僚佐，问其去留，唯司马鲁恭、参军成岌愿从，馀皆欲留，隆并听之。

【译文】 辽东人高抚，十分擅长占卜算卦，一向深得慕容隆的信任和宠爱，他私底下告诉慕容隆："殿下这次向北撤退，最后绝对不可能到达目的地，也不可能看到您的母亲太妃。如果让主上自己单独前往，殿下暗地里留在这里，一定可以建立大的功业。"慕容隆说："国家遭遇这样空前的大难，主上遭受奔波之苦与耻辱，而且我年迈的母亲又在北方，我能够在死的时候头朝着北方，就没有什么遗憾了。你这说的是什么话呢！"于是他把全部的官吏和僚属都召集过来，询问他们是愿意离开还是留下，只有司马鲁恭、参军成岌愿意跟从北迁，其余的都表示想要留下来，慕容隆全部都听凭他们自己拿主意。

农部将谷会归说农曰："城中之人，皆涉珪、参合所杀者父兄子弟，泣血踊跃，欲与魏战，而为卫军所抑。今闻主上当北迁，皆曰：'得慕容氏一人奉而立之，以与魏战，死无所恨。'大王幸而留此，以副众望，击退魏军，抚宁畿甸，奉迎大驾，亦不失为忠臣也。"农欲杀归而惜其材力，谓之曰："必如此以望生，不如就死！"

壬子，夜，宝与太子策、辽西王农、高阳王隆、长乐王盛等万馀骑出赴会军，河间王熙、渤海王朗、博陵王鉴皆幼，不能出城，隆还入迎之，自为鞁乘，俱得免。燕将王沈等降魏。乐浪王惠、中书侍郎韩范、员外郎段宏、太史令刘起等帅工伎三百奔邺。

【译文】 慕容农的部将谷会归劝说慕容农："中山城里面

的人都是北魏国君拓跋珪在参合陂所杀的士兵的父兄子弟，他们眼睛哭出血来，激愤奔走，想要和魏国军队决一死战，却被卫大将军慕容麟所压制。现在听说主上要向北迁移，都说：'能够得到慕容氏家族里面的一个人然后拥立他，以此来与魏国军队作战，即便是战死了也没有什么遗憾。'大王您最好是留在这里，来满足众人的希望，等到把魏国军队击退，使京畿一带的地区得到安抚宁静，再恭迎皇上的大驾回来，这也不失为一个忠臣呀！"慕容农想要把谷会归杀死，但是又爱惜他的才干，因此就告诉他："如果一定要那样来期望继续生存，还不如马上死掉算了。"

壬子日（十四日），晚上，后燕国君慕容宝和太子慕容策、辽西王慕容农、高阳王慕容隆、长乐王慕容盛等人率领一万多名骑兵出城去投奔慕容会的军队，河间王慕容熙、渤海王慕容朗、博陵王慕容鉴都还很年幼，没有能够逃出城来，慕容隆又回到城里面去迎护他们，亲自驾车，终于使他们全部逃脱。后燕的将领王沈等人向北魏的士兵投降。乐浪王慕容惠、中书侍郎韩范、员外郎段宏、太史令刘起等人率领工匠、艺伎等三百人逃奔邺城。

中山城中无主，百姓惶惑，东门不闭。魏王珪欲夜入城，冠军将军王建志在虏掠，乃言恐士卒盗府库物，请俟明旦，珪乃止。燕开封公详从宝不及，城中立以为主，闭门拒守。珪尽众攻之，连日不拔，使人登巢车，临城谕之曰："慕容宝已弃汝走，汝曹百姓空自取死，欲谁为乎？"皆曰："群小无知，恐复如参合之众，故苟延旬月之命耳。"珪顾王建而唾其面，使中领将军长孙肥、左将军李栗将三千骑追宝至范阳，不及，破其新城戍而还。

甲寅，尊皇太后李氏为太皇太后。戊午，立皇后王氏。

燕主宝出中山，与赵王麟遇于阼城，麟不意宝至，惊骇，帅其众奔蒲阴，复出屯望都，土人颇供给之。慕容详遣兵掩击麟，获其妻子，麟脱走入山。

【译文】 中山城里面没有了首领，百姓十分恐慌，东门也没有关闭。北魏国君拓跋珪想要晚上入城，冠军将军王建则一心想要抢劫，于是说担心手下的士兵们偷取府库里面的财物，请求等到第二天天亮的时候再进城，北魏国君拓跋珪这才停止进城。后燕开封公慕容详来不及跟随后燕国君慕容宝北返，于是城里面的士兵和百姓拥立他为君主，关闭城门来抵抗魏国军队；北魏国君拓跋珪出动了他所有的军队发动进攻，但是接连几天都没有把中山城攻取下来。于是北魏国君拓跋珪派人登上攻城用的巢车（兵车高如巢，可以望敌）到城墙下面告诉他们：“后燕国君慕容宝已经抛弃你们自己逃走，你们这些老百姓白白地送死，打算为谁效忠呢？”城里面的百姓都说：“我们这群老百姓没有知识，只是害怕又像参合陂的那些民众一样被活埋，所以在这里权且苟且拖延十天、半个月的生命罢了。”北魏国君拓跋珪气得直视王建，把唾沫吐在了他的脸上，派遣中领将军长孙肥、左将军李栗率领三千名骑兵去追赶后燕国君慕容宝，一直到了范阳，但是没有追赶上，攻破了新城戍，然后回去了。

甲寅日（十六日），晋安帝司马德宗尊奉皇太后李氏为太皇太后。戊午日（二十日），册立皇后王氏。

后燕国君慕容宝逃出中山，和赵王慕容麟在阼城相遇。慕容麟完全没有想到后燕国君慕容宝也会到这里，非常惊慌害怕，于是他率领他的部属逃奔到蒲阴，再次离开屯望都，当地人友好地给他很多补给用品。但是慕容详又派遣军队中途袭击慕容麟，并且俘获了他的妻子、儿女，只有慕容麟逃脱，进入山中。

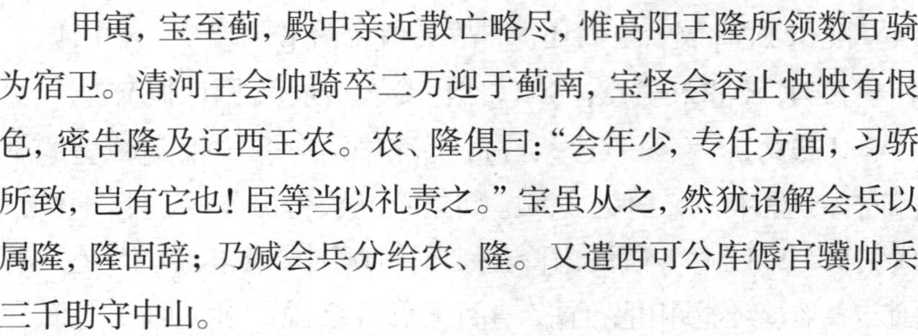
甲寅，宝至蓟，殿中亲近散亡略尽，惟高阳王隆所领数百骑为宿卫。清河王会帅骑卒二万迎于蓟南，宝怪会容止怏怏有恨色，密告隆及辽西王农。农、隆俱曰：“会年少，专任方面，习骄所致，岂有它也！臣等当以礼责之。”宝虽从之，然犹诏解会兵以属隆，隆固辞；乃减会兵分给农、隆。又遣西河公库傉官骥帅兵三千助守中山。

【译文】 甲寅日（十六日），后燕国君慕容宝到达蓟城，宫中和他亲近的人，流散的流散，死亡的死亡，几乎快没了，只剩下高阳王慕容隆所带领的几百名骑兵还在担当守卫。清河王慕容会率领骑兵两万人到蓟城南部迎接后燕国君慕容宝，后燕国君慕容宝奇怪慕容会脸色举止表现得不愉快，似乎有怨恨之情，于是暗中告诉了高阳王慕容隆和辽西王慕容农。但是慕容农和慕容隆都说：“慕容会年纪还很小，就独自负责一个地方的管辖，习惯了骄傲才如此，哪里还会有别的什么原因呢？臣等人将会用礼数责备他。”后燕国君慕容宝虽然表面上听从了他们的意见，但是最终还是诏令解除慕容会的兵权，并且要把兵权交给慕容隆，慕容隆坚决推辞不要；后燕国君慕容宝只好减少慕容会的兵权，分给了慕容农和慕容隆。还派遣西河公库傉官骥率领三千名士兵去帮助防守中山。

丙辰，宝尽徙蓟中府库北趣龙城。魏石河头引兵追之，戊午，及宝于夏谦泽。宝不欲战，清河王会曰：“臣抚教士卒，惟敌是求。今大驾蒙尘，人思效命，而虏敢自送，众心忿愤。《兵法》

曰:‘归师勿遏。’又曰‘置之死地而后生。’今我皆得之,何患不克!若其舍去,贼必乘人,或生馀变。”宝乃从之。会整陈与魏兵战,农、隆等将南来骑冲之,魏兵大败,追奔百馀里,斩首数千级。隆又独追数十里而还,谓故吏留台治书阳璆曰:“中山城中积兵数万,不得展吾意,今日之捷,令人遗恨。”因慷慨流涕。

【译文】 丙辰日(十八日),后燕国君慕容宝把蓟城里的全部府库迁移向北,到达龙城。魏国石河头带领士兵追赶他们,戊午日(二十日),在夏谦泽追上了后燕国君慕容宝。但是后燕国君慕容宝不想和他打仗,清河王慕容会说:“臣训练并且教导士兵,所要求的目的就是要杀灭敌人。现在君上的大驾受到凌辱,每个人都迫不及待地想要尽忠效命,而此时敌人竟然敢自己送上门来,众人心里都非常愤怒。《兵法》里讲道:‘回去的军队不要阻挡。’还说:‘处于危险的境地而后才得以生存。’现在这些情况我们都占有,何必怕什么不能成功呢?如果我们丢弃了这个机会,敌人一定会乘着气势凌辱我军,或许还会产生另外的什么灾变。”后燕国君慕容宝听从他的意见。于是慕容会部署军阵和魏兵作战,慕容农、慕容隆等一些人率领南方来的那些骑兵冲锋,魏国军队大败,他们追赶一百多里路,又杀死数千名敌军。慕容隆带兵又单独追赶几十里才回去,回去后告诉他的旧部下、留台治书阳璆说:“中山城里只积聚了几万名士兵,并不能够施展我的理想和抱负,今天的胜利,也仍然让我怀有遗恨。”因此十分感慨地流下眼泪。

会既败魏兵,矜很滋甚;隆屡训责之,会益忿恚。会以农、隆皆尝镇龙城,属尊位重,名望素出己右,恐至龙城,权政不复在己,已知终无为嗣之望,乃谋作乱。

幽、平之兵皆怀会恩，不乐属二王，请于宝曰："清河王勇略高世，臣等与之誓同生死，愿陛下与皇太子、诸王留蓟宫，臣等从王南解京师之围，还迎大驾。"宝左右皆恶会，言于宝曰："清河王不得为太子，神色甚不平。且其才武过人，善收人心；陛下若从众请，臣恐解围之后，必有卫辄之事。"宝乃谓众曰："道通年少，才不及二王，岂可当专征之任！且朕方自统六师，杖会以为羽翼，何可离左右也！"众不悦而退。

【译文】慕容会因为已经打败了魏国军队，变得更加骄傲自满；慕容隆曾屡次责备批评他，但是慕容会只是更加愤恨。慕容会想到因为慕容农、慕容隆都曾经镇守过龙城，身份地位都十分崇高尊贵，名分声望等一直是在自己的上面，恐怕一旦到了龙城，权柄政事的权力就不会再掌握在自己手中，又得知始终没有希望能成为王位继承人，因此图谋篡位作乱。

幽州、平州的士兵都十分怀念慕容会的恩德，不乐意归属于慕容农、慕容隆两王的管制，向后燕国君慕容宝请求说："清河王的勇敢谋略都超过一般人，我们和清河王发过誓要一起同生共死，希望陛下和皇太子以及诸王留在蓟城的宫里，我们愿意和清河王一起南下解除京师被围困的境地，之后回来迎接大驾。"后燕国君慕容宝身边的人都十分不喜欢慕容会，对后燕国君慕容宝说："清河王因为不能担任太子之职，神情气色都表现得很不满，而且他的才气、武艺的确都超过一般人，并且善于收揽人心；陛下如果听从他们的请求，臣害怕等解除京师的围困以后，会有像卫辄这样的事发生。"（卫灵公的世子蒯聩出奔，卫灵公就立他的儿子辄成为大王，卫灵公死后，辄成就自立为王，蒯聩返回时，辄成拒绝并且不接纳他。）后燕国君慕容宝于是告诉众人："慕容会年纪还很小，才干能力都比不上两王（指慕容隆、慕容农)，怎么可以担当专门出征讨伐的责任呢？而且我自己正统率着六军，全都依仗慕容会的辅佐，他怎么可能离开我的身边呢？”于是众人都很不高兴地退下了。

左右劝宝杀会，侍御史仇尼归闻之，告会曰：“大王所恃者父，父已异图；所杖者兵，兵已去手；欲于何所自容乎？不如诛二王，废太子，大王自处东宫，兼将相之任，以匡复社稷，此上策也。”会犹豫，未许。

宝谓农、隆曰：“观道通志趣，必反无疑，宜早除之。”农、隆曰：“今寇敌内侮，中土纷纭，社稷之危，有如累卵。会镇抚旧都，远赴国难，其威名之重，足以震动四邻。逆状未彰而遽杀之，岂徒伤父子之恩，亦恐大损威望。”宝曰：“会逆志已成，卿等慈恕，不忍早杀，恐一旦为变，必先害诸父，然后及吾，至时勿悔自负也！”会闻之，益惧。

【译文】左右的人纷纷劝谏后燕国君慕容宝杀了慕容会。侍御史仇尼归听到了这个消息，对慕容会说：“大王您所依恃的是您的父亲，但如今您的父亲已经别有居心；所仰仗的是兵权，而如今兵权也已经失去控制。这样怎么能够容身自处呢？还不如杀了两王，废除太子，大王您自己居于东宫之地，兼职担任将相的大任，以此来匡救国家，这才是上策呀！”慕容会犹豫不决，没有答应。

后燕国君慕容宝告诉慕容农、慕容隆：“看道通(指慕容会)的志趣用意，一定会造反，这个是没有疑问的，所以应该早一点把他除掉。”慕容农和慕容隆都说：“如今敌寇已经侵入我们国内，中原一片混乱，国家的危险境地，就好像堆累的鸡蛋一样。慕容会原来镇守照管以前的都城，现在竟然从那么远的地方赶过来解救国家的危难，他厚重的声威名望，足以震撼周围的国家。现在他叛逆的苗头还没有彰显出来，就急急忙忙地把他杀掉，只是伤害了父子之间的恩情，恐怕也会大大地损害您的名声威望啊。”后燕国君慕容宝说：“慕容会叛逆的心志已经形成，就算现在你们仁慈宽恕他，不忍心提早杀他，恐怕等他一下子叛变，一定会先杀你们，然后再杀害我，到那时候都不要因自负而后悔呀！”慕容会听说后，越加害怕。

夏，四月，癸酉，宝宿广都黄榆谷。会遣其党仇尼归、吴提染干帅壮士二十馀人分道袭农、隆，杀隆于账下；农被重创，执仇尼归，逃入山中。会以仇尼归被执，事终显发，乃夜诣宝曰：“农、隆谋逆，臣已除之。”宝欲讨会，阳为好言以安之曰：“吾固疑二王久矣，除之甚善。”

【译文】 夏季，四月，癸酉日（初六），后燕国君慕容宝居住在广都黄榆谷，慕容会派遣他的同党仇尼归、吴提染干率领强壮的士兵二十多人，分两路分别袭击慕容农、慕容隆，在帐下直接杀死慕容隆；慕容农虽然受了重伤，但是抓住了仇尼归，之后逃到了山中。慕容会因为同党仇尼归被抓，事情终于显露爆发出来，于是夜晚拜访后燕国君慕容宝说：“慕容农、慕容隆图谋叛逆，臣已经把他们都除掉了。”后燕国君慕容宝内心想要讨伐慕容会，假装用好话告诉慕容会：“我本来怀疑两王很久了，你刚好把他们都除掉，很好。”

甲戌，旦，会立仗严备，乃引道。会欲弃隆丧，馀崇涕泣固请，乃听载随军。农出，自归，宝呵之曰：“何以自负邪？”命执之。行十馀里，宝顾召群臣食，且议农罪。会就坐，宝目卫军将

军慕舆腾使斩会，伤其首，不能杀。会走赴其军，勒兵攻宝。宝帅数百骑驰二百里，晡时，至龙城。会遣骑追至石城，不及。

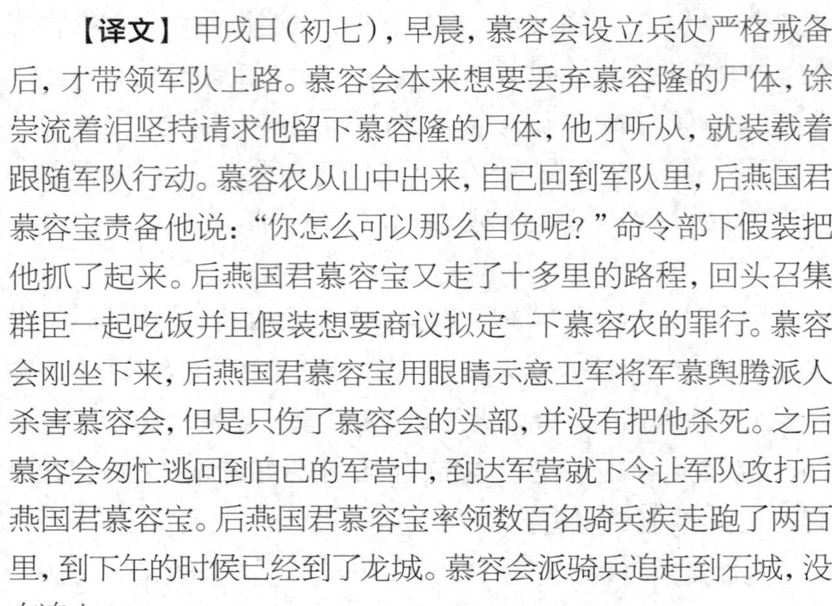

【译文】甲戌日（初七），早晨，慕容会设立兵仗严格戒备后，才带领军队上路。慕容会本来想要丢弃慕容隆的尸体，馀崇流着泪坚持请求他留下慕容隆的尸体，他才听从，就装载着跟随军队行动。慕容农从山中出来，自己回到军队里，后燕国君慕容宝责备他说："你怎么可以那么自负呢？"命令部下假装把他抓了起来。后燕国君慕容宝又走了十多里的路程，回头召集群臣一起吃饭并且假装想要商议拟定一下慕容农的罪行。慕容会刚坐下来，后燕国君慕容宝用眼睛示意卫军将军慕舆腾派人杀害慕容会，但是只伤了慕容会的头部，并没有把他杀死。之后慕容会匆忙逃回到自己的军营中，到达军营就下令让军队攻打后燕国君慕容宝。后燕国君慕容宝率领数百名骑兵疾走跑了两百里，到下午的时候已经到了龙城。慕容会派骑兵追赶到石城，没有追上。

乙亥，会遣仇尼归攻龙城；宝夜遣兵袭击，破之。会遣使请诛左右佞臣，并求为太子；宝不许。会尽收乘舆器服，以后宫分给将帅，署置百官，自称皇太子、录尚书事，引兵向龙城，以讨慕舆腾为名；丙子，顿兵城下。宝临西门，会乘马遥与宝语，宝责让之。会命军士向宝大噪以耀威，城中将士皆愤怒，向暮出战，大破之，会兵死伤太半，走还营。侍御郎高云夜帅敢死士百馀人袭会军，会众皆溃。会将十馀骑奔中山，开封公详杀之。宝杀会母及其三子。

丁丑，宝大赦，凡与会同谋者，皆除罪，复旧职；论功行赏，拜将军、封侯者数百人。辽西王农骨破见脑，宝手自裹创，仅而获济。以农为左仆射，寻拜司空、领尚书令。馀崇出自归，宝嘉其忠，拜中坚将军，使典宿卫。赠高阳王隆司徒，谥曰康。

【译文】 乙亥日（初八），慕容会派遣他的同党仇尼归去攻打龙城，没想到后燕国君慕容宝居然提前派兵在夜晚偷偷地袭击他们，最终打败了他们。慕容会派使者请求后燕国君慕容宝杀死左右谄佞的臣子，并且请求立自己做太子；后燕国君慕容宝不答应。于是慕容会收纳了后燕国君慕容宝的全部坐车兵器服装，并且把后宫的女子都分给他的将帅，设置百官，自称为皇太子、领尚书事，以讨伐慕舆腾为名义，带兵向龙城出发，丙子日（初九），把军队停在了龙城下。后燕国君慕容宝出宫到了西门，慕容会骑在马上从远处与后燕国君慕容宝说话，慕容宝责备他。慕容会居然命令士军向后燕国君慕容宝大声叫喊以显耀本军威风，龙城里的将士都十分愤怒。黄昏的时候，后燕国君慕容宝的军队出城作战，大败他们，慕容会的军队死伤一大半，他自己逃回了军营。侍御郎高云晚上率领敢死勇士一百多人，偷袭慕容会的军队，慕容会的部属全部被击败。于是慕容会率领十几名骑兵逃跑回到中山，开封公慕容详把他杀了。后燕国君慕容宝杀死慕容会的母亲和他的三个儿子。

丁丑日（初十），后燕国君慕容宝举行大赦仪式，凡是和慕容会同谋的人，现在都一律免去罪名，并且恢复旧职；论功劳的多少给予奖赏，任命将军、册封侯爵的总共有几百人。辽西王慕容农头骨破裂，都能看见脑髓，后燕国君慕容宝亲自为他包裹伤口，居然救活了他的性命。后燕国君慕容宝任命慕容农为左仆射，不久后，又拜封他为司空，兼领尚书令。馀崇虽然离开又自己回来，后燕国君慕容宝为了嘉奖他的忠心，任命他为中坚将军，让他典掌宿卫。追赠高阳王慕容隆为司徒，谥号为康王。

【申涵煜评】 谭尚争而袁灭，宝会斗而燕衰，未有父子、兄弟之间自相吞噬而能成王霸之业者。势位真戕贼，天性之具哉。

【译文】 袁谭、袁尚相争而袁氏灭亡，后燕惠愍帝慕容宝、慕容会相斗而燕国衰落，没有父子、兄弟之间自相吞并残杀而能够成就王霸大业的人。处在权势位置上会残害人性的，天性自然如此吗？

宝以高云为建威将军，封夕阳公，养以为子。云，高句丽之支属也，燕主皝破高句丽，徙于青山，由是世为燕臣。云沉厚寡言，时人莫知，惟中卫将军长乐冯跋奇其志度，与之为友。跋父和，事西燕王主，为将军，永败，徙和龙。

仆射王国宝、建威将军王绪依附会稽王道子，纳贿穷奢，不知纪极。恶王恭、殷仲堪，劝道子裁损其兵权；中外恟恟不安。恭等各缮甲勒兵，表请北伐；道子疑之，诏以盛夏妨农，悉使解严。

【译文】 后燕国君慕容宝任命高云为建威将军，并封他为夕阳公，认养他当作自己的儿子。其实高云原来是高句丽王室分支的后代，后来前燕王慕容皝击败高句丽的军队，他们被迫迁徙到青山，因此后来世世代代都作为燕国的臣子。高云这个人生来品性就十分庄重，很少跟别人讲话，一般人都不了解他的为人和才能，只有中卫将军长乐人冯跋觉得他的志节气度等方面极不一般，乐意和他做好朋友。冯跋的父亲冯和，事奉西燕君主慕容永时担任将军的职务，等到西燕君主慕容永失败以后，他就迁徙到了和龙。

仆射王国宝、建威将军王绪倚仗会稽王司马道子，广泛地敛纳财富货物，穷极了各种各样的奢侈，从来都不知道有节制。他们都十分讨厌王恭、殷仲堪，劝司马道子裁减他们的一些兵权；

朝廷内外喧闹扰乱不安定。王恭等人各自整理武器装备，部署军队，上表请求到北方去出征讨伐；司马道子对他们怀有疑心，下诏说因为现在正是盛夏，以防碍农业生产为由，叫他们全部都解除戒备。

恭遣使与仲堪谋讨国宝等。桓玄以仕不得志，欲假仲堪兵势以作乱，乃说仲堪曰："国宝与君诸人素已为对，唯患相毙之不速耳。今既执大权，与王绪相表里，其所回易，无不如志；孝伯居元舅之地，必未敢害之。君为先帝所拔，超居方任，人情皆以君为虽有思致，非方伯才。彼若发诏征君为中书令，用殷觊为荆州，君何以处之？"仲堪曰："忧之久矣，计将安出？"玄曰："孝伯疾恶深至，君宜潜与之约，兴晋阳之甲以除君侧之恶，东西齐举，玄虽不肖，愿帅荆、楚豪杰，荷戈先驱，此桓、文之勋也。"

【译文】 王恭派遣使者和殷仲堪商量讨伐王国宝等人的事情。桓玄因为未能当上大官不能施展志向，想要假托殷仲堪等人的兵力作乱，因此他就对殷仲堪说："王国宝那些人平时办事就一直和你作对，就是担心不能快一点消灭除掉你。既然现在他已经掌握大权，并且还和王绪互为内外，他们想要改变的事，没有什么会不称心如意的，孝伯（指王恭）如今居于国舅的地位，他们做事也不一定敢伤害到他。而你是先帝司马曜亲自提拔的，超越常规地独领一方，一般人都知道你虽然头脑清楚，有才干，却不是封疆大吏的人才，他们如果有一天发布诏令征调你在朝廷做中书令，用殷觊做荆州刺史，到时候你怎么来处置这些事呢？"殷仲堪说："我也担忧这个很久了，那你认为该要如何做才好呢？"桓玄说："王恭为人正直，疾恶如仇，你应该暗中和他约定好，发动晋阳这边的兵力来除掉君上左右的坏人，而且还要东西两面一起发动，我桓玄虽然没有什么才干，但是愿意率领荆、楚的英雄好汉，拿着武器去给你们做先锋，这可是和齐桓公、晋文公一样的功劳呀！”

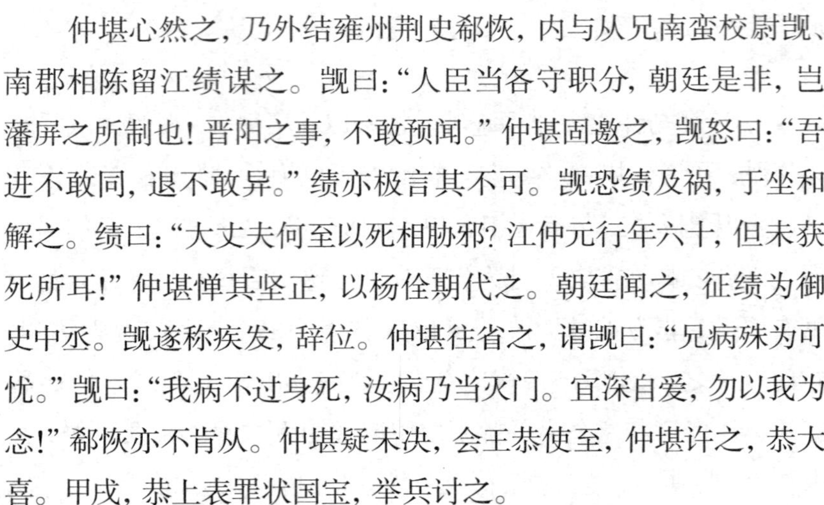
仲堪心然之，乃外结雍州荆史郗恢，内与从兄南蛮校尉觊、南郡相陈留江绩谋之。觊曰：“人臣当各守职分，朝廷是非，岂藩屏之所制也！晋阳之事，不敢预闻。”仲堪固邀之，觊怒曰：“吾进不敢同，退不敢异。”绩亦极言其不可。觊恐绩及祸，于坐和解之。绩曰：“大丈夫何至以死相胁邪？江仲元行年六十，但未获死所耳！”仲堪惮其坚正，以杨佺期代之。朝廷闻之，征绩为御史中丞。觊遂称疾发，辞位。仲堪往省之，谓觊曰：“兄病殊为可忧。”觊曰：“我病不过身死，汝病乃当灭门。宜深自爱，勿以我为念！”郗恢亦不肯从。仲堪疑未决，会王恭使至，仲堪许之，恭大喜。甲戌，恭上表罪状国宝，举兵讨之。

【译文】 殷仲堪内心是十分同意他的意见和看法的，因此他决定在外面联络雍州刺史郗恢，在里面和堂哥南蛮校尉殷觊、南郡守宰陈留人江绩商量相关事宜。但是殷觊说：“作为人臣就应当各自守住自己的职责本分，朝廷里的是是非非，哪里是做地方官员的人所能管制得住的？所以晋阳的事情，我可不敢参与其中。”然而殷仲堪还是坚持想要邀请他，殷觊很生气地说：“我如果进兵的话，是不敢和你同一个步调的，我如果退守的话，也不敢和你有什么不同的想法。”（意思就是说我不会参与你的造反，但是同时也不会告发你的阴谋。）江绩也非常坚决地表示自己不可以这么做。殷觊怕江绩惹上灾祸，就坐在座位上劝解他。江绩说：“作为大丈夫何必要到用死来威胁的地步呢？我江仲元如今年龄已经快六十岁了，只是还没有找到死的地方而已！”殷仲堪着实害怕他的坚毅方正不怕死，就用杨佺期代换他作为内应。后来朝廷听说了这件事，于是征调江绩为御史中丞。殷觊声称自己旧病复发，辞去了现在的职位，殷仲堪赶紧去探望慰问，告诉殷觊："哥哥你的病实在是令人担心啊！"殷觊说："我的病发作了不过就是会导致自己一个人死了而已，而你的病一旦发作却是会灭族的呀！你还是应当要自己珍爱自己，不要为我操心了！"后来郗恢也不肯跟从他。殷仲堪正在犹犹豫豫不能决定的时候，正巧赶上王恭的使者来到，殷仲堪答应了王恭的约定，王恭非常高兴。甲戌日（初七），王恭便上奏章列举王国宝的各种罪状，并且出兵讨伐他。

初，孝武帝倚任王珣，及帝暴崩，不及受顾命，珣一旦失势，循默而已。丁丑，王恭表至，内外戒严严，道子问珣曰："二藩作逆，卿知之乎？"珣曰："朝政得失，珣弗之预，王、殷作难，何由可知！"王国宝惶惧，不知所为，遣数百人戍竹里，夜遇风雨，各散归。王绪说国宝矫相王之命召王珣、车胤杀之，以除时望，因挟君相发兵以讨二藩。国宝许之。珣、胤至，国宝不敢害，更问计于珣。珣曰："王、殷与卿素无深怨，所竞不过势利之间耳。"国宝曰；"将曹爽我乎？"珣曰："是何言欤！卿宁有爽之罪，王孝伯岂宣帝之俦邪？"又问计于胤，胤曰："昔桓公围寿阳，弥时乃克。今朝廷遣军，恭必城守。若京口未拔而上流奄至，君将何以待之？"国宝尤惧，遂上疏解职，诣阙待罪。既而悔之，诈称诏复其本官。道子暗懦，欲求姑息，乃委罪国宝，遣骠骑谘议参军谯王尚之收国宝付廷尉。尚之，恬之子也。甲申，赐国宝死，斩绪于市，遣使诣恭，深谢愆失；恭乃罢兵还京口。国宝兄侍中恺、票骑司马愉并请解职；道子以恺、愉与国宝异母，又素不协，皆释不问。戊子，大赦。

【译文】 起初，晋孝武帝司马曜是很信任王珣的，孝武帝突然驾崩，王珣来不及接受先帝的委托做顾命大臣，便一下子

失去了权势，只好沉默不讲话。丁丑日（初十），王恭的奏表到了，朝廷内外都在严密地戒备，司马道子问王珣："这两个藩国叛逆，您知道吗？"王珣回答说："历来朝廷里政治的得失，我王珣都没有干预过，如今王恭和殷仲堪的造反，我哪里会知道呢？"王国宝听到后非常惶恐，不知道该怎么办才好，于是派遣几百人戍守在竹林里，可是正赶上那天晚上遇到了大风雨，各自散去回家了。王绪劝王国宝假托相王（指司马道子）的命令把王珣、车胤召唤回来，然后把他们杀死，以消除世人对他们的期望，然后再要挟安帝司马德宗和司马道子出兵讨伐两个藩臣，王国宝同意了王绪的建议。等王珣、车胤到了以后，王国宝刚开始还不敢杀害他们，只好向王珣询问计谋。王珣说："王恭、殷仲堪和你平时并没有积累很深的怨恨，你们所竞争的不过是一些权势利益而已。"王国宝说："你的意思是要把我当成曹爽吗？"（出自典故蒋济游说曹爽释放兵权，结果曹爽刚一释放兵权就被司马懿灭族。）王珣赶紧说："这是什么话呢？你哪里会有和曹爽一样的罪过，就像王恭哪里是宣帝司马懿一样身份的人呢？"王国宝又向车胤询问计策，车胤跟他说："以前桓温围攻寿阳的时候，经过很久才攻了下来。现在朝廷派遣军队，王恭一定会坚守。如果你京口还没有攻下来，这时在长江上游的殷仲堪又突然乘虚而来，你要如何处理这种情况呢？"王国宝听了更加担心害怕，因此上书解除自己现在的职位，到宫门等待朝廷定罪；后来想想又后悔了，又假称司马道子的诏令恢复他自己本来的官位。司马道子为人本来愚昧懦弱，所以想要暂时平息此事，因此把所有的罪过都推卸到王国宝的身上，并派遣骠骑谘议参军谯王司马尚之去收拿王国宝然后交付给廷尉，司马尚之，也就是司马恬的儿子。甲申日（十七日），安帝司马德宗赐王国宝自尽而死，并且在东市斩杀了王绪，派使臣去告诉王恭这些消息，王恭为自己的过错深深地致上歉意，因此赶紧退兵又回到了京口。王国宝的哥哥侍中王恺、骠骑司马王愉一起请求解去自己的职务；司马道子因为王恺、王愉和王国宝并不是同一个母亲，平常关系又不和谐，就都释放，不再追问罪名。戊子日（二十一日），大赦天下。

【申涵煜评】 安帝以哑子为君，道子以騃子为相，国宝狐媚小人，鼓弄其间，如玩婴儿于掌上。晋祚将亡，天乃生此种鬼魅，使为奸人，借口草泽先驱。

【译文】 晋安帝司马德宗以哑巴担任君主，司马道子以傻瓜担任丞相，王国宝是一个狐媚小人，蛊惑愚弄其中，像在掌上玩弄婴儿一样。晋朝将要灭亡的时候，上天才降生这种鬼魅之人，让他们变为奸诈的坏人，借口是遗留在草泽之中在前面开路的人。

殷仲堪虽许王恭，犹豫不敢下；闻国宝等死，乃始抗表举兵，遣杨佺期屯巴陵。道子以书止之，仲堪乃还。

会稽世子元显，年十六，有隽才，为侍中，说道子以王、殷终必为患，请潜为之备。道子乃拜元显征虏将军，以其卫府及徐州文武悉配之。

魏王珪以军食不给，命东平公仪去邺，徙屯巨鹿，积租杨城。慕容详出步卒六千人，伺间袭魏诸屯；珪击破之，斩首五千，生擒七百人，皆纵之。

【译文】 殷仲堪那时虽然答应了王恭，但心里还是犹豫不定，不敢出兵，后来听说王国宝等人已经死了，就上表告知朝廷，准备出兵，并且派杨佺期屯守在巴陵。司马道子赶紧写信制止他这样做，殷仲堪这才回去。

会稽王司马道子的嫡子司马元显，当年才十六岁，聪明能干，当时担任的是侍中，上书告诉司马道子王恭、殷仲堪最后一定还会成为灾难的隐患，请求司马道子暗中戒备他们的行动。司马道子听后觉得很有道理，任命司马元显作为征虏将军，并且把他自己的卫府和徐州的文武力量都交给司马元显。

北魏国君拓跋珪因为遇到军队的粮食储备不够用的严重问题，于是就命令东平公拓跋仪离开邺城，迁徙到巨鹿去屯守，向杨城租借他们积贮的粮食。慕容详听说后派出步兵六千人，等待好时机乘虚侵袭魏军的各个屯守地点；可是北魏国君拓跋珪都击败了他们，杀死五千人，又活捉七百人，把活捉的人又都放走了。

初，张掖卢水胡沮渠罗仇，匈奴沮渠王之后也，世为部帅。凉王光以罗仇为尚书，从光伐西秦。及吕延败死，罗仇弟三河太守麹粥谓罗仇曰："主上荒耄信谗，今军败将死，正其猜忌智勇之时也。吾兄弟必不见容，与其死之无名，不若勒兵向西平，出苕藋，奋臂一呼，凉州不足定也。"罗仇曰；"诚如汝言。然吾家世以忠孝著于西土，宁使人负我，我不忍负人也。"光果听谗，以败军之罪杀罗仇及麹粥。罗仇弟子蒙逊，雄杰有策略，涉猎书史，以罗仇、麹粥之丧归葬；诸部多其族姻，会葬者凡万馀人。蒙逊哭谓众曰："吕王昏荒无道，多杀不辜。吾之上世，虎视河西，今欲与诸部雪二父之耻，复上世之业，何如？"众咸称万岁。遂结盟起兵，攻凉临松郡，拔之，屯据金山。

【译文】起初，居住在张掖的卢水匈奴部落的首领沮渠罗仇，是匈奴沮渠王的后代，世世代代都是部落的首领。后凉王吕光让沮渠罗仇担任尚书的职务，并让沮渠罗仇跟随他攻打西秦。等到吕延战败身死之后，沮渠罗仇的弟弟三河太守沮渠麹粥对沮渠罗仇说："如今主上已经到了耄耋之年，十分容易相信小人的谗言，现在军事上遭遇失败，部队里的将领战败而死，正是他猜疑嫉妒智士勇者的时候，我们兄弟两人一定不会被他们容纳。与其死得默默无闻没有人知道，不如我们带领军队进攻西平，离开苕藋，举臂一呼号召大家，凉州这个地方是很容易平定下来的。"沮渠罗仇说："确实像你说的，但是我们家世世代代以忠孝之名在西域远近闻名，如今我是宁可使别人做对不起我等的事情，我也实在是不忍心做对不起别人的事啊。"后来后凉王吕光果然听信奸佞小人的谗言，以征战失败的罪名杀死了沮渠罗仇和他的弟弟沮渠麹粥。沮渠罗仇的侄子叫沮渠蒙逊，是一个雄伟英杰而且十分有谋略的人，阅读过许多经史典籍，他护送沮渠罗仇、沮渠麹粥的尸体回去埋葬；附近的许多部落都是他的同族亲戚，参加他们葬礼的竟然有一万多人。沮渠蒙逊哭着告诉众人："吕王昏庸荒乱，不讲道理，杀死了很多无辜的人。我的祖辈上代，在河西历来以雄健出名，现在我想要和各部落一起洗刷两位长辈的耻辱，恢复祖辈上世的事业，大家觉得怎么样？"大家都说万岁（表示同意），因此结盟起来相约起兵反抗，攻打后凉临松郡，并且把它攻了下来，屯守占据金山。

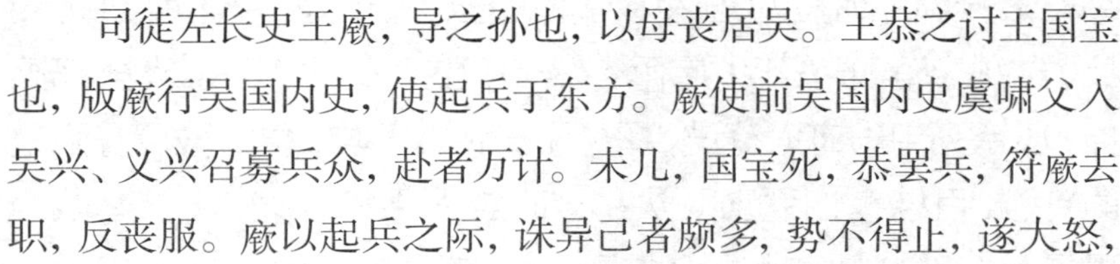

司徒左长史王廞，导之孙也，以母丧居吴。王恭之讨王国宝也，版廞行吴国内史，使起兵于东方。廞使前吴国内史虞啸父入吴兴、义兴召募兵众，赴者万计。未几，国宝死，恭罢兵，符廞去职，反丧服。廞以起兵之际，诛异己者颇多，势不得止，遂大怒，

不承恭命，使其子泰将兵伐恭，笺于会稽王道子，称恭罪恶；道子以其笺送恭，五月，恭遣司马刘牢之帅五千人击泰，斩之。又与廞战于曲阿，众溃，廞单骑走，不知所在。收虞啸父下廷尉，以其祖潭有功，免为庶人。

燕库傉官骥入中山，与开封公详相攻。详杀骥，尽灭库傉官氏；又杀中山尹苻谟，夷其族。中山城无定主，民恐魏兵乘之，男女结盟，人自为战。

【译文】司徒左长史王廞，也就是王导的孙子，那时候因为母亲去世，住在吴地。王恭讨伐王国宝的时候，任命王廞暂时代理吴国内史，并且教给他如何从东方起兵。王廞叫前任的吴国内史虞啸父等人到吴兴、义兴召募一些小兵小卒，应征的人居然有一万多人。没多久，王国宝死了，于是王恭停止进兵，并命令王廞离职，继续去服丧。王廞因为在起兵的时候，杀死很多和自己意见不合的人，从形势上看根本不可能停止，因此就非常生气，不接受王恭的命令，还让他的儿子王泰带兵反过来去攻打王恭，还写信给会稽王司马道子，一一说出王恭的各种罪过；司马道子把他的信送给王恭。五月，王恭派司马刘牢之带领五千人攻打王泰，并且把他杀了。之后又和王廞在曲阿交战，王廞的军队大败，最后只剩下王廞一个人骑马逃走，下落不明。又抓获虞啸父交给廷尉，因为他的祖父虞潭曾经有过一些功劳（曾经征讨苏峻有功），因此没有处死只是免官，贬为平民。

后燕国库傉官骥进入中山，在这里和开封公慕容详进行交战。结果慕容详杀死了库傉官骥，并且把库傉官氏家族全部灭掉，还杀死中山府尹苻谟，屠杀了苻谟家一族。中山城没有固定的首领，百姓害怕魏国军队在这时突然乘机侵袭，所以全城的男男女女纷纷自觉地结起盟约，人人都为各自而战。

甲辰，魏王珪罢中山之围，就谷河间，督诸郡义租。甲寅，以东平公仪为票骑大将军、都督中外诸军事、兖、豫、雍、荆、徐、扬六州牧、左丞相，封卫王。

慕容详自谓能却魏兵，威德已振，乃即皇帝位，改元建始，置百官。以新平公可足浑潭为车骑大将军、尚书令，杀拓跋觚以固众心。

邺中官属劝范阳王德称尊号，会有自龙城来者，知燕主宝犹存，乃止。

凉王光遣太原公纂将兵击沮渠蒙逊于葱谷，破之。蒙逊逃入山中。

【译文】 甲辰日（初七），北魏国君拓跋珪最终解除了中山的围困，到河间去取军队所需要的粮谷，监督各郡的义租。甲寅日（十七日），北魏国君拓跋珪任命东平公拓跋仪为骠骑大将军、都督中外诸军事、兖豫雍荆徐扬六州牧、左丞相，封为卫王。

慕容详自认为能够使魏国的军队退却，自己的声威德望等已经重振，于是登上帝位，并且改年号为建始，设置百官。任命新平公可足浑潭为车骑大将军、尚书令，还杀死了北魏国君拓跋珪的弟弟拓跋觚以此来安定民心。

邺城里的官员纷纷劝范阳王慕容德称帝，可是这时正巧有从龙城那里来的人，知道后燕国君慕容宝还活着的消息，因此取消了称帝的计划。

后凉王吕光派太原公吕纂带兵在葱谷攻打沮渠蒙逊，并且把沮渠蒙逊打败，于是沮渠蒙逊逃到了山里。

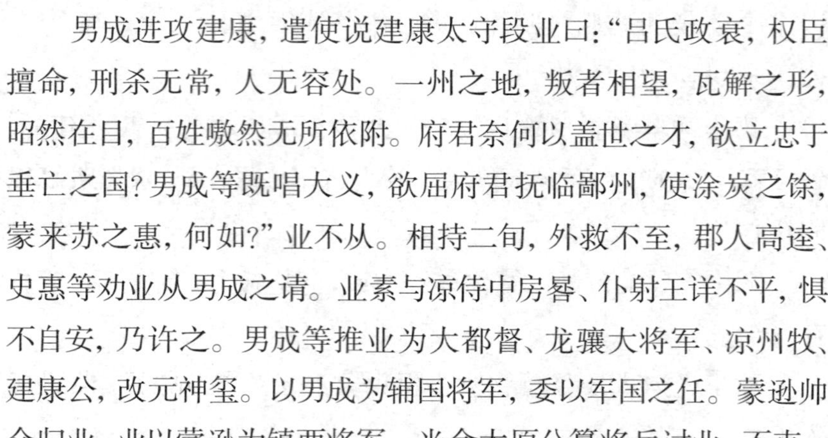
蒙逊从兄男成为凉将军，闻蒙逊起兵，亦合众数千屯乐涫。酒泉太守垒澄讨男成，兵败，澄死。

男成进攻建康，遣使说建康太守段业曰：“吕氏政衰，权臣擅命，刑杀无常，人无容处。一州之地，叛者相望，瓦解之形，昭然在目，百姓嗷然无所依附。府君奈何以盖世之才，欲立忠于垂亡之国？男成等既唱大义，欲屈府君抚临鄙州，使涂炭之馀，蒙来苏之惠，何如？”业不从。相持二旬，外救不至，郡人高逵、史惠等劝业从男成之请。业素与凉侍中房晷、仆射王详不平，惧不自安，乃许之。男成等推业为大都督、龙骧大将军、凉州牧、建康公，改元神玺。以男成为辅国将军，委以军国之任。蒙逊帅众归业，业以蒙逊为镇西将军。光命太原公纂将兵讨业，不克。

【译文】 沮渠蒙逊的堂哥沮渠男成是凉王吕光的将军，听说堂弟沮渠蒙逊起兵反叛，也聚合几千人马屯驻在乐涫。酒泉太守垒澄本来想要征讨沮渠男成，可是没有成功，垒澄战败而死。

后来沮渠男成进攻建康，事先派使者游说建康太守段业说：“在吕氏的统治下国家政治衰败，由他掌权的臣子不听从他的命令而是自己擅自发令，行刑查杀也没有一定的标准，导致百姓没有容身的地方。仅仅在一个州的地方，背叛的人就已经络绎不绝，这种失败的形势，已经很清楚地犹如在自己眼前一样，平民百姓受冻挨饿，连个能依靠的地方都没有。府君（汉朝以后称太守为府君）为什么要以自己冠于世人的才华，想安心忠诚于一个将要灭亡的国家呢？沮渠男成等人既然已经号召了大义，现在想要委屈府君领导本州，使百姓的困顿苦难能够得到恢复生机的恩惠，你觉得怎么样呢？”但是段业不听从他的话。相持了大约二十天，外面的救兵还没有到达，建康本郡的高逵、史惠等人纷纷劝段业听从并接受沮渠男成的聘请。段业平时和后凉侍中房晷、仆射王详关系一直不怎么合得来，害怕不听从他们的意见后自己得不到安全保证，因此就答应了下来。沮渠男成等人推举段业为大都督、龙骧大将军、凉州牧、建康公，改年号为神玺。让沮渠男成担任辅国将军，把军事政治的大任委交给他，沮渠蒙逊率领他的部属归降于段业，后来段业任命沮渠蒙逊为镇西将军。后凉王吕光赶紧任命太原公吕纂率领军队去讨伐叛贼段业，但是最终还是没有成功。

六月，西秦王乾归征北河州刺史彭奚念为镇卫将军；以镇西将军屋弘破光为河州牧；定州刺史翟瑥为兴晋太守，镇枹罕。

秋，七月，慕容详杀可足浑潭。详嗜酒奢淫，不恤士民，刑杀无度，所诛王公以下五百馀人，群下离心。城中饥窘，详不听民出采稆，死者相枕，举城皆谋迎赵王麟。详遣辅国将军张骧帅五千馀人督租于常山，麟自丁零入骧军，潜袭中山，城门不闭，执详，斩之。麟遂称尊号，听人四出采稆。人既饱，求与魏战。麟不从，稍复穷馁。魏王珪军鲁口，遣长孙肥帅骑七千袭中山，入其郛；麟进至泒水，为魏所败而还。

八月，丙寅朔，魏王珪徙军常山之九门。军中大疫，人畜多死，将士皆思归。珪问疫于诸将，对曰："在者才什四、五。"珪曰："此固天命，将若之何？四海之民，皆可为国，在吾所以御之耳，何患无民！"群臣乃不敢言。遣抚军大将军略阳公遵袭中山，入其郛而还。

【译文】 六月，西秦王乞伏乾归征调北河州刺史彭奚念担任镇卫将军；把镇西将军屋弘破光任命为河州牧；让定州刺史翟瑥做兴晋太守，镇守枹罕。

秋季，七月，慕容详杀死了可足浑潭。慕容详这个人喜欢喝酒，骄奢淫逸，从来不体谅士兵和百姓的疾苦，施刑屠戮也没有什么节度，所杀的王公以下的人有五百多，于是群臣都有了叛离的心意。城里的人十分饥饿处境困窘，但是慕容详仍然不允许百姓出城采稆（不经过播种而自然生长的禾类）作为食物，饿死的人尸横遍地，全城的人都计划要迎立赵王慕容麟为总大王。有一天慕容详派遣辅国将军张骧率领五千多人到常山督促租粮的运输，慕容麟从丁零部落进入张骧军中，暗中偷袭中山，当时城门没有关闭，慕容麟轻易地抓住了慕容详，并且把他杀了。慕容麟之后称帝王的尊号，听任百姓到四面八方采稆作为食物。百姓能够吃饱以后，主动请求和魏兵作战，但是慕容麟不答应，后来又沦落到穷困受饿的地步。当时北魏国君拓跋珪驻军在鲁口，秘密地派遣长孙肥率领七千名骑兵偷袭中山，进入外城；慕容麟很生气，一直追到了泒水，但是被魏兵打败，回去中山。

八月，丙寅朔日（初一），北魏国君拓跋珪把军队调到常山的九门。军中突然发生了大瘟疫，人和牲畜都死了很多，将士们都想回家。北魏国君拓跋珪询问众将军中瘟疫的情形，他们回答说："活着的人只剩下原来人数的十分之四五。"北魏国君拓跋珪说："这本来就是天意啊，我等又能怎么办呢？如今四方的百姓，都可以成为国家人才，就看我如何来统领驾驭了，何必担心我们没有百姓呢？"群臣不敢再说话。后来北魏国君拓跋珪派遣抚军大将军略阳公拓跋遵偷袭中山，进入它的外城后才返回来。

燕以辽西王农为都督中外诸军事、大司马、录尚书事。

凉散骑常侍、太常西平郭黁，善天文数术，国人信重之。会荧惑守东井，黁谓仆射王详曰：“凉之分野，将有大兵。主上老病，太子暗弱，太原公凶悍，一旦不讳，祸乱必起。吾二人久居内要，彼常切齿，将为诛首矣。田胡王乞基部落最强，二苑之人，多其旧众。吾欲与公举大事，推乞基为主，二苑之众，尽我有也。得城之后，徐更议之。”详从之。黁夜以二苑之众烧洪范门，使详为内应；事泄，详被诛，黁遂据东苑以叛。民间皆言圣人起兵，事无不成，从之者甚众。

【译文】后燕国任命辽西王慕容农担任都督中外诸军事、大司马、录尚书事。

后凉国散骑常侍、太常西平郭黁，精通天文术数，国人都十分相信并尊重他。正巧赶上荧惑星（火星的别名）守在东井，郭黁告诉仆射王详：“在后凉国分界的地方，将会有一场大的兵灾。主上年老多病，太子又昏昧懦弱，太原公吕纂平常就十分凶暴猛悍，如果有一天主上死了，祸乱就一定会发生。我们两个人长久居于朝中并且一直掌管机要的职务，他一定十分痛恨我们，所以我们将来一定会被他所杀害。田胡部落的首领王乞基最强，东苑、西苑两苑的人，大多是他的旧属。我想要和你一起发动一件大事，推选王乞基为君主，之后两苑的百姓，就完全属于我们所有了。攻占城池以后，我们再慢慢商量别的也为时不晚。”王详觉得有道理就听从了他的意见。郭黁在夜晚让两苑的众多百姓烧毁洪范门，并使王详作为内应；不料事情被泄露出去，王详被杀。郭黁因此占据了东苑公开叛变。民间都流传这是圣人发动的军事，所以事情没有不成功的，因此跟随他的人很多。

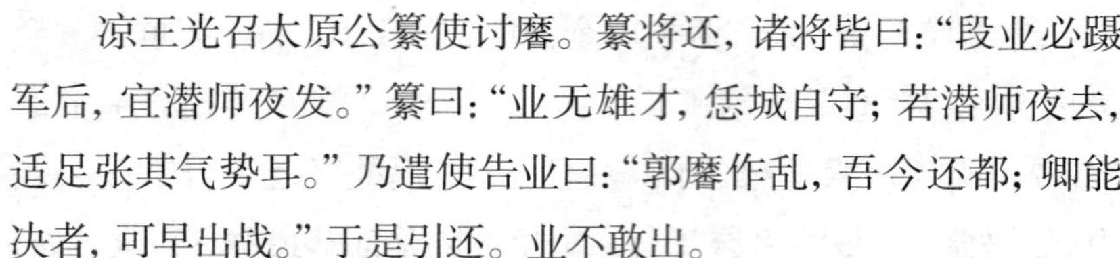

凉王光召太原公纂使讨麐。纂将还，诸将皆曰："段业必蹑军后，宜潜师夜发。"纂曰："业无雄才，恁城自守；若潜师夜去，适足张其气势耳。"乃遣使告业曰："郭麐作乱，吾今还都；卿能决者，可早出战。"于是引还。业不敢出。

纂司马杨统谓其从兄桓曰："郭麐举事，必不虚发。吾欲杀纂，推兄为主，西袭吕弘，据张掖，号令诸郡，此千载一时也。"桓怒曰："吾为吕氏臣，安享其禄，危不能救，岂可复增其难乎？吕氏若亡，吾为弘演矣！"统至番禾，遂叛归麐。弘，纂之弟也。

纂与西安太守石元良共击麐，大破之，乃得入姑臧。麐得光孙八人于东苑，及败而恚，悉投于锋上，枝分节解，饮其血以盟众，众皆掩目。

【译文】 后凉王吕光征调太原公吕纂，去讨伐郭麐。吕纂准备要回去的时候，众将都劝他说："段业一定偷偷地跟在大军的后面，所以军队应该在晚上秘密行动。"吕纂却说："段业其实并没有伟大的才华，只不过是依靠城池的险要保全自己；如果我们秘密移动军队，在晚上离去，正巧能够长了他的气势罢了。"于是派遣使者去告诉段业："郭麐如今叛乱了，我现在要回都城（指姑臧）；你如果敢决一死战，可以早一点出来作战。"于是带兵大大方方地回去，段业果然不敢出来作战。

吕纂的司马杨统告诉他的堂哥杨桓："郭麐领兵起事，一定不会仅仅是凭空而发的，所以我想要杀了吕纂，推举你作为君主，从西边侵袭吕弘，据守张掖，与此同时向各郡发号施令，这可是千载难逢的好机会呀！"可是杨桓生气地说："我是吕氏的臣子，一直安安稳稳地享受着他的俸禄，如今吕氏发生危险而我不能拯救他就算了，又怎么能再去增加他的危难呢？吕氏如果灭亡了，我就做弘演殉难！"（出自春秋时代典故，卫懿公和狄人在荧泽打仗，后来被狄人所杀，弘演挖出自己的肝来殉葬。）于是杨统一个人到番禾，背叛吕篡归附了郭麐。吕弘就是吕纂的弟弟。

吕纂和西安太守石元良一同攻打郭麐，把他打得大败，所剩军力才刚刚能够进入姑臧。郭麐在东苑俘获了后凉王吕光的八个孙子，被吕纂击败之后，心里非常愤怒怨恨，把这八个孩子全部挂在兵器的尖头，分解他们的肢体，喝他们的血来和士兵们一起联盟起誓，众人都遮住眼睛不忍心看这样的场景。

凉人张捷、宋生等招集戎、夏三千人，反于休屠城，与麐共推凉后将军杨轨为盟主。轨，略阳氐也。将军程肇谏曰："卿弃龙头而从蚍尾，非计也。"轨不从，自称大将军、凉州牧、西平公。

纂击破麐将王斐于城西，麐兵势渐衰，遣使请救于秃发乌孤。九月，乌孤使其弟票骑将军利鹿孤帅骑兵五千赴之。

秦太后虵氏卒。秦主兴哀毁过礼，不亲庶政。群臣请依汉、魏故事，即葬即吉。尚书郎李嵩上疏曰："孝治天下，先王之高事也。宜遵圣性以光道训，既葬之后，素服临朝。"尹纬驳曰："嵩矫常越礼，请付有司论罪。"兴曰："嵩忠臣孝子，有何罪乎！其一如嵩议。"

鲜卑薛勃叛秦，秦主兴自将讨之。勃败，奔没弈干，没弈干执送之。

【译文】 凉州人张捷、宋生等人共召集了三千名戎人和夏人，在休屠城想要造反。他们和郭麐一同推举后凉后将军杨轨作为盟主。杨轨是略阳的氐人。杨轨的将军程肇劝谏说："你放弃龙头这么好的条件而选择跟随在蛇尾，并不是好的计策啊。"但是杨轨不听，自称为大将军、凉州牧、西平公。

吕纂在城西击败了郭麐的部将王斐，郭麐的兵势慢慢衰弱，于是派遣使者去向秃发乌孤请求救援。九月，秃发乌孤派遣他的弟弟骠骑将军秃发利鹿孤率领骑兵五千名前去救援。

后秦国太后虵氏死后，后秦国君主姚兴哀恸过度，已经不能亲自处理国家的政事。群臣都请求能够依照汉、魏时候的旧俗，安葬以后，就改换成吉服。尚书郎李嵩上书说："凭借孝道来治理天下，是先王认为最为高尚的事，所以应该遵从天子的性情，以光大政道为教训，在安葬之后，穿素色的衣服临朝。"尹纬驳斥他说："李嵩擅自改变常有的礼道，逾越应有的礼度，请交给有司去讨论罪行。"后秦君主姚兴说："李嵩是忠臣仁义的大孝子，他有什么罪呢？大家全都必须听从李嵩的提议。"

鲜卑部落首领薛勃背叛后秦国，后秦国君主姚兴亲自带兵征讨。薛勃战败，逃到了没弈干那里，没弈干把他抓住送回后秦。

秦泫氏男姚买得谋弑秦主兴，不克而死。

秦主兴入寇湖城，弘农太守陶仲山、华山太守董迈皆降之。遂至陕城，进寇上洛，拔之。遣姚崇寇洛阳，河南太守夏侯宗之固守金墉，崇攻之不克，乃徙流民二万馀户而还。

武都氐屠飞、啖铁等据方山以叛秦，兴遣姚绍等讨之，斩飞、铁。

兴勤于政事，延纳善言，京兆杜瑾等皆以论事得显拔，天水姜龛等以儒学见尊礼，给事黄门侍郎古成诜等以文章参机密。诜刚介雅正，以风教为己任。京兆韦高慕阮籍之为人，居母丧，弹琴馀酒；诜闻之而泣，持剑求高，欲杀之，高惧而逃匿。

【译文】 后秦国泫氏男、姚买得计划杀死后秦国君主姚兴，由于失败，所以被杀死。

后秦国君主姚兴率兵入侵湖城，由于弘农太守陶仲山、华山太守董迈反抗不力都投降了。于是到达陕城之后，后秦军队继续派兵侵略上洛，把上洛也攻了下来。之后又派姚崇入侵洛阳，由于河南太守夏侯宗率兵坚固防守阵地金墉，致使姚崇攻打没有成功，因此迁徙两万多户流亡的百姓撤回。

武都的氐族人屠飞、啖铁等人占据了方山而背叛后秦国，后秦君主姚兴决定派姚绍等人讨伐他们，最后杀死了屠飞、啖铁。

后秦君主姚兴很认真地治理国家政事，要求采纳好的治国言论，京兆人杜瑾等人因为有政事才能，被显著提拔；天水人姜龛等人因为有讲儒学的才能，受到尊敬的礼遇。给事黄门侍郎古成诜等人因为善写文章，被提拔参加机密的职务。古成诜为人做事刚毅耿直，文雅方正，把风化政教当作自己的责任。京兆韦高非常羡慕阮籍的为人，曾经在为母亲服丧的时候，弹琴喝酒。古成诜听了，悲伤流泪，于是便拿着剑去找韦高，想要杀了他，韦高听到后害怕地逃走了。

【申涵煜评】 嵇阮放达，风俗日致窳败。诜闻韦高居丧饮酒弹琴，怒，欲手刃之，大有血性男子。安得借其剑？为江左诸公“杜邮之赐”。

【译文】 嵇康和阮籍不拘礼法，导致风俗日益腐败。古成诜听闻韦高在居丧期间饮酒弹琴，因而大怒，想亲手杀死他，非常有血性男子的气概。怎么借到这把剑呢？是江左诸公送的“杜邮之赐”。

中山饥甚，慕容麟帅二万馀人出据新市。甲子晦，魏王珪进军攻之。太史令晁崇曰：“不吉。昔纣以甲子亡，谓之疾日，兵家

忌之。”珪曰：“纣以甲子亡，周武不以甲子兴乎？”崇无以对。冬，十月，丙寅，麟退阻泒水。甲戌，珪与麟战于义台，大破之，斩首九千馀级，麟与数十骑驰取妻子入西山，遂奔邺。

甲申，魏克中山，燕公卿、尚书、将吏、士卒降者二万馀人。张骧、李沈等先尝降魏，复亡去；珪入城，皆赦之。得燕玺绶，图书、府库珍宝以万数，班赏群臣将士有差。追谥弟觚为秦愍王。发慕容详冢，斩其尸；收杀觚者高霸、程同，皆夷五族，以大刃剉之。

【译文】 中山城里的饥荒闹得很厉害，于是慕容麟率领两万多人出城据守新市。甲子晦日（二十九日），北魏国君拓跋珪准备进兵攻打新市。太史令晁崇对他说：“这个日子不吉祥。从前商纣王就是在甲子日亡国，因此称为疾日（不好的日子），是兵家打仗所忌讳的。”北魏国君拓跋珪反驳说：“纣王是在甲子日灭亡，那周武王姬发不就是在甲子日兴起的吗？”晁崇无言以对。冬季，十月，丙寅日（初二），慕容麟兵败退守阻隔泒水。甲戌日（初十），北魏国君拓跋珪和慕容麟交战于义台，把慕容麟打得大败，杀死了九千多人，迫使慕容麟和几十名骑兵，骑着马带着妻子儿女进入西山，最后逃奔到邺城。

甲申日（二十日），魏国攻下了中山，后燕国的公卿、尚书、将吏、士卒等投降的一共有两万多人。张骧、李沈起先曾经投降过魏国，后来又逃走了。北魏国君拓跋珪攻入城内后，全都赦免了这些人。获得后燕国的玺绶、图书、府库珍宝等一万多件，并颁发奖赏给群臣和将士们不同等级的职务。追谥他的弟弟拓跋觚为秦愍王。挖出慕容详的坟冢，斩了他的尸体；抓住了杀死拓跋觚的主谋高霸、程同等人，都诛灭五族，并用大刀切割尸体。

丁亥，遣三万骑就卫王仪，将攻邺。

秦长水校尉姚珍奔西秦，西秦王乾归以女妻之。

河南鲜卑吐秣等十二部大人，皆附于秃发乌孤。

燕人有自中山至龙城者，言拓跋涉珪衰弱，司徒德完守邺城。会德表至，劝燕主宝南还，宝于是大简士马，将复取中原。遣鸿胪鲁邃册拜德为丞相、冀州牧，南夏公候牧守皆听承制封拜。十一月，癸丑，燕大赦。十二月，调兵悉集，戒严在顿，遣将军启仑南视形势。

乙亥，慕容麟至邺，复称赵王，说范阳王德曰："魏既克中山，将乘胜攻邺，邺中虽有蓄积，然城大难固，且人心恇惧，不可守也。不如南趣滑台，阻河以待魏，伺衅而动，河北庶可复也。"时鲁阳王和镇滑台，和，垂之弟子也，亦遣使迎德，德许之。

【译文】 丁亥日（二十三日），北魏国君拓跋珪派三万多名骑兵赶到卫王拓跋仪那里，准备攻打邺城。

后秦国长水校尉姚珍逃到西秦之后，西秦王乞伏乾归把自己的女儿嫁给他做妻子。

河南鲜卑族吐秣等十二部大人，都归附到秃发乌孤手下。

后燕国有从中山到龙城的人，说北魏国君拓跋珪已年老衰弱，他们的司徒慕容德正在很严密地防守邺城。正巧此时慕容德的奏表到达了，规劝后燕国君主慕容宝回到南方，后燕国君慕容宝因此大量地选用士卒和战马，准备再次取回中原。于是派鸿胪鲁邃用诏书册封慕容德为丞相、冀州牧，南部各公侯官吏都由慕容德全权任命。十一月，癸丑日（十九日），后燕国大赦境内。十二月，后燕国调动军队，全部聚集完毕，整装待发，并派将军启仑南下视察形势。

乙亥日（十二日），慕容麟到达邺城，被人称为赵王，告诉范阳王慕容德："魏国既然已经攻下中山，必将会乘胜攻打邺城，邺城里虽然储存有粮草，可是毕竟城太大了，很难固守，而且现在人心都很恐慌，肯定不能守得住。还不如向南到滑台，阻隔河水等待魏军来临，等候好的机会，然后再发动军事，这样黄河以北应该就可以收复。"当时鲁阳王慕容和正在镇守滑台，而慕容和是后燕前君主慕容垂弟弟的儿子，也派了使者去迎接慕容德；慕容德便答应了。

资治通鉴卷第一百一十　晋纪三十二

著雍阉茂，一年。

【译文】起止戊戌（公元398年），共一年。

【题解】本卷记录了公元398年一年间东晋与各国的大事，正当晋安帝隆安二年。主要记录了拓跋珪即帝位，定国号为魏，建都平城，并建立宗庙、社稷坛，划定疆界，设置路标，统一度量衡，又制订官制，协调音律，制定礼仪，订立律令，还派使者到各地视察，检举不法行为；写了兰汗占据龙城，假意迎后燕主慕容宝北归，慕容宝最终被兰汗杀死，慕容盛发动政变杀了兰汗等人，登上帝位，内部叛乱不断，后燕政权力量极其脆弱；写了东晋将领王恭与殷仲堪、桓玄等出兵讨伐王瑜、司马尚之，刘牢之背叛王恭，致使王恭被杀，之后桓玄和杨佺期、殷仲堪结盟，共同抵抗朝廷，司马道子被迫妥协，殷仲堪仍然担任荆州刺史，杨佺期得到雍州刺史；写了凉州地区的段业击败吕光的部将吕弘，以张掖为都城，建立“北凉”等等。

安皇帝乙

隆安二年（戊戌，公元三九八年）春，正月，燕范阳王德自邺帅户四万南徙滑台。魏卫王仪入邺，收其仓库。追德至河，弗及。

赵王麟上尊号于德，德用兄垂故事，称燕王，改永康三年为元年，以统府行帝制，置百官。以赵王麟为司空、领尚书令，慕容法为中军将军，慕舆拔为尚书左仆射，丁通为右仆射。麟复谋反，德杀之。

庚子，魏王珪自中山南巡至高邑，得王永之子宪，喜曰：“王景略之孙也。”以为本州中正，领选曹事，兼掌门下。至邺，置行台，以龙骧将军日南公和跋为尚书，与左丞贾彝帅吏兵五千人镇邺。

珪自邺还中山，将北归，发卒万人〔治〕直道，自望都凿恒岭至代五百馀里。珪恐已既去，山东有变，复置行台于中山，命卫王仪镇之；以抚军大将军略阳公遵为尚书左仆射，镇勃海之合口。

【译文】 隆安二年（戊戌，公元398年）春季，正月，后燕国范阳王慕容德，从邺城率领四万多户百姓向南迁徙到滑台。魏国的卫王拓跋仪随后进入邺城，收纳了他的仓库，又追赶慕容德追到黄河，但是没有追赶上。

赵王慕容麟建议慕容德自封尊号，于是慕容德延用他哥哥后燕国君慕容垂的旧例子，仍称为燕王，改后燕永康三年为燕王元年，把原来范阳王府的建制改变为帝王建制，设置文武百官。封赵王慕容麟为司空、兼领尚书令，慕容法为中军将军，慕舆拔为尚书左仆射，丁通为右仆射。因为慕容麟又图谋造反，于是慕容德便把他杀死了。

庚子日（初七），北魏国君拓跋珪从中山向南巡游，到了高邑，寻访到王永的儿子王宪，他很高兴地说：“这是王景略（猛）的孙子。”于是便让他做本州的中正，兼领选曹（吏部尚书之职）的事情，并同时掌管门下（侍中、常侍、给事黄门之职）。到了邺城之后，又设置行台一职，封龙骧将军日南公和跋为尚书，让他和左丞贾彝一起率领官吏士兵五千多人镇守邺城。

北魏国君拓跋珪从邺城回到中山之后，准备再次回到北方，于是发动一万多名士兵开通平坦通直的道路，从望都一直开凿恒岭到代郡，全程一共五百多里。由于北魏国君拓跋珪害怕自己一旦离开，山东会发生变乱，于是在中山设置了行台，命令卫王拓跋仪镇守此地；并让抚军大将军略阳公拓跋遵担任尚书左仆射，镇守渤海的合口。

右将军尹国督租于冀州，闻珪将北还，谋袭信都；安南将军长孙嵩执国，斩之。

燕启伦还至龙城，言中山已陷；燕主宝命罢兵。辽西王农言于宝曰："今迁都尚新，未可南征，宜因成师袭库莫奚，取其牛马以充军资，更审虚实，俟明年而议之。"宝从之。己未，北行。庚申，渡浇洛水。会南燕王德遣侍郎李延诣宝，言："涉珪西上，中国空虚。"延追宝及之，宝大喜，即日引还。

辛酉，魏王珪发中山，徙山东六州吏民杂夷十馀万口以实代。博陵、勃海、章武群盗并起，略阳公遵等讨平之。

广川太守贺赖卢，性豪健，耻居冀州刺史王辅之下，袭辅，杀之，驱勒守兵，掠阳平、顿丘诸郡，南渡河，奔南燕。南燕王德以赖卢为并州刺史，封广宁王。

【译文】 右将军尹国在冀州督导粮租的时候，听说北魏国君拓跋珪将要回到北方，便设计阴谋袭击信都；被安南将军长孙嵩抓住，最后把他杀死了。

后燕国启伦回到龙城后，说中山已经沦陷了。后燕国君主慕容宝命令停兵。辽西王慕容农告诉后燕国君慕容宝："现在迁都才不久，不可以向南征讨，应该利用所集结的军队，去偷袭库莫奚，然后夺取他们的牛马来补充我们军队的物资粮草，另外详细考察敌方力量的虚实，等到明年再行商议具体计划。"后燕国君慕容宝听从了他的意见。己未日（二十六日），军队向

北方前进。庚申日（二十七日），渡过了浇洛水，正巧赶上南燕君主慕容德派遣侍郎李延来晋见后燕国君慕容宝，追到这里说："北魏国君拓跋珪已向西至云、代两地，因此整个中原力量十分空虚。"后燕国君慕容宝听到这些话，非常高兴，当天就带领军队回去了。

辛酉日（二十八日），北魏国君拓跋珪从中山出发，迁移山东六州的官吏、百姓、杂夷等十多万人去补充填实代郡的力量。致使博陵、渤海、章武等地成群的盗匪纷纷肆虐兴起，但最后略阳公拓跋遵等人率兵把他们讨平了。

广川太守贺赖卢，性情豪爽，身姿雄健，认为自己屈居在冀州刺史王辅的下位是一种耻辱，于是偷袭王辅，把他杀了，并驱使勒逼防守的士兵，强行掠夺阳平、顿丘各郡，向南渡过黄河，投奔到南燕。南燕君主慕容德让贺赖卢担任并州刺史，并封他为广宁王。

西秦王乾归遣乞伏益州攻凉支阳、鹯武、允吾三城，克之，虏万馀人而去。

燕主宝还龙城宫，诏诸军就顿，不听罢散，文武将士皆以家属随驾。辽西王农、长乐王盛切谏，以为："兵疲力弱，魏新得志，未可与敌，宜且养兵观衅。"宝将从之，抚军将军慕舆腾曰："百姓可与乐成，难与图始。今师众已集，宜独决圣心，乘机进取，不宜广采异同以沮大计。"宝乃曰："吾计决矣，敢谏者斩！"二月，乙亥，宝出就顿，留盛统后事。己卯，燕军发龙城，慕舆腾为前军，司空农为中军，宝为后军，相去各一顿，连营百里。

【译文】 西秦王乞伏乾归派遣乞伏益州攻打后凉国的支阳、鹯武、允吾三城，并全都攻了下来，俘虏了一万多人之后才离去。

后燕国君主慕容宝回到龙城的宫里之后，下诏命令各军停驻下来，不采纳解散的意见，文武将士大都是带着家属跟随御驾。辽西王慕容农、长乐王慕容盛很真切地规劝上谏，认为士兵们已经很疲惫，力量也很衰弱，魏国刚刚得意，此时不可以和他们为敌，我们应该暂时休养军队，等待时机。后燕国君慕容宝准备要听从他们意见的时候，抚军将军慕舆腾反驳说："老百姓可以很快乐地和他们一起享受胜利的成果，却很难和他们一同计划开创新的局面。既然现在军队已经聚集在了一起，天子就应该独断决定，趁机进攻，不应该采纳各种不同的意见，来扰乱整体大的计划。"后燕国君慕容宝因此说："现在我的计策已经决定，如果有人敢来劝谏，我就杀死他。"二月，乙亥日（十三日），后燕国君慕容宝离开皇宫，进驻兵营，留下慕容盛统一掌管留下之后的一切事情。己卯日（十七日），后燕国的军队从龙城出发，由慕舆腾负责前军，司空慕容农负责中军，后燕国君慕容宝负责后军，三人前后相距各有三十里，军营前后连接大约有一百里。

壬午，宝至乙连，长上段速骨、宋赤眉等因众心之惮征役，遂作乱。速骨等皆高阳王隆旧队，共逼立隆子高阳王崇为主，杀乐浪威王宙、中牟熙公段谊及宗室诸王。河间王熙素与崇善，崇拥佑之，故独得免。燕主宝将十馀骑奔司空农营，农将出迎，左右抱其腰，止之，曰："宜小清澄，不可便出。"农引刀将斫之，遂出见宝，又驰信追慕舆腾。癸未，宝、农引兵还趣大营，讨速骨等。农营兵亦厌征役，皆弃仗走，腾营亦溃。宝、农奔还龙城。长乐王盛闻乱，引兵出迎，宝、农仅而得免。

会稽王道子忌王、殷之逼，以谯王尚之及弟休之有才略，引为腹心。尚之说道子曰："今方镇强盛，宰相权轻，宜密树腹心于外以自藩卫。"道子从之，以甚司马王愉为江州刺史，都督江州及豫州之四郡军事，用为形援，日夜与尚之谋议，以伺四方之隙。

【译文】 壬午日（二十日），后燕国君慕容宝到达乙连后，长上（九品武官）段速骨、宋赤眉等人利用众人都已害怕征战的心理发动兵乱造反。段速骨等人都曾经是高阳王慕容隆以前的旧部，还曾共同逼迫过慕容隆的儿子高阳王慕容崇当君主，并且还杀死了乐浪威王慕容宙、中牟熙公段谊，以及其他宗室各王。河间王慕容熙由于平时和慕容崇的交情甚好，因而慕容崇很是保护他，所以也只有他幸免于难。后燕国君主慕容宝带领十几名骑兵逃奔到司空慕容农的军营，慕容农刚准备要出去迎接他，却被左右的人死命抱住他的腰并制止他说："你应该稍为等待，不可鲁莽，等事实澄清分明以后才能出去见他们，现在是不可以随便出去的。"于是慕容农拿刀准备要砍杀他们，他们才不得不放手。慕容农于是出去接见后燕国君慕容宝，而后燕国君慕容宝又派使者骑快马去追赶慕舆腾。癸未日（二十一日），后燕国君慕容宝、慕容农带兵回到军营，准备讨伐段速骨等人。但是慕容农军营的士兵早已厌恶征战，都纷纷丢下兵器逃走了，而慕舆腾的军营也已溃败。最后后燕国君慕容宝、慕容农不得不逃回龙城。长乐王慕容盛一听说发生变乱，立马带兵出来迎接他们，所以后燕国君慕容宝、慕容农因此能够幸免于难。

会稽王司马道子一直忌恨王恭、殷仲堪对他的逼迫，觉得谯王司马尚之和他的弟弟司马休之有过人的才干谋略，所以一直把他们当作自己最亲信的人。司马尚之建议司马道子说："当下各地藩镇力量都非常强大，宰相的权力反倒很微弱，您应该在外地的要职上安置自己最亲信的人，以此作为自己的藩屏护卫。”于是司马道子听从他的意见，让他的司马王愉做江州刺史，掌管都督江州及豫州的四郡军事大权，以此作为自己形势上的接援，他从早到晚地与司马尚之谋划商议，来窥伺四方各地的间隙。

魏王珪如繁畤宫，给新徙民田及牛。

珪畋于白登山，见熊将数子，谓冠军将军于栗磾曰：“卿名勇健，能搏此乎？”对曰：“兽贱人贵，若搏而不胜，岂不虚毙一壮士乎！”乃驱致珪前，尽射而获之。珪顾谢之。

秀容川酋长尔朱羽健从珪攻晋阳、中山有功，拜散骑常侍，环其所居，割地三百里以封之。

柔然数侵魏边，尚书中兵郎李先请击之。珪从之，大破柔然而还。

杨轨以其司马郭纬为西平相，帅步骑二万北赴郭麐。秃发（独）〔乌〕孤遣其弟车骑将军傉檀帅骑一万助轨。轨至姑臧，营于城北。

【译文】 北魏国君拓跋珪到了繁畤宫后，给新迁徙来的百姓田地和耕牛让他们安居乐业。

北魏国君拓跋珪在白登山打猎的时候，看见一只熊带领几个熊子，于是对冠军将军于栗磾说：“听说卿的名气，十分勇敢健壮，那你能和这只熊打斗吗？”于栗磾回答说：“兽类是卑贱的，人类尊贵无比，如果人和兽打斗却不能取胜，那岂不是白白死掉一个壮士吗？”于是便把熊全都赶到北魏国君拓跋珪的面前，并用箭全部射倒，因而俘获了熊，北魏国君拓跋珪回头向他道歉。

秀容川部落的酋长尔朱羽健曾跟随北魏国君拓跋珪攻打晋阳、中山，立下很大的功劳，于是北魏国君拓跋珪任命他为散骑常侍，并在围绕他所住的地方的周围割了三百里作为赐给他的封地。

柔然曾好几次侵犯魏国的边界扰民不安，尚书中兵郎李先请求攻击他们。北魏国君拓跋珪便听从了他的意见，李先带兵将柔然打得大败，获胜而归。

杨轨任命他的司马郭纬为西平相，率领两万多名步兵和骑兵，向北到达郭黁所在的地方。于是秃发乌孤立马派他的弟弟车骑将军秃发傉檀率领一万名骑兵赶去帮助杨轨。杨轨到了姑臧之后，将军营驻扎在城的北边。

燕尚书顿丘王兰汗阴与段速骨等通谋，引兵营东城之东。城中留守兵至少，长乐王盛徙内近城之民，得丁夫万馀，乘城以御之。速骨等同谋才百馀人，馀皆为所驱胁，莫有斗志。三月，甲午，速骨等将攻城，辽西桓烈王农恐不能守，且为兰汗所诱，夜，潜出赴之，冀以自全。明旦，速骨等攻城，城上拒战甚力，速骨之众死者以百数。速骨乃将农循城，农素有忠节威名，城中之众恃以为强，忽见在城下，无不惊愕丧气，遂皆逃溃。速骨入城，纵兵杀掠，死者狼籍。宝、盛与慕舆腾、馀崇、张真、李旱、赵恩等轻骑南走。速骨幽农于殿内。长上阿交罗，速骨之谋主也，以高阳王崇幼弱，更欲立农。崇亲信鬷让、出力犍等闻之，丁酉，杀罗及农。速骨即为之诛让等。农故吏左卫将军宇文拔亡奔辽西。

【译文】后燕国尚书顿丘王兰汗在暗中和段速骨等人共同密谋商量，带兵扎营在龙城的东边。由于城里留下的防守兵力非常之少，于是长乐王慕容盛便迁移靠近龙城的百姓到城里，得到一万多名壮丁，让他们登上城楼防御入侵。而段速骨等人的同谋，却只有一百多人，其余的人都是被他们用政策威胁逼迫的，毫无战斗的心志。三月，甲午日（初二），段速骨等人准备要攻夺龙城，辽西桓烈王慕容农怕自己防守不住，同时又被兰汗引诱，夜晚，便暗中偷出城门到他那里投降，以此希望保全自己。第二天天亮的时候，段速骨等人率兵攻城，城上士兵抵抗非常顽强，段速骨的部下死了一百多人。段速骨于是带领慕容农在城下游行，慕容农素来有忠诚节守的好名声，城里也一直把他当作精神支柱，忽然看见他在城下，无不感到惊奇沮丧，于是都纷纷逃跑溃散。段速骨进入城里之后，放纵自己的士兵肆意杀人抢掠，城里尸横遍野。后燕国君慕容宝、慕容盛和慕舆腾、馀崇、张真、李旱、赵恩等人骑着快马向南逃走。段速骨把慕容农幽禁在殿里。长上阿交罗，是段速骨的主要谋臣，认为高阳王慕容崇年纪较小，体弱无力，便想要改立慕容农。而慕容崇的亲信鬷让、出力犍等人听到了这个消息，丁酉日（初五），立马杀死阿交罗和慕容农。而段速骨又替他们杀死鬷让等人。此时慕容农从前的官吏左卫将军宇文拔逃命跑到了辽西。

庚子，兰汗袭击速骨，并其党尽杀之。废崇，奉太子策，承制大赦，遣使迎宝，(从)〔及〕于蓟城。宝欲还，长乐王盛等皆曰："汗之忠诈未可知，今单骑赴之，万一汗有异志，悔之无及。不如南就范阳王，合众以取冀州；若其不捷，收南方之众，徐归龙都，亦未晚也。"宝从之。

离石胡帅呼延铁、西河胡帅张崇等不乐徙代，聚众叛魏，魏安远将军庾岳讨平之。

魏王珪召见王仪入辅，以略阳公遵代镇中山。夏，四月，壬戌，以征虏将军穆崇为太尉，安南将军长孙嵩为司徒。

【译文】 庚子日（初八），兰汗偷袭段速骨，他以及他的同党全都被杀。并废掉慕容崇，拥护太子慕容策为皇上，大赦境内，派遣使者迎接后燕国君慕容宝到蓟城。后燕国君慕容宝想要回去，但是长乐王慕容盛等人都对他说："兰汗现在是忠诚还是奸诈，我们都还不知道，你现在一个人骑马前往，万一兰汗有叛逆杀你的心，我们后悔可就来不及了。还不如到南方与范阳王会合，联合他部属的力量攻取冀州；如果不能获得胜利，就收纳南方的部属，然后再慢慢地回到龙城，到那时也还不会太晚。"后燕国君慕容宝于是就听从了他们的建议。

离石胡人部落的首领呼延铁、西河胡人部落首领张崇等人由于不愿意迁徙到代郡，便聚合部属力量背叛魏国，但是北魏国安远将军庾岳将他们讨伐平定了。

北魏国君拓跋珪下诏命令卫王拓跋仪到朝中辅佐自己，让略阳公拓跋遵代理镇守中山，夏季，四月，壬戌日（初一），让征虏将军穆崇为太尉，安南将军长孙嵩担任司徒。

燕主宝从间道过邺，邺人请留，宝不许。南至黎阳，伏于河西，遣中黄门令赵思告北地王钟曰："上以二月得丞相表，即时南征，至乙连，会长上作乱，失据来此。王亟白丞相奉迎！"钟，德之从弟也，首劝德称尊号，闻而恶之，执思付狱，以状白南燕王德。德谓群下曰："卿等以社稷大计，劝吾摄政；吾亦以嗣帝播越，民神乏主，故权顺群议以系众心。今天方悔祸，嗣帝得还，吾将具法驾奉迎，谢罪行阙，何如？"黄门侍郎张华曰："今天下大乱，非雄才无以宁济群生。嗣帝暗懦，不能绍隆先统。陛下若蹈匹夫之节，舍天授之业，威权一去，身首不保，况社稷其得血食乎!”慕舆护曰:“嗣帝不达时宜,委弃国都,自取败亡,不堪多难,亦已明矣。昔蒯聩出奔,卫辄不纳,《春秋》是之。以子拒父犹可,况以父拒子乎!今赵思之言,未明虚实,臣请为陛下驰往诇之。”德流涕遣之。

【译文】 后燕国君主慕容宝从小路经过邺城的时候,邺城的人想请他留下来,但是后燕国君慕容宝没有答应。后燕国君慕容宝向南到达黎阳后,隐匿埋伏在黄河的西边,并派跟随他的中黄门令赵思赶去告诉北地王慕容钟:“皇上因为在二月的时候得到了丞相(指慕容德)的奏表,于是便立刻向南征伐,到达乙连后,正巧赶上长上叛乱,因而失去依靠而到了你们这里,你赶快去告诉你们的丞相出来恭奉迎接!”因为慕容钟是南燕君主慕容德的堂弟,是最先劝告慕容德称尊号的,听了赵思说的话后,心里很是不高兴,于是便把他抓了起来,关在监狱里,并上奏告诉南燕君主慕容德。南燕君主慕容德得到消息后便告知群臣:“你们因为国家发展大计,劝告我出面代理朝政;而我也因为继任的皇帝远走他乡到别的地方,这里百姓的心灵缺少主心骨,所以暂时想顺从大家的建议从而来维系众人的心理。现在上天已经后悔曾经降祸给后燕国,所以使继任的皇帝能够回来,我准备安排专属天子的车驾去恭奉迎接天子,大家觉得怎么样呢?”黄门侍郎张华回答说:“如今天下大乱,不是杰出的人才,根本不能安宁天下拯济百姓。大家都知道继任的皇帝昏庸懦弱,根本不能继承先辈的传统。陛下如果想践行普通人的忠贞节操,舍弃上天交授给你的大业,威权一旦离手,你的生命可就不保啊,那样的话国家还能继续生存强大吗?”慕舆护也说:“继任的皇帝根本不能通达时务,他丢弃自己的国都,这是他自取败亡的命运,他不能承受如此多的苦难,这在我们看来也是很明显的事。从前蒯聩逃走后，卫辄不肯接纳他回去，《春秋》里却认为这是非常对的。以儿子拒绝父亲，尚且是可以的，更何况是以父亲拒绝儿子呢！况且现在赵思说的话，我们还不知道是真是假，请求陛下让我去刺探一下虚实。”南燕君主慕容德感动得流着眼泪派他去了。

护帅壮士数百人，随思而北，声言迎卫，其实图之。宝既遣思诣钟，于后得樵者，言德已称制，惧而北走。护至，无所见，执思以还。德以思练习典故，欲留而用之，思曰：“犬马犹知恋主，思虽刑臣，乞还就上。”德固留之，思怒曰：“周室东迁，晋、郑是依。殿下亲则叔父，位为上公，不能帅先群后以匡帝室，而幸本根之倾，为赵王伦之事，思虽不能如申包胥之存楚，犹慕龚君宾不偷生于莽世也！”德斩之。

【译文】 慕舆护率领壮士几百人，跟随赵思向北走去，表面上说是迎接保护后燕国君慕容宝，实际上是准备趁机把后燕国君慕容宝杀掉。后燕国君慕容宝派赵思拜访慕容钟，赵思走后，他偶然间听樵夫说南燕君主慕容德早就已经称帝，就害怕地急着向北逃走。慕舆护跟着赵思到了原来后燕国君慕容宝所在的地方后，根本没有看到后燕国君慕容宝的踪迹，他愤怒地抓住赵思回去了。南燕君主慕容德觉得赵思熟习典故，有点才能，便想要留他为自己所用，但赵思毫不领情地说：“狗和马尚且知道怀念主人，我赵思虽然只是一名小小的宦官，但还是乞求希望能够回去皇上（慕容宝）身边服侍。”南燕君主慕容德坚持想挽留他，没想到赵思却生气地说：“当年周朝东迁，晋国、郑国是依靠的力量。殿下你亲为皇上的叔父，地位位居上公，不在群王之中率先替皇上匡复帝业，反而庆幸国家的根基倾覆，做出晋朝赵王司马伦篡晋这样反叛的事，我赵思虽然不能像申包胥那样保全楚国，但是非常仰慕汉代龚君宾不在王莽时代苟且偷生的忠贞义气啊！”于是南燕君主慕容德把他杀了。

宝遣扶风忠公慕舆腾与长乐王盛收兵冀州，盛以腾素暴横，为民所怨，乃杀之。行至巨鹿、长乐，说诸豪杰，皆愿起兵奉宝。宝以兰汗祀燕宗庙，所为似顺，意欲还龙城，不肯留冀州，乃北行。至建安，抵民张曹家。曹素武健，请为宝合众，盛亦劝宝宜且驻留，察汗情状。宝乃遣冗从仆射李旱先往见汗，宝留顿石城。会汗遣左将军苏超奉迎，陈汗忠款。宝以汗燕王垂之舅，盛之妃父也，谓必无它，不待旱返，遂行。盛流涕固谏，宝不听，留盛在后，盛与将军张真下道避匿。

【译文】 后燕国君慕容宝派扶风忠公慕舆腾和长乐王慕容盛在冀州整理军队兵力，慕容盛因为慕舆腾在平时太过残暴横逆，被当地百姓所怨恨，于是便把他杀死以平民愤。走到巨鹿、长乐，又极力游说各路英雄豪杰，使他们都愿意起兵奉迎帮助后燕国君慕容宝。后燕国君慕容宝因为兰汗虔诚地祭祀后燕国的宗庙，觉得他的作为好像很是忠顺，意思像是想回到龙城，不肯留在冀州，于是便向北走。到达建安，住在平民张曹的家。张曹是个很勇武健壮的人，自动请求替后燕国君慕容宝纠合民众壮大势力，慕容盛也劝告后燕国君慕容宝先暂时停驻留下来，仔细留心观察兰汗的情形。后燕国君慕容宝于是便派随从仆射李旱先去探看兰汗，而他自己则停留在石城。此时正巧兰汗派他的左将军苏超前来恭奉迎接后燕国君慕容宝，并极力说明兰汗对后燕国君慕容宝的忠诚。而后燕国君慕容宝也因为兰汗是父王慕容垂的舅舅，又是慕容盛的岳父，所以觉得他一定没有别的用心，于是没有等到李旱回来就启程了。而慕容盛则痛苦流泪坚持劝谏，但后燕国君慕容宝就是不听，把慕容盛留在后面，最后慕容盛和将军张真从小路逃匿。

丁亥，宝至索莫汗陉，去龙城四十里，城中皆喜。汗惶怖，欲自出请罪，兄弟共谏止之。汗乃遣弟加难帅五百骑出迎，又遣兄堤闭门止仗，禁人出入。城中皆知其将为变，而无如之何。加难见宝于陉北，拜谒已，从宝俱进。颍阴烈公馀崇密言于宝曰："观加难形色，祸变甚逼，宜留三思，奈何径前！"宝不从。行数里，加难先执崇，崇大呼骂曰："汝家幸缘肺腑，蒙国宠荣，覆宗不足以报。今乃敢谋篡逆，此天地所不容，计旦慕即屠灭，但恨我不得手脍汝曹耳！"加难杀之。引宝入龙城外邸，弑之。汗谥宝曰灵帝，杀献哀太子策及王公卿士百馀人，自称大都督、大将军、大单于、昌黎王，改元青龙。以堤为太尉，加难为车骑将军，封河间王熙为辽东公，如杞、宋故事。

【译文】 丁亥日（二十六日），后燕国君慕容宝到达索莫汗陉，此时距离龙城只有四十里，城里的人听到这个消息后都非常高兴。而兰汗此时却是非常惶恐害怕，便想要自己亲自出城请罪，但他的兄弟却一同劝告阻止他。兰汗于是便派弟弟兰加难领着五百名骑兵出城迎接后燕国君慕容宝；又派哥哥兰堤及时关闭城门，禁止携带武器，不许百姓出入龙城。城里的人见状都知道兰汗准备图谋发动政变，可是却也无可奈何。兰加难在索莫汗陉的北面见到后燕国君慕容宝，拜谒的礼仪完毕之后，便跟随后燕国君慕容宝的队伍一同前进。颍阴烈公馀崇见势不妙便向后燕国君慕容宝暗中说话，他说："我看兰加难的形貌脸色，感觉灾祸政变已经很逼近，你应该停留下来三思啊，怎么能一直往前走呢？”但是后燕国君慕容宝没有听从他的意见。走了数里路后，兰加难便面露本色先抓住馀崇，馀崇大声骂他说：“你们家侥幸能攀附朝廷的亲戚，蒙受国家的宠幸与殊荣，你们覆灭宗族都不足以报答。而现在你们竟然敢阴谋篡位叛逆，这简直是天地都不能容许的，我预测短时间内你们很快就会被消灭，只是愤恨悲痛到时我不能亲手杀你们啊！”兰加难把他杀了。接着带领后燕国君慕容宝进入龙城的外城，把他也给杀死了。之后兰汗给后燕国君慕容宝追封谥号为灵帝，并残杀献哀太子慕容策和王公卿士一共一百多人，自称为大都督、大将军、大单于、昌黎王，并改年号为青龙。让兰堤为太尉，加难担任车骑将军，封河间王慕容熙为辽东公，像周武王封夏的后嗣于杞、殷的后嗣于宋的情形那样。

长乐王盛闻之，驰欲赴哀；张真止之。盛曰：“我今以穷归汗。汗性愚浅，必念婚姻，不忍杀我。旬月之间，足以展吾情志。”遂往见汗。汗妻乙氏及盛妃皆泣涕请盛于汗，盛妃复顿头于诸兄弟。汗恻然哀之，乃舍盛于宫中，以为侍中、左光禄大夫，亲待如旧。堤、加难屡请杀盛，汗不从。堤骄很荒淫，事汗多无礼，盛因而间之。由是汗兄弟浸相嫌忌。

【译文】 长乐王慕容盛听到这个消息之后，急着想要赶去奔丧；但张真极力阻止他。慕容盛说：“我现在是因为穷困而归附兰汗，但是兰汗性情愚昧浅陋，一定会体念我和他是亲戚的关系，不忍心杀我，十天或一月的时间，足够我伸展我的豪情壮志了。”因此便前去会见兰汗。兰汗的妻子乙氏以及慕容盛的妃子都痛哭流涕地为慕容盛向兰汗说情，而慕容盛的妃子更是向各个兄弟磕头求清。兰汗于是不忍心杀他，觉得他可怜便把他

安置在宫中，让他做侍中、左光禄大夫，待他还是像从前那样亲切。兰堤、兰加难屡次请求想杀死慕容盛，但是兰汗一直不答应。兰堤平时为人做事骄矜凶狠，荒淫无度，事奉兰汗时多半不讲礼貌礼仪，慕容盛便因此趁机离间他们。从此使兰汗兄弟之间逐渐互相猜忌起了疑心。

凉太原公纂将兵击杨轨，郭麐救之，纂败还。

段业使沮渠蒙逊攻西郡，执太守吕纯以归。纯，光之弟子也。于是，晋昌太守王德、燉煌太守赵郡孟敏皆以郡降业。业封蒙逊为临池侯，以德为酒泉太守，敏为沙州刺史。

六月，丙子，魏王珪命群臣议国号。皆曰："周、秦以前，皆自诸侯升为天子，因以其国为天下号。汉氏以来，皆无尺土之资。我国家百世相承，开基代北，遂抚有方夏，今宜以代为号。"黄门侍郎崔宏曰："昔商人不常厥居，故两称殷、商；代虽旧邦，其命惟新，登国之妆，已更曰魏。夫魏者，大名，神州之上国民，宜称魏如故。"珪从之。

【译文】 后凉国太原公吕纂率领军队攻打杨轨，郭麐及时救助杨轨，吕纂战败而回。

段业命沮渠蒙逊攻打西郡时，把太守吕纯抓了回来。因为吕纯是后凉王吕光的侄子，所以晋昌太守王德、敦煌太守赵郡人孟敏都纷纷举郡投降于段业。段业于是封沮渠蒙逊为临池侯，让王德担任酒泉太守，孟敏担任沙州刺史。

六月，丙子日（十六日），北魏国君拓跋珪命令群臣商议决定国号。群臣都说："周朝、秦朝以前，都是从诸侯升到天子的，因此都以他的国名来作为天下的称号。自汉室以来，夺取天下的人都没有一尺土地作为资本和凭借。我们国家百代相承，从代郡的北边开始统一天下的基业，于是如今已拥有四方中夏，所以今天就应该以代作为我们国家的称号。”黄门侍郎崔宏说：“从前商朝人不常在他们住的地方，因此都有两个称号，分别是殷和商，代郡虽然曾是旧的邦国，但是现在已接受天命成为新的天子，在成立国家的初年，已经改名为魏。‘魏’这个字，是一个含有美好伟大之意的名称，在战国时代，魏国为大国，所以应该像从前一样称魏国。”北魏国君拓跋珪于是便听从了他的意见。

杨轨自恃其众，欲与凉王光决战，郭麐每以天道抑止之。凉常山公弘镇张掖，段业使沮渠男成及王德攻之；光使太原公纂将兵迎之。杨轨曰：“吕弘精兵一万，若与光合，则姑臧益强，不可取矣。”乃与秃发利鹿孤共邀击纂，纂与战，大破之；轨奔王乞基。麐性褊急残忍，不为士民所附，闻轨败走，降西秦。西秦王乾归以为建忠将军、散骑常侍。

弘引兵弃张掖东走，段业徙治张掖，将追击弘。沮渠蒙逊谏曰：“归师勿遏，穷寇勿追，兵家之戒也。”业不从，大败而还，赖蒙逊以免。业城西安，以其将臧莫孩为太守。蒙逊曰：“莫孩勇而无谋，知进不知退；此乃为之筑冢，非筑城也！”业不从，莫孩寻为吕纂所破。

【译文】杨轨自恃人多势众，便想要和后凉王吕光决战，郭麐每次都以天道不利来制止他。后凉国常山公吕弘镇守张掖的时候，段业命令沮渠男成和王德去攻打他；后凉王吕光便派太原公吕纂带兵去迎战。杨轨说：“吕弘有一万名精良的士兵，如果他和后凉王吕光的队伍结合，则姑臧的力量就更强大了，到时就不能取到手了。”于是便和秃发利鹿孤带兵一同迎击吕纂，

吕纂和他们作战，把他们打得大败；杨轨不得不逃奔王乞基。而郭麐性情狭隘急躁，并且十分残忍，不被士兵百姓所拥戴，听说杨轨已经失败逃走，便投降西秦。西秦王乞伏乾归让他做建忠将军、散骑常侍。

吕弘丢弃了张掖带兵向东走，段业便把自己的都城迁到张掖，准备去追击吕弘。沮渠蒙逊急忙劝谏他说："已经回去的军队不要阻止，已经到穷途的敌人不要追赶，这是兵家打仗的大忌。"段业没有听从他的意见，结果大败而回，幸好碰上沮渠蒙逊才免于一死。段业修筑西安城，让他的将领臧莫孩为太守。沮渠蒙逊说："臧莫孩这个人勇敢却无谋略，知道进取却不知道退守；你这是替他筑坟墓，而不是替他筑城呀！"段业不采纳他的意见，臧莫孩不久就被吕纂打败。

燕太原王奇，楷之子，兰汗之外孙也，汗亦不杀，以为征南将军，得入见长乐王盛。盛潜使奇逃出起兵。奇起兵于建安，众至数千，汗遣兰堤讨之。盛谓汗曰："善驹小儿，未能办此，岂非有假托其名欲为内应者乎！太尉素骄，难信，不宜委以大众。"汗然之，罢堤兵，更遣抚军将军仇尼慕将兵讨奇。

【译文】 后燕国太原王慕容奇是慕容楷的儿子，也是兰汗的外孙，兰汗也没有杀他，反而让他做了征南将军。慕容奇经常有机会见到长乐王慕容盛，慕容盛暗中让慕容奇逃出去起兵反抗。于是慕容奇在建安起兵，其部属多到数千人，兰汗立马派兰堤去讨伐他。慕容盛却告诉兰汗："慕容奇只是个小孩子，应该没有能力做这事，难道是有人想假借他的名义，去做内应吗？太尉兰堤平时很骄傲，让人很难信任他，不应该在这时将大军委交给他。"兰汗觉得慕容盛说得有理，便罢除了兰堤的兵力，另外派遣抚军将军仇尼慕带兵去讨伐慕容奇。

于是，龙城自夏不雨至于秋七月，汗日诣燕诸庙及宝神座顿首祷请，委罪于兰加难。堤及加难闻之，怒，且惧诛。乙巳，相与帅所部袭仇尼慕军，败之。汗大惧，遣太子穆将兵讨之。穆谓汗曰："慕容盛，我之仇雠，必与奇相表里，此乃腹心之疾，不可养也，宜先除之。"汗欲杀盛，先引见，察之。盛妃知之，密以告盛，盛称疾不出，汗亦止不杀。

【译文】 因为龙城从夏季开始一直到秋季七月都没有下雨，于是兰汗天天到后燕国各个庙和后燕国君慕容宝的神位前磕头祈祷下雨，把所有的罪过推卸给了兰加难。兰堤和兰加难听了这事之后非常生气，但又怕被他杀死，乙巳日（十五日），兰堤和兰加难决定一同率领军队去偷袭仇尼慕的军队，最终他们把仇尼慕给打败了。兰汗非常害怕，派太子兰穆带兵讨伐兰堤和兰加难。兰穆告诉兰汗："慕容盛是我们的仇敌，一定和慕容奇互为表里，他们内外相应，这是我们的心腹之患，不可以留下来，所以我们应该先把他除掉。"兰汗想要杀慕容盛，就先和他见面，观察他的虚实。慕容盛的妃子知道了这件事，便暗中派人去告诉慕容盛，慕容盛知道兰汗他们的计策之后推说生病不能出去相见，于是兰汗也只能算了，决定先不杀慕容盛。

李旱、卫双、刘忠、张豪、张真，皆盛素所厚也，而穆引以为腹心，旱、双得出入至盛所，潜与盛结谋。丁未，穆击堤、加难等，破之。庚戌，飨将士，汗、穆皆醉，盛夜如厕，因逾垣入于东宫，与旱等共杀穆。时军未解严，皆聚在穆舍，闻盛得出，呼跃争先，攻汗，斩之。汗子鲁公和、陈公扬分屯令支、白狼，盛遣旱、真袭诛之。堤、加难亡匿，捕得，斩之。于是，内外帖然，士女相庆。宇文拔帅壮士数百来赴，盛拜拔为大宗正。

辛亥，告于太庙，令曰："赖五祖之休，文武之力，宗庙社稷幽而复显。不独孤以眇眇之身免不同天之责，凡在臣民皆得明目当世。"因大赦，改元建平。盛谦不敢称尊号，以长乐王摄行统制。诸王皆降称公，以东阳公根为尚书左仆射，卫伦、阳璆、鲁恭、王滕为尚书，悦真为侍中，阳哲为中书监，张通为中领军，自馀文武各复旧位。改谥宝曰惠闵皇帝，庙号烈宗。

【译文】 李旱、卫双、刘忠、张豪、张真，他们这几个人都是慕容盛平时很宽厚对待的人，而兰穆也把他们几个当作最亲信的人一般，李旱、卫双俩人能够自由出入慕容盛的住所，暗中和慕容盛联合偷偷制定谋略。丁未日（十七日），兰穆去攻打兰堤、兰加难等人，最后结果是兰穆把他们打败了。庚戌日（二十日），兰汗设宴宴飨将士，兰汗和兰穆俩人都喝醉了，而慕容盛晚上借口去上厕所，爬过城墙，进入东宫，和李旱等人汇合一同杀死了兰穆。当时外面的军队还没有完全解除戒备，官兵都聚集在兰穆的官舍，听说慕容盛能够安全出来，都高兴地欢叫起来，争相要去攻打兰汗的军队，最终把兰汗杀死了。兰汗的两个儿子鲁公兰和与陈公兰扬，分别派兵屯驻在令支、白狼两地，慕容盛派李旱、张真去袭击他们，并把他们也都杀死了。兰堤、兰加难得知消息后逃走躲藏起来，但最终还是被慕容盛抓到，然后都被慕容盛下令杀了。从此之后内外都很安定，男女老少相互庆贺。同时宇文拔也率领壮士数百人来归附慕容盛，慕容盛便封赏宇文拔为大宗正。

辛亥日（二十一日），慕容盛向太庙祭祀祷告，颁下诏令说："我们是依赖五位先祖的福气，文武百官的力量，使我们的宗庙国家从幽暗中走出来而又再度彰显光明。这一切不只是我以自己微小的身体免除了不共戴天的责任，所有的臣民们也都能够在当今这个世上而无愧了。”因此下令大赦，并改年号为建平。而慕容盛谦虚不敢自称尊号，只是以长乐王的身份代理执行统制管理的职责。各路诸王也都降职拜称为公，让东阳公慕容根做尚书左仆射，卫伦、阳璆、鲁恭、王滕做尚书，悦真做侍中，阳哲做中书监，张通做中领军，其余的文武官员各自恢复以前的职位。并把后燕国君慕容宝的谥号改为惠闵皇帝，庙号为烈宗。

初，太原王奇举兵建安，南、北之民翕然从之。兰汗遣其兄子全讨奇，奇击灭之，匹马不返，进屯乙连。盛既诛汗，命奇罢兵。奇用丁零严生、乌桓王龙之谋，遂不受命，甲寅，勒兵三万馀人进至横沟，去龙城十里。盛出击，大破之，执奇而还，斩其党百馀人，赐奇死，桓王之嗣遂绝。群臣固请上尊号，盛弗许。

魏王珪迁都平城，始营宫室，建宗庙，立社稷。宗庙岁五祭，用分、至及腊。

【译文】起初，太原王慕容奇在建安起兵的时候，南北各地的人听闻消息也都很高兴地归附他。兰汗派他的侄子兰全去讨伐慕容奇，而慕容奇把兰全打败了，兰全的军队一匹马都没有回去，接着慕容奇进兵驻扎在乙连。慕容盛既然已经杀死了兰汗，于是命令慕容奇停止作战。但慕容奇采用丁零人严生、乌桓人王龙的计谋，不接受慕容盛的命令，甲寅日（二十四日），慕容奇率领士兵三万多人进军到横沟，距离龙城十里。慕容盛下令出兵攻击他，把慕容奇打败了，并抓住慕容奇把他押回城里，慕容盛下令杀死慕容奇的党徒一百多人，然后赐慕容奇自杀，桓王慕容恪的后嗣也因此而断绝。群臣一再上书请求他称帝皇的尊号，慕容盛却一直不给予回应。

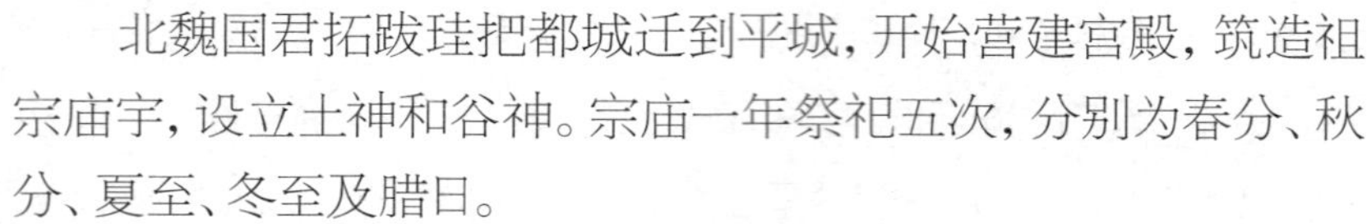

北魏国君拓跋珪把都城迁到平城，开始营建宫殿，筑造祖宗庙宇，设立土神和谷神。宗庙一年祭祀五次，分别为春分、秋分、夏至、冬至及腊日。

桓玄求为广州。会稽王道子忌玄，不欲使居荆州，因其所欲，以玄为督交、广二州军事、广州刺史；玄受命而不行。豫州刺史庾楷以道子割其四郡使王愉督之，上疏言："江州内地，而西府北带寇戎，不应使愉分督。"朝廷不许。楷怒，遣其子鸿说王恭曰："尚之兄弟复秉机权，过于国宝，欲假朝威削弱方镇，惩艾前事，为祸不测。今及其谋议未成，宜早图之。"恭以为然，以告殷仲堪、桓玄。仲堪、玄许之，推恭为盟主，刻期同趣京师。

【译文】 东晋桓玄上奏请求担任广州刺史，会稽王司马道子忌妒桓玄的才能，不愿意让他继续住在荆州，于是就顺着他的愿望，让他监督巡查交广两州的军事担任广州刺史一职；桓玄接受了命令却不去就任。豫州刺史庾楷因为司马道子割掉他的四个郡交给王愉掌管，向朝廷上奏章说："江州是重要的地界，而西府向北边境与贼寇戎球相接，所以不应该由王愉分开督导。"朝廷不答应庾楷的请求。庾楷很生气，派他的儿子庾鸿告诉王恭："司马尚之兄弟这一次又抓住了权力，超过了王国宝，他想要假借朝廷的威势削弱藩镇诸侯的力量，如果我们把以前发生的事情作为警戒的话，这一定会成为祸患的，而且灾难是难以预测的，我们现在应该趁他们的计谋还没有成熟，早一点想办法解决这件事。"王恭同意他的看法，便去告诉了殷仲堪、桓玄两人。殷仲堪、桓玄同意他们的想法，并一致推举王恭担任盟主，约定好时间一同前往京城。

时内外疑阻，津逻严急，仲堪以斜绢为书，内箭簳中，合镝漆之，因庾楷以送恭。恭发书，绢文角戾，不复能辨仲堪手书，疑楷诈为之，且谓仲堪去年已违期不赴，今必不动，乃先期举兵。司马刘牢之谏曰："将军，国之元舅；会稽王，天子叔父也。会稽王又当国秉政，向为将军戮其所爱王国宝、王绪，又送王廞书，其深伏将军已多矣。顷所援任，虽未允惬，亦非大失。割庾楷四郡以配王愉，于将军何损！晋阳之甲，岂可数兴乎！"恭不从，上表请讨王愉、司马尚之兄弟。

【译文】 当时朝廷内外都互相猜疑阻遏不断，船只停靠的渡口，士兵巡逻很是严密紧急，殷仲堪用斜绢写成信，把它装在了箭杆里面，和箭镞一同涂上一样颜色的漆，通过庾楷把信送交给了王恭。王恭打开这封信，写在绢角上的文字因为皱折而有些模糊，不再能够辨别到底是不是殷仲堪亲手写的字，王恭怀疑这封信是庾楷伪造的，而且他认为殷仲堪去年已经违背了约定没有来赴约，所以现在一定不会再出动，于是决定先行起兵。司马刘牢之对王恭劝谏说："将军，您是晋朝的伯舅，而会稽王，他是天子的叔父。并且会稽王又在朝廷上掌管了军政大权，从前为了安抚将军而杀死他所喜爱的王国宝、王绪两人，又把王廞写给他的指控您的书信送给了您，畏惧您的表象已经非常多了。我知道最近上面颁下授予的任命，虽然不是很令人满意，不过也没有太大的过失。上面割让庾楷的四个郡分配给王愉，这件事对将军来说又有什么损失呢！再说以晋阳的军力，怎么可以多次发动战争呢？"王恭不听他的话，依然上奏章请求派兵讨伐王愉和司马尚之兄弟。

道子使人说楷曰："昔我与卿，恩如骨肉，帐中之饮，结带之言，可谓亲矣。卿今弃旧交，结新援，忘王恭畴昔陵侮之耻乎！若欲委体而臣之，使恭得志，必以卿为反覆之人，安肯深相亲信！首身且不可保，况富贵乎！"楷怒曰："王恭昔赴山陵，相王忧惧无计，我知事急，寻勒兵而至，恭不敢发。去年之事，我亦俟命而动。我事相王，无相负者。相王不能拒恭，反杀国宝及绪，自尔已来，谁敢复为相王尽力者！庾楷实不能以百口助人屠灭。"时楷已应恭檄，正征士马。信返，朝廷忧惧，内外戒严。

会稽世子元显言于道子曰："前不讨王恭，故有今日之难。今若复从其欲，则太宰之祸至矣。道子不知所为，悉以事委元显，日饮醇酒而已。元显聪警，颇涉文义，志气果锐，以安危为己任。附会之者，谓元显神武，有明帝之风。

【译文】 司马道子派人告诉庾楷："从前我和你之间，恩情就像骨肉一样，我们在军帐中喝酒，说像结带一样坚实的话，可以说是很亲了。你现在抛弃以前的交情，结交认识了新的援助你的朋友，所以你忘了王恭从前欺侮过你，给你的耻辱吗？如果你想要屈辱自己而向他称臣的话，让王恭得意洋洋，他一定会把你当成是反复不定的人，又怎么肯对你更加亲信呢？这样的话你的生命尚且不一定能保得住，更何况是荣华富贵呢！"庾楷生气地说："王恭从前把军队带到京城里去，这使相王非常担心害怕，不知道该怎么办才好，我知道事情很危急之后，便立刻带兵赶到京城，王恭才不敢对京城发兵。去年的事情，我也是在等待了命令后才行动的。我侍奉相王左右，没有对不起相王的地方。而相王在不能抵抗王恭的时候，反而杀死了王国宝和王绪，从那时以来，又有谁还敢再为相王尽心尽力呢？庾楷实在不能够把全家人的性命都交托给别人去屠杀消灭。”当时庾楷已经答应遵循王恭的檄文，正在征调军队。信送回去之后，朝廷十分忧心畏惧他们，所以立即下令内外都加强戒备。

会稽王世子司马元显告诉司马道子：“我们从前不征讨王恭，所以才有了今天的祸难。今天如果我们再放纵他的欲望，那么太宰（指司马道子）的灾祸就要到了。”司马道子不知道自己应该如何做，就把事情完全委托交付给司马元显，自己每天只是尽情地饮用美酒而已。司马元显这个人做人聪明机警，颇晓得一些文章义理，他的志气很大，果敢勇锐，把国家的安危作为自己的责任。归顺投靠他的人，认为司马元显非常神勇威武，有明帝司马绍的风范。

殷仲堪闻恭举兵，自以去岁后期，乃勒兵趣发。仲堪素不习为将，悉以军事委南郡相杨佺期兄弟，使佺期帅舟师五千为前锋，桓玄次之，仲堪帅兵二万，相继而下。佺期自以其先汉太尉震至父亮，九世皆以才德著名，矜其门地，谓江左莫及。有以比王珣者，佺期犹恚恨。而时流以其晚过江，婚宦失类，佺期及兄广、弟思平、从弟孜敬皆粗犷，每排抑之。佺期常慷慨切齿，欲因事际以逞其志，故亦赞成仲堪之谋。

八月，佺期、玄奄至湓口，王愉无备，惶遽奔临川，玄遣偏军追获之。

【译文】殷仲堪听说王恭发兵了，而自己去年晚了赴约的时间，因此立刻带兵很快地跟着他出发了。殷仲堪平时不习惯带兵，军中的事情全部委托给了南郡守相杨佺期兄弟，他让杨佺期率领水军五千名士兵做前锋，桓玄带兵跟在后面，而殷仲堪自己率领两万名士兵，紧跟他们而去。杨佺期自己认为他的祖先

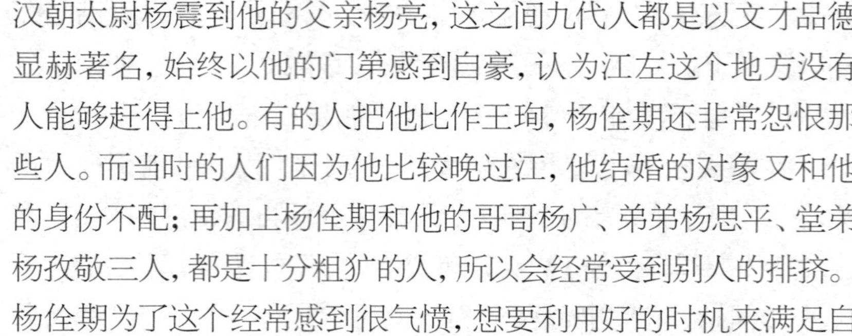

汉朝太尉杨震到他的父亲杨亮，这之间九代人都是以文才品德显赫著名，始终以他的门第感到自豪，认为江左这个地方没有人能够赶得上他。有的人把他比作王珣，杨佺期还非常怨恨那些人。而当时的人们因为他比较晚过江，他结婚的对象又和他的身份不配；再加上杨佺期和他的哥哥杨广、弟弟杨思平、堂弟杨孜敬三人，都是十分粗犷的人，所以会经常受到别人的排挤。杨佺期为了这个经常感到很气愤，想要利用好的时机来满足自己的心愿志向，所以也赞成殷仲堪他们的计谋。

八月，杨佺期、桓玄两人带着军队一下子打到了湓口，王愉此时没有一点戒备，只能仓皇逃跑到临川，桓玄知道王愉逃跑后，立即派侧面的军队去追赶他，最后把他给俘获。

燕以河间公熙为侍中、车骑大将军、中领军、司隶校尉，城阳公元为卫将军。元，宝之子也。又以刘忠为左将军，张豪为后将军，并赐姓慕容氏。李旱为中常侍、辅国将军，卫双为前将军，张顺为镇西将军、昌黎尹，张真为右将军；皆封公。

乙亥，燕步兵校尉马勤等谋反，伏诛；事连票骑将军高阳公崇、崇弟东平公澄，皆赐死。

宁朔将军邓启方、南阳太守闾丘羡将兵二万击南燕，与南燕中军将国法、抚军将军和战于管城，启方等兵败，单骑走免。

魏王珪命有司正封畿，标道里，平权衡，审度量；遣使循行郡国，举奏守宰不法者，亲考察黜陟之。

【译文】 后燕国让河间公慕容熙担任侍中、车骑大将军、中领军、司隶校尉这些官职，让城阳公慕容元做卫将军。慕容元，是后燕国君慕容宝的儿子。又让刘忠担任左将军，让张豪做后将军，并且御赐给他们慕容的姓氏。让李旱担任中常侍和辅国将军，卫双做前将军，张顺做镇西将军和昌黎尹，张真做右将军，而且把他们都封为公爵。

乙亥日（十五日），后燕国步兵校尉马勤等人设计阴谋要造反，结果被杀；这件事情还连累了骠骑将军高阳公慕容崇和慕容崇的弟弟东平公慕容澄，慕容盛赐他们自杀。

东晋宁朔将军邓启方、南阳太守闾丘羡带领两万名士兵去攻打南燕，他们的军队和南燕中军将军慕容法、抚军将军慕容和的军队在管城相遇交战，邓启方等人的军队被慕容法等人的军队打败了，邓启方一个人骑马逃走了。

北魏国君拓跋珪命令官吏们修订规整国都附近地方的范围，明确标注显示出道路的位置，确定出轻重度量的标准；北魏国君拓跋珪还派使者到郡国周围去巡查监视，把不遵守国家法律规定的守宰检举上奏出来，由他亲自考核他的功过，再判定官员官位的升降。

九月，辛卯，加会稽王道子黄钺，以世子元显为征讨都督，遣卫将军王珣、右将军谢琰将兵讨王恭，谯王尚之将兵讨庾楷。

乙未，燕以东阳公根为尚书令，张通为左仆射，卫伦为右仆射，慕容豪为幽州刺史，镇肥如。

己亥，谯王尚之大破庾楷于牛渚，楷单骑奔桓玄。会稽王道子以尚之为豫州刺史，弟恢之为票骑司马、丹杨尹，允之为吴国内史，休之为襄城太守，各拥兵马以为己援。乙巳，桓玄大破官军于白石。玄与杨佺期进至横江，尚之退走，恢之所领水军皆没。丙午，道子屯中堂，元显守石头，己酉，王珣守北郊，谢琰屯宣阳门，以备之。

【译文】九月，辛卯日（初二），东晋朝廷赏赐会稽王司马道子黄钺，让他的世子司马元显做征讨叛军的都督，另外还派卫将军王珣、右将军谢琰率领军队去讨伐王恭，谯王司马尚之带领士兵去讨伐庾楷。

乙未日（初六），后燕国让东阳公慕容根担任尚书令，张通做左仆射，卫伦做右仆射，慕容豪担任幽州刺史，镇守在肥如。

己亥日（初十），谯王司马尚之在牛渚把庾楷打败了，最后庾楷一个人骑着马逃到桓玄那里。会稽王司马道子任命司马尚之担任豫州刺史，他的弟弟司马恢之担任骠骑司马和丹阳尹，让司马允之担任吴国内史，司马休之担任襄城太守，让他们各自都拥有兵马作为自己的援助。乙巳日（十六日），桓玄在白石打败了朝廷派来的军队。桓玄和杨佺期两人进兵到横江，司马尚之被打败了而撤退逃走，司马恢之所带领的水军也都全军覆没。丙午日（十七日），司马道子进军驻扎在中堂，司马元显驻守石头，己酉日（二十日），王珣防守在北郊，谢琰带兵屯驻在宣阳门严加戒备。

王恭素以才地陵物，既杀王国宝，自谓威无不行，仗刘牢之为爪牙而但以部曲将遇之，牢之负其才，深怀耻恨。元显知之，遣庐江太守高素说牢之，使叛恭，许事成即以恭位号授之；又以道子书遗牢之，为陈祸福。牢子谓其子敬宣曰：“王恭昔受先帝大恩，今为帝舅，不能翼戴王室，数举兵向京师，吾不能审恭之志，事捷之日，必能为天子相王之下乎？吾欲奉国威灵，以顺讨逆，何如？”敬宣曰：“朝廷虽无成、康之美，亦无幽、厉之恶；而恭恃其兵威，暴蔑王室。大人亲非骨肉，义非君臣，虽共事少时，意好不协，今日讨之，于情义何有！”恭参军何澹之知其谋，以告恭。

【译文】王恭一直凭借着自己的才华傲视欺凌别人，因为已经杀死了王国宝，所以认为自己是十分威风的，没有什么是自己行不通的事，王恭依靠刘牢之，把他作为自己手下的爪牙，却只是用小小的部将的待遇对待他而已，刘牢之对自己的才华很自负，深深地觉得很羞耻，对王恭感到很怨恨。司马元显知道这个消息后，派庐江太守高素去游说刘牢之，让他背叛王恭，并答应他事情成功以后用王恭的名位尊号授予奖励他；又拿出会稽王司马道子的信送给刘牢之，向他说明了好处与坏处。刘牢之告诉他的儿子刘敬宣："王恭从前受过先帝的大恩，现在是皇上的舅父，却不能在兵强马壮的时候拥戴保护王室，多次举兵向京师进军，我不能明白王恭的心意，如果在事情成功的时候，他还能继续处在天子、相王以下的职位吗？我想要奉守尊承国家的神威和旨意，用正当的理由去讨伐叛逆，你认为怎么样呢？"刘敬宣说："朝廷虽然不像周成王姬诵、周康王姬钊在位时期一样美好，却也没有像周幽王姬宫涅、周厉王姬胡在位时那样凶恶；而王恭依仗军队的威势，粗暴地轻蔑王室。父亲与他并没有骨肉之间的亲情，也没有君臣之间的道义，虽然曾经和他一起在朝廷里工作过一段时间，但感情不是太好，意见喜好等都不一样，今天我们去征讨他的话，哪有什么情义可以讲呢？"王恭的参军何澹之知道了刘牢之的计谋之后，立刻去告诉了王恭。

恭以澹之素与牢之有隙，不信。乃置酒请牢之，于众中拜之为兄，精兵坚甲，悉以配之，使帅帐下督颜延为前锋。牢之至竹里，斩延以降；遣敬宣及其婿东莞太守高雅之还袭恭。恭方出城曜兵，敬宣纵骑横击之，恭兵皆溃。恭将入城，雅之已闭

城门。恭单骑奔曲阿，素不习马，髀中生疮。曲阿人殷确，恭故吏也，以船载恭，将奔桓玄，至长塘湖，为人所告，获之，送京师，斩于倪塘。恭临刑，犹理须鬓，神色自若，谓临刑者曰："我暗于信人，所以至此；原其本心，岂不忠于社稷邪！但令百世之下知有王恭耳。"并其子弟党与皆死。以刘牢之为都督兖、青、冀、幽、并、徐、扬州晋陵诸军事以代恭。

【译文】 王恭由于知道何澹之平时和刘牢之之间有些矛盾，不太相信他说的话。因此依然准备了酒席来招待刘牢之，并在许多人面前拜他为哥哥，还把精良的军队和坚锐的武器，全部配备给他，让他率领帐下的都督颜延担任前锋。可刘牢之成功到达了竹里之后，下令杀死了颜延然后投降朝廷；并派出他的儿子刘敬宣和他的女婿东莞太守高雅之一起回击王恭。此时王恭刚刚出城来炫耀自己的兵威，而刘敬宣率领骑兵猛然来袭击，让王恭的军队全部都溃逃败退。王恭立即准备要进城，而高雅之已经关闭了城门。最后王恭只能一个人骑着马逃到了曲阿，因为他平时不太习惯骑马，所以腿股都被马摩擦得生出了疮。曲阿人殷确，是王恭以前的部属，他用船载着王恭逃走，准备要让他投奔到桓玄那里去，但他们到了长塘湖之后，被人给告发，结果被抓，然后把他送到了京师，朝廷下令在倪塘把他杀死。王恭在自己快要被行刑的时候，还在整理他的胡须鬓毛，神情自如，还告诉监刑的人："我不擅长信任别人，所以才到今天这个地步；我的内心，哪里是不忠心于国家呢？我只希望在百世以后，还能有人知道有我王恭这个人罢了。"跟随他的子弟党徒们一同被下令处死。东晋朝廷任命刘牢之担任都督兖青冀幽并扬诸州晋陵各地的军事，来代替王恭。

【申涵煜评】 称兵以清君侧，非豪杰则奸雄所为。庸妄之人未有不落人机彀者。王恭为刘牢之所卖，死而不悔。临刑自理须鬓，何其愚也。即使事捷，亦必不能匡扶帝室。

【译文】 号称起兵是为了“清君侧”，不是豪杰就是奸雄所做的事情。平庸狂妄的人没有不落入别人圈套里的。王恭被刘牢之所出卖，至死也没有后悔他的初衷。在临刑前亲自梳理胡须和鬓发，多么愚蠢。他这样的人纵然取得战役的胜利，也一定不能够匡扶东晋帝室。

俄而杨佺期、桓玄至石头，殷仲堪至芜湖。元显自竹里驰还京师，遣丹杨尹王恺等发京邑士民数万人据石头以拒之。佺期、玄等上表理王恭，求诛刘牢之。牢之帅北府之众驰赴京师，军于新亭；佺期、玄见之失色，回军蔡洲。朝廷未知西军虚实，仲堪等拥众数万，充斥郊畿，内外忧逼。

左卫将军桓修，冲之子也，言于道子曰：“西军可说而解也，修知其情矣。殷、桓之下，专恃王恭，恭既破灭，西军沮恐。今若以重利啖玄及佺期，二人必内喜；玄能制仲堪，佺期可使倒戈，取仲堪矣。”道子纳之，以玄为江州刺史。召郗恢为尚书，以佺期代恢为都督梁、雍、秦三州诸军事、雍州刺史。以修为荆州刺史，权领左卫文武之镇，又令刘牢之以千人送之。黜仲堪为广州刺史，遣仲堪叔父太常茂宣诏，敕仲堪回军。

【译文】 不久，杨佺期和桓玄一起到了石头，殷仲堪到了芜湖。而此时司马元显立即从竹里骑快马回到了京师，派遣丹杨尹王恺等人发动京城里的几万名百姓坚持据守在石头顽强抵抗军队的进攻。杨佺期和桓玄等人向朝廷呈上奏章想要为王恭讨一个公道，并请求诛杀刘牢之。刘牢之率领北府的军队也很快赶到了京师，并驻军在新亭。杨佺期和桓玄看见刘牢之的军

队之后，都感到很害怕，他们都变了脸色，决定把军队调回到蔡洲。朝廷里的人不知道西面军队的实力怎样，殷仲堪等人又拥有几万名的士兵，充塞在京城的近郊，此时是内忧和外患同时逼近。

左卫将军桓修是桓冲的儿子，他告诉司马道子："西面的军队可以通过让人游说而让他们解除，而且我知道其中的情形。殷仲堪和桓玄的部下，完全依仗着王恭，而王恭既然已经被杀，那西面的军队就会感到沮丧惶恐。所以现在如果拿着厚重的利益诱惑桓玄和杨佺期两人，那么两人一定心里都很高兴。桓玄能够制伏殷仲堪，而且杨佺期又可以使桓玄反叛擒拿殷仲堪。"司马道子采纳了桓修的意见，让桓玄担任江州刺史。下诏任命郗恢为尚书，让杨佺期代替郗恢监督巡查梁雍秦三州的所有军事，并担任雍州刺史。让桓修担任荆州刺史，代替管理左卫将军府的文武官员下属，又命令刘牢之派一千人护送桓修。下令贬殷仲堪为广州刺史，派殷仲堪的叔父太常殷茂去宣布诏令，并命令殷仲堪马上撤回军队。

【乾隆御批】 恭初以疾恶威胁朝廷，已如夺蹊田之牛身陷不义，至国宝等既诛，自谓威无不行，动辄举兵向阙，小人无忌惮孰甚于此？而以欲忠社稷自解，其谁欺？百世之下知有王恭，亦所谓遗臭万年耳。

又：王恭以讨国宝为名，即杀国宝，刘牢之杀恭即令代恭，欲元等取仲堪即授之江雍，欲仲堪罢兵即还以荆益。晋政不纲至此极矣。前此，王敦、苏峻、桓温等虽奸雄，久蓄异志，尚不能暗干。至是桓玄以一狂妄少年，不劳而窃神器，可见国是益非则逆谋益易逞，理势必然。足为千古炯戒。

【译文】 王恭起初以憎恨坏人坏事来威胁朝廷，如同夺取田间小路上的牛一样自身陷入不义的境地，等到王国宝等人伏诛，王恭就自称威势没有到不了的地方，动不动就发兵对抗朝廷，小人肆无忌惮的事情谁还能超过他呢？而他却以忠于社稷来自我辩解，那能欺骗谁呢？百世之后知道王恭，也是人们所说的遗臭万年而已。

又：王恭以讨伐王国宝为名，朝廷就杀王国宝，刘牢之杀王恭就让他代理王恭的职务，朝廷想让桓玄等人攻取殷仲堪就授给他们江雍二州，想让殷仲堪退兵就还给他荆州益州。晋朝政事混乱已达极点了。在此之前，王敦、苏峻、桓温等人虽为奸雄，很早就藏有造反的意志，还不能这样干政。到此时桓玄以一个狂妄少年的身份，不劳而获窃取权力，可见国家的政事越是荒谬则叛逆谋反就越容易得逞，道理和发展趋势上都必然如此。这实在是千古以来明显的鉴戒。

张骧子超收合三千馀家据南皮，自号乌桓王，抄掠诸郡。魏王珪命庾岳讨之。

杨轨屯廉川，收集夷、夏，众至万馀。王乞基谓轨曰："秃发氏才高而兵盛，且乞基之主也，不如归之。"轨乃遣使降于西平王乌孤。轨寻为羌酋梁饥所败，西奔僁海，袭乙弗鲜卑而据其地。乌孤谓群臣曰："杨轨、王乞基归诚于我，卿等不速救，使为羌人所覆，孤甚愧之。"平西将军浑屯曰："梁饥无经远大略，可一战擒也。"

【译文】 张骧的儿子张超召集三千多人据守在南皮，自称乌桓王，抢劫夺取各郡。北魏国君拓跋珪知道后命令庾岳带兵去讨伐他。

杨轨带兵驻扎在廉川，收留容纳汉族和其他民族的百姓，人数多到一万多人。王乞基告诉杨轨："秃发氏的才智很高而且

兵力很强，同时他也是我王乞基的主上，我们还不如去归顺于他。”杨轨觉得这个主意不错，所以派遣使者去向西平王秃发乌孤投降。杨轨不久被羌族部落首领梁饥打败，然后他向西逃奔到傫海，带兵偷袭乙弗鲜卑然后据守在那个地方。秃发乌孤告诉群臣：“杨轨和王乞基向我归顺，你们不赶快去救援他，以至于使他（指杨轨）被羌人打败，我觉得很惭愧。”平西将军浑屯说：“梁饥这个人没有管理军队的大谋略，所以打一仗就能把他抓住。”

饥进攻西平，西平人田玄明执太守郭幸而代之，以拒饥，遣子为质于乌孤。乌孤欲救之，群臣惮饥兵强，多以为疑。左司马赵振曰：“杨轨新败，吕氏方强，洪池以北，未可冀也，岭南五郡，庶几可取。大王若无开拓之志，振不敢言；若欲经营四方，此机不可失也。使羌得西平，华、夷震动，非我之利也。”乌孤喜曰：“吾亦欲乘时立功，安能坐守穷谷乎！”乃谓群臣曰：“梁饥若得西平，保据山河，不可复制。饥虽骁猛，军令不整，易破也。”遂进击饥，大破之。饥退屯龙支堡。乌孤进攻，拔之，饥单骑奔浇河，俘斩数万，以田玄明为(四)〔西〕平内史。乐都太守田瑶、湟河太守张裯、浇河太守王稚皆以郡降，岭南羌、胡数万落皆附于乌孤。

西秦王乾是遣秦州牧益州、武卫将军慕兀、冠军将军翟瑥帅骑二万伐吐谷浑。

【译文】 梁饥进攻西平，西平人田玄明抓住了太守郭幸，自己代理太守一职，来抵抗梁饥的进攻，并派他的儿子给秃发乌孤做人质希望得到援助。秃发乌孤知道后想要去救助田玄明，群臣因为害怕梁饥的兵力强大，都表示出犹豫的态度。左司马赵振说："杨轨刚刚才战败给梁饥，吕氏正是非常强大的时候，洪池以北的地方，我们不可能有希望得到了，而岭南五郡，我们差不多可以拿到手。大王如果没有开拓疆土的心意，我赵振就不敢说话；但如果大王想要经营管理四方，这个机会我们绝对不能错过。如果让羌人得到西平，汉人和夷人都会受到震动，这不利于我们的利益。"秃发乌孤很高兴地说："我也想要利用这个时机来建立功业，怎么能够坐守在这个穷困的山谷呢？"于是秃发乌孤告诉群臣："梁饥如果得到了西平，占据山河为屏障，我们就无法再制伏他。梁饥这个人虽然骁勇威猛，但是他们的军队号令不整齐统一，所以我们可以很容易地击败他。"于是秃发乌孤下令进兵攻击梁饥，最后把他打得大败。梁饥败退驻守在龙支堡。秃发乌孤继续进攻梁饥的军队，把龙支堡也打了下来，最后梁饥一个人骑着马逃到了浇河，他的军队被俘虏和被杀死的有几万人。秃发乌孤让田玄明担任西平内史。乐都太守田瑶、湟河太守张稠和浇河太守王稚三人都献出郡城投降，岭南的几万个羌族、胡人部落都归附于秃发乌孤。

西秦王乞伏乾归派秦州牧乞伏益州、武卫将军慕兀、冠军将军翟瑥率领骑兵两万名去攻打吐谷浑。

冬，十月，癸酉，燕群臣复上尊号，丙子，长乐王盛始即皇帝位，大赦，尊皇后段氏曰皇太后，太妃丁氏曰献庄皇后。初，兰汗之当国也，盛从燕主宝出亡，兰妃奉事丁后愈谨。及汗诛，盛以妃当从坐，欲杀之；丁后以妃有保全之功，固争之，得免，然终不为后。

大赦。

【译文】 冬季，十月，癸酉日（十四日），后燕国群臣又向慕容盛呈上尊号让他称帝，丙子日（十七日），长乐王慕容盛登上皇位，下令大赦，尊奉皇后段氏为皇太后，太妃丁氏为献庄皇后。起初，兰汗掌管政权的时候，慕容盛跟随后燕国君主慕容宝逃亡在外，兰妃侍候丁后十分尊敬谨慎。等到兰汗被杀之后，慕容盛认为兰妃应当与兰汗一起论罪，所以想要杀了兰妃；丁后因为兰妃曾经有保全他们母子的功劳，坚持向慕容盛争取放过她，最后兰妃才得以免去死罪，但是始终不能够成为皇后。

东晋实行大赦。

殷仲堪得诏书，大怒，趣桓玄、杨佺期进军。玄等喜于朝命，欲受之，犹豫未决。仲堪闻之，遽自芜湖南归，遣使告谕蔡洲军士曰："汝辈不各自散归，吾至江陵，尽诛汝馀口。"佺期部将刘系帅二千人先归。玄等大惧，狼狈西还，追仲堪至寻阳，及之。仲堪既失职，倚玄等为援，玄等亦资仲堪兵，虽内相疑阻，势不得不合。乃以子弟交质，壬午，盟于寻阳，俱不受朝命，连名上疏申理王恭，求诛刘牢之及谯王尚之，并诉仲堪无罪，独被降黜。朝廷深惮之，内外骚然。乃复罢桓修，以荆州还仲堪，优诏慰谕，以求和解，仲堪等乃受诏。御史中丞江绩劾奏桓修专为身计，疑误朝廷，诏免修官。

【译文】 殷仲堪得到诏书之后，非常生气，催促桓玄和杨佺期两人赶快向朝廷进兵。而桓玄等人很高兴朝廷的任命，想要接受任命，所以一直犹豫不定。殷仲堪听了这个消息之后，很快从芜湖向南撤退，并派遣使者告诉蔡洲的军士："你们如果不各自解散回家，我到了江陵以后，就把你们留在江陵的家人全部杀掉。"听到这件事之后杨佺期的部将刘系率领两千人就先回去了。桓玄等人非常害怕，也十分狼狈地向西撤军，马上去追赶殷仲堪，一直到了寻阳才追赶上。殷仲堪在失去职位以后，一直依靠着桓玄等人的援助，而桓玄等人也一直在利用殷仲堪的军队，虽然他们内部自相猜测怀疑，阻碍困难不断，但是他们迫于形势不得不结合起来，于是就互相用自己的子弟作为人质。壬午日（二十三日），殷仲堪和桓玄等人在寻阳缔结盟约。他们都不接受朝廷的任命，再次联名向朝廷呈上奏章为王恭申辩说理，还请求杀死刘牢之和谯王司马尚之两人，并且申诉说明殷仲堪没有犯罪，却被降官贬职。朝廷非常害怕殷仲堪和桓玄他们的势力，内外都受到了惊动。于是又只好罢免桓修，把荆州还给殷仲堪，并下诏特别抚慰晓谕，希望能够得到和解，殷仲堪等人于是接受了这份诏令。御史中丞江绩上奏书弹劾桓修只为自己的利益着想，导致延误了朝廷的计划，然后朝廷下诏免除了桓修的官位。

初，桓玄在荆州，所为豪纵。仲堪亲党皆劝仲堪杀之，仲堪不听。及在寻阳，资其声地，推玄为盟主，玄愈自矜倨。杨佺期为人骄悍，玄每以寒士裁之，佺期甚恨，密说仲堪以玄终为患，请于坛所袭之。仲堪忌佺期兄弟勇健，恐既杀玄，不可复制，苦禁之。于是，各还所镇。玄亦知佺期之谋，阴有取佺期之志，乃屯于夏口，引始安太守济阴卞范之为长史以为谋主。是时，诏书独不赦庾楷，玄以楷为武昌太守。

【译文】 起初，桓玄在荆州的时候，为人做事非常骄横放纵、肆无忌惮，所以殷仲堪的亲近党徒都劝说殷仲堪把桓玄杀死，可殷仲堪不听他们的劝说。等到桓玄在寻阳的时候，官员们借着他的声威门第，推举他做了盟主，他便更加骄矜倨傲了。杨佺期为人十分骄傲勇悍，桓玄常常因为他出身寒困而抑制他，

杨佺期为此非常怨恨桓玄，然后暗中告诉殷仲堪桓玄的为人，认为桓玄最后一定会成为祸患，请求在结盟的高坛上，把他给杀死。殷仲堪妒忌畏惧杨佺期兄弟的勇敢雄健，害怕杀死桓玄之后，不能够再制伏他们兄弟，所以苦苦劝阻杨佺期。因此他们各自都又回到了自己镇守的地方。桓玄也知道了杨佺期的阴谋，暗中有消灭杨佺期的打算，于是派兵屯驻在夏口，推荐任用始安太守济阴人卞范之担任长史，作为主要的谋臣。当时，诏书里唯独不赦免庾楷，所以桓玄让庾楷担任武昌太守。

初，郗恢为朝廷拒西军，玄未得江州，欲夺恢雍州，以恢为广州。恢闻之，惧，询于众，众皆曰："杨佺期来者，谁不戮力；若桓玄来，恐难与为敌。"既而闻佺期代己，乃与闾丘羡谋阻兵拒之。佺期闻之，声言玄来入沔，以佺期为前驱。恢众信之，望风皆溃，恢请降。佺期入府，斩闾丘羡，放恢还都，至杨口，殷仲堪阴使人杀之，及其四子，托言群蛮所杀。

【译文】起初，郗恢替朝廷抵抗西部殷仲堪的部队，桓玄没有能够得到江州，所以他想要夺取郗恢的雍州，然后把广州给郗恢。郗恢听了以后，非常害怕，向众人询问计策，众人都说："如果是杨佺期来的话，谁不会尽力呢？但如果是桓玄来的话，恐怕我们很难和他为敌了。"后来郗恢听说是杨佺期来代替自己，于是和闾丘羡商议阻挡他的军队一起抵抗他。杨佺期听了这个消息后，便传话说是桓玄要到沔地来，让杨佺期担任先锋。郗恢的部属们相信了这个话，听到风声全部都溃散败退，于是郗恢只能向杨佺期请求投降。杨佺期到了郗恢的府里之后，下令杀死闾丘羡，然后把郗恢放回都城。但是当郗恢到了杨口，殷仲堪便暗中派人把他以及他的四个儿子都杀死了，还假托是一群蛮人所杀。

西秦乞伏益州与吐谷浑王视罴战于度周川，视罴大败，走保白兰山，遣子宕岂为质于西秦以请和，西秦王乾归以宗女妻之。

凉建武将军李鸾以兴城降于秃发乌孤。

十一月，以琅邪王德文为卫将军、开府仪同三司，征虏将军元显为中领军，领军将军王雅为尚书左仆射。

辛亥，魏王珪命尚书吏部郎邓渊立官制，协音律，仪曹郎清河董谧制礼仪，三公郎王德定律令，太史令晁崇考天象，吏部尚书崔宏总而裁之，以为永式。渊，羌之孙也。

杨轨、王乞基帅户数千自归于西平王乌孤。

【译文】 西秦乞伏益州和吐谷浑王视罴在度周川交战，视罴被打败，只好逃到白兰山以求自保，然后视罴派他的儿子宕岂到西秦去做人质，向西秦求和，西秦王乞伏乾归把宗室的女儿嫁给了宕岂做妻子。

后凉国建武将军李鸾用兴城作为礼物向秃发乌孤投降。

十一月，东晋朝廷任命琅邪王司马德文为卫将军、开府仪同三司，让征虏将军司马元显担任中领军，领军将军王雅担任尚书左仆射。

辛亥日（二十三日），北魏国君拓跋珪下诏命令尚书吏部郎邓渊制订官制，协调皇室的音乐，仪曹郎清河人董谧制定礼仪规则，三公郎王德制订律令条文，太史令晁崇考察确定天象，吏部尚书崔宏总管这些事而加以判决裁定，最后再作为永久的制度。邓渊，是邓羌的孙子。

杨轨和王乞基率领数十户百姓亲自归附了西平王秃发乌孤。

十二月，己丑，魏王珪即皇帝位，大赦，改元天兴。命朝野皆束发加帽；追尊远祖毛以下二十七人皆为皇帝，谥六世祖力微曰神元皇帝，庙号始祖；祖什翼犍曰昭成皇帝；庙号高祖；父寔曰献明皇帝。魏之旧俗，孟夏祀天及东庙，季夏帅众却霜于阴山，孟秋祀天于西郊。至是，始依仿古制，定郊庙朝飨礼乐，然惟孟夏祀天亲行，其馀多有司摄事。又用崔宏议，自谓黄帝之后，以土德王。徙六州二十二郡守宰、豪杰二千家于代都，东至代郡，西及善无，南极阴馆，北尽参合，皆为畿内，其外四方、四维置八部师以监之。

己亥，燕幽州刺史慕容豪、尚书左仆射张通、昌黎尹张顺坐谋反诛。

【译文】 十二月，己丑日（初二），北魏国君拓跋珪登上帝位，下令大赦，改年号为天兴。并命令朝野的人都要束发，还要戴上帽子。追加尊奉他的远祖拓跋毛以及以后的二十七个人都为皇帝，追加六世祖拓跋力微的谥号为神元皇帝，庙号为始祖；追加祖父拓跋什翼犍的谥号为昭成皇帝，庙号为高祖；追加父亲拓跋寔的谥号为献明皇帝。魏国的旧习俗中，在孟夏的时候要祭天以及东庙，季夏的时候要率领部下们到阴山却霜，孟秋的时候要在西郊祭天。从这以后，国家才开始依照古代的礼制订定郊庙朝飨的礼乐，但是天子只有在孟夏祭天的时候要亲自参加，其他时候都是由官吏代理执行。北魏国君拓跋珪又采用了崔宏的建议，自称是黄帝的后代，所以以土德称王。把六州二十二郡的守宰、豪杰两千家的人都迁移到了代都，把东至代郡，西至善无，南至阴馆，北至参合陂的地区，都划在京畿的范围以内。除此以外的四方、四维，设置了八部师来对各个地方进行监督管理。

己亥日（十二日），后燕国幽州刺史慕容豪、尚书左仆射张通、昌黎尹张顺因为阴谋造反，被下令处死。

初，琅邪人孙泰学妖术于钱唐杜子恭，士民多奉之。王珣恶之，流泰于广州。王雅荐泰于孝武帝，云知养性之方，召还，累官至新安太守。泰知晋祚将终，因王恭之乱，以讨恭为名，收合兵众，聚货巨亿，三吴之人多从之。识者皆忧其为乱，以中领军元显与之善，无敢言者。会稽内史谢輶发其谋，己酉，会稽王道子使元显诱而斩之，并其六子。兄子恩逃入海，愚民犹以为泰蝉蜕不死，就海中资给恩。恩乃聚合亡命，得百馀人，以谋复仇。

西平王秃发乌孤更称武威王。

是岁，杨盛遣使附魏，魏以盛为仇池王。

【译文】起初，琅邪人孙泰向钱塘人杜子恭学习妖术，一般的士兵、老百姓们都十分信奉他。但王珣不喜欢孙泰的为人，把孙泰给流放到了广州。而王雅将孙泰推荐给晋孝武帝司马曜，说是孙泰很懂得养性的方法，于是晋孝武帝司马曜召令孙泰回来，并多次升他的官直到升到了新安太守。孙泰知道晋朝的福运就快要结束了，因此他利用王恭作乱，以讨伐王恭为名义，纠合了很多士兵和群众，并聚积财货无数，三吴的百姓大多都依从了他。有见识的人都在担忧他会趁机作乱，但由于中领军司马元显和他的交情很好，所以没有真正敢站起来讲话的人。会稽内史谢輶揭发了他的阴谋，己酉日（二十二日），会稽王司马道子教司马元显去诱骗孙泰，最终杀死了他，同时还杀了他的六个儿子。而他的侄子孙恩却趁乱逃到了海上，愚昧的人们还一直以为孙泰像蝉脱壳蜕变了一样没有被杀死，于是在海

上一直资助孙恩。孙恩因此聚合了一百多名亡命之徒，还计划复仇。

西平王秃发乌孤改称为武威王。

这一年，归附东晋的杨盛派遣使者请求归附魏国，魏国便任命杨盛为仇池王。

资治通鉴卷第一百一十一　晋纪三十三

起屠维大渊献，尽上章困敦，凡二年。

【译文】 起己亥（公元399年），止庚子（公元400年），共二年。

【题解】 本卷记录了公元399年、400年共两年间东晋与各国的大事，正当晋安帝隆安三年、四年。主要记录了桓玄杀死殷仲堪、杨佺期，占据荆州、雍州，朝廷任命他为都督八州及扬豫等八郡诸军事；写了孙泰之侄孙恩利用迷信左道，煽动百姓闹事，进而演变成农民大起义，之后朝廷派高雅之、刘牢之等率兵讨伐孙恩；写了魏主拓跋珪设置五经博士，增加国子太学生员，命各郡县搜集书籍；写了南燕慕容德先击败晋将辟闾浑，取得徐州、兖州大片土地，又进攻青州，开始以广固为都城，慕容德即帝位；写了后凉王吕光去世，嫡子吕绍继位，庶子杀嫡子，吕纂即天王位；写了南凉的秃发乌孤病死，他的弟弟秃发利鹿孤继位，迁都西平；写了敦煌地区的效谷县令李暠，被推举为沙州刺史，李暠东征西讨，势力渐强，西凉政权初具规模等等。

安皇帝丙

隆安三年（己亥，公元三三九年）春，正月，辛酉，大赦。

戊辰，燕昌黎尹留忠谋反，诛，事连尚书令东阳公根、尚书段成，皆坐死；遣中卫将军卫双就诛忠弟幽州刺史志于凡城。以卫将军平原公元为司徒、尚书令。

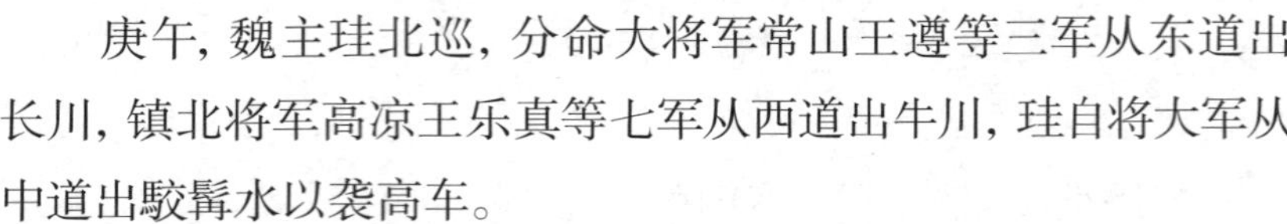

庚午，魏主珪北巡，分命大将军常山王遵等三军从东道出长川，镇北将军高凉王乐真等七军从西道出牛川，珪自将大军从中道出駮髯水以袭高车。

壬午，燕右将军张真、城门校尉和翰坐谋反诛。

癸未，燕大赦，改元长乐。燕主盛每十日一自决狱，不加拷掠，多得其情。

【译文】隆安三年（己亥，公元399年）春季，正月，辛酉日（初四），东晋实行大赦。

戊辰日（十一日），后燕国昌黎尹留忠阴谋计划想要造反，事情败露后被处死，事情连累到了尚书令东阳公慕舆根和尚书段成，他们都因连坐也被处死；后燕国君慕容盛下令派中卫将军卫双带兵去凡城杀了留忠的弟弟留志。并任命卫将军平原公慕容元为司徒、尚书令。

庚午日（十三日），北魏君主拓跋珪到北方去巡行，临行前分别命令大将军常山王拓跋遵等人带领三支军队从东路向长川进发，镇北将军高凉王乐真等人带领七支军队从西路向牛川进发，而北魏国君拓跋珪自己率领大军从中路自駮髯水出发，去袭击高车部落。

壬午日（二十五日），后燕国右将军张真、城门校尉和翰两人因为阴谋造反的罪名，被处死。

癸未日（二十六日），后燕国实行大赦，并改年号为长乐。后燕国君主慕容盛计划每十天一次亲自判决讼狱，虽然不通过刑罚来让犯人招供，但很多时候都能够得到实情。

武威王乌孤徙治乐都，以其弟西平公利鹿孤镇安夷，广武公傉檀镇西平，叔父素渥镇湟河，若留镇浇河，从弟替引镇岭南，洛回镇廉川，从叔吐若留镇浩亹；夷、夏俊杰，随才授任，内居显位，外典郡县，咸得其宜。

乌孤谓群臣曰："陇右、河西，本数郡之地，遭乱分裂至十馀国，吕氏、乞伏氏、段氏最强，今欲取之，三者何先?"杨统曰："乞伏氏本吾之部落，终当服从。段氏书生，无能为患，且结好于我，攻之不义。吕光衰耄，嗣子微弱，纂、弘虽有才而内相猜忌，若使浩亹、廉川乘虚迭出，彼必疲于奔命，不过二年，兵劳民困，则姑臧可图也。姑臧举，则二寇不待攻而服矣。"乌孤曰："善!"

二月，丁亥朔，魏军大破高车二十馀部，获七万馀口，马三十馀万匹，牛羊百四十馀万头。卫王仪别将三万骑绝漠千馀里，破其七部，获二万馀口，马五万馀匹，牛羊二万馀头。高车诸部大震。

【译文】武威王秃发乌孤把自己的治所迁移到了乐都，让他弟弟西平公秃发利鹿孤带兵镇守在安夷，让广武公秃发傉檀镇守在西平，让他的叔父秃发素渥镇守在湟河，让秃发若留镇守在浇河，让他的堂弟秃发替引镇守在岭南，让秃发洛回镇守在廉川，最后让他的堂叔秃发吐若留镇守在浩亹。夷、夏各地的才俊豪杰们，也都依其才干授予官位，或者在朝廷里身居显要的职位，或者在地方上管理郡县的事务，都得到了合适的安排。

秃发乌孤告诉群臣："陇右和河西，这本来是只有几个郡的地方，可因为遭受到兵乱，分裂成为十几个国家，其中以吕氏、乞伏氏、段氏他们势力最强，如果现在我们想要攻取他们，我们应该先攻取哪一个呢？"杨统说："乞伏氏本来就是我们的部

落，他们终究还是要服从我们的。而段氏只是一介书生而已，没有什么能力能够制造灾患，而且他们和我们的关系一向很友好，所以向他们进攻的话是不合道义的事情。而就吕光来说，他体衰年老，他的儿子还很幼小虚弱，吕纂和吕弘两人虽然很有才干，然而他们内部矛盾不断，相互猜疑畏忌，所以如果我们派遣浩亹和廉川两个郡的兵力乘虚轮流出击，他们一定会疲于奔命，那么不到两年，他们一定会军队疲劳，百姓困苦，那么姑臧就可以得到了。一旦姑臧被我们攻取下来，其他两个敌寇也不必等到我们去攻打，他们就会归顺我们了。”秃发乌孤对杨统说：“这个计策很好。”

二月，丁亥朔日（初一），魏国军队将高车的二十多个部落打得大败，获得七万多人，马三十多万匹和牛羊一百四十多万头。卫王拓跋仪另外带领三万名骑兵穿过两千多里的沙漠，击败了高车其他的七个部落，又俘获两万多人，马五万多匹和牛羊两万多头。高车的各部受到了很大的震动。

林邑王范达陷日南、九真，遂寇交趾，太守杜瑗击破之。

庚戌，魏征虏将军庾岳破张超于勃海，斩之。

段业即凉王位，改元天玺。以沮渠蒙逊为尚书左丞，梁中庸为右丞。

魏主珪大猎于牛川之南，以高车人为围，周七百馀里；因驱其禽兽，南抵平城，使高车筑鹿苑，广数十里。三月，己未，珪还平城。

【译文】林邑王范达带兵攻陷了东晋日南和九真两个郡，于是又接着率领军队去侵略交趾，而交趾太守杜瑗把范达给打败了。

庚戌日（二十四日），魏国征虏将军庾岳在渤海打败张超，并把他给杀死。

段业登上了北凉王位，改年号为天玺。还任命沮渠蒙逊为尚书左丞，梁中庸担任尚书右丞。

北魏国君拓跋珪在牛川以南的地方大规模打猎，用高车人在外面做外围，环绕了七百多里地；于是驱赶当地的野兽，向南到达平城，还派了高车百姓建筑了鹿苑，占地方圆几十里。三月，己未日（初三），北魏国君拓跋珪带兵回到平城。

甲子，珪分尚书三十六曹及外署，凡置三百六十曹，令八部大夫主之。吏部尚书崔宏通署三十六曹，如令、仆统事。置五经博士，增国子太学生员合三千人。

珪问博士李先曰："天下何物最善，可以益人神智？"对曰："莫若书籍。"珪曰："书籍凡有几何，如何可集？"对曰："自书契以来，世有滋益，以至于今，不可胜计。苟人主所好，何忧不集！"珪从之，命郡县大索书籍，悉送平城。

【译文】 甲子日（初八），北魏国君拓跋珪将尚书分为三十六个部曹和外署，最后一共设置了三百六十个部曹，再命令八部大夫分别负责。而吏部尚书崔宏一人全部监管署理这三十六个部曹，就像尚书令和尚书仆射统典三十六部曹一样。北魏国君拓跋珪还下令设置五经博士，增加国子太学生员一共三千人。

北魏国君拓跋珪问博士李先说："天下什么东西是最好的，可以有益于人的精神智慧呢？"李先回答说："我觉得没有什么能比得上书本。"北魏国君拓跋珪说："世上的书籍一共有多少呢，我们如何才能够去收集呢？"李先回答说："自有文字以来，文字世世代代都在增加，一直到今天，所以我们没有办法能够算得完。如果君主真心喜欢的话，又何必担心不能够收集起来呢？”北魏国君拓跋珪听从了李先的意见，马上命令各个郡县大量搜集各地的书籍，然后把书全部都送到平城。

初，秦王登之弟广帅众三千依南燕王德，德以为冠军将军，处之乞活堡。会荧惑守东井，或言秦当复兴，广乃自称为秦王，击南燕北地王钟，破之。是时，滑台孤弱，土无十城，众不过一万，钟既败，附德者多去德而附广。德乃留鲁阳王和守滑台，自帅众讨广，斩之。

【译文】起初，前秦国君苻登的弟弟苻广率领三千名部下归依了南燕国君慕容德，南燕国君慕容德任命他为冠军将军，并把他安置在乞活堡。正巧此时火星出现在了东井，于是就有人说前秦国会复兴，而苻广于是自称秦王，带兵去攻击南燕北地王慕容钟，最终苻广把慕容钟打败了。当时，滑台十分孤立微弱，它的土地还不到十个城，士兵数量未超过一万人，在知道慕容钟已经失败了之后，原来归顺于南燕国君慕容德的人大多离开了南燕国君慕容德而去投奔苻广。南燕国君慕容德于是留下鲁阳王慕容和带兵防守在滑台，自己则率领部下讨伐苻广，并把他打败了，然后下令杀了苻广。

燕主宝之至黎阳也，鲁阳王和长史李辨劝和纳之，和不从。辨惧，故潜引晋军至管城，欲因德出战而作乱。既而德不出，辨愈不自安。及德讨苻广，辨复劝和反。和不从，辨乃杀和，以滑台降魏。魏行台尚书和跋在邺，帅轻骑自邺赴之。既至，辨悔之，闭门拒守。跋使尚书郎邓晖说之，辨乃开门内跋，跋悉收德宫人府库。德遣兵击跋，跋逆击，破之，又破德将桂阳王镇，俘获千馀人。陈、颍之民多附于魏。

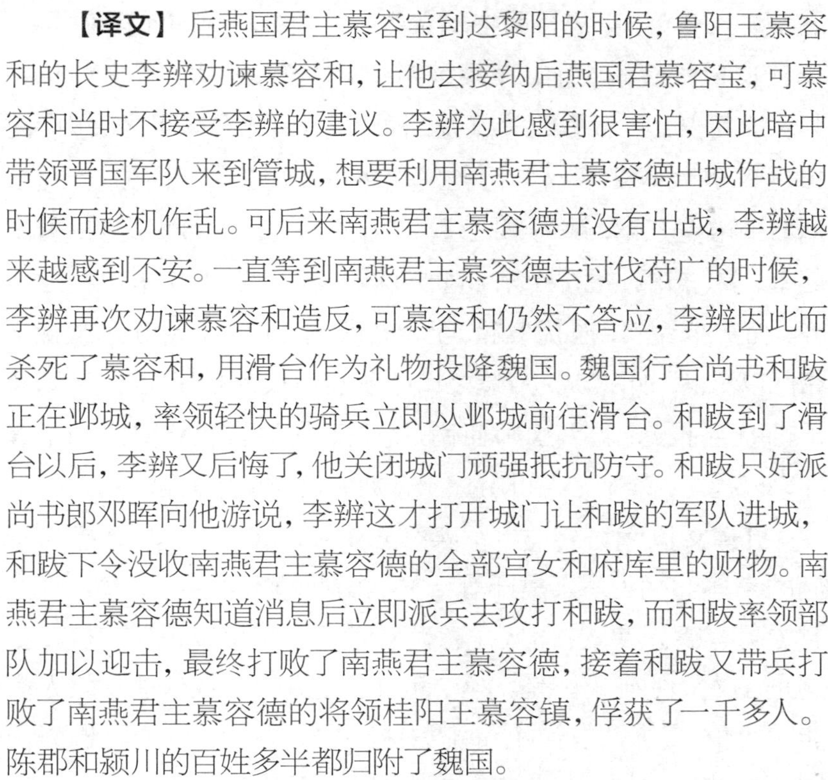

【译文】 后燕国君主慕容宝到达黎阳的时候，鲁阳王慕容和的长史李辨劝谏慕容和，让他去接纳后燕国君慕容宝，可慕容和当时不接受李辨的建议。李辨为此感到很害怕，因此暗中带领晋国军队来到管城，想要利用南燕君主慕容德出城作战的时候而趁机作乱。可后来南燕君主慕容德并没有出战，李辨越来越感到不安。一直等到南燕君主慕容德去讨伐苻广的时候，李辨再次劝谏慕容和造反，可慕容和仍然不答应，李辨因此而杀死了慕容和，用滑台作为礼物投降魏国。魏国行台尚书和跋正在邺城，率领轻快的骑兵立即从邺城前往滑台。和跋到了滑台以后，李辨又后悔了，他关闭城门顽强抵抗防守。和跋只好派尚书郎邓晖向他游说，李辨这才打开城门让和跋的军队进城，和跋下令没收南燕君主慕容德的全部宫女和府库里的财物。南燕君主慕容德知道消息后立即派兵去攻打和跋，而和跋率领部队加以迎击，最终打败了南燕君主慕容德，接着和跋又带兵打败了南燕君主慕容德的将领桂阳王慕容镇，俘获了一千多人。陈郡和颍川的百姓多半都归附了魏国。

南燕右卫将军慕容云斩李辨，帅将士家属二万馀口出滑台赴德。德欲攻滑台，韩范曰：“向也魏为客，吾为主人；今也吾为客，魏为主人。人心危惧，不可复战，不如先据一方，自立基本，乃图进取。”张华曰：“彭城，楚之旧都，可攻而据之。”北地王钟等皆劝德攻滑台。尚书潘聪曰：“滑台四通八达之地，北有魏，南有晋，西有秦，居之未尝一日安也。彭城土旷人稀，平夷无险，且晋之旧镇，未易可取。又密迩江、淮，夏秋多水。乘舟而战者，

吴之所长，我之所短也。青州沃野二千里，精兵十馀万，左有负海之饶，右有山河之固，广固城曹嶷所筑，地形阻峻，足为帝王之都。三齐英杰，思得明主以立功于世久矣。辟闾浑昔为燕臣，今宜遣辨士驰说于前，大兵继踵于后，若其不服，取之如拾芥耳。既得其地，然后闭关养锐，伺隙而动，此乃陛下之关中、河内也。”德犹豫未决。沙门竺朗素善占候，德使牙门苏抚问之，朗曰：“敬览三策，潘尚书之议，兴邦之言也。且今岁之初，彗星起奎、娄，扫虚、危；彗者，除旧布新之象，奎、娄为鲁，虚、危为齐。宜先取兖州，巡抚琅邪，至秋乃北徇齐地，此天道也。”抚又密问以年世，朗以《周易》筮之曰：“燕衰庚戌，年则一纪，世则及子。”抚还报德，德乃引师而南，兖州北鄙诸郡县皆降之。德置守宰以抚之，禁军士无得虏掠。百姓大悦，牛酒属路。

【译文】 南燕右卫将军慕容云杀死了李辨，然后率领将士们的家属共两万多人离开滑台，去奔赴南燕君主慕容德。南燕君主慕容德想要攻打滑台，韩范对他说：“从前魏国是宾客，我们是主人；现在我们是宾客，而魏国是主人。我们军中人人都非常害怕，所以不能再让他们去打仗了，不如趁这个时机先占据一个地方，然后自己建立好基础，再去寻求发展壮大进取的机会。”张华对他说：“彭城是楚国以前的都城，我们可以去攻打它，然后把它占据下来。”而北地王慕容钟等人却一直劝谏南燕君主慕容德去攻打滑台，尚书潘聪对南燕君主慕容德说：“滑台是一个道路四通八达的地方，它的北边有魏国，南边有晋国，西边有秦国，我们如果住在那里肯定没有一天能够得到安宁。而彭城土地广大，人口稀少，地方平坦，没有危险的地势，而且还是晋朝以前的城镇，不容易攻取下来。再说彭城又特别靠近长江、淮河，夏季和秋季降雨很多，将士坐在船上打仗，那

是吴地之人所最擅长的，可对我国来说只能是白白送死。青州有两千里肥沃的土地，又有十多万精良兵士的军队，左边有滨海的富饶，右边有山河的保固，而广固城是曹嶷建筑的，地形十分险阻高峻，足可以作为帝王的都城。三齐（指山东）的英才杰士们，想要有一个英明的君主在世上建立功业已经很久了。辟闾浑从前是燕国的臣子，我们现在应该派一个有辩才的人先去游说，然后大军紧跟在后面，如果他不归顺我们，取他的性命就像拾草芥一样容易。我们既已得到了这个地方，然后关闭关口，全国休养锐气，大军等待机会再次出动，这之后都是陛下的关中和河内呀！”南燕君主慕容德听了之后有些犹豫不定。当时有个和尚名叫竺朗，这个人很精于占卜征候，南燕君主慕容德便派遣牙门苏抚去问他应该怎么做，竺朗回答说：“我很恭敬地研究了他们提出的这三种计策，潘尚书的建议，是能够兴建国家的言论。而且今年年初的时候，彗星出现在了奎、娄（鲁、徐州），扫过了虚、危（齐、青州）；彗星是除旧布新的象征，奎、娄是鲁，虚、危是齐。所以我们应该先去攻取兖州，然后再去巡抚琅邪，等到了秋季再向北攻取齐地，这才是真正正确的方法。”苏抚又偷偷询问享国的年限，竺朗用《周易》卜筮，对他说：“燕国在庚戌年的时候衰亡，享年有一纪（十二年），皇位可以传到他的儿子那个时候。”苏抚回去将竺朗的话报告给了南燕君主慕容德，南燕君主慕容德于是决定带领军队向南出发，兖州北边一些偏远的各郡县都投降了他。南燕君主慕容德计划安排守宰去安抚他们，并且严令禁止军士们俘虏抢掠百姓。老百姓们听到之后都非常高兴，决定牵着牛带着酒要去犒劳军士们，在路上慰问军士们的人群连接不断。

丙子，魏主珪遣建义将军庾真、越骑校尉奚斤击库狄、宥连、侯莫陈三部，皆破之，追奔至大峨谷，置戍而还。

己卯，追尊帝所生母陈夫人为德皇太后。

夏，四月，鲜卑叠掘河内帅户五千降于西秦。西秦王乾归以河内为叠掘都统，以宗女妻之。

甲午，燕大赦。

【译文】 丙子日（二十日），北魏君主拓跋珪派遣建义将军庾真和越骑校尉奚斤一起去攻击库狄、宥连和侯莫陈这三个部落，这三个部落被他们两人全部击破，然后庾真和奚斤又带兵追赶到了大峨谷，在谷外安排了将士戍守在那里然后就回去了。

己卯日（二十三日），晋安帝司马德宗下令追尊自己的亲生母亲陈夫人为德皇太后。

夏季，四月，鲜卑人叠掘河内率领五千户百姓向西秦投降。西秦王乞伏乾归任命河内为叠掘都统，把宗室的女儿嫁给他做妻子。

甲午日（初九），后燕实行大赦。

会稽王道子有疾，且无日不醉。世子元显知朝望去之，乃讽朝廷解道子司徒、扬州刺史。乙未，以元显为扬州刺史。道子醒而后知之，大怒，无如之何。元显以庐江太守会稽张法顺为谋主，多引树亲党，朝贵皆畏事之。

燕散骑常侍馀超、左将军高和等坐谋反诛。

【译文】 会稽王司马道子的身体有些毛病，而且没有一天是不喝醉酒的。世子司马元显很清楚地知道他在朝廷已经没有声望，于是向朝廷委婉地劝说免除司马道子司徒和扬州刺史的官职。乙未日（初十），朝廷下令让司马元显担任扬州刺史。会稽王司马道子酒醒了以后才知道这件事，感到非常生气，可自己却也没有一点办法。司马元显把庐江太守会稽人张法顺作为自己的主要谋士，并多方面引荐自己的亲戚党羽，树立自己的势力，所以朝中的显贵们都以畏惧的心情对待他。

后燕国散骑常侍馀超和左将军高和等人因为阴谋造反的罪名被处死。

凉太子绍、太原公纂将兵伐北凉，北凉王业求救于武威王乌孤，乌孤遣票骑大将军利鹿孤及杨轨救之。业将战，沮渠蒙逊谏曰："杨轨恃鲜卑之强，有窥窬之志，绍、纂深入，置兵死地，不可敌也。今不战则有泰山之安，战则有累卵之危。"业从之，案兵不战。绍、纂引兵归。

【译文】 后凉国太子吕绍和太原公吕纂带领军队去攻打北凉，于是北凉王段业只好向武威王秃发乌孤求救，秃发乌孤知道后派骠骑大将军秃发利鹿孤和杨轨去救援北凉。北凉王段业准备迎战，沮渠蒙逊劝谏说："杨轨依仗鲜卑的强大，有想要夺取天下的计划，吕绍和吕纂两人这次带兵来到我们国家，是把军队置于死地，不攻取下我们国家是不会回去的，所以他们一定不可抵挡。而我们现在不作战就如泰山一样安全，作战就像堆积鸡卵一样危险。"北凉王段业听从了沮渠蒙逊的意见，下令安抚军队不出战。最后吕绍和吕纂只能带兵回去了。

六月，乌孤以利鹿孤为凉州牧，镇西平，召车骑大将军傉檀入录府国事。

会稽世子元显自以少年，不欲顿居重任；戊子，以琅邪王

德文为司徒。

魏前河间太守范阳卢溥帅其部曲数千家就食渔阳，遂据有数郡。秋，七月，己未，燕主盛遣使拜溥幽州刺史。

辛酉，燕主盛下诏曰："法例律，公侯有罪，得以金帛赎，此不足以惩恶而利于王府，甚无谓也。自今皆令立功以自赎。勿复输金帛。

西秦丞相南川宣公出连乞都卒。

【译文】 六月，秃发乌孤任命秃发利鹿孤为凉州牧，让他镇守在西平，召回车骑大将军秃发傉檀，让他入朝处理国家的军国大事。

会稽王世子司马元显因为觉得自己现在年纪还很轻，所以不愿意立刻就担任司徒的重任；戊子日（初四），朝廷下令让琅邪王司马德文担任司徒。

魏国以前的河间太守卢溥率领他的部下几千户人，决定到渔阳谋生，于是途中占据了几个城郡的土地。秋季，七月，己未日（初五），后燕国君主慕容盛派遣使者委任卢溥为幽州刺史。

辛酉日（初七），后燕国君主慕容盛下诏令说："法令判例规定，公侯如果犯了罪，能够拿金帛来赎自己犯下的罪，这不能够很好地惩治罪恶，反而给王府带去了很多方便，实在是很没有道理。所以从今天开始，我决定所有的公侯都要在自己建立功劳后才能够为自己赎罪，不可以再通过送金帛来为自己赎罪。"

西秦丞相南川宣公出连乞都去世。

秦齐公崇、镇东将军杨佛嵩寇洛阳，河南太守陇西辛恭靖婴城固守。雍州刺史杨佺期遣使求救于魏常山王遵，魏主珪以散骑侍郎西河张济为遵从事中郎以报之。佺期问于济曰："魏之伐中山，戎士几何？”济曰：“四十馀万。”佺期曰：“以魏之强，小羌不足灭也。且晋之与魏，本为一家，今既结好，义无所隐。此间兵弱粮寡，洛阳之救，恃魏而已。若其保全，必有厚报；若其不守，与其使羌得之，不若使魏得之。”济还报。八月，珪遣太尉穆崇将六万骑往救之。

燕辽西太守李朗在郡十年，威行境内，恐燕主盛疑之，累征不赴。以其家在龙城，未敢显叛，阴召魏兵，许以郡降魏；遣使驰诣龙城，广张寇势。盛曰：“此必诈也。”召使者诘问，果无事实。盛尽灭朗族，丁酉，遣辅国将军李旱讨之。

【译文】 后秦国齐公苻崇和镇东将军杨佛嵩带兵去侵略洛阳，河南太守陇西人辛恭靖带兵围绕城池坚固防守。雍州刺史杨佺期派遣使者向魏国常山王拓跋遵请求援助，北魏君主拓跋珪任命散骑侍郎西河人张济作为拓跋遵的从事中郎去协助杨佺期。杨佺期问张济：“魏国去攻打中山的时候，一共派去了多少名战士呢？”张济说：“当时一共有四十多万人。”杨佺期又说：“那么以魏国的强大，消灭掉小小的羌是没有问题的。而且晋朝和魏国本来就是一家人，现在他们既然已经结为友好的关系，从道义上来说，没有什么可以隐瞒的事了。我们这里兵力很弱，粮食也很少，能救洛阳的方法也只有选择依靠魏国。如果我们能够得到保全，一定会有很丰厚的报答；如果我们不能坚守住，与其让羌人得到，还不如让魏国得到。”张济回去将杨佺期的话报告给北魏国君拓跋珪。八月，北魏国君拓跋珪派遣太尉穆崇带领六万名骑兵前往救助杨佺期。

后燕国辽西太守李朗，担任郡守十年，在郡内威信很高，但他怕后燕国君慕容盛怀疑他，所以后燕国君慕容盛屡次下命令召见他，他都不前往。因为他的家在龙城，不敢太明显地背叛

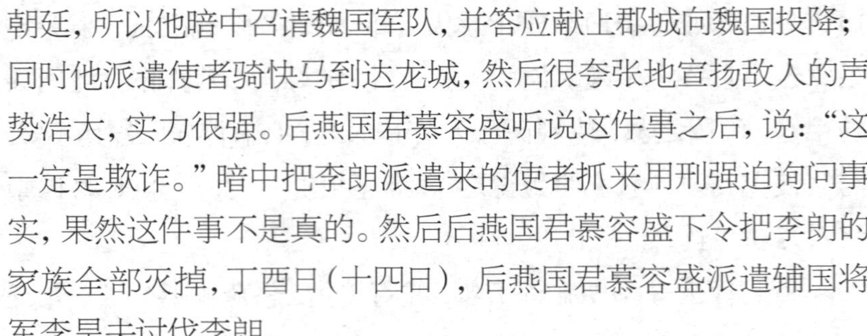

朝廷，所以他暗中召请魏国军队，并答应献上郡城向魏国投降；同时他派遣使者骑快马到达龙城，然后很夸张地宣扬敌人的声势浩大，实力很强。后燕国君慕容盛听说这件事之后，说：“这一定是欺诈。”暗中把李朗派遣来的使者抓来用刑强迫询问事实，果然这件事不是真的。然后后燕国君慕容盛下令把李朗的家族全部灭掉，丁酉日（十四日），后燕国君慕容盛派遣辅国将军李旱去讨伐李朗。

初，魏奋武将军张衮以才谋为魏主珪所信重，委以腹心。珪问中州士人于衮，衮荐卢溥及崔逞，珪皆用之。

珪围中山，久未下，军食乏，问计于群臣，逞为御史中丞，对曰：“桑椹可以佐粮。飞鸮食椹而改音，诗人所称也。”珪虽用其言，听民以椹当租，然以逞为侮慢，心衔之。秦人寇襄阳，雍州刺史郗恢以书求救于魏常山王遵曰：“（览）〔贤〕兄虎步中原。”珪以恢无君臣之礼，命衮及逞为复书，必贬其主。兖、逞谓帝为贵主，珪怒曰：“命汝贬之，而谓之‘贵主’，何如‘贤兄’也！”逞之降魏也，以天下方乱，恐无复遗种，使其妻张氏与四子留冀州，逞独与幼子赜诣平城，所留妻子遂奔南燕。珪并以是责逞，赐逞死。卢溥受燕爵命，侵掠魏郡县，杀魏幽州刺史封沓干。珪谓衮所举皆非其人，黜衮为尚书令史。衮乃阖门不通人事，惟手校经籍，岁馀而终。

【译文】起初，魏国奋武将军张衮因为有才有谋，被北魏君主拓跋珪作为亲信委以重任，把他当成最亲信的人。北魏君主拓跋珪问张衮中原的读书人谁比较有名，张衮推荐了卢溥和崔逞，于是北魏君主拓跋珪把他俩都加以任用。

北魏君主拓跋珪带兵围攻中山却很久都没能打下来，而军队的粮食也越来越少，不足以继续支撑下去，于是他向群臣询问应对的计策。崔逞是御史中丞，他回答说：“桑葚（桑树的果实）可以暂时作为粮食。飞的鸮鸟吃了桑葚而改变鸣叫的声音，是诗人说的。”北魏君主拓跋珪虽然听从了崔逞的话，允许百姓把桑葚充当地租交纳，但是他认为崔逞的态度十分侮慢，记恨于心。后秦军队进犯襄阳，雍州刺史郗恢写信向魏国常山王拓跋遵说：“贤兄像猛虎那样纵横中原。”北魏君主拓跋珪因为郗恢没有按照君臣的礼节来对自己，命令张衮和崔逞给他写回信，一定要贬责他的君主，于是张衮和崔逞称晋帝为贵主。北魏君主拓跋珪知道后很生气地说：“我命令你们贬责他，而你们又称他为‘贵主’，那这和‘贤兄’哪个更尊敬呢？”崔逞投降魏国的时候，因为天下正是非常混乱的时候，他怕自己不再能留下后代，所以让他的妻子张氏和四个儿子留在冀州，而崔逞只和他最小的孩子崔赜来到平城。他所留下来的妻子和小孩于是就逃奔去了南燕。北魏君主拓跋珪知道之后又拿这件事来责备崔逞，并赐崔逞自杀。卢溥接受了后燕国君主的官位和命令，去侵略抢掠魏国的郡县，杀死了魏国幽州刺史封沓干。北魏君主拓跋珪认为张衮推举的人都不是他心中理想的人才，于是把张衮贬为尚书令史。张衮因为这就一直闭门不出，也不再和他人来往，只是整天地校勘经籍，一年多以后他就死了。

燕主宝之败也，中书令、民部尚书封懿降于魏。珪以懿为给事黄门侍郎、都坐大官。珪问懿以燕氏旧事，懿应对疏慢，亦坐废于家。

武威王秃发乌孤醉，走马伤胁而卒，遗令立长君。国人立其弟利鹿孤，谥乌孤曰武王，庙号列祖。利鹿孤大赦，徙治西平。

【译文】后燕国君主慕容宝战败的时候，中书令、民部尚书封懿向魏国投降。北魏君主拓跋珪让封懿担任给事黄门侍郎，与他一起投降的人也都做了大官。北魏君主拓跋珪向封懿询问后燕国以前的事，封懿回答得很粗疏简单且言语傲慢，所以北魏君主拓跋珪下令把他也废除在家里了。

武威王秃发乌孤喝醉酒后，骑马奔驰，伤了肋骨而死，留下遗言命令大臣们拥立年长的人做君主。于是国人们拥立他的弟弟秃发利鹿孤做君主，秃发利鹿孤登上帝位后下令给秃发乌孤定谥号为武王，庙号为烈祖。秃发利鹿孤下令大赦，并把治所迁到西平。

南燕王德遣使说幽州刺史辟闾浑，欲下之，浑不从。德遣北地王钟帅步骑二万击之，德进据琅邪，徐、兖之民归附者十馀万。德自琅邪引兵而北，以南海王法为兖州刺史，镇梁父。进攻莒城，守将任安委城走。德以潘聪为徐州刺史，镇莒城。兰汗之乱，燕吏部尚书封孚南奔辟闾浑，浑表为勃海太守；及德至，孚出降，德大喜曰："孤得青州不为喜，喜得卿耳！"遂委以机密。北地王钟传檄青州诸郡，谕以祸福，辟闾浑徙八千馀家入守广固，遣司马崔诞戍薄(荀)〔苟〕固，平原太守张豁戍柳泉；诞、豁承檄皆降于德。浑惧，携妻子奔魏，德遣射声校尉刘纲追之，及于莒城，斩之。浑子道秀自诣德，请与父俱死。德曰："父虽不忠，而子能孝。"特赦之。浑参军张瑛为浑作檄，辞多不逊，德执而让之。瑛神色自若，徐曰："浑之有臣，犹韩信之有蒯通。通遇汉祖而生，臣遭陛下而死，比之古人，窃为不幸耳！"德杀之。遂定都广固。

【译文】南燕君主慕容德派遣使者去游说东晋幽州刺史

辟闾浑，想要让他归顺南燕，可是他不答应，于是南燕君主慕容德派遣北地王慕容钟率领两万名步兵和骑兵去攻打他。南燕君主慕容德进兵据守在琅邪，徐州和兖州归附的百姓加起来一共有十多万人。南燕君主慕容德从琅邪带兵向北进发，任命南海王慕容法为兖州刺史，让他镇守在梁父。南燕君主慕容德自己带兵去攻打莒城，守将任安丢下城池逃走了。南燕君主慕容德又任命潘聪为徐州刺史，镇守在莒城。当初兰汗起兵作乱的时候，后燕国吏部尚书封孚带兵向南投奔辟闾浑，辟闾浑向朝廷上奏，任命他为渤海太守。而封孚在南燕君主慕容德到达城外的时候，主动出城投降，南燕君主慕容德很高兴地对封孚说："我得到青州不算很高兴，高兴的是我得到了你啊！"于是南燕君主慕容德把许多机要的事情都委交给封孚。北地王慕容钟向青州各郡传达朝廷下达的军书，向他们申明祸福、利害关系。辟闾浑带着八千多户百姓迁移到广固去据守，又派遣司马崔诞在薄荀固防守，平原太守张豁在柳泉带兵防守；崔诞和张豁两人收到军书后，都向南燕君主慕容德投降。辟闾浑知道后感到很害怕，带着他的妻子和儿女逃奔到了魏国。南燕君主慕容德得知辟闾浑逃跑之后立即派射声校尉刘纲去追赶他，刘纲在莒城追上辟闾浑和他的家人，然后把他杀了。辟闾浑的儿子辟闾道秀知道自己的父亲被杀之后，自己跑到南燕君主慕容德那里去，请求要和父亲一起死。南燕君主慕容德对辟闾道秀说："你的父亲虽然不够忠诚，可是作为他的儿子，你很孝顺。"于是南燕君主慕容德被辟闾道秀的孝心感动就特别赦免了他。辟闾浑的参军张瑛要替辟闾浑撰写檄文，但文辞中有很多不谦逊的地方。南燕君主慕容德知道后把张瑛抓了起来，并责备他。张瑛面对南燕君主慕容德的时候神色自然，他慢慢地对南燕君主慕

容德说："辟闾浑有我，就好像韩信有蒯通一样。蒯通遇到汉高祖刘邦而获得了生存的机会，而我遇到了陛下却要被处死，与古人相比，我私自觉得自己很不幸罢了！"南燕君主慕容德下令杀死了张瑛。于是，南燕定都在广固。

燕李旱行至建安，燕主盛急召之，君臣莫测其故。九月，辛未，复遣之。李朗闻其家被诛，拥二千馀户以自固；及闻旱还，谓有内变，不复设备，留其子养守令支，自迎魏师于北平。壬子，旱袭令支，克之，遣广威将军孟广平追及朗于无终，斩之。

秦主兴以灾异屡见，降号称王，下诏令群公、卿士、将牧、守宰各降一等；大赦，改元弘始。存问孤贫，举拔贤俊，简省法令，清察狱讼，守令之有政迹者赏之，贪残者诛之，远近肃然。

冬，十月，甲午，燕中卫将军卫双有罪，赐死。李旱还，闻双死，惧，弃军而亡，至板陉，复还归罪。燕主盛复其爵位，谓侍中孙勍曰："旱为将而弃军，罪在不赦。然昔先帝蒙尘，骨肉离心，公卿失节，惟旱以宦者忠勤不懈，始终如一，故吾念其功而赦之耳。

【译文】后燕国的李旱到了建安，后燕国君慕容盛紧急下诏命令他回来，群臣都不知道是因为什么。九月，辛未日（十八日），后燕国君慕容盛又派遣他出征。李朗听说他的家族全部被杀，而自己只拥有两千多户人家自保。等到听说李旱突然回去，认为朝廷内部会有变乱，所以不再加以防备，只留下他的儿子李养在令支防守，而他自己带兵到北平去迎接魏国军队。壬子日（九月无此日），李旱突然带兵去袭击令支，并把令支攻了下来，然后派遣广威将军孟广平去追击李朗，孟广平在无终追上了李朗，然后把他杀了。

后秦君主姚兴因为国内常常出现天灾和异兆，所以下诏令降尊号自称为王，并下诏命令群公、卿士、将牧和守宰也都各自降一等；下令大赦，改年号为弘始。后秦王姚兴体恤慰问孤寡之人与贫苦百姓，他还经常选拔贤明才俊，让有才能的人能够一展所长报效国家，还简化法令，非常公正地审察判决讼案，守令中有良好政绩的，能够得到奖赏，而贪心残暴的人，会被下令处死，周围的地方因为他的规定都十分井然有序。

冬季，十月，甲午日（十一日），后燕国中卫将军卫双因罪被赐死。李旱回来之后，听说卫双已经死了，心里感到非常害怕，于是抛下军队独自逃亡。他逃到板陉之后，又跑回来向后燕国君慕容盛认罪。后燕国君慕容盛恢复了他的爵位，告诉侍中孙勍："李旱作为将军而抛弃自己的军队，他的罪是不能够被赦免的。可是从前先帝遭遇危难的时候，亲生兄弟们之间互相背叛离弃，王公大卿们也都没有坚守忠贞，只有李旱一人以宦官的身份，仍然对先帝忠心勤奋不懈怠，始终如一，所以我是感念他的这份功劳而赦免他呀！"

辛恭靖固守百馀日，魏救未至，秦兵拔洛阳，获恭靖。恭靖见秦王兴，不拜，曰："吾不为羌贼臣！"兴囚之，恭靖逃归。自淮、汉以北，诸城多请降送任于秦。

魏主珪以穆崇为豫州刺史，镇野王。

会稽世子元显，性苛刻，生杀任意；发东土诸郡免奴为客者，号曰乐属，移置京师，以充兵役，东土嚣然苦之。

【译文】 辛恭靖在洛阳坚守了一百多天，魏国的救兵还没有到达，于是没过多久后秦国的军队就攻下了洛阳，俘获了辛恭靖。被抓后辛恭靖看见后秦王姚兴，不肯向他下跪，并对他

说："我不会做羌贼的臣子！"后秦王姚兴只好下令把他给关起来，辛恭靖趁机逃了回去。从淮河和汉水以北的这些地方，许多城池都请求投降，并向后秦送去担保。

北魏君主拓跋珪任命穆崇为豫州刺史，在野王带兵防守。

会稽王的世子司马元显，为人残苛性情刻薄，他如果想要让一个人活命，或者想要杀一个人，全凭自己的心意决定。司马元显还征召东方各郡，解除奴户（有罪没为官奴）成为客户（公卿以下至九品官，及宗室、国宾、先贤之后，及士人子孙占荫而为客户）的人，把他们称为乐属，迁徙安置在京师，来抵充兵役，东土的百姓们都非常不满，日子过得非常清苦。

孙恩因民心骚动，自海岛帅其党杀上虞令，遂攻会稽。会稽内史王凝之，羲之之子也，世奉天师道，不出兵，亦不设备，日于道室稽颡跪咒。官属请出兵讨恩，凝之曰："我已请大道，借鬼兵守诸津要，各数万，贼不足忧也。"及恩渐近，乃听出兵，恩已至郡下。甲寅，恩陷会稽，凝之出走，恩执而杀之，并其诸子。凝之妻谢道蕴，弈之女也，闻寇至，举措自若，命婢肩舆，抽刀出门，手杀数人，乃被执。吴国内史桓谦、临海太守新秦王崇、义兴太守魏隐皆弃郡走。于是，会稽谢鍼，吴郡陆瑰、吴兴丘尪、义兴许(充)〔允〕之、临海周胄、永嘉张永等及东阳、新安凡八郡人，一时起兵，杀长吏以应恩，旬日之中，众数十万。吴兴太守谢邈、永嘉太守司马逸、嘉兴公顾胤、南康公谢明慧、黄门郎谢冲、张琨、中书郎孔道等皆为恩党所杀。邈、冲，皆安之弟子也。时三吴承平日久，民不习战，故郡县兵皆望风奔溃。

【译文】 孙恩利用此时民心骚动造成的混乱，从海岛率领他的党徒攻取了上虞并杀死了上虞县令，接着他又带着部下去进攻会稽。会稽内史王凝之，是王羲之的儿子，王家世代都信奉天师道，于是王凝之不下令派兵出战，也不设置部署加以防备，整天都是在道室里向神像磕头跪拜念咒。官衙请求出兵去讨伐孙恩，王凝之却对他们说："我已经请到了得道的人来帮助我们，我向神明借调了鬼兵守住各个津口要道，每个关口都各有数万人，即使盗贼来了，我们也不需要担忧。"等到孙恩慢慢接近会稽的时候，王凝之才听了部下的话出兵抗敌，而孙恩此时已经到了郡城的下面。甲寅日（十月无此日），孙恩攻陷了会稽，王凝之只好出城逃走了，不过最后他还是被孙恩抓住杀了，他的几个儿子也一样被杀死了。王凝之的妻子谢道蕴，是谢弈的女儿，她在听到敌人来了的时候，举止很是从容自在，她带着刀坐在轿子里命令婢女抬起轿子出门，抽出刀子亲手杀死了几个人之后，才被孙恩他们抓到。吴国内史桓谦、临海太守新秦人王崇和义兴太守魏隐听到孙恩带兵打来之后都弃城逃跑了。会稽的谢鍼、吴郡的陆瑰、吴兴的丘尪、义兴的许允之、临海的周胄和永嘉的张永等人，以及东阳、新安等八郡的百姓，同时起兵反抗，杀死本地官员以响应孙恩。仅仅十天之内，他们的军队就达几十万人。吴兴太守谢邈、永嘉太守司马逸、嘉兴公顾胤、南康公谢明慧、黄门郎谢冲、张琨和中书郎孔道等人都被孙恩的党徒杀死。谢邈和谢冲两人都是谢安的侄子。当时三吴百姓们很长时间生活都很安定，百姓都不熟习打仗，所以当郡县的士兵在听到风声的时候就逃走溃败了。

【申涵煜评】 *凝之会稽之死，不失臣节，史称其世奉天师道，岂以右军家教而乃惑于异端耶？其妻谢道韫抽刀杀贼，不愧女中名士，宜其素不满于王郎也。*

【译文】 王凝之在担任会稽太守时被杀死，没有丧失作为臣子的礼节，史上说他家世代尊奉天师道，难道是王羲之的家教而使他受异端的迷惑吗？王凝之的妻子谢道韫拔出刀剑杀死贼寇，没有愧对是女中名士这个名号，应当她的素服不低过王凝之的素服。

恩据会稽，自称征东将军，逼人士为官属，号其党曰“长生人”。民有不与之同者，戮及婴孩，死者什七、八。醢诸县令以食其妻子，不肯食者，辄支解之。所过掠财物，烧邑屋，焚仓廪，刊木，堙井，相帅聚于会稽；妇人有婴儿不能去者，投于水中，曰：“贺汝先登仙堂，我当寻后就汝。”恩表会稽王道子及世子元显之罪，请诛之。

自帝即位以来，内外乖异，石头以南皆为荆、江所据，以西皆豫州所专，京口及江北皆刘牢之及广陵高雅之所制，朝廷所行，惟三吴而已。及孙恩作乱，八郡皆为恩有，畿内诸县，盗贼处处蜂起，恩党亦有潜伏在建康者，人情危惧。常虑窃发，于是内外戒严。加道子黄钺，元为领中军将军，命徐州刺史谢琰兼督吴兴、义兴军事以讨恩；刘牢之亦发兵讨恩，拜表辄行。

西秦以金城太守辛静为右丞相。

【译文】 孙恩带兵据守在会稽，自称征东将军，并逼迫士人做他的僚属，称他的党徒为“长生人”。百姓中有不跟随他的人，就算是婴孩也都一起杀掉，民众被他杀死的人占十分之七八。孙恩还下令把各个县令做成肉酱给他们的妻子吃，妻子不肯吃的，他就下令把她们的肢体分解。孙恩带兵经过的地方，都会去抢夺百姓的财物，烧毁人们的房屋，并焚毁所有的仓库，将树砍倒塞进井里，让百姓们不能够打水使用，他还把百姓驱赶聚集在会稽，有的妇女怀中有婴儿而不能去的，他就下令把婴儿丢入水里，并残忍地对那些婴儿说："恭喜你早先登上仙堂，我会随后就来的。"孙恩向晋安帝司马德宗上奏会稽王司马道子和世子司马元显的罪状，请求杀死他们。

从晋安帝司马德宗登上帝位以来，朝廷内外都很不安定，叛逆很多，石头以南的地方都被荆州和江州的人所占据，以西的地方都成了豫州专属的地方，京口和长江以北都是刘牢之和广陵守宰高雅之他们两人控制的地盘，而朝廷的政令真正能够到达管理的地方，也只有三吴了。孙恩作乱快速占领各地，八郡都归孙恩所有，京畿内各个县城，也都是盗贼纷纷兴起，孙恩的党徒也有暗中进入到建康的，百姓们的心里都很担忧害怕，时常担心会有偷窃的事发生。因此朝廷下令内外都严加戒备。晋安帝司马德宗加授给司马道子黄钺，任命司马元显兼领中军将军，命令徐州刺史谢琰兼督管理吴兴和义兴的军事，并让他带兵去讨伐孙恩。刘牢之也想发动军队去讨伐孙恩，向朝廷上书之后立即出兵。

西秦任命金城太守辛静担任右丞相。

十二月，甲午，燕燕郡太守高湖帅户三千降魏。湖，泰之子也。

丙午，燕主盛封弟渊为章武公，虔为博陵公，子定为辽西公。

丁未，燕太后段氏卒，谥曰惠德皇后。

谢琰击斩许允之，迎魏隐还郡，进击丘尪，破之，与刘牢之转斗而前，所向辄克。琰留屯乌程，遣司马高素助牢之，进临浙江。诏以牢之(都)〔郡〕督吴都诸军事。

初，彭城刘裕，生而母死，父翘侨居京口，家贫，将弃之。同

郡刘怀敬之母，裕之从母也，生怀敬未期，走往救之，断怀敬乳而乳之。及长，勇健有大志。仅识文字，以卖履为业，好樗蒲，为乡闾所贱。刘牢之击孙恩，引裕参军事，使将数十人觇贼。遇贼数千人，即迎击之，从者皆死，裕坠岸下。贼临岸欲下，裕奋长刀仰斫杀数人，乃得登岸，仍大呼逐之，贼皆走，裕所杀伤甚众。刘敬宣怪裕久不返，引兵寻之，见裕独驱数千人，咸共叹息。因进击贼，大破之，斩获千馀人。

【译文】 十二月，甲午日（十两日），后燕国燕郡太守高湖率领三千户百姓向魏国投降。高湖，是高泰的儿子。

丙午日（二十四日），后燕国君慕容盛下诏封赐他的弟弟慕容渊为章武公，慕容虔为博陵公，他的儿子慕容定为辽西公。

丁未日（二十五日），后燕太后段氏去世，谥号为惠德皇后。

谢琰带兵击杀了许允之，迎接魏隐回到了郡城，接着又带兵去攻击丘尪，最后丘尪被谢琰给打败了，谢琰一刻不停又辗转带兵接着和刘牢之一起进攻。谢琰带兵一直向前行进，他带兵所打仗的地方，都获得了胜利。谢琰留在乌程驻扎，派遣司马高素去帮助刘牢之，带兵去逼近浙江一带。朝廷下诏命令刘牢之都督吴郡诸军事。

起初，彭城人刘裕生下来的时候，他的母亲就死了，他的父亲刘翘寄居在京口，当时家里很贫穷，想把他扔掉。同郡人刘怀敬的母亲，是刘裕的姨母。当时刘怀敬的母亲生刘怀敬还不到一年，便来到刘裕的家把刘裕救了下来。刘怀敬的母亲为了能好好地喂养刘裕，断了刘怀敬的奶，而只将奶喂给刘裕。刘裕长大以后，为人勇敢，身体健壮，有着很伟大的志向。但他识字不多，以卖靴子为生，又爱好樗蒲这种赌博游戏，被村里的人看不起。刘牢之攻打孙恩的时候，向上面引荐刘裕为参军事，派遣他带领几十个人去敌营探视军情。在途中遇到了几千名敌人，刘裕立即命令士兵们上前交战，跟随刘裕一起来的人都战死了，而刘裕也跌到了河岸的下面。敌人站在岸上准备下去抓刘裕，刘裕突然奋起，举起长刀仰头砍杀了几个人，这才登上河岸，刘裕在岸上大声呼叫，奋力驱赶敌人，他独自把敌人都给吓跑了，被刘裕杀死打伤的敌人有很多。刘敬宣（刘牢之的儿子）奇怪刘裕为什么这么久还没有回来，决定带兵去寻找他，当他带着将士们赶去的时候看见刘裕一个人赶走了几千人，大家都对刘裕赞叹不已。于是刘敬宣和刘裕带兵继续去攻打敌人，把敌人打得大败，并杀死及俘虏了一千多人。

初，恩闻八郡响应，谓其属曰："天下无复事矣，当与诸君朝服至建康。"既而闻牢之临江，曰："我割浙江以东，不失作句践！"戊申，牢之引兵济江，恩闻之，曰："孤不羞走。"遂驱男女二十馀万口东走，多弃宝物、子女于道，官军竞取之，恩由是得脱，复逃入海岛。高素破恩党于山阴，斩恩所署吴郡太守陆瑰、吴兴太守丘尪、馀姚令吴兴沈穆夫。

东土遭乱，企望官军之至，既而牢之等纵军士暴掠，士民失望，郡县城中无复人迹，月馀乃稍有还者。朝廷忧恩复至，以谢琰为会稽太守、都督五郡军事，帅徐州文武戍海浦。

【译文】 起初，孙恩起兵的时候听说八郡的人都很响应他，于是告诉他的部属们："天下不会再有战争了，我要和各位一同穿着朝服到建康。"后来听到刘牢之已带兵来到浙江边上，说："我即使把浙江以东的地方给割掉了，仍然可以做越王勾践！"戊申日（二十六日），刘牢之带兵渡过长江，孙恩听到这个消息之后，说："我认为逃走是不值得感到羞耻的。"于

是孙恩驱赶着男男女女共二十多万人向东逃走，逃跑的途中孙恩丢弃了很多宝物和妇女孩童，官军们都竞相拾取，孙恩因此才得以摆脱掉追兵，然后他就逃去了海岛。高素在山阴打败了孙恩的军队，并杀死了孙恩的部下吴郡太守陆瑰、吴兴太守丘尪和馀姚令吴兴人沈穆夫。

东方的土地遭受到战乱的破坏，百姓们都很期望官军的到达，后来刘牢之带兵来了之后放纵军士们残暴地抢掠百姓，当地的士兵和百姓们都很失望，于是都相继走了，而郡县城里不再有什么人迹，直到一个多月以后才稍微有回来的人。朝廷担忧孙恩又会再来，所以任命谢琰为会稽太守、都督五郡军事，谢琰接到任命后率领徐州的文武官吏们戍守在东海沿线。

【乾隆御批】 奸民左道惑众，在政治清明之时不过为射利之媒，其技易穷亦易败露。若乱世则直用号召倡乱矣。守官者转去武备而信妖邪，自贻伊戚，其患固不足惜。然以羲之而有是子，又世奉邪道，岂非清谈高尚害人之深哉？

又：新洲击蛇，全袭汉高芒砀事。尽裕自托炎刘苗裔，久蓄草泽英雄之志，故设为神奇，以声动庸愚耳。

又：裕濒危，奋勇只身追贼，多所杀伤。益以敬宣之兵何难殄灭？乃官军竞取宝物子女，致娥贼乘间达愿。敬宣驭下无纪，固无可辞咎。然所云以一人驱数千亦失之夸矣。

【译文】 奸贼利用旁门左道迷惑百姓，这在政治清正廉明的时候不过是他们谋取财利的媒介，他们的技艺容易穷尽也容易败露。如果是乱世只要一直号召就可以倡导动乱了。守卫的官员扔掉武器装备而相信妖魔邪道，自己害了自己，他的祸患本来就是不值得可惜的。然而王羲之有这样的儿子，而又世代信奉邪道，岂不是清谈高论害人太深的缘故吗？

又：刘裕新洲击蛇，全都是抄袭汉高祖刘邦在芒砀斩蛇的事。尽是刘裕自托为炎黄刘家的后代，他早就蓄藏着草莽英雄夺取天下的志向，所以设计神奇的故事，用来煽动愚昧的人罢了。

又：刘裕濒临危急，单枪匹马奋勇追赶贼人，杀死、杀伤了很多人。为什么刘敬宣的士兵就更加难以灭绝盗贼呢？原来是官军们竞相夺取宝物和妇女孩童，致使小贼乘机逃走。刘敬宣领导兵士没有法纪，原本也没有为他开脱罪责的话。然而所说的刘裕一人追赶数千人也错在夸大其词了。

以元显录尚书事。时人谓道子为东录，元显为西录；西府车骑填凑，东第门可张罗矣。元显无良师友，所亲信者率皆佞谀之人，或以为一时英杰，或以为风流名士。由是元显日益骄侈，讽礼官立议，以己德隆望重，既录百揆，百揆皆应尽敬。于是公卿以下，见元显皆拜。时军旅数起，国用虚竭，自司徒以下，日廪七升，而元显聚敛不已，富逾帝室。

【译文】晋安帝司马德宗任命司马元显为录尚书事。当时的人们都说司马道子是东录（司马道子住在东府，录尚书事），司马元显是西录（司马元显住在西府，录尚书事）；西府的门前车骑很多，人来人往，而东府的门前可以张罗捕雀了，十分冷清。司马元显没有一个正派的老师或朋友，他所亲信的人都是一些谄佞阿谀的人，有的人说他是一时的英才杰士，也有的人说他是潇洒风流的名士。因此司马元显变得一天比一天骄傲奢侈。他暗示礼官提议说，由于自己的功德业绩很高，名望很重，而且自己还总领管理着百官，所以他认为百官都应该全部尊敬他。于是公卿以下的所有官吏，看见他都要向他跪拜。当时国家内忧外患，战争发动了好几次，国库已经虚空竭尽，从司徒以下的官员，每天也只有七升的粮食可领，而司马元显此时却不断地在聚敛财富，比帝室还要有钱。

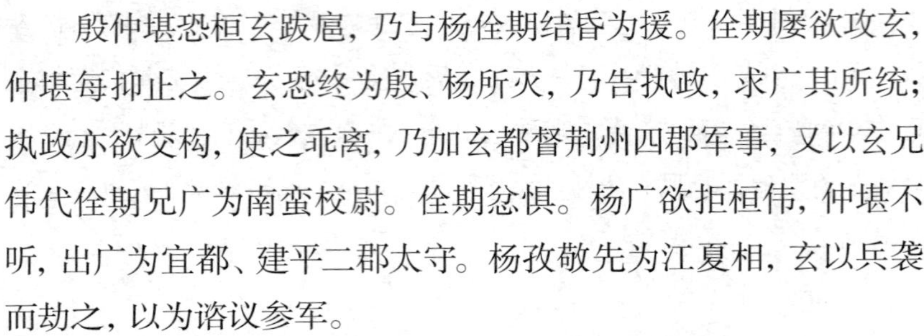

殷仲堪恐桓玄跋扈，乃与杨佺期结昏为援。佺期屡欲攻玄，仲堪每抑止之。玄恐终为殷、杨所灭，乃告执政，求广其所统；执政亦欲交构，使之乖离，乃加玄都督荆州四郡军事，又以玄兄伟代佺期兄广为南蛮校尉。佺期忿惧。杨广欲拒桓伟，仲堪不听，出广为宜都、建平二郡太守。杨孜敬先为江夏相，玄以兵袭而劫之，以为谘议参军。

【译文】 殷仲堪害怕桓玄势力大，会强横傲慢，于是他就和杨佺期结盟，订立婚姻，让杨佺期给自己提供援助。杨佺期屡次想要带兵去攻打桓玄，殷仲堪每次都会去制止他。桓玄害怕自己最后会被殷仲堪和杨佺期联合消灭掉，于是将情况告诉了朝中的掌权者，要求增加扩大他所统领的地域。朝中掌权者也想要使他们之间互相挑衅矛盾不断，让他们的联盟解体，于是同意了桓玄的请求，给他增加兵力，加任桓玄为都督荆州四郡军事，又下令让桓玄的哥哥桓伟代替杨佺期的哥哥杨广担任南蛮校尉。杨佺期知道这件事之后对桓玄十分气愤怨恨，但也很畏惧害怕。杨广不服命令想要抵拒桓伟，殷仲堪不听他的意见，把杨广外派，让他去担任宜都和建平两郡的太守。杨孜敬刚开始是江夏相，桓玄派兵去袭击江夏的时候，把他俘虏了过来，任命他做了自己的谘议参军。

佺期勒兵建牙，声云援洛，欲与仲堪共袭玄。仲堪虽外结佺期而内疑其心，苦止之；犹虎弗能禁，遣从弟遹屯于北境，以遏佺期。佺期既不能独举，又不测仲堪本意，乃解兵。

仲堪多疑少决，咨议参军罗企生谓其弟遵生曰：“殷侯仁而无断，必及于难。吾蒙知遇，义不可去，必将死之。”

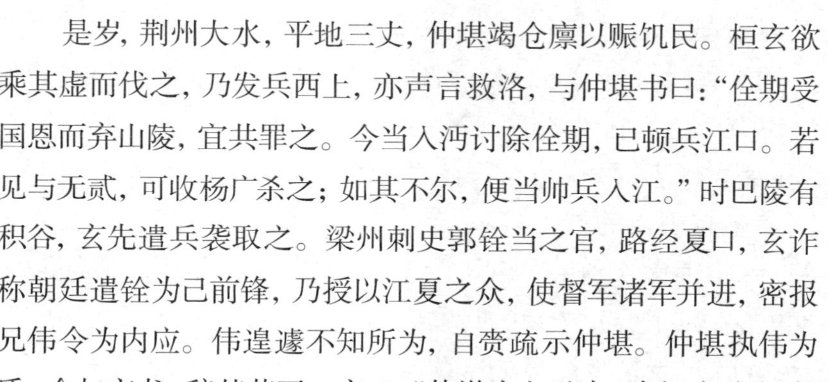

是岁，荆州大水，平地三丈，仲堪竭仓廪以赈饥民。桓玄欲乘其虚而伐之，乃发兵西上，亦声言救洛，与仲堪书曰：“佺期受国恩而弃山陵，宜共罪之。今当入沔讨除佺期，已顿兵江口。若见与无贰，可收杨广杀之；如其不尔，便当帅兵入江。”时巴陵有积谷，玄先遣兵袭取之。梁州刺史郭铨当之官，路经夏口，玄诈称朝廷遣铨为己前锋，乃授以江夏之众，使督军诸军并进，密报兄伟令为内应。伟遑遽不知所为，自赍疏示仲堪。仲堪执伟为质，令与玄书，辞甚苦至。玄曰：“仲堪为人无决，常怀成败之计，为儿子作虑，我兄必无忧也。

【译文】 杨佺期部署好军队，建立牙旗，声称自己要去支援洛阳，而实际上他是想要和殷仲堪一同去袭击桓玄。殷仲堪虽然表面上是和杨佺期结盟的，但他的内心里对杨佺期还是有很多猜疑，苦口婆心地劝说杨佺期想要阻止他去；殷仲堪又担心劝说不能阻止杨佺期，又派遣他的堂弟殷通暗中带兵驻扎在北面的边境，来遏止杨佺期。杨佺期因此既不能够自己单独举事，又猜不出来殷仲堪的本意，所以只好解除了兵力。

殷仲堪这个人对任何人都不是十分信任，常常去猜疑别人，而做事也很少能够有决断。谘议参军罗企生告诉他的弟弟罗遵生说：“殷侯做人太仁慈，行事不够果断，这样一定会遭受危难的。我承蒙受到知心的礼遇，所以从道义的立场上讲，我不能够轻易离去，而且我一定会为他而死的。”

这一年荆州发生了大水灾，平地上的水都淹到了三丈高，殷仲堪得知灾情之后把所有仓库的存粮都拿出来救济饥饿的

灾民们。桓玄在知道这件事之后想要利用他内部空虚之机，带兵前去攻打他，于是立即发动军队，从西边进军。桓玄也声称要去救助洛阳，写信给殷仲堪说："杨佺期接受了国家的恩惠，却背弃了国家，我们应该共同去征讨他的罪行。我现在带兵要进入沔水去讨伐杨佺期，我已把军队停驻在江口。如果我们的意见没有什么不同的地方，我们就可以收捕杨广，然后把他给杀死；如果你不这样做的话，我便率领军队去进攻江陵。"当时，巴陵还有积存的粮食谷物，桓玄知道后立即先派兵去偷袭巴陵，并将粮食弄到手。梁州刺史郭铨当时正好要到他所任职的地方去，路上经过夏口的时候，桓玄欺骗郭铨说朝廷派他做自己的前锋，于是将江夏的部队交授给郭铨，并教他督导各军一起前进，同时桓玄还暗中通知他的哥哥桓伟，让他在朝廷里做内应。桓伟知道桓玄的计划之后十分惊慌，一时不知道该怎么办才好，所以把桓玄的密信送交给殷仲堪看。殷仲堪得知桓玄的阴谋之后立即抓住桓伟，把他作为人质，并命令他写信给桓玄，文辞非常哀苦恳切。桓玄说："殷仲堪这个人做事很不果断，常常怀着患得患失的心理，他会替他的儿女们考虑，所以我的哥哥桓伟暂时一定不会有什么危险！"

【乾隆御批】 桓元志存不轨，所惮惟殷、杨二人，当时执政者转欲构使乖难，是何肺腑！佺期受代之后，势已不夫，复为仲堪所殆，愤激致败。良堪悯恻，若仲堪畏首畏尾、优柔偾事，其死不足惜也。

【译文】 桓玄存有不轨的志向，他所害怕的只有殷仲堪、杨佺期二人，当时的执政者司马元显想要转移矛盾让他们斗争，这是什么样的肺腑心肠啊！杨佺期接受代理后，势力已经是难以支撑，又被殷仲堪欺骗，激愤造成他的失败。他实在是值得可怜，如果像殷仲堪那样畏首畏尾，优柔败事，他的死值得惋惜。

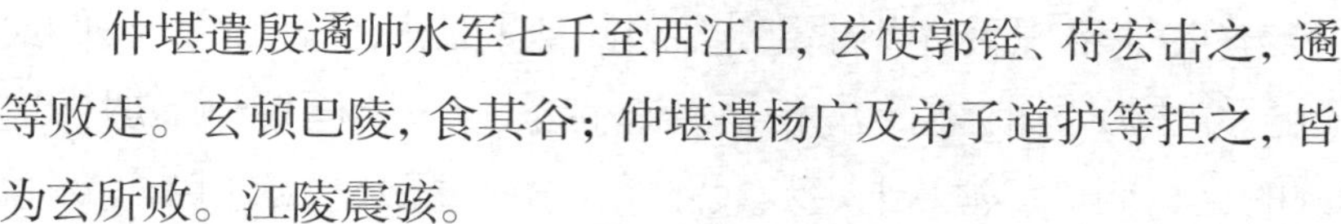

仲堪遣殷遹帅水军七千至西江口，玄使郭铨、苻宏击之，遹等败走。玄顿巴陵，食其谷；仲堪遣杨广及弟子道护等拒之，皆为玄所败。江陵震骇。

城中乏食，以胡麻廪军士。玄乘胜至零口，去江陵二十里，仲堪急召杨佺期以自救。佺期曰："江陵无食，何以待敌！可来见就，共守襄阳。"仲堪志在全军保境，不欲弃州逆走，乃绐之曰："比来收集，已有储矣。"佺期信之，帅步骑八千，精甲耀日，至江陵，仲堪唯以饭饷其军。佺期大怒曰："今兹败矣！"不见仲堪，与其兄广共击玄。玄畏其锐，退军马头。明日，佺期引兵急击郭铨，几获之；会玄兵至，佺期大败，单骑奔襄阳。仲堪出奔酂城。玄遣将军冯该追佺期及广，皆获而杀之，传首建康。佺期弟思平、从弟尚保、孜敬逃入蛮中。仲堪闻佺期死，将数百人将奔长安，至冠军城，该追获之，还至柞溪，逼令自杀，并杀殷道护。仲堪奉天师道，祷请鬼神，不吝财贿，而啬于周急。好为小惠以悦人，病者自为诊脉分药，用计倚伏烦密，而短于鉴略，故至于败。

【译文】 殷仲堪派遣殷通率领七千名水军到达西江口，桓玄派遣郭铨和苻宏带兵去攻击他，殷通等人不敌郭铨和苻宏两人，最后只好失败逃走。桓玄在巴陵停顿驻守，吃的是殷仲堪留下的粮食。后来殷仲堪只好又派遣杨广和杨广的侄子杨道护等人去抵抗桓玄，但杨广和他的侄子也都被桓玄给打败了。江陵的百姓知道这个消息之后都非常震惊害怕。

江陵城里的食物非常少，用胡麻作为军士们的食物。桓玄乘胜到达零口，距离江陵城也只有二十里。殷仲堪紧急写信召

请杨佺期回来救自己。而杨佺期却说："江陵城里已经没有食物了，我们用什么来抵抗敌人呢？你可以来襄阳找我，我们可以共同防守襄阳。"殷仲堪的本意是想能够保全自己的军队，在境内防守，他不想丢弃州郡逃走，因此他欺骗杨佺期说："我们最近已经去收集粮食了，现在已经有储粮了。"杨佺期相信殷仲堪说的话，随即率领八千名步兵和骑兵，穿着精良的铠甲，闪耀着刺眼的光芒，大军很快就到了江陵。而殷仲堪在杨佺期带着军队来了之后，只是拿一些米饭当作他们军队的饷粮。杨佺期很生气地说："我们今天是一定要失败了！"他没有去见殷仲堪，直接和他的哥哥杨广一同去攻打桓玄。桓玄知道杨佺期来了之后，害怕他太精明，玩手段，所以下令把军队退到了马头。第两天，杨佺期又立刻带兵去急攻郭铨，在几乎就要抓到郭铨的时候，桓玄带着军队到达了，然后杨佺期被桓玄给打败了，战败后的杨佺期只好一个人骑着马逃到了襄阳，而殷仲堪也立即逃奔去了酂城。桓玄派遣将军冯该带兵去追赶杨佺期和杨广，冯该成功地把杨佺期和杨广都给俘获了，然后杀死了他们，并把他们两人的尸首送到建康。杨佺期的弟弟杨思平、堂弟杨尚保和杨孜敬得知杨佺期已经战死的消息后立即逃到蛮族地区。殷仲堪听说杨佺期已经死了，带领几百个人准备逃到长安去，逃到冠军城的时候，冯该带兵追上并把他抓了起来，回到柞溪，逼迫他自杀，并且杀死了殷道护。殷仲堪这个人很信奉天师道，他在向鬼神祷请的时候，从来不吝惜财物，出手非常大方，而他却连一点都舍不得拿出来救济别人。他特别喜欢做一些小恩小惠的事来取悦别人，知道有人生病，他就亲自去给病人按脉诊病开药方。殷仲堪这个人心计很深，他想要得到的东西都会很细密地计算，但是缺少见识和谋略，所以他才会失败。

仲堪之走也，文武无送者，惟罗企生从之。路经家门，弟遵生曰："作如此分离，何可不一执手！"企生旋马授手，遵生有力，因牵下之，曰："家有老母，去将何之？"企生挥泪曰："今日之事，我必死之，汝等奉养，不失子道。一门之中，有忠与孝，亦复何恨！"遵生抱之愈急，仲堪于路待之，见企生无脱理，策马而去。及玄至，荆州人士无不诣玄者，企生独不往，而营理仲堪家事。或曰："如此，祸必至矣！"企生曰："殷侯遇我以国士，为弟所制，不得随之共殄丑逆，复何面目就桓求生乎！"玄闻之，怒，然待企生素厚，先遣人谓曰："若谢我，当释汝。"企生曰："吾为殷荆州吏，荆州败，不能救，尚何谢为！"玄乃收之，复遣人问企生欲何言。企生曰："文帝杀嵇康，嵇绍为晋忠臣。从公乞一弟以养老母！"玄乃杀企生而赦其弟。

【译文】 殷仲堪当初逃走的时候，文武官吏中没有一个人去送他，只有罗企生一个人仍然跟随着他。他们在路上经过罗企生家门的时候，罗企生跟他的弟弟道别，他的弟弟罗遵生对他说："我们用这样的方式分离，怎么可以不握一握手呢？"于是罗企生调转马头把手伸出来与罗遵生握手，罗遵生握手的时候很有力量，所以他用力把罗企生给拉下了马，并对罗企生说："我们家里还有一个年老的母亲，你是准备要到哪里去呢？"罗企生流着眼泪对他的弟弟罗遵生说："今天发生这样的事情，我不可能还有活着的机会，你在家奉养老母亲，不会失去儿子的孝道。我们一家人之中，有忠贞的人，有孝顺的人，我们又有什么好去怨恨的呢？"罗遵生听到罗企生的话后把他的哥哥抱得更紧了，殷仲堪独自在路上等待罗企生，在看见罗企生和他的弟弟紧紧地抱在一起，没有挣脱的希望的时候，自己鞭策坐骑走了。

等到桓玄到达荆州的时候，荆州人士没有不去拜访桓玄的，唯独罗企生一人没有去，而是在忙着料理殷仲堪的家事。有人对罗企生说："你如果一直这样做下去的话，要不了多久一定会灾祸临头的！"罗企生回答说："殷侯用国士的礼遇对待我，我因为被弟弟和家人给牵制住了，不能够继续跟随他去共同消灭丑恶的敌人，又还有何脸面向桓玄去请求更好地生存下来呢？"桓玄听到了罗企生说的话之后很生气，可是他对待罗企生一直很好。他先是派人去告诉罗企生："如果你向我道歉的话，我就会放了你，让你好好地生活。"可罗企生却固执地对桓玄说："我是殷荆州的官吏，殷荆州被你打败了，我不能够去救他，又还有什么脸去向你道歉呢？"桓玄于是只好将他收押起来，下令之前又派人问罗企生还有什么话想说。罗企生说："晋文帝司马昭杀了嵇康之后，他的儿子嵇绍却一直还是晋朝的忠臣，我向你乞求饶了我的弟弟罗遵生，让他能够继续奉养我们年老的母亲！"于是桓玄下令杀死了罗企生，而赦免了他的弟弟罗遵生。

【申涵煜评】 聂政一卤夫，尚知亲在，未敢许人。企生委身殷仲堪，既昧择主之智，又不顾其母，轻生以殉。所谓可以死，可以无死。死伤，勇也。匹夫硁硁之节不足为重。

【译文】 聂政是一个粗鲁的人，尚且知道亲人还健在，不敢轻易答应别人。罗企生将自己托付给殷仲堪，既隐藏选择主公的智慧，也不顾及奉养他母亲，轻视生命来陪殉殷仲堪，所说的可以用死亡来陪葬，也可以不用死亡来陪葬。死亡和受伤，是个人的勇气。这种匹夫鄙陋而顽固的节操不值得重视。

凉王光疾甚，立太子绍为天王，自号太上皇帝，以太原公纂为太尉，常山公弘为司徒，谓绍曰；“今国家多难，三邻伺隙，吾没之后，使纂统六军，弘管朝政，汝恭己无为，委重二兄，庶几可济。若内相猜忌，则萧墙之变，旦夕至矣！”又谓纂、弘曰：“永业才非拨乱，直以立嫡有常，猥居元首。今外有强寇，人心未宁，汝兄弟缉睦，则祚流万世；若内自相图，则祸不旋踵矣。”纂、弘泣曰：“不敢。”又执纂手戒之曰：“汝性粗暴，深为吾忧。善辅永业，勿听谗言！”是日，光卒。绍秘不发丧，纂排閤入哭，尽哀而出。绍惧，以位让之，曰：“兄功高年长，宜承大统。”纂曰：“陛下国之冢嫡，臣敢奸之？”绍固让，纂不许。

票骑将军吕超谓绍曰：“纂为将积年，威震内外，临丧不安，步高视远，必有异志，宜早除之。”绍曰：“先帝言犹在耳，奈何弃之！吾以弱年负荷大任，方赖二兄以宁家国，纵其图我，我视死如归，终不忍有些意也。卿勿复言！”纂见绍于湛露堂；超执刀侍侧，目纂请收之，绍弗许。超，光弟宝之子也。

【译文】 后凉王吕光在自己病重的时候，册封他的太子吕绍为天王，而自己号称太上皇，并任命太原公吕纂为太尉，常山公吕弘为司徒。后凉王吕光告诉吕绍：“现在我们的国家正处在多灾多难的时候，秃发、乞伏和段业这三个邻国都在暗中窥伺机会想要入侵我们国家，所以在我死了以后，你要让吕纂统率管理六军，让吕弘管理朝廷政事，而你只需要恭顺谨慎地坐在那里，不需要有什么大的作为，把重任都委交给你的两个哥哥，这样你应该就可以功成了。如果我们国家内部相互猜疑忌畏，那么你们兄弟之间的争乱早晚都会发生！”然后后凉王吕光又召见吕纂和吕弘并跟他们两人说：“你们都应该知道永业（吕绍的字）不是能够在乱世里治理好国家的人，而我也只是因为立嫡长子符合常规，所以才能够苟且居于君位。现在我们国家

面临着外强的侵略，国内百姓们的心不安宁，如果你们兄弟两人能和协友爱，共同辅佐好永业的话，那么就能够福祚流传万世。而如果我们内部之间相互图谋不轨，各怀心思，那么我们国家的灾祸马上就会到了！”吕纂和吕弘两人哭着对后凉王吕光说：“我们是绝对不敢起叛逆的心造反的。”后凉王吕光听了他们俩说的话之后又抓住吕纂的手对他说：“你的性情是比较粗暴的，我对此深深地感到忧虑。你以后一定要好好辅佐永业，不要随便听信谗言！”这一天，后凉王吕光去世。吕绍将后凉王吕光的死保密起来，不对外发布吕光已死的丧闻。吕纂推开东侧小门，进去恸哭不已，诉尽哀情才出来。吕绍感到很害怕，想把帝位让给他，于是对吕纂说：“哥哥你的功劳很高，而且年纪也是最大的，所以也是最应该承继大统的人。”吕纂听到吕绍的话后说：“陛下是我们国家最长的嫡子，理应按照祖制继承大统，我怎么敢有叛逆的心呢？”吕绍仍然坚持要让位给吕纂，吕纂不答应。

骠骑将军吕超告诉吕绍：“吕纂做将军已经好多年了，他的声威在朝廷内外都有很大的震撼力，而他在参加丧礼的时候，丝毫没有表现出一点哀伤的心情，反而高视阔步，态度还十分傲慢，所以他一定怀有离叛的心意，我们应该早一点想办法把他给除掉。”吕绍听了吕超的建议之后说：“先帝的话还在我的耳际回荡，我怎么能够在先帝尸骨未寒的时候就对自己的亲哥哥下手，想要把他给废除掉呢？我的年龄还很小，在我如此弱小的时候担负了如此重大的责任，正是我要仰赖我的两个哥哥来协助我安宁国家、抵御外敌的时候，即使他们两人怀有叛逆的心，想要对我图谋不轨，我也已经把死亡看成归宿了，我一点也不在乎自己的生死，所以我终究还是不忍心有杀他们的意思。

你以后都不要再这样说了！”吕纂在湛露堂见到吕绍的时候，吕超正拿着一把刀侍候在一侧，吕超眼睛一直看着吕纂，用眼睛示意吕绍允许自己把吕纂抓起来，可吕绍却一直不答应。吕超，是后凉王吕光弟弟吕宝的儿子。

弘密遣尚书姜纪谓纂曰："主上暗弱，未堪多难。兄威恩素著，宜为社稷计，不可徇小节也。"纂于是夜帅壮士数百逾北城，攻广夏门，弘帅东苑之众斧洪范门。左卫将军齐从守融明观，逆问之曰："谁也？"众曰："太原公。"从曰："国有大故，主上新立，太原公行不由道，夜入禁城，将为乱邪？"因抽剑直前斫纂，中额，纂左右禽之。纂曰："义士也，勿杀！"绍遣虎贲中郎将吕开帅禁兵拒战于端门，吕超帅卒二千赴之；众素惮纂，皆不战而溃。纂入自青角门，升谦光殿。绍登紫阁自杀。吕超奔广武。

纂惮弘兵强，以位让弘。弘曰："弘以绍弟也，而承大统，众心不顺，是以违先帝遗命而废之，惭负黄泉！今复逾兄而立，岂弘之本志乎！"纂乃使弘出告众曰："先帝临终，受诏如此。"群臣皆曰："苟社稷有主，谁敢违者！"纂遂即天王位。大赦，改元咸宁，谥光曰懿武皇帝，庙号太祖；谥绍曰隐王。以弘为大都督、督中外诸军事、大司马、车骑大将军、司隶校尉、录尚书事，改封番禾郡公。

【译文】吕弘暗中派遣尚书姜纪去找吕纂并对他说："我们现在的主上十分昏庸懦弱，不能够在这个战乱不断、国家不稳的时候承受更多的危难。而哥哥您的威望一直很高，恩德也一直很显著。所以我们应该为了我们的国家着想，一同支持您登上皇位，我们不能够因为要遵循一些小节而不为国家的将来考虑。"吕纂知道有的大臣支持自己之后，夜晚率领数百名壮士越过北城，去攻打广夏门，吕弘率领东苑的部属，用斧头去斫洪范门。左卫将军齐从防守在融明观，看到来人之后迎面问道："你们是谁？"众人说："是太原公。"齐从说："这时我们的国家刚刚发生了那么重大的变故，而主上也才刚刚登上帝位，太原公半夜带兵不走大路，晚上还要进入禁城，是准备好要犯上作乱吗？"说完之后齐从就抽出配剑直向前行，砍中了吕纂的额头，吕纂左右的人把他捉住。吕纂说："齐从是一个很忠义的人，不要杀了他！"吕绍派遣虎贲中郎将吕开率领禁兵在端门作战，抵抗吕纂。吕超率领两百名士兵前往协助，而士兵们都知道吕纂平时的为人，也知道他的厉害，所以都很怕吕纂，没有交手就已经溃散了。然后吕纂顺利地从青角门过去，登上了谦光殿。吕绍在城池被攻破的时候登上紫阁自杀，而吕超独自逃奔到广武。

吕纂害怕吕弘兵力过于强大，于是主动要把帝位让给吕弘，吕弘却说："我只是吕绍的弟弟而已，如果我承继了大统，那么大家的心里一定都不会服顺的，我们违背了先帝的遗命把吕绍给废掉，实在是愧对在黄泉下的先帝！如果我现在又逾越哥哥而登上帝位的话，这怎么会是我的本意呢？"吕纂于是教吕弘出去告诉众人："先帝临死的时候，下的诏令是让吕纂继承皇位。"群臣听到之后都说："只要国家社稷有人主持，又有谁敢违抗呢？"吕纂于是即天王位。下令大赦，改年号为咸宁，并给后凉王吕光定谥号为懿武皇帝，庙号是太祖；给吕绍定谥号为隐王。他还任命吕弘为大都督、督中外诸军事、大司马、车骑大将军、司隶校尉、录尚书事，并改封他为番禾郡公。

纂谓齐从曰："卿前斫我，一何甚也！"从泣曰："隐王，先帝所立；陛下虽应天顺人，而微心未达，唯恐陛下不死，何谓甚也！”纂赏其忠，善遇之。

纂叔父征东将军方镇广武，纂遣使谓方曰：“超实忠臣，义勇可嘉，但不识国家大体，权变之宜。方赖其用，以济世难，可以此意谕之。”超上疏陈谢，纂复其爵位。

是岁，燕主盛以河间公熙为都督中外诸军事、尚书左仆射，领中领军。

刘卫辰子文陈降魏；魏主珪妻以宗女，拜上将军，赐姓宿氏。

【译文】吕纂对齐从说：“你前日刚见到我的时候用刀来砍我，为什么要对我这么过分呢？”齐从哭着说：“隐王是先帝生前所立下的皇位继承人；陛下继承大统虽然是顺应了天道和人心，但以臣下微小的心志是不能够清楚地了解明白的，我只担心不能够成功地把陛下给杀死，又怎么能说我对你只是太过分了呢？”吕纂赏识他的忠心，所以对他很好。

后凉王吕纂的叔父征东将军吕方带兵在广武镇守，后凉王吕纂派遣使者去告诉吕方：“吕超这个人实在是一个忠臣，他忠义勇敢的精神十分可嘉，但是他这个人又过于顽固，不能够很明白地看清楚国家大体，不懂得权宜变通的道理。而现在我正要依赖他，想要任用他来救助世间的危难，你可以把我的这个意思传达给他。”吕超向后凉王吕纂上奏章说明自己的罪行并向吕纂谢罪，于是后凉王吕纂恢复了他的爵位。

这一年，后燕国君慕容盛下诏任命河间公慕容熙为都督中外诸军事、尚书左仆射，兼中领军。

刘卫辰的儿子刘文陈带着自己的部下向魏国投降，北魏君主拓跋珪把宗室的女儿嫁给刘文陈做妻子，并下令拜他为上将军，赐他姓宿氏。

安皇帝丙隆安四年（庚子，公元四〇〇年）春，正月，壬子朔，燕主盛大赦，自贬号为庶人天王。

魏材官将军和跋袭卢溥于辽西，戊午，克之，禽溥及其子焕，送平城，车裂之。燕主盛遣广威将军孟广平救溥，不及，斩魏辽西守宰而还。

乙亥，大赦。

西秦王乾归迁都苑川。

秃发利鹿孤大赦，改元建和。

【译文】 隆安四年（庚子，公元400年）春季，正月，壬子朔日（初一），后燕国君慕容盛下令大赦，并自贬号为庶人天王。

北魏材官将军和跋率领军队在辽西侵袭卢溥，戊午日（初七），和跋打败了卢溥，然后成功地抓住了卢溥和他的儿子卢焕，将他们父子两人一起送到了平城车裂。后燕国君慕容盛得知卢溥被北魏国的和跋给抓住之后，立即下令派广威将军孟广平带兵前去营救卢溥，但孟广平没有来得及成功救出卢溥，只杀死了魏国在辽西的守宰，然后就带兵回去了。

乙亥日（二十四日），东晋实行大赦。

西秦王乞伏乾归下令将都城迁移到苑川。

秃发利鹿孤下令大赦，并改年号为建和。

高句丽王安事燕礼慢；二月，丙申，燕王盛自将兵三万袭之，以票骑大将国熙为前锋，拔新城、南苏二城，开境七百馀里，徙五千馀户而还。熙勇冠诸将，盛曰："叔父雄果，有世祖之风，但弘略不如耳！"

初，魏主珪纳刘头眷之女，宠冠后庭，生子嗣。及克中山，获燕主宝之幼女。将立皇后，用其国故事，铸金人以卜之，刘氏所铸不成，慕容氏成，三月，戊午，立慕容氏为皇后。

桓玄既克荆、雍，表求领荆、江二州。诏以玄为都督荆、司、雍、秦、梁、益、宁七州诸军事、荆州刺史，以中护军桓修为江州刺史。玄上疏固求江州，于是进玄督八州及扬、豫八郡诸军事，复领江州刺史。玄辄以兄伟为雍州刺史，朝廷不能违。又以从子振为淮南太守。

【译文】 高句丽王高安对待后燕国很傲慢，没有什么礼节；二月，丙申日（十五日），后燕国君慕容盛亲自带领三万名兵士去侵袭高句丽，并让骠骑大将军慕容熙担任前锋，让他先去攻下新城和南苏两城，把后燕国的疆土在边界上又开拓了七百多里，然后迁徙五千多户居民到这里之后就带着军队回去了。慕容熙的英勇在其他各个将军之上，后燕国君慕容盛说："叔父雄风威震，做事果敢勇毅，很有当年世祖慕容垂的风范，只是缺少宏大的谋略罢了！"

起初，北魏君主拓跋珪迎娶了刘头眷的女儿，对她的宠幸在后宫所有人之上，后来刘头眷的女儿生了一个儿子叫拓跋嗣。等到北魏君主拓跋珪率领军队攻下中山的时候，他又俘获了后燕国君慕容宝的小女儿。北魏君主拓跋珪准备册封皇后，便遵照他们民族部落的传统，铸造金人来占卜询问天意，铸造刘氏的金人没有成功，而铸造慕容氏的金人成功了。三月，戊午日（初八），北魏君主拓跋珪下令册封慕容氏为魏国皇后。

桓玄既然攻下荆州、雍州，于是上表请求领管荆、江两州。晋安帝下诏，任命桓玄为都督荆司雍秦梁益宁七州诸军事、荆州刺史，而让中护军桓修担任江州刺史。桓玄再次上奏坚持要

求接管江州。于是朝廷提升桓玄都督八州及扬、豫等八郡诸军事，还领管江州刺史。桓玄接到任命之后私自让他的哥哥桓伟担任雍州刺史，朝廷得知之后又不能拿他怎么办。他又任命他的侄子桓振担任淮南太守。

凉王纂以大司马弘功高地逼，忌之。弘亦自疑，遂以东苑之兵作乱，攻纂。纂遣其将焦辨击之，弘众溃，出走。纂纵兵大掠，悉以东苑妇女赏军，弘之妻子亦在中。纂笑谓群臣曰："今日之战何如？"侍中房晷对曰："天祸凉室，忧患仍臻。先帝始崩，隐王废黜；山陵甫讫，大司马称兵；京师流血，昆弟接刃。虽弘自取夷灭，亦由陛下无棠棣之恩，当省己责躬以谢百姓。乃更纵兵大掠，囚辱士女，衅自弘起，百姓何罪！且弘妻，陛下之弟妇，弘女，陛下之侄也，奈何使无赖小人辱为婢妾？天地神明，岂忍见此！"遂歔欷流涕。纂改容谢之，召弘妻子寘于东宫，厚抚之。

弘将奔秃发利鹿孤，道过广武，诣吕方，方见之，大哭曰："天下甚宽，汝何为至此！"乃执弘送狱，纂遣力士康龙就拉杀之。

【译文】后凉王吕纂由于大司马吕弘功劳太高，地位已经快要超过他，所以十分忌畏他。吕弘也考虑到自己的地位会威胁到后凉王吕纂，害怕他会因此对付自己，所以率领东苑的军队作乱，去攻打后凉王吕纂。后凉王吕纂派遣他的部将焦辨带兵先去攻打吕弘，吕弘的部属不堪一击，很快就被打得溃散逃走了。而后凉王吕纂胜利之后放纵士兵们在城里大肆抢掠，还把东苑的妇女们全部犒赏给了军队的将士们，而吕弘的妻子和女儿也都在里面。后凉王吕纂笑着告诉群臣："我军今天的战绩怎么样啊？"侍中房晷回答他说："老天爷降祸给了凉朝的王室，国家的忧患不断而来。先帝才刚刚崩逝，隐王就立即被废除了；先帝的葬礼刚刚才完毕，大司马就带兵造反；京师里发生了战争，兄弟之间也是兵刃相交。虽然吕弘是因为他自取灭亡，但这也是由于陛下你没有念及兄弟之间的恩情造成的，所以陛下首先应该反省责备一下自己，向国家的老百姓们谢罪。可是你竟然更加去放纵士兵们，在城里大肆抢掠，还囚禁侮辱士人女子，这一切罪过是因吕弘而起，那百姓们又到底有什么罪呢？而且吕弘的妻子还是陛下您的弟媳妇，吕弘的女儿更是陛下您的亲侄女，为什么要让无赖的小人们去侮辱她们，让她们作为婢妾呢？天地间的神明们，又怎么忍心看见这样的事情发生呢？"于是房晷很难过地叹息流泪。后凉王吕纂听了房晷的话之后改变了脸色向他致歉，并叫来吕弘的妻子和女儿，把她们安置在后宫，宽厚地抚恤她们。

吕弘兵败之后准备要去投奔秃发利鹿孤，途中经过广武，他去看望吕方，吕方见到他之后，大哭着对吕弘说："天下是如此宽广，你为什么要跑到我这里来呢？"于是吕方命人把吕弘给抓起来并送到监狱里去了，然后去通知后凉王吕纂，后凉王吕纂知道后就马上派力士康龙杀死了吕弘。

纂立妃杨氏为后，以后父桓为尚书左仆射、凉都尹。

辛卯，燕襄平令段登等谋反，诛。

凉王纂将伐武威王利鹿孤，中书令杨颖谏曰："利鹿孤上下用命，国未有衅，不可伐也。"不从。利鹿孤使其弟傉檀拒之，夏，四月，傉檀败凉兵于三堆，斩首二千馀级。

初，陇西李暠好文学，有令名。尝与郭黁及同母弟燉煌宋繇同宿，黁起谓繇曰："君当位极人臣，李君终当有国家；有騧马生白额驹，此其时也。"及孟敏为沙州刺史，以暠为效谷令；宋繇事北凉王业，为中散常侍。孟敏卒，燉煌护军冯翊郭谦、沙州治中燉煌索仙等以暠温毅有惠政，推为燉煌太守。暠初难之，会宋繇自张掖告归，谓暠曰："段王无远略，终必无成。兄忘郭黁之言邪？白额驹今已生矣。"暠乃从之，遣使请命于业；业因以暠为燉煌太守。

【译文】 后凉王吕纂册封他的妃子杨氏为皇后，让皇后的父亲杨桓担任尚书左仆射和凉都尹。

辛卯日（三月无此日），后燕国襄平县令段登等人计划造反，被处死。

后凉王吕纂准备要带兵去攻打武威王秃发利鹿孤，他的中书令杨颖劝谏说："秃发利鹿孤的朝廷里大小臣子都很听从他的命令，与其他国家之间也没有发生挑衅争端的事，我们没有理由去攻打他。"后凉王吕纂没有听从杨颖的意见，依然率领军队去攻打武威王秃发利鹿孤，秃发利鹿孤派遣他的弟弟秃发傉檀带兵去抵抗吕纂。夏季，四月，秃发傉檀带领军队在三堆打败了后凉军队，并杀死了两千多人。

起初，陇西人李暠特别喜爱文学，他在外的名声非常好。李暠曾经和郭黁以及他同母异父的弟弟敦煌人宋繇同住在一起，郭黁起来告诉宋繇："你将会是人臣中位置最高的那个，李君最后一定会拥有国家的，当牝马生下了一只白额良马的时候，就是李暠拥有国家的时候了。"孟敏任沙州刺史时，他任命李暠为效谷县令。宋繇在北凉王段业的身边做事，担任中散常侍。孟敏死了之后，敦煌护军冯翊人郭谦和沙州治中敦煌人索仙等人，一致认为李暠为人温良果毅，还有良好的政绩，所以都推举他担任敦煌太守。李暠最初很为难，觉得自己的能力有限，不能够很好地胜任这个职位，这时正巧宋繇从张掖回来，他告诉李暠：

“段王这个人虽然对你很好，但是他没有长远的谋略，所以他最后一定不能成功。而且哥哥你忘了郭黁曾经说过的话了吗？白色额头的良马，现在也已经生了呀！”李暠听了之后才听从了大家的意见，派遣使者向北凉王段业请求任命，北凉王段业于是就让李暠担任敦煌太守。

右卫将军燉煌索嗣言—业曰：“李暠不可使处燉煌。”业以嗣代暠为燉煌太守，使帅五百骑之官。嗣未至二十里，移暠犯己；暠惊疑，将出迎之。效谷令张邈及宋繇止之曰：“段王暗弱，正是英豪有为之日；将军据一国成资，奈何拱手授人！嗣自恃本郡，谓人情附己，不意将军猝能拒之，可一战擒也。”暠从之。先遣繇见嗣，啖以甘言。繇还，谓暠曰：“嗣志骄兵弱，易取也。”暠乃遣邈、繇(为)〔与〕其二子歆、让逆击之，嗣败走，还张掖。暠素与嗣善，尤恨之，表业请诛嗣。沮渠男成亦恶嗣，劝业除之；业乃杀嗣，遣使谢暠，进暠都督凉兴已西诸军事、镇西将军。

吐谷浑视罴卒，世子树洛干方九岁，弟乌纥堤立。妻树洛干之母念氏，生慕璝、慕延。乌纥堤懦弱荒淫，不能治国；念氏专制国事，有胆智，国人畏服之。

燕前将军段玑，太后段氏之兄子也，为段登辞所连及，五月，壬子，逃奔辽西。

【译文】 右卫将军敦煌人索嗣告诉北凉王段业：“李暠这个人不可以让他在敦煌久留。”北凉王段业于是又下令让索嗣代替李暠为敦煌太守，命令他带着五百名骑兵上任。索嗣去敦煌上任的时候，在离敦煌还不到二十里的地方，写书信给李暠，通知李暠带队去迎接自己。李暠接到索嗣的书信后惊慌疑惑，即刻准备要去迎接索嗣。而效谷县令张邈和宋繇立即制止李暠

说："我们的段王昏庸懦弱，这正是天下所有英雄豪杰有所作为的时日，将军你据守一国，辛辛苦苦地创建下来的资业，怎么可以就这样轻易地拱揖双手，献给别人呢？索嗣依仗着自己是本郡的人，以为郡城里百姓的人心都会附应他，他绝对没有想到将军会突然去抵抗他，所以我们可以利用他的这个心理一战就把他给俘虏。"李暠听了他们的意见之后觉得很不错，于是就采纳了。他先派宋繇单独去见索嗣，用好听的话引诱他。宋繇回来后对李暠说："索嗣这个人志气骄傲而兵力却很衰弱，所以我们可以很容易攻取下他。"李暠于是立即派遣张邈、宋繇和他的两个儿子李歆和李让一起带兵去迎击索嗣，不出所料，索嗣被他们给打败了，只好逃回张掖。李暠平时和索嗣之间很不友善，因此就更加怨恨了，所以向北凉王段业上奏章，请求北凉王段业下令杀死索嗣。同样沮渠男成也不是很喜欢索嗣，所以他也上书劝北凉王段业把索嗣给杀了。北凉王段业看完李暠他们的奏章之后就下令杀死了索嗣，并且派遣使者向李暠道歉，升任李暠为镇西将军，都督凉、兴以西诸军事。

吐谷浑可汗视罴去世，他的太子树洛干才九岁，还不能够担当重任，于是视罴的弟弟乌纥堤继承王位，并娶了树洛干的母亲念氏为妻，生下了慕璝、慕延。乌纥堤这个人十分懦弱，而且荒淫无度，根本不能治理国家。所以此时是树洛干的母亲念氏在当权，掌管国家大事，念氏这个人很有胆略和智慧，因此，全国的百姓对她都很敬畏服从。

后燕前将军段玑，是太后段氏的侄子，因为段登的言辞，他也被连累受到处罚。五月，壬子日（初三），他逃亡到辽西。

丙寅，卫将军东亭献侯王珣卒。

己巳，魏主珪东如涿鹿，西如马邑，观㶟源。

戊寅，燕段玑复还归罪；燕王盛赦之，赐号曰思悔侯，使尚公主，入直殿内。

谢琰以资望镇会稽，不能绥怀，又不为武备。诸将咸谏曰："贼近在海浦，伺人形便，宜开其自新之路。"琰不从，曰："苻坚之众百万，尚送死淮南；孙恩小贼，败死入海，何能复出！若其果出，是天欲杀之也。"既而恩寇浃口，入馀姚，破上虞。进及邢浦，琰遣参军刘宣之击破之，恩退走。少日，复寇邢浦，官军失利，恩乘胜径进。己卯，至会稽。琰尚未食，曰："要当先灭此贼而后食。"因跨马出战，兵败，为帐下都督张猛所杀。吴兴太守庾桓恐郡民复应恩，杀男女数千人。恩转寇临海。朝廷大震，遣冠军将军桓不才、辅国将军孙无终、宁朔将军高雅之拒之。

秦征西大将军陇西公硕德将兵五千伐西秦，入自南安峡。西秦王乾归帅诸将拒之，军于陇西。

【译文】 丙寅日（十七日），东晋卫将军东亭献侯王珣去世。

己巳日（二十日），北魏君主拓跋珪向东到了涿鹿，向西到了马邑，去观看了㶟水的源头。

戊寅日（二十九日），后燕国的段玑又从辽西跑回来向后燕国认罪，后燕国君慕容盛赦免了他的罪，并且将他赐号为思悔侯，还让他娶了公主，到宫中任职。

谢琰因为资深望重，镇守在会稽。可谢琰在会稽既不使用怀柔的政策安抚，也不急于强化武力装备。会稽城里所有的将领都劝谏谢琰说："盗贼就近在海水边活动，窥伺我们许久，寻找对他们有利的形势，所以我们应该马上开通一条使他们改过自新的路。"谢琰对将领们的意见不予理会，对他们说："前秦

国君苻坚的部下共有百万人之多，在淮南的时候也完全是去送死；而孙恩只能算得上是一个小贼而已，他在战败后好不容易逃亡到海岛上去了，又怎么能够再出来呢？如果他真的再出来的话，那肯定是老天要杀掉他呀！”不久，孙恩果然率领自己的部下入侵浃口，并进入余姚，攻破上虞，成功进兵到了邢浦。谢琰派遣参军刘宣之带兵去迎击孙恩，刘宣之成功地把孙恩给击败了，所以孙恩只好退兵逃走。没有几天，孙恩又带兵去侵略邢浦，官军在作战中失败，于是孙恩乘胜追击带兵继续前进。己卯日（三十日），孙恩又带着军队到达了会稽城外。谢琰这时还没吃上饭，知道孙恩又打来了之后，说：“看来我一定要先去灭掉这个贼人再吃饭了。”于是跨上马带兵出城去迎战，可是谢琰的军队很快就被孙恩的人给打败了，谢琰也被帐下都督张猛杀死了。吴兴太守庾桓知道谢琰战败已死之后，害怕郡民们又会去附应孙恩，所以杀死了几千名男女来警示，而孙恩也带兵转去侵略临海。朝廷得知消息之后非常震惊，派遣冠军将军桓不才、辅国将军孙无终和宁朔将军高雅之三人一起带兵去抵抗孙恩。

后秦征西大将军陇西公姚硕德带领五千名士兵去攻打西秦，大军从南安峡进入。西秦王乞伏乾归得知消息之后率领众将士亲自去抵抗，将大军驻扎在陇西。

【申涵煜评】 琰能破苻坚，而死于孙恩，固是兵骄者败前。此淝水之捷，到底是因人成事。胸中原无所有，与凝之相较，而论王谢家儿挥尘谈兵，大率类此。

【译文】 谢琰能够打败苻坚，却被孙恩杀死，必定是自负兵力强盛而导致失败。这淝水之捷，到底还是依靠别人的谋略才完成事情。谢琰胸中原本就没有什么本事，和王凝之相比较，来议论王谢两家的儿辈挥动拂尘清谈讨论兵事，大概与此类似。

杨轨、田玄明谋杀武威王利鹿孤，利鹿孤杀之。

六月，庚辰朔，日有食之。

以琅邪王师何澄为尚书左仆射。澄，准之子也。

甲子，燕大赦。

凉王纂将袭北凉，姜纪谏曰："盛夏农事方殷，且宜息兵。今远出岭西，秃发氏乘虚袭京师，将若之何！"不从。进围张掖，西掠建康。秃发傉檀闻之，将万骑袭姑臧，纂弟陇西公纬赁北城以自固。傉檀置酒朱明门上，鸣钟鼓，飨将士，曜兵于青阳门，掠八千馀户而去。纂闻之，引兵还。

秋，七月，壬子，太皇太后李氏崩。

丁卯，大赦。

【译文】杨轨和田玄明私底下制定阴谋想要去杀害武威王秃发利鹿孤，被秃发利鹿孤处死。

六月，庚辰朔日（初一），出现日食。

东晋朝廷任命琅邪王师何澄为尚书左仆射。何澄，是何准的儿子。

甲子日（六月无此日），后燕国下令大赦。

后凉王吕纂准备率领军队去袭击北凉，他的臣子姜纪劝谏说："现在正是盛夏，赶上农事正忙，而且我们也应该趁机休息调整兵力。如果我们现在让士兵们远征去岭西，那秃发氏正好趁我们空虚率领军队来偷袭京师，那我们要怎么办呢？"后凉王吕纂没有采纳姜纪的意见，依然按计划率领军队去围攻张掖，并带着大军向西抢掠建康。秃发傉檀听了这消息之后，立刻带领一万名骑兵去偷袭姑臧，后凉王吕纂的弟弟陇西公吕纬

凭借北城自身的防御优势来保卫防固。秃发傉檀命令下属在朱明门上设置安排酒肉，并请乐人敲打钟鼓，宴飨将士们，在青阳门炫耀自己的兵力，然后掳掠了八千多户人家才离去。后凉王吕纂在听到秃发傉檀真的带兵来进攻的消息后，又只好带兵回来了。

秋季，七月，壬子日（初四的时候），东晋太皇太后李氏驾崩。

丁卯日（十九日），东晋下令大赦。

西秦王乾归使武卫将军慕兀等屯守，秦军樵采路绝，秦王兴潜引兵救之。乾归闻之，使慕兀帅中军二万屯柏杨，镇军将军罗敦帅外军四万屯侯辰谷，乾归自将轻骑数千前候秦兵。会大风昏雾，与中军相失，为追骑所逼，入于外军。旦，与秦战，大败，走归苑川，其部众三万六千皆降于秦。兴进军枹罕。

【译文】 西秦王乞伏乾归派遣武卫将军慕兀等人率领军队屯守，后秦国的军队去采伐木柴的道路被切断，后秦王姚兴暗中带兵去救助他们。西秦王乞伏乾归听了这消息之后，就派遣慕兀带领中军两万人驻扎防守在柏杨，镇军将军罗敦率领外军四万人驻兵防守在侯辰谷，而西秦王乞伏乾归自己率领数千名轻快的骑兵迎上前去探听后秦军的情形。正巧此时前方有大风迷雾，西秦王乞伏乾归率领的部队和中军失去了联络，被后秦追赶的骑兵所逼，进入了外军。天亮之后大雾散去，西秦王乞伏乾归的军队和后秦军交战，西秦王乞伏乾归大败，只好逃回苑川，而他的部属三万六千人都投降了后秦国。后秦王姚兴战胜之后，又带领军队向枹罕前进。

乾归奔金城，谓诸豪帅曰：“吾不才，叨窃名号，已逾一纪，今败散如此，无以待敌，欲西保允吾。若举国而去，必不得免；卿等留此，各以其众降秦，以全宗族，勿吾随也。”皆曰：“死生愿从陛下。”乾归曰：“吾今将寄食于人，若天未亡我，庶几异日克复旧业，复与卿等相见；今相随而死，无益也。”乃大哭而别。乾归独引数百骑奔允吾，乞降于武威王利鹿孤，利鹿孤遣广武公傉檀迎之，置于晋兴，待以上宾之礼。镇北将军秃发俱延言于利鹿孤曰：“乾归本吾之属国，因乱自尊，今势穷归命，非其诚款，若逃归姚氏，必为国患，不如徙置乙弗之间，使不得去。”利鹿孤曰：“彼穷来归我，而逆疑其心，何以劝来者！”俱延，利鹿孤之弟也。

秦兵既退，南羌梁戈等密招乾归，乾归将应之。其臣屋引阿洛以告晋兴太守阴畅，畅驰白利鹿孤，利鹿孤遣其弟吐雷帅骑三千屯扪天岭。乾归惧为利鹿孤所杀，谓其太子炽盘曰：“吾父子居此，必不为利鹿孤所容。今姚氏方强，吾将归之，若尽室俱行，必为追骑所及，吾以汝兄弟及汝母为质，彼必不疑，吾在长安，彼终不敢害汝也。”乃送炽盘等于西平。八月，乾归南奔枹罕，遂降于秦。

【译文】西秦王乞伏乾归逃到金城，告诉各位大帅：“我这个人没有什么才干，却忝窃名位尊号，已经超过十二年了，现在我战败逃散到了如今这个地步，已经没有什么办法可以再继续和敌人对抗了，所以我想要向西逃到允吾。但如果全国都一起去的话，一定会有很多的危难，所以你们还是继续留在这里，都带着自己的部属们向后秦国投降吧，这样才能保全你们的宗族，不要再继续跟随我去逃亡了。”各位大帅听完西秦王乞伏乾归的话之后，都说：“我们无论是死还是生都愿意继续跟随陛

下。”西秦王乞伏乾归对他们说：“我自己现在也将会到别人那里去寄居，如果上天还能够怜悯我，不让我灭亡的话，希望将来能够恢复我们国家以前的基业，到那时我再来和你们相见。而现在即使你们坚持跟随着我一起去死，也是没有任何帮助的。”于是大帅们只好伤心地和西秦王乞伏乾归大哭着告别。西秦王乞伏乾归最后只带领几百名骑兵跑到允吾，向武威王秃发利鹿孤乞求投降。秃发利鹿孤接到西秦王乞伏乾归投降的消息后，派遣广武公秃发傉檀亲自去迎接他，然后把他安置在晋兴，并且用对待上宾的礼节对待他。镇北将军秃发俱延告诉秃发利鹿孤：“乞伏乾归本来就是我们的属国之人，趁乱自己称王，现在他们的形势穷困了来归附听命于我们，他一定不会是真心诚意的，如果有一天他逃走归向了姚氏，那么那时他一定会成为我们的国患，所以我们不如把他迁徙安置在乙弗之间，这样即使他要叛变，我们也可以使他不能够成功逃出去。”秃发利鹿孤听完秃发俱延的话之后说：“他因为穷途末路来归附我，而我如果立即就先怀疑他的诚心，那么以后我又怎么能够继续劝招来归附我们的人呢？”秃发俱延是秃发利鹿孤的弟弟。

后秦国的军队退去以后，南羌部落的首领梁戈等人暗中设宴想要去招请西秦王乞伏乾归，西秦王乞伏乾归准备答应。他的臣子屋引阿洛把这件事告诉了晋兴太守阴畅，阴畅又很快地去告诉了秃发利鹿孤，秃发利鹿孤得知此事之后就马上派遣他的弟弟秃发吐雷率领三千名骑兵在扪天岭驻扎防守。西秦王乞伏乾归害怕被秃发利鹿孤杀掉，于是告诉他的太子乞伏炽磐：“我们父子现在住在这里，一定不能被秃发利鹿孤接受容纳，而现在姚氏的势力正强，所以我准备要去归附他们，但是如果我们全家一起走，一定会被追赶我们的骑兵抓住，所以我想让你兄弟和你母亲继续留在这里做人质，那么秃发利鹿孤一定不会对我起疑心了，等我到了长安，那时他终究也不敢杀害你们了。”于是西秦王乞伏乾归即刻把乞伏炽磐等人送到西平。八月，西秦王乞伏乾归向南逃跑到了枹罕，向后秦国投降。

丁亥，尚书左仆射王雅卒。

九月，癸丑，地震。

凉吕方降于秦，广武民三千馀户奔武威王利鹿孤。

冬，十一月，高雅之与孙恩战于馀姚，雅之败，走山阴，死者什七、八。诏以刘牢之都督会稽等五郡，帅众击恩，恩走入海。牢之东屯上虞，使刘裕戍句章。吴国内史袁崧筑沪渎垒以备恩。崧，乔之孙也。

会稽世子元显求领徐州，诏以元显为开府仪同三司、都督扬、豫、徐、兖、青、幽、冀、并、荆、江、司、雍、梁、益、交、广十六州诸军事、领徐州刺史，封其子彦玮为东海王。

【译文】丁亥日（初九），东晋尚书右仆射王雅去世。

九月，癸丑日（初六），东晋发生地震。

后凉国吕方投降了后秦国，广武的三千多户百姓投奔武威王秃发利鹿孤。

冬季，十一月，高雅之带兵与孙恩的军队在馀姚交战，高雅之战败，逃到了山阴，高雅之军队中战死的有十分之七八。东晋朝廷下诏命令刘牢之都督会稽等五郡，并且率领自己的部下去攻打孙恩。孙恩被迫逃回海上。刘牢之率领军队向东出发驻扎防守在上虞，并且派遣刘裕带兵戍守在句章。吴国内史袁崧命令士兵们建筑沪渎垒来防备孙恩的袭击。袁崧，是袁乔的孙子。

会稽王的世子司马元显上奏请求兼管徐州，朝廷下诏任命司马元显担任开府仪同三司、都督扬豫徐兖青幽冀并荆江司雍梁益交广十六州诸军事，还领管徐州刺史。并且封他的儿子司马彦玮为东海王。

乞伏乾归至长安，秦王兴以为都督河南诸军事、河州刺史、归义侯。

久之，乞伏炽盘欲逃诣乾归，武威王利鹿孤追获之。利鹿孤将杀炽盘，广武公傉檀曰："子而归父，无足深责，宜宥之以示大度。"利鹿孤从之。

秦王兴遣晋将刘嵩等二百馀人来归。

北凉晋昌太守唐瑶叛，移檄六郡，推李暠为冠军大将军、沙州刺史、凉公、领燉煌太守。暠赦其境内，改元庚子。以瑶为征东将军，郭谦为军谘祭酒，索仙为左长史，张邈为右长史，尹建兴为左司马，张体顺为右司马。遣从事中郎宋繇东伐凉兴，并击玉门已西诸城，皆下之。

酒泉太守王德亦叛北凉，自称河州刺史。北凉王业使沮渠蒙逊讨之。德焚城，将部曲奔唐瑶，蒙逊追至沙头，大破之，虏其妻子、部落而还。

【译文】 西秦王乞伏乾归成功到达长安之后，后秦王姚兴让他担任都督河南诸军事、河州刺史，还封他为归义侯。

时间长了之后，西秦王乞伏乾归的儿子乞伏炽磐想要逃到西秦王乞伏乾归那里去，半路上被武威王秃发利鹿孤追上抓住。秃发利鹿孤抓回乞伏炽磐之后准备要把他给杀死，而广武公秃发傉檀对武威王秃发利鹿孤说："乞伏炽磐作为儿子想要回去归附他的父亲，我们不必为了这样的理由而深切责备他，我们应该宽赦他的罪过，这样才能够向世人表示我们的大气度。”秃发利鹿孤觉得秃发傉檀的意见不错，于是就听从他的意见免了乞伏炽磐的死罪。

后秦王姚兴把晋朝将军刘嵩等两百多人遣送回东晋。

北凉晋昌太守唐瑶叛变，给六个郡送去檄文，推举李暠为冠军大将军、沙州刺史、凉公，还兼领敦煌太守。李暠上任之后赦免了境内的罪犯，并改年号为庚子。下令让唐瑶担任征东将军，郭谦担任军谘祭酒，索仙担任左长史，张邈担任右长史，尹建兴担任左司马，张体顺担任右司马。之后李暠又派遣从事中郎宋繇带领军队向东去讨伐凉兴，同时还攻击玉门以西的各城，并且这些地方全都被他们攻下了。

酒泉太守王德也背叛北凉，自称为河州刺史。北凉王段业派遣沮渠蒙逊带兵去讨伐他。王德知道沮渠蒙逊带兵攻来之后就烧焚城池，带领部属们逃奔唐瑶，沮渠蒙逊在沙头追上了王德，把他们打得大败，沮渠蒙逊俘虏了王德的妻子、儿女和部落居民之后才回去。

十二月，戊寅，有星孛于天津。会稽世子元显以星变解录尚书事，复加尚书令。吏部尚书车胤以元显骄恣，白会稽王道子，请禁抑之。元显闻而未察，以问道子曰：“车武子屏人言及何事?”道子弗答。固问之，道子怒曰：“尔欲幽我，不令我与朝士语耶!”元显出，谓其徒曰；“车胤间我父子。”密遣人责之。胤惧，自杀。

壬辰，燕主盛立燕台，统诸部杂夷。

魏太史屡奏天文乖乱。魏主珪自览占书，多云改王易政，乃下诏风励群下，以帝王继统，皆有天命，不可妄干。又数变易官名，欲以厌塞灾异。

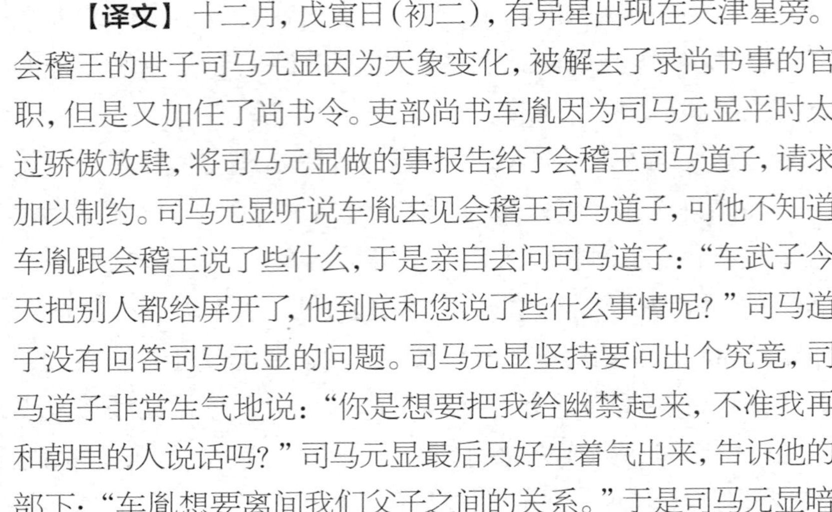

【译文】 十二月，戊寅日（初二），有异星出现在天津星旁。会稽王的世子司马元显因为天象变化，被解去了录尚书事的官职，但是又加任了尚书令。吏部尚书车胤因为司马元显平时太过骄傲放肆，将司马元显做的事报告给了会稽王司马道子，请求加以制约。司马元显听说车胤去见会稽王司马道子，可他不知道车胤跟会稽王说了些什么，于是亲自去问司马道子："车武子今天把别人都给屏开了，他到底和您说了些什么事情呢？"司马道子没有回答司马元显的问题。司马元显坚持要问出个究竟，司马道子非常生气地说："你是想要把我给幽禁起来，不准我再和朝里的人说话吗？"司马元显最后只好生着气出来，告诉他的部下："车胤想要离间我们父子之间的关系。"于是司马元显暗中派人去责备车胤。车胤对此感到很害怕，于是就自杀了。

壬辰日（十六日），后燕国君慕容盛设立燕台，统领夷族各个部落。

北魏太史屡次奏报天象变得十分混乱，北魏君主拓跋珪亲自阅览占卜的书籍，书中的意思大多是说王位会发生变动、政体会发生变动的征兆。于是北魏君主拓跋珪下诏劝说、鼓励群臣，向他们解释帝王继承大统，这都是有天命的，寻常人不可以随意妄加干预。北魏君主拓跋珪后来还好几次变易官名，想要以此来压住灾变的发生。

【乾隆御批】 道子父子济恶实为东晋厉阶，而元显骄恣不法，即道子亦为所凌，其罪更浮于父也。

【译文】 司马道子、司马元显父子扶植罪恶实在是东晋的祸端，而司马元显骄横放纵不守法度，连司马道子都被他侵凌，他的罪行更在其父之上。

仪曹郎董谧献《服饵仙经》，珪置仙人博士，立仙坊，煮炼百药，封西山以供薪蒸。药成，令死罪者试服之，多死，不验；而珪犹信之，访求不已。

珪常以燕主垂诸子分据势要，使权柄下移，遂至败亡，深非之。博士公孙表希旨，上《韩非》书，劝珪以法制御下。左将军李粟性简慢，常对珪舒放不肃，咳唾任情；珪积其宿过，遂诛之，群下震栗。

丁酉，燕王盛尊献庄后丁氏为皇太后，立辽西公定为皇太子。大赦。

是岁，南燕王德即皇帝位于广固，大赦，改元建平。更名备德，欲使吏民易避。追谥燕主暐曰幽皇帝。以北地王钟为司徒，慕舆拔为司空，封孚为左仆射，慕舆护为右仆射。立妃段氏为皇后。

【译文】 仪曹郎董谧向北魏君主拓跋珪献上了《服饵仙经》，于是北魏君主拓跋珪在朝中设置仙人博士这一职位，还设立了仙坊，在仙坊里煮炼百种药草，并且把整个西山都给封闭了，用西山上的树木供作蒸药的薪火。当药炼成以后，北魏君主拓跋珪命令将药先给被判处死罪的人尝试服用，但是很多服了药的人都死了，他们炼制的药没有灵验，可是北魏君主拓跋珪仍然不放弃，依然相信有这种丹药，继续不停地到处访查、探求。

北魏君主拓跋珪常常认为后燕国君慕容垂把自己的几个儿子分别据守在形势险要的地方，让他们的权力大多分移到了下面的人手里，最后才导致了他的失败灭亡，所以北魏君主拓跋珪深深反对这样做。博士公孙表奉承北魏君主拓跋珪的意旨，向他奏上了《韩非子》一书，劝魏国君拓跋珪要通过法制来统御部下。左将军李粟性情简倨傲慢，对北魏君主拓跋珪常常很随便

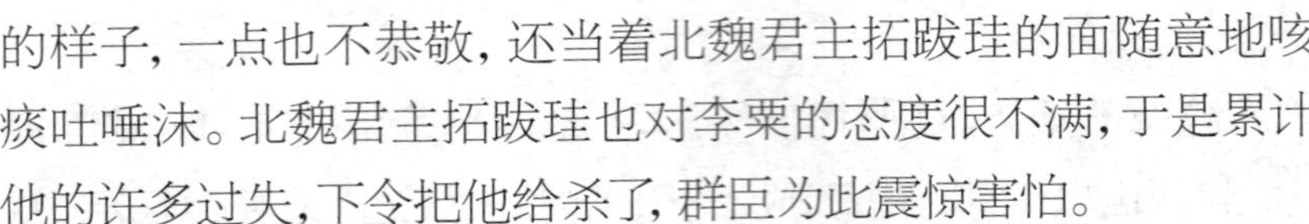

的样子，一点也不恭敬，还当着北魏君主拓跋珪的面随意地咳痰吐唾沫。北魏君主拓跋珪也对李粟的态度很不满，于是累计他的许多过失，下令把他给杀了，群臣为此震惊害怕。

丁酉日（二十一日），后燕国君慕容盛颁布诏令将献庄后丁氏尊奉为皇太后，并册立辽西公慕容定为皇太子，下令大赦。

这一年，南燕君主慕容德在广固登上帝位，下令大赦，并且改年号为建平。他还把自己的名字改为备德，想要让官吏百姓们以后容易避讳一些。南燕君主慕容德追加前燕君主慕容暐的谥号为幽皇帝。下令让北地王慕容钟担任司徒，让慕舆拔担任司空，让封孚担任左仆射，让慕舆护担任右仆射。并且册封他的妃子段氏为皇后。